新时代滨湖教育发展丛书

综合素质拓展教育成果系列

总主编／冯 伟　强洪权

跟着课文做研学

主编　徐国新

苏州大学出版社
Soochow University Press

图书在版编目(CIP)数据

跟着课文做研学／徐国新主编. —— 苏州：苏州大学出版社，2019.10
(新时代滨湖教育发展丛书／冯伟，强洪权总主编. 综合素质拓展教育成果系列)
ISBN 978-7-5672-2946-4

Ⅰ.①跟… Ⅱ.①徐… Ⅲ.①中小学-素质教育-成果-汇编 Ⅳ.①G632.0

中国版本图书馆 CIP 数据核字(2019)第 220577 号

跟着课文做研学

徐国新　主编

责任编辑　史创新

苏 州 大 学 出 版 社 出 版 发 行
(地址：苏州市十梓街 1 号　邮编：215006)
苏州工业园区美柯乐制版印务有限责任公司印装
(地址：苏州工业园区东兴路 7-1 号　邮编：215021)

开本 787mm×1 092mm　1/16　印张 48.5(共五册)　字数 1003 千
2019 年 10 月第 1 版　2019 年 10 月第 1 次印刷
ISBN 978-7-5672-2946-4　　定价：180.00 元(共五册)

苏州大学版图书若有印装错误，本社负责调换
苏州大学出版社营销部　电话：0512-67481020
苏州大学出版社网址　http://www.sudapress.com
苏州大学出版社邮箱　sdcbs@suda.edu.cn

新时代滨湖教育发展丛书
编委会

主　　任　强洪权
副主任　陈锡生　钱　江　冯　伟　王永健
　　　　　潘望洁　徐仲武　吴仁昌　许建良
顾　　问　顾明远

综合素质拓展教育成果系列
编委会

主　　任　冯　伟　强洪权
副主任　王永健　潘望洁　徐仲武　吴仁昌
　　　　　华文达　华婷婷　糜荣华　彭光耀
　　　　　许建良　陆建忠
编　　委　惠　明　古菊平　高　峰　吴卫东
　　　　　刘　松　张　锋　周晓平　金春华
　　　　　张　倩　朱龙祥　王防刚　陆　玲
　　　　　陆静洁　杨　帆　谢廷峰　朱红飞
　　　　　孙国宏　尤　吉　唐建英　李　争
　　　　　华志英　秦旭峰　浦永清　顾晓东
　　　　　姚国平　徐国新　吴　亮　吴伟昌
　　　　　钱　晔
策　　划　糜荣华　陆建忠　顾晓东　吴伟昌

本册编写人员(《跟着课文做研学》)

主　编　徐国新

本丛书为江苏省教育科学"十二五"规划 2015 年度重点资助课题"区域青少年综合素质拓展教育行动研究"（课题编号：B-a/2015/02/076）的主要成果

序

2016年12月，教育部等十一个部门发布了《关于推进中小学生研学旅行的意见》，提倡在中小学生中开展研学旅行。该意见提出，中小学生研学旅行是由教育部门和学校有计划地组织安排，通过集体旅行、集中食宿方式开展研究性学习和旅行体验相结合的校外教育活动，是学校教育和校外教育衔接的创新形式，是教育教学的重要内容，是综合实践育人的有效途径。让学生走出学校、走向大自然、走向社会、走向世界，是拓宽视野、增进学识、锤炼意识的好举措，也是让学生领略祖国美丽山河、了解中华民族优秀文化传统的好方式。如果到国外研学旅行，还可以了解别国的文化风情，受到跨文化的理解教育。研学旅行，实在是非常有意义的活动，是提高学生综合素质的有效途径。

事实证明，广大学生非常喜爱研学旅行。他们走出校门，集体旅行、集中食宿，过上难得的集体生活，这样的经历可以培养学生自我服务、自我组织的能力和同伴关系意识。

要把研学旅行做好，使学生真正受到教育，需要认真组织，精心安排。要把研学旅行纳入学校课程之中，作为一项重要的教育活动来开展。要像设计课程那样精心设计，充分准备，重在教育，重视安全。学校要对不同年龄段的孩子设计不同的研学旅行计划，低年级的孩子可以在城市郊外旅行，也可以到博物馆、纪念馆参观；高年级的孩子可以到较远处旅行。学校可以按照不同地区的历史地理背景、名胜古迹，组织设计各种研学旅行活动，使之课程化。

这两年来各地积极开展研学旅行活动，积累了一定的经验。无锡市滨湖区自2001年以来，就以新课程改革为契机，以综合实践活动课程为抓手，建设区内综合实践基地，为青少年学生开展校外实践活动和研学提供了平台，对培养学生综合素质做出了有益的探索和实践。他们树立"大教育观"，拆除学校"围墙"，改善传统教育模式，把教育与社会生活实际相结合，加强学校教育与社会教育的沟通、协调和融合，充分发挥社会教育资源的育人功能，同时推动学校的特色项目建设，促进学生的全面发展。

无锡市滨湖区教育局组织编写的"综合素质拓展教育成果系列"丛书，就是无锡

市中小学开展校外实践活动和研学旅行的一些经验总结。丛书共五册，分别是《研学旅行知与行》《走出校园读家乡》《跟着课文做研学》《拓展课程校校行》《拓展教育思与行》，详细介绍了无锡市滨湖区对青少年综合素质拓展教育的认识和组织设计，以及滨湖区各校开展综合素质拓展教育的实践和经验。丛书内容丰富，有观点、有案例，值得各地借鉴。

2019 年 5 月 19 日

前 言

青少年综合素质是指青少年在先天生理的基础之上，经过后天的教育和社会环境的影响，由知识、经验内化而形成的相对稳定的素养和品质的总称，主要包括身体、心理、道德、文化、能力等方面，是一个人的知识水平、道德修养及各种能力的综合体现。新课程改革以来，滨湖区教育局始终坚持全方位、多渠道育人的主导思想，高度重视青少年综合素质拓展教育，在综合实践活动、211 特色建设、研学旅行等方面做出了前瞻性、持续性探索，取得了显著的成效。

为了进一步深化青少年综合素质拓展教育，滨湖区教育局申报、立项了由冯伟、强洪权同志主持的江苏省教育科学"十二五"规划重点资助课题"区域青少年综合素质拓展教育行动研究"（编号：B-a/2015/02/076）。通过课题研究，进一步厘清综合素质及拓展教育的内涵特质，努力追求素质发展的全面化，体现区域推进的特色化，关注拓展活动的课程化，凸显课程资源的序列化，形成区本特色的青少年综合素质拓展教育主张，建构区域青少年综合素质拓展教育课程体系，促进区域青少年综合素质的全面发展和个性发展。

课题组依据教育部等《关于推进中小学生研学旅行的意见》《中小学综合实践活动课程指导纲要》等文件精神，结合课题研究中期评估专家组建议，全面梳理课题研究实践中形成的课程资源和实施策略，从系统化、系列化、操作化的角度出发，本着可行性、实用性的原则，编写了滨湖区"综合素质拓展教育成果系列"丛书，以期进一步深化滨湖区中小学综合实践、研学旅行工作，提升区域素质教育实施水平。

本套丛书主要由五个分册组成。其中《研学旅行知与行》分册是一本研学旅行的通识读本，按"知""行"两个板块编写，把研学旅行的"应知""应会"等要求、技能进行梳理，为学生参加综合实践和研学旅行提供有针对性的必读教程，旨在提高学生参与研学旅行的素质和技能。

《走出校园读家乡》分册重点关注校园教育和校外综合实践的结合，梳理无锡地区适合开展青少年综合素质拓展教育的综合实践课程基地资源，为一至九年级每个年级设置四个实践课程内容，每个课程内容均由"研学课程设计"和"研学单"两大部分

组成。

《跟着课文做研学》分册主要体现"由课内向课外拓展，课内课外结合""读万卷书，行万里路"的拓展教育理念，针对学生所学课文中的经典内容，结合全国各地丰富的旅游资源，编写四至九年级的暑期研学旅行课程，课程的设计体例为"研学前言—课文回眸—研学主题—课程安排—研修问答—学以致用—资料链接"。

《拓展课程校校行》分册是区域内各学校特色校本课程纲要和实施案例的汇编，精选各校特色校本课程，整体上涵盖科技、体育、音乐、美术等各大领域，体现滨湖区科技体艺211特色项目建设成果，展示滨湖区青少年综合素质拓展教育课程的校本性、丰富性、多样性，特色课程的设计体例为"课程名称—课程性质—课程目标—课程内容—实施建议—课程评价—教学案例"。

《拓展教育思与行》分册是课题研究论文和实践案例的汇编，主要是课题组成员以及区域内学校和教师开展青少年综合素质拓展教育的理性思考、经验总结和案例反思。

本套丛书由糜荣华、陆建忠、顾晓东、吴伟昌等进行总体策划，课题理论探索组吴伟昌、顾晓东、吴亮、姚国平、徐国新等具体进行编写。目前暂时编写系列丛书的五个分册，今后视工作进展和资料积累，逐步编写系列丛书其他分册，以形成滨湖教育特色"丛书"。

由于编写者水平有限，加上时间比较匆促，本套丛书中难免有许多不足之处，恳请专家、同行们指正。

"综合素质拓展教育成果系列"丛书编写组
2019年5月18日

目 录

四年级

游最大城市广场　激心中爱国情怀——北京研学修行　/ 1

人间仙境　相约九寨——九寨沟研学修行　/ 6

寻七十二名泉　赏一城湖光山色——济南研学修行　/ 10

五年级

赏黄山优美风光　砺少年坚强意志——黄山研学修行　/ 17

多彩贵州　梦回黔朝——贵阳研学修行　/ 23

雄奇大漠风光　辉煌艺术宝库——莫高窟研学修行　/ 41

六年级

畅游长江三峡　考察自然人文——三峡研学修行　/ 47

七年级

穿越千年时空　我到西安做唐人——西安研学修行　/ 58

跟随课本　游转绍兴——绍兴研学修行　/ 65

游学历史人文名胜古迹　探寻北京深厚文化底蕴——北京研学修行　/ 89

高唱黄河颂歌　奔赴红色延安——延安研学修行　/ 105

八年级

名校游学励我志　人文南京学历史——南京研学修行　/115

游苏州园林　寻吴地文化——苏州研学修行　/125

西子湖畔　醉忆杭州——杭州研学修行　/130

九年级

参观都江堰堰和熊猫基地　寻觅诸葛亮和杜甫踪迹——成都研学修行　/139

赏黄山自然风光　探徽州独特文化——黄山研学修行　/143

桂林山水甲天下　一山一水皆如画——桂林研学修　/153

后记　/163

游最大城市广场 激心中爱国情怀

——北京研学修行

【研学前言】

　　天安门，坐落在中华人民共和国首都北京市的中心、故宫的南端，与天安门广场以及人民英雄纪念碑、毛主席纪念堂、人民大会堂、中国国家博物馆隔长安街相望。占地面积4 800平方米，以杰出的建筑艺术和特殊的政治地位为世人所瞩目。让我们心怀敬仰，走入天安门广场，登上天安门城楼。

【课文回眸】

天安门广场

　　天安门广场位于首都北京的中心，它是世界上最宽广、最壮观的城市广场。

　　广场北端是天安门。天安门红墙黄瓦，雕梁画栋，显得雄伟壮丽。天安门前是金水河，河上横跨着五座汉白玉石桥，这就是金水桥。金水桥两旁有一对汉白玉华表，上面雕刻着蟠龙花纹，在蓝天白云映衬下，显得格外挺拔。

　　登上天安门城楼向南眺望，整个广场尽收眼底。广场中央矗立着高大的人民英雄纪念碑，碑身正面是毛泽东主席题写的"人民英雄永垂不朽"八个金光闪闪的大字。广场南端是毛主席纪念堂。东西两侧，中国国家博物馆与巍峨壮丽的人民大会堂遥遥相对。

　　天安门是新中国的象征。1949年10月1日，北京30万人在天安门广场举行了开国大典。人民领袖毛泽东在天安门城楼上向全世界庄严宣告：中华人民共和国中央人民政府成立了！从此，天安门广场成了全国各族人民无比向往的地方。

清晨，东方露出了淡淡的曙光，天安门城楼在晨曦中显现出它的雄姿。庄严的升旗仪式就在这时开始，五星红旗与旭日一同升起。

每当节日到来，天安门广场更是花团锦簇，姹紫嫣红。无数盆鲜花组成一个个大花坛，把广场装点得犹如五彩缤纷的大花园。入夜，华灯齐放，礼花飞舞，天安门广场一片辉煌。来自祖国各地的人们翩翩起舞，纵情歌唱。鲜花与彩灯辉映，礼花伴歌声齐飞，天安门广场沸腾起来了。

【研学主题】

熟悉天安门广场周围的著名建筑，学习中国人民不屈不挠的革命精神和大无畏的英雄气概，了解中华民族瑰丽的文化遗产。

【课程安排】

一、参加天安门升旗

国旗是一个国家的象征，也是一个民族的骄傲，国旗带给人们的不仅是荣耀，更多的是爱国的情结。五星红旗已经在天安门广场上飘扬了70个春秋，这里面，蕴含了国旗班战士的无数心血和艰辛。护我国旗，壮我国威，是天安门国旗护卫队官兵的神圣职责。

二、瞻仰毛主席纪念堂

毛主席纪念堂位于天安门广场，占地面积5.72公顷，总建筑面积33 867平方米，始建于1976年11月，1977年9月9日举行落成典礼并对外开放。其主体建筑为柱廊形正方体，南北正面镶嵌着镌刻"毛主席纪念堂"六个金色大字的汉白玉匾额，44根方形花岗岩石柱环抱外廊，雄伟挺拔，庄严肃穆，具有独特的民族风格。毛主席纪念堂是以毛泽东同志为核心的党的第一代革命领袖集体的纪念堂，是全国爱国主义教育示范基地。堂内一层有北大厅、瞻仰厅、南大厅。二层有毛泽东、周恩来、刘少奇、朱德、邓小平、陈云革命业绩纪念室和电影厅。这些厅室是人们举行纪念活动，瞻仰缅怀革命领袖、参观学习领袖思想与业绩，感悟他们人生风采和人格魅力的重要场所。40多年来，党中央曾在毛主席纪念堂落成典礼，以及毛泽东90周年、100周年、110周年、120周年诞辰之际，在这里隆重举行纪念活动；前来瞻仰参观的国内外各界来宾达1.6亿多人次，其中外国国家元首、政府首脑、国际知名人士120多位。

三、游览天安门前门

正阳门俗称"前门",是明清时期北京内城的正南门。此门原名"丽正门",始建于明永乐十七年(1419),明正统四年(1439)改称"正阳门"。正阳门由城楼、箭楼、瓮城等组成,城楼面阔七间,歇山顶灰筒瓦、绿琉璃瓦剪边,朱红梁木上饰金花彩云,三重檐重楼阁,通高40.36米,宽41米,进深21米,是中国典型的城防建筑,是城门中最雄伟的一座。正阳门建成后,屡遭战火焚毁,1900年八国联军入侵北京,正阳门遭受炮轰炸毁。1906年参照崇文、宣武二门规制重修,如今作为全国重点文物保护单位对社会开放。

四、登上天安门城楼

天安门城楼为中国传统的重檐歇山顶建筑城楼,木结构建筑,大殿飞檐下是排列有序的斗拱和梁枋。斗拱为中国特有的传统木构架,是斗形木弓形横木组成的具有翘、昂、拱特点的木制构件。梁枋又分额枋、檐枋。斗拱下面是额枋,上面有彩画和金龙图案,柱子之间的构件叫檐枋,绘有金龙和玺图案。

城楼的主体建筑分为上下两层。上层是重檐歇山式、黄琉璃瓦顶的巍峨城楼,东西面阔九楹,南北进深五间,取"九五"之数,象征皇帝的尊严。正面有36扇菱花格式的门窗。城楼内所用木材大部分是楠木,大殿内有60根排列整齐的直径为92厘米的红漆木柱,承受着屋顶建筑的大部分重力。柱顶上有藻井与梁枋,绘着金龙吉祥彩画和团龙图案。屋顶上的天花藻井画的是团龙图案,殿厅堂纵横交错的梁枋上绘的是金龙和玺彩绘。地面铺的全是金砖,面积约2 000平方米。屋顶的正脊与垂脊上装饰着螭吻、仙人、走兽。

下层是高13米的朱红色城台,四周环绕琉璃瓦封顶的矮墙,下部是1.59米高的雕刻精美的汉白玉须弥座台基,座上为高10多米的红色墩台,以每块重达43千克的大砖砌成。城楼基座周围有汉白玉栏杆、栏板,雕刻着莲花宝瓶图案。

五、走进故宫博物院

故宫为我国明清二朝的皇宫,也是世界上现存最大、最完整的古建筑群。进了太和殿的大门,展现在大家面前的便是一座座雄伟的宫殿。正前面那座最大的木构建筑,很是引人注目,那就是太和殿。它是皇权的象征,每当有重大活动时,皇帝都在此举行。后面两座金碧辉煌的宫殿,分别是中和殿、保和殿。太和殿、中和殿和保和殿被称为"故宫三大殿"。这样气魄雄伟的工程,凝结了多少劳动人民的血汗与智慧呀!

【研修问答】

1. 天安门广场几点升国旗?
2. 毛主席纪念堂内部有几层?每一层主要有哪些厅室?
3. 天安门前门主要由哪些建筑组成?
4. 登上天安门城楼向南眺望,广场中央矗立的建筑物是什么?广场南端建筑物是什么?东西两侧的建筑物分别是什么?
5. 故宫三大殿指哪三大殿?

【学以致用】

1. 游学天安门广场后,说说你对《天安门广场》一文有何感触和想法。
2. 结合本次游学活动,完成一篇游记,字数500字左右。

【资料链接】

一、歌曲《我爱北京天安门》

《我爱北京天安门》是一首颂赞毛主席的歌曲。创作于1970年,于1971年正式在中央人民广播电台首播。由于歌曲旋律清新,节奏活泼,只有9度音域,演唱的适应面广,富有儿童特点,不同于当时占据乐坛的"语录歌""忠字歌"千篇一律的高亢、声嘶力竭,所以在当时迅速脱颖而出,并成为20世纪70年代"文革"后期儿童和青年人传唱的经典红歌。

二、天安门升旗仪式相关知识

北京天安门广场庄严隆重的升国旗仪式,是亿万中国人民特别关注的活动。

从2004年6月1日起,天安门每月1日举行大升旗仪式。36名国旗护卫队员和62名武警军乐团队员,现场演奏三遍国歌。升降国旗的时间与北京地区一年四季太阳升落时间相同。升旗时,按动电钮的时刻遵照太阳上边缘与地平线相切的时刻,国旗升至旗杆顶端历时2分7秒,是太阳下边缘与地平线相切的时刻。

为确保国旗的圣洁和完整,天安门广场上空的国旗基本上每天都要更换一面。每逢重大节日,则必须更换新国旗。即使国旗不受损,悬挂的最长时间也不能超过10天。初步计算,中华人民共和国成立以来在天安门广场至少升起过4 000面国旗。国旗的保障工作由天安门地区管理委员会负责，需要更换时，国旗班向他们提出申请，以旧换新。更换下来的国旗，都由天安门地区管理委员会专门负责收藏保管。具有特殊历史意义和参加过重大活动后的国旗，都被特别保管。开国大典的国旗已作为国家一级文物保管在中国革命博物馆，共和国历次国庆庆典上升降的国旗曾随"神舟"号宇宙飞船翱翔太空，现在也被有关部门收藏。

天安门广场每天升国旗的时间在特设的公告牌上公布。天安门广场规定每天日出时间升旗，以象征五星红旗与太阳同升。因为每天日出时间有变化，升旗时间也就有变化。

大家都知道，地球是自西向东旋转，一般说来东边的人总比西边的人先看到日出。处在不同经纬度的各个地方，日出时间都是不同的。又由于太阳光直射点的位置一年中在南北回归线之间来回移动，造成同一个地方每天日出时间的不断变化：我国各地"夏至"后日出时间一天比一天推迟，而"冬至"后则一天比一天提早。因为公历是根据回归年制定的，所以同一个地方每年同一日期的日出时间是相同的。

天安门地处北纬39度57分、东经116度19分。

据天文计算，这里每月1日的日出时间是：1月1日7时36分，2月1日7时24分，3月1日6时48分，4月1日5时58分，5月1日5时14分，6月1日4时46分，7月1日4时50分，8月1日5时13分，9月1日5时43分，10月1日6时10分，11月1日6时44分，12月1日7时17分（其他日期的日出时间可据此作大致推算）。

国旗班从天文台要来北京地区一年365天太阳升、落时间表，并在每月上、中、下旬各定一个升旗时间。即使如此，还要根据气候的变化，随时进行调整。

天安门广场的升国旗仪式一招一式欣赏性极强，人们概括有"五绝"。

一绝：升旗。每一次，从国歌的第一个音符始到国歌的最后一个音符终止，都是2分7秒，国旗也准时到达30米高的旗杆顶端。

二绝：护旗。国旗护卫队从金水桥行进到国旗杆基的围栏，走的正步是138步，落地都是同一个声音，丝毫不差。

三绝：敬礼。随着一声"敬礼"的口令，升旗手按电钮，护卫队行持枪礼，军乐队奏国歌，都是同一个节拍。

四绝：礼毕。国旗升到旗杆顶端与"礼毕"口令后，36名托半自动步枪的卫士齐刷刷地把枪放下，都是同一时刻。

五绝：收旗。1990年通过的《国旗法》规定，升旗时，必须将国旗升至杆顶；降下时，不得使国旗落地。为此，国旗卫士们在降国旗时，练就了过硬的收旗动作，当国旗在2分7秒的时间内降到国旗杆底座时，一名卫士迅速用双手将国旗托住，而后另一名卫士将旗面均匀地打成折叠状，此动作精确在13把至15把之间。

人间仙境　相约九寨

——九寨沟研学修行

【研学前言】

九寨沟是中国唯一荣获"世界自然遗产""世界生物圈保护区""绿色环球二十一世纪成员"三项桂冠的旅游胜地。它以原始的生态环境、一尘不染的清新空气和雪山、森林、湖泊、瀑布组成神秘而奇妙的自然风光。《九寨沟》这篇课文不仅风景写得美，而且文字表达也美。让我们身临其境，进入"童话世界"，领略"人间仙境"。

【课文回眸】

九寨沟

在四川北部南坪、平武、松潘三县交界的万山丛中，有几条神奇的山沟。因为周围散布着九个藏族村寨，所以人们称它九寨沟。

从南坪西行40公里，就来到九寨沟。一进入景区，就像到了一个童话世界。

一座座雪峰插入云霄，峰顶银光闪闪。大大小小的湖泊，像颗颗宝石镶嵌在彩带般的沟谷中。湖水清澈见底，湖底石块色彩斑斓。从河谷至山坡，遍布着原始森林。每当天气晴朗时，蓝天、白云、雪峰、森林，都倒映在湖水中，构成了一幅幅五彩缤纷的图画，难怪人们把这些湖泊叫作"五花海""五彩池"呢。由于河谷高低不平，湖泊与湖泊之间恰似一级级天然的台阶。由此形成的一道道高低错落的瀑布，宛如白练腾空，银花四溅，蔚为壮观。

继续向纵深行进，四处林深叶茂，游人逐渐稀少。注意，这时你已经走到珍稀动物经常出没的地区。也许，就在不远处，有一只体态粗壮的金丝猴，正攀吊在一棵大树上，眨巴着一对机灵的小眼睛向你窥视。也许，会有一群善于奔跑的羚羊突然窜出来，还没等你看清它们,又消失在前方的丛林中。也许,你的运气好,会在远处密密的竹丛中,发现一只憨态可掬的大熊猫,正若无其事地坐在那里咀嚼鲜嫩的竹叶。也许,你还会看见一只行动敏捷的小熊猫,从山坡跑下谷底,对着湖面美滋滋地照镜子。

雪峰插云,古木参天,平湖飞瀑,异兽珍禽……九寨沟真是个充满诗情画意的人间仙境啊!

【研学主题】

欣赏九寨沟神奇的自然风光,探寻九寨沟水的奥秘。

【课程安排】

2天。

第一天

一、领略奇幻海子

火花海神奇莫测,风吹浪生,显出朵朵"火花",奇光闪闪,但此景多出现在清晨日出时。犀牛海是树正沟内最大的海子,是九寨沟内景色变化最多的海子,其倒影似幻似真,与天地、树林连成一体。长海南北长7.5公里,宽500米,水深80多米,是九寨沟内最大的海子。它汇集南面雪峰的雪水和四水的流泉,没有出水口,排水靠蒸发和地下渗透。夏秋纵遇暴雨,湖水也不溢堤,冬春长时无雨,湖水也不干涸。长海沿岸山峦叠彩,绿树幽深。隆冬季节,冰冻雪封,一片银白,冰厚可达2尺。五彩池水上半部呈碧蓝色,下半部则呈橙红色,色彩之斑斓,与日则沟的五花海不相上下。季节海的水则随干旱季节而时盈时涸。

二、观赏多姿瀑布

树正瀑布在树正寨附近,是九寨沟内第一个瀑布群,一连串40多个海子绵延7公里形成多层台阶。上层台阶海子里的水,从海子边缘全线溢出,形成瀑布,注入下一层台阶的海子,有多少层海子,便有多少层瀑布。落差最小的只有一二米,最大的可达30米。诺日朗瀑布呈多级下跌,宽达140米的水帘从两山间飞出,直泻百尺山崖,形成罕见的森林瀑布。诺日朗瀑布的特点在于雄伟,是旅客们最钟爱的取景点之一。

第二天

一、置身珍珠滩

珍珠滩瀑布犹如一面巨大晶莹的珠帘,从陡峭的断层垂挂而下。置身于这流珠飞玉的滩中,真有"滚滚银花足下踩,万顷珍珠涌入怀"的感觉。

二、探秘五花海

五花海的底部景观妙不可言,湖水一边是翠绿色的,一边是湖绿色的,湖底的枯树由于钙化,变成一丛丛灿烂的珊瑚,在阳光的照射下,五光十色,非常迷人。五花海有着"九寨精华"及"九寨一绝"的美名,站在五花海最高点,可一览五花海全景。此处也是九寨沟最佳取景点之一。金秋时节,四周山坡上的彩叶纷纷坠落在池水中,倒影、水波、阳光、落叶的完美结合,将人间最绚烂的颜色糅合在五花海水中。

三、沉思犀牛海

犀牛海水下的色彩宁静了许多,好像大自然进入了哲理状态的思考,绵软的水草只需轻轻抖动几下腰身,就让那蓝和绿幻化出无限神秘;海拔最高的长海,已是一片冰封,壮美得肃穆。珍珠滩上的激流破冰而出,水流白中泛蓝,银中凝绿,更有大珠小珠落玉盘的韵味。夕阳照在海拔较低的芦苇海上,摇曳出满地金黄,仿佛在讲述一个古老的故事。不时有水鸟从沼泽中扑簌簌飞起。原来,美丽的故事永远都不会完结。

【研修问答】

1. 九寨沟命名的由来是什么?
2. 九寨沟国家级自然保护区主要保护哪些珍稀动物?
3. 九寨沟的"六绝"指什么?
4. 九寨沟的"海"指什么?
5. 九寨沟水有哪些特点?

【学以致用】

1. 游学九寨沟后,说说你对《九寨沟》一文有何感触和想法。
2. 结合本次游学活动,完成一篇游记,字数500字左右。

【资料链接】

一、九寨沟国家级自然保护区简介

九寨沟因沟内有树正寨、荷叶寨、则查洼寨等九个藏族村寨坐落在这片高山湖泊群中而得名。

九寨沟国家级自然保护区的主要保护对象是大熊猫、金丝猴等珍稀动物及其自然生态环境。九寨沟有74种国家保护珍稀植物,有18种国家保护动物,还有丰富的古生物化石、古冰川地貌。

"九寨归来不看水",是对九寨沟景色真实的诠释。泉、瀑、河、滩和108个海子,构成一个个五彩斑斓的瑶池玉盆。长海、剑岩、诺日朗、树正、扎如、黑海六大景观,呈"Y"形分布。翠海、叠瀑、彩林、雪峰、藏情、蓝冰,被称为"六绝"。神奇的九寨沟,被世人誉为"童话世界",号称"水景之王"。

二、九寨沟水成蓝色之谜底

水体的颜色主要是由水体的散射、水表面的反射、水底物质对光的吸收等对人们视觉的综合刺激效应决定的。

九寨沟的天空无比洁净,其大气中的短波辐射较强,呈现"瑞利散射"。同时由于水体的选择性吸收及散射作用,洁净的水体发射出以短波辐射为主的光波,呈现出蓝色甚至出现发紫的现象。

而当水体超过一定深度后,其色彩主要来自水体的散射,蓝色变深。浅的海子,由于生长着不同颜色的藻类,其水体颜色变化更大,如五花海中的淡黄色、黄褐色藻类,它们选择性地吸收蓝光,反射出红光和绿光,在反射过程中,红光逐渐减弱,因而水越深颜色就越绿,再加上散射蓝光的加入,从而组成五花海水体颜色变化的基础。另外,水草和藻类呈斑块状丛生在水底,未长草的地方呈蓝色,并具不规则形状,加上水下纵横交错的枯木,湖周反射倒影和微波荡起的粼粼波光,因而五花海呈现出黄、绿黄、嫩绿、绿、青、蓝等颜色变化。

寻七十二名泉　赏一城湖光山色

——济南研学修行

【研学前言】

济南素有"天下泉城"的美誉，是个文化底蕴很深厚的城市。在这里可以感受到老舍笔下冬天的"温晴"，可以探寻丰富的人文古迹，可以看到"四面荷花三面柳，一城山色半城湖"的美景，可以遥想"大明湖畔夏雨荷"的缠绵……

【课文回眸】

泉　城

说到济南，自然会想到济南的七十二泉。这些泉有的白浪翻滚，好像银花盛开；有的晶莹剔透，好像明珠散落；有的声音洪大，听起来如虎啸狮吼；有的声音低细，听起来如秋雨潇潇。其中最著名的要数珍珠泉、五龙潭、黑虎泉和趵突泉了。

珍珠泉在泉城路北。泉池约一亩见方，清澈见底。泉水从地下往上涌，好像一串串珍珠。在阳光的映照下，那珠串忽聚忽散，忽断忽续，忽急忽缓，仿佛有一只神奇的手把它们拎到了水面上来。

五龙潭在旧城的西门外，由五处泉水汇注而成，所以人们称它"五龙潭"。在五龙潭的周围还有月牙泉、悬清泉、古温泉等，组成了五龙潭泉群。

黑虎泉的源头在悬崖下的洞穴中。泉口是用石头雕成的三个老虎头，泉水便从"老虎"的口里不断地喷吐出来。水声喧腾，昼夜不息。

趵突泉名列七十二泉之首，位于西门外的趵突泉公园内。一个开阔的方形泉池，差不多占了大半个公园。池里的水很清，游鱼水藻都可以看得清清楚楚。泉池正中有三股比吊桶还粗的清泉，"咕嘟咕嘟"地从泉底往上冒，如同三堆白雪。

济南的泉水天下闻名，所以人们称济南为"泉城"。

【研学主题】

寻找课文中的泉城，观看中国近代宗教建筑洪家楼天主教堂，游学著名高等学府山东大学。

【课程安排】

2天。

第一天

一、研学大明湖景区

大明湖与趵突泉、千佛山并称济南三大名胜，是繁华都市中一处难得的天然湖泊，素有"泉城明珠"的美誉。它位于济南市中心偏东北处、旧城区北部。早在唐宋时期，大明湖就以其撼人心弦的美景而闻名四海。"蛇不见，蛙不鸣，久雨不涨，久旱不涸"为大明湖"四大怪"。2009年，大明湖荣膺中国世界纪录协会"中国第一泉水湖"称号。济南号称"泉城"，有泉水百余处，其中名泉七十二处。大明湖是由众泉汇流而成的天然湖泊。泉水由南岸流入，水满时从宋代修建于北岸的北水门流出，湖底由不透水的火成岩构成，因而湖水"恒雨不涨，久旱不涸"，常年保持较固定的水位。公园面积103.4公顷，其中湖面58公顷。湖上有历下亭、汇泉堂、湖心岛等大小岛屿六处，公园自然景观优美宜人，湖面波光粼粼，鸢飞鱼跃，游船穿行。大明湖自古遍生荷莲，湖畔垂柳依依，花木扶疏，"四面荷花三面柳，一城山色半城湖"是大明湖的最好写照。公园的人文景观十分丰富，历下亭、铁公祠、南丰祠、北极庙等三十余处名胜古迹掩映于绿树繁花之间，展现出丰厚的历史文化。

二、走进芙蓉街

芙蓉街，北起府学文庙，南至泉城路，因街中芙蓉泉而得名，是济南市的老商业街，被誉为"齐鲁第一小吃街"。在济南的老街中，芙蓉街可能是最热闹的，相比于大多数寂寂无声的老街，芙蓉老街充满了商业活力。据说，从前这里是济南府最繁华之地，商贾聚居，多有豪门大院。但繁华如过眼烟云，现在的芙蓉街，以小吃闻名。对于大多数人来说，来芙蓉街是冲着它的小吃来的。许多逛街购物的人饿了累了都会来这里吃饭，几元钱就可以混个饱肚。走在芙蓉街上，眼中是路边一家家小吃店，鼻中是各色小吃的香味，耳中是各路小贩的吆喝。傍着繁华的泉城路，芙蓉街依然热闹，但这热闹是轻松的，是市井的，是锅碗瓢勺叮叮当当的热闹。

第二天

一、参观洪家楼天主教堂

洪家楼天主教堂全称洪家楼耶稣圣心主教座堂，一般简称洪楼教堂，为济南的标志性建筑物之一，也是济南文化带的重要象征。教堂位于市区东部，历城区洪楼广场北侧，东邻山东大学老校。教堂以洪家楼村而得名，是济南市也是华北地区规模最大的天主教堂，也是中国三大著名天主教堂之一，在中国近代宗教建筑中占有重要地位。

二、游学山东大学

山东大学创建于清光绪二十七年（1901），初名山东大学堂。山东大学是我国历史悠久的著名大学，中国一流大学，是一所学科齐全、学术实力雄厚、办学特色鲜明，在海内外具有重要影响力的教育部直属老牌重点综合性大学，是首批进入国家"211工程"和"985工程"重点建设的高水平大学之一。一百多年来，这所誉满海内外的百年名校，历经山东大学堂、国立青岛大学、国立山东大学、山东大学等历史发展时期，迁徙分合，春华秋实，成为中国现代大学教育的重要发祥地之一。

三、考察趵突泉历史

趵突泉居济南七十二名泉之首，被誉为"天下第一泉"，也是最早见于古代文献的济南名泉。位于济南市中心区，趵突泉南路和泺源大街中段，南靠千佛山，东临泉城广场，北望大明湖。趵突泉是泉城济南的象征与标志。趵突泉公园始建于1956年，其中名胜古迹众多，文化内涵极为丰富，是最有代表性的北方山水园林之一。趵突泉水分三股，昼夜喷涌，水盛时高达数尺。所谓"趵突"，即跳跃奔突之意，反映了趵突泉三窟迸发，喷涌不息的特点。"趵突"字面古雅，音义兼顾，不仅以"趵突"形容泉水跳跃之状，喷腾不息之势，而且又以"趵突"模拟泉水喷涌时"卜嘟""卜嘟"之声，可谓绝妙绝佳。北魏郦道元《水经注》载："泺水出历城县故城西南，泉源上奋，水涌若轮，觱涌三窟。"元代著名画家、诗人赵孟頫在《趵突泉》诗中赞道："泺水发源天下无，平地涌出白玉壶。"清代诗人何绍基喻之为"万斛珠玑尽倒飞"。刘鹗《老残游记》载："三股大泉，从池底冒出，翻上水面有二三尺高。"《历城县志》中对趵突泉的描绘最为详尽："平地泉源觱沸，三窟突起，雪涛数尺。"康熙皇帝南游时，曾观赏了趵突泉，兴奋之余题了"激湍"两个大字，并封其为"天下第一泉"。

四、研学五龙潭公园

五龙潭公园位于济南旧城西门外，泺源桥北，因内有五龙潭而得名。五龙潭，金代《名泉碑》所著录的济南七十二名泉之一，当时称为"灰湾泉"。据《水经注》记载，此潭六朝时称为"净池"，宋时又称"四望湖"，为古大明湖的一部分。相传，五龙潭昔日潭深莫测，每遇大旱，祷雨则应，故元代有好事者在潭边新建五龙神庙，内塑五方龙神，自此便改称五龙潭。五龙潭与其附近的天镜泉（江家池）、七十三泉、潭西泉、古温泉（温泉）、悬清泉（贤清泉）、净泉、醴泉、洗心泉、回马泉、静水泉、濂泉、西蜜脂泉、东蜜脂泉、月牙泉、井泉、泺溪泉、虬溪泉、金泉、裕宏泉、东流泉、北洗钵泉、显明泉、晴明泉、聪明泉等28处名泉，共同组成五龙潭泉群。

五、漫步泉城广场

泉城广场是省会济南的中心广场，地处山、泉、河、城怀抱之中。环顾四周，北览旧城区古风新貌，西观趵突泉喷涌潺湲，南眺千佛山青翠绵亘，东望解放阁清雅如画，是市民休憩盘桓之胜地。广场自西向东主要有趵突泉广场、济南名士林、泉标广场、下沉广场、颐天园及童乐园、滨河广场、荷花音乐喷泉、四季花园、文化长廊、科技文化中心及银座购物广场等。泉城广场是中国第一个也是目前唯一获得联合国教科文组织"国际艺术广场"称号的广场。广场以贯通趵突泉、解放阁的边线为主轴，以榜棚街和泺文路的延续为副轴而构成框架，各功能分区围绕轴线由西向东依次展开。泉城广场在21世纪的曙光中诞生，融合城市风貌与自然景观，营造浓郁的泉城特色，尽展礼仪之邦的优秀传统。泉城广场承载着泉城人民新千年的希望：古老的泉城铸就现代化省会城市的灿烂辉煌。

六、探幽黑虎泉景区

黑虎泉为济南四大泉群之一，位于济南市黑虎泉西路。早在金代以前，黑虎泉就已闻名于世。泉水出于深凹形洞穴，通过三个石雕虎头喷出，波澜汹汹，水声喧喧。明代晏璧《七十二泉》诗云："石磲水府色苍苍，深处浑如黑虎藏。半夜朔风吹石裂，一声清啸月无光。"附近有玛瑙、白石、九女、琵琶、南珍珠、任泉、溪中、苗家、胤嗣、汇波、对波、金虎诸名泉及无名泉一处，组成黑虎泉群。诸泉参差错落不已，泉既汇成河，河复又蕴泉，争相辉映，各得佳趣。泉群附近多有假山平台，回廊曲径，夏日绿树荫荫，鸟语蝉鸣，是游人品茶、玩景之胜地。

【研修问答】

1. 大明湖的"四大怪"指什么?
2. 在中国近代宗教建筑中占有重要地位的洪楼教堂全称是什么?
3. 被誉为"天下第一泉"的趵突泉,其名字有何含义?
4. 济南的三大名胜指什么?
5. 济南的四大泉群是什么?
6. 走进山东大学的最大收获是什么?

【学以致用】

1. 游学济南后,说说你对《泉城》一文有何感触和想法。
2. 结合本次游学活动,完成一篇游记,字数500字左右。

【资料链接】

一、泉城济南

济南有着二千七百余年的历史,是象征中华文明重要起源的史前文明——龙山文化的发祥地和发现地。在这里可以感受到老舍笔下冬天的"温晴",可以看到"四面荷花三面柳,一城山色半城湖"的美景,更有那"大明湖畔夏雨荷"的缠绵悱恻。济南位于黄河之南、大明湖畔,自然风光秀丽,是著名的"泉城",有七十二名泉,自古就有"家家泉水,户户垂杨"之誉。趵突泉为七十二泉之首,黑虎泉、五龙潭、珍珠泉亦久负盛名。趵突泉泉水分三股而淌。泉北有宋代建筑泺源堂,西南是明代建筑观澜亭,池东为来鹤桥,桥南立木牌楼。趵突泉东北侧有金线泉。泉中金线忽隐忽现,弯曲多变,明亮有光,奇妙有致。金线泉以东为漱玉泉,绿柳飘拂,清水碧波,金鱼戏水,景色十分优美。泉北,有幽雅恬适、翠竹婆娑的李清照纪念堂。黑虎泉在金线泉东,深凹如洞穴,泉水汩汩上涌,幽深清澈,绿如翡翠,清似琼浆,经过洞前三个石雕虎头后飞溅于方池……众泉汇流成的大明湖周围千佛山、五峰山、灵岩寺云山等构成了"一城山色半城湖"的独特风光。山光水色在这里得到了最好的结合。

二、济南泉水成因

关于济南泉水的形成原因，古时有很多说法。有人认为济南泉水来源于河南的王屋山。如宋代沈括在《梦溪笔谈》中说，济水自王屋山东流，有时隐伏地下，至济南冒出地面而成诸泉。明代胡缵宗诗云："王屋流来山下泉，清波聊酌思泠然。"宋代曾巩、金代元好问等人认为，济南的泉水并非济水之出露，而是来自济南城南的山区。曾巩在任齐州知州期间，为摸清泉水来路，曾进山调查，认为南部山区的水下渗潜流至市区而出露成泉。他在《齐州二堂记》中说："泰山之北与齐之东南诸谷之水，西北汇于黑水之湾（即锦阳川水），又西北汇于柏崖之湾（疑在柏崖山处），而至于渴马之崖（在今党家庄镇东、西渴马崖村一带）。盖水之来也众，其北折而西也，悍疾尤甚，及至于崖下，则泊然而止。而自崖以北至于历城之西，盖五十里，而有泉涌出，高或至数尺，其旁之人名之曰趵突之泉……盖泉自渴马之崖潜流地中，而至此复出也。"

现代地质工作者认为，济南泉水来源于市区南部山区，大气降水渗漏地下，顺岩层倾斜方向北流，至城区遇到侵入岩体阻挡，承压水出露地表，形成泉水。济南南部山区，为泰山余脉，自南而北有中山、低山、丘陵，至市区变为山前倾斜平原和黄河冲积平原的交接带，高差达 500 多米，这种南高北低的地势，利于地表水和地下水向城区汇集。在地质构造上，南部山区属泰山隆起北翼，为一平缓的单斜构造。由于北侧断裂切断，形成许多断块，其中千佛山断块是构成城区泉群的构造基础。山区以前震旦系变质岩为基底，上布有 1 000 多米厚的寒武系和奥陶系石灰岩岩层。岩层以 3～15 度倾角向北倾斜，至市区埋没于第四系沉积层之下。在漫长的地质年代，这些可溶性灰岩，经过多次构造运动和长期溶蚀，岩溶地貌发育，形成大量溶沟、溶孔、溶洞和地下暗河等，共同组成了能够储存和输送地下水的脉状地下网道。市区北部为燕山期辉长岩—闪长岩侵入体，质地细密，岩质坚硬，隔水性能好。千佛山断块西有通过纬一路的千佛山断层，东有穿过解放桥和老东门的羊头峪断层，这样就组成了东西北三面阻水岩体，构成了三面封闭的排泄单元。

南部山区，在灰岩出露和裂隙岩溶发育的地方，吸收了大量的大气降水和地表径流，渗入地下形成了丰富的裂隙岩溶水。这些裂隙岩溶水，受太古界变质岩的隔阻，沿岩层倾斜的方向，向北做水平运动，形成地下潜流，至城区遇到侵入岩岩体的阻挡和断层堵截，地下潜流大量汇聚，并由水平运动变为垂直向上运动，促进了岩溶发育和水位抬高，在强大的静水压力下，地下水穿过岩溶裂隙，在灰岩和侵入岩岩体的接触地带及第四系沉积层较薄弱处夺地而出，涌出地表，形成天然涌泉。

降水量的多少和季节分配直接影响着泉水的变化。济南属暖温带季风气候，常年平均降水量为 650～700 毫米。由于夏季季风的影响，降水量季节分配不均，三分之二的降水量集中在夏季，秋季不足五分之一，冬春两季降水很少。随着降水量的季度变化，泉水水位和流量也相应地出现季节变化，不过在时间上较降水的季节变化推迟一些。一般年份，泉水变化过程是自年初始，流量逐渐减少，至6月出现最小流量和最低水位，7月随降水量增加而流量开始增大，8、9月出现最大流量和最高水位；雨季过后，流量开始变小，直至次年初夏。降水量的年际变化也同样影响着泉水流量和水位。一般规律是年降水量多，当年泉流量大，水位高；年降水量少，当年泉水的流量也小，水位也低。

大气降水对泉水动态变化所起的主导作用，是在人工开采量不超过泉水流量的情况下显示出来的，如果开采量大于泉流量，雨量因素则处于次要地位。开采量的多少，直接影响泉水的动态变化。1972年1月20日6时40分，市区发生大面积停电4小时50分钟的事故，采水系统全部停机，这段时间市区水位回升40厘米。1968年，开采量与泉流量大体相当，被称为二者的转换年。在此之前，开采量小于泉流量，因此泉水表现一直很好；在这后，开采量超过泉流量，并不断增大，泉水流量变小。为了证明这一点，1980年9月24日，在有关部门的组织下，市区停采地下水8小时，比平日少采水135 600吨，市区地下水位回升44~45厘米。据山东省水文地质队资料，1973—1977年，市区水位下降2.25米。1976年以后，雨季后不到1个月，泉水流量就逐渐减少。趵突泉自1981年以来，连续三年在3月上旬至9月初断流，干涸达半年以上。1988年8月至1990年8月，趵突泉断流长达两年之久。

2003年9月6日，趵突泉泉水复涌，至今已持续喷涌十几个年头。

五年级

赏黄山优美风光　砺少年坚强意志
——黄山研学修行

【研学前言】

明代大旅行家徐霞客有言:"薄海内外无如徽之黄山,登黄山,天下无山!"一直以来,黄山优美的风光和厚重的文化令无数游人朝夕向往,荧屏上也会经常出现它美丽的身影。作为我国山岳型风景名胜区的代表之一,黄山真的值得游览一番!让我们跟着课本畅游大美黄山,磨砺自己的坚强意志,表达对祖国无尽的热爱!

【课文回眸】

黄山奇松

被誉为"天下第一奇山"的黄山,以奇松、怪石、云海、温泉"四绝"闻名于世,而人们对黄山奇松,更是情有独钟。山顶上,陡崖边,处处都有它们潇洒、挺秀的身影。

黄山最妙的观松处,当然是曾被徐霞客称为"黄山绝胜处"的玉屏楼了。楼前悬崖上有"迎客""陪客""送客"三大名松。迎客松姿态优美,枝干遒劲,虽然饱经风霜,却仍然郁郁苍苍,充满生机。它有一丛青翠的枝干斜伸出去,如同好客的主人伸出手臂,热情地欢迎宾客的到来。如今,这棵迎客松已经成为黄山奇松的代表,乃至整个黄山的象征了。陪客松正对玉屏楼,如同一个绿色的巨人站在那儿,在陪同游人观赏美丽的黄山风光。送客松姿态独特,枝干蟠曲,游人把它比作"天然盆景"。它向山下伸出长长的"手臂",好像在跟游客依依不舍地告别。

黄山松千姿百态。它们或屹立，或斜出，或弯曲；或仰，或俯，或卧；有的状如黑虎，有的形似孔雀……它们装点着黄山，使得黄山更加神奇，更加秀美。

【研学主题】

登临黄山，磨砺意志，知山川之壮美，激爱国之情怀。

【课程安排】

一、解读和探究黄山地理、生物、文化艺术

1. 地质解读：黄山在漫长的地质时代中是如何形成的，地貌特征又有哪些，花岗岩的种类。
2. 书法解读：玉屏楼、鳌鱼峰、始信峰等处名家摩崖石刻。
3. 文学解读：跟着徐霞客的黄山游记行走。
4. 美术解读：寻找名家画笔下的玉屏楼、光明顶等处实景并写生，寻找石涛《始信峰》所描绘的黄山实景。
5. 物理探究：黄山云海是如何形成的。
6. 生物探究：认识黄山沿途所见植物花卉，了解黄山松的生长。

二、开展登山体育运动

攀登黄山，锻炼身体，磨炼坚韧意志。

三、游览屯溪百年老街

屯溪老街始建于明末清初，是徽商重要的物资集散地，历经百年，古风依然，被称作"流动的清明上河图"。

【研修问答】

1. 古往今来赞誉黄山风光之美的诗文颇多，你了解多少？请列举你所知道的作品。
2. 黄山松是如何在岩石上生长的？
3. 屯溪老街有什么特点？

【学以致用】

1. 游学黄山后，说说你对《黄山奇松》一文有何感触和想法。
2. 结合本次游学活动，完成一篇游记，字数500字左右。

【资料链接】

一、黄山松

黄山松（学名：Pinus taiwanensis Hayata）是松科。松属乔木，中国特有树种，高可达30米，胸径80厘米；树皮深灰褐色，枝平展，老树树冠平顶；冬芽深褐色，卵圆形或长卵圆形，顶端尖，微有树脂，边缘有细锯齿，两面有气孔线；雄球花圆柱形，淡红褐色，球果卵圆形，无梗，向下弯垂，成熟前绿色，熟时褐色或暗褐色，常宿存树上6～7年；种子倒卵状椭圆形，4—5月开花，球果第二年10月成熟。

黄山松是在黄山等独特地貌和气候条件下形成的一种中国特有种，生长在海拔600米以上，喜光，喜凉润，耐瘠薄，但生长迟缓。

二、关于黄山的部分诗句

杂曲歌辞·宫中乐
〔唐〕张仲素

奇树留寒翠，神池结夕波。
黄山一夜雪，渭水雁声多。

奉送五叔入京兼寄綦毋三
〔唐〕李 颀

云阴带残日，怅别此何时。
欲望黄山道，无由见所思。

侍宴安乐公主新宅应制
〔唐〕武平一

紫汉秦楼敞，黄山鲁馆开。
簪裾分上席，歌舞列平台。
马既如龙至，人疑学凤来。
幸兹联棣萼，何以接邹枚。

秋浦歌
〔唐〕李 白

秋浦猿夜愁，黄山堪白头。
清溪非陇水，翻作断肠流。
欲去不得去，薄游成久游。
何年是归日，雨泪下孤舟。

洞 房
〔唐〕杜 甫

洞房环佩冷，玉殿起秋风。
秦地应新月，龙池满旧宫。
系舟今夜远，清漏往时同。
万里黄山北，园陵白露中。

判道士黄山隐
〔唐〕皇甫大夫

道士黄山隐，轻人复重财。
太山将比甑，东海只容杯。
绿绶藏云帔，乌巾换鹿胎。
黄泉六个鬼，今夜待君来。

送李亿东归
〔唐〕周 贺

黄山远隔秦树，紫禁斜通渭城。
别路青青柳发，前溪漠漠花生。
和风澹荡归客，落日殷勤早莺。
灞上金樽未饮，宴歌已有馀声。

送李亿东归
〔唐〕温庭筠

黄山远隔秦树，紫禁斜通渭城。
别路青青柳弱，前溪漠漠苔生。
和风澹荡归客，落月殷勤早莺。
灞上金樽未饮，宴歌已有馀声。

三、屯溪老街的历史文化

徽商造就的屯溪老街是古徽州的商业重镇，地处屯溪西部的黎阳，于公元208年便有县级建制。悠久的历史为屯溪留下了包括徽派建筑在内的丰厚文化遗产。屯溪老街是随着徽商的兴起逐渐形成和发展起来的。元末明初，有婺源、歙县商人，为方便土特产和食盐中转，在率水、横江和浙江聚汇的三江口附近，建立栈房，屯聚货物。明代永乐年间，休宁商人程维宗在此基础上再建新的店铺，还在店铺之间建亭阁，供来往行人休息，从此形成了有一定规模的屯溪街市。

明清两朝，徽商崛起，屯溪老街凭借地处皖、浙、赣三省交衢，横江、率水汇合直通钱塘江的有利条件，成为徽州水陆运输的交通枢纽，获得迅速发展。老街在明代成为颇有影响的"一邑总市"，清代发展成远近闻名的"茶务都会"。20世纪三四十年代，因战乱大量人口内迁，又发展成皖南的商埠重镇，获得"小上海"的名声。1949年以来，作为区域中心城市，屯溪面貌发生了翻天覆地的变化，城市规模迅速扩张，现代建筑鳞次栉比，但屯溪老街得到了很好的保护，深厚的商贸文化薪火相传。

屯溪老街依黄山，伴新安江，空间景观特色依托于城市与自然环境（山与水）的有机结合。山、城、街、水呈平行的带状结构，老街又是城市最活跃的部分。通过三条马路和十八条巷道与山水相沟通，如鱼骨式形态，同时将山水景观引入城市和老街。屯溪老街呈现出古朴典雅的明清风貌，是中国保存最完好的一条徽州古街，虽历经天灾人祸，几度兴衰，仍保持着明清年代的街市情趣：茶楼酒肆，书场墨庄，匾额旗招，朱阁重檐。

屯溪老街的建筑承袭了徽州特有的建筑风格，规划布局和建筑形式具有鲜明的徽派建筑特色。整条街的建筑色彩淡雅古朴，结构错落参差，石板街路面，小青瓦，再加上白粉马头墙，更增加了街道的层次感。临街的店铺一般为两层，均为砖木结构，以梁柱为骨架，尽管多为不大的单开间，但设计构思奇巧，门楣上的徽派木雕中，戏曲人物栩栩如生，民间故事委婉动人，新安山水秀美灵动。门楹和窗棂或方或圆，或菱形或扁菱形，花式丰富，形态各异。伸出楹外的"飞来椅"或"美人靠"，既拓展了店堂内有限的空间，方便店家和顾客把玩街景，又平添了店外的外观层次，使店堂显得更加恢宏和华丽。从店铺的内部结构看，有沿街开敞式和内天井式，有前店后坊、前店后户或前店后仓，有的二进二厢，有的三进三厢，四周的走廊连接成天井，寓含"四水归堂"和"肥水不外流"的敛财之意。店堂一般都较深，前店营业，内厢加工或储存货物，有的则前店后居或下店上居。临街的店面是可以灵便装卸的朱漆木板大排门，早卸晚上。店堂两楹和货架上多以字画点缀，徽商亦儒亦商的高雅情调表现得淋漓尽致。著名学者叶显恩曾著文称，原徽州所出现的既有独特性，又有典型性，并具有学术价值的各种文化现象的总和，即徽州文化。徽州文化既是地域文化，又是中华传统文化传承的典范。屯溪老街集中地体现了中华传统文化的精华。

徽州文化的众多门类在屯溪老街都有很好的体现。街内有屯溪老街古建筑群、中共皖南特委旧址、同德仁药店等重点文物保护单位。清代著名思想家、学者、"乾嘉朴学"的代表人物戴震，是屯溪隆阜人，位于屯溪老街立新巷1号的戴震纪念馆，是中国唯一一座陈列和收藏戴震学术贡献、生平事迹和研究成果的纪念馆。整条老街有店铺三百余家，其中历史悠久的就有六十多家，"同德仁""茂槐""老福春""汲古轩""艺林阁""徽宝斋"等老店，都挂有"老字号"牌匾。老街店家主要经营文房四宝和土特产品。这里有徽墨、歙砚、徽漆等国家级非物质文化遗产工艺品，"祁红""屯绿""黄山毛峰""太平猴魁"等享誉中外的名茶。

屯溪老街是博大精深的徽州文化的集中展示窗口，以粉墙黛瓦马头墙和砖雕、石雕、木雕为主要特征的徽派建筑文化，以同德仁药店为代表的新安医学文化，以书画、匾额、楹联为代表的新安书画文化，以老街一楼、老徽馆为代表的徽菜文化，以歙砚、徽墨为代表的文房四宝文化，以三味茶馆等为代表的徽州茶文化，以及以馆藏器物和工艺品为代表的民间器物文化，构成独具特色的文化旅游休闲街区。

多彩贵州 梦回黔朝

——贵阳研学修行

【研学前言】

最美的颜色是自然的颜色,最好的风景是纯净的风景。这里没有污染,没有喧嚣,有种古朴、恬淡、宁静的东西映照在贵州的上空。去贵州,选一抹颜色,看一片风景,换一种心情。

【课文回眸】

黄果树瀑布

去年深秋,我去了一趟贵阳,还未落稳脚,便匆匆坐上了开往黄果树瀑布的汽车。

刚下车,便隐隐听见隆隆的闷雷一般的声音震撼山谷。我快步向声响处奔去,下石阶,过溪流,声响越来越大。顺着水流很急的溪水转个急弯,我的眼前猛然一亮,只见瀑布似银河决口,从九天崩泻而下,拍石击水,发出轰然巨响,犹如万马失蹄,千军仆地,气势磅礴;喷烟吐雾处,万练倒悬,细如珠帘,粗若冰柱;飞瀑跌落处掀起轩然大波,碎玉四溅,银珠轻扬,如蒙蒙细雨,似点点飞雪。阳光射来,瀑布霎时化作一道七彩长虹……黄果树瀑布,真是大自然献给人类的惊人杰作!

黄果树瀑布如此壮美,如同一首雄壮的史诗,一曲激昂高亢的交响乐,又似一股青春的激流,一腔沸腾的热血……然而,是谁给了它这雄浑奇伟的气势呢?我沿着山路攀援而上,登上山崖,来到了游客很少到过的瀑布的上方。原以为这里一定是波涛汹涌,白浪滔天,但出乎意料,这里只有一条平凡的河,宽四五十米,不太深,水中石头隐约可见,浅水处还有大一点儿的石头露出水面。河水很静,几片叶子无力地漂浮着,水面上还有绿藻,投下一颗石子也不过荡起小小的波纹。三两顽童正在河边玩耍,鸭儿在水中嬉戏，村妇在水边涮洗，一个村民正背着犁，光着脚蹚水而过，完全是一幅田园牧歌式的山村小景。

这平凡的河，没有浪花，没有急流，恬静、安详、默默无语，根本无法将它与雄奇壮观的黄果树瀑布联系在一起。可就是这条河，流向几十米之外，便化作一道令世人称奇的大瀑布！就是这些平静流淌着的河水，几分钟之后，便化为万马奔腾、咆哮如雷、汹涌澎湃、崩崖裂石的世界奇观！

【研学主题】

山水风光，科举文化，古镇文化。

【课程安排】

5 天。

第一天

一、游学黔灵山公园

黔灵山公园是国内为数不多的大型综合性城市公园之一。以明山、秀水、幽林、古寺、圣泉、灵猴而闻名遐迩，有"黔南第一山"的美誉。

二、游学甲秀楼

甲秀楼始建于明万历二十六年（1598），明万历年间（1573—1620）巡抚江东之于此筑堤连接南岸，并建一楼以培风水，名曰"甲秀"，取"科甲挺秀"之意。有浮玉桥衔接两岸。天启元年（1621）焚毁，总督朱燮元重建，改名"来凤阁"。清代多次重修，清康熙二十八年（1689）巡抚田雯重建，并恢复原名。

三、游学花溪公园

花溪公园位于贵阳南郊的花溪区，是贵阳历史悠久的自然景观公园。花溪公园融山水田园和民俗风情于一体，这里景色四季皆美，尤以春季群花与秋季梧桐夹道的黄金大道最迷人，而蜿蜒于花溪河上的百步桥也是一道美景。

四、游学青岩古镇

青岩古镇，贵州四大古镇之一，位于贵阳市南郊，建于明洪武十年（1378），原为军事要塞。古镇内设计精巧、工艺精湛的明清古建筑交错密布，寺庙和楼阁皆画栋雕梁、飞角重檐。

【研修问答】

1. 黔灵山公园以什么闻名遐迩？
2. 甲秀楼以"甲秀"命名，有何含义？
3. 贵州四大古镇是哪四个？

【学以致用】

结合本次游学活动，完成一篇游记，字数500字左右。

【资料链接】

一、文昌阁和甲秀楼

明万历年间，贵州人文蔚起，风气大开，人们不仅希望"采芹"，而且渴望"折桂"，于是修建"保佑"文人荣登榜首的文昌阁、甲秀楼。清康熙三十一年（1692）镌立的《重修文昌阁碑记》称："会城东郊外，有峰突起，是为木笔文星，支衍蟠曲而入城中。""术家嫌其末尽耸拔，思有以助之，乃于子城之上建阁三层，中祀文昌，上以祀奎，下祀武安王，而总名之'文昌阁'。"果然，"阁成而人文蔚起，科目夺省榜之半"。为求贵州"科甲挺秀"而建的甲秀楼，亦不负众望，于建成288年后的光绪十二年（1886）和整整300年后的光绪二十四年（1898），相继成就了赵以炯和夏同和两位状元。

文昌阁

文昌阁俗称观音阁。位于老城北端一小石山上，坐北朝南，略偏西。始建确切年代待考，至迟在清嘉庆初年。

文昌阁为一处古寺庙建筑群总称，包括山门、魁星楼、文昌宫、韦驮亭、文昌阁、东西配殿等。东西宽48米，南北长60米，占地面积2 900平方米。其中，文昌阁系水城尚保存较完好之一处寺庙余部，尚存文昌阁及东西配殿，而山门、魁星楼、住持房、韦驮亭等已不存。20世纪50年代以来，文昌阁曾用作单位宿舍而拆修改装。继而毁于1958年。据老人回忆，文昌阁坐落之小山上，长满松柏、皂角、冬青、竹子及花草，文昌阁掩映于高大树木之下，清净幽雅。每当夜幕降临，千百只白鹤、鹭鸶栖息于树上，倍添生机。

今树木绝大部分已伐。尚存之文昌阁，占地面积216平方米。通面阔五间24米，明间面阔4.6米，一进9米，次间面阔4.1米，一进9米，梢间面阔4.1米，二进9米；通高9.3米。单檐歇山顶，穿斗抬梁混合构架，砖石砌筑四壁，盖青筒瓦。除筒瓦有部分换盖外，木构架、板壁、墙壁、滴水等，均系清代遗物。东西配殿各为面阔三间，8.7米，一进6.5米，通高5.6米。为单檐硬山，穿斗式，砖木结构，盖小青瓦，占地面积各为56平方米。文昌阁为此建筑群中主要建筑之一，为三层三檐六角攒尖顶，翼角起翘，盖青筒瓦。底层直径约4米，中上两层高约3.6米，屋顶高约2.1米，通高约13米。底层有6道隔扇，隔扇上段以透雕手法雕有象征吉祥之飞禽走兽图案，裙板上为花草浮雕，垂脊上塑有仙人走兽，翼角均系有铁铃。底层门楣挂一横匾，镌贴金正书"慈航普渡"四字。中层檐下挂一横匾，镌贴金正书"星垣书桓"四字。清道光三十年（1850），于上层檐下悬一横匾，镌贴金正书"人文蔚起"四字。门前左右座有石狮一对，天井中央置一化钱炉，重约500公斤，铸造较精细。

甲秀楼

甲秀楼是三层三檐四角攒尖顶，高约20米，石柱托檐，护以白色雕花石栏杆。浮玉桥为九孔，称"九眼照沙洲"。中华人民共和国成立后临河修公路填埋二孔，现能见七孔。楼基和桥虽经多次洪水冲击，历近四百年，仍然砥柱中流。

楼前原竖有铁柱二根：一为雍正十年（1732），鄂尔泰镇压古州（今榕江）苗民，收聚兵器，铸铁柱标榜功绩；二为嘉庆二年（1797），勒保镇压兴义布依族王囊仙起义，收聚兵器又铸铁柱立于楼下。中华人民共和国成立初，政府维修甲秀楼，拆除铁柱，移存省博物院。十年动乱中，楼危亭毁。1981年，按原式样重修，楼基部分采用现代建筑材料和技术。重建涵碧亭，重修过程中，发现楼阁底层石墙中嵌有诗碑，重修后有八块诗碑复嵌于底层楼壁。楼额"甲秀楼"三字，系宣统年间谢石琴所书。十年动乱中散失，后寻回刻有"秀""楼"二字的两块，另据过去照片，配写"甲"字，按原式样悬挂楼顶层外面。甲秀楼是三层三檐四角攒尖顶阁楼，这种构造在中国古建筑史上都是独一无二的。楼高约20米，飞甍翘角，12根石柱托檐，护以白色雕花石栏杆，翘然挺立，烟窗水屿，如在画中。登楼远眺，四周景致，历历在目。浮玉桥如白龙卧波，全长90余米，穿过楼下，贯通两岸。桥上有涵碧亭，桥下有涵碧潭、水月台，桥南有翠微阁，遥相呼应。

二、贵州四大古镇

贵州的四大古镇分别为：黔东南镇远古镇、贵阳青岩古镇、赤水丙安古镇和锦屏隆里古镇。黔东南的镇远古镇最好看。那里山水、寺庙景色多样，而且每一种景色都很美。镇远的舞阳河是国家级风景名胜区，著名景点有孔雀天屏、狮子峰等，水质非常好，还出现了桃花水母。国家级重点文物保护单位青龙洞古建筑群里，有道观、寺庙等建筑，被余秋雨称为"诸神的狂欢地"。县城外的铁溪河景区具有传奇色彩，是清代著名小说家吴敬梓笔下名著《儒林外史》第四十三回中的"龙神嫁妹"之地，更是寻幽探奇的好去处。古镇建筑石板桥、古巷道、天后宫、万寿宫等一大批古迹，闻名中外。镇远是苗乡古城，这里居住着侗、苗等十几个世居的少数民族，民族风情独特而浓郁，是国家级历史文化名城。

第一天

【研学主题】

地质奇观。

【课程安排】

小七孔景区因小七孔桥而得名。景区被称为"超级盆景"，集山、水、洞、林、湖、瀑布等为一体，在长不到2公里的峡谷内，起迭着68级瀑布，顺势而下，奔泻而去。拉雅瀑布精巧醉人，水珠飞溅；而长不到600米之水上森林，树根盘在错石上，清澈的水流冲刷着青石，行走于其中，若身临琼瑶仙池；鸳鸯湖乍听名字就令人神往，荡小舟于湖上，令人心旷神怡，流连忘返。

小七孔水上森林

一、小七孔桥

响水河上有一座古桥，这就是著名的小七孔桥。此景区的得名亦因此桥。此桥建于清代道光十五年（1835），桥下七孔，横跨响水河。在古桥上观河景是一件惬意的事情，河面幽幽泛着绿光，粼粼微波显得十分恬静，河水清澈。如若泛舟游河，便可赏到两岸布依族古色古香的建筑，嗅着两岸花丛溢出来的芳香，心中平添许多诗情画意。

小七孔桥

二、鸳鸯湖

鸳鸯湖是小七孔一奇景，湖水如油，碧绿而凝重。鸳鸯湖因湖中有两棵并排参天的大树而得名，这两棵大树半截在水中，枝叶则在上方交握，雌树纤巧秀丽，雄树则两三人才能环抱过来，雄壮挺拔。湖面幽静，水道四通八达，一不小心就会迷路，不过湖中经常会有领路的船只行走，一旦迷路只需静静等待救援即可。湖的四周由各种颜色的植物组成，密密地包了好几层，在湖中荡舟有一种与世隔绝的感觉。

三、天钟洞

悬崖飞瀑牵起的水帘，掩饰不住戏水中布依少女的娇羞。

天钟洞位于汤粑石林的半坡，洞长700多米，洞厅高大，廊道迂回。钙化堆积物不算很发育，但形态逼真生动，且洞内道路平坦，可观性强。洞内钟乳石多酷肖动物，有鳄鱼厅、金鸡厅、百兽厅和犀牛厅等。洞中有一钟乳石如铜钟倒扣于地，钟身遍布细石乳，宛似蝌蚪文。人们说，这是兽界的"法律条文"，故钟名"天钟"，洞名亦由此而得。

四、野猪林

野猪林是一片典型的喀斯特漏斗森林。从漏斗的底部到天边的山沿，重重叠叠密布丛林。漏斗的下部，几百亩翠竹杂生在树丛中。整个漏斗像一个绿色的旋涡，飘旋在林海之上。漏斗底部的小沟两岸，树木全部往沟中心倾斜，令人费思。更绝的是，所有的树木都全身披满絮状松萝，远望如浑身绒毛的野人。来到这里，几疑回到远古时代。昔日野猪奔突林间，以竹笋根为食，野猪林之名由是得之。

五、跌水瀑布

在涵碧潭上游的狭窄山谷里，有68级跌水瀑布，层层叠叠的瀑布，淙淙哗哗倾泻而下，或倾珠撒玉，推雪拥云，或如匹练飘逸，似银河泻地，形态各异，气象万千，构成风情万种的动态水景，令游客目不暇接。沿河谷伴梯级瀑布而上，一路只见高山流水，绿树红花，但闻泉鸣瀑响，鸟啾虫吟，不由得想起伯牙、子期的知音逸事，更觉眼前诗意盎然，美不胜收。文人墨客遂冠以"知音谷"的雅号。

六、龟背山

漫山野生着无数龟背竹，故名。岩石峥嵘，怪石嶙峋，古木参天，藤萝缠绕。此山有三绝：一绝是林中的古藤缠绕，恰似人工搓绞的麻绳，殊为奇特；二绝乃山林上端入口处的一条树根有碗口粗，沿路延伸数十米，如游动的巨蟒，令人咋舌；三绝为林中有一块巨石悬空，巨石下有三根石柱支撑着，巨石上竟长着一棵十几米高的国家二级保护植物——榉树，居然也婆婆娑娑、葱葱郁郁，令人惊奇和叹服。

龟背山原始森林

七、水上森林

水上森林，长约600米，分上下两段。河谷里丛生着茂密的乔木和灌木，形成一道翡翠屏障。清澈的河水从河床的杂木林中穿涌而下。日复一日、年复一年的冲刷，河床已没有一粒泥沙，连磐石也被激流磨光了棱角而变得"圆滑"起来，但树木却扎根在河床里，纹丝不动，四季常青。可谓是"水在石上淌，树在水中长"的奇景。

八、生态长廊

卧龙河生态长廊全长3.5公里，可乘橡皮舟顺水缓缓漂流而下，两岸是葱茏秀丽的喀斯特原始植被，幽静

卧龙潭人造瀑布

的河水中，时而有鱼儿跃起，时而有秀美的岛屿出现，犹如精巧的天然盆景。

卧龙河的出口处有卧龙潭，暗河从崖底涌出，潭面上不见踪影，只有坝上雪崩似的滚水瀑布，潭外流动不息的渠水。潭边怪石奇树林立，古木森森，潭外水声轰鸣，雾雨蒙蒙，四周高山紧锁，水潭犹如地底深渊，即便是发洪水时，潭面也犹如镜子般平静。

九、拉雅瀑布

拉雅瀑布距小七孔桥百余米，瀑宽10米，落差30米，瀑势如山倒，吼声状雷，颇为壮观。瀑布腾空喷泻，横向坠落，瀑在路侧，人在瀑下，倍觉酣畅和亲切。瀑布溅喷的水雾飘飘洒洒，纷纷扬扬，给游客以扑面凉爽和美的享受，可一洗暑热和劳乏，顿觉轻松和振奋。

景区东大门处有座铜鼓桥，横跨樟江河，始建于1993年。铜鼓桥长126米，净跨60米，宽2.4米，高25米，桥身两端采用瑶山铜鼓造型，故称此桥为"铜鼓桥"。瑶山瑶族将铜鼓视为神赐之物、镇寨之宝，是权力的象征。

十、瑶寨

瑶寨中居住着两片瑶和白裤瑶，区分他们的标准是着装，两片瑶的妇女穿的上衣由前后两片组成，只在肩头和腰间相连，而白裤瑶则以下身穿白色的裤子而得名。在瑶寨中，你可以看到妇女们在集体织布。赶上集市，可以看到血淋淋的宰牛场面。被杀的牛的五脏摆在摊上出售。牛血被做成一盆盆的血豆腐，当地的人们用开水一煮便成了下酒的美味佳肴。牛肉被分割成一块块的，一天下来也会销售一空。

瑶寨的房屋都是"空中楼阁"，在离地面一人多高的半空搭建，房屋底下便成了小孩子们乘凉玩耍的地方。据这里的人介绍，这两年政府在这里修建了希望小学，村里唯一的一家小卖铺中也有了一台彩色电视机，每逢电视机打开的时候，小卖铺的门口便会挤满了小孩子。虽然外地来旅游的人越来越多，电视也带来了远方的消息，但瑶寨人的生活习惯却没有发生太大的变化，让从城市中来的人们有一种恍若隔世的感觉。

【研修问答】

1. 小七孔景区为什么被称为"超级盆景"？
2. 瑶寨中居住着两片瑶和白裤瑶，你知道如何区分了吗？

【学以致用】

结合本次游学活动，完成一篇游记，字数500字左右。

【资料链接】

瑶族族称和民族迁徙

瑶族名称比较复杂，有自称28种，他称近100种。有的自称为"勉"（"人"的意思），也有的自称为"布努""金门""瑙格劳""拉珈""炳多优""唔奈""藻敏"等。过去又因其起源传说、生产方式、居住和服饰等方面的特点，而有"盘瑶""过山瑶""茶山瑶""红头瑶""花瑶""花蓝瑶""蓝靛瑶""白裤瑶""平地瑶"等30余种不同的称呼。按照语言、习俗和信仰等方面的差异，瑶族大体上可以划分为四大支系：操勉语的盘瑶支系，又称瑶语支系；操苗瑶语族苗语支的布努瑶（包括布努瑶、白裤瑶、花蓝瑶、花瑶和部分红瑶），又称苗语支系；操壮侗语族侗水语支的茶山瑶和那溪瑶支系，又称侗水语支系；汉语方言支系。

瑶族的先人，传说是古代东方"九黎"中的一支，后往湖北、湖南方向迁徙。

到了秦汉时期，瑶族先民以长沙、武陵或五溪为居住中心，在汉文史料中，与其他少数民族合称"武陵蛮""五溪蛮"。

南北朝时期，部分瑶族被称为"莫徭"，以衡阳、零陵等郡为居住中心。《梁书·张缵传》说："零陵、衡阳等郡，有莫徭蛮者，依山险为居，历政不宾服。"这里的"莫徭"，指的就是瑶族。

隋唐时期，瑶族主要分布在今天的湖南大部、广西东北部和广东北部山区。所谓"南岭无山不有瑶"的俗语大体上概括了瑶民当时山居的特点。

唐末五代时期，湖南资江中下游，以及湘、黔之间的五溪地区，仍有较多的瑶族居住。

宋代，瑶族虽然主要分布在湖南境内，但已有一定数量向两广北部深入。

元代，迫于战争的压力，瑶族不得不大量南迁，不断地深入两广腹地。到了明代，两广成为瑶族的主要分布区。

明末清初，部分瑶族又从两广向云贵迁徙，这时，瑶族遍及南方六省（区），基本上形成了今天的分布局面，具有"大分散，小聚居"的特点。

明中叶以后，部分瑶族由广西、云南进入越南、老挝、泰国等东南亚国家，成为他国居民。

第三天

【研学主题】

苗族文化。

【课程安排】

一、品尝苗寨长桌宴

走进苗家人的生活,走街串巷,参观苗家生活博物馆,上观景台欣赏西江全景,中餐品尝苗家特色——长桌宴,感受着浓郁而古朴的悠闲农居生活。

二、走进多彩贵州城

多彩贵州城旨在为贵州文化旅游开设一个对外交流的门户,展示贵州山地公园丰富的喀斯特地貌、多样的自然生态景观和多彩的多民族原生态文化,打造具有一定影响力的旅游目的地。

三、欣赏多彩贵州风

一个让你看了不会后悔的演出:让你知道没有一个民族像苗族这样,把妇女的服装看得如此重要和神圣,苗族女子自幼学习缝纫、刺绣,出嫁时妈妈会捧出最美的服饰送给女儿。让你看到挽着远古的发髻,手握火药猎枪,腰悬尖刀,一脸威武的苗族青年,仿佛回到了战国时代。

【研修问答】

1. 贵州是一个多民族共居的省,全省共有多少个民族?
2. 有人形容黔地贵州"天无三日晴,地无三尺平",这句话是什么意思?

【学以致用】

结合本次游学活动,完成一篇游记,字数500字左右。

【资料链接】

一、贵州地貌

贵州的地貌类型复杂，有高原、山原、山地、丘陵、台地、盆地（坝子）和河流阶地，这些不同类型的地貌，不仅形态和海拔高度不同，而且成因及组成物质也各不相同。

贵州在地貌上是一个以高原、山地为主的地区，高原、山原、山地约占全省总面积的87%，丘陵占10%，盆地、河流阶地和河谷平原仅占3%。高原多由夷平面组成，大部分由岩溶作用造成，少数由剥蚀作用形成。山原是贵州分布面积较大的地貌类型之一，它主要是由起伏的高原受河流侵蚀切割而成，有相当一部分是岩溶作用形成的岩溶山原。山地是贵州分布面积最大的地貌类型，成因各异，有在褶皱断裂基础上由流水侵蚀而成的，有由碳酸盐岩层经岩溶作用而成的。

按海拔高度，山地可分为低山（海拔900米以下）、低中山（海拔900—1 600米）、中山（海拔1 600—1 900米）、高中山（海拔1 900—2 900米）。丘陵有的因侵蚀作用形成，有的由岩溶作用形成，有的则是主要受岩性及岩层的控制并因侵蚀作用发育而成的单面山、桌状山。不同成因的丘陵常分布在高原的边缘和高原面上，呈孤立状、垅岗状或丛聚状。盆地（坝子）形态各样，按其海拔高度可分为低盆地（海拔900米以下）、中盆地（海拔900—1 900米）和高盆地（海拔1 900米以上），按其成因，则有因挽近断裂构造活动形成的断陷盆地，有因河流侵蚀而形成的河谷盆地，还有因岩溶作用而形成的溶蚀盆地（坡立谷或洼地）。这些盆地散布于贵州各地，其共同特征是规模不大，面积超过万亩的大坝不多。

二、苗族文化特色

苗族是我国仅有的几个人口超过500万的少数民族，也是我国最为古老的民族之一，其历史要追溯到上古时代以蚩尤为代表的苗蛮集团，甚至是更早的九黎和三苗。

苗族，是一个勤劳智慧的民族。居住在靖州的苗族拥有本民族的光辉历史和古老丰富的文化艺术遗产。如神话、传说、故事等口头文学以及歌舞、绣织等民间艺术，形式多样，内容丰富，具有鲜明的民族特色和浓郁的乡土气息。苗族人民在民间工艺美术方面也颇有造诣。他们制作的工艺美术品，种类繁多，如刺绣、编织、彩绘、蜡染、雕刻、剪纸等，都各有特色。

苗族刺绣，有着悠久的历史。纳雍的苗族刺绣有数百年的历史。自种、自纺、自染、自织、自绣、自用的线绣等工艺，普及整个纳雍县境内的苗村山寨。苗族刺绣和挑花多以大自然为题材，结合生活实践，绣出风格优雅、充满民族气息的花纹图案。苗族妇女随手绣来，花样百出，有平绣、盘绣、结绣、绉绣、牵线绣、布贴绣等多种绣法，图案美观大方，耐人寻味，凝聚着苗族妇女的才能和智慧，堪与其他绣种争芳斗妍。苗族姑娘无不都是飞针走线的行家，挑、编、织、绣样样精通。苗族刺绣种类的繁多和工艺的精美，让其他刺绣种类望尘莫及。苗族刺绣不仅记录节日、图腾和英雄，还记载着苗族几百年迁徙的历史，在很多苗族刺绣图案中，都有水波状的花纹，苗族用这样的符号表示他们的祖先曾经跋山涉水，渡过长江、黄河，最后才来到西南。

第四天

【研学主题】

地质奇观黄果树。

【课程安排】

黄果树久负盛名,被《中国国家地理》杂志评为"中国最美丽的地方"。景区以黄果树瀑布景区为中心,分布有天星桥景区、陡坡塘景区、滴水滩瀑布景区等几大景区。黄果树大瀑布是黄果树瀑布群中最为壮观的瀑布,是世界上唯一可以从上、下、前、后、左、右六个方位观赏的瀑布,也是世界上有水帘洞自然贯通且能从洞内外听、观、摸的瀑布。景观变幻无穷,实为一绝。在瀑布上游和下游,由18个雄奇险秀、风格各异的瀑布组成黄果树瀑布群,有落差高达410米的滴水滩瀑布,有瀑面宽达110米的陡坡塘瀑布,有滩面长达350米的螺丝滩瀑布及形态秀美的银练坠潭瀑布等,是天然的"瀑布博物馆"。

一、黄果树景区

黄果树瀑布景区是黄果树景区的核心景区,占地约8.5平方公里,内有黄果树大瀑布、盆景园、水帘洞、犀牛滩、马蹄滩等景点。

黄果树大瀑布高77.8米、宽101.0米,是中国最大的瀑布,也是世界著名大瀑布之一。

在三百多年前,中国著名的地理学家、旅行家徐霞客描述黄果树大瀑布"水由溪上石,如烟雾腾空,势其雄厉,所谓'珠帘钩不卷,匹练挂遥峰',具不足拟其状也"。奔腾的河水自70多米高的悬崖绝壁上飞流直泻犀牛潭,发出震天巨响。黄果树瀑布还有大水、中水、小水之分,常年流量中水为每秒20立方米,时间在九至十个月。流量不同,景观也不一样。大水时,流量达每秒1 500立方米。瀑布激起的

黄果树瀑布

水珠，四处洒落，即使晴天，也要撑伞而行，故有"银雨洒金街"的称誉。中水时瀑布分成四支，各有形态和个性，从左至右，第一支水势最小，又撒得开；第二支水势最大，上下一般粗；第三支水势居二，上大下小；第四支水势居三，上窄下宽。小水时，瀑布分成的四支，铺展在整个岩壁上。

黄果树瀑布独有的景观就是隐在大瀑布半腰上的水帘洞。水帘洞位于大瀑布40米至47米的高度上，全长134米，有六个洞窗、五个洞厅、三股洞泉和两个洞内通道。在水帘洞，从各个洞窗中皆可观赏到犀牛潭上的彩虹，这里的彩虹不仅是七彩俱全的双道，而且是动态的，只要天晴，从上午9时至下午5时，都能看到，并随人的走动而变化和移动。前人说，"天空之虹以苍天作衬，犀牛潭之虹以雪白之瀑布衬之"，故题"雪映川霞"。

二、天星桥景区

这里石笋密集，植被茂盛，水到景成，集山、水、林、洞为一体。天星盆景区长约800米，位于500米长伏流表面和河岸西侧，有大大小小的天然山石及水石盆景。一条3公里的石板小道，穿行于石壁、石壕、石缝之中，逶迤于盆景之上。近处石林，远处群山，倒映于碧水之上。有的地方还可撑上竹筏，穿行于峡谷、石林之中。天星盆景区还有美女榕、仙山群

天星桥景区

掌、歪梳石、熊猫抱竹、雄鹰展翅等天然景观。天星洞景区在天星景区中段，除游览观赏洞内的钟乳石外，洞外景观也很特别，一线天高长均在二十多米，而且狭窄；冒水潭是暗河出口，大水时，凭伏流冲击的压力，水可以冲起五六米高，甚为壮观。

水上石林区的河床宽达400米，面积约0.4平方公里的石林就长在河床之中，任河水长年冲刷。石林间长着大片的仙人掌和小灌木，终年点缀着绿荫，所谓"石上流水，水上有石，石上有石，石上又有树"。水上石林区有很多景观，如群榕聚会、根王、根墙屏障、盘根画壁、仙女飞天等，银链坠潭瀑布和星峡飞瀑分别处在水上石林的左右两侧。银链坠潭瀑布位于天星桥景区水上石林左上方，这个瀑布只有十余米高，上面成漏斗形，底部是槽状溶潭，潭沿面上隆起的石包，像一张张莲叶，交错搭连，河水在每一张叶面上均匀铺开。

三、陡坡塘景区

陡坡塘瀑布位于黄果树瀑布上游 1 公里处，瀑顶宽 105 米，高 21 米，是黄果树瀑布群中瀑顶最宽的瀑布。陡坡塘瀑布顶上是一个面积达 1.5 万平方米的巨大溶潭，瀑布则形成在逶迤 100 多米长的钙化滩坝上。

陡坡塘瀑布还有一个特殊的现象：每当洪水到来之前，瀑布都要发出"轰隆、轰隆"的吼声，因此又叫"吼瀑"。

陡坡塘瀑布

四、滴水滩景区

滴水滩瀑布位于黄果树瀑布以西 8 公里，总高度和个体都为黄果树瀑布群之首。这里两山对峙，东为大坡顶，西为关索岭，中间是深达 700 米的霸陵河峡谷，瀑布就挂在关索岭大山上。滴水滩瀑布总高 410 米，为黄果树瀑布的五倍，最下层 134 米，雄伟磅礴。

滴水滩瀑布由三个瀑布组成，最上面叫连天瀑布，中间为冲坑瀑布，下面为高潭瀑布。形态多有奇特之处，最上一级瀑布顶仅是一个 3.5 米宽的峡谷岩道，而最下一级瀑布顶宽则有 45 米。它深藏于峡谷之中，多处为山崖遮掩。

滴水滩瀑布

五、神龙洞景区

黄果树神龙洞位于黄果树风景名胜区的核心位置，距黄果树大瀑布上游 3 公里处，已探明的洞底面积约 38 万平方米，全长 4 640 米，平均高度 21 米，现开放游道 1 600 米，游程约 70 分钟。

神龙洞洞内厅厅相连，溶洞纵横交错，各类溶洞景观层出不穷，洞内分上、中、下三层，底层暗河与黄果树大神龙洞风光瀑布相连。神龙洞曾是当地土著少数民族抵抗官匪的军事要塞，军事设施至今尚有保存，被当地土著少数民族尊为"神洞"。现今，神龙洞得到了很好的保护，并向游人开放。

【研修问答】

1. 你知道除了黄果树瀑布，中国还有哪些著名的瀑布群吗？
2. 神龙洞的形成与什么地质相关？

【学以致用】

1. 游学黄果树后，说说你对《黄果树瀑布》一文有何感触和想法。
2. 结合本次游学活动，完成一篇游记，字数500字左右。

【资料链接】

有关黄果树瀑布的部分古诗

叠水上小憩因作短歌

〔明〕谢三秀

众流赴壑急如梭，泻作层滩千尺波。
素影空中飘匹练，寒声天上落银河。
兀兀孤亭坐清樾，征夫到此思超忽。
隔川溅沫湿衣裳，对面惊涛竖毛发。
君不见，黄河万里愁吕梁，
又不见，夔门五月戒瞿塘。
由来叠水亦太恶，石湍幸不通舟航。
咄嗟可畏宁尔儿，浮世人心险于水。

白水岩瀑布
〔清〕严遂成

万里水汇一水大,訇訇声闻十里外。
岩口逼仄势更凶,夺门而出悬白龙。
龙须带雨浴日红,金光玉色相荡舂。
雪净鲛绡落刀尺,大珠小珠飘随风。
风折叠之绘变相,三降三升石不让。
有如长竿倒拍肉飞仙,中绝援绳跃复上。
伏犀埋头不敢出,怀宝安眠遮步障。
我欲割取此水置袖中,曰恒燠若书乾封。
叩门絜瓶滴马鬃,搞苗平地青芃芃。
岂不贤于谷帘之在香炉峰,坐享大名而无功。

犀潭飞瀑挂崖阴
〔清〕黄培杰

犀潭飞瀑挂崖阴,雪浪高翻水百寻。
几度凭栏观不厌,爱他清白可盟心。

白水沉犀
〔当代〕周铭先

虹泉飞万丈,下有碧犀行。
瀑布图如绘,悬流势不平。
雪花晴里溅,芝草岸边生。
对此盟心地,能令滞滤清。

黄果树瀑布
〔当代〕翟培基

白水浩荡群山中,骤止断崖跌九重。
声若雷滚撼天地,势如江翻腾蛟龙。
万里晴空抛碧纱,飞雪喷珠耀彩虹。
水帘洞内观日落,云蒸霞蔚沐苍生。

第五天

【研学主题】

民族风情，藤甲文化。

【课程安排】

研学藤甲部落民族风情园

藤甲部落民族风情园，是贵州西部旅游线上独一无二的民居风情区。这里的民舍建筑、民族风情、古老的藤甲文化能带你回到"诸葛亮设计火烧藤甲兵"的三国时期。

藤甲部落民族风情园展现了乌戈国藤甲兵先民的居住、宗教、婚恋、狩猎等情形，为游客开启了一道远古探索的大门！藤甲胄刀枪不入，遇水不沉，现陈列于国家军事博物馆，央视《探索》栏目乃至多家电视台曾相继报道过。多彩的藤甲文化是贵州旅游独特的风景线，是人们体验和感受贵州民族文化的理想之地！

【研修问答】

1. 藤甲胄的特点是什么？
2. 你知道诸葛亮七擒孟获的故事吗？

【学以致用】

结合本次游学活动，完成一篇游记，字数 500 字左右。

【资料链接】

据《三国演义》，公元 225 年左右，蜀国南部相继发生叛乱，蜀汉丞相诸葛亮率领大军前来平乱。南部彝族首领孟获，请来了乌戈国一支英勇善战的藤甲兵，将蜀军打得溃不成军。藤甲兵所穿甲胄用山间青藤做成，先用油浸泡，半年后方取出暴晒，晒干后复浸油中，如此十余遍，方造成铠甲。穿在身上渡江不沉，经水不湿，刀剑皆不能入。最后，诸葛亮设计火烧三万藤甲军，平息了叛乱。三万藤甲军死伤无数，生者四处逃亡，部分几经迁徙，辗转到达贵州安顺地区。

雄奇大漠风光　辉煌艺术宝库

——莫高窟研学修行

【研学前言】

莫高窟，俗称「佛洞，位」敦煌市东南25公里鸣沙山东麓的断崖上，是世界上现存规模最大、营建时间最长、内容最丰富、保存最完整的佛教石窟寺庙遗址之一，以精美的壁画和塑像闻名于世，被誉为"沙漠中的美术馆"和"墙壁上的博物馆"。让我们走进敦煌，去欣赏这座瑰丽的文化宝库。

【课文回眸】

莫高窟

敦煌莫高窟是祖国西北的一颗明珠。她坐落在甘肃省三危山和鸣沙山的怀抱中，四周布满沙丘，492个洞窟像蜂窝似的排列在断崖绝壁上。

莫高窟保存着两千多尊彩塑。这些彩塑个性鲜明，神态各异。有慈眉善目的菩萨，有威风凛凛的天王，还有强壮勇猛的力士。有一尊卧佛长达16米，他侧身卧着，眼睛微闭，神态安详。看到这一尊尊惟妙惟肖的彩塑，游人无不啧啧赞叹。

莫高窟不仅有精妙绝伦的彩塑，还有四万五千多平方米宏伟瑰丽的壁画。壁画的内容丰富多彩，有记录佛教故事的，有描绘神佛形象的，有反映民间生活的，还有描摹自然风光的。其中最引人注目的，是那成百上千的飞天。壁画上的飞天，有的臂挎花篮，采摘鲜花；有的怀抱琵琶，轻拨银弦；有的倒悬身子，自天而降；有的彩带飘浮，漫天遨游；有的舒展双臂，翩翩起舞……看着这些精美的壁画，就像是走进了灿烂辉煌的艺术殿堂。

莫高窟里还有一个面积不大的洞窟——藏经洞。洞里曾藏有我国古代的各种经卷、文书、帛画、刺绣、铜像等六万多件。由于清王朝腐败无能，大量珍贵的文物被帝国主义分子掠走。仅存的部分经卷，现在陈列于北京故宫等处。

莫高窟是举世闻名的艺术宝库，这里的每一尊彩塑、每一幅壁画，都是我国古代劳动人民智慧的结晶。

【研学主题】

沙漠奇景，敦煌文化。

【课程安排】

一、走进莫高窟

早在前秦建元二年（366），高僧乐僔就在此创建了第一个石窟。其后，历代高僧大德、官宦世族及信徒僧众争相效仿，开窟造像活动绵延不绝。历经十六国时期的北凉，南北朝时期的北魏、西魏和北周，以及唐、宋、西夏和元等十个朝代近千年的营建，形成了规模宏大的石窟群。如今，在南北走向近1 700米长、40余米高的崖壁上，存有洞窟735个，壁画45 000平方米，彩塑2 400余尊，唐宋木构窟檐5座。这些文物遗存，不仅反映了中国在4—14世纪绘画雕塑艺术发展的历史，而且在不同程度上提供了中国，尤其是河西及敦煌地区古代有关宗教信仰、思想观念、政治斗争、民族关系、中外往来、社会生活、民情风俗、生产技术、建筑服饰、刀兵甲胄、典章文物等发展演变的形象资料，具有极其珍贵的历史、艺术和科技价值。

二、考察莫高窟

先在莫高窟数字展示中心观看循环播放介绍敦煌莫高窟历史文化背景的主题电影《千年莫高》和展示精美石窟艺术的球幕电影《梦幻佛宫》两部数字电影（约50分钟），然后乘景区摆渡车（约15分钟）前往窟区参观莫高窟实体洞窟（约2小时）。莫高窟是集建筑、彩塑、壁画等为一体的文化艺术宝库，也是中国佛教石窟艺术史上历史最悠久、规模最庞大、

莫高窟

内容最丰富、保存最完好、艺术价值最高的"世界艺术宝库",被誉为东方"卢浮宫"。

三、攀爬鸣沙山

轻风吹拂时,沙山会发出响声,声音又似管弦丝竹,"鸣沙山"之名由此而来。鸣沙山山体由流沙堆积而成,远远望去,沙丘高低起伏,蔚为壮观。爬"进一步退半步"的鸣沙山,最后收获山顶沙海与日落的壮美之景,感受西北大漠的苍凉广阔,还有脚下微微泛着涟漪的月牙泉。到鸣沙山,一定要骑一骑骆驼,滑一下沙,感受真正的西北大漠风情,领略胆战心惊中的刺激。

鸣沙山骑骆驼

月牙泉被鸣沙山环抱,因水面酷似一弯新月而得名,异域风情的神秘古楼相依在月牙泉旁,带了点曾经的繁华,也带了点如今的沧桑。四周被流沙环抱,即使遇强风,泉亦不会被黄沙掩盖。湖畔星草含芒,湖心碧波荡漾,倒影了千年风沙在此掠过的痕迹。

四、观看大型实景演出《又见敦煌》

第一幕《禅定·鸣沙山》:回声隆隆,鸣沙呼唤英灵;驼铃悠远,绵绵汇融财富;清音升华,文明守护通途;鼓乐祥和,血脉浓郁亲情。画匠墨丁历尽艰难险阻,一路向西,终于追寻到丝绸之路的重镇——敦煌,只为曾经那爱的承诺。

第二幕《远走·敦煌城》:凯旋的号角,敲开了丝路重镇的胸怀;巡城的灯火,点燃了古城的阑珊;酒肆的喧嚣,沸腾着都会的繁华。随行舞女与公主互换衣装,借胡首迎亲欢庆之机伺机逃脱,与墨丁流浪于敦煌城市井之间。

第三幕《情牵·莫高窟》:无垠大漠,漫漫丝路,寂寞、恐惧无时不撞击着心灵的纯净;生命向峻崖倾诉,将心中的梦绘得斑斓。风云突变,胡首发现二人的藏身之所。公主被带回宫中,从此在深宫中抑郁终老。墨丁将对公主的爱全部投入自己绘制的壁画和雕刻的佛像中,终成大器,为丝绸之路留下了最辉煌的印

实景演出《又见敦煌》

记……

第四幕《婵娟·月牙泉》：墨丁仰望着七夕的星空，那里有他心中的梦；弯月从蓝色的泉中升起，墨丁挽着公主在月宫中起舞；无梦的夜，梦幻的星空，是生命不息的追求。

《尾声·梦敦煌》：月光洒满大漠，篝火映耀古城阑珊，华戎共舞梦幻敦煌。

【研修问答】

1. 敦煌莫高窟的科学价值有哪些？
2. 你知道动画片《九色鹿》是根据敦煌哪个壁画故事改编的吗？
3. 鸣沙山与月牙泉相依共生已逾千年。这一池泉水为何始终没有掩埋于沙下？

【学以致用】

1. 游学莫高窟后，说说你对《莫高窟》一文有何感触和想法。
2. 结合本次游学活动，完成一篇游记，字数500字左右。

【资料链接】

一、关于敦煌的古诗

送元二使安西
〔唐〕王　维

渭城朝雨浥轻尘，客舍青青柳色新。
劝君更尽一杯酒，西出阳关无故人。

使至塞上
〔唐〕王　维

单车欲问边，属国过居延。
征蓬出汉塞，归雁入胡天。
大漠孤烟直，长河落日圆。
萧关逢候骑，都护在燕然。

二、《九色鹿》故事

古代，在荒无人烟的戈壁滩上，波斯商人的骆驼队因遇风沙袭击而迷路，忽然出现一头九色神鹿给他们指点方向。九色鹿回到林中，听见有人呼救，原来一个弄蛇人在采药时不慎落水。九色鹿忙将他驮上石岸。弄蛇人感恩不尽，九色鹿只求他别将遇见它的事告诉别人，弄蛇人连连答应，还对天起誓。波斯商人到了古国皇宫，与国王谈起沙漠中的奇遇，王后听了，执意要取九色鹿皮做衣裳。国王无奈，张贴布告：捕到九色鹿者给予重赏。弄蛇人见利忘义，向国王告密，并设计将九色鹿引入包围圈。当他假装再次落水，神鹿闻声赶来救他时，守候的武士们万箭齐发。谁知九色鹿发出神光，利箭都化为灰烬。九色鹿向国王揭露弄蛇人忘恩负义的丑恶行为，国王深为不安。弄蛇人吓得胆战心惊，连连后退，跌进深潭淹死，恶人终究得到应有的惩罚。

三、敦煌，绮丽诡怪莫高窟

莫高窟背靠鸣沙山，面对三危峰，上下五层，窟区南北全长3华里之多。现存洞窟大小不一，上下错落，密布崖面，洞窟里有雍容大度的佛像、精美绝伦的壁画，彩塑栩栩如生，飞天婀娜多姿，精巧的构图、艳丽的色泽……宛如朝夕成就，烘托出了一个充满宗教氛围的佛国世界。

据唐代碑文记载，自秦代建元二年（366），那个名叫乐僔的和尚在莫高窟开凿第一个洞窟后，人们相继在这里凿窟，历经一千多年来人为和自然的破坏，至今仍保存着从十六国经北魏、西魏、北周、隋、唐、五代、宋、西夏、元、明、清各朝代开凿的洞窟735个，壁画45 000平方米，彩塑2 400余尊。

顺着时空的引导，一阵千年后的足音，先后漫过第429窟、第290窟、第96窟、第130窟、第148窟、第158窟……

其中，第429窟是一幅再现北朝时游牧民族狩猎场景的壁画。图中两个骑手正在山林中与群兽搏斗，一个在山巅跃马而起，弓张弦满，正射向扑来的老虎；另一个在山谷间纵马奔驰，挽弓猛射，追逐成群的猎物。黄羊、野牛或腾跃或狂奔于山中，神态生动异常。背景为崇山峻岭，茂林高树，气势磅礴。色泽浓重强烈，线条简洁明快、遒劲挺拔，表现手法自由而纯熟。这一时期，北魏灭了北凉，统一了北方地区，开始了史称"北朝"的时代。在140多年中，敦煌比较安定，百姓安居乐业，佛教十分盛行。此间壁画，就是当时社会生活风情的真实再现。

而第290窟，则是一幅反映隋朝时期"马与马夫"生活场景的壁画。壁画生动地描绘了一匹疲惫不堪的红马半卧在地，不听主人使唤，愤怒的主人扬鞭向马打去，马低首扬蹄似挣扎又似反抗的画面。画面以红、黑二色为主，单调而明快，马和马夫的形象十分生动，简洁的线条勾勒出刚劲有力的马蹄、人腿。而马夫的衣着、面形也颇具西域

"胡人"的气质。壁画对于研究生活在西北戈壁和草原的少数民族"人与马交互"的生活及历史具有极其重要的价值。

第96窟是莫高窟最大的佛窟，始修建于唐朝，由禅师灵隐和居阴祖等共同建造，又称"大佛殿"。大佛殿位于石窟群的正中间，窟檐依崖而建，原为四层，晚唐改建为五层，宋初重修，现存的九层木构窟檐为1935年建造，俗称"九层楼"，高达45米。它是莫高窟最大的建筑物，也是莫高窟的标志。窟内的倚坐弥勒佛像，高34.5米，是世界上最大的一尊室内石胎泥塑佛像。据敦煌遗书记载，这尊大弥勒佛像因位于唐开元年间所造第130窟大佛之北，遂称北大佛。大佛经过后代多次重修，现存外表为公元1928年重修九层楼时妆绘，基本上保存了初建时的造型。1987年，由敦煌研究院主持，重塑了大佛的双手。

第130窟（南大佛）为敦煌第二大像，因位于第96窟之南，所以称为南大佛。像高26米，是石胎泥塑弥勒佛坐像。大佛头部较大，虽然不符合人体比例，却很好地解决了由下向上仰望时的视觉差问题，从而使所有敬佛者下跪在大佛脚下仰望佛的面部时，仍能清晰地看到既庄严又慈祥的弥勒佛的面部表情。洞窟中的飞天为敦煌石窟最大的飞天图像。绘于南北两壁之上部，每壁两身，各长2米，为宋代重修时所作。

第158窟（大卧佛）是敦煌彩塑代表作之一，又称涅槃像、睡佛，吐蕃时期所造，像身长15.8米，肩宽3.5米，为石胎泥塑。卧佛头南脚北，面东，右胁累足横卧在长17.2米、高1.43米、宽3.5米的佛床上。其洞窟中的璎珞飞天，是飞天壁画的代表作之一，表现佛祖涅槃后，诸天人于其遗体上空飞行，遍散七宝、珍珠、香花、璎珞的情形。

无论是再现游牧民族狩猎的生动场景，还是反映人、马与戈壁、草原"交互"的生活场景，无论是石胎泥塑还是飞天壁画，无不堪称一时一地的代表作，也是一时一地的历史社会生活的艺术反映。

真乃自然与人类历史的旷世杰作！

六年级

畅游长江三峡　考察自然人文

——三峡研学修行

【研学前言】

长江是我国的第一大河，全长 6 300 公里，是仅次于南美亚马孙河和刚果河的世界第三大河流。它自西向东，纳百川千流。它孕育了中华民族的古老文明，更与山融合而成了壮丽雄奇、举世无双的峡谷——长江三峡。"三峡天下壮，请君乘船游。"在游船上，除沿途观赏两岸的自然美景、三峡村落、奇峰俊石外，还可徒步登上峡谷内的不同景点，近距离地观赏不同风格的自然及人文景观。让我们登上游船，一起领略三峡独特的魅力吧！

【课文回眸】

长江之歌

你从雪山走来，
春潮是你的风采；
你向东海奔去，
惊涛是你的气概。
你用甘甜的乳汁，
哺育各族儿女；
你用健美的臂膀，
挽起高山大海。

我们赞美长江，
你是无穷的源泉；
我们依恋长江，
你有母亲的情怀。

你从远古走来，
巨浪荡涤着尘埃；
你向未来奔去，
涛声回荡在天外。
你用纯洁的清流，
灌溉花的国土；
你用磅礴的力量，
推动新的时代。
我们赞美长江，
你是无穷的源泉；
我们依恋长江，
你有母亲的情怀。

【研学主题】

三峡风光；人文景观。

【课程安排】

一、探三峡人家

三峡人家位于三峡大坝下游，是5A级的风景旅游区，是以三峡地区地质地貌为原型，展现三峡地区风土人情、风俗习惯、生存与居住条件的原生态景区。景区内自然风光绮丽，可以了解三峡地区的土家族的生活、婚丧喜嫁情形。值得一提的是，三峡人家景区内的龙进溪，非常有特色，是完全原始的自然生态，没有遭受到任何破坏。或隐或现于幽谷中的土著民居点，清澈的溪流，造型各异的奇石滩涂，让人流连忘返。

二、登三峡大坝

三峡大坝不仅是世界上最大的水电大坝，也是相当巨大的观景区域。可将游船停泊在大坝下游地区的黄陵庙港，驱车15分钟前往大坝观景区近距离观看水电大坝的雄伟景观。其中观景的区域包括坛子岭景区、大坝截流纪念园、大坝展览馆。坛子岭景区，位于与大坝等高的175米处，可以俯瞰大坝全景。整个游览大坝的时间约需要2.5小时，最后乘车返回游船继续以后的航程。游船在行驶15分钟后，将抵达大坝五级船闸，在等待船闸放行的信号后，需要耗时约4小时，经过整个大坝船闸。其间，可以在位于游船顶层的观景甲板欣赏整个游船经过船闸的过程。

三峡大坝

三、随神农溪漂流

神农溪漂流位于湖北省巴东县的漂流河道。乘坐小型木舟漂流，可以欣赏到具有当地特色的纤夫沿河拉纤吆喝的场景，民歌《纤夫的爱》也出自于此。

四、观石宝寨风景

石宝寨是一座依山而建的木结构的建筑，阁楼依附临江的山峰逐级由木料搭建而成，整个布局构思极为精巧。自山脚下的阁楼内部楼梯一路攀爬而上，可在每层的观景屏栏中俯视江景。随着楼层的上升，风景亦有变化，直至攀至山顶阁楼顶峰，眺望长江烟波浩渺，气象万千。

神农溪漂流

石宝寨

五、游白帝古城

　　白帝古城是刘备托孤入川的旧址，如今成了祭奠三国文化的重要历史遗迹。由于大坝的水位上涨，原本在临江山丘上修建的白帝城现在已四面环水，而风景也愈加凸显。白帝城前就是长江三峡中赫赫有名的瞿塘峡峡口夔门，"夔门天下雄"也因此而得名。白帝城位于峡口最为显著的地方，可以大角度仰视夔门奇观。白帝城虽被称为城，其实应该叫庙宇或者祠堂更为贴切，主殿的泥塑像展示了刘备当年托孤的悲壮场景。除了主殿以外，后面别有洞天，多重的小院，参天的古木，嶙峋的怪石，更衬托出白帝古城的幽深。另外，游客一定不能错过历代书法名家所留下来的墨宝碑林，还有小三峡内出土的悬棺。

【研修问答】

1. 长江三峡指哪三个峡谷？各有什么特点？
2. 三峡大坝工程包括哪两部分？全长约多少米？坝高多少米？
3. 你能说出长江中的至少五种珍稀鱼类吗？
4. 你知道三峡神女峰的故事吗？
5. 你知道爱国诗人屈原的故里吗？
6. 石宝寨为什么被称为江上明珠？
7. 你能背出有关三峡的五首古诗吗？

【学以致用】

1. 游学三峡后，说说你对《三峡》一文有何感触和想法。
2. 结合本次游学活动，完成一篇游记，字数600字左右。

【资料链接】

一、长江三日

刘白羽

十一月十七日

　　雾笼罩着江面，气象森严。十二时，"江津"号启碇顺流而下了。在长江与嘉陵江汇合后，江面突然开阔，天穹顿觉低垂。浓浓的黄雾，渐渐把重庆隐去。一刻钟后，船又在两面碧森森的悬崖陡壁之间的狭窄的江面上行驶了。

你看那急速漂流的波涛一起一伏，真是"众水会涪万，瞿塘争一门"。而两三木船，却齐整地摇动着两排木桨，像鸟儿扇动着翅膀，正在逆流而上。我想到李白、杜甫在那遥远的年代，以一叶扁舟，搏浪急进，那该是多么雄伟的搏斗，那会激发诗人多少瑰丽的诗意啊！……不久，江面更开朗辽阔了。两条大江，骤然相见，欢腾拥抱，激起云雾迷蒙，波涛沸荡，至此似乎稍为平定，水天极目之处，灰蒙蒙的远山展开一卷清淡的水墨画。

从长江上顺流而下，这一心愿真不知从何时就在心中扎下根了。年幼时读"大江东去……"读"两岸猿声……"辄心向往之。后来，听说长江发源于一片冰川，春天的冰川上布满奇异艳丽的雪莲，而长江在那儿不过是一泓清溪；可是当你看到它那奔腾的叫啸，如万瀑悬空，砰然万里，就不免在神秘气氛的"童话世界"上又涂了一层英雄光彩。后来，我两次到重庆，两次登枇杷山看江上夜景，从万家灯光、灿烂星海之中，辨认航船上缓缓浮动而去的灯火，多想随那惊涛骇浪，直赴瞿塘，直下荆门呀。但亲身领略一下长江风景，直到这次才实现。因此，这一回在"江津"号上，正如我在第二天写的一封信中所说："这两天，整天我都在休息室里，透过玻璃窗，观望着三峡。昨天整日都在朦胧的雾罩之中。今天却阳光一片。这庄严秀丽、气象万千的长江真是美极了。"

下午三时，天转开朗。长江两岸，层层叠叠，无穷无尽的都是雄伟的山峰，苍松翠竹绿茸茸地遮了一层绣幕。近岸陡壁上，背纤的纤夫历历可见。你向前看，前面群山在江流浩荡之中，则依然为雾笼罩，不过雾不像早晨那样浓，那样黄，而呈乳白色了。现在是"枯水季节"，江中突然露出一块黑色礁石，一片黄色浅滩，船常常在很狭窄的两面航标之间迂回前进，顺流驶下。山愈聚愈多，渐渐暮霭低垂了，渐渐进入黄昏了，红绿标灯渐次闪亮，而苍翠的山峦模糊为一片灰色。

当我正为夜色降临而惋惜的时候，黑夜里的长江却向我展开另外一种魅力。开始是，这里一星灯火，那儿一簇灯火，好像长江在对你眨着眼睛。而一会儿又是漆黑一片，你从船身微微的荡漾中感到波涛正在翻滚沸腾。一派特别雄伟的景象，出现在深宵。我一个人走到甲板上，这时江风猎猎，上下前后，一片黑森森的，而无数道强烈的探照灯光，从船顶上射向江面，天空江上一片云雾迷蒙，电光闪闪，风声水声，不但使人深深体会到"高江急峡雷霆斗"的赫赫声势，而且你觉得你自己和大自然是那样贴近，就像整个宇宙，都罗列在你的胸前。水天，风雾，浑然融为一体，好像不是一只船，而是你自己正在和江流搏斗而前。"曙光就在前面，我们应当努力。"这时一种庄严而又美好的情感充溢我的心灵，我觉得这是我所经历的大时代突然一下集中地体现在这奔腾的长江之上。是的，我们的全部生活不就是这样战斗、航进，穿过黑夜走向黎明的吗？现在，船上的人都已酣睡，整个世界也都在安眠，而驾驶室上露出一片宁静的灯光。想一想，掌握住舵轮，透过闪闪电炬，从惊涛骇浪之中寻到一条破浪前进的途径，这是多么豪迈的生活啊！我们的哲学是革命的哲学，我们的诗歌是战斗的诗歌，正因为这样——我们的生活是最美的生活。列宁有一句话说得好极了："前进吧！——这是多么好啊！这才是生活啊！"……"江津"号昂奋而深沉的鸣响着汽笛向前方航进。

十一月十八日

在信中，我这样叙说："这一天，我像在一支雄伟而瑰丽的交响乐中飞翔。我在海洋上远航过，我在天空上飞行过，但在我们的母亲河流长江上，第一次，为这样一种大自然的威力所吸慑了。"

朦胧中听见广播到奉节。停泊时天已微明。起来看了一下，峰峦刚刚从黑夜中显露出一片灰蒙蒙的轮廓。启碇续行，我到休息室里来，只见前边两面悬崖绝壁，中间一条狭狭的江面，已进入瞿塘峡了。江随壁转，前面天空上露出一片金色阳光，像横着一条金带，其余天空各处还是云海茫茫。瞿塘峡口上，为三峡最险处，杜甫《夔州歌》云："白帝高为三峡镇，瞿塘险过百牢关。"古时歌谣说："滟滪大如马，瞿塘不可下；滟滪大如猴，瞿塘不可游；滟滪大如龟，瞿塘不可回；滟滪大如象，瞿塘不可上。"这滟滪堆指的是一堆黑色巨礁。它对准峡口。万水奔腾一冲进峡口，便直奔巨礁而来。你可想象得到那真是雷霆万钧，船如离弦之箭，稍差分厘，便撞得个粉碎。现在，这巨礁，早已炸掉。不过，瞿塘峡中，激流澎湃，涛如雷鸣，江面形成无数漩涡，船从漩涡中冲过，只听得一片哗啦啦的水声。过了八公里的瞿塘峡，乌沉沉的云雾，突然隐去，峡顶上一道蓝天，浮着几小片金色浮云，一柱阳光像闪电样落在左边峭壁上。右面峰顶上一片白云像白银片样发亮了，但阳光还没有降临。这时，远远前方，无数重峦叠嶂之上，迷蒙云雾之中，忽然出现一团红雾，你看，绛紫色的山峰，衬托着这一团雾，真美极了。就像那深谷之中向上反射出红色宝石的闪光，令人仿佛进入了神话境界。这时，你朝江流上望去，也是色彩缤纷：两面巨岩，倒影如墨；中间曲曲折折，却像有一条闪光的道路，上面荡着细碎的波光；近处山峦，则碧绿如翡翠。时间一分钟一分钟过去，前面那团红雾更红更亮了。船越驶越近，渐渐看清有一高峰亭亭笔立于红雾之中，渐渐看清那红雾原来是千万道强烈的阳光。八点二十分，我们来到这一片晴朗的金黄色朝阳之中。

抬头望处，已到巫山。上面阳光垂照下来，下面浓雾滚涌上去，云蒸霞蔚，颇为壮观。刚从远处看到那个笔直的山峰，就站在巫峡口上，山如斧削，隽秀婀娜，人们告诉我这就是巫山十二峰的第一峰，它仿佛在招呼上游来的客人说："你看，这就是巫山巫峡了。""江津"号紧贴山脚，进入峡口。红通通的阳光恰在此时射进玻璃厅中，照在我的脸上。峡中，强烈的阳光与乳白色云雾交织一处，数步之隔，这边是阳光，那边是云雾，真是神妙莫测。几只木船从下游上来，帆篷给阳光照得像透明的白色羽翼，山峡却越来越狭，前面两山对峙，看去连一扇大门那么宽也没有，而门外，完全是白雾。

八点五十分，满船人，都在仰头观望。我也跑到甲板上来，看到万仞高峰之巅，有一细石耸立如一人对江而望，那就是充满神奇缥缈传说的美女峰了。据说一个渔人在江中打鱼，突遇狂风暴雨，船覆灭顶，他的妻子抱了小孩从峰顶眺望，盼他回来，一天一天，一月一月，他终未回来，而她却依然不顾晨昏，不顾风雨，站在那儿等候着他——至今还在那儿等着他呢！……

如果说瞿塘峡像一道闸门，那么巫峡简直像江上一条迂回曲折的画廊。船随山势左一弯，右一转，每一曲，每一折，都向你展开一幅绝好的风景画。两岸山势奇绝，连绵不断，巫山十二峰，各峰有各峰的姿态，人们给它们以很高的美的评价和命名，显然使我们的江山增加了诗意，而诗意又是变化无穷的。突然是深灰色石岩从高空直垂而下浸入江心，令人想到一个巨大的惊叹号；突然是绿茸茸草坂，像一支充满幽情的乐曲；特别好看的是悬岩上那一堆堆给秋霜染得红艳艳的野草，简直像是满山杜鹃了。峡急江陡，江面布满大大小小漩涡，船只能缓缓行进，像一个在崇山峻岭之间慢步前行的旅人。但这正好使远方来的人，有充裕时间欣赏这莽莽苍苍、浩浩荡荡长江上大自然的壮美。苍鹰在高峡上盘旋，江涛追随着山峦激荡，山影云影，日光水光，交织成一片。

十点，江面渐趋广阔，急流稳渡，穿过了巫峡。十点十五分至巴东，已入湖北境。十点半到牛口，江浪汹涌，把船推在浪头上，摇摆着前进。江流刚奔出巫峡，还没来得及喘息，却又冲入第三峡——西陵峡了。

西陵峡比较宽阔，但是江流至此变得特别凶恶，处处是急流，处处是险滩。船一下像流星随着怒涛冲去，一下又绕着险滩迂回浮进。最著名的三个险滩是：泄滩、青滩和崆岭滩。初下泄滩，你看着那万马奔腾的江水会突然感到江水简直是在旋转不前，一千个、一万个漩涡，使得"江津"号剧烈震动起来。这一节江流虽险，却流传着无数优美的传说。十一点十五分到秭归。据袁崧《宜都山川记》载：秭归是屈原故乡，是楚子熊绎建国之地。后来屈原被流放到汨罗江，死在那里。民间流传着：屈大夫死日，有人在汨罗江畔，看见他峨冠博带，美髯白皙，骑一匹白马飘然而去。又传说：屈原死后，被一大鱼驮回秭归，终于从流放之地回归楚国。这一切初听起来过于神奇怪诞，却正反映了人民对屈原的无限怀念之情。

秭归正面有 大片铁青色礁石，森然耸立江面，经过很长一段急流绕过泄滩。在最急峻的地方，"江津"号用尽全副精力，战抖着，震颤着前进。急流刚刚滚过，看见前面有一奇峰突起，江身沿着这山峰右面驶去，山峰左面却又出现一道河流，原来这就是王昭君诞生地香溪，它一下就令人记起杜甫的诗："群山万壑赴荆门，生长明妃尚有村。"我们遥望了一下香溪，船便沿着山峰进入一道无比险峻的长峡——兵书宝剑峡。这儿完全是一条窄巷，我到船头上，仰头上望，只见黄石碧岩，高与天齐，再驶行一段就到了青滩。江面陡然下降，波涛汹涌，浪花四溅，当你还没来得及仔细观看，船已像箭一样迅速飞下，巨浪为船头劈开，旋卷着，合在一起，一下又激荡开去。江水像滚沸了一样，到处是泡沫，到处是浪花。船上的同志指着岩上一片乡镇告我："长江航船上很多领航人都出生在这儿……每只木船要想渡过青滩，都得请这儿的人引领过去。"这时我正注视着一只逆流而上的木船，看起这青滩的声势十分吓人，但人从汹涌浪涛中掌握了一条前进途径，也就战胜了大自然了。

中午，我们来到了崆岭滩眼前，长江上的人都知道："泄滩青滩不算滩，崆岭才是鬼门关。"可见其凶险了。眼看一片灰色石礁布满水面，"江津"号却抛锚停泊了。原来崆岭滩一条狭窄航道只能过一只船，这时有一只江轮正在上行，我们只好等下来。谁知竟等了那么久，可见那上行的船只是如何小心翼翼了。当我们驶下崆岭滩时，果然是一片乱石林立，我们简直不像在浩荡的长江上，而是在苍莽的丛林中找寻小径跋涉前进了。

十一月十九日

早晨，一片通红的阳光，把平静的江水照得像玻璃一样发亮。长江三日，千姿万态，现在已不是前天那样大雾迷蒙，也不是昨天"巫山巫峡色萧森"，而是苏东坡所谓的"楚地阔无边，苍茫万顷连"了。长江在穿过长峡之后，现在变得如此宁静，就像刚刚诞生过婴儿的年轻母亲一样安详慈爱。天光水色真是柔和极了。江水像微微拂动的丝绸，有两只雪白的鸥鸟缓缓地和"江津"号平行飞进，水天极目之处，凝成一种透明的薄雾，一簇一簇船帆，就像一束一束雪白的花朵在蓝天下闪光。

在这样一天，江轮上非常宁静的一日，我把我全身心沉浸在"红色的罗莎"——卢森堡的《狱中书简》中。

这个在一九一八年德国无产阶级革命中最坚定的领袖，我从她的信中，感到一个伟大革命家思想的光芒和胸怀的温暖，突破铁窗镣铐，而闪耀在人间，你看，这一页：

雨点轻柔而均匀地洒落在树叶上，紫红的闪电一次又一次地在铅灰色的天空中闪耀，遥远处，隆隆的雷声像汹涌澎湃的海涛余波似的不断滚滚传来。在这一切阴霾惨淡的情景中，突然间一只夜莺在我窗前的一株枫树上叫起来了！在雨中，闪电中，隆隆的雷声中，夜莺啼叫得像是一只清脆的银铃，它歌唱得如醉如痴，它要压倒雷声，唱亮昏暗……

昨晚九点钟左右，我还看到壮丽的一幕，我从我的沙发上发现映在窗玻璃上的玫瑰色的返照，这使我非常惊异，因为天空完全是灰色的。我跑到窗前，着了迷似的站在那里。在一色灰沉沉的天空上，东方涌现出一块巨大的、美丽得人间少有的玫瑰色的云彩，它与一切分隔开，孤零零地浮在那里，看起来像是一个微笑，像是来自陌生的远方的一个问候。我如释重负地长吁了一口气，不由自主地把双手伸向这幅富有魅力的图画。有了这样的颜色，这样的形象，然后生活才美妙，才有价值，不是吗？我用目光饱餐这幅光辉灿烂的图画，把这幅图画的每一线玫瑰色的霞光都吞咽下去，直到我突然禁不住笑起自己来。天哪，天空啊，云彩啊，以及整个生命的美并不只存在于佛龙克，用得着我来跟它们告别？不，它们会跟着我走的，不论我到哪儿，只要我活着，天空、云彩和生命的美会跟我同在。

"江津"号在平静的浪花中缓缓驶行。我读着书，一种非常珍贵的感情渗透我的全身。我必须立刻把它写下来，我愿意把它写在这奔腾叫啸而又安静温柔的长江一起，因为它使我联想到我前天想到的"战斗—航进—穿过黑夜走向黎明"的想象，过去，多少人，从他们艰巨战斗中想望着一个美好的明天呀！而当我承受着像今天这样灿烂的阳光和清丽的景色时，我不能不意识到，今天我们整个大地，所吐露出来的那一种芬芳、宁馨的呼吸，这社会主义生活的呼吸，正是全世界上，不管在亚洲还是在欧洲，在美洲还是在非洲，一切先驱者的血液，凝聚起来，而发射出来的最自由最强大的光辉。我读完了《狱中书简》，一轮落日那样圆，那样大，像鲜红的珊瑚球一样，把整个江面笼罩在一脉淡淡的红光中，面前像有一种细细的丝幕柔和地、轻悄地撒落下来。

最后让我从我自己的一封信中抄下一段，来结束这一日吧：

夜间，九时余——从前面漆黑的夜幕中，看见很小很小几点亮光。人们指给我那就是长江大桥，"江津"号稳稳地向武汉驶近。从这以后，我一直站在船上眺望，渐渐地渐渐地看出那整整齐齐的一排像横串起来的珍珠，在熠熠闪亮。我看着，我觉得在这辽阔无边的大江之上，这正是我们献给我们母亲河流的一顶珍珠冠呀！……再前进，江上无数蓝的、白的、红的、绿的灯光，拖着长长倒影在浮动，那是无数船只在航行；而那由一颗颗珍珠画出的大桥的轮廓，完全像升在云端里一样，高耸空中；而桥那面，灯光稠密的简直像是灿烂的银河。那是什么？仔细分辨，原来是武汉两岸的亿万灯光。当我们的"江津"号，嘹亮地向武汉市发出致敬欢呼的声音时，我心中升起一种庄严的情感，看一看！我们创造的新世界有多么灿烂吧！……

二、全流域行动：保护长江珍稀鱼类资源刻不容缓

12月8日，2014年中国生物多样性保护国家委员会会议召开，审议《生物多样性保护重大工程实施方案（2014—2020年）》等，这对保护长江珍稀鱼类资源是个福音。

保护刻不容缓，长江珍稀鱼类资源日趋枯竭，形势十分严峻。一头白鳍豚奄奄一息，似乎在流着泪，静卧在江滩上。这样的镜头在生态保护宣传片中不时呈现……长江鱼类资源在不断衰退，包含白鳍豚在内的中华鲟、白鲟、达氏鲟等国家一级保护动物濒临灭绝，长江生态形势严峻。11月11日，"国家长江珍稀鱼类产业技术创新战略联盟"成立大会上透露出这样的信息。

农业部长江流域渔政监督管理办公室主任李彦亮说，长江流域生态环境丰富多样，鱼类种类繁多，是我国淡水鱼类的重要种质资源库，长江珍稀鱼类是我国鱼类生物遗传多样性的重要体现，并在维持长江生态系统结构和功能上具有不可替代的作用。

中国水产科学研究院长江水产研究所所长邹桂伟告诉记者，长江流域是我国鱼类基因的重要宝库之一，为我国淡水养殖业的发展提供了重要的亲本资源。但目前，我国四大家鱼的天然资源在不断减少，野生鱼种的数量下降，直接导致天然基因库中优良基因的流失。我国仅有6家水产研究单位存有鱼类精子库，每个精子库保存的种类从十几种到三十多种不等，还不到我国淡水和海水鱼类的1%。而一些鱼类消失得太快，鱼种都留不住。

农业部数据显示，长江"四大家鱼"从原来占渔获物的80%降至目前的14%，产卵量也从300亿尾降至目前不足10亿尾，仅为原来的3%。中国水产科学研究院淡水渔业研究中心的资料显示，长江刀鱼历史上曾经占到长江鱼类捕捞量的35%到50%，1973年长江流域长江刀鱼产量达到3 750吨，2011年长江刀鱼产量已不足60吨，而到了现在，渔民形象的说法是，"半天才能够捞上两条刀鱼，而且规格很小"。目前，长江年淡水捕捞量仅为约10万吨，不足最高年份的1/4，并且主要的渔获也趋于小型化、低值化和低龄化。

据中国渔业协会副会长、江苏中洋集团总裁钱晓明介绍，据不完全统计，长江水系有鱼类约370种，珍稀鱼类超过30种。长江珍稀鱼类中比较著名的有"长江三鲜"（河豚、刀鱼和鲥鱼），国家一级保护动物中华鲟、白鲟等，国家二级保护动物松江鲈鱼、胭脂鱼等。由于受长江生态环境恶化、水利工程建设、渔业资源过度开发等多重因素的影响，长江珍稀鱼类资源日趋枯竭，形势十分严峻，开展长江珍稀鱼类资源保护刻不容缓。

三、有关三峡的部分诗句

1. 众水会涪万，瞿塘争一门。（杜甫《长江二首》）
2. 白帝高为三峡镇，瞿塘险过百牢关。（杜甫《夔州歌十绝句》）
3. 五更鼓角声悲壮，三峡星河影动摇。（杜甫《阁夜》）
4. 巫山夹青天，巴水流若兹。巴水忽可尽，青天无到时。三朝上黄牛，三暮行太迟。三朝又三暮，不觉鬓成丝。（李白《上三峡》）
5. 朝辞白帝彩云间，千里江陵一日还。两岸猿声啼不住，轻舟已过万重山。（李白《白帝下江陵》）
6. 十二巫山见九峰，船头彩翠满秋空。朝云暮雨浑虚语，一夜猿啼明月中。（陆游《三峡歌》）
7. 不知远郡何时到，犹喜全家此去同。万里王程三峡外，百年生计一舟中。巫山暮足沾花雨，陇水春多逆浪风。两片红旌数声鼓，使君艛艓上巴东。（白居易《入峡次巴东》）
8. 巴江上峡重复重，阳台碧峭十二峰。（孟郊《巫山曲》）
9. 峨眉高万丈，夔巫锁西风。江流关不住，众水尽朝东。（陈毅《咏三峡》）

10. 万山磅礴水泱莽,山环水抱争萦纡,时则岸山壁立如着斧,相间似欲两相扶。时则危崖屹立水中堵,江流阻塞路疑无。(郭沫若《蜀道奇》)

11. 才饮长沙水,又食武昌鱼。万里长江横渡,极目楚天舒。不管风吹浪打,胜似闲庭信步,今日得宽余。子在川上曰:逝者如斯夫! 风樯动,龟蛇静,起宏图。一桥飞架南北,天堑变通途。更立西江石壁,截断巫山云雨,高峡出平湖。神女应无恙,当今世界殊。(毛泽东《水调歌头》)

七年级

穿越千年时空 我到西安做唐人

——西安研学修行

【研学前言】

　　一个孩子没有来过西安，如同没有见过爷爷奶奶。来西安吧！这是一次血液中融入秦皇汉武、唐宗宋祖的英雄气概的洗礼。通过陕西的文化体验式互动，把包容、大气、自信、勇敢的秦汉人文精神植入心田，把唐人、汉人的自信融入血液里，绽放在笑颜上……

【课文回眸】

秦兵马俑

　　举世无双的秦兵马俑是我国享誉世界的珍贵历史文物。它出土于西安以东 30 多千米的临潼。

　　兵马俑规模宏大。已发掘的三个俑坑，总面积达 19 120 平方米，足有两个半足球场那么大，坑内有兵马俑近 8 000 个。在三个俑坑中，一号坑最大，东西长 230 米，南北宽 62 米，总面积有 14 260 平方米。坑里的兵马俑也最多，共有 6 000 个左右。一号坑上面，现在已盖起了一座巨大的拱形大厅。走进大厅，人们无不为兵马俑的恢宏气势和高超的制作工艺所折服。站在高处鸟瞰，坑里的兵俑、马俑相间，一行行，一列列，十分整齐，排成了一个巨大的长方形军阵，看上去真像是秦始皇当年统率的一支南征北战、所向披靡的大军。

　　兵马俑不仅规模宏大，而且类型众多，个性鲜明。

将军俑身材魁梧，头戴金冠，身披铠甲，手握宝剑，昂首挺胸，站在队伍前列，像是在指挥身后的军吏和士兵行进。那神态自若的样子，一看就知道是久经沙场、肩负重任的高级将领。

武士俑高1.8米左右，体格健壮，体态匀称。身上穿着战袍，套着铠甲，脚上蹬着前端向上翘起的战靴，头发大多挽成了偏向右侧的发髻。它们有的握着铜戈，有的擎着利剑，有的拿着盾牌。个个目光炯炯，双唇紧闭，神态严峻，好像一场大战就在眼前。

骑兵俑上身着短甲，下身着紧口裤，足蹬长筒马靴，右手执缰绳，左手持弓箭，随时准备上马冲杀。

车兵俑则分为驭手和军士，驭手居中而立，驾驭着战车，军士分列在战车两侧，保护着驭手。

弓弩手个个张弓搭箭，两眼盯着前方，或立，或跪，随时准备将利箭射出去。

马俑与真马一般大小，一匹匹形体健壮，肌肉丰满。那跃跃欲试的样子，好像一声令下，就会撒开四蹄，腾空而起，踏上征程。

每一件兵马俑都是极为精美的艺术珍品。仔细端详，它们神态各异：有的微微颔首，若有所思，好像在考虑如何相互配合，战胜敌手；有的眼如铜铃，神态庄重，好像在暗下决心，誓为秦国统一天下作殊死拼搏；有的紧握双拳，勇武干练，好像随时准备出征；有的凝视远方，好像在思念家乡的亲人……走近它们的身旁，似乎还能听到轻细的呼吸声。

秦兵马俑，惟妙惟肖地模拟军阵的排列，生动地再现了秦军雄兵百万、战车千乘的宏伟气势，形象地展示了中华民族的强大力量和英雄气概。这在古今中外的雕塑史上是绝无仅有的。

【研学主题】

品味陕西，感知中国——走读周秦汉唐，感悟中华灿烂文明。

【课程安排】

一、梦回大唐，雁塔题名

活动目的	了解大小雁塔来历及历史地位；长安城演变史
体验项目	着汉服，习汉礼式开营，组建团队；观看非遗皮影，与传承人互动表演；7所院校客座教授、西安旅游形象大使带你了解西安博物院，鸣钟祈福；掰馍非遗美食体验；大唐官腔学唐诗；营地消防演练；欢乐研习《卖炭翁》

二、六千年的时空穿越——从半坡姑娘到秦兵马俑

活动目的	了解半坡的历史价值，母系氏族社会后期原始人的民居、服饰及生活用品；了解秦始皇生平及功过，解读大秦帝国
体验项目	学习吹陶埙；学做 biangbiang 面；社会实践——多语种讲解大 PK；小小兵马俑 DIY；欢乐研习《秦兵马俑》

三、五千年文化穿越，陕西关中民俗大体验——从皇家到民间

活动目的	近距离了解陕西历史博物馆的国宝级文物；了解关中民俗文化，体验陕西地道美食
体验项目	国宝搜寻记；观看非遗老腔表演；乘坐西北最长观光扶梯；现场感受《二虎守长安》，有幸做群众演员；欢乐研习《安塞腰鼓》

四、我的方城我的城——小鬼当家，玩转古城，我是小记者，我是网红

活动目的	通过全天半自由活动，提升营员团队协作意识，锻炼个人创新能力 了解西安明城墙的历史作用；了解西安碑林的石刻艺术海洋，传承国学——中国书法
体验项目	财商管理，发现美食；采访商家，有奖抢答；做分享课，做网红；摄影摆拍大赛；童语数皇帝；欢乐研习《文成公主进藏》；小唐人毕营分享晚会

五、秦皇汉武，唐宗宋祖，数风流人物，还看今朝

活动目的	了解丝绸之路的起点，了解"一带一路"与我们的关系；了解大明宫的建筑格局，学习大唐博大精神，做唐人
体验项目	观看 3D 影片《大明宫传奇》；模拟考古；做拓片，签名留念；欢乐研习《丝绸之路》

【研修问答】

1. 雁塔题名的由来是什么？
2. 历史上真有唐僧这个人吗？电视剧《西游记》中的师徒四人取经是真的吗？若是真的，当时经书藏在哪里？
3. 陕西历史博物馆的镇馆之宝是什么？
4. 秦始皇兵马俑被称为世界第八大奇迹是谁定的？
5. 秦人建立了中国历史上第一个封建统一的中央集权制国家，统一了什么？

6. 西安市的标志是什么？西安城墙修建于历史上哪个朝代？
7. 西安博物院里面有"关中八景"之一，是什么？
8. "买东西"这个词是怎么来的？
9. 半坡出土的中国最早的乐器是什么？
10. 人面鱼纹盆的含义是什么？
11. 列出袁家村见到的特色陕西民间小吃，至少列举8个。
12. 碑林门口两个大字是谁题的？

【学以致用】

1. 游学兵马俑后，说说你对《秦兵马俑》一文有何感触和想法。
2. 结合本次游学活动，完成一篇游记，字数600字左右。

【资料链接】

一、兵马俑背后的故事

秦始皇陵东侧约三里处出土的兵马俑，如同真人真马一样大小，威武雄壮，栩栩如生。这些数以千计的陶人陶马是怎样制造出来的呢？

据说秦始皇二十二岁统一中国后，就下令大规模地为他修建陵墓。因骊山风光秀丽，加上山阳产玉，山阴多金，金玉双全，正符合他的迷信思想，所以他把墓地选在骊山北麓。他不仅从全国调来七十多万"刑徒"，还从山东、河南等地征来大量民夫。修建期间，秦始皇还下诏令李斯提前征集数千对童男童女准备为他殉葬。李斯见了诏书，吓得目瞪口呆。他想，征集这么多人殉葬，必定会遭到百姓强烈反对。百姓一旦起来造反，秦朝江山难保。但如不照办，得罪了秦始皇，自己必死无疑。想来想去，他只好上书说："臣李斯，冒死直言，君征如此众多童男童女殉葬，必使天下骚乱，不如改用陶殉，以保大秦江山平安。"秦始皇觉得有道理，就改变原意，立即下旨令李斯征集全国能工巧匠，烧制规模宏大的出巡仪仗队，而且要求烧制出的陶人陶马和真人真马一样大小。

几天后，李斯从民夫中挑选出数百名烧制砖瓦的工匠，向他们宣读了圣旨，命令他们按期烧好陶人陶马。如若不然，定杀不赦。

但是这些工匠只会烧砖瓦，谁也没有烧制过陶人陶马，他们试烧多次都没有成功。一百多名工匠因此被砍了头。在被杀的工匠中，有个老工匠想出一个办法，在临死之前告诉了他的儿子，要他单窑分段烧制。儿子含泪埋了父亲后，便按照父亲生前的嘱咐，单窑单俑分段烧制，烧成以后再组合。采用这个办法后，陶人陶马终于烧制成功了。

试验成功后，工匠们齐心协力，夜以继日，终于按期把几千件陶人陶马烧制出来了，并按照李斯的要求，把这些陶俑排列成整齐的队形。

秦始皇驾崩以后，秦二世胡亥继承了帝位。他怕工匠们泄露墓中秘密，便暗地里把秦始皇灵柩运入墓中，然后下令叫所有参加修建陵墓的人，一齐到墓中看戏，并领取赏金。可怜那些为修建秦始皇陵墓流血流汗的工匠、民夫和刑徒，全上了秦二世的当。他们刚刚走进陵墓，便活活地被封闭在墓中，成了殉葬品。传说只有一个小伙子逃了出来，他就是第一个把陶俑烧制出来的人。因为秦始皇陵墓里的水道是他修砌的，所以当他见情况不妙时，便钻进了水道，直到天黑时才逃出来。后来他流浪中关，依靠烧制瓦盆、瓦罐和瓦瓮（关中放面的器具）为生。直到如今，这些陶制品在关中农村还很受欢迎哩。

二、关于小说《白鹿原》

《白鹿原》以白嘉轩为叙事核心，以白鹿两家的矛盾纠葛组织情节，以反映白嘉轩所代表的宗法家族制度及儒家伦理道德，在时代变迁与政治运动中的坚守和颓败为叙事线索，讲述了白鹿原村里两大家族白家和鹿家之间的故事。白家人一直担任村里的族长，主人公白嘉轩一生娶过七个妻子，最后一个陪他终生，并育有三儿一女（白孝文、白孝武、白孝义、白灵）。鹿三是白家的长工，黑娃是他的长子。鹿家以鹿子霖为代表，他有两个儿子（鹿兆鹏、鹿兆海）。

小说主要讲述了他们的下一代白孝文、鹿兆海、黑娃这一代人的生活：白家后代中规中矩，黑娃却从小就显现出不安分。长大后，白孝文继任族长，黑娃在外做长工，认识了东家的小老婆田小娥，他将她带回村后，受到村人的排斥。黑娃离开村子后投奔革命军，又成为土匪。在此期间，鹿子霖、白孝文等都吸上了鸦片，将家败光，去异乡谋生。鹿三以儿媳田小娥为耻，最终杀了她，却因终日被田小娥死时的情形折磨而死去。白孝文则在外重新振作，终有一番作为，白灵加入了共产党。一个家庭，两代子孙，为争夺白鹿原的统治争斗不已。

创作背景

20 世纪 80 年代初，由于特殊的政治环境而兴起了"反思文学"的创作潮流，这种潮流在此后逐步泛化为 80 年代的一种普遍的文学精神。这种精神影响到 90 年代的长篇创作，不少作品都在不由自主地向这种精神靠拢，这也使得这期间的长篇创作在对民族历史文化的反思方面，达到了一个新的高度。陈忠实正是在这样的文学思潮之中，有了对《白鹿原》的创作欲念，并且完成了这部能够代表这种反思新高度的史诗作品。

创作经历

陈忠实出生在西安东郊白鹿原下的蒋村,年少时就在这片黄土地上挖野菜,拾柴火。白鹿原的春夏秋冬、草木荣枯,陈忠实都再熟悉不过了。陈忠实了解白鹿原昨天的办法,一方面是走访那些上了年纪的老人,从他们的记忆中去找寻家族历史记忆的残片,另一方面是仔细查阅有关白鹿原的县志。

当他看到二十多卷的县志,竟然有四五个卷本是有关"贞妇烈女"时,感到既惊讶又费解。那些记述着某村某某氏的简短介绍,昭示着贞节的崇高和沉重。县志里往往是某女十五六岁出嫁,隔一二年生子,不幸丧夫,抚养孩子成人,侍奉公婆,守节守志,直到终了,族人亲友感念其高风亮节,送烫金大匾牌悬挂于门首。

这些布满了几个卷本密密麻麻的贞节女人们,用她们活泼的生命,坚守着道德规章里专门给她们设置的"志"和"节"的条律,经历过漫长残酷的煎熬,才换取了在县志上几厘米长的位置,这让陈忠实产生了逆反式的怨念。田小娥的形象就是在这种情况下,在陈忠实脑海中浮现出来的。

从1988年开始,陈忠实把妻子和长辈安置在城里,只身来到乡下的祖屋,潜心写作。四年的艰苦写作,陈忠实每天都要经受着各种人物在脑海中的较量,纠结的心情让陈忠实额头上的皱纹如同黄土高原上的沟壑一般深刻。

1992年3月25日,近50万字的《白鹿原》终于画上了句号。

三、秦腔起源

秦腔,是起源于古代陕西的民间歌舞,是在中国古代政治、经济、文化中心长安生长壮大起来的,经历代人民的创造而逐渐形成的。因周代以来关中地区就被称为"秦",故秦腔由此而得名。因以枣木梆子为击节乐器,又叫"梆子腔";又因以梆击节时发出"恍恍"声,俗称"桄桄子"。清人李调元《雨村剧话》云:"俗传钱氏缀百裘外集,有秦腔。始于陕西,以梆为板,月琴应之,亦有紧慢,俗呼梆子腔,蜀谓之乱弹。""乱弹"一词在我国戏曲声腔中的含义很多,过去曾把昆曲、高腔之外的剧种都叫"乱弹",也曾把京剧称为"乱弹",还有的剧种也以乱弹命名,如温州乱弹、河北乱弹,但是,更多的仍用在以秦腔为先、为主的梆子腔系统的总称上。

明代朱权《太和正音谱》载:"元知音善歌者,三十六人中之首者卢纲,咸阳人,音属宫而杂商,如神虎之啸风,雄而且壮,为当时之杰。"演员吐字以泾阳、三原语言为"标准"。史书记载,明代中叶咸阳就已流行秦腔,武宗正德五年(1510)武功康海组建戏班,演唱"康王腔"。清康熙年间(1662—1722),咸阳的秦腔班社已为数众多,如保符班、江乐班、华庆班、双才班等。乾隆时期(1736—1795),翰林院学士严长明(江苏人)宦游陕西,酷爱秦腔,所著《秦云撷英小谱》记载关中秦腔班社共有36个,并以礼泉、周至、渭南、大荔为四大流派。秦腔班社演出,不仅为当地人钟爱,赴北京演出亦受欢迎,被称为"传情在无意之间""哑趣传神许擅长"。此时,演员白双儿、豌豆花和金坠子等随泾阳锦绣班演红西安城内。1912年,李桐轩、孙仁玉、范紫东和高培支等人,受辛亥革命影响,办起"易俗社",并编写出《一字狱》等剧本。咸阳各县以"易俗社"为榜样,先后成立了"高兴班"(长武)、"马家班"(武功)、"秦贵社"(礼泉)、"益民社"(咸阳)、"晓钟社"(乾县)、"明正社"(三原)等演出团体。1937年中共陕西省委(驻泾阳县云阳镇)、关中工委(驻旬邑县马家堡),相继成立了七月剧团、关中剧团、关警剧团等,创作演出《大上当》《新教子》《十里塬》等大批新剧目,在唱腔、表演、舞美、服饰等方面都有创新。新中国成立后,咸阳地区有专业剧团14个,创作了大批新剧目,涌现出众多知名演员,如郭明霞、王麦兰、舒曼莉、马金仙、赵斌、王义民、昝金香等,新秀如赵改琴、王平、白萍、冯武耕、王亚萍等。这些演员均先后在西北、省、市会演大赛中获奖。

跟随课本　游转绍兴

——绍兴研学修行

【研学前言】

绍兴是一座古朴的城市，每个台门都隐藏着一个故事；鲁迅，一本厚重的书，每页间都流淌着段段往事。捧起手中的语文课本，大声朗诵《从百草园到三味书屋》《社戏》《故乡》《兰亭集序》《回乡偶书》……让我们跟着课本，伴随记忆，尽情遨游于课本里的绍兴！

【课文回眸】

社　戏

鲁迅

我们鲁镇的习惯，本来是凡有出嫁的女儿，倘自己还未当家，夏间便大抵回到母家去消夏。那时我的祖母虽然还康健，但母亲也已分担了些家务，所以夏期便不能多日的归省了，只得在扫墓完毕之后，抽空去住几天，这时我便每年跟了我的母亲住在外祖母的家里。那地方叫平桥村，是一个离海边不远，极偏僻的，临河的小村庄；住户不满三十家，都种田，打鱼，只有一家很小的杂货店。但在我是乐土：因为我在这里不但得到优待，又可以免念"秩秩斯干幽幽南山"了。

和我一同玩的是许多小朋友，因为有了远客，他们也都从父母那里得了减少工作的许可，伴我来游戏。在小村里，一家的客，几乎也就是公共的。我们年纪都相仿，但论起行辈来，却至少是叔子，有几个还是太公，因为他们合村都同姓，是本家。然而我们是朋友，即使偶而吵闹起来，打了太公，一村的老老小小，也决没有一个会想出"犯上"这两个字来，而他们也百分之九十九不识字。

我们每天的事情大概是掘蚯蚓，掘来穿在铜丝做的小钩上，伏在河沿上去钓虾。虾是水世界里的呆子，决不惮用了自己的两个钳捧着钩尖送到嘴里去的，所以不半天便可以钓到一大碗。这虾照例是归我吃的。其次便是一同去放牛，但或者因为高等动物了的缘故罢，黄牛、水牛都欺生，敢于欺侮我，因此我也总不敢走近身，只好远远地跟着，站着。这时候，小朋友们便不再原谅我会读"秩秩斯干"，却全都嘲笑起来了。

　　至于我在那里所第一盼望的，却在到赵庄去看戏。赵庄是离平桥村五里的较大的村庄；平桥村太小，自己演不起戏，每年总付给赵庄多少钱，算作合做的。当时我并不想到他们为什么年年要演戏。现在想，那或者是春赛，是社戏了。

　　就在我十一二岁时候的这一年，这日期也看看等到了。不料这一年真可惜，在早上就叫不到船。平桥村只有一只早出晚归的航船是大船，决没有留用的道理。其余的都是小船，不合用；央人到邻村去问，也没有，早都给别人定下了。外祖母很气恼，怪家里的人不早定，絮叨起来。母亲便宽慰伊，说我们鲁镇的戏比小村里的好得多，一年看几回，今天就算了。只有我急得要哭，母亲却竭力的嘱咐我，说万不能装模装样，怕又招外祖母生气，又不准和别人一同去，说是怕外祖母要担心。

　　总之，是完了。到下午，我的朋友都去了，戏已经开场了，我似乎听到锣鼓的声音，而且知道他们在戏台下买豆浆喝。

　　这一天我不钓虾，东西也少吃。母亲很为难，没有法子想。到晚饭时候，外祖母也终于觉察了，并且说我应当不高兴，他们太怠慢，是待客的礼数里从来所没有的。吃饭之后，看过戏的少年们也都聚拢来了，高高兴兴的来讲戏。只有我不开口；他们都叹息而且表同情。忽然间，一个最聪明的双喜大悟似的提议了，他说，"大船？八叔的航船不是回来了么？"十几个别的少年也大悟，立刻撺掇起来，说可以坐了这航船和我一同去。我高兴了。然而外祖母又怕都是孩子们，不可靠；母亲又说是若叫大人一同去，他们白天全有工作，要他熬夜，是不合情理的。在这迟疑之中，双喜可又看出底细来了，便又大声的说道，"我写包票！船又大；迅哥儿向来不乱跑；我们又都是识水性的！"

　　诚然！这十多个少年，委实没有一个不会凫水的，而且两三个还是弄潮的好手。

　　外祖母和母亲也相信，便不再驳回，都微笑了。我们立刻一哄的出了门。

　　我的很重的心忽而轻松了，身体也似乎舒展到说不出的大。一出门，便望见月下的平桥内泊着一只白篷的航船，大家跳下船，双喜拔前篙，阿发拔后篙，年幼的都陪我坐在舱中，较大的聚在船尾。母亲送出来吩咐"要小心"的时候，我们已经点开船，在桥石上一磕，退后几尺，即又上前出了桥。于是架起两支橹，一支两人，一里一换，有说笑的，有嚷的，夹着潺潺的船头激水的声音，在左右都是碧绿的豆麦田地的河流中，飞一般径向赵庄前进了。

　　两岸的豆麦和河底的水草所发散出来的清香，夹杂在水气中扑面的吹来；月色便朦胧在这水气里。淡黑的起伏的连山，仿佛是踊跃的铁的兽脊似的，都远远地向船尾跑去了,但我却还以为船慢。他们换了四回手,渐望见依稀的赵庄,而且似乎听到歌吹了,还有几点火,料想便是戏台,但或者也许是渔火。

那声音大概是横笛,宛转,悠扬,使我的心也沉静,然而又自失起来,觉得要和他弥散在含着豆麦蕴藻之香的夜气里。

那火接近了,果然是渔火;我才记得先前望见的也不是赵庄。那是正对船头的一丛松柏林,我去年也曾经去游玩过,还看见破的石马倒在地下,一个石羊蹲在草里呢。过了那林,船便弯进了叉港,于是赵庄便真在眼前了。

最惹眼的是屹立在庄外临河的空地上的一座戏台,模胡在远处的月夜中,和空间几乎分不出界限,我疑心画上见过的仙境,就在这里出现了。这时船走得更快,不多时,在台上显出人物来,红红绿绿的动,近台的河里一望乌黑的是看戏的人家的船篷。

"近台没有什么空了,我们远远的看罢。"阿发说。

这时船慢了,不久就到,果然近不得台旁,大家只能下了篙,比那正对戏台的神棚还要远。其实我们这白篷的航船,本也不愿意和乌篷的船在一处,而况并没有空地呢……

在停船的匆忙中,看见台上有一个黑的长胡子的背上插着四张旗,捏着长枪,和一群赤膊的人正打仗。双喜说,那就是有名的铁头老生,能连翻八十四个筋斗,他日里亲自数过的。

我们便都挤在船头上看打仗,但那铁头老生却又并不翻筋斗,只有几个赤膊的人翻,翻了一阵,都进去了,接着走出一个小旦来,咿咿呀呀的唱,双喜说,"晚上看客少,铁头老生也懈了,谁肯显本领给白地看呢?"我相信这话对,因为其时台下已经不很有人,乡下人为了明天的工作,熬不得夜,早都睡觉去了,疏疏朗朗的站着的不过是几十个本村和邻村的闲汉。乌篷船里的那些土财主的家眷固然在,然而他们也不在乎看戏,多半是专到戏台下来吃糕饼、水果和瓜子的。所以简直可以算白地。

然而我的意思却也并不在乎看翻筋斗。我最愿意看的是一个人蒙了白布,两手在头上捧着一支棒似的蛇头的蛇精,其次是套了黄布衣跳老虎。但是等了许多时都不见,小旦虽然进去了,立刻又出来了一个很老的小生。我有些疲倦了,托桂生买豆浆去。他去了一刻,回来说,"没有。卖豆浆的聋子也回去了。日里倒有,我还喝了两碗呢。现在去舀一瓢水来给你喝罢。"

我不喝水,支撑着仍然看,也说不出见了些什么,只觉得戏子的脸都渐渐的有些稀奇了,那五官渐不明显,似乎融成一片的再没有什么高低。年纪小的几个多打呵欠了,大的也各管自己谈话。忽而一个红衫的小丑被绑在台柱子上,给一个花白胡子的用马鞭打起来了,大家才又振作精神的笑着看。在这一夜里,我以为这实在要算是最好的一折。

然而老旦终于出台了。老旦本来是我所最怕的东西,尤其是怕他坐下了唱。这时候，看见大家也都很扫兴，才知道他们的意见是和我一致的。那老旦当初还只是踱来踱去的唱，后来竟在中间的一把交椅上坐下了。我很担心；双喜他们却就破口喃喃的骂。我忍耐的等着，许多工夫，只见那老旦将手一抬，我以为就要站起来了，不料他却又慢慢的放下在原地方，仍旧唱。全船里几个人不住的吁气，其余的也打起呵欠来。双喜终于熬不住了，说道，怕他会唱到天明还不完，还是我们走的好罢。大家立刻都赞成，和开船时候一样踊跃，三四人径奔船尾，拔了篙，点退几丈，回转船头，驾起橹，骂着老旦，又向那松柏林前进了。

月还没有落，仿佛看戏也并不很久似的，而一离赵庄，月光又显得格外的皎洁。回望戏台在灯火光中，却又如初来未到时候一般，又漂渺得像一座仙山楼阁，满被红霞罩着了。吹到耳边来的又是横笛，很悠扬；我疑心老旦已经进去了，但也不好意思说再回去看。

不多久，松柏林早在船后了，船行也并不慢，但周围的黑暗只是浓，可知已经到了深夜。他们一面议论着戏子，或骂，或笑，一面加紧的摇船。这一次船头的激水声更其响亮了，那航船，就像一条大白鱼背着一群孩子在浪花里蹿，连夜渔的几个老渔父，也停了艇子看着喝采起来。

离平桥村还有一里模样，船行却慢了，摇船的都说很疲乏，因为太用力，而且许久没有东西吃。这回想出来的是桂生，说是罗汉豆正旺相，柴火又现成，我们可以偷一点来煮吃的。大家都赞成，立刻近岸停了船；岸上的田里，乌油油的便都是结实的罗汉豆。

"阿阿，阿发，这边是你家的，这边是老六一家的，我们偷那一边的呢？"双喜先跳下去了，在岸上说。

我们也都跳上岸。阿发一面跳，一面说道，"且慢，让我来看一看罢。"他于是往来的摸了一回，直起身来说道，"偷我们的罢，我们的大得多呢。"一声答应，大家便散开在阿发家的豆田里，各摘了一大捧，抛入船舱中。双喜以为再多偷，倘给阿发的娘知道是要哭骂的，于是各人便到六一公公的田里又各偷了一大捧。

我们中间几个年长的仍然慢慢的摇着船，几个到后舱去生火，年幼的和我都剥豆。不久豆熟了，便任凭航船浮在水面上，都围起来用手撮着吃。吃完豆，又开船，一面洗器具，豆荚豆壳全抛在河水里，什么痕迹也没有了。双喜所虑的是用了八公公船上的盐和柴，这老头子很细心，一定要知道，会骂的。然而大家议论之后，归结是不怕。他如果骂，我们便要他归还去年在岸边拾去的一枝枯柏树，而且当面叫他"八癞子"。

"都回来了！那里会错。我原说过写包票的！"双喜在船头上忽而大声的说。

我向船头一望，前面已经是平桥。桥脚上站着一个人，却是我的母亲，双喜便是对伊说着话。我走出前舱去，船也就进了平桥了，停了船，我们纷纷都上岸。母亲颇有些生气，说是过了三更了，怎么回来得这样迟，但也就高兴了，笑着邀大家去吃炒米。

大家都说已经吃了点心，又渴睡，不如及早睡的好，各自回去了。

第二天，我向午才起来，并没有听到什么关系八公公盐柴事件的纠葛，下午仍然去钓虾。

"双喜，你们这班小鬼，昨天偷了我的豆了罢？又不肯好好的摘，踏坏了不少。"我抬头看时，是六一公公棹着小船，卖了豆回来了，船肚里还有剩下的一堆豆。

"是的。我们请客。我们当初还不要你的呢。你看，你把我的虾吓跑了！"双喜说。

六一公公看见我，便停了楫，笑道，"请客？——这是应该的。"于是对我说，"迅哥儿，昨天的戏可好么？"

我点一点头，说道，"好。"

"豆可中吃呢？"

我又点一点头，说道，"很好。"

不料六一公公竟非常感激起来，将大拇指一翘，得意的说道，"这真是大市镇里出来的读过书的人才识货！我的豆种是粒粒挑选过的，乡下人不识好歹，还说我的豆比不上别人的呢。我今天也要送些给我们的姑奶奶尝尝去……"他于是打着楫子过去了。

待到母亲叫我回去吃晚饭的时候，桌上便有一大碗煮熟了的罗汉豆，就是六一公公送给母亲和我吃的。听说他还对母亲极口夸奖我，说"小小年纪便有见识，将来一定要中状元。姑奶奶，你的福气是可以写包票的了。"但我吃了豆，却并没有昨夜的豆那么好。

真的，一直到现在，我实在再没有吃到那夜似的好豆，——也不再看到那夜似的好戏了。

从百草园到三味书屋

鲁　迅

我家的后面有一个很大的园，相传叫作百草园。现在是早已并屋子一起卖给朱文公的子孙了，连那最末次的相见也已经隔了七八年，其中似乎确凿只有一些野草；但那时却是我的乐园。

不必说碧绿的菜畦，光滑的石井栏，高大的皂荚树，紫红的桑葚；也不必说鸣蝉在树叶里长吟，肥胖的黄蜂伏在菜花上，轻捷的叫天子（云雀）忽然从草间直窜向云霄里去了。单是周围的短短的泥墙根一带，就有无限趣味。油蛉在这里低唱，蟋蟀们在这里弹琴。翻开断砖来，有时会遇见蜈蚣；还有斑蝥，倘若用手指按住它的脊梁，便会拍的一声，从后窍喷出一阵烟雾。何首乌藤和木莲藤缠络着，木莲有莲房一般的果实，何首乌有臃肿的根。有人说，何首乌根是有像人形的，吃了便可以成仙，我于是常常拔它起来，牵连不断地拔起来，也曾因此弄坏了泥墙，却从来没有见过有一块根像人样。如果不怕刺，还可以摘到覆盆子，像小珊瑚珠攒成的小球，又酸又甜，色味都比桑葚要好得远。

　　长的草里是不去的,因为相传这园里有一条很大的赤练蛇。

　　长妈妈曾经讲给我一个故事听:先前,有一个读书人住在古庙里用功,晚间,在院子里纳凉的时候,突然听到有人在叫他。答应着,四面看时,却见一个美女的脸露在墙头上,向他一笑,隐去了。他很高兴;但竟给那走来夜谈的老和尚识破了机关。说他脸上有些妖气,一定遇见"美女蛇"了;这是人首蛇身的怪物,能唤人名,倘一答应,夜间便要来吃这人的肉的。他自然吓得要死,而那老和尚却道无妨,给他一个小盒子,说只要放在枕边,便可高枕而卧。他虽然照样办,却总是睡不着,——当然睡不着的。到半夜,果然来了,沙沙沙!门外像是风雨声,他正抖作一团时,却听得豁的一声,一道金光从枕边飞出,外面便什么声音也没有了,那金光也就飞回来,敛在盒子里。后来呢?后来,老和尚说,这是飞蜈蚣,它能吸蛇的脑髓,美女蛇就被它治死了。

　　结末的教训是:所以倘有陌生的声音叫你的名字,你万不可答应他。

　　这故事很使我觉得做人之险,夏夜乘凉,往往有些担心,不敢去看墙上,而且极想得到一盒老和尚那样的飞蜈蚣。走到百草园的草丛旁边时,也常常这样想。但直到现在,总还没有得到,但也没有遇见过赤练蛇和美女蛇。叫我名字的陌生声音自然是常有的,然而都不是美女蛇。

　　冬天的百草园比较的无味;雪一下,可就两样了。拍雪人(将自己的全形印在雪上)和塑雪罗汉需要人们鉴赏,这是荒园,人迹罕至,所以不相宜,只好来捕鸟。薄薄的雪,是不行的;总须积雪盖了地面一两天,鸟雀们久已无处觅食的时候才好。扫开一块雪,露出地面,用一枝短棒支起一面大的竹筛来,下面撒些秕谷,棒上系一条长绳,人远远地牵着,看鸟雀下来啄食,走到竹筛底下的时候,将绳子一拉,便罩住了。但所得的是麻雀居多,也有白颊的"张飞鸟",性子很躁,养不过夜的。

　　这是闰土的父亲所传授的方法,我却不大能用。明明见它们进去了,拉了绳,跑去一看,却什么都没有,费了半天力,捉住的不过三四只。闰土的父亲是小半天便能捕获几十只,装在叉袋里叫着撞着的。我曾经问他得失的缘由,他只静静地笑道:你太性急,来不及等它走到中间去。

　　我不知道为什么家里的人要将我送进书塾里去了,而且还是全城中称为最严厉的书塾。也许是因为拔何首乌毁了泥墙吧,也许是因为将砖头抛到间壁的梁家去了吧,也许是因为站在石井栏上跳了下来吧……都无从知道。总而言之:我将不能常到百草园了。Ade,我的蟋蟀们!Ade,我的覆盆子们和木莲们!

　　出门向东,不上半里,走过一道石桥,便是我的先生的家了。从一扇黑油的竹门进去,第三间是书房。中间挂着一块匾道:三味书屋;匾下面是一幅画,画着一只很肥大的梅花鹿伏在古树下。没有孔子牌位,我们便对着那匾和鹿行礼。第一次算是拜孔子,第二次算是拜先生。

第二次行礼时，先生便和蔼地在一旁答礼。他是一个高而瘦的老人，须发都花白了，还戴着大眼镜。我对他很恭敬，因为我早听到，他是本城中极方正，质朴，博学的人。

不知从那里听来的，东方朔也很渊博，他认识一种虫，名曰"怪哉"，冤气所化，用酒一浇，就消释了。我很想详细地知道这故事，但阿长是不知道的，因为她毕竟不渊博。现在得到机会了，可以问先生。

"先生，'怪哉'这虫，是怎么一回事？……"我上了生书，将要退下来的时候，赶忙问。

"不知道！"他似乎很不高兴，脸上还有怒色了。

我才知道做学生是不应该问这些事的，只要读书，因为他是渊博的宿儒，决不至于不知道，所谓不知道者，乃是不愿意说。年纪比我大的人，往往如此，我遇见过好几回了。

我就只读书，正午习字，晚上对课。先生最初这几天对我很严厉，后来却好起来了，不过给我读的书渐渐加多，对课也渐渐地加上字去，从三言到五言，终于到七言。

三味书屋后面也有一个园，虽然小，但在那里也可以爬上花坛去折蜡梅花，在地上或桂花树上寻蝉蜕。最好的工作是捉了苍蝇喂蚂蚁，静悄悄地没有声音。然而同窗们到园里的太多，太久，可就不行了，先生在书房里便大叫起来：——

"人都到那里去了！"

人们便一个一个陆续走回去；一同回去，也不行的。他有一条戒尺，但是不常用，也有罚跪的规则，但也不常用，普通总不过瞪几眼，大声道：——

"读书！"

于是大家放开喉咙读一阵书，真是人声鼎沸。有念"仁远乎哉我欲仁斯仁至矣"的，有念"笑人齿缺曰狗窦大开"的，有念"上九潜龙勿用"的，有念"厥土下上上错厥贡苞茅橘柚"的……先生自己也念书。后来，我们的声音便低下去，静下去了，只有他还大声朗读着：——

"铁如意，指挥倜傥，一坐皆惊呢～～～；金巨罗，颠倒淋漓噫，千杯未醉嗬～～～……"

我疑心这是极好的文章，因为读到这里，他总是微笑起来，而且将头仰起，摇着，向后拗过去，拗过去。

先生读书入神的时候，于我们是很相宜的。有几个便用纸糊的盔甲套在指甲上做戏。我是画画儿，用一种叫作"荆川纸"的，蒙在小说的绣像上一个个描下来，像习字时候的影写一样。读的书多起来，画的画也多起来；书没有读成，画的成绩却不少了，最成片段的是《荡寇志》和《西游记》的绣像，都有一大本。后来，为要钱用，卖给一个有钱的同窗了。他的父亲是开锡箔店的；听说现在自己已经做了店主，而且快要升到绅士的地位了。这东西早已没有了罢。

9月18日

【课程安排】

2天。

第一天

【研学主题】

跟着课本游绍兴；黄酒文化。

一、鲁迅故里，亲身感受私塾旧校

到三味书屋私塾上课，穿长衫，戴瓜皮帽，跟先生一起念《三字经》、对对子。户外课堂，尽情玩耍：在百草园里上一堂户外课，寻找课本里的"桑椹、菜畦、石井栏、泥墙根、皂荚树……"

参观三味书屋

游览百草园

二、黄酒城里，自己动手做"花雕"

参观中国绍兴黄酒城，感受黄酒的历史渊源，了解米是如何变成醇厚浓郁的绍兴酒的。

由专业人员介绍各种绍兴酒的特色，教你如何鉴赏黄酒，品尝黄酒，并欣赏黄酒及绍兴旅游的影视风光片。

先听讲座，感受黄酒文化底蕴，了解黄酒酿造过程，然后在老师的指导下描绘漂亮的花

品尝绍兴黄酒

雕酒坛，在酒坛上或画或写，充分发挥自己的才能，并把花雕酒坛带回家作纪念。

【研修问答】

1. 古人对私塾有哪些称呼？
2. 学生在私塾学习哪些内容？
3. 绍兴黄酒有哪些特点？

【学以致用】

1. 游学三味书屋后，说说你对《从百草园到三味书屋》一文有何感触和想法。
2. 结合本次游学活动，完成一篇游记，字数600字左右。

【资料链接】

一、关于私塾

私塾产生于春秋时期，作为私学的一种，在漫长的封建社会，除秦朝曾短暂停废外，二千余年延绵不衰，作为人才培养的摇篮，它与官学相辅相成，并驾齐驱，共同为传递中华传统文化、培养人才而勤苦耕耘，不懈奋斗，做出了不可磨灭的贡献。

清代地方儒学有名无实，青少年真正读书受教育的场所，除义学外，一般都在地方或私人所办的学塾里。因此，清代学塾发达，遍布城乡。以经费来源区分，一为富贵之家聘师在家教读子弟，称坐馆或家塾；二为地方（村）、宗族捐助钱财、学田，聘师设塾以教贫寒子弟，称村塾、族塾（宗塾）；三为塾师私人设馆收费教授生徒，称门馆、教馆、学馆、书屋或私塾。塾师多为落第秀才或老童生，文化水平悬殊，他们当中既有像蒲松龄、郑板桥那样的文化名人，也有不少粗通文墨的腐儒。学生入学年龄不限，自五六岁至二十岁左右的都有，其中以十二三岁以下的居多。学生少则一二人，多则可达三四十人。

塾师一般为一人，大的村塾则不定。学生入塾后由塾师个别教授。年幼儿童先识"方块字"（书写在一寸多见方纸上的楷书字），识至千字左右后，教读《三字经》《百家姓》《千字文》。亦有直接教读"四书"的。教法大多为先教学生熟读背诵，然后在适当的时候由教师逐句讲解。除读书背诵外，还有习字课，从教师扶手润字开始，再描红，再写影本，进而临帖。学童粗解字义后，则教以作对，为做诗做准备。"四书"读完后，即读"五经"，兼读古文，如《东莱博议》《古文观止》等，并开始学习作文。

由于科举取士深入人心，学塾也重视制科文字（八股文）的习作，为科举考试做准备。学规极严，订有严厉罚则，体罚为平常事。

二、绍兴黄酒历史

绍兴酒有悠久的历史，从春秋时的《吕氏春秋》起，历史文献中绍兴酒的芳名屡有出现。清代饮食名著《调鼎集》更是对绍兴酒的历史演变、品种和优良品质进行了较全面的阐述，这说明绍兴酒在当时已风靡全国，在酒类中独树一帜。绍兴酒之所以闻名于海内外，主要在于其优良的品质。清代袁枚《随园食单》中赞美："绍兴酒如清官廉吏，不参一毫假，而其味方真。又如名士耆英，长留人间，阅尽世故而其质愈厚。"《调鼎集》中把绍兴酒与其他地方酒相比认为："天下之酒，有灰者甚多，饮之令人发渴，而绍酒独无；天下之酒，甜者居多，饮之令人体中满闷，而绍酒之性，芳香醇烈，走而不守，故嗜之者为上品，非私评也。"并对绍兴酒的品质做了"味甘、色清、气香、力醇之上品，唯陈绍兴酒为第一"的概括。

最早以绍兴地名作为地方名酒之名的当推南朝梁元帝萧绎所著的《金缕子》，书中提到"银瓯一枚，贮山阴甜酒"，山阴即今之绍兴。

晋代嵇含所著笔记《南方草木状》中第一次提到了女酒，可知当时酿酒已普及家庭。嵇含为今上虞人，此女酒即后来声誉鹊起的女儿酒"花雕酒"的前身。

唐代的绍兴酒，名气不及当时浙江乌程（今浙江吴兴）的若下酒，但不像若下酒在宋以后便销声匿迹。在唐代，绍兴酒以其独特的地方魅力，仍然吸引着无数骚人墨客、名人志士，"酒八仙"之首的贺知章、诗仙李白等都曾在越地留下了不少对越酒的吟咏和高歌。

绍兴酒到宋代才真正定名。宋以前，绍兴一直是越国越州的都城、州治，下辖会稽、山阴等郡县。公元1131年，赵构以"绍万世之宏休，兴百王之不绪"之义，改年号为绍兴。时越州官吏军民僧道士联合上表，乞赐府额。赵构即升越州为绍兴府，取"承继前业，振兴昌盛"之意，绍兴之名由此而来。由于绍兴酒业兴盛，各种酒名也在这一时期大量出现，如"竹叶青""瑞露酒""蓬莱春""堂中春"等。

明清时期，可算得上绍兴酒发展的第一高峰，不但花色品种繁多，而且质量上乘，确立了中国黄酒之冠的地位。当时绍兴生产的酒就直呼绍兴，到了不用加"酒"字的地步，特别是清代设立于绍兴城内的沈永和酿坊，以独创的"善酿酒"享誉海内外，康熙年间的"越酒行天下"之说即是当时盛况的最好写照。

自清末到民国初年时期，绍兴酒声誉远播中外。民国时期由于酒税加重，酿户大大减少，然大酿坊在减少产量的同时花力气提高质量，保证质量。1915年，绍兴酒参加在美国旧金山举办的巴拿马太平洋万国博览会，"云集信记"酒坊的绍兴酒获得金奖。1929年在杭州举办的"西湖博览会"上，绍兴"沈永和墨记"酿坊的"善酿酒"荣获金奖。1936年在浙赣特产展览会上，绍兴酒又获金奖。多次获奖，使绍兴酒身价百倍，备受青睐，生产与销售不断发展。

中华人民共和国成立后，三代党和国家领导人都非常关心和喜爱绍兴酒。1952年，周恩来总理亲自批示拨款，修建绍兴酒中央仓库，并多次向外国友人介绍推荐绍兴酒；邓小平对绍兴酒情有独钟，晚年时每天要喝一杯绍兴酒；1995年5月，江泽民总书记亲临中国绍兴黄酒集团，品尝绍兴酒后对随行人员说："记住，这种酒是最好的酒！"并嘱咐："中国黄酒天下一绝，这种酿造技术是前辈留下来的宝贵财富，要好好保护，防止被窃取仿制。"

第二天

【研修主题】

柯岩地貌；鲁迅小说；越文化。

【课程安排】

一、参观柯岩景区

自三国以来，因历代开山采石，能工巧匠造就了姿态各异的石宕、石洞和石壁等自然景观，柯岩景区即是其中之一。到景区中欣赏奇石"云骨"、天工大佛等景观中的极品。

二、研学鉴湖景区

步行游览五步月桥、葫芦醉岛、白玉长帝（古纤道）等，在鉴湖酒岛码头乘画舫赴鲁镇景区，与鲁迅笔下人物进行跨越时空的交流。在鲁镇上一堂书法课，更有"祥林嫂寻阿毛""阿Q造反""孔乙己逗小孩""杨二嫂卖豆腐"等鲁迅笔下人物的街景表演（街景表演为景区循环演出），同学们在体验式活动中，玩出情趣，玩出刺激，玩出品位，玩出文化。

【研修问答】

1. 你知道"柯岩绝胜"是谁的手笔吗？
2. 你知道祥林嫂、阿Q、孔乙己、杨二嫂分别出自鲁迅的哪些作品吗？

【学以致用】

结合本次游学活动，完成一篇游记，字数600字左右。

【资料链接】

一、柯岩历史

柯岩地区始于隋唐，距今已有一千多年历史。柯岩之"柯"，来源于柯亭。古人建驿亭，因陋就简，树枝为梁，青竹为椽，茅草为顶，以柯名亭，自有一种草创的粗犷原始。当然现在茅草亭子没有了，代之以水泥亭子。亭中的碑刻"柯岩绝胜"是王羲之的手笔。柯岩以石景而名世，但这石景却非天设地造。柯山之石石质优良，石条、石板便源源不断地从这里流向四方。自魏、蜀、吴割据的三国时期起，柯山便成了有名的采石场，四百余年间，偌大一座柯山竟被齐根挖去大半。"削壁耸千尺，危崖锁雾中"，姿态各异的石宕、石洞和石壁，使柯山从乱石纷飞的采石场逐渐变为人们览胜的"绝胜"之地。

二、祝福

鲁迅

旧历的年底毕竟最像年底，村镇上不必说，就在天空中也显出将到新年的气象来。灰白色的沉重的晚云中间时时发出闪光，接着一声钝响，是送灶的爆竹；近处燃放的可就更强烈了，震耳的大音还没有息，空气里已经散满了幽微的火药香。我是正在这一夜回到我的故乡鲁镇的。虽说故乡，然而已没有家，所以只得暂寓在鲁四老爷的宅子里。他是我的本家，比我长一辈，应该称之曰"四叔"，是一个讲理学的老监生。他比先前并没有什么大改变，单是老了些，但也还未留胡子，一见面是寒暄，寒暄之后说我"胖了"，说我"胖了"之后即大骂其新党。但我知道，这并非借题在骂我：因为他所骂的还是康有为。但是，谈话是总不投机的了，于是不多久，我便一个人剩在书房里。

第二天我起得很迟，午饭之后，出去看了几个本家和朋友；第三天也照样。他们也都没有什么大改变，单是老了些；家中却一律忙，都在准备着"祝福"。这是鲁镇年终的大典，致敬尽礼，迎接福神，拜求来年一年中的好运气的。杀鸡，宰鹅，买猪肉，用心细细的洗，女人的臂膊都在水里浸得通红，有的还带着绞丝银镯子。煮熟之后，横七竖八的插些筷子在这类东西上，可就称为"福礼"了，五更天陈列起来，并且点上香烛，恭请福神们来享用，拜的却只限于男人，拜完自然仍然是放爆竹。年年如此，家家如此，——只要买得起福礼和爆竹之类的，——今年自然也如此。天色愈阴暗了，下午竟下起雪来，雪花大的有梅花那么大，满天飞舞，夹着烟霭和忙碌的气色，将鲁镇乱成一团糟。我回到四叔的书房里时，瓦楞上已经雪白，房里也映得较光明，极分明的显出壁上挂着的朱拓的大"寿"字，陈抟老祖写的，一边的对联已经脱落，松松的卷了放在长桌上，一边的还在，道是"事理通达心气和平"。我又无聊赖的到窗下的案头去一翻，只见一堆似乎未必完全的《康熙字典》，一部《近思录集注》和一部《四书衬》。无论如何，我明天决计要走了。

况且，一想到昨天遇见祥林嫂的事，也就使我不能安住。那是下午，我到镇的东头访过一个朋友，走出来，就在河边遇见她；而且见她瞪着的眼睛的视线，就知道明明是向我走来的。我这回在鲁镇所见的人们中，改变之大，可以说无过于她的了：五年前的花白的头发，即今已经全白，全不像四十上下的人；脸上瘦削不堪，黄中带黑，而且消尽了先前悲哀的神色，仿佛是木刻似的；只有那眼珠间或一轮，还可以表示她是一个活物。她一手提着竹篮，内中一个破碗，空的；一手拄着一支比她更长的竹竿，下端开了裂：她分明已经纯乎是一个乞丐了。

我就站住，豫备她来讨钱。

"你回来了？"她先这样问。

"是的。"

"这正好。你是识字的，又是出门人，见识得多。我正要问你一件事——"她那没有精采的眼睛忽然发光了。

我万料不到她却说出这样的话来，诧异的站着。

"就是——"她走近两步，放低了声音，极秘密似的切切的说，"一个人死了之后，究竟有没有魂灵的？"

我很悚然，一见她的眼钉着我的，背上也就遭了芒刺一般，比在学校里遇到不及豫防的临时考，教师又偏是站在身旁的时候，惶急得多了。对于魂灵的有无，我自己是向来毫不介意的；但在此刻，怎样回答她好呢？我在极短期的踌躇中，想，这里的人照例相信鬼，然而她，却疑惑了，——或者不如说希望：希望其有，又希望其无……，人何必增添末路的人的苦恼，为她起见，不如说有罢。

"也许有罢，——我想。"我于是吞吞吐吐的说。

"那么，也就有地狱了？"

"啊！地狱？"我很吃惊，只得支梧着，"地狱？——论理，就该也有。——然而也未必，……谁来管这等事……。"

"那么，死掉的一家的人，都能见面的？"

"唉唉，见面不见面呢？……"这时我已知道自己也还是完全一个愚人，什么踌躇，什么计画，都挡不住三句问。我即刻胆怯起来了，便想全翻过先前的话来，"那是，……实在，我说不清……。其实，究竟有没有魂灵，我也说不清。"

我乘她不再紧接的问，迈开步便走，匆匆的逃回四叔的家中，心里很觉得不安逸。自己想，我这答话怕于她有些危险。她大约因为在别人的祝福时候，感到自身的寂寞了，然而会不会含有别的什么意思的呢？——或者是有了什么豫感了？倘有别的意思，又因此发生别的事，则我的答话委实该负若干的责任……。但随后也就自笑，觉得偶尔的事，本没有什么深意义，而我偏要细细推敲，正无怪教育家要说是生着神经病；而况明明说过"说不清"，已经推翻了答话的全局，即使发生什么事，于我也毫无关系了。

"说不清"是一句极有用的话。不更事的勇敢的少年，往往敢于给人解决疑问，选定医生，万一结果不佳，大抵反成了怨府，然而一用这说不清来作结束，便事事逍遥自在了。我在这时，更感到这一句话的必要，即使和讨饭的女人说话，也是万不可省的。

但是我总觉得不安，过了一夜，也仍然时时记忆起来，仿佛怀着什么不祥的豫感，在阴沉的雪天里，在无聊的书房里，这不安愈加强烈了。不如走罢，明天进城去。福兴楼的清炖鱼翅，一元一大盘，价廉物美，现在不知增价了否？往日同游的朋友，虽然已经云散，然而鱼翅是不可不吃的，即使只有我一个……。无论如何，我明天决计要走了。

我因为常见些但愿不如所料，以为未必竟如所料的事，却每每恰如所料的起来，所以很恐怕这事也一律。果然，特别的情形开始了。傍晚，我竟听到有些人聚在内室里谈话，仿佛议论什么事似的，但不一会，说话声也就止了，只有四叔且走而且高声的说：

"不早不迟，偏偏要在这时候，——这就可见是一个谬种！"

我先是诧异，接着是很不安，似乎这话于我有关系。试望门外，谁也没有。好容易待到晚饭前他们的短工来冲茶，我才得了打听消息的机会。

"刚才，四老爷和谁生气呢？"我问。

"还不是和祥林嫂？"那短工简捷的说。

"祥林嫂？怎么了？"我又赶紧的问。

"老了。"

"死了？"我的心突然紧缩，几乎跳起来，脸上大约也变了色。但他始终没有抬头，所以全不觉。我也就镇定了自己，接着问：

"什么时候死的？"

"什么时候？——昨天夜里，或者就是今天罢。——我说不清。"

"怎么死的？"

"怎么死的？——还不是穷死的？"他淡然的回答，仍然没有抬头向我看，出去了。

然而我的惊惶却不过暂时的事，随着就觉得要来的事，已经过去，并不必仰仗我自己的"说不清"和他之所谓"穷死的"的宽慰，心地已经渐渐轻松；不过偶然之间，还似乎有些负疚。晚饭摆出来了，四叔俨然的陪着。我也还想打听些关于祥林嫂的消息，但知道他虽然读过"鬼神者二气之良能也"，而忌讳仍然极多，当临近祝福时候，是万不可提起死亡疾病之类的话的，倘不得已，就该用一种替代的隐语，可惜我又不知道，因此屡次想问，而终于中止了。我从他俨然的脸色上，又忽而疑他正以为我不早不迟，偏要在这时候来打搅他，也是一个谬种，便立刻告诉他明天要离开鲁镇，进城去，趁早放宽了他的心。他也不很留。这样闷闷的吃完了一餐饭。

　　冬季日短，又是雪天，夜色早已笼罩了全市镇。人们都在灯下匆忙，但窗外很寂静。雪花落在积得厚厚的雪褥上面，听去似乎瑟瑟有声，使人更加感得沉寂。我独坐在发出黄光的菜油灯下，想，这百无聊赖的祥林嫂，被人们弃在尘芥堆中的，看得厌倦了的陈旧的玩物，先前还将形骸露在尘芥里，从活得有趣的人们看来，恐怕要怪讶她何以还要存在，现在总算被无常打扫得干干净净了。魂灵的有无，我不知道；然而在现世，则无聊生者不生，即使厌见者不见，为人为己，也还都不错。我静听着窗外似乎瑟瑟作响的雪花声，一面想，反而渐渐的舒畅起来。

　　然而先前所见所闻的她的半生事迹的断片，至此也联成一片了。

　　她不是鲁镇人。有一年的冬初，四叔家里要换女工，做中人的卫老婆子带她进来了，头上扎着白头绳，乌裙，蓝夹袄，月白背心，年纪大约二十六七，脸色青黄，但两颊却还是红的。卫老婆子叫她祥林嫂，说是自己母家的邻舍，死了当家人，所以出来做工了。四叔皱了皱眉，四婶已经知道了他的意思，是在讨厌她是一个寡妇。但是她模样还周正，手脚都壮大，又只是顺着眼，不开一句口，很像一个安分耐劳的人，便不管四叔的皱眉，将她留下了。试工期内，她整天的做，似乎闲着就无聊，又有力，简直抵得过一个男子，所以第三天就定局，每月工钱五百文。

　　大家都叫她祥林嫂；没问她姓什么，但中人是卫家山人，既说是邻居，那大概也就姓卫了。她不很爱说话，别人问了才回答，答的也不多。直到十几天之后，这才陆续的知道她家里还有严厉的婆婆，一个小叔子，十多岁，能打柴了；她是春天没了丈夫的；他本来也打柴为生，比她小十岁：大家所知道的就只是这一点。

　　日子很快的过去了，她的做工却毫没有懈，食物不论，力气是不惜的。人们都说鲁四老爷家里雇着了女工，实在比勤快的男人还勤快。到年底，扫尘，洗地，杀鸡，宰鹅，彻夜的煮福礼，全是一人担当，竟没有添短工。然而她反满足，口角边渐渐的有了笑影，脸上也白胖了。

　　新年才过，她从河边淘米回来时，忽而失了色，说刚才远远地看见几个男人在对岸徘徊，很像夫家的堂伯，恐怕是正为寻她而来的。四婶很惊疑，打听底细，她又不说。四叔一知道，就皱一皱眉，道：

　　"这不好。恐怕她是逃出来的。"

　　她诚然是逃出来的，不多久，这推想就证实了。

　　此后大约十几天，大家正已渐渐忘却了先前的事，卫老婆子忽而带了一个三十多岁的女人进来了，说那是祥林嫂的婆婆。那女人虽是山里人模样，然而应酬很从容，说话也能干，寒暄之后，就赔罪，说她特来叫她的儿媳回家去，因为开春事务忙，而家中只有老的和小的，人手不够了。

"既是她的婆婆要她回去，那有什么话可说呢。"四叔说。

于是算清了工钱，一共一千七百五十文，她全存在主人家，一文也还没有用，便都交给她的婆婆。那女人又取了衣服，道过谢，出去了。其时已经是正午。

"阿呀，米呢？祥林嫂不是去淘米的么？……"好一会，四婶这才惊叫起来。她大约有些饿，记得午饭了。

于是大家分头寻淘箩。她先到厨下，次到堂前，后到卧房，全不见淘箩的影子。四叔踱出门外，也不见，一直到河边，才见平平正正的放在岸上，旁边还有一株菜。

看见的人报告说，河里面上午就泊了一只白篷船，篷是全盖起来的，不知道什么人在里面，但事前也没有人去理会他。待到祥林嫂出来淘米，刚刚要跪下去，那船里便突然跳出两个男人来，像是山里人，一个抱住她，一个帮着，拖进船去了。祥林嫂还哭喊了几声，此后便再没有什么声息，大约给用什么堵住了罢。接着就走上两个女人来，一个不认识，一个就是卫婆子。窥探舱里，不很分明，她像是捆了躺在船板上。

"可恶！然而……。"四叔说。

这一天是四婶自己煮中饭；他们的儿子阿牛烧火。

午饭之后，卫老婆子又来了。

"可恶！"四叔说。

"你是什么意思？亏你还会再来见我们。"四婶洗着碗，一见面就愤愤的说，"你自己荐她来，又合伙劫她去，闹得沸反盈天的，大家看了成个什么样子？你拿我们家里开玩笑么？"

"阿呀阿呀，我真上当。我这回，就是为此特地来说说清楚的。她来求我荐地方，我那里料得到是瞒着她的婆婆的呢。对不起，四老爷，四太太。总是我老发昏不小心，对不起主顾。幸而府上是向来宽洪大量，不肯和小人计较的。这回我一定荐一个好的来折罪……。"

"然而……。"四叔说。

于是祥林嫂事件便告终结，不久也就忘却了。

只有四婶，因为后来雇用的女工，大抵非懒即馋，或者馋而且懒，左右不如意，所以也还提起祥林嫂。每当这些时候，她往往自言自语的说，"她现在不知道怎么样了？"意思是希望她再来。但到第二年的新正，她也就绝了望。

新正将尽，卫老婆子来拜年了，已经喝得醉醺醺的，自说因为回了一趟卫家山的娘家，住下几天，所以来得迟了。她们问答之间，自然就谈到祥林嫂。

"她么？"卫老婆子高兴的说，"现在是交了好运了。她婆婆来抓她回去的时候，是早已许给了贺家墺的贺老六的,所以回家之后不几天,也就装在花轿里抬去了。"

"阿呀,这样的婆婆!……"四婶惊奇的说。

"阿呀,我的太太!你真是大户人家的太太的话。我们山里人,小户人家,这算得什么?她有小叔子,也得娶老婆。不嫁了她,那有这一注钱来做聘礼?她的婆婆倒是精明强干的女人呵,很有打算,所以就将她嫁到里山去。倘许给本村人,财礼就不多;惟独肯嫁进深山野墺里去的女人少,所以她就到手了八十千。现在第二个儿子的媳妇也娶进了,财礼只花了五十,除去办喜事的费用,还剩十多千。吓,你看,这多么好打算?……"

"祥林嫂竟肯依?……"

"这有什么依不依。——闹是谁也总要闹一闹的,只要用绳子一捆,塞在花轿里,抬到男家,捺上花冠,拜堂,关上房门,就完事了。可是祥林嫂真出格,听说那时实在闹得利害,大家还都说大约因为在念书人家做过事,所以与众不同呢。太太,我们见得多了:回头人出嫁,哭喊的也有,说要寻死觅活的也有,抬到男家闹得拜不成天地的也有,连花烛都砸了的也有。祥林嫂可是异乎寻常,他们说她一路只是嚎,骂,抬到贺家墺,喉咙已经全哑了。拉出轿来,两个男人和她的小叔子使劲的捺住她也还拜不成天地。他们一不小心,一松手,阿呀,阿弥陀佛,她就一头撞在香案角上,头上碰了一个大窟窿,鲜血直流,用了两把香灰,包上两块红布还止不住血呢。直到七手八脚的将她和男人反关在新房里,还是骂,阿呀呀,这真是……"她摇一摇头,顺下眼睛,不说了。

"后来怎么样呢?"四婶还问。

"听说第二天也没有起来。"她抬起眼来说。

"后来呢?"

"后来?——起来了。她到年底就生了一个孩子,男的,新年就两岁了。我在娘家这几天,就有人到贺家墺去,回来说看见他们娘儿俩,母亲也胖,儿子也胖;上头又没有婆婆,男人所有的是力气,会做活;房子是自家的。——唉唉,她真是交了好运了。"

从此之后,四婶也就不再提起祥林嫂。

但有一年的秋季,大约是得到祥林嫂好运的消息之后的又过了两个新年,她竟又站在四叔家的堂前了。桌上放着一个荸荠式的圆篮,檐下一个小铺盖。她仍然头上扎着白头绳,乌裙,蓝夹袄,月白背心,脸色青黄,只是两颊上已经消失了血色,顺着眼,眼角上带些泪痕,眼光也没有先前那样精神了。而且仍然是卫老婆子领着,显出慈悲模样,絮絮的对四婶说:

"……这实在是叫作'天有不测风云',她的男人是坚实人,谁知道年纪青青,就会断送在伤寒上?本来已经好了的,吃了一碗冷饭,复发了。幸亏有儿子;她又能做,打柴摘茶养蚕都来得,本来还可以守着,谁知道那孩子又会给狼衔去的呢?春天快完了,村上倒反来了狼,谁料到?现在她只剩了一个光身了。大伯来收屋,又赶她。她真是走投无路了,只好来求老主人。好在她现在已经再没有什么牵挂,太太家里又凑巧要换人,所以我就领她来。——我想,熟门熟路,比生手实在好得多……。"

"我真傻,真的,"祥林嫂抬起她没有神采的眼睛来,接着说。"我单知道下雪的时候野兽在山坳里没有食吃,会到村里来;我不知道春天也会有。我一清早起来就开了门,拿小篮盛了一篮豆,叫我们的阿毛坐在门槛上剥豆去。他是很听话的,我的话句句听;他出去了。我就在屋后劈柴,淘米,米下了锅,要蒸豆。我叫阿毛,没有应,出去一看,只见豆撒得一地,没有我们的阿毛了。他是不到别家去玩的;各处去一问,果然没有。我急了,央人出去寻。直到下半天,寻来寻去寻到山坳里,看见刺柴上挂着一只他的小鞋。大家都说,糟了,怕是遭了狼了。再进去;他果然躺在草窠里,肚里的五脏已经都给吃空了,手上还紧紧的捏着那只小篮呢。……"她接着但是呜咽,说不出成句的话来。

四婶起初还踌躇,待到听完她自己的话,眼圈就有些红了。她想了一想,便教拿圆篮和铺盖到下房去。卫老婆子仿佛卸了一肩重担似的嘘一口气,祥林嫂比初来时候神气舒畅些,不待指引,自己驯熟的安放了铺盖。她从此又在鲁镇做女工了。

大家仍然叫她祥林嫂。

然而这一回,她的境遇却改变得非常大。上工之后的两三天,主人们就觉得她手脚已没有先前一样灵活,记性也坏得多,死尸似的脸上又整日没有笑影,四婶的口气上,已颇有些不满了。当她初到的时候,四叔虽然照例皱过眉,但鉴于向来雇用女工之难,也就并不大反对,只是暗暗地告诫四婶说,这种人虽然似乎很可怜,但是败坏风俗的,用她帮忙还可以,祭祀时候可用不着她沾手,一切饭菜,只好自己做,否则,不干不净,祖宗是不吃的。

四叔家里最重大的事件是祭祀,祥林嫂先前最忙的时候也就是祭祀,这回她却清闲了。桌子放在堂中央,系上桌帏,她还记得照旧的去分配酒杯和筷子。

"祥林嫂,你放着罢!我来摆。"四婶慌忙的说。

她讪讪的缩了手,又去取烛台。

"祥林嫂,你放着罢!我来拿。"四婶又慌忙的说。

她转了几个圆圈,终于没有事情做,只得疑惑的走开。她在这一天可做的事是不过坐在灶下烧火。

镇上的人们也仍然叫她祥林嫂,但音调和先前很不同;也还和她讲话,但笑容却冷冷的了。她全不理会那些事,只是直着眼睛,和大家讲她自己日夜不忘的故事:

"我真傻,真的,"她说,"我单知道雪天是野兽在深山里没有食吃,会到村里来;我不知道春天也会有。我一大早起来就开了门,拿小篮盛了一篮豆,叫我们的阿毛坐在门槛上剥豆去。他是很听话的孩子,我的话句句听;他就出去了。我就在屋后劈柴,淘米，米下了锅，打算蒸豆。我叫，'阿毛！'没有应。出去一看，只见豆撒得满地，没有我们的阿毛了。各处去一问，都没有。我急了，央人去寻去。直到下半天，几个人寻到山坳里，看见刺柴上挂着一只他的小鞋。大家都说，完了，怕是遭了狼了；再进去；果然，他躺在草窠里，肚里的五脏已经都给吃空了，可怜他手里还紧紧的捏着那只小篮呢。……"她于是淌下眼泪来，声音也呜咽了。

这故事倒颇有效，男人听到这里，往往敛起笑容，没趣的走了开去；女人们却不独宽恕了她似的，脸上立刻改换了鄙薄的神气，还要陪出许多眼泪来。有些老女人没有在街头听到她的话，便特意寻来，要听她这一段悲惨的故事。直到她说到呜咽，她们也就一齐流下那停在眼角上的眼泪，叹息一番，满足的去了，一面还纷纷的评论着。

她就只是反复的向人说她悲惨的故事，常常引住了三五个人来听她。但不久，大家也都听得纯熟了，便是最慈悲的念佛的老太太们，眼里也再不见有一点泪的痕迹。后来全镇的人们几乎都能背诵她的话，一听到就烦厌得头痛。

"我真傻，真的，"她开首说。

"是的，你是单知道雪天野兽在深山里没有食吃，才会到村里来的。"他们立即打断她的话，走开去了。

她张着口怔怔的站着，直着眼睛看他们，接着也就走了，似乎自己也觉得没趣。但她还妄想，希图从别的事，如小篮，豆，别人的孩子上，引出她的阿毛的故事来。倘一看见两三岁的小孩子，她就说：

"唉唉，我们的阿毛如果还在，也就有这么大了……"

孩子看见她的眼光就吃惊，牵着母亲的衣襟催她走。于是又只剩下她一个，终于没趣的也走了。后来大家又都知道了她的脾气，只要有孩子在眼前，便似笑非笑的先问她，道：

"祥林嫂，你们的阿毛如果还在，不是也就有这么大了么？"

她未必知道她的悲哀经大家咀嚼赏鉴了许多天，早已成为渣滓，只值得烦厌和唾弃；但从人们的笑影上，也仿佛觉得这又冷又尖，自己再没有开口的必要了。她单是一瞥他们，并不回答一句话。

鲁镇永远是过新年，腊月二十以后就火起来了。四叔家里这回须雇男短工，还是忙不过来，另叫柳妈做帮手，杀鸡，宰鹅；然而柳妈是善女人，吃素，不杀生的，只肯洗器皿。祥林嫂除烧火之外，没有别的事，却闲着了，坐着只看柳妈洗器皿。微雪点点的下来了。

"唉唉，我真傻，"祥林嫂看了天空，叹息着，独语似的说。

"祥林嫂，你又来了。"柳妈不耐烦的看着她的脸，说，"我问你：你额角上的伤痕，不就是那时撞坏的么？"

"唔唔。"她含胡的回答。

"我问你：你那时怎么后来竟依了呢？"

"我么？……"

"你呀。我想：这总是你自己愿意了，不然……。"

"阿阿，你不知道他力气多么大呀。"

"我不信。我不信你这么大的力气，真会拗他不过。你后来一定是自己肯了，倒推说他力气大。"

"阿阿，你……你倒自己试试看。"她笑了。

柳妈的打皱的脸也笑起来，使她蹙缩得像一个核桃，干枯的小眼睛一看祥林嫂的额角，又钉住她的眼。祥林嫂似很局促了，立刻敛了笑容，旋转眼光，自去看雪花。

"祥林嫂，你实在不合算。"柳妈诡秘的说，"再一强，或者索性撞一个死，就好了。现在呢，你和你的第二个男人过活不到两年，倒落了一件大罪名。你想，你将来到阴司去，那两个死鬼的男人还要争，你给了谁好呢？阎罗大王只好把你锯开来，分给他们。我想，这真是……。"

她脸上就显出恐怖的神色来，这是在山村里所未曾知道的。

"我想，你不如及早抵当。你到土地庙里去捐一条门槛，当作你的替身，给千人踏，万人跨，赎了这一世的罪名，免得死了去受苦。"

她当时并不回答什么话，但大约非常苦闷了，第二天早上起来的时候，两眼上便都围着大黑圈。早饭之后，她便到镇的西头的土地庙里去求捐门槛，庙祝起初执意不允许，直到她急得流泪，才勉强答应了。价目是大钱十二千。她久已不和人们交口，因为阿毛的故事是早被大家厌弃了的；但自从和柳妈谈了天，似乎又即传扬开去，许多人都发生了新趣味，又来逗她说话了。至于题目，那自然是换了一个新样，专在她额上的伤疤。

"祥林嫂，我问你：你那时怎么竟肯了？"一个说。

"唉，可惜，白撞了这一下。"一个看着她的疤，应和道。

她大约从他们的笑容和声调上，也知道是在嘲笑她，所以总是瞪着眼睛，不说一句话，后来连头也不回了。她整日紧闭了嘴唇，头上带着大家以为耻辱的记号的那伤痕，默默的跑街，扫地，洗菜，淘米。快够一年，她才从四婶手里支取了历来积存的工钱，换算了十二元鹰洋，请假到镇的西头去。但不到一顿饭时候，她便回来，神气很舒畅，眼光也分外有神，高兴似的对四婶说，自己已经在土地庙捐了门槛了。

冬至的祭祖时节，她做得更出力，看四婶装好祭品，和阿牛将桌子抬到堂屋中央，她便坦然的去拿酒杯和筷子。

"你放着罢，祥林嫂！"四婶慌忙大声说。

她像是受了炮烙似的缩手，脸色同时变作灰黑，也不再去取烛台，只是失神的站着。直到四叔上香的时候，教她走开，她才走开。这一回她的变化非常大，第二天，不但眼睛窈陷下去，连精神也更不济了。而且很胆怯，不独怕暗夜，怕黑影，即使看见人，虽是自己的主人，也总惴惴的，有如在白天出穴游行的小鼠，否则呆坐着，直是一个木偶人。不半年，头发也花白起来了，记性尤其坏，甚而至于常常忘却了去淘米。

"祥林嫂怎么这样了？倒不如那时不留她。"四婶有时当面就这样说，似乎是警告她。

然而她总如此，全不见有伶俐起来的希望。他们于是想打发她走了，教她回到卫老婆子那里去。但当我还在鲁镇的时候，不过单是这样说；看现在的情状，可见后来终于实行了。然而她是从四叔家出去就成了乞丐的呢，还是先到卫老婆子家然后再成乞丐的呢？那我可不知道。

我给那些因为在近旁而极响的爆竹声惊醒，看见豆一般大的黄色的灯火光，接着又听得毕毕剥剥的鞭炮，是四叔家正在"祝福"了；知道已是五更将近时候。我在蒙胧中，又隐约听到远处的爆竹声联绵不断，似乎合成一天音响的浓云，夹着团团飞舞的雪花，拥抱了全市镇。我在这繁响的拥抱中，也懒散而且舒适，从白天以至初夜的疑虑，全给祝福的空气一扫而空了，只觉得天地圣众歆享了牲醴和香烟，都醉醺醺的在空中蹒跚，豫备给鲁镇的人们以无限的幸福。

一九二四年二月七日

三、阿Q正传（节选）

第九章　大团圆

赵家遭抢之后，未庄人大抵很快意而且恐慌，阿Q也很快意而且恐慌。但四天之后，阿Q在半夜里忽被抓进县城里去了。那时恰是暗夜，一队兵，一队团丁，一队警察，五个侦探，悄悄地到了未庄，乘昏暗围住土谷祠，正对门架好机关枪；然而阿Q不冲出。许多时没有动静，把总焦急起来了，悬了二十千的赏，才有两个团冒了险，逾垣进去，里应外合，一拥而入，将阿Q抓出来；直待擒出祠外面的机关枪左近，他才有些清醒了。

到进城，已经是正午，阿Q见自己被揿进一所破衙门，转了五六个弯，便推在一间小屋里。他刚刚一跄踉，那用整株的木料做成的栅栏门便跟着他的脚跟阖上了，其余的三面都是墙壁，仔细看时，屋角上还有两个人。

阿Q虽然有些志忑，却并不很苦闷，因为他那土谷祠里的卧室，也并没有比这间屋子更高明。那两个也仿佛是乡下人，渐渐和他兜搭起来了，一个说是举人老爷要追他祖父欠下来的陈租，一个不知道为了什么事。他们问阿Q，阿Q爽利的答道，"因为我想造反。"

他下半天便又被抓出栅栏门去了，到得大堂，上面坐着一个满头剃得精光的老头子。阿Q疑心他是和尚，但看见下面站着一排兵，两旁又站着十几个长衫人物，也有满头剃得精光像这老头子的,也有将一尺来长的头发披在背后像那假洋鬼子的,都是一脸横肉,怒目而视的看他;他便知道这人一定有些来历,膝关节立刻自然而然的宽松,便跪了下去了。

"站着说!不要跪!"长衫人物都吆喝说。

阿Q虽然似乎懂得,但总觉得站不住,身不由己的蹲了下去,而且终于趁势改为跪下了。

"奴隶性!……"长衫人物又鄙夷似的说,但也没有叫他起来。

"你从实招来罢,免得吃苦。我早都知道了。招了可以放你。"那光头的老头子看定了阿Q的脸,沉静的清楚的说。

"招罢!"长衫人物也大声说。

"我本来要……来投……"阿Q胡里胡涂的想了一通,这才断断续续的说。

"那么,为什么不来的呢?"老头子和气的问。

"假洋鬼子不准我!"

"胡说!此刻说,也迟了。现在你的同党在那里?"

"什么?……"

"那一晚打劫赵家的一伙人。"

"他们没有来叫我。他们自己搬走了。"阿Q提起来便愤愤。

"走到那里去了呢?说出来便放你了。"老头子更和气了。

"我不知道,……他们没有来叫我……"

然而老头子使了一个眼色,阿Q便又被抓进栅栏门里了。他第二次抓出栅栏门,是第二天的上午。

大堂的情形都照旧。上面仍然坐着光头的老头子,阿Q也仍然下了跪。

老头子和气的问道,"你还有什么话说么?"

阿Q一想,没有话,便回答说,"没有。"

于是一个长衫人物拿了一张纸,并一支笔送到阿Q的面前,要将笔塞在他手里。阿Q这时很吃惊,几乎"魂飞魄散"了:因为他的手和笔相关,这回是初次。他正不知怎样拿;那人却又指着一处地方教他画花押。

"我……我……不认得字。"阿Q一把抓住了笔,惶恐而且惭愧的说。

"那么,便宜你,画一个圆圈!"

阿Q要画圆圈了,那手捏着笔却只是抖。于是那人替他将纸铺在地上,阿Q伏下去,使尽了平生的力气画圆圈。他生怕被人笑话,立志要画得圆,但这可恶的笔不但很沉重,并且不听话,刚刚一抖一抖的几乎要合缝,却又向外一耸,画成瓜子模样了。

阿Q正羞愧自己画得不圆,那人却不计较,早已掣了纸笔去,许多人又将他第二次抓进栅栏门。

他第二次进了栅栏，倒也并不十分懊恼。他以为人生天地之间，大约本来有时要抓进抓出，有时要在纸上画圆圈的，惟有圈而不圆，却是他"行状"上的一个污点。但不多时也就释然了，他想：孙子才画得很圆的圆圈呢。于是他睡着了。

然而这一夜，举人老爷反而不能睡：他和把总呕了气了。举人老爷主张第一要追赃，把总主张第一要示众。把总近来很不将举人老爷放在眼里了，拍案打凳的说道，"惩一儆百！你看，我做革命党还不上二十天，抢案就是十几件，全不破案，我的面子在那里？破了案，你又来迂。不成！这是我管的！"举人老爷窘急了，然而还坚持，说是倘若不追赃，他便立刻辞了帮办民政的职务。而把总却道，"请便罢！"于是举人老爷在这一夜竟没有睡，但幸第二天倒也没有辞。

阿Q第三次抓出栅栏门的时候，便是举人老爷睡不着的那一夜的明天的上午了。他到了大堂，上面还坐着照例的光头老头子；阿Q也照例的下了跪。

老头子很和气的问道，"你还有什么话么？"

阿Q一想，没有话，便回答说，"没有。"

许多长衫和短衫人物，忽然给他穿上一件洋布的白背心，上面有些黑字。阿Q很气苦：因为这很像是带孝，而带孝是晦气的。然而同时他的两手反缚了，同时又被一直抓出衙门外去了。

阿Q被抬上了一辆没有篷的车，几个短衣人物也和他同坐在一处。这车立刻走动了，前面是一班背着洋炮的兵们和团丁，两旁是许多张着嘴的看客，后面怎样，阿Q没有见。但他突然觉到了：这岂不是去杀头么？他一急，两眼发黑，耳朵里嗡的一声，似乎发昏了。然而他又没有全发昏，有时虽然着急，有时却也泰然；他意思之间，似乎觉得人生天地间，大约本来有时也未免要杀头的。

他还认得路，于是有些诧异了：怎么不向着法场走呢？他不知道这是在游街，在示众。但即使知道也一样，他不过便以为人生天地间，大约本来有时也未免要游街要示众罢了。

他省悟了，这是绕到法场去的路，这一定是"嚓"的去杀头。他惘惘的向左右看，全跟着马蚁似的人，而在无意中，却在路旁的人丛中发见了一个吴妈。很久违，伊原来在城里做工了。阿Q忽然很羞愧自己没志气：竟没有唱几句戏。他的思想仿佛旋风似的在脑里一回旋：《小孤孀上坟》欠堂皇，《龙虎斗》里的"悔不该……"也太乏，还是"手执钢鞭将你打"罢。他同时想手一扬，才记得这两手原来都捆着，于是"手执钢鞭"也不唱了。

"过了二十年又是一个……"阿Q在百忙中，"无师自通"的说出半句从来不说的话。

"好！！！"从人丛里，便发出豺狼的嗥叫一般的声音来。

车子不住的前行，阿Q在喝采声中，轮转眼睛去看吴妈，似乎伊一向并没有见他，却只是出神的看着兵们背上的洋炮。

阿Q于是再看那些喝采的人们。

这刹那中,他的思想又仿佛旋风似的在脑里一回旋了。四年之前,他曾在山脚下遇见一只饿狼,永是不近不远的跟定他,要吃他的肉。他那时吓得几乎要死,幸而手里有一柄斫柴刀,才得仗这壮了胆,支持到未庄;可是永远记得那狼眼睛,又凶又怯,闪闪的像两颗鬼火,似乎远远的来穿透了他的皮肉。而这回他又看见从来没有见过的更可怕的眼睛了,又钝又锋利,不但已经咀嚼了他的话,并且还要咀嚼他皮肉以外的东西,永是不近不远的跟他走。

这些眼睛们似乎连成一气,已经在那里咬他的灵魂。

"救命,……"

然而阿Q没有说。他早就两眼发黑,耳朵里嗡的一声,觉得全身仿佛微尘似的迸散了。

至于当时的影响,最大的倒反在举人老爷,因为终于没有追赃,他全家都号啕了。其次是赵府,非特秀才因为上城去报官,被不好的革命党剪了辫子,而且又破费了二十千的赏钱,所以全家也号啕了。从这一天以来,他们便渐渐的都发生了遗老的气味。

至于舆论,在未庄是无异议,自然都说阿Q坏,被枪毙便是他的坏的证据;不坏又何至于被枪毙呢?而城里的舆论却不佳,他们多半不满足,以为枪毙并无杀头这般好看;而且那是怎样的一个可笑的死囚呵,游了那么久的街,竟没有唱一句戏:他们白跟一趟了。

一九二一年十二月

游学历史人文名胜古迹 探寻北京深厚文化底蕴

——北京研学修行

【研学前言】

北京,一个有着深厚历史文化底蕴的古城。你可以在天安门广场瞻仰巍峨的人民英雄纪念碑,可以在首都博物馆博览众多的文物珍品,可以在北京的胡同领略老北京的味道,还可以到世界著名学府感受大学的氛围……让我们一起踏上前往北京的研学之路吧!

【课文回眸】

人民英雄永垂不朽

周定舫

人民英雄纪念碑落成了。我怀着万分崇敬的心情,瞻仰了这座巍峨、雄伟、庄严的纪念碑。

我从东长安街向天安门广场走去,未进入广场就望见纪念碑。它像顶天立地的巨人一样矗立在广场南部,和天安门遥遥相对,在远处就可以看到毛主席亲笔题写的"人民英雄永垂不朽"八个金色大字。我越过广场,踏着刚铺成的橘黄色花岗石石道,徐徐走到纪念碑台阶前,从近处仔细瞻仰纪念碑。

这座纪念碑是根据1949年9月30日中国人民政治协商会议第一届全体会议的决议兴建的,当天傍晚,毛主席率领全体政协委员为纪念碑举行了庄严隆重的奠基礼,毛主席亲自执锹铲土,为纪念碑奠定基石。从1952年8月1日动工兴建以来,得到了全国人民的热情支援和关怀。这是中国自古以来,第一座最大的纪念碑。它从地面到碑顶高达37.94米,有10层楼那么高,比纪念碑对面的天安门还高4.24米。纪念碑是用

17 000块坚硬的花岗石和洁白的汉白玉砌成的。它象征着先烈们的丰功伟绩，标志着全国人民对先烈的怀念。

我踏上花岗石铺成的台阶，到了第二层平台。碑身四周围绕着双层汉白玉栏杆，栏杆的形状和天安门前玉带桥的汉白玉栏杆一样，美观朴素，洁白耀眼，使挺拔的碑身显得更加庄严、雄伟。碑的正面朝北，在一块60吨重、14.7米高的碑心石上，毛主席题的"人民英雄永垂不朽"8个镏金大字，闪闪发光。这8个字是碑的主题。在碑身背面，一行行镏金字整齐地排列着，这是毛主席亲自起草、周总理亲笔书写的碑文。碑文是：

三年以来，在人民解放战争和人民革命中牺牲的人民英雄们永垂不朽！

三十年以来，在人民解放战争和人民革命中牺牲的人民英雄们永垂不朽！

由此上溯到一千八百四十年，从那时起，为了反对内外敌人，争取民族独立和人民自由幸福，在历次斗争中牺牲的人民英雄们永垂不朽！

碑身东西两侧上部，刻着红星、松柏和旗帜组成的装饰花纹，象征着先烈们的革命精神万年长存。小碑座的四周，雕刻着牡丹花、荷花、菊花等组成的8个大花圈，这些花朵象征着品质高贵、纯洁，表示全国人民对他们的永远怀念和敬仰。碑顶是民族传统的建筑形式，是上有卷云下有重幔的小庑殿顶。整个纪念碑的造型使人们感到既有民族风格，又有鲜明的新时代精神。

10块汉白玉的大浮雕，镶嵌在大碑座的四周。这些大浮雕高2米，合在一起共长40.68米。据地质学家化验证明，这些浮雕至少能耐800年到1000年之久。每幅浮雕里有20个左右英雄人物，每个人物都和真人一样大小，他们的面貌、表情和姿态都不相同。

从碑身东面起，按着历史顺序瞻仰。第一幅浮雕是"销毁鸦片烟"，描述了鸦片战争前夕，1839年6月3日，群众在虎门销毁鸦片的事迹。浮雕上，愤怒的群众正在把一箱箱毒害中国人民的鸦片运到海边，倾倒在放有石灰的窑坑里焚烧，一股股浓烟从石灰池上升起。人群后面，有炮台和千百只待发的战船，准备随时还击英国侵略军的挑衅。画面上人物的形象，表现出中国人民反抗外来侵略的坚定决心。东面的第二幅浮雕，描写1851年太平天国的"金田起义"。太平天国是中国民主主义革命的序幕，它提出政治、经济、民族、男女四大平等的口号，严重地动摇了清朝封建统治的基础。在这幅浮雕上，一群拿着大刀、梭镖、锄头，扛着土炮起义的汉族壮族人民的儿女，正从山坡冲下来，革命的旌旗在迎风飘扬。

往南转到碑身的后面，看到的是1911年辛亥革命"武昌起义"的庄严画面。深夜，起义的新军和市民，摧毁了湖广总督门前的大炮，正向总督府里冲去。总督府内熊熊的火焰冒向天空；总督府的牌子，被打断在阶前；撕碎了的清朝的龙旗，被践踏在地下。

辛亥革命，结束了两千多年来的封建帝制。接下来的一幅是"五四爱国运动"。这是中国民主革命由旧民主主义革命转变为新民主主义革命的转折点。浮雕的画面显示出学生们齐集于天安门前举行爱国示威游行的情景。一群男女青年学生举着"废除卖国密约"的旗帜，慷慨激昂地来到天安门前。梳着髻子、系着长裙的女学生，在向市民们散发传单。人群高处，一个男学生正在向围着他的群众演说。愤激的青年演说者，怒形于色的人群，使整个浮雕充满了痛恨卖国贼、激动人心的气氛。南面的第三幅是"五卅运动"。1925年5月30日，上海群众1万多人在南京路上举行反帝国主义大示威，英国巡捕向徒手群众开枪射击，死伤多人。"五卅惨案"引起了全上海以至全国人民的极大愤慨，促使全国范围的大革命风暴的爆发。这幅浮雕表现出由工人阶级领导的各界人民坚强不屈地向帝国主义斗争的情景。画面上成千上万的工人、学生、市民举着"打倒帝国主义"的小旗，冲破英国巡捕的沙袋、铁丝网英勇地前进；商店关门罢市，戴着礼帽的商人也加入了斗争的行列；被打伤的工人，在战友们搀扶下，继续勇往直前。人群后面，隐约能看到外滩的海关和银行大楼。

　　碑身的西面，第一幅是"八一南昌起义"的浮雕。画面从一个连队的角度来表现这一伟大起义的情景。1927年8月1日早晨，一个指挥员挥着左右手向战士们宣布起义，士兵们举着起义的信号——马灯，光辉的红旗举起来了，战马在呼啸，劳动人民在帮助搬运子弹，战士们激昂地高呼着。南昌起义，向国民党反动派打响了第一枪，展开了以革命武装反对反革命武装的斗争。紧接着的一幅是"抗日敌后游击战"，浮雕上显现出抗日战争时期太行山区敌后游击战的场面。远远望去，在一座雄伟峻峭的半山腰里，游击队员们正穿过高大的树林和茂密的青纱帐，去和敌人战斗。画面上，青年男女农民拿着铁铲，背着土制地雷；白发的母亲送枪给儿子，去打击日本侵略者；年轻小伙子站在指挥员身旁，等候命令，准备随时投入战斗。

　　最后来到碑身的正面，看到解放战争时期人民解放军百万雄师"胜利渡长江，解放全中国"的浮雕，这是10幅浮雕中最大的一幅。国民党认为不能逾越的天堑长江，被英勇无敌的人民解放军胜利地渡过了。浮雕上，号兵吹起冲锋号；指挥员右手高举，连连向高空发射信号弹；已登上敌岸的战士，踏着反动派的旗子，向国民党反动统治的老巢——南京城冲去；后面数不清的战船正在波涛中前进。在这幅浮雕的两旁，是两块装饰性的浮雕。左边，是渡江前夕，工人抬着担架、农民运送军粮、妇女送军鞋等热烈支援前线的场面。右边的一块，表现全国各阶层人民举着红旗和鲜花，双手捧着水果，欢迎解放军、慰劳解放军的情景。

　　看完了所有的浮雕，我又一次瞻仰了"人民英雄永垂不朽"几个大字和碑文。我想，人们从这里将可以了解到中国革命所经过的艰苦道路，先烈们的光辉业绩，中国人民为了取得自由、解放而付出的巨大代价。当我走下台阶，离开纪念碑的时候，我再一次向在历次斗争中牺牲的人民英雄们默默致敬。

北京的四合院

赵济众

四合院建筑，是我国古老的传统的文化象征。四合院建筑之雅致，结构之精巧，数量之众多，当推北京为最。

北京的四合院，大大小小，星罗棋布，或处于繁华街面，或置于幽静深巷之中；大则占地数亩，小则不过数丈；或独家独户，或数户或十几户合居，形成了一个符合人性心理、保持传统文化、邻里关系融洽的居住环境。

北京的四合院形成了以家庭院落为中心，街坊邻里为干线，社区地域为平面的建筑布局。这种建立在家庭联系与私人交往上面的传统布局，已经历了数代人，产生了一种凝聚力量与和谐气氛，使人有一种安全稳定感和归属亲切感，为社会内的行为和个人的抱负提供了种种便利条件，成为维护社会安定的宝贵因素。

人们已经发现，居住在高层建筑，人与人之间，家庭与家庭之间的关系变得冷漠了；原来传统格局形成的凝聚力与和谐气氛消失了；人们的社交活动减少了，精神上的安全稳定感和归属亲切感没有了。人们感受到的是一种封闭式的孤独的生活方式，尤其是居住在高层建筑中的老人和儿童，常年"高"居简出，老人们的身心健康和儿童的智力发展都受到影响。

国内外的事实说明：人们不仅以拥有良好物质条件的住宅为满足，还强烈而习惯地要求拥有符合人性心理，能与周围的人彼此联系、共同生活的居住环境。如果人造环境不符合人们精神上的需求，在缺房的情况下暂时会感到满足，一旦住房较多，人们的要求也就改变。高层建筑的这种社会功能缺陷，已引起许多建筑师和有识之士的关注。国外一些建筑师设计了类似我国四合院式的建筑，如菲律宾为一般城市居民设计的低层高密度"四户一院"住宅群，丹麦哥本哈根的"仿四合院"式住宅群，都是力求满足人们心理要求的居住环境。

北京人口密度大，人均占地少，开发建设一些高层建筑无可厚非。但是，如何使现代化高层建筑保持传统的四合院建筑风格，尊重和理解人们的居住习惯，在保证每家拥有独立空间的前提下，突出四合院建造的社会功能？如何利用楼间庭院、凉台、天井、走廊以及室内外空间所有可以利用的引伸点，创造出一个生气勃勃，协调而多变的建筑空间，把人们从压抑窄小的室内空间里"解放"出来？这是人们对建筑师的要求，也是历史赋予建筑师的义务和责任。

第一天

【研学主题】

科普教育；爱国教育。

【课程安排】

参观首都博物馆

首都博物馆，位于北京长安街西延长线上，白云路西侧，复兴门外大街16号，原馆址是"北京孔庙"。集收藏、展览、研究、考古、公共教育、文化交流于一体，是北京地区大型综合性博物馆，属中国省市级综合性博物馆。截至2015年年末，首都博物馆总建筑面积63 390平方米，常设展览藏品数量为5 622件，展馆有地上五层、地下两层。先后被评为"国家一级博物馆""全国科普教育基地""爱国主义教育基地"。

首都博物馆

【研修问答】

1. 首都博物馆的原址是什么？
2. 首都博物馆建筑外形主要由哪三部分组成？建筑内部有哪三栋独立的建筑？
3. 首都博物馆主要有哪几个展厅？

【学以致用】

结合本次游学活动,完成一篇游记,字数 600 字左右。

【资料链接】

中外博物馆分类法

中国分类法

中国博物馆在 1988 年前都是被划分为专门性博物馆、纪念性博物馆和综合性博物馆三类,国家统计局也是按照这三类博物馆来分别统计公布发展数字的。

中国博物馆事业的主管部门和专家们认为,在现阶段,参照国际上一般使用的分类法,根据中国的实际情况,将中国博物馆划分为历史类、艺术类、科学与技术类、综合类这四种类型是适合的:

历史类博物馆以历史的观点来展示藏品,如中国国家博物馆(由原中国历史博物馆与原中国革命博物馆合并)、南京博物院、泉州海外交通史博物馆、景德镇陶瓷历史博物馆、中国科举博物馆、武汉革命博物馆、中国共产党第一次全国代表大会会址纪念馆等。

艺术类博物馆主要展示藏品的艺术和美学价值,如故宫博物院、中国南京云锦博物馆、广东民间工艺馆、北京大钟寺古钟博物馆、徐悲鸿纪念馆、天津戏剧博物馆、朱炳仁铜雕艺术博物馆、北京奥运博物馆等。

科学与技术类博物馆以分类、发展或生态的方法展示自然界,以立体的方法从宏观或微观方面展示科学成果,如中国地质博物馆、中华指纹博物馆、中国地质大学博物馆、自贡恐龙博物馆、台湾昆虫科学博物馆、中国科学技术馆等。

综合类博物馆综合展示地方自然、历史、革命史、艺术方面的藏品,如南京市博物馆、建川博物馆、河南博物院、湖北省博物馆、山东省博物馆、湖南省博物馆、内蒙古自治区博物馆、黑龙江省博物馆、甘肃省博物馆等。

外国分类法

外国博物馆,主要是西方博物馆,一般划分为艺术博物馆、历史博物馆、科学博物馆和特殊博物馆四类。

艺术博物馆包括绘画、雕刻、装饰艺术、实用艺术和工业艺术博物馆。也有把古物、民俗和原始艺术的博物馆包括进去的。有些艺术馆，还展示现代艺术，如电影、戏剧和音乐等。世界著名的艺术博物馆有卢浮宫博物馆、大都会艺术博物馆、国立艾尔米塔什博物馆等。

历史博物馆包括国家历史、文化历史的博物馆，在考古遗址、历史名胜或古战场上修建起来的博物馆也属于这一类。墨西哥国立人类学博物馆、秘鲁国立人类考古学博物馆是著名的历史类博物馆。

科学博物馆包括自然历史博物馆，内容涉及天体、植物、动物、矿物、自然科学，实用科学和技术科学的博物馆也属于这一类。英国自然历史博物馆、美国自然历史博物馆、巴黎发现宫等都属此类。

特殊博物馆包括露天博物馆、儿童博物馆、乡土博物馆，后者的内容涉及这个地区的自然、历史和艺术。著名的有布鲁克林儿童博物馆、斯坎森露天博物馆等。

国际博物馆协会将动物园、植物园、水族馆、自然保护区、科学中心和天文馆以及图书馆、档案馆内长期设置的保管机构和展览厅都划入博物馆的范畴。

第二天

【研学主题】

天安门广场周围建筑艺术；先烈精神；悠久的历史文化。

【课程安排】

一、游览天安门广场

这里是中国的心脏，让我们的每一颗中国心和祖国的心脏一起跳动。游览参观毛主席纪念堂，瞻仰青松翠柏环绕的水晶棺中的主席遗容，在高大的汉白玉主席雕像前献上一束鲜花。在人民英雄纪念碑前向革命先烈致敬！

二、参观故宫博物院

在雄伟威严的皇家宫殿里，了解我国灿烂的历史和悠久的文化，寻找故事传说中昔日的辉煌与奢华。

三、游览北海公园

让我们在此唱响"让我们荡起双桨，小船儿推开波浪，海面倒映着美丽的白塔，……迎面吹来了凉爽的风……"感受美好的童年。

四、游什刹海历史文化风景区

观"银锭山""柳岸风荷"、南锣鼓巷等享有百年美誉的自然景观。

【研修问答】

1. 人民英雄纪念碑上的8块浮雕的内容是什么？创作者是谁？
2. 毛主席纪念堂内部有几层？每一层主要有哪些厅室？
3. 故宫博物院里的三大殿指哪三大殿？
4. "让我们荡起双桨，小船儿推开波浪，海面倒映着美丽的白塔，四周环绕着绿树红墙，小船儿轻轻飘荡在水中，迎面吹来了凉爽的风……"。这支优美歌曲的歌词中含有许多物理知识。请回答：风使同学们感到凉爽，主要原因是流动的空气加快了人身上汗液的_____。白塔的塔尖距水面110米，河水深6米，那么同学们看到的河里白塔的塔尖像_____（选填"正好在河底""在河底的上方""在河底的下方"）。

【学以致用】

1. 游学天安门广场后，说说你对《人民英雄永垂不朽》一文有何感触和想法。
2. 结合本次游学活动，完成一篇游记，字数600字左右。

【资料链接】

一、人民英雄纪念碑8块浮雕的创作者

1. 《虎门销烟》画稿艾中信，雕刻曾祖韶，助手李祯祥；
2. 《太平天国》画稿李宗津，雕刻王丙召；
3. 《武昌起义》画稿董希文，雕刻傅天仇；
4. 《五四运动》画稿冯法祀，雕刻滑田友；
5. 《五卅运动》画稿吴作人，雕刻王临乙；
6. 《八一南昌起义》画稿王式廓，雕刻萧传玖；
7. 《抗日战争》画稿辛莽，雕刻张松鹤；
8. 《胜利渡长江》画稿彦涵，雕刻刘开渠。

二、水晶棺是这样制成的

1976年，毛泽东去世后，其水晶棺的原料采集工作由当时的国家地质总局全权负责。据已公开的资料，用于毛泽东这口水晶棺制作的东海水晶，重达32.2吨。

由于水晶棺所需2米多长的大块天然晶体世间难寻，"约2米长、1米宽、0.08米厚的水晶大板，是用小水晶板一块块焊接出来的。"曾亲自参与研制毛泽东水晶棺的七旬老人曹金瑞介绍说，"焊接这活儿由老技工石维成来干。水晶熔点超过2 000℃，必须在熔化的一瞬间完成焊接，他用氢氧焰喷射灯紧盯焊缝操作，厚厚的金属防护服上冒着烟，得由专人往他身上浇水，双脚都泡在水里。最终完成的水晶棺板材，石英粉纯度达到了'六个九'——99.9999%——至今全世界也没有人再生产出来。"

最终，反复试验了10个月，优质的整块棺材板终于制作成功。据曹金瑞介绍，这些棺材板在被强力黏合成水晶棺后，还要镀膜，进行光学处理，保证从外面看毛泽东的脸部不变形、不变色。此外，更重要的是，为使遗体能完整保存，水晶棺一定要保证密不透气。

就这样，1977年8月初，庄重大方、晶莹剔透、名副其实的水晶棺问世了。

第三天

【研学主题】

爱国主义教育；科普教育；体育精神。

【课程安排】

一、参加天安门升旗仪式

伴随东方的一缕晨曦，目睹国旗护卫队飒爽英姿，高唱国歌，红领巾向国旗敬礼！

二、游览八达岭长城

长城是世界八大奇迹之一，八达岭长城最为秀美，有"居庸叠翠"之称。

三、参观中国科学技术馆

中国科学技术馆主要由古代传统技术展厅、现代科学技术展厅、电影厅三部分组成。通过科学性、知识性、趣味性相结合的展览，反映科学原理及技术应用。参观各种科技产品的小实验，听科普知识讲座，观赏当今世界上最先进的机器人表演。鼓励青少年动手探索实践，普及科学知识。

四、观看奥林匹克公园

观看 2008 奥运会开闭幕式场馆鸟巢外景及国家游泳馆水立方外景。

【研修问答】

1. 你能至少背出五首描写长城的古诗吗？
2. 中国科学技术馆由哪三部分组成？
3. 你知道鸟巢和水立方的设计者吗？

【学以致用】

结合本次游学活动，完成一篇游记，字数 600 字左右。

【资料链接】

一、关于描写长城的古诗

长 城

〔唐〕汪 遵

秦筑长城比铁牢，蕃戎不敢过临洮。
虽然万里连云际，争及尧阶三尺高。

杞梁墓

〔唐〕汪 遵

一叫长城万仞摧，杞梁遗骨逐妻回。
南邻北里皆孀妇，谁解坚心继此来。

登长城

〔唐〕李　益

汉家今上郡，秦塞古长城。

有日云长惨，无风沙自惊。

当今圣天子，不战四夷平。

统汉烽下

〔唐〕李　益

统汉烽西降户营，黄沙白骨拥长城。

只今已勒燕然石，北地无人空月明。

塞外月夜寄荆南熊侍御

〔唐〕武元衡

南依刘表北刘琨，征战年年箫鼓喧。

云雨一乖千万里，长城秋月洞庭猿。

经檀道济故垒

〔唐〕刘禹锡

万里长城坏，荒营野草秋。

秣陵多士女，犹唱白符鸠。

听　筝

〔唐〕张　祜

十指纤纤玉笋红，雁行轻遏翠弦中。

分明似说长城苦，水咽云寒一夜风。

送邢郎中赴太原

〔唐〕姚　合

上将得良策，恩威作长城。

如今并州北，不见有胡兵。

晋野雨初足，汾河波亦清。

所从古无比，意气送君行。

阮公体

〔唐〕徐　晶

秦王按剑怒，发卒戍龙沙。
雄图尚未毕，海内已纷拏。
黄尘暗天起，白日敛精华。
唯见长城外，僵尸如乱麻。

古筑城曲

〔宋〕陆　游

长城高际天，三十万人守。
一日诏书来，扶苏先授首。

古　意

〔宋〕陆　游

千金募战士，万里筑长城。
何时青冢月，却照汉家营？

至广州第七十七

〔宋〕文天祥

南方瘴疠地，白马东北来。
长城扫遗堞，泪落强徘徊。

二、鸟巢的设计

由 2001 年普利茨克奖获得者赫尔佐格、德梅隆与中国建筑师合作。"鸟巢"外形结构主要由巨大的门式钢架组成。大跨度屋盖支撑在 24 根桁架柱之上，柱距为 37.96 米。主桁架围绕屋盖中间的开口放射形布置，有 22 榀主桁架直通或接近直通。为了避免出现过于复杂的节点，少量主桁架在内环附近截断。钢结构大量采用由钢板焊接而成的箱形构件，交叉布置的主桁架与屋面及立面的次结构一起形成了"鸟巢"的特殊建筑造型。主看台部分采用钢筋混凝土框架—剪力墙结构体系，与大跨度钢结构完全脱开。其形态如同孕育生命的"巢"，更像一个摇篮，寄托着人类对未来的希望。设计者们对这个国家体育场没有做任何多余的处理，只是坦率地把结构暴露在外，自然形成了建筑的外观。

第四天

【研学主题】

园林艺术；大学人文。

【课程安排】

一、游览颐和园

颐和园是现今保存最完整的皇家园林，园林布局由远至近，慢慢展开。昆明湖畔，景色秀美。

二、走进清华大学

参观清华园、水木清华等清华经典建筑，感受中国最高学府里浓郁的学术气氛和人文精神。

三、参观北京大学

巍巍上庠，国运所系。作为中国的最高学府之一，北京大学始终与国家民族的命运紧密相连，聚集了多位著名学者专家，培养了众多优秀人才，取得了大批重大科学成果，推动了中国近现代思想理论、科学技术、文化教育和社会发展的进程。

【研修问答】

1. 颐和园是以什么为基址，以哪个地方的风景为蓝本，汲取江南园林的设计手法而建成的一座大型山水园林？
2. 清华大学因什么而得名？其校训是什么？
3. 中国近代第一所国立大学，也是最早以"大学"之名创办的学校是哪所学校？

【学以致用】

结合本次游学活动，完成一篇游记，字数600字左右。

【资料链接】

一、清华大学简介

清华大学的前身清华学堂始建于1911年,因"水木清华"而得名,是清政府设立的留美预备学校,其建校的资金源于1908年美国退还的部分庚子赔款。1912年更名为清华学校。1928年更名为国立清华大学。1937年抗日战争全面爆发后南迁长沙,与北京大学、南开大学组建国立长沙临时大学,1938年迁至昆明改名为国立西南联合大学。1946年迁回清华园。1949年中华人民共和国成立,清华大学进入了新的发展阶段。1952年全国高等学校院系调整后成为多科性工业大学。1978年以来逐步恢复和发展为综合性的研究型大学。

水木清华,钟灵毓秀,清华大学秉持"自强不息,厚德载物"的校训和"行胜于言"的校风,坚持"中西融汇,古今贯通,文理渗透"的办学风格和"又红又专,全面发展"的培养特色,弘扬"爱国奉献,追求卓越"传统和"人文日新"精神。恰如清华园工字厅内对联所书——"槛外山光,历春夏秋冬、万千变幻,都非凡境;窗中云影,任东西南北、去来澹荡,洵是仙居"。

二、北京大学简介

北京大学,简称"北大",诞生于1898年,初名京师大学堂,是中国近代第一所国立大学,也是最早以"大学"之名创办的学校,其成立标志着中国近代高等教育的开端。北大是中国近代以来唯一以国家最高学府身份创立的学校,最初也是国家最高教育行政机关,行使教育部职能,统管全国教育。北大催生了中国最早的现代学制,开创了中国最早的文科、理科、社科、农科、医科等大学学科,是近代以来中国高等教育的奠基者。

1912年5月3日,京师大学堂改称北京大学校,严复为首任校长。1916年,蔡元培出任校长,"循思想自由原则,取兼容并包之义",把北大办成全国学术和思想中心,使北大成为新文化运动中心、五四运动策源地。1937年抗日战争爆发,北大与清华大学、南开大学南迁长沙,组成国立长沙临时大学。不久迁往昆明,改称国立西南联合大学。1946年10月在北平复学。1952年院系调整,校园从内城沙滩红楼迁至西北郊燕园。

第五天

【研学主题】

历史文化；建筑艺术。

【课程安排】

参观国子监和孔庙

国子监是元、明、清三朝国家管理教育的最高行政机构和国家设立的最高学府，而孔庙则是历代皇帝举行国家祭孔子先师仪式的场所。国子监内静静耸立的三代进士题名碑记录了金榜题名的荣耀。按照中国传统天圆地方的理念建造的辟雍大殿，是历代皇帝讲学的地方。

【研修问答】

1. 元、明、清三朝国家管理教育的最高行政机构和国家设立的最高学府叫什么？
2. 国子监里的辟雍大殿的建筑理念是什么？
3. 天坛是哪两个坛的总称？其建筑有何特点和含义？

【学以致用】

结合本次游学活动，完成一篇游记，字数600字左右。

【资料链接】

祭天礼仪

祭天作为人类祈求神灵赐福攘灾的一种文化行为，曾经是中国古代先民生活中的重要组成部分。中国从传说中的"三皇五帝"时代至清末，一直举行祭天典礼，绵延五千余年，可谓源远流长。

天坛始建于明永乐年间，是按照中国传统礼仪制度建立的国家祭坛。自明永乐十九年（1421）起始，共有22位皇帝亲御天坛，向皇天上帝顶礼膜拜，虔诚祭祀。辛亥革命爆发后，中华民国政府宣布废除祭天祀典，并于1918年改天坛为公园。

高唱黄河颂歌　奔赴红色延安

——延安研学修行

【研学前言】

从 1937 年到 1947 年，延安一直是中共中央所在地和陕甘宁边区首府，是中国革命的指导中心和总后方。这里保存着很多革命遗迹，再现了中国革命的光辉历程。让我们一起走进延安，感受历史名城的际会风云，追寻革命圣地的峥嵘岁月。

【课文回眸】

黄河颂

光未然

我站在高山之巅，
望黄河滚滚奔向东南。
金涛澎湃，
掀起万丈狂澜；
浊流宛转，
结成九曲连环，
从昆仑山下奔向黄海之边，
把中原大地劈成南北两面。
啊！黄河！
你是中华民族的摇篮，
五千年的古国文化，
从你这儿发源，

多少英雄的故事,
在你的身边扮演。
啊!黄河!
你是伟大坚强!
像一个巨人出现在亚洲平原之上,
用你那英雄的体魄,
筑成我们民族的屏障。
啊!黄河!
你一泻万丈,
浩浩荡荡,
向南北两岸伸出千万条的臂膀!
我们民族的伟大精神,
将要在你的哺育下发扬滋长!
我们祖国的英雄儿女,
将要学习你的榜样,
像你一样的伟大坚强!
像你一样的伟大坚强!

回延安

贺敬之

一

心口莫要这么厉害地跳,
灰尘呀莫把我眼睛挡住了……
手抓黄土我不放,
紧紧儿贴在心窝上。
几回回梦里回延安,
双手搂定宝塔山。
千声万声呼唤你,
——母亲延安就在这里!
杜甫川唱来柳林铺笑,
红旗飘飘把手招。
白羊肚手巾红腰带,
亲人们迎过延河来。
满心话登时说不出来,

一头扑进亲人怀……

二

二十里铺送过柳林铺迎，
分别十年又回家中。
树梢树枝树根根，
亲山亲水有亲人。
羊羔羔吃奶眼望着妈，
小米饭养活我长大。
东山的糜子西山的谷，
肩膀上的红旗手中的书。
手把手儿教会了我，
母亲打发我们过黄河。
革命的道路千万里，
天南海北想着你……

三

米酒油馍木炭火，
团团围定炕上坐。
满窑里围的不透风，
脑畔上还响着脚步声。
老爷爷进门气喘得紧：
"我梦见鸡毛信来——可真
见亲人……"
亲人见了亲人面，
欢喜的眼泪眼眶里转。
"保卫延安你们费了心，
白头发添了几根根。"
团支书又领进社主任，
当年的放羊娃如今长成人。
白生生的窗纸红窗花，
娃娃们争抢来把手拉。
一口口的米酒千万句话，
长江大河起浪花。
十年来革命大发展，
说不尽这三千六百天……

四

千万条腿来千万只眼,
也不够我走来也不够我看!
头顶着蓝天大明镜,
延安城照在我心中;
一条条街道宽又平,
一座座楼房披彩虹;
一盏盏电灯亮又明,
一排排绿树迎春风……
对照过去我认不出了你,
母亲延安换新衣。

五

杨家岭的红旗啊高高地飘,
革命万里起高潮!
宝塔山下留脚印,
毛主席登上了天安门!
枣园的灯光照人心,
延河滚滚喊"前进"!
赤卫军,青年团,红领巾,
走着咱英雄几辈辈人……
社会主义路上大踏步走,
光荣的延河还要在前头!
身长翅膀吧脚生云,
再回延安看母亲!

1956年3月9日,延安

第一天

【研学主题】

南泥湾精神。

【课程安排】

一、参观革命历史遗迹

参观当年开垦的大片梯田,参观南泥湾大生产运动展览馆、烈士纪念碑。

二、参加南泥湾农场劳动

分组划玉米、锄草、施肥、松土、抬水等。亲近这里的土地,深深呼吸这里的自然空气和红色记忆气息。

三、开展心连心活动

分组到农户家庭用餐,学做陕北菜、包饺子等。

四、乘车赴南泥湾

唱民歌,说陕北,感悟陕北文化,聆听陕北人民与毛主席之间的感人故事《杨步浩进京》;乘车游览北京知识青年下乡林、知青林及黄土高原最高点——黄土风情台(讲述延安绿色革命变化,了解老区孩子的教育及老区人民的生活状况)。

五、参观黄河壶口瀑布

明代人惠世扬的诗句"源出昆仑衍大流,玉关九转一壶收"正是对壶口这一景象的真实写照。壶口瀑布极为壮观。滔滔黄水倾泻而下,激流澎湃,浊浪翻滚,水沫飞溅,烟雾迷蒙,狂涛怒吼,声震数里。瀑布高度在枯水期可达15—

黄河壶口瀑布

20 米，夏、秋之际可达 45 米。在洪水时，洪流滚滚，涌出深槽，瀑布就变成一股激流，直奔而下，瀑布形消失。河水沿深槽下行 5 公里便是孟门，出孟门之后，水面变宽，水势变缓，又恢复到龙王辿以上的景象。在壶口，可欣赏霓虹飞渡、石窝宝镜等十大景观，近距离亲近母亲河，感受滚滚黄河水的澎湃气势。

【研修问答】

1. 南泥湾是响应毛主席提出的什么口号？在南泥湾开展了著名的大生产运动的是八路军哪个部队？领导人是谁？
2. 你了解延安的绿色革命变化了吗？
3. "壶口"一名，最早记载于哪部典籍中？

【学以致用】

1. 学唱《南泥湾》。
2. 结合本次游学活动，完成一篇游记，字数 600 字左右。

【资料链接】

一、南泥湾

南泥湾是延安精神的发源地，也是中国农垦事业的发祥地。毛主席在此提出了"自己动手，丰衣足食"的口号。1941 年 3 月，王震领导的八路军 359 旅，进驻延安以南的南泥湾，开荒种田，经过几年辛勤劳动，战士们把荒无人烟的南泥湾，开垦为"到处是庄稼，遍地是牛羊"的陕北江南。

二、壶口考略

"壶口"一名，最早见于战国时代的《尚书·禹贡》中，如"既载壶口，治梁及岐""壶口、雷首，至于太岳"，都与大禹治水的路线与策略有关。这里提壶口而未言瀑布。

"孟门山"一名，始见于周、秦间的《山海经》著作，书中记"又东南三百二十里，曰孟门之山，其上多苍玉，多金，其下多黄垩，多涅石"。

郦道元所著的《水经注》中，对孟门及瀑布做了深刻的描述："《淮南子》曰：龙门未辟，吕梁未凿，河出孟门之上，大溢逆流，无有丘陵，高阜灭之，名曰洪水，大禹疏通，谓之孟门。故《穆天子传》曰：北登孟门，九河之隥。孟门，即龙门之上口也，实为河之巨阨，兼孟门津之名矣。此石经始禹凿，河中漱广，夹岸崇深，倾崖返捍，巨石临危，若坠复倚。古之人有言，水非石凿而能入石，信哉。其中水流交冲，素气云浮，往来遥观者，常若雾露沾人，窥深悸魄。其水尚崩浪万寻，悬流千丈，浑洪赑怒，鼓若山腾，浚波颓叠，迄于下口，方知慎子下龙门，流浮竹，非驷马之追也。"这里所记，指出瀑布在孟门处，而未提黄河干流上的壶口。

《元和郡县志》也叙述壶口，把它称为石槽。一则说"河中有山，凿中如槽，束流悬注七十余尺"。再则说，"石槽长一千步，阔三十步"，这显然和郦道元所说的不同，说明壶口瀑布向上游推移了。《元和郡县志》撰于唐宪宗元和八年（813），上距郦道元逝世的北魏孝明帝孝昌三年（527），为286年。说明在郦道元之后的286年间，壶口瀑布从孟门向上游推了一千步，在河床上冲出一条约长一千步、宽三十步的深槽，现已上移到距孟门约5公里处的龙王辿附近，号称十里龙槽。以上为1 500年来壶口演变的历史。

在今山西境内已知以壶口命名的地方有四处。《水经注·汾水注》记载的壶口，就不是黄河干流上的壶口。古代交通不便，能亲临壶口瀑布观光考察的文人学士不太多，因而在一些古代文献中，将他处壶口当作黄河壶口者有之，将壶口和龙门当作一处者有之，加上以讹传讹，难免出现一些谬误。

新中国成立前，宜川县三部县志中最早的清乾隆十八年（1753）《宜川县志》的编纂者吴炳，指出黄河壶口"上流宽广，至此收束归槽，如壶之口然，故名"，并说孟门"属平佐里，在县东北一百里黄河中，任水涨滔天，终不能没"。其所著《壶口考》一文，对前人文献中的一些不实之处给以纠正，在壶口研究中有重要参考价值。

第二天

【研学主题】

延安精神。

【课程安排】

一、游学延安大学

感受延大致公路、致用路、古色窑洞等独特的校园气息和文化。

二、观看《延安保育院》

大型红色历史舞台剧《延安保育院》依托大量深度挖掘的第一手珍贵史料，有效运用奥运会中最为先进的舞台理念和设备，融声、光、电、水、雾、乐、舞、歌于一体，创造出无数令人身临其境的梦境。在剧中，可以欣赏孩子们的天籁合唱、陕北民歌的高亢悠扬，感受安塞腰鼓的激情奔放，感受无邪的稚子之心、无私的教师之心、无畏的战士之心及军民共筑的人间大爱，展示新中国的大爱精神和纯真情怀，铸就新时代的"延安梦想"。

红色历史舞台剧《延安保育院》

三、参观延安革命纪念馆

延安革命纪念馆是一座陈列革命文物，反映在中国共产党领导下延安地区革命斗争史的纪念馆，主要宣传1935年10月至1948年3月近13年间，党中央在延安和陕甘宁边区领导中国革命的光辉历史。整个纪念馆外观朴素大方，结构紧凑，高大

延安革命纪念馆

宏伟，具有传统的民族风格。纪念馆前广场，面积2.7万平方米，广场正中巍然耸立着毛泽东青铜像。周围花坛植有松、柏、牡丹、月季、龙爪槐等名贵花草花木。花坛前有7 000多平方米的草坪，两侧有柏树组成的"延安精神，永放光芒"八个大字。纪念馆建筑面积5 000平方米，馆内分6个展厅，展出面积3 240平方米。馆内展有大量珍贵

的革命文物，再现了毛泽东、刘少奇、周恩来、朱德等人当年在延安的光辉业绩。

四、前往延安象征宝塔山

宝塔山是革命圣地延安的重要标志和象征。新中国成立后，国务院将延安宝塔山归入第一批全国重点文物保护单位——延安革命旧址之中。1953年版第二套人民币两元券正面图案即为"延安宝塔山"。中华人民共和国1955年颁授的独立自由勋章，核心图案也是宝塔山。宝塔山上，历史文物和现代革命文物星罗棋布，交相辉映，满山绿树成荫，花草争艳。

延安宝塔山

【研修问答】

1. 中国共产党创办的第一所综合性大学是哪所大学？
2. 红色历史舞台剧《延安保育院》让你最感动的是什么？
3. 延安革命博物馆共有几个展厅？主要宣传哪一时期党中央在延安和陕甘宁边区领导中国革命的光辉历史？
4. 宝塔山古称什么？
5. 中华人民共和国1955年颁授的独立自由勋章，核心图案是什么？

【学以致用】

1. 游学延安后，说说你对《回延安》一文有何感触和想法。
2. 结合本次游学活动，完成一篇游记，字数600字左右。

【资料链接】

延安大学简介

　　延安大学，简称"延大"，坐落于革命圣地延安，由陕西省人民政府与教育部共建，为陕西省属重点大学、陕西省高水平建设大学、"卓越医生教育培养计划"试点高校，是毛泽东同志亲自命名、中国共产党创办的第一所综合性大学。

　　1941年，中共中央政治局决定将陕北公学、中国女子大学、泽东青年干部学校合并成立延安大学，吴玉章任校长。1943年至1944年，延安鲁迅艺术文学院、自然科学院、民族学院、新文字干部学校和行政学院相继并入。1949年5月，中共西北局发出指示，将延安大学、西北人民艺术学校、西北财经学校合并成立西北人民革命大学。延安大学陆续迁入西安。1958年7月，陕西省人民政府决定恢复重建延安大学。1998年，延安医学院、延安市人民医院与延安大学合并成立新的延安大学，并被列为陕西省省属重点大学。2005年，陕西省人民政府与教育部共建延安大学。2011年，学校被列为陕西省高水平建设大学。

八年级

名校游学励我志　人文南京学历史

——南京研学修行

【研学前言】

南京作为六朝古都，十朝都会，曾是中国的政治、经济、文化中心。它拥有数千年的建城史，是一座历史文化名城。让我们走进南京，触摸厚重的人文历史；走进名校，探索科技的无穷奥妙。

【课文回眸】

巍巍中山陵

刘叙杰

在浩荡的大江之滨，坐落着我国著名的古都——南京。在中国漫长而辉煌的历史长河中，有十个朝代和政权先后在此建都。许多叱咤风云的著名人物长眠在这里，伟大的革命先驱孙中山先生的陵墓——国家重点文物保护单位中山陵园，就位于南京东郊的钟山南麓。

钟山源自江苏南部的茅山山脉。茅山山脉北延至南京、镇江之间，称为宁镇山脉。钟山是宁镇山脉的最高峰，海拔约460米，东西走向，长约7千米，南北宽度约3千米。由于附近大多是冲积平原和小丘陵，所以这座山就显得分外雄伟高大。它的山顶坡陡崖峭，峰石突兀，十分险峻，但山腰以下渐趋平缓，松柏森郁，草荟绵连。蓝色的天幕下，山腰苍翠的林海与山巅紫红色的巉岩相互映衬，形成了一幅十分鲜明而又和谐的大自然的图画。千百年来，从皇室到民间在这里进行过种种社会活动，建造了许多第宅、园林、寺塔、坛台和陵墓，留下了无数可歌可泣的史实和动人的传说。悠悠岁月已抹去了绝大多数历史的痕迹，历代古人的悲欢离合早已烟消云散，惟有钟山众多嵯峨的峭石巉岩，以及些许残存的断垣颓壁，才能为那漫长的过去作出无言的旁证。

相传孙中山先生在1912年3月辞去临时大总统的职务以后，曾经到钟山来打猎，看到周围地势开阔，风物优美，气概雄伟，景象万千，就表示了身后要埋葬在这里的愿望。1925年3月12日，孙中山先生因肝癌医治无效，病逝于北京。根据他生前的愿望，将其陵园建筑在南京的钟山南麓。

陵园的设计方案是通过竞争入选的。当时对送选的40余份设计图纸，采取了密封评议的方式。有许多中外建筑师参加，但入选的前三名都是中国建筑师。首奖是吕彦直设计的钟形图案。钟有"示警"和"自由"的涵义，它象征着孙中山先生领导中国革命的意义和贡献，同时又与陵墓所在地的钟山相吻合。这一构思反映了设计人立意的深刻与精妙，令人叹服。在具体设计方面，采取了中西合璧的手法和技术，特别是汲取了我国古代建筑中优秀的传统经验，采用中轴对称的总平面布局、民族形式的建筑外观、淳朴的色调、简洁的装修和大面积绿化等手法，很好地表现了陵园的庄严气氛和孙中山先生的不朽精神，在后来的实际使用上也取得满意的效果。陵园工程于1926年1月动工，3月26日奠基，至1929年基本完成。同年6月1日，孙中山先生的灵柩由北京香山碧云寺运来安葬，但末期工程直到1931年10月才全部竣工。陵园用地面积2 000多亩，前后施工6年，使用的经费按当时的币值计400余万元。

陵园依南北中轴线，布置在钟山南麓的缓坡上，东距灵谷寺、西距明孝陵各约1千米，其间以道路相连，这样就将三区的名胜联为一体，从而扩大了浏览区的范围和内容，在区域规划上是值得称道的。由中山门开始的宽阔的陵园大道，至陵前长6千米，两旁栽种着许多法国梧桐。这些行道树在长成后，枝繁叶茂，丫杈交错，形成了一条浓翠蔽日的林阴大道。道外的丘岗坡陀之上，密植着众多的落叶树和常绿树，林丛复叠，莽苍深邃，使人们在未达陵墓以前，就已逐步进入安详宁静、庄严肃穆的气氛之中。

陵园的总平面布局，大致可分为南、北两区。南区包括入口的石牌坊和缓长的墓道（在总图上表现如钟下的悬索）。北区包括陵门、碑亭、石阶、大平台、祭堂、墓室等（在总图上表现为钟的本体）。

陵园的入口位于最南端，是一座三间三楼琉璃瓦顶的石牌坊。在明间的檐下，悬挂着孙中山先生手书"博爱"横匾一方。石坊北就是通往陵门的缓长坡道，汽车可由这条墓道直达陵门之前。墓道北端有一倾斜台地，东、西侧各有一个面阔三间的小屋，为过去守陵卫士的驻所。正面的陵门高15米，宽24米，深8米，蓝琉璃单檐歇山顶。屋身用花岗石砌成无梁殿式样，正中拱门楣上镌刻着中山先生手书"天下为公"几个金光大字。

循陵门后石阶即至碑亭，这是一座平面方形的亭式建筑。亭内在龟趺上立8米高的石碑一座，上刻嵌金楷书："中国国民党葬总理孙先生于此，中华民国十八年六月一日。"

自碑亭再往北，地势陡然高峻，由此上至祭堂前平台，全部砌成宽大的石阶。石阶以小平台划分为8段，每段30步至54步不等，共290级。石阶尽处，就是宽135米、深30米的大平台，中央则矗立着陵园的主体建筑——祭殿。平台是全陵的制高点，这里视野辽阔，气象万千，既便近观，又宜远眺。当阳光灿烂时，远处方山如屏，秦淮似带；近处村舍相望，田圃纵横，道路津梁，行人车马，无不纤细入微，仿佛眼前展开了一轴工笔长卷。而当日出日没之际，在晨烟夕雾的迷蒙中，城犹潜蛇，山若伏鳖，馆阁楼台，隐约参错，远峰近树，依稀可辨，人们又好像面对着大幅的泼墨山水。无论是春夏秋冬、风霜雨雪，大自然都在向人们展示它那变幻无穷的奇妙景色。

祭堂与南端入口处石坊的水平距离为700米，垂直高差为73米。其间有392个踏级。祭堂是宽30米、深24.7米、高28.7米的重檐歇山建筑。它在整个陵园建筑中体量最大，等级最高，其下面明间的双檐连接处刻有中山先生的手书"天地正气"。三个圆券门上方，镌刻着"民族""民权""民生"六字，室内有12根黑色花岗石圆柱，护壁为黑色大理石，左右壁上刻有中山先生的《国民政府建国大纲》全文。堂中央偏北处，置有这位伟大的革命家的白色大理石像一尊，雕像端坐平视，神态安详，栩栩如生。

祭堂后面是高8.4米，直径13.7米的墓室，墓室中央砌有圆形凹穴，穴中安放着中山先生的大理石棺及卧像，周围有环形走道及石栏以供瞻仰。室顶为半球形穹隆，对外不开窗，用电气照明及机械通风。中山先生的灵柩在1929年奉安时，即安葬于地下5米深处，外用钢筋混凝土加固，以策安全。墓室外砌有环形围墙，外铺草地，还种植了梅、玉兰等花木。

中山陵是自辛亥革命以后，我国为革命领导人兴建的一座时代最早、规模最大的陵墓。中山陵建成以后，吸引众多国内外人士前来瞻仰。新中国成立以来，党和国家一直对陵园十分关注，除了设立专门的管理机构以外，还对整个陵区进行了全面的整修和精心的维护，使得这位伟大革命家的安息之所，始终保持着整齐、宁静、肃穆的景象。

【研学主题】

爱国主义教育；大学文化。

【课程安排】

第一天

一、游览中山陵，缅怀革命先人

中山陵是中国近代民主革命先行者孙中山的陵墓，是南京的著名景点。中山陵各建筑在型体组合、色彩运用、材料表现和细部处理上均取得极好的效果，音乐台、光华亭、流徽榭、仰止亭、藏经楼、行健亭、永丰社、永慕庐、中山书院等建筑众星捧月般环绕在陵墓周围，构成中山陵景区的主要景观，色调和谐统一，更增强了庄严的气氛。

南京中山陵

中山陵陵寝建筑庄严肃穆，既有深刻的含意，又有宏伟的气势，且均为建筑名家之杰作，有极高的艺术价值，被誉为"中国近代建筑史上第一陵"。我们登上中山陵，追忆孙中山先生的生平，领会"三民主义"的深刻内涵，学习孙中山先生天下为公的情怀。

二、感受大学生活氛围，享受南理工美食

在南京理工大学食堂品尝美味午餐，亲身感受南理工学子的生活氛围，用心记住我们在南京理工大学期间的点点滴滴。

三、参观南理工校园，照亮我的大学梦

南京理工大学是中华人民共和国工业和信息化部直属的一所以工为主，理、工、文、经、管、法、教、艺等多学科协调发展的全国重点大学，是国家"211 工程""985 工程优势学科创新平台"重点建设高校之一，是"111 计划""卓越计划""中俄工科大学联盟"入选高校之一，素有"兵器技术人才摇篮"的美誉。

学校北依紫金山，西临明城墙，校园占地 3 118 亩，校舍建筑总面积 98 万平方米。

我们将在辅导员的带领下认识这所名校，领略它的钟灵毓秀，感悟它的博大精深，体悟它"进德修业、志道鼎新"的校训。

南京理工大学

四、学习火炮知识，激发军事兴趣

丰富的火炮藏品向我们展示了自明清时期到现当代的系列装备，在专业老师的讲解下了解火炮的定义、火炮的分类，认知火炮的机械构造及工作原理，通过外形构造和工作原理区分坦克与自行火炮。独特的解析和火炮背后的小秘密的揭示，满足大家在军事方面的好奇心，进一步激发同学们对军事的兴趣。

五、穿上梦想学士服，留下特色毕业照

大家都是刚刚中学毕业，有没有想过像大学生一样，穿上学士服，拍一些有特色的班级毕业照呢？今天，我们向南京理工大学租借了学士服。让我们一起穿上学士服，戴上学士帽，一起来合影，体验毕业的喜悦，留下点滴的记忆。

六、交流国际留学生，检验英语学习水平

南京理工大学吸引了很多国际留学生。我们将在南理工校园与国际留学生做简单的交流，了解国外文化，开阔眼界，增长见识。

七、学习特别课程，难忘最后一课

今天将在南京理工大学完成最后一课。你会期待它是什么内容？和上课一样的严肃紧张，还是和出游一样的欢乐活泼？或许你会回忆起以前的点点滴滴，或许会憧憬以后的美好生活，更或许它会成为你人生道路上印象最为深刻的一课。

1. 感恩领路人：感谢我们的老师，感恩我们的领路人。
2. 同桌轶事：分享与同桌的有趣故事。

3. 我的未来，我的梦：名校游学，励志向上，我的未来在何方？

八、畅想美好未来，留下自己一封信

听完了最后一课，你是否也有什么话想对未来的自己说说？你对未来的自己是否有什么期盼？有什么想对那时候的你说？在这里写下你的憧憬与期盼，我们将在三年后根据你留下的地址寄给你，看看这时候的你和那时候的你会有什么不一样，会有什么样的成长。

九、自助烧烤比赛，看谁才是大厨

丰富的食物，舒适宽敞的烧烤环境，同学们在一起自助烧烤，看谁烤出来的食物大受欢迎！来，让我们大家一起自己动手，为自己准备晚餐。

十、举行丰富晚会，铭记深厚友谊

饱餐过后，和小伙伴一起来参加我们的晚会吧！有趣的互动游戏需要小伙伴之间的相互配合，简单欢乐的兔子舞让我们之间的距离更加亲近了，让我们的友谊在晚会中凝结、升华。

【研修问答】

1. 中山陵的设计者是谁？
2. "三民主义"是什么？
3. 南京理工大学有什么美誉？

【学以致用】

1. 游学中山陵后，说说你对《巍巍中山陵》一文有何感触和想法。
2. 结合本次游学活动，完成一篇游记，字数600字左右。

【资料链接】

三民主义简介

三民主义即民族、民权、民生。

1. 新三民主义

（1）民族主义：反对民族压迫，反对满洲贵族的统治，中华民族自求解放，反对帝国主义侵略，中国境内各民族一律平等。

（2）民权主义：推翻君主专制政体，建立国民政府，国民一律平等，民权为一般平民所共有，凡真正反对帝国主义之个人及团体，均得享有一切自由及权利。

（3）民生主义：平均地权，节制资本。

2. 旧三民主义

（1）民族主义：驱除鞑虏，恢复中华。它打击了帝国主义的在华势力，但它没有意识到帝国主义的压迫是中华民族独立的最大障碍，没有明确地提出反帝的要求。

（2）民权主义：建立民国。这反映了中国人民要求民族独立的民主权利的共同愿望。但民国实质是资产阶级共和国。

（3）民生主义：平均地权。

第二天

在研学导师的带领下，到南京博物院探索民国文化，在中国最长的城墙明城墙上了解城墙历史，在玄武湖畔观看航模表演，体验科技带来的巨大变化，并制作航模，放飞理想。

一、参观南京博物院，民国馆探寻民国往事

南京博物院是中国三大博物院之一，它是中国最早创建的博物院，是一座大型历史与艺术类博物院。博物院有六大场馆：历史馆、特展馆、数字馆、艺术馆、非遗馆、民国馆，各具特色。其中民国馆生动地展示了民国风情，我们置身其中，有种穿越时空之感。我们走在民国旧街上，坐黄包车，参观民国老邮局，最后来到朱自清《背影》中描写的火车站，探寻民国往事。

南京博物院

二、城墙探索——玄武湖旁台城

已经拥有六百年历史的南京城墙，是南京一道亮丽的风景线，是南京对外的一张特色名片。南京城墙打破了传统城池四方对称的传统棋盘式格局，依山绕水，尽显南京的地理优势。南京的城墙中深藏着许许多多的历史知识，探索南京城墙，就是在探索一笔古人留下的巨大宝藏。

活动一：探秘城墙砖，解读城墙深层历史。

南京有着悠久的建城史，直到今天，仍然保存着世界上最长的明城墙。城墙蕴含着历史的密码，而每一块墙砖，就是写就密码的文字。今天，我们以小见大，通过探访墙砖上的铭文，一起解读城墙深层的历史。

南京明城墙

活动二：探访城垣史博物馆，了解城墙发展史。

南京市明城垣史博物馆是全国唯一一家明代城墙主题的博物馆，主要介绍南京城墙的历史、全国其他城墙、国外城墙。通过探访本馆，相信同学们对城墙史一定会有更深入的了解。

南京市明城垣史博物馆

活动三：了解攻城武器史，体验空气炮威力。

城墙的出现，意味着城市的形成。攻城武器则是危险的战争重器，它们怒吼着击毁城墙，赢得胜利。今天，在专业老师的带领下，我们一起探讨古代攻城武器的发展史，并体验了酷爽空气炮的威力。

三、制作表演航模，放飞飞天梦想

我们欣赏了由航模爱好者带来的精彩航模知识课和航模飞行表演，他们带来展示和表演的航模有固定翼飞行器、多旋翼飞行器和扑翼飞机。

研学导师带着大家制作固定翼飞机航模。固定翼航模是橡皮筋动力双旋翼飞机，由机翼、尾翼、螺旋桨、皮筋组成，制作简单，飞行距离远。

制作固定翼飞机航模

【研修问答】

1. 南京博物院有哪六大场馆？

2. 南京城墙已有多少年历史？
3. 古代攻城有哪些工具？

【学以致用】

结合本次游学活动，完成一篇游记，字数600字左右。

【资料链接】

南京明城墙，整体包括明朝时期修筑的宫城、皇城、京城和外郭城四重城墙，现多指保存完好的京城城墙，是世界最长、规模最大、保存原真性最好的古代城垣，现完整保存25.1公里。南京明城墙始建于1366年（元至正二十六年），全部完工于1393年（明洪武二十六年），动用全国1部、3卫、5省、28府、152州县共28万民工，约3.5亿块城砖，历时27年，终完成京师应天府四重城垣的修筑。

南京明城墙的营造一改以往都城墙取方形或矩形的旧制，在六朝建康城的基础上，根据南京山脉、水系的走向筑城。城墙得山川之利、江湖之势，南以外秦淮河为天然护城河，东有钟山为依托，北有后湖为屏障，西纳山丘入城内，形成独具防御特色的立体军事要塞。其中京城城墙蜿蜒盘桓35.3公里，是中国现存规模最大的城墙，也是世界第一大城垣，入选世界纪录协会世界第一大城墙，而京城之外的外郭城墙更是超过60公里，为世界历史之最。

南京明城墙高坚甲于海内，据岗垄之脊，依山傍水，是中国礼教制度与自然相结合的典范，也是古代都城建设的杰出代表。其作为中国古代军事防御设施、城垣建造技术集大成之作，无论历史价值、观赏价值、考古价值还是在建筑设计、规模、功能等诸方面，国内外其他城墙都无法与之比拟，是继中国长城之后的又一宏构。

游苏州园林　寻吴地文化

——苏州研学修行

【研学前言】

苏州是我国重要的历史文化名城。这里有小桥流水的诗韵画境，有精致匠心的江南园林，有吴侬软语的苏州评弹，有浴血奋斗的革命历史……让我们走进苏州，体验一步一景的奇妙幽情，领略吴文化的博大精深吧！

【课文回眸】

苏州园林

叶圣陶

苏州园林据说有一百多处，我到过的不过十多处。其他地方的园林我也到过一些。倘若要我说说总的印象，我觉得苏州园林是我国各地园林的标本，各地园林或多或少都受到苏州园林的影响。因此，谁如果要鉴赏我国的园林，苏州园林就不该错过。

设计者和匠师们因地制宜，自出心裁，修建成功的园林当然各各不同。可是苏州各个园林在不同之中有个共同点，似乎设计者和匠师们一致追求的是：务必使游览者无论站在哪个点上，眼前总是一幅完美的图画。为了达到这个目的，他们讲究亭台轩榭的布局，讲究假山池沼的配合，讲究花草树木的映衬，讲究近景远景的层次。总之，一切都要为构成完美的图画而存在，决不容许有欠美伤美的败笔。他们唯愿游览者得到"如在画图中"的美感，而他们的成绩实现了他们的愿望，游览者来到园里，没有一个不心里想着口头说着"如在画图中"的。

我国的建筑，从古代的宫殿到近代的一般住房，绝大部分是对称的，左边怎么样，右边也怎么样。苏州园林可绝不讲究对称，好像故意避免似的。东边有了一个亭子或者一道回廊，西边决不会来一个同样的亭子或者一道同样的回廊。这是为什么？我想，用图画来比方，对称的建筑是图案画，不是美术画，而园林是美术画，美术画要求自然之趣，是不讲究对称的。

苏州园林里都有假山和池沼。假山的堆叠，可以说是一项艺术而不仅是技术。或者是重峦叠嶂，或者是几座小山配合着竹子花木，全在乎设计者和匠师们生平多阅历，胸中有丘壑，才能使游览者攀登的时候忘却苏州城市，只觉得身在山间。至于池沼，大多引用活水。有些园林池沼宽敞，就把池沼作为全园的中心，其他景物配合着布置。水面假如成河道模样，往往安排桥梁。假如安排两座以上的桥梁，那就一座一个样，决不雷同。池沼或河道的边沿很少砌齐整的石岸，总是高低屈曲任其自然。还在那儿布置几块玲珑的石头，或者种些花草：这也是为了取得从各个角度看都成一幅画的效果。池沼里养着金鱼或各色鲤鱼，夏秋季节荷花或睡莲开放，游览者看"鱼戏莲叶间"，又是入画的一景。

苏州园林栽种和修剪树木也着眼在画意。高树与低树俯仰生姿。落叶树与常绿树相间，花时不同的多种花树相间，这就一年四季不感到寂寞。没有修剪得像宝塔那样的松柏，没有阅兵式似的道旁树：因为依据中国画的审美观点看，这是不足取的。有几个园里有古老的藤萝，盘曲嶙峋的枝干就是一幅好画。开花的时候满眼的珠光宝气，使游览者感到无限的繁华和欢悦，可是没法说出来。

游览苏州园林必然会注意到花墙和廊子。有墙壁隔着，有廊子界着，层次多了，景致就见得深了。可是墙壁上有砖砌的各式镂空图案，廊子大多是两边无所依傍的，实际是隔而不隔，界而未界，因而更增加了景致的深度。有几个园林还在适当的位置装上一面大镜子，层次就更多了，几乎可以说把整个园林翻了一番。

游览者必然也不会忽略另外一点，就是苏州园林在每一个角落都注意图画美。阶砌旁边栽几丛书带草。墙上蔓延着爬山虎或者蔷薇木香。如果开窗正对着白色墙壁，太单调了，给补上几竿竹子或几棵芭蕉。诸如此类，无非要游览者即使就极小范围的局部看，也能得到美的享受。

苏州园林里的门和窗，图案设计和雕镂琢磨工夫都是工艺美术的上品。大致说来，那些门和窗尽量工细而决不庸俗，即使简朴而别具匠心。四扇，八扇，十二扇，综合起来看，谁都要赞叹这是高度的图案美。摄影家挺喜欢这些门和窗，他们斟酌着光和影，摄成称心满意的照片。

苏州园林与北京的园林不同，极少使用彩绘。梁和柱子以及门窗阑干大多漆广漆，那是不刺眼的颜色。墙壁白色。有些室内墙壁下半截铺水磨方砖，淡灰色和白色对称。屋瓦和檐漏一律淡灰色。这些颜色与草木的绿色配合，引起人们安静闲适的感觉。花开时节，更显得各种花明艳照眼。

可以说的当然不止以上这些，这里不再多写了。

【研学主题】

苏州园林；吴地文化；爱国主义教育。

【课程安排】

一、游学苏州高级中学

范仲淹是北宋时期的思想家、政治家、军事家、文学家。范仲淹政绩卓著，文学成就突出，他的"先天下之忧而忧，后天下之乐而乐"思想和仁人志士节操，对后世影响深远。公元1035年，范仲淹在今苏州中学校址上，创办苏州府学，延聘教育家胡瑗掌校，首开东南兴学之风。

二、参观苏州博物馆

苏州博物馆面积不是很大，但外观显得十分宏伟壮观。它坐落在美丽的苏州古城内，小桥流水，白墙黑瓦，竹林环绕，鸟语花香。站在门口，向博物馆里眺望，景中有景，院后有院，设计师贝聿铭竟通过后面的几块排列有序的泰山石展现出后花园假山的风采。苏州博物馆虽小，却"包罗万象，博大精深"。这里展示的有精美的青花瓷工艺品，制作工艺精细的象牙雕刻，非常珍贵的秘色瓷莲花碗，当然还有镇馆之宝——点缀着各色宝石、雕刻工艺精细至极的"珍珠舍利宝幢"。

苏州博物馆

三、游览拙政园

拙政园始建于明代。拙政园被称为中国古典园林尽善尽美的代表作，全园以水为中心，主要建筑均临水而建，精美的亭台楼阁在波光中疏朗有致，山水萦绕，厅榭精美，花木繁茂，具有浓郁的江南水乡特色。花园分为东、中、西三部分，东花园开阔敞朗，中花园是全园精华所在，西花园建筑精美，各具特色。

拙政园

四、瞻仰新四军太湖游击队纪念馆

纪念馆分三个篇章，展现了新四军太湖抗日游击支队初建、重建、扩建时期的曲折历程。馆内不仅陈列了新四军战士用过的生活用品、作战工具、信件等，还再现了抗战时期的芦苇沟、通信船以及联络站，让人身临其境，仿佛回到了当年新四军浴血抗战时期。

新四军太湖游击队纪念馆

【研修问答】

1. 你能背诵范仲淹的《岳阳楼记》吗？
2. 苏州博物馆的设计者是谁？
3. 拙政园的东中西三部分各有什么特色？

4. 新四军太湖游击队纪念馆是为纪念哪次战斗而建造的?

【学以致用】

1. 游学拙政园后,说说你对《苏州园林》一文有何感触和想法。
2. 结合本次游学活动,完成一篇游记,字数600字左右。

【资料链接】

范仲淹与苏州府学

苏州文庙府学是北宋名臣范仲淹于景祐二年(1035)创建的,迄今已有980多年历史。范仲淹出任苏州知州的次年,在南园遗址上设学立庙,庙学合一(即文庙、府学合一)。范仲淹聘请当时著名教育家安定先生胡瑗为教授,因为办学有方,一时名闻天下,成为各地州、县学效仿的楷模。此后历经拓建,到明清两代,苏州府学文庙的规模很大,占地面积近二百亩,有江南学宫之冠的赞誉。现有的府学和文庙面积仅为当时的六分之一。

范仲淹创建苏州府学,留下了这样感人的故事:景祐元年(1034),范仲淹从睦州改知苏州,在苏州南园买得一块"风水宝地",有人向范仲淹贺喜道:"这是块贵地,今后您家中定有公卿相继出世。"范仲淹听了笑道:"我家独占贵地,倒不如让出建学,使士人都在此受教育,公卿将相不是更多吗?"不久,范仲淹就让出这块宝地建起府学,是为苏州府学的创始,地点就在现今苏州文庙。创办府学紫阳书院后,范仲淹亲自出面邀请了著名学者安定先生胡瑗来掌教,并亲自在书院讲学。胡瑗也不负所托,创立了一系列先进的书院管理制度和领先于当时的教学方法,被后世称为"苏湖学派"或者"苏湖教法"。"苏湖学派"的办学思想和办学方法直接影响了后世的书院教学,成为典范。宋以后苏州科甲冠于天下,状元人数世无其匹,苏州人说这是范文正公的遗爱。

现在,苏州府学的明伦堂布置成了范仲淹纪念堂。明伦堂正中是范仲淹的高大坐像,高冠红袍,甚是气象高古。座前楹联取范公名文《岳阳楼记》句:居庙堂之高则忧其民,处江湖之远则忧其君。这是范公一生行事的浓缩。其书法取自明代书法家张照所书《岳阳楼记》,这个国宝级的书屏原件在湖南的岳阳楼。座后壁上是珍品缂丝,配得上范公尊崇的历史地位。坐像两侧,有范公的诗文,更难得的是还见到了范公的书法作品《道服赞》和《伯夷颂》。范公的书法雍容典雅,字如其人。

明伦堂两侧分别是苏州籍状元和鼎甲名录、作品等有关资料,还有就是科场的复原场景、珍贵碑石等,俨然是苏州府学的"教育成果展示"。

西子湖畔　醉忆杭州

——杭州研学修行

【研学前言】

杭州，一座美丽的城市，不仅有风光秀丽的西湖、名闻天下的龙井，还有众多的人文景观、文物古迹。让我们在西湖漫步，去乐园拓展，到运河探幽，完成一次有意义的研学活动。

【课文回眸】

湖心亭看雪

张岱

崇祯五年十二月，余住西湖。大雪三日，湖中人鸟声俱绝。是日更定矣，余拏一小舟，拥毳衣炉火，独往湖心亭看雪。雾凇沆砀，天与云、与山、与水，上下一白。湖上影子，惟长堤一痕、湖心亭一点、与余舟一芥，舟中人两三粒而已。

到亭上，有两人铺毡对坐，一童子烧酒炉正沸。见余，大喜曰："湖中焉得更有此人！"拉余同饮。余强饮三大白而别。问其姓氏，是金陵人，客此。及下船，舟子喃喃曰："莫说相公痴，更有痴似相公者！"

钱塘湖春行

白居易

孤山寺北贾亭西，水面初平云脚低。
几处早莺争暖树，谁家新燕啄春泥。
乱花渐欲迷人眼，浅草才能没马蹄。
最爱湖东行不足，绿杨阴里白沙堤。

【课程安排】

2天。

第一天

【研学主题】

西湖人文；人文科学；运河文化。

【课程安排】

一、瞻仰秋瑾烈士墓

烈士墓位于西泠桥南端，是经十次迁徙，于1981年重新建造起来的，是浙江省重点文物保护单位。墓呈方形，用花岗岩砌成，高1.7米，正面嵌孙中山题字"巾帼英雄"石刻，背面为徐自华、吴芝瑛题书《鉴湖女侠秋瑾墓表》，两块碑石均为原墓被毁时收藏的原物。墓穴内秋瑾烈士遗骨骨殖坛中，置石砚一方，上刻"秋瑾墓一九八一年九月自鸡笼山迁西泠桥畔"。墓座上端为汉白玉雕秋瑾全身塑像，高2.7米。塑像头梳髻，上穿大襟唐装，下着百褶散裙，左手按腰，右手按剑，眼望西湖，英姿飒爽。

二、拜谒岳飞墓

岳飞墓，亦称岳坟，位于杭州栖霞岭南麓，建于南宋嘉定十四年（1221），明景泰年间改称"忠烈庙"，经历了元、明、清、民国，代代相传，一直保存到现在。现存建筑于清康熙五十四年（1715）重建，1918年曾大修，1979年

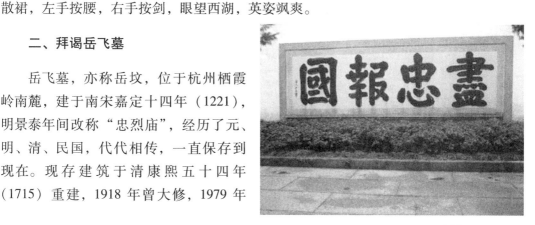

按南宋建筑风格全面整修，使岳庙更加庄严肃穆。墓道两旁陈列的石虎、石羊、石马和石翁仲，是明代遗物。1961年，岳墓被列为国家级重点文物保护单位。

三、参观浙江省博物馆

博物馆始建于1929年，原名"浙江省立西湖博物馆"，是浙江省内最大的集收藏、陈列、研究于一体的综合性人文科学博物馆，馆藏文物达十万余件。1993年，浙江省博物馆改扩建工程竣工，新馆占地20 400平方米，建筑面积7 360平方米，新增历史文物馆、青瓷馆、书画馆、钱币馆、吕霞光艺术馆、常书鸿美术馆、明清家具馆等十个展馆。馆舍建筑以富有江南地域特色的单体建筑和连廊组合而成，形成了"园中馆，馆中园"的独特格局。

四、参观中国大运河博物馆

中国大运河博物馆展览区共分五个展厅：

序厅——地球上的运河、中国大运河；

第一展厅——运河的开凿与变迁；

第二展厅——大运河的利用；

第三展厅——大运河杭州段的综合保护；

第四展厅——运河文化。

各展厅通过图片、实物、模型等形式，展示大运河丰富的自然人文景观。

【研修问答】

1. 孙中山为什么称秋瑾是巾帼英雄？
2. 中国古代沿用至今的三大伟大工程是什么？
3. 京杭大运河分成哪四段？
4. 浙江省博物馆的建筑有何特色？
5. 你知道岳飞精忠报国的故事吗？

【学以致用】

结合本次游学活动，完成一篇游记，字数600字左右。

【资料链接】

一、秋瑾名言名句

1. 祖国陆沉人有责,天涯漂泊我无家。
2. 身不得,男儿列,心却比,男儿烈!
3. 不惜千金要宝刀,貂裘换酒也堪豪。一腔热血勤珍重,洒去犹能化碧涛。
4. 白云斜挂蔚蓝天,独自登临一怅然。欲望家乡何处似?乱峰深里翠如烟。
5. 画工须画人中龙,为人须为人中雄。
6. 金瓯已缺总须补,为国牺牲敢惜身。
7. 算平生肝胆,因人常热。俗子胸襟谁识我?英雄末路当磨折。
8. 芸芸众生,孰不爱生?爱生之极,进而爱群。
9. 人生处世,应当匡救时局的艰危,以实现自己的抱负,怎么能为柴米油盐等家庭琐事了此一生呢?
10. 水激石则鸣,人激志则宏。
11. 成败利钝不计较,但持铁血报祖国。
12. 岭梅开候晓风寒,几度添衣怕倚栏。残菊犹能傲霜雪,休将白眼向人看。
13. 拼得十万头颅血,须把乾坤力挽回。
14. 秋风秋雨愁煞人。
15. 如许伤心家国恨,那堪客里度春风。
16. 中流砥柱,力挽狂澜,具天才,立大业,拯斯民于衽席,奠国运如磐石,非大英雄无以任之。
17. 若无子期耳,总负伯牙心。
18. 死生一事付鸿毛,人生到世方英杰。
19. 登天骑白龙,走山跨猛虎。叱咤风云生,精神四飞舞。

二、运河的政治意义和经济效益

政治意义

从历史上看,贯通南北的大运河对历代封建王朝的政治局势有着举足轻重的作用。由于运河区域在全国范围内始终处于政治、军事、经济、文化诸方面的中心地位,因而成为历代封建王朝着力控制的最重要的区域,每一朝代的统治者都要凭借运河这个理想的地理位置、优越的经济条件和人文环境,总揽大局,驾驭全国。因此,大运河也就成了维系中央集权和中国大一统局面的政治纽带，使隋唐以后政治中心逐渐北移的历代王朝呈现出强烈的大一统色彩，特别是元朝实现全国统一以后，直至明、清两朝，中国再也没有出现大的分裂，从而奠定了祖国大一统局面的坚实基础。独具特色的运河文化不仅是中华民族多元一体文化的重要组成部分，而且对中华民族多元一体文化的形成和发展起着重要的推动作用。运河文化以其博大的包容性和统一性，广阔的扩散性和开放性，强大的凝聚力和向心力，不仅加强了中国传统思想文化发源地燕赵地区与中原地区、江南地区的文化交融，更把汉唐的长安、洛阳，两宋的杭州和金、元、明、清的以北京为首的文化中心联为一体，不断减少区域文化的差异而呈现共同的文化特征，从而使各个区域文化融合为中华民族的多元一体的大一统文化；同时也使运河区域成为人才荟萃之地，文风昌盛之区。

经济效益

大运河的开凿与贯通，营造了新的自然环境、生态环境、生产环境，极大地促进了整个运河区域社会经济的发展。隋唐以后，运河的贯通直接导致了南北方农业生产技术的广泛交流，南北方农作物品种的相互移植与栽培，促进了南北方商品农业经济的发展。特别是明代中后期，在商品经济发达的江南运河区域，如苏州、杭州等地的某些行业中已出现了资本主义性质的手工工场和包买商。运河区域商品经济的繁荣，更直接导致一批运河城市的兴起。由运河开发、畅通而兴起的商业城市，从今日北京南下，经天津、沧州、衡水、邯郸、德州、临清、聊城、济宁、徐州、淮安、扬州、镇江、常州、无锡、苏州、嘉兴、杭州、绍兴，直到宁波，宛如一串镶嵌在运河上的明珠，璀璨辉映，耀人眼目。其共同特点是工商繁荣、客商云集、货物山积、交易繁盛，成为运河上一个个重要的商品集散地。尤其是隋唐的长安、洛阳，北宋的开封，南宋的杭州，元、明、清的北京，更是运河区域乃至全中国的政治、经济、文化中心。

南北大运河的开通，使东南沿海地区与全国各地的联系更为直接而紧密，尤其是运河区域经济文化的繁荣与发展，使之成为对外交往和扩大中外经济文化交流的前沿地区。中国的邻近国家和地区以及西亚、欧洲、东非各国纷纷派遣使团和商队来到中国，在各沿海港口泊岸，遂即沿运河航行到达京师及各地，进行着频繁的经济文化交流，有的更直接迁居于运河区，

使这一地区成为内迁各少数民族和外国使者、商人、学问僧、留学生及其他各方人士集

中的地区。他们把中国先进的文化带到世界各地，扩大了中国对世界的影响；而国外优秀的文化也传播到中国，不仅丰富了运河区域文化的内容，而且促进了中华民族文化的发展。

第二天

【研学主题】

西湖人文；乐园拓展。

【课程安排】

一、西湖泛舟

杭州倚湖而兴，因湖而名，以湖为魂。游览西湖，最妙莫过泛舟湖上。随着船只的移步换景，不同季节、不同时空、不同场景和具有气象万千、仪态万方意境的西湖将会完美地展现在你的面前。

二、乐园拓展

宋城杭州乐园是长三角地区著名的综合性主题公园，地处湘湖中心区域，可地铁直达，交通便利。园区分为杭州大剧院、大型游乐区、儿童游乐区、吴越古城等主题区。宋城杭州乐园一年四季活动不断，有青春狂欢季、南美狂欢季、万圣节等活动。依托休博园、湘湖等强大配套，杭州乐园旨在打造"主题突出，晴雨皆宜，老少同乐"的独特混搭体验乐园，成为新一代主题乐园的标杆。

【研修问答】

1. 你能背出描写西湖风景的五首诗词吗？
2. 你知道钱塘江大桥的设计者是谁吗？
3. 宋城杭州乐园有哪些主题区域？给你印象最深的是哪个主题区域？

【学以致用】

结合本次游学活动，写一篇不少于600字的文章。

【资料链接】

一、描写西湖的部分诗歌

题磻溪垂钓图
〔唐〕罗 隐

吕望当年展庙谟，直钩钓国更谁如。
若教生在西湖上，也是须供使宅鱼。

重别西湖
〔唐〕李 绅

浦边梅叶看凋落，波上双禽去寂寥。
吹管曲传花易失，织文机学羽难飘。
雪欺春早摧芳萼，隼励秋深拂翠翘。
繁艳彩毛无处所，尽成愁叹别溪桥。

题临安邸
〔宋〕林 升

山外青山楼外楼，西湖歌舞几时休。
暖风熏得游人醉，直把杭州作汴州。

晓出净慈寺
〔宋〕杨万里

毕竟西湖六月中，风光不与四时同。
接天莲叶无穷碧，映日荷花别样红。

饮湖上，初晴后雨
〔宋〕苏 轼

水光潋滟晴方好，山色空蒙雨亦奇。
欲把西湖比西子，淡妆浓抹总相宜。

岳鄂王墓
〔元〕赵孟頫

鄂王坟上草离离，秋日荒凉石兽危。
南渡君臣轻社稷，中原父老望旌旗。

英雄已死嗟何及，天下中分遂不支。
莫向西湖歌此曲，水光山色不胜悲。

忆西湖
〔明〕张煌言
梦里相逢西子湖，谁知梦醒却模糊。
高坟武穆连忠肃，添得新祠一座无。

西湖杂诗
〔清〕黄　任
珍重游人入画图，楼台绣错与茵铺。
宋家万里中原土，博得钱塘十顷湖。

闻意索三门湾以兵轮三艘迫浙江有感
〔清〕康有为
凄凉白马市中箫，梦入西湖数六桥。
绝好江山谁看取？涛声怒断浙江潮。

南游吟草
〔现代〕郁达夫
武夷三十六雄峰，九曲清溪境不同。
山水若从奇处看，西湖终是小家容。

二、茅以升与钱塘江大桥

1937年7月7日，茅以升有一种连他自己也不愿意正视的预感，做出了惊醒世人的重大决定——他在大桥南2号桥墩上留下一个长方形的大洞。对于这个原设计中没有的重大改变，茅以升没有向任何人解释原因。1937年8月13日，淞沪抗战终于爆发，整个9月、10月，战况异常激烈。战争的硝烟已经弥漫到杭州上空，钱塘江大桥的施工也进入了最紧张的阶段。9月26日，钱塘江大桥的下层单线铁路桥率先通车。茅以升期盼着上海能够阻挡住日军进攻的脚步，然而，持续了3个月的淞沪会战终以上海陷落结束，杭州也危在旦夕。筋疲力尽的茅以升明显地感到他已无力把握这座大桥的命运。11月16日，茅以升接到南京政府命令：如果杭州不保，就炸毁钱塘江大桥。茅以升在南2号桥墩留下的长方形大洞，其实就是为了预防这一时刻的来临。当晚，茅以升以一个桥梁工程学家严谨、精准的态度，将钱塘江大桥所有的致命点标示出来。整个通宵，100多根引线，从各个引爆点全部接到南岸的一所房子里。怀着亲手掐死亲生婴儿一样的痛楚，茅以升一直陪伴着历经艰险建造起来的大桥，直到亲眼看到最后一根引线接好。这是茅以升一生中最难忘、最难受、最难挨的一天,在后来对家人的回忆诉说中,那种痛苦,那种无奈,真使他欲哭无泪。11月17日,是茅以升多么渴望却又没敢指望的大桥全面通车的第一天,当第一辆汽车从大桥上驶过,两岸数十万群众使劲鼓掌,掌声经久不息。茅以升后来回忆说:"所有这天过桥的十多万人,以及此后每天过桥的人,人人都要在炸药上面走过,火车也同样在炸药上风驰电掣而过。"

　　1937年12月23日下午1点,茅以升终于接到命令:炸桥。下午5点,日军的先头部队已隐约可见,人群被强行拦阻,所有的引线都点燃了。随着一声巨响,钱塘江大桥的两座桥墩被毁坏,五孔钢梁折断落入江中。总长1 453米、历经925个日日夜夜、耗资160万美元的钱塘江大桥,最终在通车的第89天瘫痪在日寇侵略的烽火中。日军士兵友永河夫在硝烟弥漫中,拍下了炸毁后的钱塘江大桥。几十年后,友永河夫来到北京,带着对战争的忏悔,将他拍摄的这张照片亲手交到了茅以升的手中。大桥炸毁的这一天晚上,透过苍茫暮色,茅以升凝视着由他一手炸毁的大桥残影,看着江北岸愈来愈亮的火光,满腔悲愤地在书桌前写下八个字:"抗战必胜,此桥必复"。他的愿望直到1946年才得以实现。抗战胜利之后,钱塘江大桥被修复,成为浙赣线上的关键性工程之一。

九年级

参观都江堰和熊猫基地　寻觅诸葛亮和杜甫踪迹

——成都研学修行

【研学前言】

成都，一座美食之城，一座慢生活之城，也是一座文化之城。参观千年水利工程都江堰和国宝大熊猫基地，追寻文化名人诸葛亮和杜甫在成都的遗迹，一路研学下来，相信你会有满满的收获！

【课文回眸】

茅屋为秋风所破歌

杜　甫

八月秋高风怒号，卷我屋上三重茅。茅飞渡江洒江郊，高者挂罥长林梢，下者飘转沉塘坳。

南村群童欺我老无力，忍能对面为盗贼，公然抱茅入竹去。唇焦口燥呼不得，归来倚杖自叹息。

俄顷风定云墨色，秋天漠漠向昏黑。布衾多年冷似铁，娇儿恶卧踏里裂。床头屋漏无干处，雨脚如麻未断绝。自经丧乱少睡眠，长夜沾湿何由彻！

安得广厦千万间，大庇天下寒士俱欢颜，风雨不动安如山！呜呼！何时眼前突兀见此屋，吾庐独破受冻死亦足！

【研学主题】

水利工程智慧；大熊猫保护；诸葛亮和杜甫事迹。

【课程安排】

一、水利工程，千古奇观

一千八百多年前，道教创始人张陵看中了青城山的碧绿清幽，决定在此修炼道法。青城山的香火愈来愈盛，但道家修建的观宇与亭阁始终深藏于密林之间，与四周的山林岩泉融为一体。独特的地理条件和生态环境造就了离堆锁峡、金堤夕照、雄关古道、玉垒仙都、寒潭伏龙、笮桥飞虹、玉女仙姿、岷山晓雪、宝瓶春晓等自然景观，与二王庙、伏龙观、安澜索桥、城隍庙等古代建筑交相辉映，形成了山、水、城、林、堰、桥融为一体的独特风光，成为自然与文化、人类与环境、水利工程与山水风光和谐融合、天人合一的千古奇观。

二、亲近国宝，熊猫基地

大熊猫是人见人爱的珍稀动物，世界生物多样性保护的标志，亦是和平友好的象征。成都所属的崇州、都江堰、大邑、彭州、邛崃等市县均有大熊猫出没。我国80%以上的大熊猫分布在四川境内。

成都大熊猫繁育基地现建有齐全的大熊猫繁育所必需的各种设施，有兽舍、饲料室、医疗站、大熊猫纪念馆和实验楼，还种有大熊猫食用的上万丛竹子和灌木。纪念馆内共展出各类珍贵的图片资料800多幅，展示主要采自四川的各类标本实物2 140多种，12 450多件（只）。其中，兽类标本100多种，鸟类标本300多种，两栖和爬行类标本240多种，鱼类标本230多种，蝴蝶及其他昆虫1 100多种，化石及模型标本100多种，古今中外文献专著80多件。此外，还馆藏标本上万件（只），馆藏各类文献资料数千册（篇）。成为以人类对大熊猫的认识研究、保护拯救和饲养繁育为主题，展示、宣传和保护大自然生物多样性的综合性博物馆。

三、诗圣居地，杜甫草堂

杜甫草堂，古朴典雅，规模宏伟，占地300多亩。其中大廨、诗史堂、工部祠三座主要纪念性建筑物，坐落在中轴线上，幽深宁静。廨堂之间，回廊环绕，别有情趣。祠前东穿花径，西凭水槛，祠后点缀亭、台、池、榭，又是一番风光。园内有蔽日遮天的香楠林、傲霜迎春的梅苑、清香四溢的兰园、茂密如云的翠竹苍松。整座祠宇既有诗情，又富画意，是人文景观和自然景观相结合的著名园林。

四、三国文化，武侯祠传承

三国文化是中国历史上不可多得和不容忽视的文化遗产，虽然三国历史在中华五千年文明的历史长河中，只是短暂的一瞬，但是那刀光剑影、群雄割据的时代，以及叱咤风云、个性突出的英雄，无不彰显着中华民族传统的忠义、智慧、勇武精神，成都武侯祠正是体现这些传统文化精髓的三国遗迹所在。成都武侯祠历史悠久，如果从刘备下葬惠陵算起，这处三国文化遗迹已经过1 790多年的历史沉淀，庄严肃穆的庙宇早已成为人们敬仰的三国文化圣地。

【研修问答】

1. 你能说出李冰与都江堰的故事吗？
2. 大熊猫是中国特有的珍稀动物，现存的主要栖息地是中国哪些地方？
3. 你能背出杜甫的五首诗吗？
4. 你能背出诸葛亮的《出师表》吗？

【学以致用】

结合本次游学活动，写一篇不少于600字的文章。

【资料链接】

杜 甫 与 成 都

杜甫（712—770），字子美，汉族，祖籍襄阳，生于河南巩县。自号少陵野老，唐代伟大的现实主义诗人，与李白合称"李杜"。

杜甫在中国古典诗歌中的影响非常深远，被后人称为"诗圣"，他的诗被称为"诗史"。后世称其杜拾遗、杜工部，也称他杜少陵、杜草堂。

杜甫草堂，是杜甫流寓成都时的居所。公元759年冬天，杜甫为避"安史之乱"，携家带口由陇右（今甘肃省南部）入蜀辗转来到成都。次年春，在友人严武的帮助下，在成都西郊风景如画的浣花溪畔修建茅屋居住。第二年春天，茅屋落成，称"成都草堂"。他的诗"万里桥西一草堂，百花潭水即沧浪"（《狂夫》）中提到的便是成都草堂。他在这里居住了将近四年。公元 765 年，严武病逝，失去唯一依靠的杜甫只得携家带口告别成都，两年后经三峡流落荆、湘等地。

杜甫离开成都后，草堂便不存，五代前蜀诗人韦庄寻得草堂遗址，重结茅屋，使之得以保存，杜甫草堂在宋、元、明、清曾多次修复，其中最大的两次重修，是在公元 1500 年（明弘治十三年）和公元 1811 年（清嘉庆十六年），基本上奠定了杜甫草堂的规模和布局，演变成一处集纪念祠堂格局和诗人旧居风貌为一体的博物馆，建筑古朴典雅，园林清幽秀丽。1961 年 3 月被国务院公布为第一批全国重点文物保护单位，1985 年 5 月成立杜甫草堂博物馆，2006 年 12 月被文化和旅游部评为国家 4A 级旅游景区，2008 年 5 月被国家文物局评为首批国家一级博物馆。成都杜甫草堂博物馆是现存杜甫行踪遗迹中规模最大、保存最完好、最具特色和知名度的一处。

赏黄山自然风光　探徽州独特文化

——黄山研学修行

【研学前言】

明代大旅行家徐霞客言："薄海内外，无如徽之黄山。登黄山，天下无山！"一直以来，黄山优美的风光和厚重的文化令无数游人朝夕向往，荧屏上也经常出现它美丽的身影。黄山不仅有优美的自然风光，还有深厚的历史文化底蕴。徽州文化是一个极具地方特色的区域文化，其内容广博、深邃，有整体性、系列性等特点，深切透露了东方社会与文化之谜，包容了中国后期封建社会民间经济、社会、生活与文化的基本内容，被誉为"后期中国封建社会的典型标本"。

【课文回眸】

飞红滴翠记黄山

柯　蓝

说起黄山，人们很容易想起徐霞客对黄山的赞誉："五岳归来不看山，黄山归来不看岳。"

黄山是长江与钱塘江的分水岭，位于安徽省南部，南北长约40公里，东西宽约30公里，全山面积大约1 200平方公里。号称方圆500里的黄山，是祖国大地上的一块瑰宝。

从高空俯视，在一片山水相间的万绿丛中，千峰竞秀，万壑藏云，郁郁葱葱，飞红滴翠。可谁能想到，眼前这座黄山，竟是亿万年前地壳中的岩浆凝固后形成的花岗石群；这大大小小、不计其数的群峰，竟是日晒雨淋、水流侵蚀这些大自然的能工巧匠"雕刻""装饰"的结果！地质学家告诉我们，两亿多年前，黄山这一带是一片汪洋大海，过了一亿多年，海水退去，留下了一片丘陵。以后在猛烈的地壳运动中，地层断裂，岩浆活动，形成了黄山的基础。到了距今7 000万年到6 500万年前，地质学上称为新生代第三纪的地质时期，地球上发生了"喜马拉雅运动"，黄山大约是这个时期形成的。在距今二三百万年时，地球进入了第四纪冰川时代。由于长期受寒冷气候影响，黄山山体受到较大侵蚀，地形变化很大，形成种种奇特的造型：奇峰怪石林立。真是峰峰有奇观，处处是仙境。游人们来到黄山，自然要浮想联翩，寻根问底，神游天外了。

巍峨黄山，群峰挺拔。天都峰海拔1 810米。由于它是黄山的三大主峰（莲花、天都、光明顶）之一，在群峰的环抱中，好像是天国的都会，所以取名"天都峰"。这是一座高耸入云，盘空千仞的险峰。它以高和险，使游人望而生畏，仰天长叹。

如今，从下到上，都有了登山的石阶，还安上了护栏，系上了铁链。然而，这小路仍是太陡太险了。当你踏在这光滑潮湿的台阶上，手里抓着摇晃的铁索，几乎垂直向上攀登，这时，如果回首身后，两侧斧劈刀削般的悬崖峭壁，万丈深渊，不能不叫人心惊胆战。如果从远处遥望，登山的男女老少，一个接着一个，连绵不断，鱼贯而上，如同一条悬空的彩带，飘动在万绿丛中。在快要到达山顶的地方，石阶更窄，只能容一人通过。人们在攀登时，互相扶持，互相照应，互相鼓励，虽然并不相识，但因目标一致，倒像是一个登山的集体。

现在，当我们登上刻有"登峰造极"四个字的天都峰绝顶时，正如同经过一番搏斗之后获得成功一样，眼前景色给了我们极为难得的满足。放眼望去，群峰起伏，云海翻涌，山峰若隐若现，就像航船、岛屿飘浮在汪洋大海上。这时，我们不由得心潮澎湃，思绪万千，上下几千年，纵横千万里，一下涌进脑海之中，真是"无限风光在险峰"啊！

穿过一线天，再过"蓬莱三岛"，直上玉屏楼。玉屏楼文殊洞顶上，有一棵破石而出、寿逾千年的古松。它的一根长枝低垂伸展，仿佛是一位殷勤的主人伸出手臂在迎接远方来客，招手致意。这就是驰名中外的黄山迎客松。

黄山素有"无石不松"之称。黄山松多生长在海拔800米到1 700多米的高山上，还有不少就长在峭壁岩缝之中，黄山松针叶短粗稠密，顶平如削，干曲枝虬，苍翠奇特。它们的形状千变万化，有立有卧，有挺拔，有俯仰，有斜插，有侧挂。无论何种姿态，都显示出顽强的万古长青的生命力，不怕长年的风吹雨打，冰雪欺压，屹立于悬岩危石之上，昂首苍穹。这是何等的气派！

黄山的最高峰是莲花峰。它独出群峰之上，仿佛是枝含苞欲放的新莲。登上峰顶，放眼天外，真是令人心往神驰。

沿"百步云梯"而下，翘首昂视"鳌鱼峰"，上有一巧石，如同一只"螺蛳"。看上去好像一条巨大的鳌鱼要一口吞掉"螺蛳"。可是，你从另一个方向望去，它又像鳌鱼驮着一只金龟。

西海中的"飞来峰",从侧面看,像一块巨大的石峰从远方飞来,悬置在别的石峰上。可你从正面看,它却像一只桃子,人们又称它为"仙桃峰"。

黄山著名的巧石"猴子观海",是一只石猴蹲在狮子峰顶,也真难为它有这么好的耐心,千万年来一动不动地观望着眼前飘逝的烟云。遇到晴朗的日子,虽然没有云海茫茫,却是别有一番景观。山脚下太平县境内,呈现出一片秀美如画的田园风光,适逢此时,人们又称"猴子观海"为"猴子观太平"了。

在黄山群峰中,那些高高低低、争相崛起的巧石,千姿百态,给人以丰富的想象力。光是听它们的名字,就足以使你产生一种遨游天宫仙境的幻觉了。"五老上天都""姊妹牧羊""仙人下轿""仙人把洞门""老僧入定""猪八戒吃西瓜""仙女绣花""丞相观棋""仙人踩高跷""八仙飘海"等等,这一类是拟人的,都离不了神仙气。"兔儿望月""金龟探海""双猫扑鼠""猴子捧桃""犀牛望月""松鼠跳天都"等等,这一些是喻物的,全离不开禽兽形。在黄山,你可以结识许多"天国仙友",又可参观一个奇特的"动物世界"。

黄山的峰石,经过人们智慧的精心点化,在大自然的宁静中,又增添了人间欢乐的生趣。这是黄山外在美和内在美的高度结合。

峰是云之家,云是峰之衣。黄山的烟云,也是黄山一绝。人们在高峰之上,如登仙界云霄,轻盈的云雾忽东忽西,一上一下,若即若离,仿佛是山峦、峰石的恋人,难舍难分。黄山在一年中,竟有两百多天是沉浸在云雾的怀抱里。淡淡云雾,澜翻絮涌,烟海千里,使黄山的千条泉流和万道山谷隐现在虚幻之中。云雾的皎洁,云雾的柔美,特别是云雾的飘舞,使黄山呈现出静中有动的美感。云雾使黄山成了梦幻的艺术之宫。谁能设想亿万年前,那些熔融的岩浆,竟给我们凝固成这么一个人间仙境!

然而,黄山的这一切,只有在华光照耀的时候,才显得格外娇娆。清晨,当四周还是一片漆黑的时候,游人们就起身,踏着晨露去看日出。由于对云海日出的向往,使他们忘却了前一天登山的疲乏和黎明前的寒意,匆匆忙忙赶向海拔1 700米的清凉台,等待那激动人心的一刻。当然,并不是每一个人都能幸运地看到日出,如愿以偿。有不少人遇上了阴晦天气,就不无遗憾了。但是,只要是看到了黄山日出的人,他一定会在心灵深处铭刻下这无法忘却的时刻。如果说泰山的旭日东升是庄严神圣的话,那么黄山日出则是无比的瑰丽、壮观、辉煌!

当那遥远的天际,微明的东方出现鱼肚白色时,人们就屏住了呼吸,等待着,盼望着。而当太阳露出它那耀眼的光辉时,人群中就响起了一阵欢呼。这呼声中充满了兴奋,但又带有节制,因为大家都不愿破坏这黎明前的肃穆。也许是由于大地尘埃和光线折射的物理因素吧,冲破北海云雾,喷薄而出的太阳是暗红色的。但是,在一刹那间,太阳好像经过了一次净化,变成了纯净的橘黄色。光明逐走了黑暗,四周的一切都变得灿烂夺目,五光十色。蔚蓝色的天空,剪影般的群峰山松,五彩缤纷的云海霞光,在高空气流的影响下变幻无穷，使人仿佛置身于神奇的仙山琼阁，这景致真是难以用笔墨形容。啊，太阳！人们对它的感情，在自然界中是没有任何东西可以比拟的。不论是初生的红日还是即将消失的落日，都是红彤彤的巨大的火轮，披着五光十色，一瞬万变的彩霞，给天下万物以无限生机和柔美的抚爱。即使落日给我们留下夜晚的黑暗，那也没有什么可怕，那闪光的星星，仿佛是太阳在黑暗中留下的火种。它守卫在天幕上，也守卫在人们的心灵中，为迎接明天更美丽的日出，给那些勇于在困难中奋斗的人们以新的启迪。大概就是由于这些原因，人们在日出和日落中才得到了使人沉醉的美的享受，才赞美火和光明中诞生的一切吧。

游人下山后，往往会在临近黄山脚下的温泉浴室里洗个温泉澡，兴致高的还会去室内温泉游泳池里游个痛快。这温度恰到好处的泉水，会冲掉你登山的劳累，是那样解乏，舒适。也只有此时此刻，你才能对黄山的温泉有温馨之感，而为之叫绝！

第一天

【研学主题】

了解古建筑类型、三雕工艺与楹联文化，理解"家园"与"安居乐业"的含义。

【课程安排】

一、解读徽州乡村内涵

游览世界文化遗产地——宏村，深度解读徽州古建筑之乡村、民居、水系、砖木石雕及建筑所附属的楹联的内容和内涵。

二、楹联创作或诗词吟诵晚会

结合徽州楹联活学活用，当日消化、转换白天行走所获取的知识。

【研修问答】

1. 徽州人崇尚天人合一的居住原则，简述徽州乡村选址的基本要求。
2. 简述古村落水系的功用。
3. 请说说祠堂、民居、书院楹联内容与内涵的差异。

4. 徽州建筑具有极高的美学价值，徽州三雕的主要雕刻内容有哪些？

【学以致用】

结合本次游学活动，完成一篇游记，字数 600 字左右。

【资料链接】

宏　村

宏村，位于徽州黟县，是国家首批 12 个历史文化名村之一，国家级重点文物保护单位。2000 年 11 月 30 日，宏村被联合国教科文组织列入了世界文化遗产名录。在徽州人的观念里，水是福泽，牛是富裕的象征，因此在一千年前就用仿生学的原理以一条水牛的形状构筑了这个村庄。

宏村是一座经过严谨规划的古村，其选址、布局都和水有着直接的关系。村内外人工水系的规划设计相当精致巧妙，专家评价宏村是"人文景观、自然景观相得益彰，是世界上少有的古代有详细规划之村落"，被中外建筑专家称为"研究中国古代水利史的活教材"。

有关对联的知识

对联是利用汉字特征撰写的一种民族文体，一般不需要押韵（律诗中的对偶句才需要押韵）。春节时挂的对联叫春联，办丧事的对联叫挽联，办喜事的对联叫庆联。

骈文与律诗是对联的两大直接源头。对联在自身发展过程中，又吸收了古体诗、散文、词曲等的特点，因而对联所用句式，除了律诗句式、骈文句式外，还有古体诗句式、散文句式、仿词曲句式。不同句式适用格律不同，宽严不同，其中律诗句式平仄要求最严，古体诗句式则除了对句末平仄有要求外，其他位置平仄不拘。

春联源远流长，相传起于五代后蜀主孟昶。他在寝室门板桃符上题词："新年纳余庆，佳节号长春"，谓"题桃符"，这要算中国最早的对联，也是第一副春联。宋代不同史料对此说法不一，还有将作者归为孟昶儿子的。因而这副春联作者到底是谁，仍是个悬案。

对联作为一种习俗，是中国传统文化的重要组成部分。2005 年，国务院把楹联习俗列为第一批国家非物质文化遗产名录。楹联习俗在全球使用汉语的地区以及与汉语汉字有文化渊源的民族中传承、传播，对于弘扬中华民族文化有着重大价值。

第二天

【研学主题】

登临黄山,磨砺意志,知山川之成因,增艺术之修养。

【课程安排】

一、解读和探究黄山地理、生物、文化艺术

1. 地质解读:黄山在漫长的地质时代中如何形成的、地貌特征有哪些,花岗岩的种类。
2. 书法解读:玉屏楼、鳌鱼峰、始信峰等处名家摩崖石刻。
3. 文学解读:跟着徐霞客的《黄山游记》行走。
4. 美术解读:寻找名家画笔下的玉屏楼、光明顶等处实景并写生,寻找石涛《始信峰》所描绘的黄山实景。
5. 物理探究:黄山云海是如何形成的。
6. 生物探究:认识黄山沿途所见植物花卉,了解黄山松的生长。

二、登山体育运动

攀登黄山,锻炼身体,磨炼坚强意志。

三、夜游屯溪老街

屯溪老街始建于明末清初,是徽商重要的物资集散地,历经百年,古风依然,被称作"流动的清明上河图"。

【研修问答】

1. 请举例说出黄山五处以上的摩崖石刻,并说说何时出自何人手笔。
2. 古往今来赞誉黄山风光之美、徽州人文之盛的诗文颇多,你了解多少?请列举你所知道的作品。
3. 请简述黄山的地质成因、地貌特点。

4. 说说黄山云海雾凇和佛光的成因。

5. 黄山松是如何在岩石上生长的?

6. 黄山的冰川遗迹主要分布在哪些地方?

7. 简述屯溪老街的特点。

【学以致用】

1. 结合本次游学黄山,说说你对《飞红滴翠记黄山》的理解和感触。

2. 结合本次游学活动,完成一篇游记,字数 600 字左右。

【资料链接】

关于黄山

黄山原名黟山,传说中华民族的始祖轩辕黄帝曾在此修炼升仙,唐玄宗信奉道教,故于唐天宝六年(747)六月十六日改称"黄山"。明朝旅行家、地理学家徐霞客两次登临黄山,赞叹"薄海内外,无如徽之黄山。登黄山,天下无山,观止矣!"被后人引申为"五岳归来不看山,黄山归来不看岳"。黄山以奇松、怪石、云海、温泉"四绝"著称于世。

黄山是祖国大好河山的杰出代表,是集世界文化与自然双重遗产、世界地质公园三顶桂冠于一身的世界著名风景名胜区,也是中国十大风景名胜中唯一的山岳景区,是爱国主义教育、地理学、生物学、文学书法等的开放课堂。

第三天

【研学主题】

探寻徽州古城建筑,体验徽州民间工艺。

【课程安排】

一、学习徽州民间艺术

全国历史文化名城、古徽州府所在地——歙县，完整保存有大量的文化遗存，综合称为"徽州古城"。学习、体验徽州民间工艺"徽州民歌""徽州剪纸"。

二、参观徽墨与歙砚生产线

徽墨、歙砚是徽州传统的文化工艺，走进历经百年沧桑的老厂区，参观徽墨与歙砚的生产线，了解徽墨配料、做墨、修墨、晾墨、描金等十一道工序，了解歙砚千雕万琢，极具匠心方可成物。动手体验徽墨描金工序，制作一锭徽墨作为徽州研学的纪念品。

三、解读古建筑文化遗产内涵

游览全国历史文化名城、古徽州府所在地——歙县。解读徽州古建筑之城墙、府衙、谯楼、牌坊、隋唐水利工程——渔梁坝，透过建筑所承载的内容了解徽州两千年的历史文化沿革。

【研修问答】

1. 简述徽州文化所涉及的领域。
2. 简述徽州从秦朝建制后的历史沿革。
3. 为什么说渔梁坝是徽商之源？说说坝体建筑中燕尾榫的功用。
4. 徽墨生产工艺流程有哪几个步骤？说说徽墨的品类与产品特点。
5. 请说出中国四大名砚的名称与产地。

【学以致用】

唱一首徽州民歌，剪一张有徽州特色的剪纸。

【资料链接】

一、徽州文化

徽州文化主要是指以徽州（古又称新安郡）为依托而形成的地域文化。同任何文化一样，它也包括物质文化、制度文化、意识形态以及内隐的心态、价值系统等文化心理结构，并且在各个文化层面都创造出辉煌的富于鲜明特色的成果，影响遍及全国各地。

徽州尽管处于山岳之地，但其主体文化却并非山岳土著文化。"自昔战乱，中原衣冠多避地来此"，为徽州奠定了丰厚的正统中原文化根基。崇山峻岭的屏蔽翼护又使徽州地区形成一个相对独立的文化发展区域，中原文化与土著文化包括汇聚于此的南北各地多种文化因此互相碰撞，互相选择，最后形成具有鲜明特色的地方文化。

徽州文化底蕴深厚，传统悠久。新儒学的代表人物"二程"和朱熹皆与徽州有极深渊源；儒学观念和儒学礼义对徽州社会各阶层影响至深，所谓"道学渊源在新安久矣"，并且逐步发展成新安理学等体系和流派。

儒学兴盛，加上徽州相对隔绝的地理条件，使这里的家庭文化十分凝重，"新安各姓，聚族而居，绝无杂姓擅入者。其风最为近古……虽千丁之族，未尝散处；千载之谱系，丝毫不紊"。家庭、宗族认同感强烈，宗法观念盛行，其传统的伦理与道德规范体系基本建筑于家族本位上，是传统文化家国同构原则的典型体现。

中国传统文化精神是排斥商业精神的，但徽州山多田少地瘠，因此，外出经商是谋生的重要手段。"大抵徽俗，人十三在邑，十七在天下，其著则十一在内，十九在外。"他们在长期商业经营实践中创造出股份式、承揽式等经营方式，并在资金所有权与经营权划分、利润分配等各方面有所创新与发展。徽商经营活动的实际需要还直接刺激了数学、地理水文学的发展，如程大位的《算法统宗》、黄汴的《一统路程图记》等。这些生产方式上的变革与科技进步在一定程度上使早期科学精神与近现代化因素出现了某些端倪。

徽州文化正是以儒学伦理、宗族观念、商业精神为三大基本内核，在正统中原文化基础上通过商业实践熔铸变通，发展成为一种完整严密、自成体系的多层次文化系统，并演化为当地特有的社会关系、价值体系、行为模式和广博精深的诸种文化风采。

二、徽州风貌精彩文字片段

　　这村子倒是家家墙外有石砌水沟，流水清澈，有人在沟边洗菜。讲解员说村中皆姓汪。村南有一圆门，外姓人只能住在圆门外，村外有南湖，湖上有南湖书院，旧制，凡汪姓子弟可免费在书院中读书六年。宏村和西递，都是研究中国村镇史的极好材料。

（汪曾祺《皖南一到》）

　　信步流连，耳闻目见，不待浏览徽州木版古籍和新安画派的精品，不待观赏悠扬有致的徽剧，不待摩挲坚润细密、古朴雅洁的歙砚，即在寻常的一溪一壑、一庐一舍、一草一木之间，也都可以感受到这座历史上就已号称"东南邹鲁"的古城，保存着的文化艺术传统如此深厚绵密，使人如梦如醉。

（袁鹰《徽州如梦如醉》）

　　偏僻的万山夹缝里，隐匿了这么一个极大的村落——西递。全村有明清两朝的古代民宅三百多幢，发布在村上的一百多条街巷中。传统的街巷布局，条石铺砌的巷路，路面整齐、干净，条石下边是纵横相连的通畅下水道。高高的层楼，高高的风火墙，夹住一条条狭窄有神的曲巷。

（艾煊《桃花源里外》）

　　除了粉墙黛瓦外，高低错落的五叠式马头墙也以其抑扬顿挫的起伏变化，体现了皖南民居独特的韵律感，加之脊饰吻兽、鳌鱼，更使得山村民居构成为一幅幅动人心弦的画面。

（王振忠《老房子》）

桂林山水甲天下 一山一水皆如画

——桂林研学修行

【研学前言】

桂林，自古享有山水甲天下之美誉。桂林山水是自然的美，是纯天然的美。你可以漫步兴坪古镇，感受自然风光与人文风情；你可以寻访千年老樟树，聆听古老的生命故事；你可以竹筏游江，赴星光之约，感受大自然带来的惊喜与乐趣；你还可以徒步，登高，探洞，体会挑战自我的勇气与力量。来吧，放下书本，走出家门，来到这块秀美瑰丽的山水宝地吧！

【课文回眸】

画山绣水

自从古人写了一句"桂林山水甲天下"的诗，多有把它当作品评山水的论断。殊不知原诗只是着力烘衬桂林山水的妙处，并非要褒贬天下山水。本来天下山水各有各的特殊风致，桂林山水那种清奇峭拔的神态，自然是人间少有的。

尤其是从桂林到阳朔，160里漓江水路，满眼画山绣水，更是大自然的千古杰作。瞧瞧那漓水，碧绿碧绿的，绿得像最醇的青梅名酒，看一眼也叫人心醉。再瞧瞧那沿江攒聚的怪石奇峰，峰峰都是瘦骨嶙峋的，却又那样玲珑剔透，千奇百怪，有的像大象在江边饮水，有的像天马腾空欲飞，随着你的想象，可以变幻成各种各样神奇的物件。这种奇景，古往今来，不知有多少诗人画师，想要用诗句、用彩笔描绘出来，到底谁又能描绘得出那山水的精髓？

凭着我一支钝笔，更无法替山水传神，原谅我不在这方面多费笔墨。有点东西却特别触动我的心灵。我也算游历过不少名山大川，却从来没见过一座山，这样凝结着劳动人民的生活感情；没见过一条水，这样泛滥着劳动人民的智慧的想象。只有桂林山水。

如果你不嫌烦，且请闭上眼，随我从桂林到阳朔去神游一番，看个究竟。最好是坐一只竹篷小船，正是顺水，船稳，舱里又明亮，一路山光水色，紧围着你。假使你的眼福好，赶上天气晴朗，水面平得像玻璃，满江就会画着一片一片淡墨色的山影，晕乎乎的，使人恍惚沉进最恬静的梦境里去。

这种梦境往往要被顽皮的鱼鹰搅破的。江面上不断漂着灵巧的小竹筏子，老渔翁戴着尖顶竹笠，安闲地倚着鱼篓抽烟。竹筏子的梢上停着几只鱼鹰，神气有点迟钝，忽然间会变得异常机灵，抖着翅膀扑进水里去，山影一时被搅碎了。一转眼，鱼鹰又浮出水面，长嘴里咬着条银色细鳞的鲢子鱼，咕嘟地吞下去。这时渔翁站起身伸出竹篙，挑上鱼鹰，一捏它的长脖子，那鱼便吐进竹篓里去。你也许会想：鱼鹰真乖，竟不把鱼吞进肚子里去。不是不吞，是它脖子上套了个环儿，吞不下去。

可是你千万不能一味贪看这类有趣的事儿，怠慢了眼前的船家。他们才是漓江上生活的宝库。那船家或许是位手脚健壮的壮族妇女，或许是位两鬓花白的老人。不管是谁，心胸里都贮藏着无数迷人的故事，好似地下的一股暗水，只要戳个小洞，就要喷溅出来。

你不妨这样问一句："这一带的山真绝啊，都有个名儿没有？"那船家准会说："怎么没有？每个名儿还都有来历呢。"

这以后，横竖是下水船，比较消闲，热心肠的船家必然会指点着江山，一路告诉你那些山的来历：什么象鼻山、斗鸡山、磨米山、螺蛳山……大半是由山的形状得到名字。譬如磨米山头有块岩石，一看就是个勤劳的妇女歪着身子在磨米，十分逼真。有的山不但象形，还流传着色彩极浓的神话故事。

迎面来了另一座怪山，临江是极陡的悬崖，船家说那叫父子岩，悬崖上不见近似人的形象，为什么叫父子岩，就难懂了。你耐心点，且听船家说吧。

船家轻轻摇着橹，会告诉你说：古时候有父子二人，姓龙，手艺巧，最会造船，造的船装得多，走起来跟箭一样快。不料叮圩子上一个万员外看中了，死逼着龙家父子连夜替他赶造一条大船，准备把当地粮米都搜刮起来，到合浦去换珠子，好献给皇帝买官做。粮米运空了，岂不要闹饥荒，饿死人吗？龙家父子不肯干，藏到这儿的岩洞里，又缺吃的，最后饿死了。父子岩就这样得了名，到如今大家还记着他们的义气……前面再走一段水路，下几个险滩，快到寡妇桥了，也有个故事……

究竟从哪年哪代传下来这么多故事，谁也说不清。反正都说早年有这样个善心老婆婆，多年守寡，靠着种地打草鞋，一辈子积攒几个钱。她见来往行人从江边过，山路险，艰难得很，便拿出钱，请人贴着江边修一座桥。修着修着，一发山水，冲垮了，几年也修不成。可巧歌仙刘三姐路过这儿，敬重寡婆婆心地善良，就亲自参加砌桥，一面唱歌，唱得人们忘记疲乏，一鼓气把桥修起来。刘三姐展开歌扇，扇了几扇，那桥一眨眼变成石头的，永久也不坏。

前边那不就是寡妇桥？你看临江拱起一道石岩，下头排着几个岩洞，乍一看，真像桥呢！岩上长满绿盈盈的桉树、杉树、凤尾竹，清风一吹，萧萧瑟瑟的，想是刘三姐留下的袅袅的歌音吧？

船到这儿，渐渐接近阳朔境界，江上的景色越发奇丽。两岸都是悬崖峭壁，累累垂垂的石乳一直浸到江水里去，像莲花，像海棠叶儿，像一挂一挂的葡萄，也像仙人骑鹤，乐手吹箫……说不定你忘记自己是在漓江上了呢！觉得自己好像走进一座极珍贵的美术馆，到处陈列着精美无比的石头雕刻。可不是嘛，右首山顶那块石头，简直是个妙手雕成的石人，穿着长袍，正在侧着头往北瞭望。下边有个妇人，背着娃娃，叫作望夫石。不待你问，船家又该对你说了：早年闹灾荒，有一对夫妇带着小孩，背着点米，往桂林逃荒。逃到这里，米吃完了，孩子饿得哭，哭得夫妇心里像刀绞似的。丈夫便爬上山顶，想瞭望桂林还有多远，妻子又从下边望着丈夫。刚巧在这一刻，一家人都死了，化成石头。这是个神话，却又是多么痛苦的事实。

江山再美，谁知道曾经洒过多少劳动人民斑斑点点的血泪。假如你听见船家谈起媳妇娘（新娘）岩的事情，就更能懂得我的意思。媳妇娘岩是阳朔境内风景绝妙的一处，杂乱的岩石当中藏着个洞，黑黝黝的，洞里是一潭深水。

船家指点着山岩，往往叹息着说："多可怜的媳妇娘啊！正当好年龄，长得又俊，已经把终身许给自己心爱的情郎了，谁料想一家大财主仗势欺人，强逼着要娶她。那姑娘坐在花轿里，思前想后，等走到岩石跟前，她叫花轿停下，要到岩石当中去拜神。一去，就跳到岩洞里了。"

到这儿，你兴许会说："这都是以往的旧事了，现在生活变了样儿，山也应该改改名儿，别尽说这类阴惨惨的故事才好。"

为什么要改名呢？就让这极美的江山，永久刻下千百年来我们人民艰难苦恨的生活记录吧，这是值得深思的。今后呢，人民在崭新的生活里，一定会随着桂林山水千奇百怪的形态，展开丰富的想象，创造出新的神话，新的故事，你等着听吧。

第一天

【研学主题】

喀斯特溶洞；挑战自我。

【课程安排】

探幽白龙洞，攀爬古东瀑布。

一、考察白龙洞

因溶蚀、冲蚀形成的近似水平的洞穴白龙洞，镶嵌在延绵群山、苍翠葱郁间，因洞内岩溶景观"白龙马"而得名。洞内宽大幽深，洞中有洞，楼上藏楼，钟乳石千姿百态，三步一景、五步一阁，万千景象令人叹为观止，被喻为湘东第一洞。

白龙洞

二、戏水古东瀑布

这里溪水清澈，四季不枯。这里古木参天，红枫诱人，藤缠树，树缠藤，野趣横生。这里景色秀丽，鸟语花香，空气清新，还是登山探险、森林寻幽之佳境。

古东瀑布

【研修问答】

白龙洞里有哪些喀斯特溶洞特有的地质景观？

【学以致用】

结合本次游学活动，完成一篇游记，字数600字左右。

【资料链接】

喀斯特地貌（英语：karst landform），是具有溶蚀力的水对可溶性岩石（大多为石灰岩）进行溶蚀作用等所形成的地表和地下形态的总称，又称岩溶地貌。除溶蚀作用以外，还包括流水的冲蚀、潜蚀，以及坍陷等机械侵蚀过程。

喀斯特一词源自前南斯拉夫西北部伊斯特拉半岛碳酸盐岩高原的名称，意为岩石裸露的地方，"喀斯特地貌"因近代喀斯特研究发轫于该地而得名。我国云贵高原、湖南南部郴州等地区属于典型的喀斯特地貌区。喀斯特地貌的主要特征是有溶洞、天坑等地理现象。

第二天

【研学主题】

漓江风光；桂林文化。

【课程安排】

船游漓江赏美景，一峰独秀看王城。

一、泛舟如画漓江

这里是"世界上最美的地方"。漓江的水，静得让你不觉它在流动，绿得像一块无瑕的翡翠。穿行江中，犹如行走在一幅流动的山水画中。走进它才会真正体会到"舟行波碧上，人在画中游"的绝美仙境。江面奇峰倒影，江水泛着细细的涟漪,山水相映成趣,让你沉浸其中,如痴如醉。

漓江山水

二、漫步兴坪古镇

兴坪古镇是漓江上一颗璀璨的明珠，依山傍水，风景优美。

兴坪古镇

三、走进独秀峰·王城景区

景区内自然山水风光与历史人文景观交相辉映，是桂林历史文化的典型代表，走进景区就走进了桂林历史文化之门。

独秀峰素有"南天一柱"的美誉，史称桂林第一峰。山峰突兀而起，形如刀削斧砍，周围众山环绕，孤峰傲立，有如帝王之尊。登山306级可达峰顶，是鸟瞰桂林全景的最佳观景台。峰壁摩崖石刻星罗棋布，纵横出世，更有太平岩内的世界文化奇观——"太岁"摩崖石刻。"桂林山水甲天下"这句享誉世界的千古名句镌刻在独秀峰山脚。明代藩王靖江王的靖江王城建设之前，独秀峰即为桂林官员及学子读书之处。

独秀峰

靖江王城是朱元璋的一位侄孙被封为靖江王时修造的王城。明末王城遭焚，后清政府重新修葺，辟为贡院（科举考试院），且连年扩建，规模宏大，功能齐备，至今保存完好如初。大清一代桂林四状元，无一不是从此处省试胜出，取得进京赶考资格的。王城城门所立"状元及第""三元及第"之石匾，不仅是清代桂林官绅对桂林状元的赞誉，也是对王城孕育状元的敬仰。

【研修问答】

1. 你能背出赞美漓江的三句诗句吗？
2. 走进桂林独秀峰·王城景区，为什么就被称为走进了桂林历史文化的大门？

【学以致用】

1. 结合本次游学漓江活动，说说你对《画山绣水》的理解和感触。
2. 结合本次游学活动，完成一篇游记，字数600字左右。

【资料链接】

赞美漓江的部分诗句

漓江杂咏
〔清〕康有为
锦石奇峰次第开，清江碧溜万千回。
问余半月行何事，日读天然画本来。

漓江画山九马
〔清〕林克武
漓江饮马欲何之，不尽芒山烟雨迷。
曾逐秦兵临桂海，也随汉戟过边陲。
雄风鞭策行千里，壮志凌云胜昔时。
仰首崖头观宇宙，一声长啸九天披。

漓江
〔明〕唐暄
桂阳江上石凌空，谁作丹青画本工。
涧树参差清磴影，岩花磊落碧云丛。
神仙洞府无凡近，城市山林自郁葱。

倚棹中流更回望，居然海上看瀛蓬。

漓江九马画山
〔当代〕陈长凤

韦郎淡墨绘神骓，隐约嘶风势欲飞。
八骏抟齐遗一骏，遥疑西极失龙媒。
注：龙媒，古西域名马。

漓江行
〔当代〕林焕平

分明看倒影，船却巅上行。
水转疑无路，峰回路更新。

漓江奇景
〔当代〕周谷城

阳朔风光别样新，七星岩洞应天星。
漓江两岸多奇景，难得天然石乳成。

漓江泛舟
〔当代〕翦伯赞

阳朔溪山春已深，烟波江上雨沉沉。
奇峰夹岸千千万，一路看山到桂林。

漓江春
〔当代〕王元明

桂林四季驻春风，漓水一江似酒浓。
两岸千山皆酩酊，纷纷醉倒橹声中。

第三天

【研学主题】

植物多样性；认识梯田。

【课程安排】

植物园里识植物，龙脊梯田赞智慧。

一、游学桂林园林植物园

桂林属于亚热带季风气候，雨量充沛，光照充足。这里是动植物的王国。桂林园林植物园广泛收集世界各地及国内部分省区的植物，共 2 100 多种。其中有研究价值较高的银杉、金花茶，有特种经济植物八角、苦丁茶，还有许多药用植物和观赏植物，尤其引人注目的是美国总统尼克松送给我国象征友谊的北美红杉和久负盛名的"雁山四宝"——方竹、红豆、丹桂、绿梅。

桂林园林植物园

二、观看龙脊梯田

梯田如链似带，把一座座山峰环绕成一只只巨大的螺蛳，有的像巨扇一样半摺半开，斜叠成一个个狭长的扇；有的则像天镜被分割，然后有层次地镶嵌成各种图形。

龙脊梯田

【研修问答】

1. 久负盛名的"雁山四宝"指什么?
2. 开垦龙脊梯田的主要是哪两个少数民族?

【学以致用】

1. 制作一份植物标本。
2. 结合本次游学活动,完成一篇游记,字数600字左右。

【资料链接】

平安梯田是广西北部壮族文化的载体,金坑梯田则是红瑶风情的摇篮。龙脊壮、瑶人民像修筑梯田,保持水土一样精心保护这里瑰丽多姿的民族文化。这里有被梯田拥在怀里、被水光映照、被云影拂弄、被空灵成天上宫阙的吊角木楼,有似梯田一般延绵不绝、吟唱不熄的山歌,有别具一格的民族服饰,有奇特的风俗,有醇香的水酒。所有这一切,都和高山、森林、云海在一起,构成龙脊梯田深厚的文化内涵。

正是平安梯田和金坑梯田这两个巨大的梯形舞台,向世界展示着龙脊人战天斗地的壮美情怀。雄浑秀丽的龙脊梯田上,处处闪耀着壮、瑶两族文化的灵光。龙脊的美丽令络绎而至的游客折服。毛泽东的儿媳邵华将军是著名的作家、摄影家,她一登上龙脊就称这里是摄影胜地,一边频频按下快门,一边对龙脊梯田壮美的风光和奇异的民族风情赞不绝口,年过花甲的她快乐得像个小孩。侨居美国的冯文真是冯玉祥将军的孙女,这些年每次回国,她都要到龙脊造访她的"第二故乡"。

2017年11月24日上午,联合国粮农组织罗马总部举行的全球重要农业文化遗产专家组会议对本次申遗的世界多个项目进行了审议,中国南方稻作梯田系统(包括广西龙胜龙脊梯田、福建尤溪联合梯田、江西崇义客家梯田、湖南新化紫鹊界梯田)获得原则通过,2018年2月入选全球重要农业文化遗产。

后　记

　　"区域青少年综合素质拓展教育行动研究"这一课题自2015年立项为江苏省教育科学"十二五"规划重点资助课题以来，全区各校在区教育局总课题组的引领下，全面推开综合素质拓展教育研究活动。在历时近五年的研究过程中，我们不断打造青少年学生综合素质拓展活动的完美时空，开发各类拓展教育课程，丰富学生"玩美"学习样态，在研学旅行活动中促进学生知行合一，在基地实践活动中促进学生身心历练，在社团兴趣活动中促进学生个性发展，取得了可喜的研究成果。

　　我们在回顾这些年来的研究历程时，萌发了将系列研究成果编撰成书的念头。出发点是让研究成果物化、系列化，提供课程样本和实践路径，使各校在开展拓展教育实践活动时有所依托。同时，这也是课题组进一步梳理研究成果、总结研究经验的需要。

　　整套丛书凝聚了课题组所有人员的心血。丛书编写工作由课题研究理论探索组牵头负责，确定丛书的整体框架，并对实践研究过程和成果进行全面梳理，由顾晓东、吴伟昌、姚国平、徐国新、吴亮具体负责各分册书稿的编写工作；课题研究实践行动组提供了大量翔实的研究资料和实践案例。

　　丛书从策划到成稿，历时一年半。在此过程中，课题主持人强洪权、冯伟两位局长及区教育学会陈锡生会长、糜荣华副会长给予了大力支持。滨湖区教育局吴仁昌副局长、基教科陆建忠科长等多位领导自始至终参与其中，为丛书的编撰和出版工作出谋划策，提供全方位保障。中国教育学会原会长、北京师范大学资深教授顾明远先生欣然应邀作序，中肯评价课题组多年的研究历程和成果，为本丛书增色不少。江苏省教育科学规划领导小组办公室彭钢主任、蔡守龙副主任，省教科院教育发展研究中心主任张晓东博士，《江苏教育》主编张俊平等领导与专家悉心指导本课题研究，他们的高屋建瓴、指点迷津，让课题组拨云见日。在此，一并表示诚挚的谢意！

　　丛书的出版只是课题研究的一个阶段性总结，我们的研究还将进一步深入。我们将继续围绕"立德树人"的根本任务，进一步优化区域青少年综合素质拓展教育课程体系，开发和利用课程资源，完善区、校两级课程开发，丰富学生的拓展学习方式，为青

少年学生核心素养的全面发展打下坚实基础。

由于我们水平有限,加之受困于工作的繁忙,书中肯定有许多不足之处,希望读者不吝赐教。我们将直面不足,努力弥补,力求将更完美的成果呈献给大家,我们也憧憬着在追求完美中不断完善自我。

"综合素质拓展教育成果系列"丛书编写组

2019 年 5 月 18 日

新时代滨湖教育发展丛书

综合素质拓展教育成果系列

总主编／冯 伟 强洪权

拓展教育思与行

主编 吴伟昌

苏州大学出版社
Soochow University Press

图书在版编目(CIP)数据

拓展教育思与行／吴伟昌主编. — 苏州：苏州大学出版社，2019.10
（新时代滨湖教育发展丛书／冯伟，强洪权总主编. 综合素质拓展教育成果系列）
ISBN 978-7-5672-2946-4

Ⅰ.①拓… Ⅱ.①吴… Ⅲ.①中小学-素质教育-成果-汇编 Ⅳ.①G632.0

中国版本图书馆 CIP 数据核字(2019)第 220576 号

拓展教育思与行

吴伟昌　主编

责任编辑　史创新

助理编辑　杨　柳

苏 州 大 学 出 版 社 出 版 发 行
(地址：苏州市十梓街1号　邮编：215006)
苏州工业园区美柯乐制版印务有限责任公司印装
(地址：苏州工业园区东兴路7-1号　邮编：215021)

开本 787mm×1 092mm　1/16　印张 48.5（共五册）　字数 1003 千
2019 年 10 月第 1 版　2019 年 10 月第 1 次印刷
ISBN 978-7-5672-2946-4　定价：180.00 元（共五册）

苏州大学版图书若有印装错误，本社负责调换
苏州大学出版社营销部　电话：0512-67481020
苏州大学出版社网址　http://www.sudapress.com
苏州大学出版社邮箱　sdcbs@suda.edu.cn

新时代滨湖教育发展丛书 编委会

主　任　　强洪权
副主任　　陈锡生　钱　江　冯　伟　王永健
　　　　　潘望洁　徐仲武　吴仁昌　许建良
顾　问　　顾明远

综合素质拓展教育成果系列 编委会

主　任　　冯　伟　强洪权
副主任　　王永健　潘望洁　徐仲武　吴仁昌
　　　　　华文达　华婷婷　糜荣华　彭光耀
　　　　　许建良　陆建忠
编　委　　惠　明　古菊平　高　峰　吴卫东
　　　　　刘　松　张　锋　周晓平　金春华
　　　　　张　倩　朱龙祥　王防刚　陆　玲
　　　　　陆静洁　杨　帆　谢廷峰　朱红飞
　　　　　孙国宏　尤　吉　唐建英　李　争
　　　　　华志英　秦旭峰　浦永清　顾晓东
　　　　　姚国平　徐国新　吴　亮　吴伟昌
　　　　　钱　晔
策　划　　糜荣华　陆建忠　顾晓东　吴伟昌

本册编写人员(《拓展教育思与行》)
主　编　　吴伟昌
编　者　　吴伟昌　顾晓东

本丛书为江苏省教育科学"十二五"规划2015年度重点资助课题"区域青少年综合素质拓展教育行动研究"（课题编号：B-a/2015/02/076）的主要成果

序

2016年12月，教育部等十一个部门发布了《关于推进中小学生研学旅行的意见》，提倡在中小学生中开展研学旅行。该意见提出，中小学生研学旅行是由教育部门和学校有计划地组织安排，通过集体旅行、集中食宿方式开展研究性学习和旅行体验相结合的校外教育活动，是学校教育和校外教育衔接的创新形式，是教育教学的重要内容，是综合实践育人的有效途径。让学生走出学校、走向大自然、走向社会、走向世界，是拓宽视野、增进学识、锤炼意识的好举措，也是让学生领略祖国美丽山河、了解中华民族优秀文化传统的好方式。如果到国外研学旅行，还可以了解别国的文化风情，受到跨文化的理解教育。研学旅行，实在是非常有意义的活动，是提高学生综合素质的有效途径。

事实证明，广大学生非常喜爱研学旅行。他们走出校门，集体旅行、集中食宿，过上难得的集体生活，这样的经历可以培养学生自我服务、自我组织的能力和同伴关系意识。

要把研学旅行做好，使学生真正受到教育，需要认真组织，精心安排。要把研学旅行纳入学校课程之中，作为一项重要的教育活动来开展。要像设计课程那样精心设计，充分准备，重在教育，重视安全。学校要对不同年龄段的孩子设计不同的研学旅行计划，低年级的孩子可以在城市郊外旅行，也可以到博物馆、纪念馆参观；高年级的孩子可以到较远处旅行。学校可以按照不同地区的历史地理背景、名胜古迹，组织设计各种研学旅行活动，使之课程化。

这两年来各地积极开展研学旅行活动，积累了一定的经验。无锡市滨湖区自2001年以来，就以新课程改革为契机，以综合实践活动课程为抓手，建设区内综合实践基地，为青少年学生开展校外实践活动和研学提供了平台，对培养学生综合素质做出了有益的探索和实践。他们树立"大教育观"，拆除学校"围墙"，改善传统教育模式，把教育与社会生活实际相结合，加强学校教育与社会教育的沟通、协调和融合，充分发挥社会教育资源的育人功能，同时推动学校的特色项目建设，促进学生的全面发展。

无锡市滨湖区教育局组织编写的"综合素质拓展教育成果系列"丛书，就是无锡

市中小学开展校外实践活动和研学旅行的一些经验总结。丛书共五册，分别是《研学旅行知与行》《走出校园读家乡》《跟着课文做研学》《拓展课程校校行》《拓展教育思与行》，详细介绍了无锡市滨湖区对青少年综合素质拓展教育的认识和组织设计，以及滨湖区各校开展综合素质拓展教育的实践和经验。丛书内容丰富，有观点、有案例，值得各地借鉴。

2019 年 5 月 19 日

前言

青少年综合素质是指青少年在先天生理的基础之上，经过后天的教育和社会环境的影响，由知识、经验内化而形成的相对稳定的素养和品质的总称，主要包括身体、心理、道德、文化、能力等方面，是一个人的知识水平、道德修养及各种能力的综合体现。新课程改革以来，滨湖区教育局始终坚持全方位、多渠道育人的主导思想，高度重视青少年综合素质拓展教育，在综合实践活动、211 特色建设、研学旅行等方面做出了前瞻性、持续性探索，取得了显著的成效。

为了进一步深化青少年综合素质拓展教育，滨湖区教育局申报、立项了由冯伟、强洪权同志主持的江苏省教育科学"十二五"规划重点资助课题"区域青少年综合素质拓展教育行动研究"（编号：B-a/2015/02/076）。通过课题研究，进一步厘清综合素质及拓展教育的内涵特质，努力追求素质发展的全面化，体现区域推进的特色化，关注拓展活动的课程化，凸显课程资源的序列化，形成区本特色的青少年综合素质拓展教育主张，建构区域青少年综合素质拓展教育课程体系，促进区域青少年综合素质的全面发展和个性发展。

课题组依据教育部等《关于推进中小学生研学旅行的意见》《中小学综合实践活动课程指导纲要》等文件精神，结合课题研究中期评估专家组建议，全面梳理课题研究实践中形成的课程资源和实施策略，从系统化、系列化、操作化的角度出发，本着可行性、实用性的原则，编写了滨湖区"综合素质拓展教育成果系列"丛书，以期进一步深化滨湖区中小学综合实践、研学旅行工作，提升区域素质教育实施水平。

本套丛书主要由五个分册组成。其中《研学旅行知与行》分册是一本研学旅行的通识读本，按"知""行"两个板块编写，把研学旅行的"应知""应会"等要求、技能进行梳理，为学生参加综合实践和研学旅行提供有针对性的必读教程，旨在提高学生参与研学旅行的素质和技能。

《走出校园读家乡》分册重点关注校园教育和校外综合实践的结合，梳理无锡地区适合开展青少年综合素质拓展教育的综合实践课程基地资源，为一至九年级每个年级设置四个实践课程内容，每个课程内容均由"研学课程设计"和"研学单"两大部分

组成。

《跟着课文做研学》分册主要体现"由课内向课外拓展,课内课外结合""读万卷书,行万里路"的拓展教育理念,针对学生所学课文中的经典内容,结合全国各地丰富的旅游资源,编写四至九年级的暑期研学旅行课程,课程的设计体例为"研学前言—课文回眸—研学主题—课程安排—研修问答—学以致用—资料链接"。

《拓展课程校校行》分册是区域内各学校特色校本课程纲要和实施案例的汇编,精选各校特色校本课程,整体上涵盖科技、体育、音乐、美术等各大领域,体现滨湖区科技体艺211特色项目建设成果,展示滨湖区青少年综合素质拓展教育课程的校本性、丰富性、多样性,特色课程的设计体例为"课程名称—课程性质—课程目标—课程内容—实施建议—课程评价—教学案例"。

《拓展教育思与行》分册是课题研究论文和实践案例的汇编,主要是课题组成员以及区域内学校和教师开展青少年综合素质拓展教育的理性思考、经验总结和案例反思。

本套丛书由糜荣华、陆建忠、顾晓东、吴伟昌等进行总体策划,课题理论探索组吴伟昌、顾晓东、吴亮、姚国平、徐国新等具体进行编写。目前暂时编写系列丛书的五个分册,今后视工作进展和资料积累,逐步编写系列丛书其他分册,以形成滨湖教育特色"丛书"。

由于编写者水平有限,加上时间比较匆促,本套丛书中难免有许多不足之处,恳请专家、同行们指正。

"综合素质拓展教育成果系列"丛书编写组
2019 年 5 月 18 日

目 录
Contents

实践思考

青少年综合素质拓展教育的区域建构与思考 …………………………… 强洪权 / 1

综合素质拓展教育课程开发的区域实践策略 …………………………… 顾晓东 / 6

综合素质拓展教育空间开发的区域实施策略 ………………… 顾风祥 姚国平 / 11

综合素质拓展学习方式创新的区域实施策略 …………………………… 徐国新 / 14

浅议小学综合素质拓展课程开发策略 …………………………………… 季 珠 / 17

青少年综合素质及拓展教育的价值研究 ………………………………… 孙 青 / 21

学校综合素质拓展教育实践途径研究 …………………………………… 邹 莹 / 25

中小学体育素质拓展教育模式的建构与创新研究 ……………………… 黄文龙 / 30

初中科技社团拓展教育的实践探索 ……………………………………… 谢晓春 / 35

中小学生素质拓展教育中的时间伦理问题 …………………… 代福平 孙 涛 / 40

增强"文化自信"
　　——以"领略惠山古镇祠堂建筑群的别样风采"为例 ………… 朱嘉佩 / 46

多样拓展活动,提升综合素养
　　——浅谈在综合实践课程中提升青少年综合素养的策略 ……… 吕 萍 / 50

"引进来,走出去"
　　——浅谈区域青少年综合素质拓展教育策略 …………………… 宋伟伟 / 55

拓展课程,让校园更有味道 ……………………………………………… 林 燕 / 60

让"社区共享实验室"成为学生综合素质提升的引擎 ………………… 秦晓华 / 64

融综合资源,促学生成长
　　——小学生综合素质及拓展教育浅析 …………………………… 朱 华 / 67

青少年综合素质在尤克里里制作中的拓展 …………………… 邹 科 丁 健 / 72
拓展训练对中小学生身心素质的培养 …………………………………… 马昀含 / 76
与四时合其序 与天地合其德
　　——"玩美24节气"主题特色课程实践 ………………………… 杨肇文 / 79
回归儿童生活的语文拓展课程的实践与思考 …………………………… 钱小芳 / 84
儿童素质拓展教育的价值体现
　　——以"四季耕读"生态研学课程为例 …………………………… 杭 菁 / 88

典型案例

积极开发文化资源 把握拓展教育"脉动" …………………………… 王文斌 / 92
拓展教育大舞台，培养学生高素质
　　——从小学生军训拉练活动谈起 …………………………………… 吕 萍 / 96
基于学生生活情境，整合社区社会资源
　　——蠡湖中心小学综合素质特色主题拓展教育案例研究 ………… 华敏慧 / 100
长广溪湿地公园生态环境拓展教育活动及反思 ………………………… 郭 洁 / 103
让孩子有双发现美的眼睛 ………………………………………………… 陆晶菁 / 108
在小学中开展烹饪实践活动的行与思 …………………………………… 边未英 / 111
果实累累，熠熠生辉
　　——"举趾园"种植实践活动及反思 ……………………………… 刘 菁 / 115
一组照片唤起的实践与思考 ……………………………………………… 周懋芳 / 119
校企联动，实践教育中的一朵浪花 ……………………………………… 徐菊香 / 123

后记 …………………………………………………………………………………… / 126

实践思考

青少年综合素质拓展教育的区域建构与思考

强洪权

【摘　要】　当下教育改革发展的基本价值取向是培养和发展人的核心素养，提升综合素质。滨湖区教育局审视区域青少年学生素质现状，着眼于立德树人和实践育人，以整体课程建设的框架拓展学习时空，丰富学习方式，构建综合素质拓展教育实践的滨湖样态。

【关键词】　综合素质　拓展教育　区域

《国家中长期教育改革和发展规划纲要（2010—2020年）》（以下简称《纲要》）总体目标指出教育要坚持德育为先，坚持能力为重，坚持全面发展。2016年9月13日，《中国学生发展核心素养》总体框架正式发布，标志着第九次课程改革正式拉开帷幕。学生的核心素养是学生应具备的、能够适应终身发展和社会发展需要的必备品格和关键能力，其实质就是包含学生知识、技能、情感、态度、价值观等多方面要求在内的一种综合素质。从《纲要》总体目标的确定到学生发展核心素养的提出，两者在本质上可以说是一致的，就是要追求和实现"人的全面发展"，积极开展综合素质教育，这应是当下教育改革发展的基本价值取向。为此，滨湖区教育局努力审视区域青少年学生素质教育的现状，提出并确立了"区域青少年综合素质拓展教育行动研究"这一课题，着眼于立德树人和实践育人，开展区域性拓展实践，积极探索区域综合素质拓展教育的有效路径和实践样态。

一、现状与问题——青少年综合素质拓展教育的区域审视

当下中小学生所处的素质教育生态现状并不尽如人意。一方面，学校和教师在为贯彻党的素质教育方针而努力；但另一方面，在实践过程中依然普遍存在唯分数论、过度关注升学率等老问题。我们调查研究青少年学生综合素质发展现状，发现情况不容乐观：学生身心综合素质不够理想，体质较弱，心理脆弱；实践素质不够理想，偏重书本知识，忽视实际运用；社会适应素质不够理想，缺少应有的价值体认和责任担当，不善

于合作共处。总的来说，学生的实践能力和创新精神依旧缺乏，整体综合素质不尽如人意。

由此，我们认真审视区域教育，深入剖析滨湖区青少年综合素质拓展教育存在的主要问题。一是思想观念问题，传统应试教育观念制约了综合素质拓展教育的深入开展，领导、教师和家长仍过于重视学科文化知识学习，纠结于学业考试成绩的高低，忽视了青少年学生的整体综合素质培养。二是整体规划问题，区域性综合素质拓展教育尚缺乏系统性课程架构，各类拓展教育活动目标比较单一，内容比较零散，且拓展教育时空仍显封闭，大多满足于区内、校内实践基地，学习资源还不够丰富。三是操作实施问题，校际综合素质拓展教育存在不平衡性，学校课程开发和实施力度不一，随意性较强，缺乏整体一贯性设计，且在拓展教育学习样态上缺少开放性探索，活动方式比较单一。

二、理念与行动——青少年综合素质拓展教育的区域建构

我区以多部委联合下发的《中小学生研学旅行》和《中小学综合实践活动指导纲要》的颁布和实施为契机，把青少年综合素质拓展教育课程纳入区域性整体课程建设的框架，着力拓展适合青少年学生多样化、个性化发展的学习时空，丰富学生学习方式，积极探索综合素质拓展教育实践的滨湖样态。

1. 明晰基本理念

区域青少年综合素质拓展教育旨在超越传统意义上的育人理念和目标，更加强调"实践育人""整体育人"的价值取向。我们努力把"促进青少年学生的全人发展"作为最根本的教育目标，重点关注其关键能力和必备品格的全面提升。

区教育局引导学校和教师在全面深入理解青少年综合素质内涵的基础上，针对人的发展和社会发展的实际需求，对国家和地方课程做出科学、合理、必要的开拓，丰富和拓宽综合素质的培养途径和方式，更加注重校内教育与校外实践的结合，更加注重"读万卷书"与"行万里路"的融合，努力从根本上打破学科限制、课堂限制，打开学校教育与社会实践的通道，做到"三统一"，实现青少年学生在知识技能、价值体认、责任担当、问题解决、实践能力和创新意识等多维度的综合发展。"三统一"具体包括：一是知识学习与品行修养的统一，着眼于立德树人，彰显拓展教育的育人价值，让学生在具体的拓展实践活动中实现必备品格的锤炼；二是学科学习与社会实践的统一，着眼于实践育人，突出拓展教育的实践导向，让学生在多样的拓展实践活动中实现关键能力的提升；三是全面发展与个性发展的统一，着眼于整体育人，丰富拓展教育的实践内涵，让学生在全面的拓展实践活动中实现个性特长的发展。

2. 延展学习时空

育人需要资源，学习需要空间。开展综合素质拓展教育需要更广阔的教育视野、更多元的育人资源，需要进一步延展学习时空。学习时空的延展需体现"三个走向"。一

是走向生活，将拓展教育内容与学生生活实际结合，着力于让学生参与生活实践，体验生活，培养生活智慧。二是走向自然，将拓展教育的课堂向大自然延伸，着力于让学生更真切地认识自然，拥抱自然，激发自然智慧。三是走向社会，将拓展教育的实践舞台融入社会，着力于让学生经历社会实践，感受社会，生成社会智慧。

我区广泛开展研学旅行活动，让广大青少年学生在行走的大课堂中实践、体验和成长，延展了学习时空的长度。我区充分凭借区域内得天独厚的资源优势，提出"淡化行政隶属关系，实现区内资源共享"的理念，创建了"滨湖区域大教育协同发展联席制度"，以"平等协商、加强沟通、增进合作、资源共享、协同发展"为原则，将20多家不同隶属关系的高校、院所、景点、场馆、部队等集结在一起，打破行业界限，密切区域协作，共建共享，延伸了学习时空的宽度。我区积极引导学校打破界限，走出"文化孤岛"，与一些单位合作，引资共建，把特色教育课程基地直接建在学校内，延展了学习时空的高度。

3. 建构课程框架

基于青少年综合素养拓展教育的需要，区教育局、各学校除关注国家基础类课程学习外，还开发和实施了拓展教育实践活动课程，把文化知识学习跟关键能力和必备品格培养有机结合起来，整体规划、设计"玩美"特色课程，努力实现国家课程区（校）本化拓展和区（校）本课程特色化建设，形成"两级三类"全覆盖的拓展课程内容框架体系。拓展教育课程分为区级和校级两大块内容，形成学科延伸、综合实践和"211特长"三大拓展教育课程类型。具体而言，在学科延伸类活动中，主要开展"跟随课文做研学"活动，实施"三段九级"研学旅行课程；在综合实践类活动中，主要开展"走出校园做拓展"活动，实施"六大主题"系列拓展课程；在"211特长"类活动中，主要开展"拓展课程校校行"活动，实施"缤纷校园"个性特长课程。同时，学校可以拥有更大的课程自主权，在各类研学旅行、综合实践活动方面，不拘于区域统一规定课程和活动线路，可以结合滨湖区教育改革发展项目的推进情况，针对本校实际情况和需求，自行开发更有特色的课程项目。

4. 丰富学习样态

滨湖教育为学生提供行走的大课堂，旨在从根本上变革传统的单纯接受、记忆、模仿的学习方式，着力推进学习方式的创新实践。一是开展主题式项目学习。这种样态的学习是以主题为核心，以项目为主线，以学生为主体，完成项目确立、方案设计、项目实施及最终评价等一系列实践活动，其学习过程是一个寻找真实问题、"质疑、探究、合作"的研究性学习活动。二是开展跨学科融合学习。这是打破学科界限，实现多门学科参与、介入的一种学习样态，旨在通过多门学科资源和元素的融入，充实学生的自主探索和自我认知实践活动，丰富、拓展学生的认知视野，提升综合素养。三是开展社团化拓展学习。这是学生个性特长发展的重要学习方式。教师根据自身兴趣特长，开发相应社团课程，提供丰富的活动菜单，供学生自主选择，使学生在社团活动中接受较为专业化、系统化的特长拓展训练，实现个性化发展。

这些丰富多样的学习方式和样态，从本质上来说就是要解放学生的双手、大脑，解放学生的眼和嘴，解放学生学习的时间和空间，让学生在玩中研、在研中玩，研玩结合，玩出水平，研出成效。如在考察实践类学习中，让学生带上知识玩，玩出文化；在设计制作类学习中，让学生带上项目玩，玩出产品；在主题探究类学习中，让学生带上问题玩，玩出答案；在艺体培训类学习中，让学生带上爱好玩，玩出特长；在身心体验类学习中，让学生带上角色玩，玩出成长。

5. 优化管理机制

为确保区域青少年综合素质拓展教育的高质量开展，区教育局出台了相关制度和文件，优化了管理机制。

一是建立全域地缘资源共享机制，组建滨湖"大教育协作联盟"，有效整合区内外各类教育资源和可转化的非教育资源，积极探索并建立社会资源和学校课程资源整合的长效机制，使具有育人功能的社会教育场馆成为我区中小学生开展课程学习和社会实践的教育场所，形成了教育行政部门牵头总抓、各中小学具体实施、相关部门单位协同保障的拓展教育支持系统。

二是建立学校主体运作保障机制，采取了理论探究与实践探索双轨并进、区校联动和社教互动同步推进的运作机制。区教育局强化政策引领和顶层设计，出台《滨湖区综合实践活动课程区本规划》《滨湖区中小学实施学校体育、艺术、科技教育"211"项目指导意见》等文件，引导学校自主探索学生综合素质拓展教育的特色领域和校本项目，将相关工作纳入绩效考核内容，保证了研究的可持续推进。

三是探索学生自我激励评价机制，旨在通过全面、有效的评价，让学生全面认识自我，提增素质发展信心。我们采用"三全＋典型"的评价方式，促进学生产生自我激励性评价。首先是数据跟踪：全面＋典型。构建学业拓展、品格养成、体质健康的数据记录和分析系统，横向全面覆盖，纵向追踪对比，形成进阶式个体综合素质发展轨迹描述，旨在让学生关注自身综合素质发展的全面性，并发现自身发展的典型数据和专长素质，引导学生自我总结、自我规划。其次是事件记录：全程＋典型。采用简洁的语言、代表性图片影像等方式，从综合素质发展诸方面，全程记录各类拓展活动的参与情况和典型收获，对自己参与拓展活动的关键性事件进行自主记录和评价，形成综合素质发展电子档，定期组织反馈展示，实现相互发现和超越。第三是榜样引领：全员＋典型。拓展教育的学生评价，注重全体学生参与活动情况，体现"一个都不能少"，并且注重在活动中寻找榜样，通过榜样激励不断挖掘全体学生潜能，努力使每个学生都向着"成为他人榜样"的方向前进。

三、成效与展望——青少年综合素质拓展教育的区域反思

在多年的实践探索中，滨湖教育人走出校园看学校，走出学校看教育，打通互联校内外教育资源，跨界整合业内外教育资源，使青少年综合素质拓展教育从封闭的学校空间不断走向生活、自然和社会，从而全面拓展学习时空的长、宽、高，倾力打造出一个"完美"超级校园。滨湖教育人走出课本看课程，融合书内外教育资源，从单一的书本内容不断拓展为多元课程结构体系，为青少年学生打造了"玩美"特色课程，丰富了学生的课程学习方式，让学习空间多元可研，让滨湖学子收获多元成长。

滨湖青少年学生适应未来社会发展的必备品格与关键能力得到了全面关注和培养，如感恩与责任、自信与坚毅、正直与善良等必备品格得以熏陶，会生活、会探究、会运动、会审美、会创造等关键能力得到培养。从实践效果来看，滨湖青少年学生在旅游中研学，开拓视野长见识；在拓展中体验，历练身心促和谐；在主题中创意，科学探究增学力；在艺术中熏陶，展现特长扬个性。完美空间助力学生玩美成长，滨湖学子不仅玩出了趣味和个性，玩出了智慧和品质，更是玩出了才十、境界和未来。

当然，对照"立德树人"这一根本任务，继续审视和反思自身的探索和实践，我们还有众多有待进一步研究的地方。网络学习空间还需进一步拓展，实现现实与虚拟结合的整合型空间，让学习资源更丰富，学习方式更多样，实现青少年学生个性化发展。教师教育理念还应进一步转变，鼓励教师努力成为传统与现代结合的复合型教师，深刻领会核心素养背景下培养学生的根本任务，提高自身专业素养，积极参与综合素质拓展教育课程开发和研究活动，实现课程实施的高品质目标。学校行政班级还可进一步打破，尝试固定与走班结合的融合型班级，大力建设学科学习中心，组织学生开展学科内拓展、跨学科整合拓展的实践活动，最大限度地满足学生全面发展的需求。

（作者单位：无锡市滨湖区教育局）

综合素质拓展教育课程开发的区域实践策略

顾晓东

【摘　要】 滨湖区转变课程开发理念，注重在多元中求适切，丰富课程开发路径；完善课程结构体系，注重在全面中求特色，形成"两级三类"全覆盖拓展课程体系；优化课程管理机制，注重在规范中求自主，提高课程建设的实效性。

【关键词】 区域　综合素质　拓展教育　课程开发

滨湖区着眼于立德树人这一根本任务，着力构建有滨湖特色的综合素质拓展教育课程体系，在学生综合素质和学习样态之间努力建立实质性连接，丰富青少年学生参与综合素质拓展实践的路径和方式选择，把文化知识学习、关键能力培养和学生健全身心、必备品格的培育有机结合起来，让学生在广阔的课程天地中拓展综合素质。

一、多元中求适切，转变课程开发理念

基础教育课程改革赋予了区域及学校更多的课程自主建设权。为了给青少年学生提供更为丰富的综合素质拓展实践机会，滨湖区教育局积极转变课程开发理念，打破原本单一、封闭的课程开发思路的束缚，向大自然、向全社会充分开放，内联外引，让多种课程开发和建设资源加入区域青少年综合素质拓展教育实践中，最大限度地丰富课程开发路径，为学生提供多元且适切的实践课程。

多元适切的课程开发策略体现为资源共享、多方共建。一方面，滨湖区突破地域限制，拓展课程资源范围阈值，让区内外众多有利于学生从事拓展实践的资源都加盟滨湖教育，实现资源共享。另一方面，利用这些资源开发拓展教育课程的人员：有学校教师，有校外非教育专业人士，也有一些具有特长的学生家长，体现了课程开发主体的多元化。

多元适切的课程开发策略还体现为适应需要、可供选择。在课程开发中，滨湖区着眼学生综合素质和谐发展的实际需求，充分关注学生品格涵养、身心健康、终身学习、创新实践等综合素质的全面发展，同时也关注学生个性发展的需求，为学生提供可选择的课程学习内容，满足其特长发展的需要。

二、全面中求特色，完善课程结构体系

在课程开发和建构过程中，滨湖区努力超越以往"课程即科目""课程即教学内容"的狭隘课程观念，确立系统的、实践的、开放的课程意识，努力引导学校、教师自主开发和完善综合素质拓展教育课程，在全面的基础上追求个性特色，逐步完善区本拓展教育课程体系。整个拓展教育课程体系主要从两个维度进行序列化构建：首先是纵向维度，具体构建小学、中学各个阶段的拓展教育课程，并且使这些拓展教育课程体现出由浅入深、层次递进的体系，形成序列；其次是横向维度，使各种系列的拓展教育活动，形成相互联系、整体促进的综合素质拓展课程板块。经过多年的探索和实践，滨湖区形成了样态多元、功能完备、结构合理的课程框架，初步实现了国家课程区（校）本化拓展和区（校）本课程特色化建设的目标，形成"两级三类"全覆盖的拓展课程体系。两级三类，即分为区级课程和校级课程两大块内容，形成学科延伸、综合实践和"211特长"三大拓展类型，如图1：

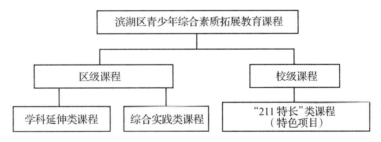

图1　滨湖区"两级三类"全覆盖拓展课程体系

一是学科延伸类课程。主要依托研学旅行课程进行拓展教育，是在学科课程教材基础上的知识拓展延伸类课程项目，包括学科研究性学习、学科专题教育、地方历史和文化教育等课程，总体上形成"三段九级"研学旅行课程架构（见表1）。这类课程强调在实践操作中将学习的探究性和实践性有机整合起来，将学生的个人知识、直接经验、生活体验看成重要的课程资源，通过做、考察、探究、调查等一系列实践活动完成学习内容，达成课程目标。课题组提出了研学旅行的两大主题，即跟着课文做研学、走出校园读家乡，旨在拓展学生的知识面，在知行合一中激发学生的学习兴趣，追求课堂所学书本知识的内化理解与实践应用。

表1　滨湖区青少年学生"三段九级"研学旅行课程架构

年段	年级	跟着课文做研学	走出校园读家乡
第一学段	一年级		寻根蠡园足迹　问道园林艺术
	二年级		穿梭古镇园林　找寻城市文脉 弘扬梅花精神　铸造家国情怀
	三年级		景仰阖闾古城　印象春秋吴风 领略湿地风光　保护地球之肾

续表

年段	年级	跟着课文做研学	走出校园读家乡
第二学段	四年级	游最大城市广场　激心中爱国情怀 人间仙境　相约九寨 寻七十二名泉　赏一城湖光山色	观摩体育中心　激发运动热情 花香浸润童年　畅游雪浪盛境
第二学段	五年级	赏黄山优美风光　砺少年坚强意志 多彩贵州　梦回黔朝 雄奇大漠风光　辉煌艺术宝库	科技交融时尚　电影揭秘未来 邂逅音乐美术　涵养艺术心灵
第二学段	六年级	畅游长江三峡　考察自然人文	游历灵山胜景　禅悟佛教文化 体味鼋渚春涛　最美无锡旅情
第三学段	七年级	穿越千年时空　我到西安做唐人 跟随课本　游转绍兴 游学历史人文名胜古迹　探寻北京深厚文化底蕴 高唱黄河颂歌　奔赴红色延安	走进江南大学　拓展综合素质 军营放飞梦想　青春唱响未来
第三学段	八年级	名校游学励我志　人文南京学历史 游苏州园林　寻吴地文化 西子湖畔　醉忆杭州	增强团队意识　凝聚集体精神 体验民防教育　提升安全意识
第三学段	九年级	参观都江堰和熊猫基地　寻觅诸葛亮和杜甫踪迹 赏黄山自然风光　探徽州独特文化 桂林山水甲天下　一山一水皆如画	读行三国水浒　品味经典之美 踏寻家乡古镇　触摸历史文化

我们的研学活动不是旅游活动，而是对学科知识内容的再现、拓展，是把学生学习的空间从学校拓展到社会，从规定的教学时间拓展到假期，忠实地践行了古人所倡导的"行万里路，读万卷书"。知识拓展类课程学习，使学习的空间、时间、方式都与班级授课制截然不同，学与游紧密结合，激发了学生的学习兴趣，开阔了学生的知识视野，培养了学生良好的道德品质。

二是综合实践类课程。滨湖区教育局依托区域内的社会资源，投入大量资金，与之共同开发建设区域青少年实践基地，如江南大学实践基地、民防科普拓展教育行动实践基地、马山生态环境拓展教育活动基地、花卉园实践基地、炮九师实践基地等。滨湖区依此开发了六大板块的拓展实践体验课程（表2），这些课程目标定位各不相同，形成互补，旨在引导学生探究自然、体验生活、了解社会，着重培养学生动手实践、科学探究、团结协作、服务社会的能力。

表2　滨湖区青少年学生综合素质拓展实践基地课程架构

课程板块	系列拓展活动	拓展活动目的
快乐农事板块	茶艺系列	培养青少年学生的生活情趣、生活常识、生活技能等
快乐农事板块	稻草系列	培养青少年学生的生活情趣、生活常识、生活技能等
快乐农事板块	蔬菜基地系列	培养青少年学生的生活情趣、生活常识、生活技能等
快乐农事板块	参观奶牛场、养鸡场	培养青少年学生的生活情趣、生活常识、生活技能等

续表

课程板块	系列拓展活动	拓展活动目的
革命传统教育板块	马山抗战史专题报告会	接受革命传统教育，使青少年学生了解历史、铭记历史，激发爱国情怀
	祭扫马山革命烈士墓	
	凭吊仇恨场、血泪潭	
	寻访历史见证人	
太湖环保板块	乘游船，感受并了解太湖成因、面积、物产和水资源、水环境、水质量等	让青少年学生在具体活动中感受生态重要性，增强环保意识
生命教育板块	消防演练系列（火警逃生演练、消防灭火演练）	增强生命意识、生存意识，初步学习逃生、急救技能
	野外急救演练系列（止血包扎演练、心肺复苏演练）	
国防教育板块	队列训练	增强青少年学生国防教育意识，培养纪律意识
拓展训练板块	信任背摔、多人同步、搭桥过河、翻越高墙、扎筏竞渡、智过电网、定向运动等	使学生在具体活动中感受团队合作的重要性，增强合作意识，培养合作能力

滨湖区青少年学生在不同的学段接受不同的拓展训练，在系统完整的素质拓展教育中逐步形成自立、自强、团结、互助的良好人格品质，培养了面对未来挑战所必备的关键能力。

三是"211特长"类课程。为进一步推动各校综合素质拓展教育特色项目建设，滨湖区教育局还专门出台了《滨湖区中小学实施学校体育、艺术、科技教育"211"项目指导意见》，要求学校加强体育、艺术、科技等方面的综合素质拓展教育，建设富有校本特色的"211特长"类拓展课程，让全区中小学生每人至少掌握2项运动技能、具备1项艺术特长和1项科技爱好，为学生的全面发展和个性发展奠定了良好的基础。

此类科技、体艺拓展类课程以社团为课程载体，各校充分利用自身师资力量，广泛开设丰富多彩的社团活动，并以此为基础，加强拓展课程开发和实施研究。各校从整体上对学校课程做出科学顶层设计，认真编制学校课程规划，并针对每一门拓展教育校本课程设计课程纲要、编写校本教材，确保兴趣特长类拓展课程得以高质量开展。例如，"西园印社""陶悦笛韵""峰影画信""悦动足球""舌尖上的生物""比特实验室""物联网创新设计"等"缤纷校园"个性特长拓展课程就很有特点和影响力，丰富了学生校园生活，拓展了青少年学生综合素质，也不断亮化了学校办学特色。

三、规范中求自主，优化课程管理机制

滨湖区基于区本及更广阔的范围挖掘和利用课程资源，开发各类拓展实践课程。众

多区本、校本课程需要在区域层面进行全面、科学管理，以充分发挥课程施行的实效性。滨湖区立足课程规范建设，并力求体现学校自主创新，努力优化课程管理机制。

落实区校两级双向管理。为了确保课程开发与实施的适切性，我们采取"自上而下"与"自下而上"相结合的双向管理机制。区教育局提出学校课程建设总体要求，出台《关于进一步加强全区中小学校本课程建设的指导意见》，明确了校本课程建设的指导思想、目标、原则、内容和实施要求；学校根据自身实际情况，形成相应的校本课程实施方案，并报区教育局相关部门备案，然后按照要求落实每一门校本课程的开发、审议和实施工作。区教育局还给学校更大的课程自主权，各类研学旅行、综合实践活动不必拘于区域统一规定的课程和研学线路，可以结合学校自己的教育改革发展项目推进实际情况和需求，自行开发更有特色的课程项目。如我区雪浪中心小学自主开发了"尚贤河生态研学基地"，研发了"四季耕读"课程，为学生打造出一片综合素质拓展的新天地。区教育局将学生综合素质拓展课程实施情况工作纳入学校绩效考核内容，保证了研究的可持续推进。

坚持以生为本的课程管理。首先，坚持以学生发展为本的课程管理原则，每一门课程的设置与开发都充分考虑学生的需求、兴趣与经验，合理组织课程内容，设计自主合作的学习方式，实施发展性评价。其次，正确处理好几类拓展课程之间以及拓展课程与基础课程之间的关系，保证各类课程比例适当，发挥不同课程对学生综合素质拓展的价值。最后，在课程评价上，充分发挥学生的主体作用。学生有权选择学校的校本拓展课程，有权对学校拓展课程做出自己的评价，提出改进建议。对于课程实施效能的评价，倡导学生进行自我实践体验、反思，通过实践性作业的设计，引导学生记录、整理实践活动所得，在自我反思中自我体验，聆听成长、拔节的声音。

（作者单位：无锡市滨湖区教育研究发展中心）

综合素质拓展教育空间开发的区域实施策略

顾凤祥　姚国平

【摘　要】　实施空间的局限性是制约综合素质拓展教育有效开展的现实问题，滨湖区让拓展教育空间由学校向全域拓展，由单一向立体转化，将优质的社会资源与学校有机整合在一起，打造超越条块界限、功能强大的综合素质拓展教育空间。

【关键词】　区域　综合素质　拓展　空间开发

综合素质拓展教育具有实践性、开放性和综合性的特点，需要一个具有开放性和支持性、激发多种思维、滋养多样性的学习环境，以适应学生学习的复杂性、个性化和随机性。因此，进一步拓展教育时空，丰富学习样态，引领学生沐浴于更为广阔的教育发生"场"，成为综合素质拓展教育的必然选择。

前期调查显示，实施空间成为制约拓展教育走出教室、走向现场的瓶颈，除了每学期固定的综合实践活动之外，学校很少组织学生走出教室、走进现场。访谈中，发现存在的问题主要有以下几个方面：一是视野比较狭窄，多局限在本区域的风景名胜区、革命传统教育基地和综合实践活动基地等场所，对区域内场馆、场所、场域的开发利用不够充分；二是思路比较单一，简单认为只有走出校园的拓展教育才能称得上"拓展教育"，很少考虑把校园作为拓展教育课程实施的必要条件加以创设和融合；三是组织保障问题，教师普遍提出：走进实践现场，安全问题得不到保障；外出时，如何对学生进行有效的监管、如何进行现场指导成为困扰老师们的主要问题。

滨湖区着眼于立德树人、实践育人，着力构建"区域大教育"格局，拆除学校与学校之间、学校与社会之间无形的"围墙"，让学习空间由学校向全域拓展、由单一向立体转化，将优质的社会资源与学校有机整合在一起，打造出一个超越条块界限、功能强大的综合素质拓展教育空间。

一、研学旅行，拓展空间长度

"读万卷书，行万里路。"研学旅行是学校教育和校外教育衔接的创新形式，是教育教学的重要内容，是综合实践育人的有效途径。2016年11月颁布的《教育部等11部门关于推进中小学生研学旅行的意见》中指出，各中小学要结合当地实际，把研学旅行纳入学校教育教学计划，与综合实践活动课程统筹考虑，促进研学旅行和学校课程有机融合。

滨湖区教育局以省重点课题"区域青少年综合素质拓展教育行动研究"为依托，以统筹协调、整合资源为突破口，创造性地开展研学旅行活动，让学生走出校园，走进自然，走向社会，在行走的大课堂中实践、体验、成长。滨湖教育人开发了研学旅行活动的区本课程，如"跟随课文做研学""走出校园看家乡"等，将研学旅行活动纳入学校教育教学计划，与综合实践活动课程统筹整合，避免出现"只旅不学"或"只学不旅"的现象。研学旅行完美拓展了学习空间的长度，广大中小学生在研学旅行中感受祖国大好河山，感受家乡人文荟萃，感受中华传统美德，感受革命光荣历史，感受改革开放伟大成就，同时也在活动中学习动手动脑，学习生存生活，学习做人做事，让青少年学生的综合素质和核心素养在广阔的活动空间中得到有效历练和提升。

二、资源共享，拓展空间宽度

综合素质的拓展教育强调超越教材、课堂和学校的局限，在活动时空上，面向学生的整个生活世界，密切学生与自然、与社会、与生活的联系。为此，需要统筹使用各种资源，包括整合校内外的各种教育资源，协调校内外相关部门的关系，联合各方面的教育力量，特别是加强与校外活动场所的沟通协调，这样可以在有限的现有条件下通过力量的整合，为活动的开展创造有利的条件。

滨湖区有着得天独厚的资源优势：600平方公里的区域内，集中了大多数驻无锡的高等院校、科研单位、部队，还有众多的一流文体设施、著名旅游景点和农业园区等。面对这些优质的社会教育资源，滨湖区教育局提出"淡化行政隶属关系，强调区内资源共享"的理念，以"平等协商、加强沟通、增进合作、资源共享、协同发展"为原则，创建了"滨湖区域大教育协同发展联席制度"。20多家不同隶属关系的高校、院所、景点、场馆、部队等单位集结在一起，打破行业界限，密切区域协作，共建共享，丰富和延伸学校教育的内容和形式。在该机制支持下，滨湖教育打破学校界限，江南大学体育学院被授牌为"滨湖区中小学素质拓展训练基地"，校园内的服饰馆、酒文化馆、钱绍武雕塑馆等都成为该区学生综合实践活动基地和课程基地。昔日横亘在中小学校与社会优质教育资源之间的"围墙"被拆除，完美拓展了学习空间的宽度。全区青少年学生积极参与丰富多彩的实践教育活动，如走进军营，体验军营生活，走进农林科研单位，了解家乡农林渔业的发展情况和相关科学知识，走进体育场馆和文体中心，学习和掌握文体技能，在更广阔的社会大天地中获取知识养料。学生在与广阔的社会生活和各种资源环境的接触中获得丰富的实践经验，形成并逐步提升对自然、社会和自我之间内在联系的整体认知。

三、引资共建，拓展空间高度

在综合素质拓展教育活动中，学校除了积极争取校外活动场所的支持、建立课程资源的协调与共享机制外，还应充分发挥实验室、专用教室及各类教学设施的作用，有条件的学校可以建设专用活动室或实践基地。

在打通行业壁垒，拓展学习空间宽度的同时，滨湖区教育局引导学校打破界限，走出"文化孤岛"，与一些单位合作，引资共建，把特色教育课程基地直接建在学校内，完美拓展了学习空间的高度。如区人防办在滨湖中学内建设的"人防民防教育基地"，区环保局在雪浪中学内建设的"环保实践基地"，区法制办在蠡园中学内建设的"法制教育基地"等，一流设施，高位运行，体现学习空间的专业高度。另外，区教育局还支持学校结合自身办学实际，自建特色课程实践基地，如东埠实验学校的农耕文化园、雪浪中心小学的四季田园课程基地、蠡园中心小学的学军实践基地等。学校精心布置学习活动环境，设计学习活动项目，为学生营造一个新的学习和成长空间，让其在基地活动中磨炼意志、熔炼团队、陶冶情操。

走出校园看学校，打通互联校内外教育资源；走出学校看教育，跨界整合业内外教育资源；走出课本看课程，放眼融合书内外教育资源。滨湖教育人在不断探索中，着力促成综合素质拓展教育空间的立体可视。在以后的实践中，我们将在以下两个方面深入推进，一是在滨湖区"卓越教育联盟"背景下，不断丰富区域优质教育课程资源，打造"卓越教育联盟"学校课程基地，搭建多元联通平台，实现区域学习空间建设水平的完美提升；二是集合智慧校园的建设，以"互联网+教育"为创新导向，打造区校两级共建共享平台，突破传统时空限制，实现时间和空间范围的延伸，为拓展教育提供高质量、常态化的资源支撑。

（作者单位：无锡市滨湖区教育研究发展中心、无锡市蠡园中学）

综合素质拓展学习方式创新的区域实施策略

徐国新

【摘　要】立德树人、教书育人，需要更新观念，创新方式。滨湖区推进学校在开展综合素质拓展学习活动时，通过社团学习、基地学习、社会学习的方式方法创新，促进学生综合素质的发展和完善，落实立德树人的教育核心任务。

【关键词】区域　综合素质拓展　社团学习　基地学习　社会学习

国际21世纪教育委员会向联合国教科文组织提交的报告《教育——财富蕴藏其中》指出：面向21世纪教育的四大支柱，就是要培养学生学会四种本领，即"学会认知、学会做事、学会合作、学会生存"。但如果完全依靠学科课程、课堂教学则很难做到，必须借助综合实践活动。"综合实践活动的学习是科学认知、技术体验、社会参与、文化觉醒、生命感悟五个层次的学习。"[1]我们在推进区域综合素质拓展实践活动中，转换学习场地，创新学习方式，追求五个层次的学习，立德树人，发展素质教育。

一、从班级学习走向社团学习

《中国教育现代化2035》提出要更加注重全面发展，大力发展素质教育，促进德育、智育、体育、美育和劳动教育的有机融合。滨湖区教育局把社团学习作为青少年综合素质拓展的重要抓手，着重从内、外两方面入手推行社团建设，让学生的综合素质拓展学习从班级走向社团。

"内"是指各校充分利用自身师资力量，或是把学有专长的学生家长、社会相关有资质人员引入学校教学，建立各类社团，建设富有区本与校本特色的课程，定时定期活动学习，为学生的全面发展奠定良好的基础。同时，也要求学校从实际出发，充分利用学校周边资源成立特色社团，像雪浪中学的"雪浪茶艺"社团就很有特点和影响力。区教育局倡导学校成立一些体现地方传统文化气息的社团组织。当前一些传统文化面临后继乏人的窘境，成立这样的社团组织，让地方文化的火种能得以保存，能尽可能地一代一代传承下去。以无锡为例，惠山泥人誉满天下，但面临着断层的危险。原因是多方面的，没能让惠山泥人走入课堂也是一个重要原因。国家课程不能开设，但校本课程、社团活动恰好可以弥补这一缺陷。滨湖区文慧小学让学生走进中国泥人博物馆，跟着老师一起学捏蜗牛，学生通过这样的活动，激发了对泥人的兴趣，了解到泥人传承的现状后，自然生出一种传承泥人文化的责任感和使命感。正如有的同学在作文中写的，"惠山泥人是家乡的名片，是艺术的瑰宝，我要让大阿福的微笑永远流传下去！"

"外"是指建立区域活动联盟和区域特色展示评比活动，比如推行"棒球发展联盟""玩转足球传奇"等区级层面的大型比赛活动。以评比促进学校社团建设，以比赛提升社团质量。我们还建立了一套考核评价机制，以此纳入校级领导的年终考核成效评价体系，有效保证各校社团工作的落实和推进。在区域内推动社团学习活动，不仅丰富了学生校园生活，有效弥补课程开设的不足，而且多样的社团类型，更有助于学生个性特长的发展。

二、从课堂学习走向基地学习

目前，我区青少年学生以独生子女居多，一些不良的行为和心理比较普遍，比如：心理脆弱，抗压能力弱；以自我为中心，团队意识差；意志薄弱，吃苦精神少；等等。这些问题，单靠学校的学科教育很难解决。如何培养孩子健全的心智品质？教育局依托区域内丰富的社会资源，投入大量资金，与之共同开发建设区域青少年实践基地，用精心设计的活动项目为青少年设置一个新的学习和成长的空间，让学生从课堂学习走向基地学习，开展团队身心拓展训练活动。目前已建成江南大学实践基地、民防科普拓展教育行动实践基地、马山生态环境拓展教育活动基地等。这些基地的建成，使滨湖区青少年有了更高等级、更大规模的实践基地，让他们能在不同学段接受不同的拓展训练。区级基地活动课程总目标为"走进基地，探索奥秘，培养能力，提高素质"，但不同基地的教学目标定位各不相同，形成互补，有助于滨湖区域内的青少年接受系统完整的拓展训练。基地内的拓展训练，注重学生的感受学习，鼓励青少年在体验中学习，而不是单单在课堂上听讲。以马山实践基地为例，学习时间两天，有篝火晚会、急救包扎、火场逃生、"希望大厦""鼓动人心"、走木板等学习项目，学习形式以小组为单位，侧重游戏体验，强调团队合作。雪浪中心小学等学校还让学生走进农耕基地参加劳动实践。还有许多学校带着学生走进博物馆、花卉园、影视基地、科研场所等活动基地学习。这种基地体验式的学习，更有效地帮助学生建立良好的生命意识，提高他们的团队协作意识，培养他们优良的心理品质，拓宽他们的知识视野，树立起面对未来社会所必须具备的良好素质。目前，基地建设更加成熟，拓展内容愈加丰富。每学期到基地进行拓展学习已成为滨湖区各中小学固定的学习内容，基地丰富多彩的活动深受青少年的喜爱。通过基地"在场"学习，优化学生的知识结构，丰富学生的社会实践，培养学生的创新思维和实践能力，使学生在学习和实践活动中成长。

三、从学校学习走向社会学习

"读万卷书，行万里路"，"纸上得来终觉浅，绝知此事要躬行"，这些名言无不告诉我们实践的重要性。研学旅行是一种通过旅行，"在场"观察开展的一种体验式学习活动。研学旅行，一方面能激发学生的兴趣，在学习活动中加深对书本知识理解，实地感受风土人情、自然环境和历史文化等丰富知识，另一方面还能把各学科知识融合起来，优化知识结构，形成更高级的知识信息。因此，我们注重研学修行，让学生从学校学习走向社会学习。为了规范、有效推进研学活动，教育局提供研学菜单，供学校选择研学线路，按不同年级开展丰富的研学修行，并编写了《研学修行知与行》《跟着课本做研学》等系列图书作为研学指南，将学生的个人知识、直接经验、生活体验看成重要的课程资源，让学生通过考察、探究等一系列实践活动来完成学习内容，达成课程目标。以九年级"赏黄山自然风光，探徽州独特文化"研学修行为例。在三天的研学活动中，第一天在世界文化遗产地——宏村，参观有徽州古建筑特点的乡村、民居、水系砖木石雕及建筑所附属的楹联，通过这样的游学，学生了解了徽州古建筑类型、三雕工艺与楹联文化，理解了"家园"与"安居乐业"的含义。第二天登临黄山，学生进行多角度、全方位的研学：跟着徐霞客的黄山游记行走，学习课文《飞红滴翠记黄山》，认识沿途所见植物花卉，欣赏名家画笔下的玉屏楼、光明顶等处实景，揣摩玉屏楼、鳌鱼峰、始信峰等处名家摩崖石刻，探究黄山地质地貌特征，锻炼登山的意志毅力。第三天到全国历史文化名城、古徽州府所在地——歙县，学习徽州民歌、徽州剪纸，走进历经百年沧桑的老厂区，参观徽墨与歙砚的生产线，了解徽墨配料、做墨、修墨、晾墨、描金等十一道工序，体验徽墨描金工序，制作一锭徽墨作为徽州研学的纪念品。研学旅行活动，丰富了学生课程履历，"课程履历的完整性、规范性和丰富性对课程目标的达成，特别是对学生核心素养和学科关键能力发展具有实质性影响"[2]。在系列研学旅行、社会学习的活动中，我们力图把知识融会贯通，优化知识结构，激发学生学习主动性、积极性，提升学生社会生活文化综合素养。

《中国教育现代化2035》提出"八个更加注重"的基本理念。我们大力创新学习方式，精心建构多种综合实践活动，努力促进区域青少年德智体美劳教育的有机融合，实现青少年文化知识学习和思想品德修养的统一、理论学习与社会实践的统一、全面发展与个性发展的统一目标，为学生全面、终身发展奠定坚实基础。

【参考文献】

[1] 郭元祥.新时代背景下综合实践活动课程建设[J].综合实践活动研究,2018(10):5–6.

[2] 郭元祥,李炎清.论学生课程履历及其规约[J].课程·教材·教法,2016(2):17–23.

（作者单位：无锡市立人高级中学）

浅议小学综合素质拓展课程开发策略

季 珠

【摘 要】 小学综合素质拓展课程的开发具有深远意义，它符合党和国家对青少年成长的教育宗旨。本文阐述了小学综合素质拓展课程开发的基本原则、内容和评价，列出了该课程开发的策略。

【关键词】 综合素质 拓展课程 课程开发 策略

区域青少年综合素质拓展课程是无锡市滨湖区教育局以习近平总书记提出的"立德树人"时代要求为目标指向，以马克思"人的全面发展"理论和素质教育理论等为理论导向，以十八届三中全会《关于全面深化改革若干重大问题的决定》中有关教育改革的指示精神和《国家中长期教育改革和发展规划纲要（2010—2020）》中"坚持全面发展"的文件精神等为政策依据，积极探索提高青少年身体、心理、道德、文化、能力等综合素质的课程建设，力求"实现青少年文化知识学习和思想品德修养的统一、理论学习与社会实践的统一、全面发展与个性发展的统一"，形成的一套富有区域特色的青少年综合素质拓展教育课程体系。小学综合素质拓展课程开发是区域青少年综合素质拓展课程建设的重要组成部分。

一、小学综合素质拓展课程开发的基本原则

小学综合素质拓展课程的目标指向学生的品德、身心、学习、创新、国际、审美、信息、生活这八个核心素养的发展，综合素质拓展课程的设立满足学生的个性化学习需求，开发学生的潜能和特长。各学校根据学生情况、发展目标和教育资源开展个性化课程开发，需要遵循以下原则：

1. 目标导向原则

以促进学生品德、身心、学习、创新、国际、审美、信息、生活这八个核心素养的发展为依据。

（1）培养学生的自主意识。拓展基本知识，提高基本技能，形成选择学习、自我规划和自主学习的能力。

（2）培养学生的实践能力。培养学生收集、处理和运用信息的能力，运用知识解决实际问题的能力，表达、交流和合作的能力，加深对自然、社会、自我的认识和体验。

（3）培养学生的创新欲望。在学习与日常生活和社会发展密切相关的、较为浅显的知识与技能的基础上，尝试自己动手操作，亲身体验，认识自然和社会。

（4）懂得培养良好行为习惯的重要意义，基本掌握生活中的各种文明礼仪，以及有关学习、生活、工作等方面的基本知识，养成学习、工作、生活等方面的良好行为习惯。

（5）提高学生的思想品德修养和审美能力，陶冶情操，增进身心健康，感受生活中的美和快乐。

（6）培养学生的团结协作和社会活动能力，学会交往、合作，使学生热爱学校、热爱生活，适应社会。

（7）发展兴趣爱好，逐步形成良好的个性心理品质和健全的人格，具有公民意识、社会责任感和创新精神。

（8）适应时代的变化，为终身可持续发展奠定个性化的基础。

2. 基础衔接性原则

加强各学段课程的相互衔接，明确各学段的课程目标和教学要求。明确课程阶段性目标，既不要超前教学，也不要滞后。学校应该全面了解三个学段九个年级的教学目标，并加强教师对各类课程的学习、解读，注意不同学科之间的联系和整合，减少重复交叉的教学内容，鼓励开展跨学科以及全课程教学，提高学生分析和解决实际生活问题等的能力。此外，还需要统筹利用好校外各类课程资源，为培养学生的综合素质服务。

小学阶段的学校设计和开发综合素质拓展性课程时，不要一味追求"高大上""系统化""加深加难"，应着重在"小趣活"上做文章，应更多地关注学生兴趣和潜能的发展，更多地关注学生品行修养、创新思维和实践能力的培养。

3. 适宜性原则

（1）课程设计还需要做到因地制宜、因材施教，体现区域研究的特色化。从区域层面推进综合素质拓展教育研究要充分体现区域特色，应对已有的特色课程、实践基地进行梳理，重新进行科学论证，依托区域特有的教育资源制定的发展目标进行系统化设计。

（2）具有学校特色。课程设计重在体现学校特色化办学宗旨，并且充分考虑学生智力水平、学习风格、学习兴趣、学习基础的差异，制定适宜学生的综合素质拓展课程，为发展学生核心素养服务。

二、小学综合素质拓展课程开发的内容

1. 分析情景

无锡市滨湖区教育局树立"大教育观",拆除学校"围墙",改善传统教育模式,进一步促进教育与社会生活实际相结合,加强学校教育与社会教育的沟通、协调和融合,充分发挥社会教育资源的育人功能。充分开发和利用本区域内丰富的社区教育资源,如马山龙头渚综合实践活动基地、太湖花卉园活动基地、龙寺生态园、无锡博物馆、无锡科技馆、江南大学素质拓展基地等,积极探索和建立社会资源和学校课程资源的整合机制,使具有育人功能的社会教育场馆成为我区中小学生开展课程学习,进行社会实践的教育场所,从而推进中小学生科学精神和社会责任感教育,进一步促进学生综合素质培养。为进一步加强学校体育、艺术、科技教育工作,推动学校的特色项目建设,促进学生的全面发展和健康成长,滨湖区教育局还专门出台了《滨湖区中小学实施学校体育、艺术、科技教育"211"项目指导意见》等文件,要求全区中小学围绕学校现有的体育、艺术和科技特色项目,持续开发和利用课程资源,不断亮化学校特色,切实提高学生的艺术、运动和科学素养。

2. 制订开发计划

(1) 制订学校拓展性课程开发和实施规划,合理而有序地安排课程,增强课时安排的灵活性和课程对学生的适应性。

(2) 指导教师根据学校课程规划和学生学习需求,编制拓展性课程模块或主题的实施纲要(或教学大纲),明确教学目标、内容安排、教学方法和评价方法。

(3) 建立学生选课指导和管理制度,帮助学生根据兴趣爱好、学习基础、社会需要等,选择适合自身特点的拓展性课程,合理配置拓展性课程的学习资源。

(4) 最大限度地调动教师在课程开发和实施上的积极性、主动性和创造性。

(5) 积极开发利用各种课程资源,如学校的图书馆、实验室、专用教室,网络学习资源,社区和社会教育资源等,发挥博物馆、展览馆、青少年活动中心等校外教育基地的作用,引导社会各界参与学校拓展性课程的开发和建设。

3. 开发内容

根据学校的特点,结合学生实际。本着以学生为本的教育理念,在综合素质拓展课程的制定和开发上力求课程的多样性、趣味性和综合性。拓展课程由限定拓展课程和自主拓展课程两部分组成。

(1) 限定拓展课程。① 专题教育:学校依据国家要求设置专项教育内容的教学科目,如消防安全教育、环境与卫生教育、国防教育、法制教育、交通安全教育以及健康教育等。② 实践活动类课程:包括信息技术、劳动技术、科技活动、调查探究、社会实践等课程,旨在引导学生探究自然、体验生活、了解社会,着重培养学生动手实践、

科学探究、团结协作、服务社会的能力。例如,"民防科普拓展教育行动""马山生态环境拓展教育活动"。③体育锻炼:由体育组老师和班主任老师共同带领学生开展阳光体育活动。

(2)自主拓展课程。自主拓展课程是学生自主选择修习的课程,主要由基础型课程延伸的学科课程内容和满足学生个性发展需要的其他学习活动组成,是学校根据国家教育培养目标及本校的办学理念,为满足学生的兴趣爱好和个性特长发展需要,以学生为主体,整合各类社会资源共同开发的适合学校特点和条件的拓展型课程。课程内容符合广域性、层次性、动态性、开放性的原则,可以依托校级兴趣小组和各年级开设的学生自主选择走班制的"小红花缤纷课程"展开。

课程选择举例

科目		内容举例
兴趣活动	科技类	航模、车模、种植、小实验、小制作……
	艺术类	戏剧、舞蹈、绘画、器乐、工艺编制、剪纸、泥塑、摄影……
	体育活动	球类、棋类、体育游戏、形体训练、韵律操……
	学科应用类	读书读报交流、外语情景创设活动、生活中的数学、数学思维活动、课本剧表演、测量、信息小报、剪贴报……
实践活动	社会考察实践活动	社会考察、访问、远足、观剧……
	校园文化活动	歌咏节、科技节、游戏节、体育节、学生社团活动……
	自我服务与公益劳动	服务、小家务、绿化种植……

三、后期应注意评价反馈

《关于深化义务教育课程改革的指导意见》提出,建立和实施九年一贯的学生综合素质评价制度,全面、真实、客观地评价学生的学业成绩和综合素养发展水平。学生综合素质拓展性课程的学习情况是评价学生综合素质的重要依据。综合素质拓展性课程的学习评价应视学段和课程的不同,采用过程评价、结果评价等多种评价形式相结合的方法,以适应拓展性课程的多样性特点。教师可通过学生的出勤情况、学习热情程度、学习感受交流情况、学习情况记录、作业(作品)分析、团队合作意识,以及其他学习过程的记录等,对学生的课程学习进行综合评价。知识拓展类可在课程学习结束时安排集中书面考查。体艺特长类和实践活动类考核可采用口头表达、才艺展示、模拟表演、实验操作、实验探究报告、调查报告、作品展示、小论文、表演、特长认定等多种方法。综合素质拓展性课程要特别重视引导学生根据学习活动记录档案,以及完成作业(作品)过程的记录或结果进行自我评价。评价结果可用等第、分数、评语等形式表示,也可以根据课程、学段特点采用其他方法表示。学校和教师也应该根据学生学习情况,在课程设定实施上做出积极调整。

(作者单位:无锡市育红小学)

青少年综合素质及拓展教育的价值研究

孙 青

【摘 要】 青少年是祖国的希望、民族的未来,促进青少年综合素质的发展是关系国家和民族的大事。进入21世纪,素质拓展训练开始兴起,得到了社会各界的广泛关注。本文从价值意义角度阐述了素质拓展教育与传统教育对青少年综合素质发展的不同促进作用。

【关键词】 青少年综合素质 拓展教育 价值

一、背景

青少年是祖国的希望、民族的未来,促进青少年综合素质的发展是关系国家和民族的大事。20世纪90年代,国际21世纪教育委员会在向联合国教科文组织提交的报告《教育——财富蕴藏其中》中指出,面向21世纪教育的四大支柱,就是要培养学生学会四种本领:学会认知(learning to know)、学会做事(learning to do)、学会合作(learning to together)、学会生存(learning to be)。四大支柱也正体现了素质教育的目标,"使学生学会做人、学会求知、学会劳动、学会创造、学会生活、学会健体、学会审美"。世界各国都非常重视青少年一代的基本素养,都在不断探索青少年综合素质培养的模式和途径,以此作为推进国家可持续发展的一项重要战略。2012年,中华人民共和国教育部颁布了《关于积极推进中小学评价与考试制度改革的通知》,第一次提出了"基础性发展目标"的概念,分为"道德品质""公民素养""学习能力""交流与合作能力""运动与健康""审美与表现"六个方面,并指出综合素质评价的内容应以这六个方面为主要依据。这是我国对以往素质教育和学生评价等方面探索工作的梳理和提升,为我国各地区深入开展综合素质教育与评价提出了更为全面、科学的指标体系,一些省、市、地区都据此不断推进课程改革,深化素质教育。

进入21世纪以来,素质拓展训练开始兴起,它以其新颖、独特、高效的培训形式,得到了社会各界的广泛关注,从而在社会上掀起了一股素质拓展训练的热潮。这种素质拓展训练的目标主要包括体能、生存训练、心理训练、人格训练、团队管理等方面,拓展训练活动通常利用崇山峻岭、浩瀚山川等自然环境进行，通过完成培训方精心设计的活动达到"磨炼意志、陶冶情操、完善人格、熔炼团队"的目的。目前，这种专门从事素质拓展训练的培训机构比较多，活动项目也越来越丰富多彩，参与拓展训练活动的对象主要是一些比较大型公司的员工、一些机关事业单位的领导团队等。在社会需求和行业利润追求驱使下，国内的拓展训练主要阵地仍在社会商业拓展培训这一块。但是随着社会发展和人民生活水平的不断提高，以及拓展训练受到教育系统的关注日渐增加，现在的拓展训练正逐渐向拓展型旅游和学校拓展训练方面渗透。

因而，开展区域性的青少年综合素质拓展教育实践研究，是对当前国内外教育热点的一种必要回应，也是我区基础教育质量提升的必然选择。

二、核心概念

青少年综合素质是指青少年在先天生理的基础之上，经过后天的教育和社会环境的影响，由知识、经验内化而形成的相对稳定的素养和品质的总称，主要包括身体、心理、道德、文化、能力等方面。本课题研究的对象主要指义务教育阶段的在校学生。

拓展教育是指在全面深入理解青少年综合素质内涵的基础上，针对人的发展和社会发展的实际需求，对国家和地方课程做出科学、合理、必要的开拓，丰富和拓宽人才培养途径和方式，进一步提升青少年综合素质的教育实践活动。本课题更加注重校内教育与校外实践的结合，更加注重"读万卷书"与"行万里路"的融合。

三、青少年综合素质及拓展教育的价值

1. 对学生个体的影响

青少年时期属于一个人性格修养的塑成时期，一个人成年后拥有什么样的性格修养往往取决于青少年时期的培养。我国传统教育的弱点在于重视对学生进行知识的传授，并把传授知识技能当作教学的最终目的。这种教师为了教而教、学生为了学而学的态度完全有悖于真正的教育理念。将教育完全局限于课堂内、书本上，无疑是对青少年学生的摧残。

我国著名教育家陶行知先生提出"生活教育"理论，他认为生活即教育、社会即学校、教学做合一，主张教育同实际生活相联系，反对死读书，注重培养儿童的创造性和独立工作能力。在陶行知看来，生活就是教育，就是教育的内容。他的生活教育内容博大无比，是动态的，因生活的变化而变化，因而也是全面的，由此而开展的教育是有利于受教育者终身发展的。唯有把生活和教育相结合，才能促进人的全面发展，塑造出德智体美劳全面发展的人才。

青少年综合素质及拓展教育践行了陶行知先生的思想，要想培养出全面发展的人就要在做中学，教学做合一。这不仅给青少年学生带来了学习的乐趣，让他们远离死记硬

背，还在一定程度上激发了学生的潜能，完善了学生的个性，使之成为身体健康与心理健康的全面发展的人。

2. 对教育的影响

拓展教育与传统教育最大的区别在于拓展教育完全以学生为中心，以学生的"学"为主。在拓展训练里，"学"是为产生某些预期结果而特别为学生设计的一些活动。而"教"是旨在通过信息、练习、游戏等方式为学生创造学习的外部条件和环境，教师只是给予及时的启发和诱导。拓展训练里学生是学习的主人，是教学过程中的主体，学生在充分的参与过程中体会到学习是一种莫大的乐趣。因此，这种体验式的教学方式进入校园将有利于加快转变传统教育观念和教育模式。

原国家教委副主任柳斌同志于1987年在《努力提高基础教育的质量》一文中使用了"素质教育"一词。素质教育注重在教育过程中把人的全面发展放在中心地位，注重人的整体素质的全面提高，注重人的个性发展以及创新精神和能力的提高，发挥人的潜力和能力，为人的发展提供条件，并使人有能力掌握自身的发展，将个体的发展与社会发展统一起来。社会对受教育者素质的要求总是不断发展的，但素质教育具有鲜明的时代特征：第一，主体性。素质教育充分弘扬人的主体性，关注个性发展。第二，全体性。素质教育是面向全体的教育。第三，全面性。素质教育要求全面发展学生的生理素质、心理素质、文化素质。第四，长效性。素质教育强调培养学生的基本素质和终身学习能力，促进学生可持续地自主发展。围绕着这四大特征，青少年综合素质教育及拓展教育将为教育打开一扇通向新世界的大门，为孩子们的快乐学习奠定坚实的基础，对深化教育改革有着重要的意义。

3. 对社会的影响

青少年综合素质及拓展教育从本质上说就是全面贯彻党的教育方针，以提高全民素质为宗旨的教育。它着眼于受教育者和社会长远发展的要求，面向全体学生，以全面提高学生基本素质为根本目的，造就适应社会主义建设需要的高素质人才。

众所周知，人才是一个国家生存发展的基础，然而，何为"人才"？社会需要什么样的人才？当今社会，创新是知识经济的灵魂，创造力是衡量科技人才质量的重要标准。而培养学生的创造力和创新精神又是素质教育的重点。激发想象潜能，培养学生的创造力是拓展训练的重中之重。例如"罐头鞋""扎筏""电网"等很多项目，都是为培养学生创造性思维而设计的。活动中没有人教你怎么做，你没有在书本上学到过这样的知识，要完成这些任务只能靠自己，发挥你的想象力，挖掘你的创造力和实践动手能力。在这种特定的环境中你会发现，你的思维是那么具有创造性，想象力是那么丰富，动手能力是那么强。拓展教育给了青少年一个激发自己创造性思维的空间，一个培养自己实践动手能力的场所。

此外，青少年综合素质及拓展教育还教会学生如何合作，将团队精神与学习相融合，教会当代国情下的孩子学习过程中不一定只有竞争关系，有时候合作要比竞争收获更多。让孩子们在竞争与合作中成长、收获，待他们走进社会时，他们将自然地适应这个竞争激烈又处处合作的社会。

总之，青少年综合素质提高了，那么随之而来的将是一个富强、民主、文明、和谐的国家。青少年综合素质及拓展教育不仅仅为青少年的全面发展打下基础，还是整个时代背景下的必然趋势，而我们新一代的教师唯有响应时代的号召，才不负党和人民的信任。

（作者单位：无锡市育红小学）

学校综合素质拓展教育实践途径研究

邹 莹

【摘 要】 培养学生综合素质是推进国家可持续发展的重要战略。学校可把综合素质拓展教育与综合实践活动、校本课程、学科课程的实施相结合,寻求和建设拓展基地,建构拓展社团,组织拓展训练和实战。

【关键词】 综合素质 拓展教育 实践途径

一、背景分析

一位西方教育家指出:"素质是青年综合发展的合金。"培养学生综合素质是推进国家可持续发展的重要战略。各个学校也在不断探索综合素质拓展的多种途径,但是仍然面临一系列挑战。

1. 综合素质拓展教育场地的局限性

综合素质拓展教育局限于学校之内,很难进行有针对性的和全面的素质拓展活动。当今,学生的大部分精力和时间都分配给了文化知识学习,学生的生存能力、合作能力、探索精神等综合素质都有逐渐弱化的趋势。学生在学校内积累再多知识,如果没有必要的社会生存能力,也很难承担国家未来发展的重任。

2. 综合素质拓展教育内容的单一性

综合素质拓展教育依据目的划分,分别是身体素质拓展教育、社会素质拓展教育和心理素质拓展教育。从目标指向来看,学校各类活动内容比较单一,综合化训练程度不够高,再加上素质拓展活动范围在本区内居多,内容设计方面也缺乏广阔的视野。

3. 综合素质拓展教育形式的守旧性

综合素质拓展教育有别于"拓展训练""综合实践活动""体育课"等有训练课程形式的活动,"拓展教育"更多地指向学生个体的综合素质,更加突出实施过程中的系统性、规范性和发展性,并赋予其教育意义;而有训练课程形式的活动则更多地体现出随机、点状的特点。

二、学校综合素质拓展教育的实践途径

1. "基地式"综合素质拓展教育——与综合实践相结合

我校拆除学校"围墙",改变传统教育模式,把教育和社会生活实践紧密结合,加强学校教育和社会教育的沟通融合,充分利用社会教育资源的育人功能。我们走进无锡科技馆、无锡华莱坞、无锡动物园。无锡科技馆中有许多高科技发明,学生能够近距离与高科技发明接触,感受科学的奥秘,进一步激发自身努力学习的热情和探索科学奥秘的好奇心,推进小学生科学精神教育。无锡华莱坞实践活动基地是不少电视剧、电影采景的地方,学生身临其境,感受着古代、现代、近代不同的时代背景下的故事,从中了解不同时代的文化,有利于他们加强对知识的理解和认知,激发他们探索未知时空的热情。无锡动物园有很多动物,有些动物是学生们从来没有见过的,这能激发他们对动物的喜爱之情和保护动物的社会责任感。在基地中,学生还有机会自己动手捏塑泥、自己制作面具等。滨湖区地理位置优越,区域教育资源十分丰富,还有鼋头渚、太湖花卉园、博物馆等综合素质拓展基地。每学期学生都有机会进入这些社会实践教育场所,这对于培养学生的创新与动手能力,进一步促进学生综合素养的提高都大有益处。

2. "社团式"综合素质拓展教育——与校本课程相连接

小学校园应该是孩子成长的乐园,更应是他们快乐玩耍、乐于尝试、敢于体验的场所。在校园里,学生交往能力、合作意识、沟通能力等素质也应逐步提高。校园社团是小学生素质拓展的有效载体,小学生因为兴趣爱好或相似的特长聚集到各个社团中,在共同目标的激发下,集思广益,取长补短,使综合素质得到提高。我校"小红花"艺术社团,采取走班形式,学生根据自己的爱好自主选择社团。社团种类较多,如折纸、简笔画、书法、数独、泥塑、围棋等。社团辅导老师要制订相应的社团课时计划,其中包括每节课的活动内容、活动目标等,社团活动时间固定在每周五下午,每节课都有学校行政人员检查,拍照留档,以保证每次社团活动有效进行。我校还研发相关的校本教材和视频,比如魔方社团操作视频、书法社团范写视频、小古文社团教材等。鼓号队社团、合唱队社团等代表学校取得了优异的比赛成绩。学校的每个学生都有展现自己能力和才华的平台,都有提高自身综合素养的广大舞台。

3. "训练式"综合素质拓展教育——与学科课程相融入

滨湖区教育局出台的《滨湖区中小学实施学校体育、艺术、科技教育"211"项目指导意见》等文件加强了学校体育、艺术、科技教育工作,鼓励学校建设特色素质拓展项目,促进学生的综合素质全面进步和健康发展。我校围绕现有的体育、艺术和科技特色,如跳绳、踢毽子、竖笛、纸飞机,持续开发和利用课程资源,使学生各方面素养有所提升。与传统的课堂相比,新颖的素质拓展训练教育可以增加课堂的趣味性,提高学生参与课堂的热情,但又不失传统比赛的规则要求。"训练式"综合素质拓展教育大都

是在虚拟背景下，配合简单器材进行的活动。比如，音乐学科中利用笛子促进学生手脑并用，开发右脑形象思维，真正在轻松愉快的环境中达到心灵手巧的目的。体育综合素质拓展训练项目如踢毽子、跳绳，也能玩出单踢、双踢、单跳、双跳等不同花样，我们还在比赛中开评校园"吉尼斯"，使学生在强身健体的同时提高锻炼的热情；"播种与收割"等拓展训练项目不仅提高学生的竞争意识，更重要的是培养了学生的团队合作精神和健康的心理素质。科学课上，在老师的引导下学生制作了不同折法的纸飞机，这不仅培养了学生动手动脑的能力，还激发了其创造性思维。学生既可以在课堂上制作纸飞机，也可以下课玩纸飞机，课内课外相结合，在潜移默化中提高了综合素质。每个学生都能在综合素质训练中获得全新的体验，提高了学习效率，同时也让身体素质和心理素质得到了锻炼。

三、实践反思

1. 寻求学生能力全面发展的综合素质拓展基地

（1）提高学生主体地位，淡化教师指挥痕迹

什么是综合实践活动课？教育部出台的《中小学综合实践活动课程指导纲要》指出，综合实践活动课是培养学生综合素质的跨学科实践性课程，它从学生的真实生活和发展需要出发，从生活情境中发现问题，并将此转化为活动主题，以探究、服务、制作、体验等方式进行。综合实践活动可以和综合素质拓展教育有机结合，弥补综合实践活动课场地和时间不够的不足。在实践活动中，学生通过调查、发现、操作、设计、服务、体验，培养了实践能力、创新和探索精神、交流合作能力、社会责任感等综合素质。这种实践活动也就融合到综合素质拓展教育中，帮助学生提高发现和解决问题的能力，推进了自身全面进步与发展。教师在活动中仅仅是引导者，可以提出自己的建议，但是不能代替学生去解决活动中出现的问题，过分干预就失去了提高学生综合素质的意义和价值。

（2）注重活动动态过程，淡化活动获得结果

意大利教育家蒙台梭利说："我听到了，但随后就忘记了；我看到了，也就记得了；我做到了，也就理解了。""做"的过程就是活动的过程。在基地实践中，既要注重过程，也要兼顾结果，要摒弃传统教育只重结果的做法。过程体验是综合素质拓展的目标所在，学生只有在实践过程中才能有所感悟和理解，才能获得必要的社会和生活经验。老师也要考虑到可能出现的情况，学生团体和个体可能成功也可能失败，要引导学生不要把团队的失败责怪到个人身上，也不要因为不好的结果而自怨自艾。综合素质拓展活动无所谓成和败，在失败中总结教训，在成功中总结经验，对活动本身来说就是成功的，对学生来说就是素质的一次大提升。综合素质拓展在活动中以生为本，体现了活动的教育性，彰显了基地教育特色。

2. 建构师生共成长和学生自我发展的综合素质拓展社团

(1) 激发自主管理,促进学校特色发展

教育家陶行知先生说:"最好的教育是教学生自己做自己的先生。"只有尊重学生自己的需求和选择,才能激发学生创造和发展的潜能。社团活动的主角应当是学生,应当锻炼学生自我管理的能力。但是小学生年龄较小,特别是低年级学生,对事物的认知还比较浅,自我约束能力不足,所以老师可以引导制定规则和相关活动要求,促进所有社团成员参与到社团的管理活动中。学生自我教育的主观能动性要发挥作用,还需要老师深入了解学生的困难与实施活动中的问题,及时采取措施。老师在指导社团活动时,不仅要促进学生个性发展,还要促进大多数学生人格健全发展、技能提高,把社团规划与学校特色有机统一,评出一系列精品社团,作为社团引领的楷模,满足综合素质拓展提高学生自主参与意识和自我教育的需求。

(2) 搭建可持续平台,以核心价值观为指导

党的十八大报告指出,倡导富强、民主、文明、和谐,倡导自由、平等、公正、法治,倡导爱国、敬业、诚信、友善,积极培育和践行社会主义核心价值观。社会主义核心价值观是综合素质拓展教育的重要内容,而社团活动是综合素质拓展教育的有效渠道。在思想上要改变学生只将社团活动看成是"兴趣小组"或"课外活动"的观念,要认识到社团不仅是满足兴趣特长的活动载体,也是承载着社会主义核心价值观等方面的综合素质教育的舞台。学生可以通过社团的音乐、美术、舞蹈等多种表现形式获得素质的全面提升。由于没有搭建好展示平台,不少社团都"昙花一现",所以教师有必要采取鼓励手段提高学生的成就感和荣誉感,让学生感受到自己素质的提升以及在集体中的价值。

3. 组织提升学生人格品质的综合素质拓展训练

(1) 加大训练挑战难度,提高心理健康水平

中国著名儿童教育家陈鹤琴先生说:"活的教育第一项原则是:儿童自己可以做的,让他自己做;儿童自己可以想的,应当让他自己想。只有在亲力亲为中,学生才能获得更加深刻的道德感悟。"新编制的《体育与健康课程标准》指出,要通过上体育课提高学生的心理健康水平。传统教学中注重体育训练的竞技性以及掌握系统化的训练技能,涉及心理方面的内容很少。综合素质拓展训练可以弥补心理健康教育的不足,在提高学生人格品质方面发挥重要作用。素质拓展训练内容大多数是针对提升学生心理素质而设计的。综合素质拓展训练利用人为创造或自然存在的各种复杂的环境,加大心理挑战难度,培养学生的意志能力和情感体验能力。学生会在各种"艰难"中鼓起战胜困难的勇气,在尝试探索中发现自己的潜力,克服自身弱点,提升心理健康水平。

(2) 开发益智性训练项目,提升实践创新能力

哲学家罗素指出:"智慧不足和道德缺陷是人类灾难的两大根源。"智慧就是能力,

道德就是品格。不论是个人的发展还是社会的进步，这两种力量都具有重要作用。创新是国家发展的不竭动力，实践创新能力是人才必要的素质条件。培养综合创新精神和提升实践能力是素质教育的要求。在素质拓展训练中，可以设计多种培养创新思维的项目，此项目没有唯一或者固定的解决途径和方法，要求学生结合自己的实践经验，发挥自身和团队的聪明才智，创造性地解决问题。综合素质拓展训练给学生提供了一个展示自己创新能力的实践平台，为学生以后各方面素质的提高打下基石。

（作者单位：无锡市育红小学）

中小学体育素质拓展教育模式的建构与创新研究

黄文龙

【摘 要】 中小学体育教育在区域青少年素质拓展教育中有着举足轻重的地位。为了探索出科学的、完善的学校体育素质拓展教育模式，解决目前学校体育素质拓展形式单一、内容随意、组织不够系统等问题，本研究在深刻理解和把握青少年综合素质基本内涵的基础上，运用行动研究的方法对学校体育在体育文化节、体育运动会、体育特色课程以及体育俱乐部等方面的表现进行梳理，根据国内外在学校体育素质拓展教育上的有效经验，建构出一套系统的青少年体育素质拓展模式，为区域青少年素质拓展教育系统提供有力的体系支撑。

【关键词】 中小学体育　学校教育　素质拓展

学校体育教育有着培养学生运动兴趣、健康行为、健身习惯、运动技能等的作用，它是青少年素质拓展教育的重要阵地，它能促进青少年包括身体健康、心理素质、道德情操、体育文化、运动能力等基本素质的发展，重要性毋庸置疑。中国教育科学研究院于素梅老师指出：体育学科核心素养是通过体育学科学习，学生能掌握与形成的终身体育锻炼所需的、全面发展必备的体育情感与品格、运动能力与习惯、健康知识与行为。[1]体育学科核心素养为学校体育素质拓展教育体系的建构提出了明确的要求和目标。本研究旨在深刻理解学校体育教育中区域青少年素质拓展教育的内涵，考察中小学学校体育素质拓展教育发展情况，秉承理论和实践结合的行动研究方法，在现有资源和经验的基础上，统筹211项目体育课程、学校体育文化、学校运动会以及体育俱乐部等模块，进行整合梳理，构建出一套完整的、系统的中小学体育素质拓展教育的模式，为区域青少年素质拓展教育系统提供配套措施和实践方案。

一、构建中小学体育素质拓展教育总体模块

中小学体育教育需要满足学生对于体育理论知识学习的需求，掌握一般的运动常识；突出学校体育特色文化，建设特色体育课程；既要有培养拼搏精神的竞技体育，也要有全民参与的亲子运动会；组建各类体育俱乐部，增强区域青少年的交流意识。青少年综合素质是指青少年在先天生理的基础之上，经过后天的教育和社会环境的影响，由

知识和经验内化而形成的、相对稳定的素养和品质的总称,主要包括身体、心理、道德、文化和能力等方面。学校体育教育对于学生综合素质的培养具有重要作用。校园体育文化中包含了健康知识、运动常识、生存技能等模块,是素质培养的重要组成部分。体育特色课程的建设能营造全校共同参与运动的良好氛围,帮助学生习得运动技能,促进学生运动能力素质的提高。竞技运动会和全民运动会是激发学生参与运动兴趣的良方,也是班集体建设中荣辱观、成功与失败、团队配合等心理素质培养的有力途径。体育俱乐部中的区域性的单项赛事联动,可以促进区域青少年为学校争光、积极向上等心理素质的培养。

结合体育核心素养和青少年区域性素质教育的具体内涵,对学校体育各项内容进行整合,完善或建构区域性学校体育素质拓展教育,需要全面考虑体育活动对青少年在身体、心理、道德、文化和能力等综合素质方面的影响。一个完整的中小学体育素质拓展教育模式应突出具有学校特色的体育课程建设,并加以精准实施和科学评价;设计有"营养"的体育文化节,让学生多方位地了解体育健康知识;开展全民运动和竞技运动相结合的运动会模式,从竞技拼搏和团结合作方面影响学生的运动兴趣;根据自愿原则加入各类单项体育项目的体育俱乐部,培养学生能实现终身体育目标的运动技能和爱好(见图1)。

图1 中小学体育素质拓展教育总体模块

二、考察与设计体育素质拓展教育具体实施方案

根据历史研究经验和国内外开展的良好的学校体育建设情况,对各个单一模块进行综合分析和考究,结合区域青少年综合素质教育的基本内涵,全面统筹考察,规划出每项内容的具体实施方案,建好"地基",搭好"梁柱",构建整体可控、系统把握、具体可行、效果绩优的完整模式。

1. 依托211项目优势,建构校级特色体育课程

211项目针对区内各校艺术、体育、科技的特色项目建设,要求全区各中小学围绕学校现有的体育、艺术和科技特色项目,持续开发和利用课程资源,不断亮化学校特

色，切实提高学生的艺术、运动和科学素养。目前实施情况不容乐观，活动比较单一，综合化程度不高。一是特色项目内容的选择存在随意性，学校的特色内容近乎类似或者相同，导致学校体育特色不突出。全区体育特色应是百花齐放，各类形式和内容的体育项目要全面统筹安排。二是各校特色体育项目课程建设不完善，学校需要根据实际情况考量，比如师资水平、学生技能水平、课程安排、器材场地等。三是评价方式需要改进，211体育抽测是检验和衡量各校在特色项目建设上取得成绩的方法，从实际情况来看，测试内容比较单一，测试形式不够严谨。作为一个学校的体育特色课程，评价系统需要进一步完善，以便促进课程建设的良性循环。

综合211项目体育特色的建设情况和存在的问题，加强体育特色在素质拓展教育上的作用，从区级到校级的体育规划，需要做到区里整体统筹安排，学校突出课程建设，确定丰富多彩的组织形式，完善全校性的评价体系，构建利于学生素质拓展教育的体育特色课程体系。具体实施方案是：各校提交特色项目内容和相关资源，区域整体统筹安排评定，制定特色项目校本课程，专家诊断课程合理性，校本课程具体实施，区组织211体育特色项目评价（见图2）。

图2　211体育特色项目课程建构流程

2. 创新体育文化节形式，建构学校体育文化新模式

体育文化既能彰显学校的硬实力，也能体现学校对于学生体育素质拓展教育的关注程度。学校体育文化的建设应该是全方位的，是能起到促进学生积极参与体育锻炼作用的，应该是体育理论知识、奥林匹克精神传承以及运动技能展示的平台，甚至是影响到学生健康观、人生观的大文化。校园体育文化是以学生为主体的，以课外体育文化活动为主要内容，以校园为主要空间，以校园精神为特征的一种群体文化，是学校广大师生在实践过程中共同创造的体育物质财富和精神财富的总和。[2]就目前来看，校级体育文化节建设情况"贫富差距"较大，这与各校对于学校体育的重视程度有密切关系。体育文化节影响力不够，形式比较单一，以单项比赛为主要形式，涉及的面不够广，参与人数有限。

综合学校体育文化建设的要求，在理解什么是校园体育文化的基础上，利用体育文化节构建学生体育素质拓展教育新模式。学校应该集思广益，分享有效的成功经验，举办让学生都能体验到的体育文化节。体育知识的传播：开展体育知识专题讲座，可以让学生了解课堂外的体育知识文化；开展体育知识竞赛，可以让学生积极参与，掌握体育理论和技能知识。体育信息的宣传：利用学校宣传栏展示学校的体育运动之星，可以起到榜样的带头作用；利用班级黑板报体育专题的制作和评比，可以激发学生学习体育知识的兴趣。体育技能的展示：结合211体育特色项目，以班级为单位进行展示和评比活动，带动全员参与到运动锻炼中去，养成良好的运动意识和兴趣爱好。体育文化节的活动可以设计为"三类五项"，三类即体育知识传播、体育信息宣传、体育技能展示。从三类中分列出具体的五项：体育健康专题讲座、体育知识竞赛、体育之星评选和宣传、运动故事黑板报制作以及结合211体育特色，以班级为单位进行展示和评比（见图3）。

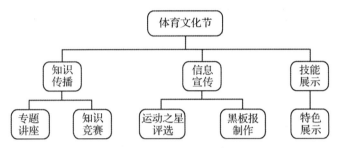

图3 学校体育文化节项目设计图示

3. 举办全民和竞技运动会，建构健康的家校合育模式

学校运动会是学校体育工作的重要环节，学校运动会的开展不仅能对体育教学和体育训练工作起到检验的作用，而且还能激发学生对体育运动的兴趣，促进学生全面发展，提高学生综合素质，并培养学生终身体育的意识。[3]每年的春季或夏季运动会是学校体育的重头戏，是学校体育的一场盛会，综合了各种元素。出场仪式体现了班集体的荣誉感，竞技比赛更是激发人的肾上腺素，场上运动员体现出积极拼搏的竞赛精神，场下啦啦队体现出鼓劲打气的团队精神。这不仅对于班集体建设起着重要的作用，也能培养学生的运动心理和体育技能等素质。就目前来讲，全国中小学学校运动会，无论是在形式上还是在内容上，都具有相当丰富的经验，运动会模式趋于完善。但是，在学校体育运动高举"以人为本，健康第一"的教育思想的前提下，高强度的竞技运动会还远远不能满足学生对于运动的需求。体育新课标明确要求，学校要全面实施趣味运动会，组织各种操作简单、趣味性十足的团体运动活动，以便得到家长和学生的喜欢。学校运动会应该在竞技运动会的基础上，增加全民运动会。

田径运动会和全民运动会可以安排一学期一次，如春季举办竞技运动会，秋季举办全民运动会。田径运动会应该加强运动员和啦啦队的联系，促进班集体荣辱感、责任感的树立。增加班级投稿的评比奖项，举行运动员获奖的颁奖仪式，增强学生的自豪感。全民运动会的活动项目，需要按照年级组来进行安排，低年级组可要求学生和家长共同参加，亲子活动有利于家校合育的建设。低年级安排趣味性游戏，比如两人三足、探险过河等项目，高年级要体现学生体育技能优势，可设置如轮滑大接力、仰卧传球、旋风跑等项目。各个项目都要求班级全员或者是大部分学生参与，学生在集体趣味活动中，身体、心理、技能等素质得到无形的培养。

4. 组建各类体育俱乐部，建构学生团体活动模式

学校体育俱乐部，不仅促进学校体育产业的发展，也能使学生形成正确的体育观

念,对促进学生"健康第一,终身体育"的理念有极大的促进作用。[4]就目前全国中小学体育俱乐部发展情况来看,俱乐部以技能学习为主要目标,与我国学校体育改革"提高学生的身体素质,培养学生的运动习惯,建立终身体育意识"的目的背道而驰。相对于国外成熟的学校体育俱乐部操作模式,我国的学校体育俱乐部形同虚设,与其说体育俱乐部,还不如说是单项运动训练队。这种"训练队"式的体育俱乐部,以比赛成绩为主要目标,多由运动技能突出的学生参加。有别于"家庭式"的体育俱乐部,真正的俱乐部是由一群意趣相投的学生自愿组织、自主安排、自由活动、共同营造的活动环境,没有功利性和成绩的要求。一个完善的体育俱乐部对于学生的身体、心理、技能等素质培养有积极作用。

建立学校体育俱乐部要遵守以下几个特点:自由组织,内容多样,形式丰富,充分利用体育设施和志愿者管理等。在成立俱乐部之前,需要根据全校性的调查情况以及学生的喜好程度,结合学校现有体育资源和场地设施,成立各类单项体育俱乐部并发布招募公告,学生根据自己的喜好和时间自愿选报一项,活动过程中要实现学生自治、老师自愿管理的模式,还可以联校进行俱乐部之间的交流,营造良好的活动氛围(见图4)。

图4 学校体育俱乐部成立和操作模式

三、小结

学校体育教育活动的多元化安排,对于中小学体育素质拓展教育模式的建构有着重要意义。体育活动本身就能全方位地影响学生身体、心理、技能、文化、道德等素质培养。学校体育活动要形成体系,相辅相成,相互影响,构建出一个完整的、有效的体育素质拓展教育模式。本研究结合现有中小学体育发展情况,从四个维度进行重新架构,整体规划,创新活动形式,基本形成了比较完善的体育素质拓展教育模式,对中小学体育教育活动安排提供了参考性意见,也为完善区域青少年素质拓展教育模式提供了体育模式的支撑。

【参考文献】

[1] 于素梅.学生体育学科核心素养及其培育[J].中国学校体育,2016(7):29-33.

[2] 李芸.新形势下上海市中小学校园体育文化建设研究[D].上海:上海体育学院,2014.

[3] 王明红.济南市中小学学校运动会模式的探讨与构建[D].山东:山东师范大学,2014.

[4] 郭伟,滝濑定文.日本中小学体育俱乐部发展经验对我国学校体育俱乐部建设的启示[J].西安体育学院学报,2018,35(1):111-115.

(作者单位:无锡市胡埭中心小学)

初中科技社团拓展教育的实践探索

谢晓春

【摘　要】　近年来,为了全面提升青少年综合素质而兴起的拓展教育受到社会各界的广泛关注。自我校 2015 年申领的滨湖区"区域青少年综合素质拓展教育行动研究"课题成立以来,我校进行了初中科技社团拓展教育的实践探索,并在融合 STEM 教育的基础上逐步建立起围绕重点项目的系列校本课程。本文着重介绍学校相关校本课程的开发、教学模式及成果,希望带给相关领域同行一些借鉴,共同思考并探索未来的发展与实践。

【关键词】　拓展教育　STEM 教育　5E 教学模式　综合素质

一、科技社团拓展教育的开展现状

我校原先的科技社团主要为参加科技比赛而开展了一系列活动,随比赛的内容和规则的变化而变化,存在着随意性、盲目性问题。虽然学校开展科技社团活动也强调对学生创新能力、科学及技术素养的培养,但落实到教学层面则仍多以通过制作一些科技作品和训练一些操作技能来学习科技知识作为目标,且受限于在科技竞赛中取得佳绩这一功利性目的,教学的开展目标仍集中于培养小群体科技竞赛选手。已有的教学设计虽强调合作学习、基于项目的学习等建构主义教育理念,但因其基于一般科技知识的教学手段,不免使教学陷于"学习科技知识"而非"用科技知识促进学习"的传统教学模式中。而我区开展的"拓展教育",更多地指向个体的综合素质,更加突出实施过程中的系统性、规范性、发展性,并赋予其教育价值。所以,我校开展科技社团拓展教育,要明确科技社团拓展教育的目标是提高青少年身体、心理、道德、文化、能力等综合素质,并将该目标落实于科技社团拓展教育的课程开发和教学设计过程,以保证科技社团拓展教育有序推进,从而促使学生的综合素质朝着预设的轨道不断提升。

二、科技社团拓展教育的课程开发

如何开发适合科技社团拓展教育的校本课程呢?拓展教育的目标是提高青少年身体、心理、道德、文化、能力等综合素质。通过查阅相关资料,我们发现如今国际上盛行的STEM（科学、技术、工程、数学）教育有三个特点：一是综合性，能将科学、技术、工程和数学相结合，以整体、联系的思维模式迎接各种现实问题的挑战；二是实践性，能通过互动体验，培养学习者的逻辑思维能力，弱化学习者对于知识的记忆，注重内容的拓展与深化，结合实际经验，构建知识体系；三是灵活性，STEM活动大多以小组的形式有序开展，学习者可自主选择学习的时间、地点、内容，选择的自由度较大。可见，STEM教育既和拓展教育的目标一致，又符合在学校开展科技社团拓展教育的实情。所以，我们在融合STEM教育的基础上逐步建立起围绕重点项目的系列校本课程。

1. 比特实验拓展教育校本课程

原先，我校的比特实验室是通过数字化的实验、积木化的教学、游戏化的过程、个性化的作业和整合化的展示为学生提供一个自我发展的空间，锻炼学生的创新思维和动手能力，增强学生的学习自觉性和热情，全面提高学生成为创新人才需具备的素质。这和拓展教育的目标是一致的，完全可以利用比特实验室来开发拓展教育校本课程。我们根据以前的教学效果，并融合了STEM教育，形成了比特实验拓展教育校本课程。具体开展的校本课程有九个：倒走的时钟、能听会说的温度计、听话的数字温度计、光控小夜灯、智能控制留言机、防盗报警器、节能电风扇、手摇换台收音机和大脑反应速度训练器。

2. 科技模型拓展教育校本课程

学校每年都要参加市航模协会和市少年宫组织的两次科技模型比赛，主要参加橡筋动力杆身飞机、纸飞机、轻木弹射机、四轴旋翼机、电动遥控赛车、电动遥控轮船、电子焊接和电子百拼等项目。为了充分利用学校现有的器材，我们在融合了STEM教育的基础上，最终选取了三个项目进行改进，形成了科技模型拓展教育校本课程。具体开展的校本课程有三个：橡筋动力飞机、冲浪纸飞机和电子创意百拼。

3. 数字实验拓展教育校本课程

具有开放性和易操作性的数字化实验室为激励学生进行研究性学习，自主提出感兴趣的研究课题，自主进行实验研究提供了一个良好的环境。我校利用数字化实验室开发数字实验拓展教育校本课程，提升青少年的综合素质。我们利用数字化实验室来开展理化生兴趣小组拓展教育活动，活动成果以设计并制作实验装置、拍摄活动照片和完成实验报告的方式呈现。根据设备的性能和学情，我们设计了六个数字实验拓展教育校本课程。物理兴趣小组拓展教育活动有两个：水凝固与冰融化，二力平衡的条件；化学兴趣小组拓展教育活动有两个：二氧化碳收集方法探究，物质溶于水温度变化的探究；生物兴趣小组拓展教育活动有两个：比较人体呼出的气体与环境中的气体，探究绿色植物的光合作用。

4. 科技体验拓展教育校本课程

2015年，无锡市滨湖区对科技辅导员进行了一次培训。通过培训，我们了解了国际STEM教育发展的新动态、新趋势，以及国内外青少年科技教育的发展趋势和实施方法；了解了STEM教育的内涵与特征，以及开展课外STEM教育的途径与方法；提高了科技辅导员、教师开展和实施STEM活动的水平，同时系统地帮助教师提升指导学生选题和实施项目的能力；提高了科技辅导员和教师的科技活动策划、设计、组织能力以及动手实践能力。结合我校的实际，我们选取了一些合适的STEM课程并将其改编成科技体验拓展教育校本课程，主要有四个：快递薯片、天然果蔬染色剂、A4纸游戏活动和创意负重纸桥。

三、科技社团拓展教育的教学模式

通过查阅相关资料，我们发现一种比较合适的教学模式——"5E教学模式"。因为该模式既体现了以学生为学习中心的教学方式，又体现了STEM活动的综合性、实践性和灵活性的特点。5E教学模式是由生物科学课程研究的主要研究者之一贝比发展起来的一种建构主义教学模式，这一模式强调以学生为中心，通过运用调查和实验的方法解决问题；强调通过小组合作学习促进学生对科学概念的理解和知识的建构。5E教学模式分为五个学习阶段：参与（Engagement）、探究（Exploration）、解释（Explanation）、迁移（Elaboration）、评价（Evaluation）。因为这五个学习阶段的英文拼写分别以"E"开头，所以被称为"5E教学模式"。5E教学模式分为以下五个阶段：

1. 参与（Engagement）

此阶段的活动设计用于吸引学生的注意力，激发他们思考，帮助他们获取记忆中的已有知识。由教师或学生提出一个现实世界的问题、复杂的问题或者全球性的问题，然后学生运用头脑风暴法产生可能性方案或构建对问题的解释。

2. 探究（Exploration）

此阶段主要给学生时间去思考、设计、调查和组织收集到的信息。在这一阶段中，学生可以通过探究建立起科学、技术、工程、数学和其他学科之间的联系。鼓励学生选择和应用恰当的系统方法回答复杂问题，调查全球性问题，开发解决方案应对挑战和真实世界的问题。

3. 解释（Explanation）

此阶段学生将对他们的探索和探究进行分析和解释。他们表达自己的理解与发现，用多种方式交流。

4. 迁移（Elaboration）

此阶段学生有机会扩大和巩固他们对概念的理解。在活动中，学生制作好模型，可以根据其他组的分享发现问题，进而改进自己的设计。

5. 评价（Evaluation）

评价贯穿于5E教学模式中。教师和学生制定评估标准，确定学生必须知道什么和做什么。在评估中，学生反映他们应对复杂事物、问题和挑战的方案，参与同行评议，通过基于绩效考核的任务来展示自身的理解。在每个活动中，都配有记录单，教师和学生可以根据记录单的评分点对各小组进行评分。

下面以科技模型拓展教育校本课程教学实例——橡筋动力飞机为例加以说明。

参与：通过创设真实情境引入主题

今天，我们比特科学社团收到一封来自育红实验小学的信件，信件的内容是这样的：

尊敬的大哥哥、大姐姐：

你们好！听闻你们比特科学社团开展了丰富多彩的航模活动，希望你们能够帮助我们解决当前所面临的困惑。

拿到"天驰"橡筋动力飞机配件后，我们迫不及待开始做了起来。可是我们做好的飞机飞得并不好，没有多久就掉在了地上。怎样才能使我们的飞机飞得更久呢？希望你们给我们提出一些好的建议，让我们的飞机进一步完善，飞得更好、更久。

今天我们的任务就是以小组为单位，为这些小学生们提出不同的解决方案。

探索：橡筋动力飞机的制作

1. 上网查阅资料，了解航模的基础知识：飞机各部分的名称和作用、升力的产生、如何检查校正、如何手掷试飞等。

2. 学生动手制作橡筋动力飞机：首先根据说明书探索如何定型主翼、安装翼台、安装机翼、安装尾翼、安装螺旋桨、美化机身和安装橡筋，然后再动手制作橡筋动力飞机。

3. 学生放飞橡筋动力飞机：检查校正，手掷试飞。

解释：橡筋动力飞机的飞行现状

大家已经学会了如何制作并放飞橡筋动力飞机，但是大家也发现了小学生们的困惑，即无论如何飞行，滞空时间都比较短。这是什么原因造成的？如何改进？

迁移：橡筋动力飞机的改进设计

今天给大家提供的实验材料如下："天驰"橡筋动力飞机配件、剪刀、美工刀、砂纸、进口橡筋、绕线器、肥皂、蓖麻油、雪花膏、洗涤剂、洗发剂等。每种材料的价格如记录单中所示，每组会有25元的代金券，用来购买材料。

活动要求如下：小组合作，对橡筋动力飞机进行改进设计。根据需要解决的问题，选择、简单加工和组合相应的材料，尝试根据材料的特点进行创造性地运用，体验选择合适的材料对改进飞机性能的重要性。所有改进好的飞机进行改进前后的对比实验，根据评测标准评分，得分最高者获胜。

评价：学生各组间进行结果的互评

首先，请各组将记录单交到讲台上来，请各小组派代表给其他小组的设计按照记录单上的评价标准进行评分；然后，由老师计算总分，评出优胜小组；最后，请优胜小组派代表给大家讲解设计的方法，以及需要注意的事项。

四、科技社团拓展教育的实践成果

通过比特实验拓展教育，学生在快乐互动式的教学过程中，为成就自己人生的梦想树立了信心和方向。多年来，我校共有13项学生科技发明获国家专利证书，23项科技发明获国家专利号。

通过科技模型拓展教育，学生不仅在各类比赛中获得好成绩，而且在比赛时能做到不依赖教练，独立处理比赛时遇到的问题。因为在平时的教学过程中，他们通过探索和研究，已经掌握了最佳的操作技能，学会了处理一些可能遇到的技术问题的方法。

通过数字实验拓展教育，了解和掌握现代实验手段，学生增强了创新意识，提高了实践能力，培养了实事求是、严谨认真的科学态度，认真分析误差，对实验方案和实验结果做出评估，并养成交流与合作的良好习惯。在活动中，学生能很好地设计并制作实验装置、拍摄活动照片和完成实验报告。通过活动推广，他们还让理化生任课教师认识到数字化实验能在一些只能定性无法定量的传统实验以及一些微小或瞬间数据的测量上发挥出巨大作用，调动了老师们的积极性，刺激他们投入到利用数字化实验设计并改进演示实验装置来提高实验效果的活动中。

通过科技体验拓展教育，学生们学会了围绕一个问题来开展原创性研究。在研究过程中，学生们使用技术搜集、分析数据，并设计、测试和改进解决方案，然后与其他同伴交流研究成果。我们知道，科学、技术、工程、数学之间存在着一种相互支撑、相互补充、共同发展的关系。通过科技体验拓展教育，学生在交互中、在相互碰撞中实现了深层次学习、理解性学习，真正提升了身体、心理、道德、文化、能力等综合素质。

总之，科技社团拓展教育确实能提高青少年身体、心理、道德、文化、能力等综合素质。

【参考文献】

[1] 刘文利.科学教育的重要途径——非正规学习[J].教育科学,2007,23(1):41-44.

[2] 吴成军,张敏.美国生物学"5E"教学模式的内涵、实例及其本质特征[J].课程·教材·教法,2010(6):108-112.

[3] 范燕瑞.STEM教育研究——美国K-12阶段课程改革新关注[D].上海:华东师范大学,2011.

[4] 余胜泉,胡翔.STEM教育理念与跨学科整合模式[J].开放教育研究,2015(4):13-22.

（作者单位：江南大学附属实验中学）

中小学生素质拓展教育中的时间伦理问题

代福平 孙 涛

【摘 要】 中小学素质拓展教育的主要瓶颈是时间伦理问题。如果将素质拓展教育理解为在课堂教育之外新增加的教育内容,那么将挤占相关主体的自由时间,引发更多的时间伦理问题;如果将素质拓展教育理解为课堂教育的应有之义,则需要变革现有的课堂时间观念,建立基于素质教育的时间伦理。对于时间伦理的思考,对当代中小学教育具有迫切重要的意义。

【关键词】 素质拓展教育 时间伦理 课堂教学 四个支柱

当前,制约中小学生素质拓展教育的因素主要是时间问题。简言之就是,素质拓展教育的时间从哪里来?这实际上涉及时间伦理的问题。而这个问题,可以说是制约素质拓展教育发展的瓶颈问题。

国内已经有学者关注时间伦理问题。缪成长、李军在《时间伦理:一个亟待建立的伦理维度》中认为:"学理和现实依据都表明,建立时间伦理的时代已经到来。"[1]从学理上说,时间的价值就是人的生命的价值,自由时间的增加是衡量人类解放的尺度。从现实中看,人们普遍感到时间压力越来越大。技术进步、财富增长、寿命延长,没有增加人的自由时间,反倒是使人的自由时间越来越短缺了。文中认为,人们习惯于把当代人的忙碌或时间紧张归因于现代生活的快节奏,这只是笼统的说法,真正的原因至少有四个,一是角色多元化(一个人在社会中承担的角色越来越多),二是隐形工作时间长(上下班的在途时间、工作准备时间、下班后工作延伸的时间变长),三是工作时间利用率低(权力系统名目繁多的文件、会议,无休止的培训、轮训,牺牲了员工大量的实际工作时间,而累积起来的工作,不得不通过加班完成),四是现代生活方式对个体时间的侵占和分割(电脑、手机以及附载于其上的邮箱、微信、QQ等网络通信媒体,使每个人都成为"在场者",随时都置身于各种事情中)。这四个原因的剖析,和我们的生活体验是相符的。中国社科院《2011年度中国家庭幸福感调查报告》认为,时间压力过大是52%的人没有幸福感的重要原因。[2]因此,"对人的时间的关怀,也就是对人的关怀"[3]。换言之,在今天这个时代,关怀人的时候,一定不要违背时间伦理。

那么,中小学生素质拓展教育中的时间伦理该如何把握呢?笔者认为可以从以下两个方面分析。

一、素质拓展教育与课堂教育并列下的时间伦理

学生的时间、教师的时间每天都是 24 小时，而在校时间也是有规定限度的，这是一个常识。那么，素质拓展教育的时间来源就只有两种可能，一是从在校时间中分出一部分，二是占用在校时间以外的时间。

1. 在校时间的重新分配

先看第一种时间来源。从在校时间中分出一部分，这意味着，常规的基础教学计划要调整，留出一定比例的时间来进行素质拓展教育。同时还意味着需要增加相应的机构和教师，进行素质教育相关的方案制订、社会资源联络、备课、上课等一系列工作。如果采取请现有任课教师兼任素质拓展教育者的方式，那就应当减轻任课教师常规课程的工作量，以避免增加其因承担新角色而增加的隐性工作时间。

从目前情况看，这个方式有很大难度。因为人们普遍把素质拓展教育理解为与常规基础教育相并列的教育方式（后者也被称为应试教育），常规基础教育时间减少，必然影响到教学任务的完成和知识传授目标的实现。这就涉及教学大纲的调整，而这并非是一个学校单独能进行的事，也不是小学、初中、高中的任一阶段能独立进行的事，因为高考"指挥棒"的公认力量会倒逼着中学、小学乃至幼儿园制定与之相适应的教学目标。即使从国家层面制订方案，推动中小学生学习任务的变革，执行起来也非易事。例如教育部2017年12月印发了《义务教育学校管理标准》（教基〔2017〕9号），首次全面系统地梳理了我国义务教育学校管理的基本要求。其中，在增进学生身心健康一栏，教育部再次明确了"家校配合保证每天小学生 10 小时、初中生 9 小时的睡眠时间"。但实际上很难做到。学生时常调侃，"作业是睡眠的第一杀手"。老师、家长、政府乃至全社会都知道学生睡眠不足，但都显得无能为力。这是一个文化问题。"学海无涯苦作舟""梅花香自苦寒来""十年寒窗苦""吃得苦中苦，方为人上人""刻苦学习"这些励志的话语表明了我们传统文化中根深蒂固的观念：读书就是一件"苦"事。因此，读书困倦时，不是增加睡眠，而是通过"头悬梁、锥刺股"的方式阻止睡眠，"三更灯火五更鸡，正是男儿读书时"，基本上是深夜还不能睡，刚睡着就得醒来。到今天，上课打瞌睡也往往被认为是学习态度不端正、不尊敬老师甚至是违反课堂纪律的表现。在这种传统的"苦"的学习观念未得到反思和摒弃之前，学生的时间（连带还有家长的时间、老师的时间）只能是越来越紧张。现实困境是，常规基础教育不能少，素质拓展教育也很好，二者要兼顾，时间就只能从课外时间挤占。挤占休息时间，最终挤占睡眠时间。

2. 校外时间的重新分配

利用校外时间进行素质拓展教育，就涉及学生、教师、家长每一方的时间重新分配

问题了。对于学生来说，课程形式变了，但仍然是不能缺席，因此必须在完成课程作业后所剩无几的时间里，再塞进一个素质拓展活动。对于教师来说，如果陪同学生，则意味着延长了自己的工作时间，挤占了承担其他角色（家长、子女、亲戚、朋友、同事等）的时间。对于学生家长来说，则意味着除了陪同孩子做作业外，还得为孩子的素质拓展教育活动做必要的后勤准备、心理疏导工作，甚至还得全程陪同（比如素质教育中的亲子活动），这同样挤占自己承担其他角色的时间。这种挤占，以合情合理的方式（教师应该关心学生综合素质培养，家长应该关心孩子全面发展），无情无义地牺牲了教师和家长的时间，从根本上背离了时间伦理的正义性。

二、素质拓展教育与课堂教育相融的时间伦理

既然将素质拓展教育视作与课堂教育相并列的教育方式，会引发时间伦理问题，那么，有没有别的更好方式呢？实际上，这个方式是存在的，那就是重新理解素质拓展教育，把它视为课堂教育的目的，从而与课堂教育相融合。

20世纪90年代，国际21世纪教育委员会向联合国教科文组织提交的报告《教育——财富蕴藏其中》中指出，面向21世纪教育的四个支柱是培养学生学会四种本领：学会认知（learning to know）、学会做事（learning to do）、学会合作（learning to together）、学会生存（learning to be）。这四个支柱正是素质教育的目标，而这四个支柱并不是外在于课堂教学的，而恰恰是内嵌在课堂教学中的。这正是素质拓展教育与课堂教育必然融合一致的内在原因。

为了能真正培养这四个支柱本领，在提高学生全面素质的过程中，仍然存在一个时间伦理问题。

1. "学会认知"过程中的时间伦理

《教育——财富蕴藏其中》在"学会认知"这一节明确指出："这一过程需要时间，需要加深理解。"[4]这里强调了时间。这对我们有重要的警醒作用。

时间，既是指学生能理解某种知识所需要达到的自然年龄，也指他能理解某个知识点所需要的时间。这提醒我们，一方面，每学期的教学内容不能超过学生所处年龄的认知能力（在实践中体现为不能超大纲教学）；另一方面，每节课的教学中要给学生留下理解的时间。通常，人们都反对拔苗助长，但现实中却更推崇在起跑线上领先一步的先发优势，所谓"笨鸟先飞""早起的鸟儿有虫子吃"。这就导致了每个年龄段、每节课都在超前学习、快速学习，学生理解过程所需的时间被缩短了，理解变得仓促，变得不牢靠。

2. "学会做事"过程中的时间伦理

学生在学校里的学习过程，本身就是他在这个年龄段的做事过程。打开书包、拿出课本、听课、记笔记、回答老师提问、和同学交流、写作业、课间活动、教室值日，以

及户外的体育课、学校的各种文体活动，无一不是在做事。一些教师（和家长）认为学习就不是做事，好像需要另外增加一些在学校教学之外的"事"让学生做（比如社会调研、给家长做饭、给师长写信、宣传公益、给社会奉献爱心等）才叫"做事"，出发点固然很好，但忽视了课堂学习就是做事这个"本"，同时违背了时间伦理（每一件好事都需要挤占学生有限的自由时间）。其实，教师在策划这些"事"、落实这些"事"、检查这些"事"的过程中，也会降低自己有效工作时间的效能，乃至增加更多隐性工作时间，同样违背了时间伦理。

3. "学会合作"过程中的时间伦理

"学会合作"的原文是 learning to together，这个翻译固然简单，但也有不准确之处。所以联合国教科文组织总部中文科不厌冗长，将其翻译为一句话："学会共同生活，学会与他人一起生活。"[5]

合作是手段，而生活是目的。因此，学生在学校，并不是为了拿到课程成绩才与老师合作，也不是为了完成老师布置的任务才与同学合作，而是和老师、同学共同生活。那么学生如何才能"学会共同生活，学会和他人一起生活"呢？这就要求教师以和学生共同生活的状态教会学生如何共同生活，这也是教师职业的独特性，其他职业（如医生、警察等）的工作状态和生活状态可以分开，而教师的工作就是他的生活。很多老师喜欢"严"，在课堂上从"一丝不苟"发展到"不苟言笑"，生怕一丝露出生活中的美好态度、人性化情感，就会损伤课堂的严肃性和知识的神圣性。这就使得课堂时间里的每一分钟都与实际生活的丰富性隔绝了。时间在流逝，生活在别处。这导致学生觉得只有放学回家或者放假才能经历共同生活，在学校只是集中学习而不是共同生活。对这一点必须进行反思。正如世界著名教育学专家、教育哲学家马克斯·范梅南（Max van Manen）所指出的："教育学首先指的是我们作为父母、老师、校长、咨询专家、教育心理学家、儿童护理员工等与孩子的日常生活。教育学还包括对我们与孩子的教育生活的反思。"[6]

如果教师能把学生的在校时间当作与学生共同生活的时间，以嘉言懿行、言传身教来教学生学习共同生活，那就是很好的素质教育。比如，以尊敬学生使学生学会尊敬他人，以主动关心学生使学生学会关心人，以宽容学生的缺点使学生学会宽恕人，以和学生积极交流使学生学会与人交流，以和学生共同劳动使学生学会共同工作等，这也正是美国教育家杜威所提倡的"教育即生活""教育即生长""教育即经验的改造"，我国教育家陶行知先生的"生活教育"理论也是这个道理。

对家长而言，道理也相同。家长不能只把目光盯在孩子学校的学习上，通过 QQ、微信、短信向教师询问孩子的学习状况（便捷的现代通信技术，使家长向老师的询问成为影响老师正常工作时间和休息时间的重要因素，这同样是违背时间伦理的行为），而是要在家庭生活中，以身作则，以爱心、耐心与孩子平等相处，使孩子从中学会与他人共同生活。家长喜欢说"配合老师教育孩子",事实上,家长乃是孩子的第一任教师。不能胜任"第一教师"角色的家长,无法真正做到配合学校教师的工作。

4."学会生存"过程中的时间伦理

"学会生存"的原文是 learning to be,这个 be 是"是""存在"的意思,它并不仅仅是我们汉语所理解的生存,其含义如同我国哲学家冯友兰先生所说的"一个人作为人而能够成为人",因此,learning to be 并非仅仅是学会生存下去的本领,而是要学会成为人。而什么叫"成为人"呢?亚里士多德说:"人是有理性的动物。"苏格拉底说:"未经思考的人生是不值得过的。"帕斯卡尔说:"人是一棵芦苇,但他是会思考的芦苇。"马克思说:"未来社会是一个自由人的联合体,在那里,每一个人的自由发展是一切人自由发展的条件。"也就是说,人之为人,在于他的理性,在于他的自由。我国当代哲学家邓晓芒先生则说:"理性的自由就是民主,自由的理性就是科学。"我们都知道五四运动是一次伟大的启蒙运动,启蒙就是使人们认识到人的使命、尊严和力量,这个运动将"德先生"(democracy 民主)和"赛先生"(science 科学)的理念引进中国,使中国人在作为人而成为人的过程中,迈出了具有历史意义的一步。

因此,教学生"学会生存",就是要培养学生的理性精神和自由精神,或者说科学精神和民主精神。这同样涉及时间伦理。教师提醒学生珍惜时间,甚至连课间时间都要珍惜,用来写作业;家长提醒孩子珍惜时间,甚至连放学后、休息日都要报各种辅导班。那么,教师和家长首先应该想到,我们给学生的时间安排是否是理性的,是否侵犯到学生作为人的自由。理性的时间安排才能激发学生的理性认同,自由时间的尊重才能激发学生的自由创造。而这两点正是学生"作为人而成为人"的关键素质。

三、结论

今天,教育中的时间伦理已经是一个迫切需要重视的问题。全社会尊敬、关心教师,首先要尊敬和关心教师的时间;教师关心学生,首先要关心学生的时间;家长关心孩子,首先要关心孩子的时间。时间就是人的生命,自由时间就是人的自由本质。任何伦理都必须奠基在时间伦理之上。鲁迅先生曾说,"时间就是生命。无端的空耗别人的时间,其实无异于谋财害命的",这句话固然指的是"无端的空耗",但有理由而且是以非常正确的理由占用别人的时间,同样有可能是"无异于谋财害命的"。因为,现代社会,信息和交通的发达形成了"地球村",空前密集的事情都向人们涌来,有理由占用人们时间的事情太多了。这时候,人们必须拥有选择取舍的自由,以便自主决定自己的时间用在哪件事上。在这个意义上,凡是取消人的自由选择,以各种正确理由强行占用别人时间的行为,都是违背时间伦理的。在学校、教师、学生、家长这个共同体中,由于传统的伦理习惯,时间伦理成为盲点,现在到了必须重视的时候了。《教育——财富蕴藏其中》这个报告也指出,要围绕"更加尊重自然和尊重人的时间安排的新的发展模式的思想"进行思考[7]，这的确是发人深省的。

【参考文献】

[1]缪成长,李军.时间伦理：一个亟待建立的伦理维度[J].科学技术哲学研究,2017(2):119-123.

[2]李爱梅,颜亮,王笑天,等.时间压力的双刃效应及其作用机制[J].心理科学进展,2015,23(9):1627-1636.

[3]同[1].

[4]联合国教科文组织.教育——财富蕴藏其中[M].联合国教科文组织总部中文科,译.北京：教育科学出版社,2014:51.

[5]联合国教科文组织.教育——财富蕴藏其中[M].联合国教科文组织总部中文科,译.北京：教育科学出版社,2014:53.

[6][加]马克斯·范梅南.教学机智——教育智慧的意蕴[M].李树英,译.北京：教育科学出版社,2001:55.

[7]联合国教科文组织.教育——财富蕴藏其中[M].联合国教科文组织总部中文科,译.北京：教育科学出版社,2014:45.

（作者单位：无锡市育英实验小学学生家长）

增强"文化自信"

——以"领略惠山古镇祠堂建筑群的别样风采"为例

朱嘉佩

【摘　要】　随着中国国力的日益增强,文化产业的发展越来越受到大众关注。为此,习近平总书记提出了"文化自信"的新概念,号召我们要用新的眼光来看待"文化"与"自信"。所以,我们要不断关心身边事物,利用一切可以利用的资源,为文化强国不断奋斗、努力。为此,我校组织了一次红领巾课题研究——寻访"文化自信"活动,我们将目光投向了惠山古镇祠堂建筑群,旨在通过对祠堂文化的研究,增强我们的文化自信。我们以学生为主,充分发挥他们的主观能动性,在活动中陶冶情操,培养品德,增强文化自信,激发爱国之情。

【关键词】　惠山古镇　祠堂建筑群　祠堂文化　文化自信

少年强则国强,学生是祖国未来发展的中坚力量,如何引导好、培养好优秀的社会主义接班人,是我们一直不断摸索与实践的伟大事业。

一、寻访"文化自信"

为了贯彻习近平总书记首次全面阐述的"文化自信"重大主题,我校从地方视角切入,于2017年11月8日开展了红领巾小课题研究活动,去惠山古镇领略"祠堂建筑群"的别样风采。

每座城市都有每座城市的特色。无锡是一座历史悠久的古城,惠山古镇当属其中重要的文化瑰宝之一。惠山古镇地处无锡市西、锡山与惠山的东北坡麓,以地理位置独特、自然环境优美、古祠堂群密集分布为特色,是无锡老街坊风貌保存完好的唯一街区。2006年6月,经国务院批准,惠山古镇祠堂群成为全国重点文物保护单位。基于此,我们此次将红领巾小课题研究活动的目光,聚集到了惠山古镇祠堂建筑群上。这片祠堂群,正是无锡历史文化发展中的沧海遗珠,也是无锡人引以为豪的文化财富,值得今人不断地探访与研究。

1. 惠山古祠堂

祠堂群依托太湖风景名胜,自古以来就是江南重要的名山胜地,惠山祠堂群内有江南名刹惠山古寺、著名的天下第二泉和古典园林寄畅园，具有寺中有祠、祠中有寺、园中有祠、祠中有园的特色。各种类型的祠堂沿河临街、依山就势地密集分布于此，呈现了"出郭楼台三四里，游人不得见山容"的祠堂庙宇林立的盛况。惠山古镇有118处古祠堂群，以数量多、品类全、年代跨度大、密集度高而独树一帜。

活动中，我们参观了马文肃公祠、范文正公祠、陆宣公祠、倪云林先生祠、先贤施子祠等一大批历史著名人物的祠堂。穿梭在风格迥异的各色祠堂中，我们仿佛听见了来自先祖的召唤。时隔百年，拨开历史的面纱，这些祠堂经历了由始建、繁华、衰落到寂寥的演变过程。而此刻，当我们伫立在祠堂的门匾下翘首凝望时，却依旧能深切地感受到它们亘古不变的肃穆和庄严。

2. 随机调查报告

为了解现代人对惠山古镇祠堂群究竟了解多少，我们特地进行了一个随机寻访调查。在寻访调查的36名游客中，9名是外地人，27名是无锡本地人。在9名外地游客中，7人在参观惠山古镇之前并不了解惠山古镇的祠堂群，也并不清楚祠堂文化是惠山古镇与其他古镇的最大区别。在27名本地人中，有22人不止一次来过惠山古镇，其中有17人知道惠山古镇最大的特色是祠堂文化，只有3人听说过惠山古镇在申请世界遗产名录。

基于调查结果，我们进行了分析与总结。当代人对于祠堂文化接触的并不多，了解并熟悉祠堂文化的更是少之又少，反映出惠山古镇祠堂文化特色并不突出的问题。这就更加需要我们找寻一条道路，将祠堂文化与我们当今的主流文化融为一体，彼此契合。

幸运的是，在前期搜集材料的过程中，我们发现了一篇文章——《造园师乔子龙为惠山古镇出点子：申遗应亮出"私家园林"牌》，这与我们调查研究所秉持的观念竟不谋而合。在乔子龙看来，祠堂的功能是祭祖，颇有一种沉重感。时代在不断变化发展，如果依旧不停大打"祠堂牌"，只是单纯地恢复祠堂功能，无论是对于古镇申遗还是振兴，都不免有些可惜。他认为，祠堂文化应该与时代契合，与当代对话。这百余座祠堂里有一半是像模像样的私家园林，所以惠山古镇俨然是一座中华私家园林博览院。

为此，乔子龙特地绘制了一幅惠山古镇平面图，我们此次活动所探访的地点正对应了平面图中的私家园林区，而这片私家园林，也恰好是历史悠久的祠堂建筑群。所以，从新的角度出发，将惠山古镇祠堂群与私家园林相融合，既是历史与现代的碰撞，也是庄严雅致艺术品的再创，充满了美和神圣感。

二、增强"文化自信"

探访活动结束后，我们课题小组进行了活动反思，并且撰写了活动报告。于我们而言，此次课题活动意义非凡，收获颇丰。

1. 传统文化，薪火相传

祠堂文化作为中华民族五千年文化中的重要分支，是族系之间获得归属感和同一感的重要媒介。对于分散在世界各地的侨胞们来说，它是一种乡愁和期盼。对于民族文化的传递和延续来说，它是凝聚力和向心力的体现。我们每一个中华儿女，不论身处何地，即使与祖国相隔万水千山，都要找回自己的"根"。所以，只有牢牢抓住研究"祠堂文化"这根主线，追根溯源，我们才能清清楚楚知道，"我们究竟从何而来，将去往何处"。

古往今来，岁月变迁，可以说，惠山古镇称得上是无锡的露天历史博物馆，而惠山祠堂建筑群则凝结了千百年来世世代代无锡人难以割舍的恋家情怀。所以，作为无锡人的我们，具有得天独厚的优势，可以通过不懈的努力将惠山古镇的祠堂文化发扬光大，帮助更多的人"认祖归宗"，找到自己生命的起源，拥有真正意义上的归属感和幸福感。有了家，我们才有自信心面对人生路上的一切风雨。

2. 寓教于乐，成人成才

此次活动，红领巾课题组由六位少先队员组成，他们分别是初一（2）中队的彭馨柔、都钰童、罗睿文、张豪君、陈俊翰、赵琪。活动结束后，六位同学分别撰写了活动报告，有的学生以"惠山古镇的私家园林"为题切入，有的写了游览惠山古镇祠堂之后的感受等，都表达了自己独特的想法与感悟。我相信，研学活动的最大意义就是让学生走出课堂，通过亲自实践，寓教于乐，在耳濡目染和动脑动手中获得能力提高与情感体验。

祠堂文化发展至今，其中的一些精华部分随着时间的打磨而历久弥香，如孝文化、廉政文化、爱国主义文化等。这些文化因素对于当今青少年各方面的成长发展，都有着潜移默化的重要作用。但是，假如我们只是单方面选取一些名人事例和图画编进教科书中，至少在我看来，这样的教学反馈远不如带领学生亲自走进祠堂，感受祠堂文化历史人文底蕴的效果来得好。

如在范文正公祠中，学生们欣赏范仲淹的画像，仔细阅读陈列窗里关于范仲淹的生平和文学作品的介绍，并观察范仲淹祠及周边环境，置身其中，他们会真切地感知到范仲淹"先天下之忧而忧，后天下之乐而乐"的高尚情怀，从而进一步理解"爱国主义"并不是一个抽象、空洞的概念，它潜伏在我们身体里的每一个角落，只要在恰当的时机予以激发，我们就都是坚定的爱国者。踏进秦氏双孝苑中，旁边挂着一块匾，表明这里是教育实践基地。整个双孝苑不算大，唯一的厅正中供奉着秦氏先祖的牌位，两边的墙上张贴着介绍"双孝"的文字：善父母为孝，善兄弟为友。这就让学生懂得，在生活中对待父母、兄弟姐妹，都要秉着至仁至孝之心，在校园里，也要与同学和睦相处，彼此爱护。

总而言之，时间的长河大浪淘沙，社会在不断地前进、发展，身处当今世界的新潮流中，我们要把祠堂文化中的精髓挖掘出来，充分发挥其教育功能，引导青少年成人成才。

3. 适应潮流，全新出发

在中国古代，祠堂有过鼎盛时期，但随着社会的发展，人们思想意识的转变，祠堂在近代遭受到了一些冷落，甚至逐渐被淡忘。那么，如何将祠堂群再次拉回人们的视野中，如何将祠堂文化里的优秀文化与如今的主流文化相融合，就需要我们认真思考。

前面提到，乔子龙认为，可将祠堂建筑群与私家园林相结合，因为很多祠堂的建筑并不比私家园林逊色，甚至远远比它们精致、美丽。这的确是个可行的方法。近些年来，随着各地旅游产业的兴旺，无锡成为众多游客度假消遣的胜地之一。惠山古镇又是无锡极具特色的旅游景点，前来游玩的人络绎不绝。如果游客们在观赏过程中，以一种参观"私家园林"的视角与心态来参观惠山古镇的祠堂群，那么将不仅能获得一种视觉上的美感，也能拥有精神上的教化和升华。这对于祠堂文化的传承与弘扬是极为有利的。

三、总结

祠堂文化在中国数千年的文化发展史中能存留至今，说明它自身有着独特的魅力。而祠堂文化作为中国独具特色的一种文化，正在为惠山古镇申遗默默做出贡献。于公，祠堂文化是中国文化发展中"新文化自信"的一部分；于私，祠堂文化为建设"强富美高"的新无锡付出了巨大努力。它更感染着、激励着大批青少年健康、快乐成长，让他们用实际行动回报祖国，为祖国社会主义建设事业添砖加瓦，贡献自己的一分力量。

【参考文献】

[1] 李小兵.祠堂的教化功能研究——以江西吉安A村为例[D].重庆:西南大学,2009.

[2] 陈赵阳.引导少年儿童树立社会主义核心价值观的三个着力点——学习习近平总书记关于社会主义核心价值观教育的重要论述[J].教育探索,2017(5):74-79.

[3] 齐尚才,石重阳.当代大学生文化自信的培养[J].教育与教学研究,2015(4):59-62.

（作者单位：江南大学附属实验中学）

多样拓展活动，提升综合素养
——浅谈在综合实践课程中提升青少年综合素养的策略

吕 萍

【摘　要】 综合实践活动课程是提升学生综合素养的重要渠道。我们要多方面、多角度、多层次开展教育拓展活动，让教育呈现出勃勃生机。

【关键词】 综合实践课程　拓展活动　综合素养

综合实践活动课程是以塑造学生完美人格、培养学生创新精神和实践能力为基本目标，以实现学生主动发展、追求人文精神与科学精神相融合为价值取向，以贴近学生最关注的自然现象和社会问题为基本内容，以学生的经验与生活为核心的实践性课程。

21世纪需要综合素质高的人才，而综合实践课程正是提升学生综合素养的重要渠道之一。教师应该让学生沐浴着新课改的春风，依托综合实践课程，多方面、多角度、多层次地指导学生切实有效地开展教育拓展活动，让教育呈现出勃勃生机，全面提升学生的综合素养。

一、问题生成多样化，拓宽活动思路

问题是智慧产生的通道，把课堂还给学生，把质疑的权利交给学生，就会为学生的创新思维打开一扇通往自主的门。综合实践活动课程尤其应该成为学生自主意识及能力培养的大舞台。为此，在组织和指导学生开展综合实践拓展活动时，我们应力求问题生成的多样化。

例如：我们依托综合实践拓展活动基地让学生根据自己的喜好，自主选择了插花艺术、蔬菜种植、烧烤野炊等活动项目；当学生渴望理解和亲情时，开展了"我与蚕宝宝共成长""爱心涌动，真情永驻""夕阳红时爱正浓"等系列的亲情活动，满足了他们的成长需求；当学生的目光聚焦社会热门话题"奥运""两会"时，开展了"牵手奥运""我与两会同行"等活动，紧扣时代命脉，用至真至诚的行动展现最真实的情感……

随着实践活动的不断深入展开，学生的认识和体验不断丰富和深化，学生在观察思考中，总会生成一些新的问题。如在开展"我与蚕宝宝共成长"活动前期，学生在教师的引领下，通过小组探讨，层层筛选，已经确立了一些探索的问题：不用桑叶喂蚕，它能吐丝吗？蚕蜕皮时能弄断它身上的丝吗？剪开茧子的蛹还能活吗？……随着养蚕活动的深入，学生在趣味盎然的探究中又产生了一些新的问题：蚕宝宝用什么呼吸？蚕宝宝为什么脱皮？脱皮时为什么不吃桑叶？蚕宝宝都会变成蛾，有公和母之分吗？……这些新问题的产生使本次探究活动显得更有深度，更富科学性。

以尊重学生为前提，坚持让学生自主选择和主动参与，引领学生通过对生活中现象的观察、问题的分析，自主拟定出"有趣、可行、富有研究性价值"的探究问题，拓宽活动思路，使学生的探究能力得到提高。

二、主题系列多样化，丰富活动内涵

在实施综合实践拓展活动过程中，一旦确定活动主题后，还需要对主题进行分解，明确在主题活动中需要完成的主要任务，形成系列，让活动更加具体化、可操作化、有序化，保证活动顺利开展。

如在"军歌嘹亮"综合实践拓展活动中，我们围绕活动目标，把活动过程划分为三个阶段：一是"走近军队，走近英雄"阶段，主要让学生参与看军史纪录片、观电影写读后感、唱响军歌、诗歌朗诵等系列活动，拉开了本次实践活动的序幕；二是"军事训练，锻炼成长"阶段，组织学生开展五天的军训体验，包括队列训练、学军体拳、拉歌、野外拉练等活动，掀起了整个综合实践活动的高潮；三是"走进军营，体验生活"阶段，组织学生到军营参观内务、官兵训练，和教官一起共同联欢、互诉衷肠等，为活动画上了圆满的句号。

这些丰富多彩、扎实有效的系列拓展活动，不仅丰富了的综合实践课程的内涵，而且让学生在一次又一次前所未有的体验中历练、成长。

三、组织形式多样化，构筑活动桥梁

综合实践拓展活动的主体是学生，活动的组织形式要让学生自主选择，可以是个人独立探究、小组合作探究、班级合作探究以及在年级或更大范围中展开合作研究等。其中尤以小组合作探究的形式最为常用，它能促进学生之间的沟通，培养学生的交往能力和团结协作能力。

如在"走进传统文化，感受节日魅力"活动中，学生分组分别按照"清明""端午""中秋""重阳""春节"这五个子课题展开探究，包括探究每个节日的由来、传统风俗习惯，以及相关节日的故事传说、诗词歌谣、人物等。在探究过程中，学生既有合作又有分工，有个人独自向家中长辈询问，有小组成员一起采访和查找资料，有全班汇总交流信息。随后组织的全班"传统知识竞赛""诗朗诵竞赛"等活动，又为学生创造了小组讨论、表演和个人展示等机会。这样，让学生在主动参与活动的过程中走进了传统文化，感受到传统节日所蕴含的深厚文化底蕴，同时表达、策划、交往、协作等多种能力也得到了锻炼与提升。

多样化的组织探究形式架起了一座座活动桥梁，让所有的学生都有自主探究的机会。学生在活动中互帮互助，既达到了共同提高、共同发展的目的，又获得了个性体验。

四、角色体验多样化，感悟活动真谛

综合实践拓展活动使教育活动空间范围更大，让学生有机会走进自然和社会，了解真实的现实世界。我们可以引导学生在多样化的角色体验中不断成长，在融入社会中不断成熟，在认识自我中不断完善，从而形成稳定的道德素养。

如在"爱心涌动，真情永驻"综合实践拓展活动中，设计的"拥抱——体验亲情"的活动环节，让学生人人参与"护气球""今天我上班""本周我当家"等一系列体验活动。"护气球"使学生感受到妈妈怀胎十个月是多么不易，"今天我上班"让学生感受到了工作的艰辛及赚钱的不易，"本周我当家"使学生感受到父母在忙碌的工作之余还要操持家务的劳累。在体验日记里，小莉说："这次活动，让我品味到了生活的酸甜苦辣，让我更加敬爱爸妈了，他们都说我是他们的'贴心小棉袄'。"

可见，积极为学生开拓广泛的体验空间，不仅能锻炼学生的社会交往和适应能力，还在潜移默化中陶冶和升华他们的道德情感。

五、实践操作多样化，展现活动魅力

综合实践活动课程的一个显著特点就是实践性。它以活动为主要开展形式，强调学生的亲身经历，要求学生积极参与到各项拓展活动中去，在"调查""考察""实验""探究""设计""操作""制作""服务"等一系列活动中发现和解决问题，体验和感受生活，发展实践能力和创新能力。

例如：在"奏响劳动之歌"活动中，我们开展了一系列的实践活动——穿针引线、叠衣服比赛、厨艺大比拼、手工制作比赛、整理书包比赛、走进社区、红领巾志愿者服务比赛；在"走进传统文化，感受节日魅力"活动中，开展的实践活动有查找资料、制作手抄报、知识竞赛、采访前辈、祭扫革命先烈、学包粽子、划龙舟比赛等；"我与世博同行"的实践活动则有童心绘彩蛋比赛、世博书法创作比赛、"我与世博有约"写作比赛等；"夕阳红时爱正浓"的实践活动有让学生为长辈制作一张健康知识心意卡、为长辈洗一次脚、到敬老院慰问演出、打扫卫生等活动。

"纸上得来终觉浅，绝知此事要躬行。"多样化的实践操作活动，向学生展现着综合实践拓展活动独有的魅力，学生的说写画唱、交往、沟通、表达、动手等多种能力得到了锻炼与提高，他们每一次都愉悦地参与着，真真切切、实实在在感受到了综合实践课程的与众不同，收获着其他学科课程所没有的个性发展。

六、成果展示多样化，领略活动精彩

成果展示是综合实践拓展活动中学生实践效果的显现阶段。它既是对学生在前期拓展活动中作的一个小结，同时也是一种师生之间、学生同伴之间共同学习和交流的机会，是学生学会发现自我、欣赏别人的过程。因此，成果展示是拓展活动中很关键的一个环节，也应该是形式多样的。

如为了让学生搜集到的文字资料灵动起来，我们组织学生将这些资料加以整合，或制作成手抄报，或开展知识竞赛，或举行朗诵表演。又如在"奏响劳动之歌"实践活动系列之——"锅碗瓢盆交响乐"中，我们先在班中开展了"小小交流会"，交流跟家长学到的厨艺和学习心得；后又以小组的形式开展厨艺大比拼活动，让学生"八仙过海，各显神通"；在最后的活动总结汇报中，又将每一次阶段性活动的照片、录像，以及学生撰写的体验日记和研究报告等，用展板和网络展示。在交流、现场制作、展示的过程中，学生品味了劳动的酸甜苦辣，获得了体验成功的机会，产生了自豪感。

多样化的成果展示使综合实践拓展活动更富灵活性，让学生时刻领略到活动的精彩纷呈。学生在分享交流中集思广益，学会了活动探究的方法，更满足了部分学生的成就感和自豪感，使他们获得了继续探索的动力。

七、评价激励多样化，焕发活动激情

俗话说得好：水不激鱼不跃，人不激不勤奋。综合实践课程内容的多样性和学生个体的差异性，要求评价激励方式也要多样化，能让学生始终焕发出参与的激情，保障他们各具特色和充满灵性的发展。

比如，综合实践的校外探究活动涉及大量的参观、调查、访问，这些活动需要家长等校外力量的大力支持，从而帮助学生克服知识储备量小、实践能力有限等困难，故而评价激励需要教师、同学和相关的家长等社会人士参与。如我班开展的喂养蚕宝宝活动，正是有了家长的鼓励与支持，才让学生全身心投入，品味了养蚕的艰辛与快乐，领悟了人生的真谛。这种多方位的评价，比以往只有教师一人评价显得更加实事求是，保证了活动评价的客观公正性。

在活动的开展过程中，学生会碰到很多困难，容易产生畏难情绪，所以应将引人向上的评价激励贯穿于整个活动中，要敏锐地捕捉学生的闪光点，及时给予肯定和表扬，让学生感受到教师和同伴心诚意切的积极评价。而且，这种评价应更加关注学生的过程表现，而不是结果。比如学生在养蚕过程中，有的学生因蚕宝宝没有结茧就死而伤心，

老师适时安慰他,并鼓励他探究蚕为什么会死。在老师的引导下,学生收获了与别人不一样的感悟:生命是脆弱的,必须尊重和善待每一条生命。

"天高任鸟飞,海阔凭鱼跃。"老师要着眼于学生长远的发展和需求,让"多样化"贯穿于综合实践拓展活动的组织和指导过程中,以弥补国家课程的不足。相信学生一定会在活动中大放异彩,综合素养得到全面提升。

(作者单位:无锡市胡埭中心小学)

"引进来，走出去"
——浅谈区域青少年综合素质拓展教育策略

宋伟伟

【摘　要】 青少年的综合素质，是指青少年在先天生理的基础上，通过后天的教育和社会环境的影响，由知识、经验内化而形成的相对稳定的素养和品质的总称，主要包括身体、心理、道德、文化、能力等方面。笔者认为，坚持"引进来，走出去"的教育策略，把综合素质教育带进课堂，进而把学生引进生活，对拓展区域青少年综合素质具有重要意义。

【关键词】 质疑　课外阅读　评价方式　拓展基地　社区　家校合育

青少年的综合素质，是指青少年在先天生理的基础上，通过后天的教育和社会环境的影响，由知识、经验内化而形成的相对稳定的素养和品质的总称，主要包括身体、心理、道德、文化、能力等方面。小学教育的目的不是把学生培养成高分低能的学习机器，而是致力于促进学生德智体美劳等各方面能力的均衡发展。青少年素质拓展教育是提升教育质量的必要手段。滨湖区作为无锡市农村城镇化进程的典型区域，拥有丰富的拓展本区域青少年综合素质所需的自然、历史、社会资源，如何利用这些资源，系统有序地开展区域青少年综合素质拓展教育，是当前值得关注的重要话题。

笔者认为，坚持"引进来，走出去"的教育策略，把综合素质教育带进课堂，进而把学生引进生活，对拓展区域青少年综合素质具有重要意义。

一、引进来

小学生的大部分时间都是在学校度过的，学校教育对小学生的个体发展具有引导、培养和塑造的功能。社会对个体的期望与要求都表现在学校教育当中，将青少年综合素质拓展的理念引进学校，是对当前国内外教育热点的热切回应，也是培养青少年综合素质的必经之路。

1. 用好语文课堂，感受家国情怀

育人为本，德育为先。道德是教师教学生的前提，也是小学生综合素质的重要组成部分，教师有义务引导学生"扣好人生的第一颗扣子"。小学阶段，德育不仅仅指思想品德课教育，更蕴含在各学科教学之中。

语文是工具性与人文性的统一，其具有的德育功能，不容忽视。一篇篇生动优美的文章在向学生传达语文之美的同时，也体现着浓浓的家国情怀。通过反复诵读、品味，学生不难感受到主人公身上那强烈有力的道德力量，从而在潜移默化中提高自己的道德素质。

例如，《木兰从军》一课通过重现木兰说服家人、替父从军的场景，将木兰体谅亲人、为国分忧的道德情感传递给学生；《歌唱二小放牛郎》一课，通过展开联想的方式指引学生感悟王二小舍己为人的高尚品质；等等。语文教材里包含一个个活生生的例子，充分利用这些例子，激发学生效仿学习的心理，从而提高道德认知，达到拓展道德素质的目标，不失为学校拓展青少年综合素质的有效手段。

2. 重视课堂质疑，激起学生的思考欲望

课堂教学不是为了"喂饱"学生，而是要教会学生如何生产"粮食"。从小教会学生思考，提高学生的学习能力，对小学生来说是最有价值的本钱。因此，在课堂教学中，我们要重视课堂质疑，引导学生活跃思考，这也是培养小学生能力的重要手段。

课堂质疑包含两个方面。一方面，要重视教师的质疑。教师是学生学习的引导者，在教师一个个问题的引导下，学生的思维步步深入，对知识的理解逐渐加深，逐步养成深入思考的能力。因此，教师的质疑既要具有启发性，也要具有一定的难度，让学生"跳一跳才能摘到果子"。例如，教学《蚕姑娘》一课，在找出"又黑又小、又黄又瘦、又白又嫩、又白又胖"四个描写蚕姑娘样子的词语后，我提出了"用一个词语概括睡了四回的蚕姑娘"这个问题，学生只有在完全理解蚕姑娘生长过程的前提下，通过总结前文规律，才能得出"又白又亮"这个答案。看得出来，学生接受这一挑战后，个个眉头紧锁，陷入了沉思，相对于我的直言概括，这种方法更能锻炼学生的思维能力，从而拓展学生的综合素质。

另一方面，要重视学生的质疑。一堂课学完，学生内心总会存在各种各样的疑问，老师要打破思维的围栏，允许孩子犯错，让学生畅所欲言，使大胆质疑、小心求证成为一种习惯。例如，在一次练习中，一个孩子高高地举起了手："老师，我的'四'少了一个竖！"我惊讶地过去一看，顿时哭笑不得，原来，他把"匹"当成了"四"，我不动声色，要求孩子再读一遍小短文，引导孩子从"一、马"之间推出这个字是"匹"的结论，从那以后，这个孩子的"匹"字再也没有写错过。引导学生提自己所疑、想自己所惑，打开思维的阀门，才能让孩子提升思考能力。

3. 开展课外阅读，拓宽学生的眼界

所谓"读书破万卷，下笔如有神"，学生在课堂上所学的知识毕竟是有限的，想要站在前人的肩膀上看世界，就要靠拓展阅读来帮忙。拓展阅读可谓"取法于课内，得益于课外"，对于丰富学生的文化，拓展学生的综合素质是不可或缺的。

在学校教学中，利用阅读课的时间开展课外阅读活动，为学生推荐一本好书，共同阅读，使学生在知识的世界中探索发现，逐步拓宽自己的眼界。我为学生推荐了《日有所诵》这本课外阅读读本，书中收录了大量儿歌、民谣和古诗，学生在朗读背诵当中，丰富了文化知识，接触到各国风俗，了解了民间传统，提高了综合文化素质。

4. 创新评价方式，鼓励多元发展

传统的评价方式重结果，轻过程，用一张试卷衡量学生的能力，忽视了学生身体、心理、道德和能力等方面的发展。因此，要想拓展小学生的综合素质，教师要转换教学思想，创新评价方式，肯定学生多方面的发展。

首先，教师要采用过程评价的方法，建立学生成长档案袋，将学生在身体、心理、道德、文化和能力方面的表现全面地记录下来，在对比中发现学生的进步，找到学生自身的亮点和不足，运用正面评价，激励学生，肯定学生，帮助学生积累自信心，从而扬长补短，全面提高自身的综合素质。

其次，教师还要使用指正性评价，在学生成长过程中，根据学生的近期表现，适时帮助学生调整活动的目标和方式，做一个引路人，激发学生全面发展自身综合素质的欲望，并引领学生朝着正确的方向前进。

学校教育是本区域小学生综合素质拓展的重要阵地，要牢牢守住这块阵地，充分利用学校教育规范化、可控化、目的化的优势，利用最经济有效的方式促进学生综合素质的全面发展。

二、走出去

学生的生活不仅在学校之内，还在纷繁热闹的社会当中，如陶行知先生所言，"生活即教育""社会即学校"。大胆拆除学校的"围墙"，进一步促进学校与社会的结合，让小学生在真实的生活场景中拓展综合素质，充分发挥社会的育人作用，可以达到事半功倍的效果。

1. 走进综合实践活动基地

滨湖区拥有多个综合实践活动基地，如江南大学素质拓展基地、马山龙头渚综合实践活动基地、太湖花卉园活动基地等，这些综合实践活动基地通过精心设计的一系列活动，意在完成"磨炼意志、陶冶情操、完善人格、熔炼团队"的目的，从而有效促进中小学生社会责任感、实践能力、创新精神等核心素养的综合发展，提升学生的综合素质能力。

我们利用春游、秋游以及假期等时间，带学生走进这些综合实践活动基地。如利用秋游的机会，我们组织四年级学生参加江南大学素质拓展活动，指导老师带领同学们以"水果蹲"的热身游戏拉开了综合实践活动的帷幕，然后同学们组建团队，齐心合作大型游戏"一圈到底""空中建桥"，这些融挑战性、趣味性和教育性为一体的游戏让同学们玩得兴致盎然。下午，同学们在基地里参观了理学院科普馆，在指导老师的讲解、演示后，学生们亲手操作，对一些物理现象和实验有了初步的感性认识，激发了他们对科学的兴趣。本次综合实践活动，不仅增强了学生的自信心，提高了学生的抗挫折能力，还在游戏中培养了同学们高度的合作意识和团队意识，大大促进了小学生综合素质能力的发展。

2. 融合社区教育资源

围绕素质教育的进程，我们应最大限度地挖掘社区教育资源，引领学生广泛参与对身边事物的认识、了解、研究，丰富学生的社会文化知识，培养学生的团队意识、创新意识、实践能力和社会责任感，增进学校与社会的密切联系，实现学校与社会教育资源的共享和优势互补。

我校充分利用蠡桥社区的实践活动，组织学生们参加社区举办的各种教育活动。例如：举办"最美家庭家训"讲座，通过讲述两个最美家庭的故事，让学生意识到自己的幸运，激励学生珍惜幸福生活；"青少年两性知识"讲座为学生普及两性知识，引导学生正确对待青春期变化，爱惜自己的身体；"好方法，好习惯"讲座教会了刚入学的孩子们如何养成正确的学习方法和良好的学习习惯，为新生们提供了宝贵的经验；"巧夺天工，喜迎元宵"活动则带领孩子们亲手制作元宵花灯，让学生们感受到传统节日氛围的同时，学会了花灯制作的传统技艺，培养了学生对传统文化的热爱。

另外，我校还积极寻求其他社会资源，努力促进学生美育的发展。我校获得洪啸陶笛社的资助，每周为学生们进行一次陶笛培训，以促进学生在音乐艺术方面的发展，提高学生的审美品位。

积极促进学校与社区的融合，创建社区资源开发管理运行机制，对满足学生全面发展的多样性要求、提升学生的生活力、促进学生的综合素质发展具有不可替代的作用。

3. 形成家校合育机制

家庭是学生的港湾，父母是孩子的第一任老师，学生的综合素质发展离不开父母的支持与配合，形成家校合育机制，在家庭和学校之间架起共同教育的桥梁，以学校引导、家庭实践为活动形式，共同促进小学生综合素质的全面发展。

学校可通过布置实践作业的方式下发任务，如：在春天养蚕，观察蚕的生长过程，并写成观察日记；在雷锋日学习雷锋做优秀少先队员；在妇女节、母亲节用自己的方式向妈妈表达自己的爱意；等等。家庭配合完成各项作业，家长反馈活动信息及活动评价，在家校合作中完成孩子综合素质的提升任务。

另外，学校可通过家长会、讲座等形式，帮助家长形成拓展学生综合素质的意识，改变家长唯分数至上的观念，重视学生身体、心理、道德、能力、文化多方面的发展，使学生在家能想自己所能想、问自己所能问、做自己所能做，培养学生的质疑能力、思考能力和生活能力，为学生将来走进社会打下坚实的基础。

拓展区域小学生综合素质的教育，对全局教育和区域化实践推广具有深远的意义。我们要坚持"引进来，走出去"的教育策略，充分利用学校教育和社会的育人功能，为学生的全面发展提供有利的平台和切实的保障。

（作者单位：无锡市河埒中心小学蠡桥分校）

拓展课程，让校园更有味道

林 燕

【摘 要】 雪浪中心小学创新演绎"致和"校训，努力建构和实施多元社团课程、共同生活课程和核心精品课程，让校园充满儿童味、生活味和幸福味。

【关键词】 拓展 多元社团 共同生活 核心精品

太湖之滨，长广溪畔，无锡市雪浪中心小学宛如一艘航船，在教育之海上乘风破浪，谱写出一曲曲和谐的乐章……一代代雪小人用求真务实、开拓创新精神演绎着百年校训——致和！"致和"意味着面向全体，着眼一生，促进学生身体与心灵、共性与个性的和谐发展。为了培养"身心和谐，和而不同"的优秀学子，近年来，雪小敦行力学，积极打造"快乐学堂，和合家园"。学校全面实施素质教育，深入推进课程改革，努力构建和实施拓展课程。

一、多元社团课程，让校园更有儿童味

学校是儿童学习成长的地方，每一个儿童都是独一无二的，每一个儿童的个人禀赋、性格爱好、学习兴趣与成长需求都是不相同的。为服务于儿童不同的学习成长需求，雪小努力建构多元社团课程。

学校协同挖掘多方资源，深入推进社团课程建设，积极探索假日（少年宫）课程建设。如基于学生需求，学校筹备建立了烹饪实践基地"知味厅"，喜欢烹饪的孩子们加入烹饪社团后，包馄饨、炸春卷、做小笼包等烹饪体验活动不再是梦想；基于学生需求，学校种植基地"百草园"应运而生，喜欢种植的孩子们加入种植社团，学习翻土、播种、除草，瓜果蔬菜在这个园子里成长结果，学生们在劳动体验中收获着丰收的喜悦。基于学生需求，学校建成了游泳池和溜冰场，喜爱游泳和溜冰的同学们加入游泳和溜冰社团，在游泳池里如鱼儿一般畅游，在溜冰场上像鸟儿一般飞翔……基于儿童个性化的学习成长需求，雪小已成立了13个校级社团，43个年级社团，13个少年宫假日社团。每周四下午社团活动时，校园里到处活跃着孩子们的身影。看，学生们在奔跑跳跃

中,享受快乐体育;在浓墨重彩中,感悟多彩美术;在吹拉弹唱中,聆听美妙音乐;在动手动脑中,领略奇妙科技;在种植养护中,体验劳动滋味;在烹饪美食中,品味精彩生活……学生在一个个丰富多彩、寓教于乐的社团课程中快乐学习、陶冶情操、发展技能、培养特长,茁壮成长。

站在儿童立场上,服务儿童需求,学校努力让每一个孩子在多元的社团课程中,遇见更美好的自己!走在这样的雪小,儿童味扑面而来!

二、共同生活课程,让校园更有生活味

"生活即教育",学校是学生共同生活的地方,五彩斑斓的校园生活就是学生喜闻乐见的"共同生活课程",这也是学校德育工作的主要载体。

雪小基于学生生活需要,为学生量身定制了丰富多彩的校园生活。"入学礼""入队礼""成长礼""换巾礼""毕业礼"等仪式课程推陈出新,深入人心;"阅读节""艺术节""科技节""体育乒乓节"等节日课程精彩纷呈;"和乐大舞台"等实践课程趣味横生,深受家长、学生们的喜爱。

在共同生活课程中,雪小注重创设生活情境,使学生的体验更灵动。看,艺术节中,"手绘文化衫"活动正在紧锣密鼓地进行着,学生们在纯色文化衫上开心地创意涂鸦:蓝天白云,海阔天空;绿树鲜花,鸟语虫鸣;"今夏我毕业!""We are family"……缤纷的图画、绚丽的色彩、深情的文字,洋溢着热情,抒发着真情。当他们穿上自己设计的文化衫拍下一张张毕业照时,心中便多了一份温暖的回忆。这样的情境创设给学生们搭建了体验生活、锻炼自我的平台。雪小也注重通过拓展生活资源,使学生的体验更丰富。瞧,科技节里,无锡市少年宫的"科技大篷车"来到了雪小,当奇特的模型飞机如好莱坞大片中的飞碟盘旋在雪小上空时,同学们发出了连连惊叹。雪浪中学的老师也来到雪小,"神奇的水""空瓶灭火"等精彩的科学小实验看得同学们目不转睛。江南大学的青年志愿者们来到了雪小,在他们的指导下,同学们搭建出了一个个美观坚固的建筑模型。雪小家长志愿者们也来了,在他们的牵线搭桥下,雪小的同学们来到了华莱坞影视基地,参观了航天馆和数字电影科技馆等高科技现场;来到了许舍老街,亲自体验了一把生面、豆腐等的制作过程;来到了银行,当了一回"小小金融家";来到了污水处理厂,感受了保护生态环境的重要……"生活即教育,社会即学校",在一次次实践活动中,学生们与社会生活实现着丰富的对接。这样的共同生活课程,给予了学生积极的价值引领,激发了学生的自主性和创造性,让他们真正有触动、得锻炼、受教育。

与此同时,学校以"积极德育"的理念,尝试进行评价改革,以多元评价激励每一位学生不断进步,更好成长。学校实施分层评价,以"致和"的办学理念为引领,开展"和合少年"系列评选活动。结合平日学习生活的表现,学生可自主申报参评

"和乐少年""和礼少年""和爱少年""和慧少年"四大校园奖章。"和乐"即健康阳光，积极实践；"和礼"即文明有礼，懂得谦让；"和爱"即善良友爱，负有责任；"和慧"即乐学善思，敢于质疑。通过考核获得四大校园奖章中两个以上的学生，可参加"和合少年"评选。也许某些学生的成绩、能力并不那么优秀，但是他也能够跳一跳，通过自己的努力获得"和爱""和礼"等奖章。分层评价，给予了每个学生努力向前的目标。学校还实施趣味评价。在低年级，我们开展了"花开朵朵"争章活动。学生们先后向"自理，我能行！""读书，我最棒！""文明，我践行！"三大项目发起了挑战。之后，学校又创新性地推出了"雪浪花积分换礼"制度，一朵雪浪花小奖章代表一次进步或一次收获。当学生们在某一方面做得出色或是有进步时，就能收获一枚雪浪花小奖章。不论是校长室、中层行政，还是科任老师，甚至门卫伯伯，他们都是评价的主体。也许学生的一句礼貌问好，也许学生的一次弯腰捡拾，也许学生的一次精彩展示，就能帮助学生收获一枚雪浪花小奖章。当学生集得一定数量的雪浪花小奖章后，就能换取一份小礼品，或是满足一个微心愿。实践过程中，我们发现，学生们不仅关注着自己的收获，同时也在改善着自己的校园生活。他们从细节做起，从小事做起，有了点点滴滴的进步，逐渐养成了良好的学习生活等行为习惯，成为更优秀的雪小学生！

践行生活教育，服务儿童生活，学校努力让每一个孩子在共同生活课程中，得到锻炼和提高！走在这样的雪小，生活味扑面而来！

三、核心精品课程，让校园更有幸福味

小学校园是孩子们人生起航的地方，小学校园应为孩子们的幸福人生打好基础。如何为孩子们的幸福人生打好基础呢？这是雪小长久以来一直思考着的问题。

首先，孩子们要拥有健康的体魄。"让孩子们在小学阶段拥有健康的体魄，良好的运动习惯，是雪小送给孩子们最好的礼物！"所以，雪小不断推进"体育核心课程"的构建。

雪小多措并举，积极探索"校园足球教学模式"，深入进行"体育课程教学改革"。学校将"足球课"纳入了课程体系，在三年级开设了每周一节的足球课。学校不仅对"足球进课堂"进行了细致的规划，而且特聘了专业足球教练，制定了明晰的足球课教学目标、实施方法及评价机制等。足球课上，特聘教练和体育老师协作，共同为同学们讲解足球知识，传授基本动作，培养学生对足球运动的兴趣，提高学生足球运动的技能。瞧，雪小的足球场上，特聘的专业足球教练葛老师正在给三年级的孩子们上足球课，同学们一个个饶有兴趣，红扑扑的小脸上流露着欢喜。（在教育部发布的《2017年全国青少年校园足球特色学校和试点县（区）遴选结果名单》中，雪小获得"全国青少年校园足球特色学校"的殊荣！）就这样，通过一、二年级开设乒乓课程，三年级开设足球课程，四年级开设网球课程等一系列国家课程校本化工作，通过游泳、滑冰、篮

球、跆拳道等体育特色课程开设的同步协调发展，雪小已构建起学校体育核心特色课程。走进雪小，一个个学生在乒乓台旁尽情比拼，在篮球架下精彩投篮，在跆拳道馆里大显身手……他们拥有健康的体魄，多么欢快幸福！

其次，孩子们要有美好的心灵。在这个信息爆炸、知识更迭迅速、快餐文化的时代，学生们更需要拥有一个美好的精神家园。亲近经典，能提升孩子们的素养，涵养孩子们的心灵，让孩子拥有幸福的人生。为此，雪小以"亲近经典，点亮童心"作为精品课程予以推进。雪小经典诵读项目组的老师们开发出了赏心悦目的"亲近经典，点亮童心"校本教材——口袋书。书中经典古诗文、现代童诗美文、优秀影片推荐等一应俱全。每天中午的"悦读时光"，每个班都认真进行经典诵读。同学们也兴致勃勃地用好"雪浪花"课外阅读存折本，进行好每天的课外阅读。每学期，雪小都进行一次高质量的"亲近经典，点亮童心"专题教学研讨展示活动。每学期，雪小都举行人人参与的经典诵读竞赛，在竞赛中脱颖而出的同学们别提多自豪了！雪小希望和期待更多的老师成为学生阅读路上的引路人，更多的学生成为亲近经典、拥有美好心灵和幸福人生的人！

践行和谐教育，促进和谐发展，学校努力让每一个孩子在核心精品课程中，成为身心和谐的人。走在这样的雪小，幸福味扑面而来！

（作者单位：无锡市雪浪中心小学）

让"社区共享实验室"成为学生综合素质提升的引擎

秦晓华

【摘 要】 建立社区共享实验室能让更多的学生享受科学教育,能促进学生手脑并用,发展学生的自学能力、思维能力、责任意识、团队意识,能更好地推动和促进学生综合素质的提升。

【关键词】 共享实验室 提升作用 综合素质

现如今,世界各国都非常重视青少年一代的基本素养的培养,都在不断探索青少年综合素质培养的模式和途径,并以此作为推进国家可持续发展的一项重要战略,从而实现综合素质教育的目标:使学生学会做人、学会求知、学会劳动、学会创造、学会生活、学会健体、学会审美。小学科学作为一门包含各学科的融合学科,在提升中小学生综合素养,践行全人发展的教育理念方面,具有得天独厚的优势。然而,由于受到学校课程设置、教学时间的限制,小学科学并不能完全发挥其育人功能。为打破时间和空间的局限性,我们需要拆除学校"围墙",改善传统模式,建立社区共享实验室,开拓科学教育第二课堂,给每一个孩子提供更多的参与科学探究的机会,让科学教育走入生活、走向社会。

顾名思义,社区共享实验室即以社区为主要力量设立的服务于社区内人员活动的公共实验室。近年来,随着城镇化建设的不断深入,学校所在镇经济迅速发展,已从纯粹的农村地区逐步融入城市发展,已由原来分散的自然村发展为相对集中的各个社区。建立社区共享实验室能够充分挖掘社区教学资源的潜力,能为有思想、有钻研精神的学生提供实践的机会,这对培养和提高青少年的创新能力、合作能力、独立思考能力具有重要的作用。

一、社区共享实验室具体做法

一是在社区内寻找固定场所设置共享实验室,并配备相应的实验设备(也可与学校实验室相协调,借用相关仪器设备,提高仪器使用效率)。在社区内建立实验室,能够方便学有余力的学生开展课外科学研究。

二是建立共享实验室使用规则，规范孩子们的活动行为，不让共享实验室成为社区管理的负担。

三是招募有相关专业特长的社区居民作为共享实验室的志愿人员，能够对孩子们的活动给予恰当的指导。

四是除了孩子们为完成自己的科学探究而使用共享实验室外，共享实验室还可以确定一些科学研究活动主题，让孩子们自由选择并参与到活动中去。

二、建立社区共享实验室的作用

1. 社区共享实验室为每个孩子创造享受科学教育的平台

由于受大班人数的影响（每班接近50人），在科学课堂上，无法保证每个孩子都能投入活动。社区共享实验室能够依托社区资源，为社区内所有孩子开放实验场所，系统、全方位地为孩子创造享受科学教育的平台，让人人公平地享有科学教育的机会。在传统的科学课堂上，老师往往会在课堂时间结束时制定新的研究目标。老师常常会说，期待孩子们课后能对所产生的新问题进行研究。这时常成为一句空话，因为课堂外没有设备、场地支持他们研究。社区共享实验室能成为学校课堂研究的延伸，能对学校课程体系进行有效拓展，从而为提高学生综合素质提供一条新的途径。

2. 社区共享实验室能促进学生手脑结合

美国心理学家赫尔曼曾说："孩子个个都是天生的科学家，他们好奇地问，生机勃勃、充满活力地探索周围世界，他们什么都想知道。"以探究为核心的科学课，鼓励儿童动手动脑"学"科学。现代认知科学研究也表明，人在体验中所形成的知识和技能将掌握得更牢固。共享实验室相对活泼的学习气氛，能让学生更容易进入活动中。在这里，由于不受时空的限制，学生的动手机会将大大提高，每个人在无压力的环境下能够更充分地展现其在观察、思维、制作等方面的才能。由于实验需要，学生会主动地联系课堂所学知识，做到手脑并用，逐步提升自己的动手实践能力和科学素养。

3. 社区共享实验室能促进学生的自学能力、思维能力

当前的科学教育已由原来的灌输式向探究式转变，但受制于教学时间，有些时候还是以验证性实验教学为主，学生按部就班地完成实验。这种教学模式束缚了学生的思维发展。社区共享实验室能为学生设立主题研究菜单，如种子萌发的条件、人造火山、蜡烛实验等，并为其准备相应的实验器材。学生为完成主题研究，必须自己制订、设计、完善研究方案，自己选择实验器材，自己去查阅与主题相关的科学知识原理。在研究过程中，他们常常会经历失败，这就需要他们自己去分析，去寻找失败的原因，反复探索，创造性地解决问题，直至最终完成探究。在这个过程中，学生的自学能力、思维能力和创新能力将得到极大的提升。

4. 社区共享实验室能更为灵活地指导学生探究世界

传统的课堂需要完成大纲所规定的各项教学任务，其教学内容多少有所限制。而共享实验室能够根据实际，灵活组织开展相关有意义的活动。如当有月食等自然奇观出现时，可以组织社区内孩子一起集中观测月食，共同领略大自然的神奇，并针对月食这一现象进行科普知识介绍；面对社区水污染现象，可以开展"简易污水净化器"的制作，带领孩子参观自来水厂等，对孩子进行水资源保护方面的教育。社区共享实验室的活动相较于学校教育来说形式更为灵活，内容更为丰富，学生的体验也会更为深刻。

5. 社区共享实验室能促进学生的团队协作意识

进入社区共享实验室进行实践的学生带有一定的研究目的，但有的研究项目并不是仅仅依靠自己就能够完成的，这时就需要发挥团队的力量。社区内，以同一目标建立起来的研究团队更具有整体性，他们的责任意识和团队协作的意识要远远高于课堂内临时组建的实验团队。这是发自内在的、深层次的合作，他们会在活动中相互讨论，每个人都会自发地选择自己能够胜任的任务，从而实现共同的目标。这种在实践中养成的责任意识和团队意识将会使学生终身受益。

6. 社区共享实验室能拓宽儿童视野，提高学生创新能力

社区共享实验室所招募的人员是各行各业的专业人士，在自己擅长的领域有着特定的解决问题的思维方式和实际的操作策略。让他们来指导孩子们的具体活动，将大大拓宽孩子们认识世界的视野。在他们的指导下，孩子们将掌握各种解决实际问题的办法，这有助于提升他们在遇到困难时，综合应用各种策略，创造性解决问题的能力。

实验室是培养学生理性思维、实验技能、科学精神的重要场所。建立社区共享实验室，打破了传统教学的格局，拓展了学生学习科学的时间和空间，为孩子创造了更为宽松、自由的实践环境，使得孩子们能够学会做事、学会做人、学会与人相处、学会学习，从而全面提升自身的综合素质。

（作者单位：无锡市胡埭中心小学）

融综合资源，促学生成长
——小学生综合素质及拓展教育浅析

朱 华

【摘 要】 融综合资源就是通过挖掘优势、演绎生活、创设活动、转换角色、走向社会等一系列的综合实践活动，学生的求知意识得以自我唤醒，道德行为得以强化，自觉地将外在的思想道德要求转化为自身的素养品质，转化为行为习惯，在潜移默化中完善自己的人格。

【关键词】 挖掘优势 演绎生活 创设活动 转换角色 走向社会

20世纪90年代，国际21世纪教育委员会向联合国教科文组织提交的报告《教育——财富蕴藏其中》中指出，面向21世纪教育的四大支柱，就是要培养学生学会四种本领：学会认知（learning to know）、学会做事（learning to do）、学会合作（learning to together）、学会生存（learning to be）。综合课程的开设就是"使学生学会做人、学会求知、学会劳动、学会创造、学会生活、学会健体、学会审美"。它的开设有利于学生能力的提升。社会对人才的需求，决定了综合课程的开设适合当今教育的需要、时代的需要。

一、挖掘优势，丰富经历

我校地处阖闾古城，学生都见过阖闾古城的石牌，但真正对它感兴趣的和了解的甚少。考古队曾来这里进行考古活动，发现了战国时期的遗迹、遗物——这不正是现成的综合实践课程吗？活动既可以让学生们对自己的家乡有所了解，激发他们的自豪感，又能培养他们的能力，真是两全其美！

根据这一现成的教材，我们不仅可以让学生了解自己家乡的历史，也可以从中了解有关战国时期吴越两国的历史，通过走访附近居民，了解两千多年前的风土人情、历史逸事。活动过程如下：

（1）成立活动小组，拟订活动计划。活动在每周的综合活动课进行。

（2）上网搜索有关阖闾古城的资料。常州和无锡都在为自己是阖闾古城而论证，阖闾古城的石碑，地处武进和胡埭交界处，因此考古学者正在论证哪处是真正的阖闾古城。

（3）参观阖闾历史博物馆，了解考古学者认定这里是阖闾古城的依据。①胥山的名字。伍子胥的胥是胥山名字的由来。据说，这里曾经是伍子胥屯兵的地方。②从开掘出的石块，判断出这里是训练军队的地方。在学校旁边的山坡上，开掘出了春秋战国时期的方格纹、回纹、菱形填线纹硬陶器以及原始青瓷器等。可见这儿曾经是依山而筑、绵延2公里的军事防御设施——龙山石城，它也被一些专家称为"吴长城"。

（4）成果展示。用各种形式展示学生的活动成果：①故事朗诵会。②图片展示会。③新闻报道。④吴文化研究。

二、演绎生活，完善人格

课堂是我们现实生活的反映，陶行知先生曾说过，"生活即教育，社会即学校，教学做合一"。因此，教学不仅是传授科学知识的过程，更是塑造人格的殿堂。每一个学科都有它自己的特点，每一个知识点中都蕴藏着能力教育的因素，教师要充分利用课堂资源的优势，将综合教育寓于各科课堂教学之中，使综合课程得到延伸，使学生在掌握知识的同时头脑得到洗涤，心灵得到净化，情感得到激发，行为得到规范。

例如，把品社课和综合活动结合起来。以《我爱我家》为例，"我的一家"是在家庭生活的甜蜜回忆中感悟家的幸福；"我是家中小成员"是在劳动中体会小主人的成就感；"在爸爸妈妈的关心下成长"是用自己的方式去爱家，爱父母；"过家家"是在游戏活动中感受爱，体验爱，表达爱。这样的教育内容，我们把它放在少先队活动的大背景下开展，就有更加丰富的意义。在教学《同在蓝天下》一课时，教师首先设计了一个教学活动，让学生扮演聋哑人问路或扮演盲人找座位。扮演聋哑人的学生用手比画着，当同伴还不明白他要问什么时，他急得直跺脚；扮演盲人的同学找了半天还未找到自己的座位，同学们都着急地告诉他。参与这个活动后，再来讨论如何关爱残疾人，就有了更深的意义。通过角色再现和体验，学生能真实地感受残疾人的生活是多么不容易，认识到要同情、关心、帮助残疾人。

又如，我校的特色课程是泥塑。杜威曾指出，"所谓人的成长，就是在于环境相互作用过程中更新自己"。让队员与泥土亲密接触，让学生在学中玩、玩中学的过程中发展自我，张扬个性，体验快乐，经历成功或失败。每一堂泥塑课，教师都会评选出最优秀的泥塑作品，对学生进行奖励，许多成绩一般的学生在这里找到了自信，证明了自己的能力。到了期末，教师还为一些学生颁发了"泥塑能手"的奖状。我校有两位学生还在无锡市的泥塑比赛中获奖了。

三、创设活动，磨炼意志

在"唯分是命"的教育体制下，学生创新、动手能力有一定的缺失，而学生全面素质的养成需要在实践体验的过程中，不断悟化，不断提升。活动是知识获取、能力提高的有效载体，又是学生喜欢的教育形式，因此在对学生进行综合教育的过程中，把意图明确的体验教育富于丰富多彩的活动中，这样的教学才是有效的教育，才会引起学生的兴趣，使学生的各方面素养在潜移默化中得以升华。

比如，根据本校依靠着龙山，面临着太湖，是阖闾古城的遗址这些特点，我们开展了各种特色活动。我校大队部组织少先队员开展大型系列活动"寻访阖闾的足迹"：(1) 开展"还大山一片绿色"行动。由于山下居民比较集中，许多村民烧饭、用木料都到山上砍伐，因此，山上出现了大片的空旷之处。队员们看到后感到惋惜、心疼，自发地用自己的零用钱购买树苗种植，并守护它们，让它们和自己共成长。活动中，各小分队除了向校外辅导员请教花木养殖知识外，还利用课余时间查阅有关植物养殖的书籍，开展"养殖经验"交流。(2) 开展"探索大山的奥秘"活动。走进山林认识山中的动植物，增加自己的知识储备，以便更好地护林护绿。(3) 开展"山地野营"军事训练活动。同学们开展登山活动、山林求生大考验等军事演练。在活动中，同学们在请教老农、查阅资料、配制草药等一系列活动后，有的写了经验小论文，有的写自己登山军训的体会，有的写鉴别草药、配制草药的心路历程。在这些活动中，感受到的是快乐，激发的是求知欲，发展的是思维，提高的是能力。

学校也先后开展了"春天在哪里"的寻访活动、"安全逃生演练""诚信百米长卷千人签字仪式""祭扫烈士墓，感受幸福生活来之不易"的教育、"请让我来帮助你""雷锋伴我行""军训"等活动。譬如，开展"护蛋一日"活动，蛋象征着自己的孩子，让学生体会做妈妈的细心和爱心，学生像母鸡护着小鸡一样小心翼翼地护着蛋，但是还是有许多学生的蛋被打碎了，从中学生感受到呵护一个孩子的艰辛，毕竟母亲要这样爱护孩子多少个日日夜夜啊！在活动中，学生积极参与，把所获得的感受与日常生活相联系，所获得的情感体验和心灵震撼是其他德育方式无法比拟的。在"大手拉小手"的活动中，为了让小朋友学会新的广播操，我们的队员与一年级的小朋友进行"一帮一"，队员们俨然像一个个小老师，手把手地教小朋友做操，帮他出黑板报，让他们体验到照顾别人的滋味，激发他们的爱心。

又如，五年级的一位学生午餐时从家里带来了春卷，惹得其他同学都羡慕不已，争抢着品尝。我见同学们对春卷表现出极大的热忱，个个跃跃欲试，便抓住这个契机，在队会上开展了"吃春卷水果大拼盘"活动。以色、香、味俱全，有创意为优胜，同学们在团队合作中，发挥个人与小组的奇思异想，创新与审美能力齐步发展。出乎意料的是，拼盘的作品五花八门，各具特色，有"五彩缤纷"，有"孔雀开屏"，有"满汉全席"等。拼盘不仅有好听的名字、好看的造型，还意义深远。同学们在这个为自己创新能力搭建的舞台上，尽情地展示个人与集体的创造智慧。即使是成绩平平的同学，我也对他们倍加赞许，使他们增强自信，抱着"我能行！""我有点子""我们最创新！"的饱满热情和积极心态全身心地投入平日的学习和其他活动中。

通过活动，学生在快乐中提高了素养，习惯得以养成，意志得以磨炼，兴趣得以培养，真是"润物细无声"啊！

四、转换角色，体验成长

现在的孩子大多数都是独生子女，他们在父母及长辈过度的呵护中，变成了"小皇帝""小公主"，养成了衣来伸手、饭来张口的习惯，遇事只求自己合适，很少考虑他人和集体，对父母的艰辛劳动缺少体谅和认识，只知道享受，不懂得付出，只知道要求，不知道关心。针对这种情况，教师定期要求学生在家庭中体验某个角色，或者要求父母带着孩子去体验某种活动，先后开展了为父母多做事、对父母多说知心话、为父母过生日、给父母送礼物、为父母揉腰捶背、帮父母做饭晾衣，以及"小鬼当家"活动，让孩子体会父母的艰辛和不易，感激父母的养育之情。

同时，我们还结合节日开展活动。譬如，"三八节"到了，我设计了"三个一"活动，即送上一句感激的话，送上一样自己亲手制作的礼物，给妈妈或奶奶洗一次脚，并观察他们的反应及感受，鼓励学生用日记的形式记录下来，同时还要求家长附上自己的感受。第二天，日记本上的话语让我震惊。一次小小的洗脚活动，产生了巨大的影响。孩子在洗脚的过程中深切地感受到这是一双为了供自己读书而到处奔波的脚，"虽然它粗糙、长满老茧，但我却感到了它的艰辛，以后我要常给妈妈洗脚"。而妈妈呢，早已热泪盈眶，有的学生的日记本上有大片的水渍，显然是哭过的痕迹。有的学生一到校就向我汇报说，她妈妈很感动。有的家长在日记本上写道："当我的女儿摸着我的脚，轻轻地搓着时，幸福溢满我的全身，以前所有的累和苦都无影无踪了，以前的付出都是值得的，感谢老师给我们提供这样一次心与心的交流、情与情交融的机会。"通过角色的转换，学生体会到父母的不易，学会了理解父母，理解家长的苦心。

五、走向社会，融入社会

学生不仅是自然人，更要成为社会人，将来才能更好地适应社会生活，因此，只有让学生在社会生活中去实践、去体验，逐步学会适应社会生活，才能真正树立正确的道德观、审美观，构建起自己内心的道德标准。因此，综合教育课程必须向生活开放，向现实开放，向社会开放，让学生到社会生活实践中去升华道德认识。我们制订了详细的计划，聘请校外辅导员，建立校外教育实践活动基地，定期组织学生开展相应的活动，如社会小调查、参观访问、社会服务等，让学生走出学校，走进社会，在体验现实生活的同时，检测自己的道德行为，发展自己良好的个性。开展"走进种植园，体验劳动的快乐""走进敬老院，温暖老人心""走向社会，了解家乡的巨变""走向街道，清除白色垃圾""访问村主任，了解家乡规划""参观军营，体验军旅生活"等活动。记得在军营里，孩子们看到解放军叔叔叠的被子有棱有角，很是羡慕，个个动手叠被子，可事情并没有想的那样简单，他们在活动中体验到想要成功，必须付出汗水和心血。

利用好区教育局组织的综合实践活动，如马山龙头渚综合实践活动基地、太湖花卉园活动基地、龙寺生态园、无锡博物馆、无锡科技馆、江南大学素质拓展基地等，让学生开展课程学习，有机会参加社会实践。学生们仔细聆听，认真观察，动手操作，用心体会，做到了在学中玩，在玩中学，更直观形象地掌握了知识和技能，把书本知识与社会实践整合成为综合的知识和能力。

通过这一系列的活动，学生有了新的感受、新的感悟，体会到要珍惜现在的学习机会，以适应社会的发展。

古罗马教育家普鲁塔克指出，儿童的心灵"不是一个需要填满的罐子，而是一颗需要点燃的火种"。我想，作为教师，我们要成为点燃火种的引燃者。作为一门综合性课程，我们不仅要给学生制造一种幸福和快乐的经历，而且要在这样的经历中不着痕迹地提升学生的能力，让学生在潜移默化中走向成熟，完善人格。

（作者单位：无锡市立人小学）

青少年综合素质在尤克里里制作中的拓展

邹 科 丁 健

【摘 要】 世界各国都十分重视青少年的综合素质，并都在积极探索青少年综合素质培养的途径和方式。在综合素质拓展教育行动大力推行的背景下，笔者尝试从尤克里里的制作工艺过程中衍生出针对学生群体的拓展教育活动。

【关键词】 综合素质 尤克里里 拓展活动

一、对青少年综合素质培养的几点看法

1. 综合素质的培养应当重视学生的体验甚于结果

综合素质的发展是学生内部状态和外部环境相互作用的结果，这个相互作用正是学生成长的体验过程。教师在教学过程中应当多多鼓励学生努力展现自我，在学习中体现个性，迸发创造力。这就要求课程设计和教学环节能够更多地关注学生的内心体验，以学生内心体验为切入口来引领他们提升综合素质。尊重学生的内心体验正是促进学生积极参与的最好方式。所以，重视综合素质培养的课程设计选题应该从青少年感兴趣的话题入手，在跨界和整合中提供更丰富多样的体验延伸点。课程目标的制定则相应地力求以学生为主体，以创新体验为过程，以快乐成长为根本。

2. 综合素质的培养需要重视实践，尤其是"试错"

"纸上得来终觉浅，绝知此事要躬行。"光依靠书本知识无法真正提升学生自身的综合素质，只有加以实践才能真正磨砺出综合素质。小学的劳动技术课、中学的通用技术课正是基于此目的开设的，如今这些学科也在不断摸索，从学生生活出发，利用熟悉常见的材料，创新设计，手脑并用。很多DIY（自己动手制作）课程让学生动手操作，学生乐在其中。

同时，课程实施过程并不是从老师教开始的，而是从学生主动学习、尝试开始的。这样就保留了学生充分"试"的空间，将试错的体验作为学习的重要组成部分，将学习的重点放到经验的交流修正上来，在犯错、思考、修正的过程中内化课程内容。

3. 综合素质的培养切不可重外在知识技能而轻内在情态心志

综合素质不是单一的知识、技能，它也包括内在的情感态度等。中国人追求的和谐，不仅指人与自然、人与社会的和谐，也包括人自身的和谐，即身心和谐。中国人十分看重人的精神，比如在教育方法上注重通过练书法等方式方法，培养孩子的定力，把内心安定与集中精力、做事专注结合起来。现代社会发展日新月异，知识周期越来越短，未来更是瞬息万变，不可捉摸。在这样一个充满未知的社会中，我们越来越开始关注个体适应未来社会生活和个人终身发展所需的情感态度和价值观。

4. 综合素质的培养需要借助于教育教学的融合

平时学生在学校学习的各门学科的知识都是单独呈现的，课程之间缺乏有效的融合，没有形成体系。这就使得学生在学习过程中忽略了各门学科之间的必然联系，在实际生活中找不到学科学习的意义。在这样的模式下，学生很可能只是一方面的能力素质优异突出，而其他能力素质得不到较好的发展。因此，淡化学科界限，加深学科联系，引导学生综合利用学科知识来解决实际问题，成为提升学生综合素质的一个着眼点。比如，在课程中引入更多动手操作的环节，使学生获得更加宽泛的知识和务实的技能。尤克里里是一种四弦小吉他，发明于葡萄牙，盛行于夏威夷。其尺寸远小于古典吉他和民谣吉他，常见的有23寸和26寸两种。但其结构与一般吉他基本相同，制作过程也大同小异。对于乐器制作和演奏的初学者来说，尤克里里是相当不错的选择。目前针对中小学生的尤克里里相关课程主要集中在简单和弦技法的弹唱方面。在课程中，音乐不仅是声音，它还融合在物理、数学的广阔空间里，沉淀着远古以来的深厚历史。即使是一把小小的尤克里里，也浸润了许多前人对音乐的理解，才有现在的模样。把制作的体验充实到尤克里里课程中去，让孩子们在制作的过程中接触和了解这些知识，从另外的纬度感受音乐的奇妙，为孩子们建构的将是另一个广阔的空间，与他们已有的音乐知识技巧相互印证。

二、青少年综合素质与尤克里里制作

1. 重视学生的体验有利于学生充分参与，培养综合素质

区别于传统教学授课，尤克里里的DIY制作不是以讲授知识为主，而是重在体验。和钢琴、古筝相比，尤克里里本身不是一种很热门的乐器，学生对其不是非常熟悉，所以他们对于自己亲手制作这样一个乐器更是不敢想象。在学生的认知里，手工制作种类很多，做纸花、折飞机、做模型，但是从来没想过自己可以动手做乐器，顶多也就是学习演奏乐器。因此，在这种心理认知和思维导向下，学生还没有开始尤克里里的制作，便已经感受到了不可思议。在好奇心和新鲜感的驱使下，学生对此产生浓厚的兴趣，跃跃欲试。此后，学生在实际动手制作的过程中，从打磨到上胶，从抛光到上蜡，充分参与其中，看着一块木头在自己的手中越变越亮，越变越像样，心中也越干越有劲。等到

成品出来，上弦调音后指尖轻弹，悦耳动听的声音从音箱发出，那一刻学生怎能不欣喜万分，成就感十足？在充分的体验中自我肯定，增强信心，不断提升自己的素质，这不正是我们一直在提倡的吗？

2. 在动手实践与试错中不断提升综合素质

尤克里里的制作材料主要是木材，如桃花芯、沙比利等。因此，学生在动手制作的过程中一直在和木材打交道，有点像个"小木匠"。用砂纸打磨的过程中，学生自然而然地了解到砂纸有粗细之分，有不同的型号，从而认识到尤克里里的打磨选用细砂较为合适。打磨不是毫无章法，到处乱磨，而是有顺序、有方向地均匀打磨，这样才会使打磨的面变得越来越光滑。在动手实践的过程中，学生能够不断思考如何打磨才更合理更高效，手脑并用。以后遇到类似的打磨工作或任务，他们将变得驾轻就熟，游刃有余。在课程素材的选择上，我们刻意选择了相对简单的图文方式，而非详细的视频教程。这样有助于学生在课前就基本了解尤克里里的制作过程，但具体内化到自己的制作经验上，却需要对教程的揣摩和实践而非全部照搬。

3. 打磨尤克里里更是在打磨自己的心志

由于制作材料已经是一个半成品，所以学生的制作难度大大降低，主要工艺也就只剩下打磨抛光、上胶上蜡。这看似简单，其实未必。打磨面板的次数至少几百次，前期打磨的次数越多，面板就越光滑，后期就会越亮越好看。同样的，上虫胶也是一样，每五六分钟上一遍虫胶，至少要上二十多遍。长时间重复一个相同的动作，反复做一件事情，任谁都会产生倦怠感，只不过不同的人所能坚持的时间长短不同罢了，而这样的工艺步骤正考验着学生的心理耐力。能够坚持下来完成这些工艺步骤的孩子，他们的心理意志力得到了训练，以后做起事来就能更加沉得住气，静得下心。

4. 学科整合下自主拓展综合素质

学生可能认为把尤克里里制作出来就大功告成了，其实不然。尤克里里是一把琴，是乐器，制作出来把它作为装饰品放家里的确很显内涵，但束之高阁绝非保养它的最佳方式。对于乐器来说，保养它的最好方式便是演奏它，让它发挥本来的功用。也就是说，亲手制作尤克里里只是这个素质拓展课程的一部分，后续还应与音乐学科相整合，引导孩子学习尤克里里的演奏。要延续学生的体验，用自己亲手制作的尤克里里弹奏自己喜欢的歌，真正让音乐来陶冶情操，洗涤心灵。

5. 躬行实践后自觉体悟匠心

我们常会以"独具匠心"来形容一件作品的独特性和创造性。现代社会正提倡当代的技术研发者要有"匠心精神"。学生做尤克里里虽是一件小事，但多多少少也能对"匠心精神"体悟一二。比如说，学生一开始不知道怎么做，那么就必须虚心好学；一遍又一遍的打磨不断消磨着学生的耐心，学生要学会坚持，要有恒心；做乐器这事太细致了，一些尺寸的测量稍有偏差便会导致音不准，学生不得不变得细心起来；有的学生还有一份不断追求的执着心，做好了尤克里里还想着在上面画些图案作为装饰。

虽是一次小小的尝试，但对于学生来说是一场真切的体验，能有所收获，有所感悟，这便足够了。

【参考文献】

[1] 郝冬梅.关于对学生进行素质教育的一些思考[J].井冈山医专学报,2004(02):28-29.

[2] 赵艳霞.谈对小学生兴趣的培养[J].内蒙古师大学报(哲学社会科学版),1999(S2):276-277.

（作者单位：无锡市育英锦园实验小学、无锡市少年宫）

拓展训练对中小学生身心素质的培养

马昀含

【摘　要】 近年来，拓展训练是我国教育界积极探索的一个领域，如今，拓展训练已渐渐纳入学校体育教程，在提高学生综合素质方面起着举足轻重的作用。它以开放的形式、精心的设计激发学生的潜力，在提高学生体能的同时培养学生积极向上、合作信任的优良品质。

【关键词】 拓展训练　学生身心素质

一、素质拓展训练的必要性

未来社会的竞争，就是人才的竞争。青少年是国家的未来和希望，少年强则国强。学校教育的目的是培养学生的综合素质，让学生带着强健的身体、健康的心理、良好的品德、丰富的知识、解决问题的能力等面对未来生活的挑战。实践证明，学校学到的知识并不是一个人成功的主要因素。社会的要求在提高，而学校和家庭教育的不足使得我们输出的人才在成长中呈现缺陷，如身体亚健康、自私、耐挫力差等。

中小学阶段是一个人人生观、价值观和世界观尚未形成的阶段，如果对体能、心理健康等教育重视不足，则不仅会制约中小学生身心素质的健康发展，也会使素质教育成为空话。因此，将素质拓展训练融入中小学素质教育，迫在眉睫。素质拓展训练少了一些说教和灌输，以不同的方式，让学生在过程中去经历问题、感受问题、解决问题，从而获得生活经验和心理转化，同时也能培养孩子们沟通、合作、信任的团队精神。

二、我国中小学生身心素质存在的问题

从近30年来我们国家对青少年身体素质的调查数据看，孩子们的健康状况不容乐观。中小学生的速度素质、耐力素质、爆发力素质、力量素质、肺活量水平整体呈下降趋势，而肥胖率和近视率呈上升趋势。对个人或一个家庭来说，这不是一个好消息，对于国家来说，这是一个巨大的隐患。

目前中小学生学习负担过重，心理压力越来越大，从而导致记忆力下降，思维迟

缓，害怕考试甚至厌学等。而大部分家长只要孩子好好学习，其他的事情不需要孩子亲自动手做。不付出就能衣食无忧，获得家长无私的爱，长此以往，他们把这当成理所当然。有的孩子变得依赖性强、不独立、自私自负、易怒逆反。还有一些孩子在现有的学习评价中，无法获得成就感，结合一些外部原因可能慢慢变得自卑、抑郁、焦虑、孤僻。一旦离开学校这个相对单纯的环境，在现实社会中他们如果遇到失败、委屈，往往无法承受，痛苦不堪，甚至走上绝路。

三、素质拓展训练对中小学生身心素质的培养

如果说强制性要求学生参加课外体育锻炼不现实的话，那么，保证学生在学校获得充足的锻炼，培养他们勤于锻炼的习惯，就是一件非常重要的事情。

在现在的体育课上，能提升体能的项目都是非常消耗体力的，学生感到累的同时内心的接受程度也不高，尤其是女生和一些超重同学参与积极性很低，能偷懒就偷懒。如果将素质拓展训练纳入中小学体育教程，通过精心的游戏设计，激发学生的兴趣，尽管知道过程中会很累，很疲劳，可是孩子们愿意去挑战，去征服。而且在这个过程中，学生们通过逐步探索、经历失败、找寻原因，最后完成任务，获得身心的锻炼，也收获了乐趣，快乐对他们何其重要！于学校和老师而言，将很多平时体育教学中难以开展的课程穿插到拓展训练中，教学得以顺利完成。

小高考后，在宜兴数天的社会实践活动中，翻毕业墙最令人难忘。每个人都要翻过一堵大约 4 米高的墙，男孩子们有的甘当人梯，让同学一个个踩在他们身上爬过去，有的在上面紧紧拉同学上去，还没有翻墙的在下面伸开双臂保护着同学，当所有人顺利翻过毕业墙后，他们抱在一起，流下了激动的泪水。乍看这个项目似乎不可能完成，但同学们经过民主讨论、评估方案，勇于尝试，感受到了集体的强大力量。2017 年和 2018 年，我遇到两个从宜兴实践基地回来的孩子，他们本来都不爱和家长交流，但回来后都不禁滔滔不绝地和家长说起了实践基地的趣事。

每一项活动，同学们都挥洒着汗水，释放着激情。攀岩，这是一项可以锻炼全身各小肌肉群的运动。虽然很多人体力不支，可是都不想放弃。有的同学手因抽筋而发抖，但是再给他一次机会，他还愿意挑战。有的同学恐高，我们在下面呐喊加油。心往一处使，没有比这更美好的了。

在吉尼斯挑战中，有两个同学转了 5 个多小时的呼啦圈，最后被迫叫停，打成平手。

因为下雨，我们在室内进行多米诺骨牌游戏，同学四人一组，每组 1 000 块牌，每组搭一个字，过程中经常搭了一半就倒了，需要重新开始。没有人放弃，最后同学们耐心地搭出了 20 000 块牌，推倒后的壮观景象深深地留在了大家的脑海里。

在信任背摔训练项目中，我们要站在 1.5 米的半空向后倒。害怕和担心是必然的，

可最后我们还是战胜了自己，相信了队友，落在同伴怀抱时，归属感油然而生。台下的队员尽管承受着巨大的冲击力，但都将队友的安全放在首位，体现出一种责任感和奉献精神。

还有参观竹林感受大自然的美、制作陶瓷茶壶锻炼动手能力、包馄饨感受生活、进行消防教育、射箭等活动，都是我们在学校里接触不到的。学校如果能够经常性地开展此类活动，会比一学期一次的春游、秋游来得更有意义。拓展训练可以寓教于乐，收获乐趣，锻炼体能的同时培养健全的人格。

拓展训练融入教学是完全可行的。学校应当充分利用拓展训练的优势，让其对体育课程以及心理素质教育进行良好的补充与延伸，真正让学生的各方面能力都能够通过拓展训练得到锻炼。

【参考文献】

[1] 唐闻佳.科学指导扭转儿童青少年体能"下滑"[N].文汇报,2018-01-31(008).

[2] 年亚贤.心理疏导与青少年综合素质教育[J].中国青年研究,2012(08):114-116+113.

[3] 马思远.我国中小学生体质下降及其社会成因研究[D].北京:北京体育大学,2012.

[4] 吴键.我国青少年体质健康发展报告[J].中国教师,2011(20):9-13.

（作者单位：无锡市育英锦园实验小学）

与四时合其序 与天地合其德
——"玩美24节气"主题特色课程实践

杨肇文

【摘 要】 主题探究式综合实践活动课程是对《基础教育课程改革纲要》精神的呼应和实践。以我国传统文化的24节气为主题开展研究、实践和创新活动,既为孩子们搭建了探究式特色少先队活动的平台,更是弘扬中华传统文化,塑造孩子们敬畏自然的灵魂。

【关键词】 24节气 主题特色课程

《周易》讲究"与四时合其序,与天地合其德",讲究天时与人的关系,让我们自然而然地唱起这首歌:"春雨惊春清谷天,夏满芒夏暑相连,秋处露秋寒霜降,冬雪雪冬小大寒……"

　　这里有宇宙天体自然的变化,
　　这里有花草树木鸣虫的欢歌,
　　这里有历代诗词歌赋的演绎,
　　这里有中医节令养生的讲究,
　　这里有仁义礼智忠孝的传统,
　　这里有载歌载舞饮食的风俗……
24节气诞生于春秋战国时期,
24节气是中国非物质文化遗产,
24节气更是劳动人民创造的辉煌!

节气指二十四时节和气候,是中国古代订立的一种用来指导农事的补充历法,是古代劳动人民长期经验的积累和智慧的结晶。在呼唤回归民族本真的当代,无锡市蠡园中心小学以"玩美24节气"作主题,为孩子们创设探究式特色少先队活动的平台,旨在弘扬中华传统文化,塑造敬畏自然的灵魂。孩子们遵循着宇宙春发、夏长、秋收、冬藏的天地规律,走进多姿多彩的节气世界,合作探究,尽情体验,深刻感悟。

将"玩美24节气"主题特色课程纳入"少先队课程",我校为此特开设研发处,连同学校大队部、德育处、教导处等主要行政部门，将品德课、班会课、语文课、综合实践课、校本篆刻课程、心理健康教育课程、音体美科课程都调动起来，以探究为核心，以活动为载体，以中华传统24节气作主题，大力推进少先队实践类课程改革，全力打造专属于我校的特色校本课程。在蠡园中心小学，大德育正全面引领各大学科，以一种整合的形式，以一种轻松的格调，以一种玩乐的心态，亲近自然，亲近传统，亲近宇宙，亲近自我。

一、江南无所有，聊赠一枝春——把握课程内涵价值

地域文明的熏陶是学生思想情操的起点，传统文化的浸润是民族基因的传递。

江南无所有，聊赠一枝春。无锡市蠡园中心小学地处龙山脚下、梁溪河畔，31个班的规模，拥有70%以上来自无锡市外的学生。

学校除了能给予孩子们丰富多彩的国家课程之外，还凭着教育人的一份担当，献给孩子一段多姿多彩的人生旅程，"玩美24节气"主题特色课程应运而生。"玩"是一种方式，是合作互助、主动探究的过程；"玩"是一种心情，是随意快乐、无拘无束的自由；"玩"是一种态度，是微言大义、拈花一笑般的内涵；"玩"是一种精神，是对自然、生生不息的宇宙的敬畏和热爱。"美"立足学生审美素养发展问题，确立美育目标，立足"24节气"丰富的美育资源，选择含有美学元素、富有美育意义的内容与大德育融通。从课程设计到课程实施，从活动总结到评价反馈，"玩"的"创意"一直都在，教者自由，玩者开心，寓教于乐，体验成长，这便是我校此番特色少先队课程的出发点和终点。

二、红豆生南国，春来发几枝——拓宽课程实施路径

1. 与校园环境相融合

民国无锡籍教育名家陆静山、陈露薇在合著的《新小学布置法》中谈道："儿童自出生来的那一瞬间起，便受环境抚养，受环境教育。环境教他们判断他们所见所闻的事情，环境每天以决定了的意识形态熏陶儿童……"

我校在少先队课程研发建设中始终关注校园环境建设，不仅要体现活动课程对于孩子的德育、教育熏陶，还不断完善其人文关怀对于孩子的影响，努力使充满24节气文化氛围的校园环境真正成为一个人心凝聚的文化场，成为孩子们了解节气知识、享受成长乐趣的精神家园。

我校原本就有的校本篆刻特色课程和心理健康教育特色课程也与"玩美24节气"主题特色课程糅合起来。我们扩建校园走廊，四层楼面分别以春夏秋冬的六大节气作为主题，一楼教室往四楼教室高度递增，年级也随之递增，墙面布置也随一年四季变换。六年小学毕业时，孩子们能够了解到全部24个节气的气候特征、民风民俗、养生要诀、

相关诗词等节气知识。我们还全面改造校园绿化环境，开辟种植园，丰富校园内庄稼种植品种、绿化植物品种，建造春夏秋冬四季假山植物内景。

2. 与校园文化相对接

借用江苏省教科院杨久俊先生的话，"文化的弥漫性，在于氛围的如沐春风，在于方式的潜移默化，在于积淀的滴水穿石，在于韵味的如影随形"。孩子们玩累了，可以坐在走廊随意地翻看《这就是24节气》，回到教室又可以从书架上拿出《农历的天空下》。教师办公室的书架上也陈列着《你不可不知的24节气》。

走在校园操场上，随处可见"玩美24节气"学生活动展板，上面有孩子们"贴秋膘"的身影。甚至来到学校施教区的隐秀社区，还能从我校的"玩美24节气"课程中看到自己学做农活的模样。

校园食堂门口的宣传栏里张贴着百名好少年，这些评比同样联系着24节气，比比哪位是"夏至包馄饨达人"，哪位是"小满苦菜秀拼盘王"，哪位又是"立夏蛋王"。学习早已不是衡量孩子优秀与否的唯一标准，会"玩"的孩子同样是"励志小达人"。

每周四的少先队红领巾广播，小喇叭里也是雷打不动地传来孩子们自发搜集的24节气宣讲资料，让所有人眼里看的、耳中听的都是24节气。

3. 与校园活动相呼应

小学少先队课程强调活动性、实践性、生活性，本着这一理念，我校的"玩美24节气"特色少先队课程主要就是以校园活动的形式来构建的。

春夏秋冬四季，我们以季节作为大主题，用一个个小节气活动进行串连。各年级按时令在整个学年内体验主题下的四季24节气变化，六年之后就可以从植物、动物、花果、庄稼、天气、养生六大领域获得满满的节气知识。各年级组发挥主观能动性，利用队会课时间开展各种民俗体验活动，玩在其中，学在其中。

无锡市蠡园中心小学"玩美24节气"主题特色课程活动指南

年级	春季主题 （建议活动）	夏季主题 （建议活动）	秋季主题 （建议活动）	冬季主题 （建议活动）
一年级	苏醒的动物（踏青）	高歌的夏虫（斗蛋、称体重）	多彩的植物（竖蛋）	小动物过冬（打雪仗、堆雪人）
二年级	生长的树木（做风车）	夏天的瓜果（尝三鲜）	低吟的秋虫（贴秋膘）	长青的树（印年画）
三年级	斗艳的春花（扫墓）	灿烂的夏花（煮绿豆汤、喝凉茶）	丰硕的果实（做糕点）	勇敢的花（包饺子）
四年级	新绿的庄稼（养蚕）	苗壮的庄稼（苦菜拼盘）	庄稼大丰收（酿酸奶）	庄稼过冬（包团子）

续表

年级	春季主题 （建议活动）	夏季主题 （建议活动）	秋季主题 （建议活动）	冬季主题 （建议活动）
五年级	沙沙的春雨 （制作青团子）	沿海的台风 （吃馄饨）	秋天的大气（霜） （酿米酒）	冬天的天气（冰雪） （猜灯谜）
六年级	春季养生——防"倒春寒"（放风筝）	夏季养生——防"疰夏"（包粽子）	秋季养生——预防流感（中元节放天灯）	冬季养生——冬令进补（写春联）

与此同时，每一学期开展一次的校外综合实践活动也同"玩美24节气"课程全面一体化，每个年级外出实践的地点全部和本年级探究主题相挂钩，以便于所有孩子参与探究实践。例如秋游实践，我们安排四年级学生前往江南大学，参观食品工程车间，亲手体验制作，配合秋分节气"酿酸奶"；春游实践安排三年级学生前往农博园，配合清明节气赏花。

学校一年一度的传统项目——校园体育节，也被"玩美24节气"课程换了面貌，除传统田径比赛项目外，增加了以24节气为主题的年级体育竞赛项目，趣味纷呈，引得到访参观的市委、区委领导赞叹不已。

益智节上，语文学科的24节气诗词学生书法比赛、美术学科的24节气篆刻社团成果展、英语学科的24节气外文小报评比等活动都让单一的学科竞赛活动变得生动有趣起来。

4．与校园课程相整合

利用"玩美24节气"主题特色课程引领校园多样国家课程整合，是我校继学生校园活动之后的又一重大突破。如何让课程增加德育内涵，如何让多种课程协调统一，如何在不加重学生负担的同时提高学习效率，是我校少先队课程正在摸索寻求的。

在实践中，我们尝试从校园校本特色社团课程入手，美术篆刻在金石之上展现节气情怀；随后我们又发起了品德课与队会课相结合的形式，以24节气为主题增加品德课的实践力量，同时丰富队会课的文化内涵；紧接着我校以承办区内综合实践展示课为契机，周晓芙老师带领孩子"走进清明"，完全以一种自主探究式的学习方法向观摩教师展示了分享互助式的少先队课程呈现形式。

在国内外学科融合成为新趋势的大背景下，我校综合学科将发起新一轮的学科教学实践研究，以"玩美24节气"课程为核心，尝试与艺术、体育课程融合。例如以"霜降"节气为主题，让同一个班级尝试进行同一课题下的美术创作课和民乐特色课；或以"立冬"节气为主题，进行冬季特色体育游戏课和节气心理养生课等。

"玩美24节气"主题特色课程以"生"为本，提高了孩子们探究学习的积极性，他们乐意通过上网或者查阅图书等寻找有关资料；提高了孩子们的实践能力和综合素质。他们在进行实践探究时能进行观察、动手、分析、解释、总结等工作，培养起团队合作、组织规划、动手、沟通表达等能力。通过实践，孩子们也增强了创新意识、科学态度和科学精神。近年来，我们也利用公众微信平台、宣传展板等向社会展示我们的特色课程，赢得了地区领导和社会人士的一致好评。

无锡市蠡园中心小学"玩美24节气"特色少先队课程，促进养成团结协作、友爱互助的作风，带大家感受真正接地气的节气世界。"民族情怀，世界眼光"，不是我们空口在说，是我们共同努力在做！

（作者单位：无锡市蠡园中心小学）

回归儿童生活的语文拓展课程的实践与思考

钱小芳

【摘　要】　生活即教育。生活有多大，语文学习的外延就有多大。语文拓展课程让儿童的语文学习更加有趣，回归生活。本文介绍如何通过课内、家校合作、构建经典诵读等途径来进行语文拓展课程的实施。

【关键词】　儿童生活　语文　拓展课程

"生活即教育"，生活即人生实践。而语文学习同样离不开生活，生活的外延有多大，语文学习的外延就有多大。语文拓展课程的实施，就是让儿童的语文学习回归生活，培养语文兴趣爱好，扩大语文求知领域，开发语文学习潜能，从而丰富学生的内心世界，提高学生的语文素养。

一、回归儿童生活，丰富七彩童年

让语文学习回归儿童的生活，把语文学习与儿童的生活结合起来，就能使语文学习的内容得到扩大，让学生在掌握知识的同时，语文综合素质得到提高。

1. 在日常生活中体悟语文

我们把课堂的语文学习和学生的日常生活结合起来，如学习了关于秋天的《古诗两首》后，我们设计了关于"秋"的语文活动课，通过观察大自然的变化，查找有关作家或诗人描写秋天的诗文，比较各个地区秋色的不同，让学生来画一画、说一说、写一写、诵一诵。这样的活动，跨越语文、自然、地理等学科，通过紧密联系学生的日常生活来体悟语文。

又如，六年级教材中有一堂习作课《记一次有趣的实验》，我们邀请了附近中学的化学老师来校给同学们做实验。神奇有趣的化学实验，深深地吸引了孩子们，尤其是做完实验后化学老师一句意味深长的话："要想知道实验的奥秘，同学们就进中学来吧。"让学生对化学充满了好奇，对中学充满了向往。实践证明，这样接地气的实验设计，不但让大多数学生都写出了生动有趣的习作，而且紧密联系了学生的生活，为学生打开了一扇神奇的未来之窗。

2. 在传统文化中感受语文

传统文化是条源远流长的河流，从古至今，绵延不绝。而作为语文教师，在语文学习中传承、弘扬传统文化是义不容辞的责任，它会让我们的语文教学精彩纷呈。

如学习了课文《春联》后，我们组织了"走进春联"活动，让学生收集生活中的春联，同时查阅资料，询问父母师长，了解春联的发展、起源、用途等。课上让孩子自己讲解春联的意思，分析春联的精妙之处。在春节前，教师还组织部分学生到街头或小区义务写春联。

把传统文化与学生的语文生活有机地结合，就把学生的视野从校内引向了校外，增长了他们的语文知识，培养了他们的语文兴趣，让他们觉得传统文化不再是那么遥不可及，它就在我们的生活中，与我们息息相关。

3. 在美丽自然中感受语文

人与自然密不可分，引导学生在美丽的自然中感受语文，更能让学生深深地爱上语文。我们就近取材，引导孩了从家乡山水中寻找语文，感悟家乡的美好。

如无锡惠山有九龙十三泉，声名最大的是天下第二泉，原名惠泉，至今已有1200多年的历史。孩子们通过资料了解到二泉是经过万千松根蓄存和砂岩涤滤而成，水质清纯甘冽，被唐代"茶圣"陆羽评为"天下第二"。宋徽宗还钦令建亭护泉，御题"源头活水"，并且将其誉为贡品，"月进百坛"。所以当孩子们吟诵着唐朝无锡诗人李绅的"惠山寺，松竹之下，有泉甘爽，乃人间灵液。清鉴肌骨，含漱开神虑。茶得此水，尽享芳味也"（《别泉石》），更感受到了二泉这"人间灵液"的美妙。二泉汩汩流淌千余年，流淌的也是无锡深厚的文化。孩子们在宋代大文豪苏轼"独携天上小团月，来试人间第二泉"的诗句中感受到了，在民间艺人华彦钧的二胡曲《二泉映月》中感受到了，他们深深地陶醉其间。

二、回归儿童生活，架起家校沟通桥梁

1. 亲子共读，激发阅读习作兴趣

如果说家庭是孩子的第一所学校，那么就孩子的语文学习而言，家庭则是他们学习语文的重要课堂。所以，语文学习要回归儿童的生活，架起家校沟通的桥梁。我们千方百计为学生开展家庭语文活动提供条件。例如：学校办好家长学校，向家长推荐和介绍适合学生阅读的语文读物，低年级提倡亲子共读；指导学生收看优秀的广播电视节目，我们开展了亲子共看影片《妈妈再爱我一次》，家长和孩子各自写影评，并组织了影评展，学生不但得到了写作的锻炼，更体会到了母爱的伟大，收到了很好的效果。同时指导家长结合家庭生活让学生写留言条、书信、对联以及各类应用文等。

2. 利用网络，延伸语文学习外延

网络的普及对学生的生活产生了前所未有的巨大影响，为学生的语文学习提供了广

阔的空间。利用网络搜集资料，几乎成了每个孩子的必备能力。在此基础上，我们还建立了教师个人网页和班级主页。在这里，学生可以上传自己的习作，学生、家长可以观看别人对习作的点评，也可以去点评别人的习作。利用网络这个平台，我们鼓励学生不断提出讨论的新话题，得到了很多网友的热烈参与和响应。在口语交际训练中，我们利用即时语音和视频聊天这一载体，让家长引导孩子在新颖的、动态的、生活化的、实用化的氛围中大胆进行口语交际。在这样的学习过程中，学生一直处于活动的主体地位，处在会话、交流的过程中。而家长的参与，则既培养了学生积极、富有成效地与人交往的能力和处理事情的协调能力，又充分张扬了学生的个性。

3. 走进校园，架起家校沟通桥梁

让家长走进校园，了解孩子的校园生活，架起家校沟通的桥梁，更能让孩子的语文学习取得 1 + 1 > 2 的效果。

如学校的诵读比赛，我们邀请家长担任评委，让家长了解孩子在校生活的同时，更让家长体会到经典诵读的重要。我们还举办了"故事妈妈进校园"活动。故事妈妈精心准备了PPT，绘声绘色地给孩子们讲故事。新奇的故事、美丽的故事妈妈，牢牢地把孩子吸引住了。在这样的氛围里，孩子们不但感受到了语文的美妙，更和家长一起体会到了幸福。

回归儿童生活学语文，架起家校沟通桥梁，不但有效地提升了学生的语文素养，更让孩子在快乐中成长，让孩子体会到了童年的幸福。

三、回归儿童生活，构建经典诵读课程

1. 因地制宜，搭建语文学习平台

"山水含清晖，清晖能娱人。"学校地处山水城，山灵水秀，太湖、蠡湖、惠山……如一颗颗璀璨的明珠镶嵌于这块丰饶的鱼米之乡。对这里的一山一水，学生都有着较深的生活体验。因此，学校的经典诵读选择了"山水诗文诵读"作主题。通过山水诗文的诵读，让孩子诗意地栖居在山水间。学生在教师引导下阅读、搜集关于山水诗的资料，在班内布置资料的展示区，围绕主题开展相应的主题活动，这些都为他们打开了一扇游历的大门，在诵读经典的同时也开阔了他们的眼界，培养了他们的各种语文能力。

2. 经典诵读，提升语文学习素养

经典诵读，是一条铺满鲜花的道路。近年来，我们又通过开展"四个一"工程，让学生与圣贤为友，与经典同行，增加阅读量，增强语感，奠定语文学习基础，丰富人文素养，提升学生的审美能力和创造能力。

我们要求学生通过六年的小学生活，能够具备"四个一百"的语文"储蓄"：一百首诗、一百篇文、一百本书、一百部优秀影片。这"四个一百"，根据学生的年龄特点

和年级特点，有机分解到各个学期中学习。同时结合"书香校园"、经典诵读比赛、亲子影评展等活动，把经典诵读落到实处。

3. 开发课程，形成经典诵读特色

在开展一系列经典诵读的基础上，我们的校本教材也孕育而生。从三年级到六年级，分主题搜集山水诗文，淘得经典佳作，进行序列编排。每个年级每一学年搜集、整理、学习六项内容。如三年级上半年研究主题为杭州西湖、长江、西岳华山，下半年研究庐山瀑布、无锡惠山、江苏钟山。每一项内容可以引导孩子从地理、历史、典故、名画、名曲、诗词歌赋等不同层面展开研究，并成立相应的研究小组。最后实现了同一年级教研组资料共享。24项内容，形成了一个完整的小学阶段学生山水诗文经典诵读的序列。

我们根据"四个一百"工程，开发了"经典诵读口袋书"。我们把一百首诗、一百篇文、一百本推荐书、一百部推荐影片有机分解到各个年级，编写出了12册富有学校特色的"经典诵读口袋书"。

光有教材是不够的，更重要的是落实。我们加强平时的检查，如晨读或每节课课前是否诵读，学生是否备齐推荐书。我们还提出了卓有成效的评价举措。围绕经典诵读，我们下发了"经典诵读存折本"，要求家长配合学校，对学生每天的课外阅读做出评价，如读了什么书，读了多长时间，是否作批注了，家长需一一做好记录。而对于按照规定时间阅读的孩子，我们给予了"雪浪花奖章"的奖励，对于超出规定阅读时间的孩子，更是给予奖励。这样的举措，有效地保障了学生的课外阅读时间，同时也激发了学生的阅读积极性。

回归儿童生活，构建语文拓展课程，不仅拓宽了学生的语文学习视野，有效地提升了学生的语文学习素养，更在孩子的心田中撒下幸福的种子，给予孩子一个快乐幸福的童年生活，而这种快乐幸福，将润泽孩子的一生。

（作者单位：无锡市雪浪中心小学）

儿童素质拓展教育的价值体现
——以"四季耕读"生态研学课程为例

杭 菁

【摘 要】 素质拓展教育与传统的知识培训和技能培训相比,少了一些说教和灌输,多了一些活动中的体验和感悟。它能达到磨炼意志、陶冶情操、完善人格、熔炼团队的目的。本文以我校"四季耕读"生态研学课程为例,从多方面阐述了儿童素质拓展教育的价值体现。

【关键词】 素质拓展 价值体现

"昨晚 Nancy 她们学校让孩子体验乞丐的生活。孩子们一晚都是睡在学校的草地上,不能带帐篷,不能铺防潮垫,只准带一个睡袋。澳洲的早晚温差很大,白天热到 30 多度,晚上一般就十几二十多度。每次体验和锻炼都让 Nancy 她们有所收获。我觉得西方的精英教育有很多值得我们学习的地方,学习成绩固然重要,但其他素养的养成也能让孩子受益终身。每次 Nancy 捧回来她做的各种点心,拿回来她在缝纫机上自己设计做的枕头、衣服、裤子、包包,或是装着自己绘画作品的亲手制作的相框,甚至还有在学校一年一度向所有家长展示的舞蹈、音乐会表演的相册等,你就觉得孩子的学生时代其实就应该这样过。而游泳、跳水、潜水、皮划艇也是学校组织的各种活动的一部分。让我体验最深的是,Nancy 她们每年一次的野外行军。一人身上背着帐篷、睡袋、几天换洗的衣物、两公斤水、急救箱,差不多十公斤,徒步山路八公里……"这是朋友圈中一位移民澳大利亚的母亲的日志,读完不由得让我沉思。

纵观我国教育现状,素质教育实施了数十年,但兜来转去,我们还是停留在"凭成绩论英雄"的应试教育中。我们的学生基础知识扎实,计算能力世界第一,连英国也决定引进中国数学教材,但数学研究领域却少有大师出现;国内的中学生选手不断在国际奥数比赛上摘金夺银,奖牌数远远高出西方发达国家,可是除了莫言和屠呦呦,再无其他中国本土诺贝尔奖获得者,这和世界第一的人口数量极不相称……而学生心理健康问题、生活能力退化现象、教师职业压力增加现象,也日渐严重。

美国文学家爱默生说过,"培养人的秘诀就是让他在大自然中生活"。中国不缺聪明人,我们的教育到返璞归真的时候了,把时间和空间还给学生,让他们回到大自然,去发现、去探索、去思考、去理解、去合作、去创新、去锻炼、去放松……

为此，我校开发了"四季耕读"生态研学课程，让学生走出校园，走进田间地头，倾听大自然的声音，了解传统民俗文化，在传播知识的同时，深入开展素质拓展教育，全面提升学生综合素养。下面以3月16日我校三（2）班惊蛰耕读实践课为例，展开阐述。

一、实地探索，亲身体验，激发探究欲望

说到"惊蛰"，很多孩子都知道它的寓意：天气渐暖，春雷始动，惊醒了蛰居的动物。也有很多孩子知道惊蛰三候："一候桃始华；二候黄鹂鸣；三候鹰化为鸠。"这些知识多数来自课堂或网络。有别于70后、80后，00后的孩子基本远离了农事，少有下田劳作的机会，青菜花、油菜花不分，稻子、麦子不分。

为此，在课堂中，老师让孩子们用放大镜去进行物候观察。有的同学拿着放大镜观察金黄的油菜花，讨论它什么时候才能结籽；有的同学观察绿油油的麦苗和青草，辨别它们的不同之处；有的同学拨开石头，发现椭圆形的西瓜虫头上还有两根须；有的同学在泥土里找到了蚯蚓，惊叹着从没发现的秘密……观察完，同学们迫不及待地交流起自己的发现来。有的同学激动地说："以前我以为那一片绿油油的都是青草呢，还纳闷为什么要种一片草，原来它们不是草，是小麦。青草和小麦叶子看起来差不多，但我发现它们的根有点不一样，青草根是白色的，而小麦根是有一点点红的。"同学们都很佩服他的发现。有的同学兴奋地说："我发现了油菜花和青菜花的区别，它们虽然都是黄黄的，但是油菜花比青菜花长得大，长得高，而且油菜花可以结油菜籽，油菜籽还可以榨油，而青菜花是因为青菜老了所以才开花的。"有的同学发现了蚯蚓的秘密："蚯蚓好像没有眼睛，那它是用什么来看外面的世界的呢？这我得回去研究研究。"讨论完自己的发现，同学们又变身成小画家，细致地将动物、植物们的样子描摹在纸上，有了放大镜的帮助，茎、叶、皮肤的纹路都画得更清晰了。

这样的生态课堂，打破了传统的教育观念和方式，传统教育最大的弱点就是过于注重结果，轻视过程。获得知识的渠道随着科技的发展越来越多，网络上一查便知，但都比不上让学生亲自用眼睛去看、用耳朵去听、用心灵去感应，亲身去体验来得有趣和实在。这种真实直观的经历影响、鼓励学生在活动中发现问题，分析问题，并激发学生产生探究问题的兴趣和欲望。

二、出现问题，集思广益，完善思维方式

我们的生态研学基地在原生态的田野中，由于下过雨，田埂上变得泥泞不堪、湿滑难走，这对从没下过田地的同学们来说，可是一大考验。同学们走得跌跌撞撞，生怕一不小心就滑到旁边的沟里去，等走到大棚营地里，同学们的鞋子沾满了泥，这可急坏了

孩子们，有的说："天啊，我的鞋子好脏，我不想穿它了。"有的说："鞋子上都是泥，回去要被妈妈骂啦。"……于是，老师借此机会，和孩子们讨论怎么解决下雨天道路泥泞难走而且容易弄脏鞋子的问题。

有的说："我奶奶每次到田里劳动的时候，都会穿专门的旧鞋子，我们也可以专门准备一双旧鞋子，到田地里的时候就不怕脏了。"有的说："我们可以直接穿雨鞋……"大家众说纷纭，不过他们都是从自己的立场出发。最后有一位孩子说道："我们可以搬一些砖头铺在泥地上，如果下雨我们可以踩着砖头走，这样既不会滑，鞋子也不会弄脏了。而且以后别的小朋友来，也就不用担心下雨天了。"这个主意一出，顿时掌声一片，有个孩子说道："我觉得还是铺砖的主意最好，我怎么没有想到呢？我都是光考虑自己了。这个方法一劳永逸，不仅方便了我们自己，还能方便以后要来的人呢。"

俗话说，"独木不成林""三个臭皮匠，顶个诸葛亮"，一个人的思维是有限的，单打独斗难以想出完美的方法，这时候就需要大家交换想法和意见，沟通交流，找出更好的解决办法。在这过程中，学生能学到的不仅是好的解决办法，更是换位思考、从多角度考虑的思维方式。

三、团队合作，克服困难，培养积极态度

其实老师早已备好了砖头，小家伙们撸起袖子说干就干。你搬两块，我搬三块，个头大的同学一下子搬五六块，从起点开始铺。人多力量大，不一会儿，就铺了大概有20米长。可是随着砖头路慢慢变长，同学们的热情和体力却在一点点消耗。半个小时过去了，同学们的脚步变得越来越沉重，一开始的欢声笑语变成了一声声的抱怨。老师见势，让孩子们先坐下来休息一会儿，顺便和孩子们聊聊天。老师问："同学们，搬砖累吧？接下来还想搬吗？"很多同学都摇着头表示不想搬了。突然，有一位同学说："一开始我觉得搬砖是很开心的事，可是现在好累，但是我接下来还想搬，因为我不是一个人在搬，我们是一个班集体，我们应该发挥团体的力量，大家一起加油，我相信很快就能把这条路铺好。"顿时，刚刚还浑身没劲的孩子们突然变得精神起来。还有另一位同学说："我告诉你们一个不累的小秘密，我发现如果我跟在同学们后面搬砖，其他同学累，我就也觉得累得脚都抬不起来，但是如果我走在队伍的前面，浑身都是劲儿，走得飞快，因为我觉得走在前面就应该领个好头。你们也可以试一试这个方法哦。"结果可想而知，在大家的互相鼓励、互相合作下，小路被铺好了。

搬砖对孩子来说是很好的吃苦教育经验，未来的社会竞争，不仅仅是知识和智力的较量，更多的是意志和毅力的较量，没有吃苦耐劳的精神，很难在激烈的竞争中脱颖而出。面对生活和困难，还需要积极的态度，美国潜能成功学家罗宾曾经说过，"面对人生所持的态度，远比任何事都来得重要"。没错，对于正在成长的孩子来说，拥有一种积极向上的生活态度，比任何事都重要。积极的心态可使人从容、快乐、奋发、充满朝

气和正能量，从而鞭策自己，战胜自己。当然，团队合作精神也是一个优秀者不可缺少的素质之一。合作是一种比知识更重要的能力，而当代学生身上都有着不同程度的自私、一意孤行、缺乏团队精神的问题，因此培养学生的团结合作能力，增强集体荣誉感和凝聚力，体验和感受团队合作带来的快乐，势在必行。

四、体验农事，动手实践，感悟生活意义

长期以来，我国传统教育产生的"高分低能"现象已影响到学生的学习和生活，独生子女们在家长的溺爱下，生活能力、动手能力低下，肩不能挑，手不能扛，不知生活之艰辛。因此，在此次课程中，安排了学生农事体验活动——播种青菜。

孩子们以为这是一件很简单的事，有人认为，只要把青菜种子撒到地里就行了。殊不知，这涉及一系列的工作：耕地、匀土、施肥、播种。

耕地当然要用到铁耙，有的孩子还是第一次见到铁耙，更别说使用了。看了老师的示范，小家伙们迫不及待地要拿起铁耙耕地，谁知，看着容易做着难。他们根本就抡不起铁耙，更别说耕地了。后来通过不断实践，不断尝试，同学们发现，如果两手握在铁耙柄的后端，是几乎提不起来的，如果握在前端，就能轻松提起来。更有同学发现，如果两手一前一后分开些，更利于操作。耕完一块地，同学们累得气喘吁吁。在后来的日记中，有人写道："亲手耕完一片地，我的手臂都酸得直不起来了。我才知道原来农民伯伯那么不容易，我们吃的米饭、蔬菜都是农民伯伯辛辛苦苦耕种出来的，以后我再也不随便浪费粮食了。"

"锄禾日当午，汗滴禾下土。谁知盘中餐，粒粒皆辛苦。"这首脍炙人口的诗歌，每一位同学都会背诵，但是又有几个孩子能真正了解农耕文化和体会耕种的不易？所以，让孩子亲身体验农事劳作，在劳动过程中真实感受农耕生活的艰辛，把课本知识具体化、生活化，无疑是一条学习之路。这既能锻炼学生的动手能力、生存技能、肢体协调能力，又能提高学生的身体素质，磨炼学生的意志，增长学生的阅历。孩子们是祖国未来发展的后备军，我国需要高素质的人才，但真正高素质的人才不仅要学会"仰望星空"，更要学会"脚踏实地"。

当然，素质拓展教育的价值不仅仅是文中体现的这些。总之，这种以体验式为主的团队活动，能激发孩子的想象力、创造力；能激发个人潜能，培养乐观的心态和坚强的意志；能增强团队意识，树立相互配合、相互支持的团队精神；能群策群力，提高沟通交流的主动性和技巧性；能让学生认识自我，树立正确的人生观、价值观。当历史的巨轮滚动到今天，作为新时代的育人工作者，深入开展素质拓展教育，全面提升学生综合素养，我们责无旁贷。

（作者单位：无锡市雪浪中心小学）

典型案例

积极开发文化资源　把握拓展教育"脉动"

王文斌

《陶行知教育文集》中提到:"要解放孩子的头脑、双手、脚、空间、时间,使他们充分得到自由的生活,从自由的生活中得到真正的教育。"我校坚持以新课程为导向,以学生的发展为宗旨,以培养师生创新精神为核心内容,创设了有利于引导学生主动学习的拓展教育的活动环境,开发了多样化、有层次、综合性的文化资源,准确把握着拓展教育的"脉动",营造了独特的实践文化氛围。

【案例一】

"牛奶盒创意设计"比赛现场,一张张洁白的画纸经过学生的翻折、勾勒、描绘、书写,很快呈现出形态各异、五彩缤纷的牛奶盒的样子来。学生通过画笔描绘出了一幅生动的场景:在碧绿如丝绒般的草原上,一头头黑白两色的奶牛正在悠闲吃草,顽皮的牛犊正在跑前跑后,仪态端庄的老牛正在思考着问题……也有学生借助牛奶盒讲述了奶牛一家的系列故事,描绘出了一幅幅充满爱的画面。一句句天真烂漫的话语出现在盒子上:"啊,新鲜的牛奶有草的香味哦!""乳白的鲜奶,会让你想起家的味道!""我最喜欢马山牛奶!""马山牛奶,原汁原味!"……

【反思】　开发基地文化资源,助推拓展教育一体化

如何发挥基地的资源优势,发挥基地的教育功能,实现基地独特的教育价值;如何把学校、基地、家庭、社会的一体化建设升华成一体化教育,共同深化教育改革,推进素质教育……这些是我校在开发与利用基地资源时一直思考的问题。

我校将综合实践课堂搬到实践基地之一——马山奶牛牧场及其生产车间,让学生零距离观察奶牛的健康状况,以及牛奶的生产、消毒等过程。学生参观完奶牛场基地后,老师对照"环保牛奶,喝出健康来"的活动方案,借助学校网络、社会公众、家庭成员,从牛奶的品种及口味、营养价值等方面来调查牛奶产生庞大市场的原因,让学生懂

得"处理好经济发展同生态环境保护的关系",让他们从小明白"绿色发展、循环发展、低碳发展"的重要性。马山牛奶公司也根据学生想象力丰富的思维特征,与我校共同开展了"牛奶盒创意设计"比赛。学生成为小创客,展开了奇思妙想。各种富有儿童情趣的牛奶包装盒,赢得了马山牛奶公司的认可,有些金点子被运用到了牛奶公司新设计的"时尚轻装"纸杯上。

【案例二】

教室里,几袋学生采摘的青橘无人认领。"今天的采橘活动,你的收获是什么?"老师刚问完,学生有的炫耀采橘技术,有的谈橘子美味。在老师的要求下,学生将农户送的橘子放在桌上。"这些青橘又是谁的呢?"学生们默默无言。老师继续说道:"黄橘,甜美可口,但你们享用的是别人的劳动成果,甜在嘴里,却未必甜在心上;青橘,酸中带甜,是你们汗水和智慧的结晶,所以,会在你们心上留下永远甜蜜的滋味。你们说,哪一种橘子味道更好?""青橘!"学生异口同声。在老师的建议下,学生们品尝了分到的青橘,嚼着橘瓣,脸上洋溢起幸福的微笑……

【反思】　　开发乡土文化资源,促进拓展教育本土化

新的课程标准,要求学校在校本课程教学中充分利用乡土中的自然等文化资源,激发学生的学习兴趣,培养学生积极向上的情感。现在的学生大多"衣来伸手,饭来张口",缺少劳动体验,很难理解"一粥一饭当思来之不易,半丝半缕恒念物力维艰"的意思,所以铺张浪费现象较为严重。

到农户家采橘,可以让学生在劳动中愉悦身心,在体验中了解种植的艰辛,在品味中思考节约的意义。每年11月份,我校组织四年级学生深入橘园,进行采摘活动。出发前,学校精心设计活动方案,老师事先了解橘园地理特征,向学生讲述采摘方法和注意事项。采摘时,老师和农户共同示范、监督,协助学生安全、有序地采摘、品尝,而且时刻关注学生在采摘过程中出现的问题。回校后,老师及时组织辨析问题,引导学生形成正确的价值观。学生在趣味无穷的采摘、交流活动中,了解了马山的丰富物产和马山人民的勤劳质朴,从而培养了他们热爱家乡、热爱劳动的美好情愫,也促使他们养成了节俭的生活作风。

【案例三】

"尚善"少年们来到马山残疾人服务中心开展了阳光助残活动。"尚善"少年们把软式排球作为礼物送给了这里的残疾人,向他们展示了动感十足的软排操,博得了他们的热烈掌声。随后,"尚善"少年们开始现场教学,残疾人朋友学得虽然很慢,但是非常认真,不一会儿,有些大朋友就做得有模有样了。最后,在体育老师的带领下,大家开始了软排游戏,小朋友和大朋友一起,玩得不亦乐乎。看着他们脸上开心的笑容,

"尚善"少年们感到特别有意义，表示会将这样的公益活动继续进行下去。

【反思】 开发社区文化资源，形成拓展教育制度化

利用社区文化资源，定期让学生"回归生活"，如参观社区文化长廊、参加社区敬老院服务活动等，可以改变过去那种与社会生活相脱离的教育灌输模式，进而强化学生的主人翁意识，增强学生的归属感和荣誉感，提高学生的道德素养。

马山残疾人服务中心位于峰影社区内，里面住着一批残疾人。由于身体的缺陷，一部分的残疾人相对比较自卑，生活的圈子也比较小，互动式的体验活动能使残疾人打开心扉，保持积极、乐观、健康的精神状态，帮助他们以更好的心态融入生活、工作、学习中。软排操是峰影小学的特色项目，学校将软排操作为一个慈善项目，多年来一直坚持"支教"马山残疾人服务中心，一批又一批的"尚善"少年们让残疾人通过学习软排操，锻炼了身体的灵活性，增强了自信心。"尚善"少年们在社区活动中传播爱、奉献爱，体会到了"和谐"的真谛，残疾人服务中心的成员也通过活动感受到了快乐和精神上的鼓舞。

【案例四】

罗马尼亚哈尔吉塔郡代表团、波兰绿山市代表团一行20人来到无锡市峰影小学，和峰影画信研究院的学生们共同上了一堂趣味盎然的画信课。峰影师生用中国风的笔墨绘就了一张张秋叶传情图，还连同《峰影画信纪念册》一起赠送给了外国友人，外国友人也把具有欧洲民族特色的明信片赠给了峰影师生。其间，罗马尼亚哈尔吉塔郡的佩托菲桑德学校、瓦斯格缇斯学校和波兰的绿山城第十七小学分别与峰影小学建立了友好合作关系，四校校长就今后开展进一步的合作交流事宜进行了洽谈，并签订了《缔结友好学校协议书》。

【反思】 开发科研文化资源，推进拓展教育国际化

学校教科研文化属于精神文化层面，它能营造出支持、共享、积极、创新的文化氛围，这种文化特质和内涵能促进教师教学方式的转变、学生学习方式的改进。教师是建立学校文化的关键人物，如果教师的研究性被激发出来，就会让学生在亲身参与、亲自体验中发展自己的素质。

在"基于国际理解教育下画信课程开发和实施"的课题研究中，我校的画信课程建设遵循了有利于学生全面发展和个性发展的原则，体现出画信课程文化对育人和培养目标达成的积极作用，呈现了学校独特的课程文化特色。学校开展留美专家讲座、与罗马尼亚和波兰等代表团学生面对面交流等活动，让学生逐步了解了美国、韩国、波兰、罗马尼亚等世界各国和地区的民风民俗。在友好、平等、民主的现场交流中，中外双方以"画信"为媒，共建文化交流的平台，实现了国与国之间的文化共融共享，真正践行了"尊重、包容、和平、公正、合作"等国际理解教育核心价值理念，进而培养一批相互关爱、紧密合作的世界公民。

"文化"是学校可持续发展的原动力。在拓展教育中，需要让学校文化积淀下来，并成为一种教育的影响力，成为一种孕育着巨大潜能的教育资源。陶行知先生说过："要改变以'学科为中心''课堂为中心''教师为中心'的传统教育的弊端，加强教育与社会生活、儿童生活的联系。"学校在学生活动资源的开发、利用和实施上，就要坚持不懈地构建学校文化的综合体系。由此，学生的生活领域愈加完整，学习方式不断改进，核心素养日趋完善。

（作者单位：无锡市峰影小学）

拓展教育大舞台，培养学生高素质
——从小学生军训拉练活动谈起

吕 萍

【活动案例】

今天是军训第4天，为了让学生体会野外训练的辛苦，按计划进行拉练活动——步行到唯琼农庄。从学校到唯琼，说远不远，说近不近，小汽车5分钟就到了，估计学生要走40分钟。（实际情况是学生整整走了1个小时。）未出发前，我就想：现在的孩子出门不是汽车就是摩托车，从来没有走过这么长的路，他们这次走这么远的路能吃得消吗？

出发前，教官指挥朱指导说："同学们，我们军队一直说这样一句话，那就是'流血流汗不流泪，掉皮掉肉不掉队'，希望同学们在这次拉练活动中充分体现出这种战斗精神，坚持完成今天的拉练任务。有没有信心？""有！"同学们洪亮的回答响彻校园的上空。

于是，顶着金秋的骄阳，背着行囊，拉练队伍浩浩荡荡地出发了。在教官和班主任的带领下，队伍虽然长，但依然很直；并且同学们一路上引吭高歌，新学的军歌虽唱得有些稚嫩，但增强了行进队伍的气势，还真有点军人的风范。于是，我们的队伍成为胡埭镇马路上一道亮丽的风景线，吸引了路上行人的眼球，行人的夸赞声不绝于耳。这样的情况持续了30多分钟，因为孩子的体能毕竟有限。尽管路程只走了一半多一点儿，但孩子们逐渐吃不消了。只见他们个个大汗淋漓，腿软了，跨出的脚步明显小了，歌声也渐渐消失了。身为班主任，我也在旁边陪伴他们行走，眼看学生走不动，就对他们说："同学们累不累啊？上次秋游没走几分钟，就喊累了。今天老师要看看，谁会喊累。"话刚说完，有的孩子说"不累"，有的孩子捂着嘴，还有的朝我笑笑……就是不喊"累"。更让我吃惊的是，他们脚步变快了。说实话，我的身材偏胖，平时走路、运动又不多，这样的行军对于我来说也是一种考验！上一次秋游，我也是走不动了，就让导游带着孩子自己去玩耍了，而我停留在原地休息。但是我转念一想，今天是考验学生的活动，也是考验老师的时刻，身为班主任怎么能轻易放弃呢？于是，尽管此时我的左膝盖有点抽筋、发酸，腿像灌了铅似的，迈起来有些吃力，但也只得忍着。

终于到达目的地，学生一看见草坪，便迫不及待地或坐着，或躺着，或两两依靠着，整整休息了15分钟，也不见起来。但一听教官说拉歌，他们又似乎浑身来了劲儿，在教官的带领下兴致勃勃地唱了起来。拉歌很有意思，对于学生来说是一项新鲜活动，学起来特别快。他们在前一天只学了半个小时，今天在教官的引领下，已是驾轻就熟了。因此，整个场面热闹非凡。教官的嗓子喊破了，孩子们的喉咙喊哑了，但依然止不住拉歌的劲头。他们尽情地唱着、喊着，欢笑声不绝于耳。半个多小时过去，孩子们仍然意犹未尽，舍不得结束。

时间不早了，大家准备返校。回去又得步行1小时，路上，我们每个老师都以为孩子们会喊累，都以为总有孩子会吃不消，会搭上学校安排的"救急车辆"，但最后情形却让我们惊讶。学生们自始至终都没有放弃，个别学生走不动了，几个同学就相互搀扶着继续前进。令人吃惊的是，返程的时间比去的时间还少了几分钟。直到回教室，我班的学生依然没有一个人喊"累"。在老师的表扬声中，他们更是心花怒放。

【活动反思】

在当前新课程全面实施和科学技术高度发达的今天，培养学生良好的学习习惯，锻炼他们的综合能力，提高他们适应未来社会的素质，是教育工作者的一项重要任务。

在我们学校，"给孩子100种经历"课题活动，正是一个为促进学生个体全面发展，全面提高孩子德、智、体、美、劳和个性及心理素质的教育拓展活动。

"军训"是学校核心经历活动之一。正所谓"少年强则国强"，让学生了解国情、了解国防知识、树立国防意识是非常重要的。现在的孩子大都是独生子女，吃不了苦，在家中都是"小公主""小皇帝"，因为过度骄纵，独立生存能力较差，组织纪律性不强，怕吃苦，缺乏坚强的意志力。因此，我们以"军训"活动为主要契机，通过拓展延伸，激发学生的爱国热情，增强学生的组织性和纪律性，培养学生艰苦奋斗的作风，促使他们学习和发扬革命乐观主义精神，从容面对各种困难和挑战，不断提高自身综合素质，在活动中体验成长。

而作为本次军训重要训练项目之一的"拉练"活动，也给予我们教育者深深的启迪。

1. *言传身教，润物无声*

此次军训拉练活动，让我深刻领会到教师的举手投足、一言一行都会直接影响学生。教师积极，对学生产生的影响就会是正面的；教师消极，对学生产生的影响就会是负面的。军训前的秋游活动，也正是我这个班主任喊"累"在先，"休息"在前，让学生产生了畏难情绪。但在这次拉练中，我和学生一起坚持，同甘共苦，在一定程度上对学生起到了很大的激励作用。来回两小时的"行军拉练",他们从来没有喊一声"累",更没有一位学生在中途退出,曾经的"娇小姐""小少爷"已不见踪影,他们表现出来的团结协作、吃苦耐劳、全身心地投入,让我们老师赞叹不已。尽管他们劳累着、痛苦着,但是快乐着、成长着。

"随风潜入夜,润物细无声。"我们老师时时刻刻、处处都要做到言行一致,以身作则,以高尚的道德情感、良好的言行给学生起表率作用,潜移默化地去影响学生,带动学生成长。

2. 激励赏识,挑战自我

此次军训拉练活动,也让我深刻领会到我们教师不要用老眼光去看待学生,而应该用发展的眼光去看待学生。不要总以为孩子是自私自利的,是懒散、不负责任的,也不要总以为孩子是长不大的……也许他在我们教师以往的声声呼唤中,依然表现为一只"睡狮",但身为教师的我们千万不要急躁,因为青少年正处于长身体、长知识的时期,一切都在不停地变化着,他缺少的是一个的奋起的动力或契机,他缺少的是一种刻骨铭心的经历。一旦教育契机降临,"睡狮"就会醒来,在风风火火的经历中体验感悟,变得成熟、有思想,变得胸襟宽广,在集体活动中显得更有团结心,成长为一个懂事的"小大人"。平时上学,哪怕只有五分钟的路,孩子们都要爸妈车接车送;而两小时的行军拉练,却能咬牙坚持了下来,任谁都会觉得不可思议。可是,孩子们做到了。拉练活动磨炼了他们的意志,强化了他们组织纪律观念,让他们懂得了"流血流汗不流泪,掉皮掉肉不掉队"的战斗精神!

因此,我们教师要用欣赏的眼光看待学生,用心发现他们身上的闪光点,让每个学生都能感受到教师的爱,树立起自信心,让他们相信"天生我材必有用",激发出他们的潜能,勇于挑战自我,消除精神负担,昂首阔步,克服困难,逐步改掉缺点,笑迎明天,成长为一个真正的"好学生"。我想,这才是我们教育拓展活动的魅力所在。

3. 智慧创新,张扬个性

此次军训拉练活动,也让我深刻反思了平时的教学。相信身为语数英的主学科老师们都深有体会,生活在"幸福窝"的学生们大都表现出对学习缺乏兴趣,平时在学习中的惰性让我们老师伤透了脑筋。而在此次军训活动,尤其是拉练活动中,学生表现出来的积极情态,真是截然不同。细细想来,我们的学习是有任务、有压力的,日复一日,年复一年,上课、做作业,循环往复,不枯燥也得乏味了。而军训只是要孩子经历并感受,对于他们来说,每一项的训练活动都充满着新鲜感与刺激性,他们好奇着、期盼着,即使经受着痛苦,也是快乐的,同时表现出来的力量也是无穷的,因此他们勇敢从容地面对着。

创新是一个民族发展的源动力。军训拉练活动再一次告诉我们,在实施新课程改革、推进素质教育的今天,我们要做创新性教师。我们只有转变教育观念,创新育人模式，尊重学生的个性发展，强调学生的主体性，用自己的智慧引导学生、启发学生，让学生自己动脑、动口、动手参与，给学生提供更多的独立探索的机会，让学生以前所未有的热情参与其中，才更有可能培养创新精神与实践能力，才会出现许许多多的"小创客"。学生的特长得以发挥，个性得以张扬，学生就会成为学习的主人。

总之，教育要心系学生的终身发展，为孩子一生的幸福奠定好基础。我们应不忘初心，砥砺前行，不断创新，不断提升，多多开展像"军训拉练"这样的拓展教育活动，大胆放手让学生积极体验，引导学生在体验与探究中不断成长，在参与和融入社会中不断成熟，在认识自我中不断完善，形成稳定的综合素质。

提升学生的综合素质，是当今学校教育的一个重要课程，更是学校教育义不容辞的重任。全面发挥学校拓展教育活动这一功能，使之真正成为发展学生综合素质的重要大舞台，使素质教育的天更蓝、路更宽。

（作者单位：无锡市胡埭中心小学）

基于学生生活情境，整合社区社会资源
——蠡湖中心小学综合素质特色主题拓展教育案例研究

华敏慧

进入新一轮课程改革以来，滨湖区加强了对综合实践活动课程的建设与管理。各校积极响应、认真落实、开发开展综合实践活动课程，组织学生积极参与校内外的各项综合实践活动，让学生在校外、在自然、在社会中学习训练，拓宽了综合素质特色教育的途径，提升了学生自身的综合素养。

其中，无锡市蠡湖中心小学基于学生生活情境，依托周边便利的街道、社区资源，联合壹基金、手牵手家庭支持中心等社会资源，开展了一系列有深度、有层次、有意义的综合实践拓展活动，如"欢庆闹元宵，喜乐猜灯谜"活动、"缤纷假期，为你打 call"活动、"小手工，大创意"活动……让学生在活动中动手体验，让学生在活动中经历德育，让学生在活动中洗礼成长。

下文，笔者就结合蠡湖中心小学的一次综合实践活动案例，谈谈自己对该校从基于学生生活情境，整合社区社会资源的角度来探索综合素质特色教育的收获与思考。

【案例】"植树节——我们一起播种爱的新苗"

1. 课题的由来

3 月 12 日是中国植树节，让学生在这一天通过自己的行动，了解植树造林的意义，为地球增添一抹新绿，激发学生爱林护林的决心。

2. 活动开展的目标

通过观看文献资料、动手操作等方式，让学生了解植树的相关知识，增长绿化知识，提高动手能力，能够自觉爱林护林。

3. 活动时间及活动地点

时间：3 月 12 日（星期一）下午 1：00—2：30。

地点：蠡湖中心小学一号楼三楼美术教室（二）。

4. 参加人员

（1）三（3）班特殊学生及其班级里的普通学生；

（2）五（5）班特殊学生及其班级里的普通学生；

（3）蠡湖中心小学活动指导教师；

（4）手牵手家庭支持中心的五位老师。

5．活动准备

（1）咨询家长、查阅资料，了解植树的相关知识。

（2）准备植树材料：树苗、花盆、泥土等。

（3）准备树木标签卡片。

（4）制作课件。

6．活动过程

（1）学生前往美术教室（二）集合，每人带好一支水笔或彩笔。

（2）交流互动：了解植树节的由来，讲解植树护绿知识，谈谈对植树节意义的理解。

（3）学生制作树木标签，写下留言。

（4）老师亲身示范如何种好一棵绿植。

（5）学生到室外进行盆栽植树。

（6）学生将绿植移至指定地点。

【反思】

教育部印发的《中小学综合实践活动课程指导纲要》中明确指出，综合实践活动是从学生的真实生活和发展需要出发，从生活情境中发现问题，转化为活动主题，通过探究、服务、制作、体验等方式，培养学生综合素质的跨学科实践性课程。上述这一案例，很好地诠释了综合实践活动的定义，是学校基于学生生活情境，整合社区社会资源进行课程开发的创新之举。由此，引发了笔者对于综合实践活动主题教育拓展的一些思考。

1．从生活中挖掘综合实践的主题

综合实践特色主题教育拓展，要从生活中挖掘主题。

从生活中挖掘主题，紧扣节日丰富活动。本次活动的主题来源于生活中的节日"3月12日植树节"，以植树节为切入角度，进行具体的活动设计。还可以围绕元宵节，开展制作元宵彩灯、猜灯谜等活动；抓住重阳节的时机，制作重阳糕、联系社区慰问孤寡老人等；在春节，写春联、进社区送祝福……

从生活中挖掘主题，可以联系周边丰富活动内容。学校靠山，开发踏青寻觅实践活动；学校靠河，进行水质调查实践活动；小学生进入大学，参加拓展训练提升凝聚力……

从生活中挖掘主题，还可以合理安排时间丰富活动内容。暑期走出无锡，投身实践；周末参观民防科普馆，增长知识；放学后去父母单位体验工作……

综合实践特色主题教育拓展，生活中处处是实践体验活动的素材，我们老师要善于引导和发现。

2. 注重学生主动参与实践的过程

综合实践特色主题教育拓展，注重学生主动参与实践的过程。

这次活动，有的学生之前自己上网查阅资料，了解植树节的由来；有的学生通过询问老师、家长，了解植树护绿知识；有的学生观察周围植被，发现问题，提出了有价值的思考……这是学生活动前的参与之一。

学生参与活动之二，亲手制作树木标签，写下留言，通过简单的动手操作，激发活动兴趣，体现自己的个性化创造。

学生参与活动之三，到室外进行盆栽植树。这一过程，是学生由"扶"到"放"的体现，是学生亲身经历的一次设计活动。让学生在"动手做"中体验种植，感悟种一株小小的树苗非常不容易，从认领小绿植，到铺干苔草、填土、挖坑，每一步都要细心、耐心、精心，在这一过程中感受生活。学生在亲身经历中获得角色体验，形成正确的劳动观念和人生价值。

综合实践特色主题教育拓展，要发展学生的实践创新能力。

3. 设计活动内容基于可持续发展

综合实践特色主题教育拓展，设计活动内容基于可持续发展。

现今综合实践活动设计多能从学生实际出发，设计出贴合学生能力、生活的活动。然而，这种活动多以点状、短线活动为主，缺少连贯性。校本开发、区域开发时应更关注实践活动的整体特点，赋予学生系列性、发展性的教育价值。我校在开发综合实践活动课程时，关注了一年中的重要节日，利用了节日本身的教育价值。如用植树节教育植树的意义，放大引导教育点，正是抓住了植树节的教育契机。由此一年365天，把贴近学生需要的、贴近学生生活的节日作为教育点，串联出一整年的以节日为线的教育活动，让学生在节日活动中不仅动起来，更能提高自身的综合素质。

再看关注本次活动的参与人员，有普通学生也有特殊学生，有高年级的学生也有低年级的学生。本次活动的对象打破了年龄的界限，打破了班级的界限，是一个全面自我教育的过程。活动中，高年级的孩子帮助低年级的孩子，正常的孩子帮助有缺陷的孩子，互相帮助的过程本身就是一种自我能力发展的过程，也是一种自我教育的过程，培养了孩子的责任担当、自立自理能力以及合作包容精神。设计基于可持续发展，关注学段之间、学生之间的有机衔接。

对于综合素质特色主题拓展教育的研究，我们每个教师都是组织者、参与者和促进者。每个学校都要在实践中不断总结经验，不断开拓创新。我校基于学生生活情境，整合社区社会资源，是尝试，是探索，是学习。

（作者单位：无锡市鑫湖中心小学）

长广溪湿地公园生态环境拓展教育活动及反思

郭 洁

一、活动背景

实施综合素质教育，全面提高小学生综合素质，是我国素质教育的基本内涵和要求。开展区域性的青少年综合素质拓展教育实践，是对当前国内外教育热点的一种必要的回应，也是我校基础教育质量提升的必然选择。

随着国家生态文明建设的推进和国家教育体制的发展，生态教育越来越受到学校和社会各界的重视。生态教育不仅包含知识学习、实践活动和价值观养成，涉及自然科学、社会科学等众多学科，而且在教育的过程中，学生还能有更多的机会接触大自然、参与实践。这些都非常符合学生的身心特点和学习规律，易于激发他们的学习兴趣，增强他们在科学探究、动手实践、团结协作、服务社会等方面的能力，对学生综合素质的培养有着重要意义。

我校坐落于风景优美的滨湖区，靠近长广溪湿地公园。湿地自然风光优美，动植物种类繁多，堪称无锡最大的天然植物园和鸟园。同时，作为天然的净水系统，长广溪湿地为蠡湖、太湖等湖泊水质的纯净提供了必要的保障。借此得天独厚的资源优势，此次综合素质拓展教育决定以"亲近湿地，探寻自然"为主题，立足湿地，开展湿地特色的学习探究活动，宣传湿地文化，为湿地的建设贡献一分力量。同时，希望通过此次教育活动，唤起学生们主动了解和认识湿地的浓厚兴趣，促进学生在学习过程中紧密联系社会的学习习惯，加强学生创新意识、探究意识及实践能力等综合素质的培养。

二、活动目标

活动围绕探究湿地系列活动展开，并始终坚持以学生为主体，学校老师、专家、讲解员、家长等帮助指导，老师与学生一起制定本次活动的目标。

1. 知识性目标

了解湿地，领略湿地风光，认识湿地生态系统，明白湿地的重要作用与价值，让学生对家乡生态环境有一定的了解。

2. 实践性目标

通过对湿地探究性的考察与学习，培养学生收集、分析、整理信息的能力，解决问题以及欣赏、实践和创新的能力，使学生养成合作、分享、积极进取等良好的个性品质，促进学生综合素质的提高。

3. 情感性目标

通过启发、寻访、考察，激发学生探究生态问题的兴趣，养成良好的思维习惯；结合实地参观学习，强化学生的资源意识与环保意识；增强学生对家乡环境的热爱以及对大自然的热爱。

4. 延伸性目标

丰富学生的学习方式，培养学生对待环境的科学态度，培养每一位学生关注湿地的意识，认识到环境的价值以及重要性，树立环境友好的理念。

三、参与人员

无锡市稻香实验小学三（4）班全体学生。

教师两人：中队辅导员1人，科学老师1人。

技术支持：湿地讲解员，专家，家长志愿者。

四、活动设计

长广溪湿地公园坐落在无锡市滨湖区，是国家九大城市湿地公园之一，总面积37万多平方米，动植物资源丰富。活动选择长广溪湿地为考察目标，一方面是引导学生对湿地知识进行一定的探寻，另一方面也是希望学生能对家乡环境有更多的了解。

此外，考虑到三年级孩子处于从形象思维到抽象思维的过渡阶段，活动要偏向直观、有趣，所以，这次活动定位为了解、参观、考察、保护长广溪湿地，寓教于乐，在引导少年儿童健康成长的同时，加强对家乡湿地环境的了解与保护。

本次拓展教育活动围绕"亲近湿地，探寻自然"主题展开，共分为以下三个部分：

活动环节一：激发兴趣，了解湿地。

活动环节二：快乐考察，亲近湿地。

活动环节三：展示成果，保护湿地。

活动虽然分为三个部分，但并不只是三个学时，其中尤以第二部分跨度最长，在完成第一次对湿地的考察后，兴趣小组以后每个月都会来湿地进行一次考察，以跟进研究内容，丰富学习成果。活动历时秋、冬、春三季，争取对湿地有更全面的考察。

五、活动准备

活动以认识、探究长广溪湿地为主。在每次活动前，老师和同学们一起商量后布置有关准备工作。每次活动之间，老师与学生多次进行沟通与交流。

1. 了解湿地

科学老师准备好相关介绍长广溪湿地的材料，通过科学课的形式，激发学生的兴趣，引导学生按照自己的兴趣组建兴趣小组，并努力为接下来考察湿地做好相关准备工作。

2. 寻访湿地

提前做好参观长广溪湿地公园的行程安排，主要包括参观长广溪湿地科普馆，听讲解员介绍长广溪湿地的历史、主要动植物资源及其强大的净水系统，并将在湿地开展小组活动，亲近湿地。之后，兴趣小组每月来湿地考察一次，考察前均需提前做好相关准备工作。

3. 保护湿地

经过一个阶段的考察，学生利用课余时间以湿地文化为主题开展系列活动。通过回顾与展示，在班级营造浓厚的湿地文化氛围，促进大家对生态的关注与保护。

六、活动过程记录

1. 激发兴趣，了解湿地

这个阶段主要在课堂上进行。首先科学老师通过科学课，向学生们介绍长广溪湿地，激发学生探究的兴趣。之后，学生组成兴趣小组，进一步搜集资料，并在班队课上进行展示交流。具体活动如下：

首先，科学老师在科学课上向大家讲解关于湿地的知识，并向学生提出"有没有去过长广溪湿地公园""你喜欢长广溪湿地公园吗，为什么""你知道什么地方被称作湿地吗""湿地一般有哪些特色"等问题。班上大部分学生都去过长广溪湿地公园，因此学习热情高涨，讨论起来也很热烈。这也进一步激发了大家的求知欲，很多同学又提出了更多自己感兴趣的问题。

接下来同学们组建了兴趣小组，分别是湿地植物兴趣小组、湿地动物兴趣小组、湿地净水系统兴趣小组、湿地风光兴趣小组等，就自己在湿地方面感兴趣的问题来搜集资料。大家一方面利用课余时间请教父母、学校老师等，另一方面则进一步上网搜集资料。两周后，兴趣小组各派一名代表在班队课上展示自己小组的学习成果。同时，大家还讨论制订好了参观无锡长广溪湿地公园的活动计划。

2. 快乐考察，亲近湿地

这个环节是本次综合素质拓展教育活动中最主要的一个环节。此活动环节以寻访长广溪湿地公园为开端，其间，各兴趣小组在家长们的带领下每月来一次长广溪湿地公园进行实地观察学习，并开展了一系列的活动，包括观赏长广溪湿地风光、参观长广溪湿地科普馆、各兴趣小组分头开展小组研究计划等。具体活动如下：

首先，在老师与家长的陪同下，同学们一起来到了长广溪湿地公园，进行为期半天的学习观察活动。

时值秋季，湿地暖风熏人，一派秋意。在观赏完一段湿地风光后，大家来到长广溪湿地科普馆。讲解员耐心地为同学们介绍了长广溪湿地的历史、资源、现状等，并重点给大家讲解了长广溪湿地的净水系统，大家纷纷为湿地有如此大的功劳而赞叹不已。接下来，各兴趣小组分头开展各自的考察计划。湿地植物兴趣小组与湿地动物兴趣小组的组员们赶紧开始实地识认动植物、采集动植物标本并做相关记录。湿地净水系统兴趣小组的组员们则在科普馆工作人员的带领下参观湿地，进一步进行实地考察。例如，小组成员分别在入水口和出水口采集水样，并先通过肉眼观察两个水样，做好记录，然后回到学校科学实验室再对水样做进一步的测试，对水中悬浮物等数据做测量与比较，统计不同季节湿地的净水作用。湿地风光兴趣小组的同学们则选取合适的角度，或用画笔描绘山水，或用相机记录风景，或饱览美景后动笔写下优美的文字。同学们都兴致勃勃，被长广溪湿地的魅力深深吸引。

随后，各兴趣小组成员利用假日，每月来湿地考察一次，大家不仅对湿地越来越熟悉，对湿地的喜爱也与日俱增。

3. 展示成果，保护湿地

这个环节是一个整理总结的过程。通过开展湿地画展、湿地征文、摄影比赛、湿地标本展、趣味游戏、保护湿地志愿行等活动，大家纷纷展示了自己在此次综合素质拓展教育中的见闻与收获。通过交流，大家对湿地有了更广泛与深入的认识，对湿地的保护意识也越来越强。具体活动如下：

开学初，同学们开始陆续整理自己的学习成果并进行展示。班级黑板报开辟出了专栏进行湿地风光展、湿地征文展、湿地标本展，并各评选出了三份优秀作品。在趣味游戏环节中，同学们利用大课间，在背上贴好各种湿地动植物的名字，开展植物抱团和动物"撕名牌"的游戏。在对湿地的考察以及学习成果的展示过程中，同学们越来越意识到湿地的重要性以及保护湿地的重要意义，他们多次利用节假日在湿地附近向游客分发环保宣传单，在湿地公园各显眼处贴挂宣传标语，开展红领巾志愿者活动，让越来越多的人加入保护湿地生态的队伍中。

七、活动反思

通过一个多学期的实地考察、学习和反思，此次综合素质拓展教育活动达到了预期的目标，取得了较令人满意的成效。

首先，此次教育活动利用区域资源，开阔了学生的知识面，促进了学生综合素质的提高。活动从区域环境特色出发，利用长广溪湿地公园这一乡土资源，把社会资源、学校资源和家庭资源相结合，拓展和扩充了国家课程，有利于增强学生对家乡环境的认同与热爱，真切感受到城市湿地的魅力，培养学生的创新精神和实践能力，有效提高学生的独立观察、分析思考、团队合作和表达能力，激发学生爱家乡、爱祖国的情感。

其次，尊重学生个性，丰富了学生课余活动。学生根据自己的兴趣分别组建了湿地植物兴趣小组、湿地动物兴趣小组、湿地净水系统兴趣小组、湿地风光兴趣小组。由此，每个学生基本能按照自己的趣味来探究自己感兴趣的问题，活动中学生均表现出了极高的热情，学生的个性得到了很好的保护与体现。活动每月开展一次，各小组以时间为线索对各自探究的湿地问题进行考察记录，大家乐此不疲，始终对湿地保持着浓厚的好奇心，极大地丰富了学生们的精神生活。

第三，教师的观念与行为都有一定的转变，师生关系更加融洽。通过此项拓展教育活动，班主任与科学老师也逐步参与到了活动当中，由引导者转为活动成员，并在借鉴专家意见及他校湿地活动方案的基础上，自主开发了更具创意的课程内容，对学生的拓展教育更加关注。此外，广阔的大自然与社会变成了课堂，教师在活动中也逐步发现了学生与在寻常课堂中不同的一面，对学生的评价方式更加多样化。教师的教育教学能力有了一定的提高。

第四，学生评价机制多元化，促进了学生个性的发展。在教育活动中，对学生的评价涉及各个方面，融入了拓展教育的全过程，促进了学生多方面的发展。每个学生都有一份自己的"成长档案"，每次的学习考察表都收录在成长档案中，教师对每张表都用心评价，利用丰富的评价内容，激励学生更好地展示自己的探究成果。活动最后还设立了"小小科学家""环保小卫士""湿地小画家"等多个奖项，大部分同学都受到了表彰，激发了学生继续探究的兴趣。

综上，以"亲近湿地，探寻自然"为主题的综合素质拓展教育活动基本达到了活动目标。当然，活动还存在许多不足，如课程体系设置不够成熟，师资力量较为薄弱，对学生的评价体系较为粗糙等。但经过一个多学期较为系统的实践与探索，此次拓展教育活动在一定程度上有效地促进了学生综合素质的提高。学生通过一段时间的教育活动，有了更多与大自然亲近的机会，对身边的生态环境有了更切实的认识。

今后，我们将继续发挥区域资源优势，创新教育内容和方式，通过开展以生态环境教育为代表的教育活动，帮助学生去体验、去发现，深化对自然的理解，在促进学生综合素质提高方面取得更多成效。

（作者单位：无锡市稻香实验小学）

让孩子有双发现美的眼睛

陆晶菁

【案例】

"世界并不缺少美,而是缺少发现美的眼睛。"2017年5月2日—6日,我校高二美术特色班首次进行了户外写生活动,学生走出课堂、走出校门,到大自然和人文古迹中用手中的画笔发现美、表现美、创造美。这次写生活动实现了美术教育从技能传授向素质提升的转变,开启了艺术教学的新途径,也是师生共同参与的一次富有意义的实践性教学活动,促进了中学生身体素质、心理健康水平和社会适应能力的全面提升,提高了中学生的艺术修养和审美能力。

学校一发布美术特色班写生的通知,班里的大部分同学都兴奋不已,尤其得知他们是学校第一届外出写生的幸运儿,更是激动,大家都积极地开始着手准备工作。但素有"学霸"之称的小张同学却找到我,表示希望请假不参加写生活动。我很诧异,询问她原因。她支吾了一会儿,总算说出了自己内心的顾虑:"老师,我听其他学校的学长学姐提起过外出写生,都是流于形式,几乎成了旅游,学不到知识,我情愿待在学校画室画画。"在美术专业老师和我的劝说下,小张同学勉强加入大部队。出发那天,我看着小张有点不情愿的样子,也在反思自己做得对不对。一路上,看到小张写生时一丝不苟的样子,休息时和同学们谈笑风生的样子,我悬着的心总算放了下来。写生结束那天回学校的大巴上,小张特意坐到了我旁边,目光里满是真诚,"谢谢老师,幸亏当时您劝说了我,我才没有错过这次难忘的活动,我现在只觉得时间过得太快了"。听到小张的肺腑之言,我心里的大石头总算是彻底放下了。

学校首次的写生地精心选择了安徽著名的写生基地——西递和宏村。这两座有着四百年历史却依旧保存完好的安徽古村落,完美融合着美丽的自然风光和浓郁徽派风格的古建筑群,集徽州艺术之大成。

从任何一个角度看,它们都是极好而生动的绘画素材。精美飞翘的屋檐下,狭长蜿蜒的石板路上,茂盛挺拔的古树下,古朴敦厚的牌坊边……到处都留下了师生们激情创作的身影。同学们用画笔记录下古村落的白墙黑瓦,用色彩与大自然静静地对话,心无旁骛地描绘着他们的艺术人生。

白天,学生们在美术专业老师的指导下,感受不同时段的光影变化和特点,细心琢磨,进行色彩和速写写生。晚上,美术专业老师趁热打铁,对当天的作品进行精准的点评和指导,学生们也进行讨论和总结,受益匪浅。学生们的绘画从一开始的稚嫩青涩到最后两天的各具特色,水平突飞猛进,完成了数百幅作品。

【反思】

1. 发现学习之美

由于高考美术生人数逐年增多,竞争越来越激烈,高中美术生的专业学习难以摆脱应试的训练框架,一般直接从素描人物头像开始训练,超越课程和正常的艺术教育规律,因而对着照片或教材闭门造车的学生也画得缺乏乐趣和激情。

但写生是艺术教育中不应该缺失的一环,自然界本就是丰富多彩的,通过写生,学生们可以获得第一手的创作素材,真实而自然,学以致用。也只有在与大自然的亲密交流和对话中,学生才能感受到美术学习所特有的乐趣。

在户外写生中,学生发现美的观察力得到了培养。写生的目的不仅仅是为了简单地再现自然,而重在对所观察对象的重新认识和发现,细心观察所要描绘的对象,善于从现实生活中发现感人的细节。这就要求不光用眼睛去发现美,还要用观察力和感受力去对环境进行美的提炼。

这种善于发现美的能力,也能逐渐延伸到对学习之美、对生活之美、对细节之美的敏感性上。写生结束回校后,学生们对剩下的高中时光更加珍惜,学习目的更加明确,对美的感受更加深刻。学生们把已经掌握的基本理论知识再次巩固与加强,同时不断补充新的知识,为今后的学习打下坚实的基础。

2. 感受文化魅力

无论是在西递还是在宏村,学生在正式作画之前,都先跟随当地志愿者深入了解该村落的历史背景和文化特色。在这些保留着古老气息的村落中,学生们感受着祖先留给我们的传统文化遗产,感受着马头墙、青石板、各色雕刻、对联,浓郁的书香气息弥漫其间,"寒窗苦读,读书第一"的寓意无处不在,给学生们上了生动的一课。零距离地接触村里的居民、村中的文化、村中的传统工艺,其中的木雕、砖雕、石雕以及背后的匠人精神让学生们的印象极为深刻。

徽州文化从书本上的干枯文字变为实实在在的存在,学生们从一开始的慢慢了解、接受直至喜欢和热爱,都需要指导老师的耐心引导。在观察当地的文化民俗、民间艺术和历史文化遗迹,观赏错落有致的村落建筑,收集地方民间特色资料的过程中,学生自然而然能体会到优秀传统民族文化的博大精深,在了解当地风土人情的背景下提升自身的文化素养。

写生活动结束后，班级特意组织了主题作文分享会，学生们踊跃报名参与，讨论积极而热烈，写出的文章情真意切，细腻动人，印证了"纸上得来终觉浅，绝知此事要躬行"的道理。

3. 健全人格力量

户外写生，除了是美的历程，更是成长的历程。从背着大大小小的沉重画具和画板长途跋涉，到吃住在艰苦的环境中，原先家中的小皇帝、小公主们瞬间都长大了，没有抱怨和诉苦，有的是互帮互助，团结合作克服困难，同学情谊和师生情怀都在具体细微的小事中得到升华。实践活动培养了学生的动手能力和自主独立意识，锻炼了学生吃苦耐劳的精神和坚忍不拔的毅力。

在宏村村口的湖边写生时，周围游人如织，不少游客看到青春洋溢的高中生在写生，纷纷停下脚步细细品评，路过的国外友人更是竖起了大拇指，这一切都激发了学生们作为美术生的自豪感和不断努力尽情追梦的热情。休息之余，学生们也会自觉聚到白发苍苍的老画家身边，聚精会神地观摩他们的绘画技巧以及对色彩的运用。写生不仅增长了专业知识，而且陶冶了情操。学生们有了回归自然的恬淡心境，主动静下心来学习、充实自己，对身边平凡的人和物有了许多新的认识，学会了从不同角度去观察，从不同位置去分析，多角度地看待问题，主动去迎接挑战。

走出校门，没有了课堂严肃的气氛，只有身处自然的自由和轻松。艺术不再仅仅是画几个水果、临摹几个人物，而是与自然、与文化、与人格水乳融合的综合课程。写生活动，作为一种社会实践教学，体现了学生的主体地位，学生在老师的启发引导下，在生活实践中找准定位，发现美，追求美，提炼美，用绚烂的色彩、柔美的线条描绘具体生动、富有个性的内心世界，从而树立起正确的人生观、价值观和艺术观。

(作者单位：无锡市立人高级中学)

在小学中开展烹饪实践活动的行与思

边未英

【案例】

老师：您好！

首先感谢您布置了每周一烹饪这一家庭作业。

我是70后，因此大多数像我这年龄家庭的孩子，都是独生子女，独生子女这特殊的称呼也就成了宝贝疙瘩的代名词。他们这一代，除了学习，其他都是衣来伸手、饭来张口，从来没有做家务这个观念。哪怕想让他们做一点儿家务，也会让我们的父辈给阻止掉，这就让他们养成了好吃懒做的习惯，这种现象相当普遍。我们也为孩子今后的成长和生存能力而犯愁。

自从您布置了每周一烹饪这一家庭作业，我们家长深有感触，那就是孩子变得勤快了，每个周末回家抢着帮家里做饭做菜和做其他家务，谁要是阻止，他就会说是老师安排的，我们的父辈也只能一笑而过。我认为，这不但使他们养成了劳动的习惯，也给他们带来了劳动的快乐。我相信所有的家长和我是一样的心情，为孩子有这样的改变而骄傲。

这是上一届学生家长写给我的信。信中没有华丽的词藻，但就是这样诚实质朴的语言，带着无比真挚的情感，让我的心腾起一份小小的骄傲，原来在小学中开展烹饪实践活动还是很有价值、很有意义的。

四、五年级的孩子，正是学习的黄金时期，他们对新事物上手很快，加上升学的压力还不是很明显，课业负担相对来说也不是很繁重，这个时候学习烹饪最好不过了。

受形势所迫，现在的家长关注最多的是孩子的学业成绩，平时别说烹饪了，就是倒个垃圾、晒个衣服这样简单的活也根本不会让孩子插手。可是，这些能力又是生存所必需的，如果小学阶段不学习，以后更不会有机会、有时间去学习了。记得去年一则名为"世界再大，大不过一盘番茄炒蛋"的故事一夜之间刷爆了朋友圈：初到美国的留学生不知道怎样做番茄炒蛋，为招待朋友，发微信向国内的母亲求助。大洋彼岸，为了及时教会儿子，母亲父亲大半夜爬起来为他录教学视频……直到被问起时，儿子才想起家里那时是凌晨4点20分。

这样的事件当然不可能在我的学生身上重演。因为每到周五，烹饪实践活动就成了我们班的常规性任务。刚开始，我只是让孩子们随意去做，不管是炒蔬菜还是做荤菜，都可以。但是，很快我就发现这样的任务战斗力不是很强。怎么办？在一番权衡思考之后，我们的烹饪作业不再自由发挥，而是硬性规定好主要食材，至于具体怎么做，每个人根据自家需要制作完成。

记得第一次我们约定做蛋炒饭，后来我们又做了水果拼盘、虾、豆腐、鸡翅……每个周末孩子们晒出来的美食便有了参照物，到底谁做得认真，谁做得花样足，一看便心知肚明。记得有个周末的烹饪食材是土豆。有一个小朋友在周五晚上9点多钟晒出了炸薯条照片，还透露了一些小窍门，结果，到了周六周日，小朋友纷纷效仿，班级群里瞬间被炸薯条给刷屏了。有家长说："孩子很喜欢吃炸薯条，以前都是买的，一包薯条没几根却贵得很，没几口就吃完了。现在自己会炸了，两个土豆可以炸很多很多，而且自己炸得特别爽口，吃得放心、吃得开心！"

看到这样的留言，我的内心是愉悦的。利用家长会的间隙，我把每周前十名晒图的小朋友的名字用表格列出来，告诉家长坚持才会有奇迹。如果能把这件事做好了，孩子的生存能力绝对不用愁。这得到了家长们的大力支持，我们的烹饪活动开展得更加顺畅、更加有趣了。

当然，为了充分调动孩子们的积极性，每周烹饪食材由老师规定变为各小组商量、举荐，再全班投票决定。那天全班同学又聚在一起商讨，有一个小组竟拿出了一本厚厚的烹饪书籍，得意地翻阅、寻找着，让我不觉又惊又喜。而集体的力量果真是强大的，商量的结果也是喜人的。临近考试，食材是鸡腿，推荐理由：考试阶段一定要多补补脑。病毒横行期间，食材为豆角，推荐理由：豆角能提高人的免疫力，增强抗病能力。

此外，对于烹饪作业完成得早的同学，我们还商定了小小的奖励：星期五放学后就完成的，奖励两张摘抄作业免写卡；星期六完成的，奖励一张摘抄作业免写卡。这下，孩子们的积极性更高了。有次周五晚上9点多钟，小卢妈妈在朋友圈晒了一盆红烧肉。后来得知，小卢妈妈晚上7点半加班回家，小卢非要缠着妈妈学做红烧肉，小卢妈妈很不解，两张免写卡的魅力怎么就这么大呢？看着晒出的那盆红烧肉，我欢喜万分。更让我想不到的是，在写作上一向都是"困难户"的小卢，因为有了亲身经历，那次写上来的《第一次烧红烧肉》竟然特别真切，特别灵动，也特别接地气，我赶紧帮他修改后投了稿，很快被刊登在《江南晚报》上，这极大地激发了小家伙的学习潜力。学期结束时，他的数学破天荒地考了90分，英语成绩也甩掉了不及格的尾巴，语文卷上的字迹端正，作文言之有物，但因基础不扎实，暂时还落后，不过相信落后只是暂时的，在新的学期，他一定可以创造奇迹。

学期结束，班级里评选出二十多位"烹饪达人"。休业式那天正是二十四节气之立春，"烹饪达人"每人奖励到一块年糕。于是乎，一段与年糕之间的小故事又悄悄开始了……

【反思】

1. 学会生存是人生第一要义

随着现代社会生活环境的不断优化，在许多方面，个体的生存能力相对下降了，生存技能也在逐步减退，特别是在应试教育的影响下，中国孩子"高分低能"的现象更为普遍，因而，学会生存成了非常重要也非常必需的学习科目。吃饭是生存的第一步，学习烹饪是最基本的生存技能。试想，当一个孩子从小就学会了烹饪，不管到哪儿都能自力更生，你还用担心他的未来和发展吗？回答当然是否定的。烹饪是一门学问，更是一种艺术，从中收获的不仅仅是生存技能，还有责任与担当。而在小学生涯，孩子的能动性最大，接受能力也最强，这个时候给他适时的培养，可谓是一生受益。这正如《活的教育》中指出的："活的小孩子，他生长快，他的进步也快。他一时有一时的需要，一时有一时的能力。当教育家的，就要设法去满足他的需要，就要搜罗相当的材料去培植他。"

2. "糖衣炮弹"不可或缺

当学生有兴趣时，他们学得最好；

当学生的身心处于最佳状态时，他们学得最好；

当教学内容能够用多种形式来呈现时，他们学得最好；

当学生遭遇到理智的挑战时，他们学得最好；

当学生分享知识的个人意义时，他们学得最好；

当学生能自由参与探索和创新时，他们学得最好；

当学生被鼓舞和被信任能做重要事情时，他们学得最好；

当学生有更高的自我期待时，他们学得最好；

当学生能学以致用时，他们学得最好；

当学生对教师充满信任和热爱时，他们学得最好。

以上是有人对《基础教育课程改革纲要（试行）》的解读中的一段文字。我们都知道，烹饪实践活动的开展并不是一蹴而就的，它是一个循序渐进的过程。而这一过程充满了困难与挑战，需要孩子们自己去克服，去迎接，更需要大人的支持与鼓励。不管孩子的烹饪作业完成得如何，能够坚持做就值得称赞，能够一次比一次做得好更值得点赞。在这过程中，我们可以不断地给予"糖衣炮弹"，或物质奖励，或精神表扬，都能带给孩子无穷的力量与动力。常言道:"好孩子都是夸出来的!"因此,我们给积极完成烹饪作业的孩子发免写卡,虽然只是一张薄薄的卡片,但孩子们喜欢;我们还要评选"烹饪达人",这样的称号没有任何级别,但对孩子们来说却是最受用的鼓励。

3. 家校携手共创奇迹

陶行知认为,我们做教员的,不但要教学生,又要想法子使得社会上的人对于教育认为必要。其实在现下小学中开展烹饪实践活动,难度还是挺大的。因为很多家庭都是老一辈在持家,即使小辈和长辈不住在一起,大多数也是吃在长辈家,住在自己家。爸爸妈妈都不烧饭,让小朋友学做菜,老人们第一个持反对态度。因而,教师首先应该努力获得家长的支持,除了利用家长会作宣传外,还可以通过队活动露一手等让家长看到孩子的变化与潜力,更可以让孩子、家长们写一写学习烹饪之后的感触,并将这些感触相互分享。慢慢地,家长们就会认同这一做法,和老师站在同一阵线,一起创造更大的精彩!

总而言之,在小学中开展烹饪活动有非常重要的现实意义,既有利于学生综合素养的提升,又能让学生更加接近生活,提高生存技能,体验生活的酸甜苦辣,更能有效促进整个家庭甚至社会的安定与和谐发展。

(作者单位:无锡市胡埭中心小学)

果实累累，熠熠生辉
——"举趾园"种植实践活动及反思

刘 菁

在经济高速发展、文化各异的新时期，一些传统的教育内容、思想和方法不能适应社会的发展，发展学生的综合能力和素质已经成为第一需求。这一现状已经影响到青少年素质教育活动的实效。进入 21 世纪以来，素质拓展训练开始兴起，它以其新颖、独特、高效的培训形式，得到了社会各界的广泛关注，从而掀起了一股素质拓展训练的热潮。其实，早在多年以前，我国伟大的人民教育家陶行知先生已经提出过"生活教育"的理论，该理论是对杜威教育思想的吸取和改造，是陶行知教育思想的主线和重要基石。陶行知的教育理论主要包括"生活即教育""社会即学校""教学做合一"三个方面，主张教育同实际生活相联系，反对死读书，注重培养儿童的创造性和独立生活能力。他的"社会即学校"学说，更是告诉我们"教育的材料、教育的方法、教育的工具、教育的环境，都可以大大增加"。

近些年来，滨湖区教育局充分开发和利用本区域内丰富的社区教育资源，如马山龙头渚综合实践活动基地、太湖花卉园活动基地、龙寺生态园、无锡博物馆、无锡科技馆、江南大学素质拓展基地等。我校也特地开发了少科院活动基地——举趾园，举趾园是我校学生种植基地，让学生在校园里亲自劳动与实践，在劳动中提升学生的动手能力，在实践中培养学生的综合素养。

一、前期准备阶段：实践活动参与最大化

1. 分配场地，设施齐全

《诗经·豳风·七月》："三之日于耜，四之日举趾。同我妇子，馌彼南亩。"朱熹《集传》中解释为："举趾，举足而耕也。"以此为名，我校"举趾园"正式成立。它位于操场东部的一角，土地面积的三分之一为高年级的草莓园，剩下来的三分之二由中年级负责，各班分得三四垄地。

除此之外，学校还为我们配有工具室，里面的劳作工具应有尽有：雨鞋、镰刀、锄

头、铁耙、浇水壶……考虑到部分带队老师和孩子们缺乏经验，学校还特意为我们找了后勤阿姨作为技术指导，真是帮了我们大忙！由此可见，此次活动，学校也是极为重视，给予了我们多方面的技术和人力支援。

2. 具体计划，博采众议

当孩子们得知要去种植的消息时，欣喜若狂，紧接着便惆怅了起来，因为对种植一无所知。于是这周末我给孩子们布置了一份特殊的家庭作业：网上搜索最适宜这个季节种植的蔬菜，或者向家里的爷爷奶奶寻求帮助。周一那天，我清楚地记得孩子们踊跃发言的样子，我一一听取他们的建议，然后和他们一起考虑地理条件、气候条件和生长周期等因素，最终我们一致同意种植白菜、胡萝卜和菠菜。

每周的劳技课和班会课成了我和孩子们一起下地劳作的日子。为了使得后期各项工作都能井井有条，人人参与，我将学生分成 3 大队，每大队 15 人，每个大队中又分成 3 小组，每小组 5 人。这样确保全班同学能够在自己的岗位上各司其职。

二、中期实践阶段：实践活动体验最大化

1. 除草之累，汗如雨下

第一次带领孩子们来到举趾园的时候，我和孩子们都呆住了，我们的基地像是"百草园"，绿油油的一片都是杂草，旺盛极了。改造这块土地的第一步就是除草。打开工具室的大门，孩子们首先换上了专用雨鞋，拿起了工具。接下来苦恼的就是：这草该怎么除呢？别着急，后勤阿姨来帮忙。阿姨以身示范，只见她一只手抓住草的头部，另一只手用镰刀将其割下。孩子们立刻就领悟到了其中的奥秘，说干就干！

孩子们干劲十足，杂草并不领情。根部牢牢地长在泥土下面，费了孩子们好大的劲才能割断。有的孩子索性三五成群，一起用手拔草。遇到难拔的草，阿姨就用铁耙将其除断。女孩子们在一边也有模有样地除草，有的女孩子专门负责将除断的杂草收拾到篮筐中。将近一个多小时的除草活动，让孩子们的额头上都冒出了密密的汗，有的男孩后背上的衣服都湿透了。我从没想过三年级的孩子们原来实践能力是这么的强。

2. 垄地之难，熟能生巧

在播种前，要对种植土壤进行整理，也就是我们常说的垄地。垄地不是靠蛮力就能做好的，关键还得有巧劲。我们要把一大片土地分成三垄，需要的工具是铁耙。孩子们一开始还不知道铁耙长什么样，我便逗趣说是猪八戒背在肩膀上的那种，孩子们都笑了出来。

来到工具室，先让孩子们认识铁耙。一个小女生走上前，想要拿出来，可真沉呀。另一个高个子男生走上前，一把扛起了这个铁家伙。想要用这个铁耙来锄地也是一个大问题。在后勤阿姨的指导下，几位男生跃跃欲试。将铁耙放在身体右侧，右手在上，左手在下，两手的间距一定要大才能使得上劲。一开始，孩子们的操作都成了错误示范，

半个多小时后，几位男生的劳动获得了阿姨的认可，他们整理的地一点也不比专业的差。有位小孩子的手甚至被铁耙磨破了皮，可他依然坚持不放弃。

3. 播下种子，撒下期望

播种的那天，天气格外晴朗，就像孩子们的心情。我和孩子们手里揣着种子，还有的孩子抬着肥料来到举趾园。外行人大抵认为种子要先撒在一个个坑里，然后再施肥。其实，只要把种子和肥料混在一起，均匀地撒在泥土表面就行了。这可不是我说的，是经验丰富的指导员阿姨说的。考虑到菠菜成活率稍低，发芽慢，所以在撒完种子后，再稍微翻下泥土即可。另一边，胡萝卜和白菜的生存能力可强了。孩子们在一旁听得出了神，原来种子也像孩子们一样，因人而异呢。

一个多小时的劳作，让每一粒种子都静静地躺在了土地爷爷的怀里。离开的时候，孩子们悄悄地踮着脚尖，生怕踩疼了刚入土的种子们。我和孩子们一样期待着第一颗发芽的种子，期待着第一棵长成的蔬菜，期待着收获时光的到来……

4. 周周观察，心生暗喜

孩子们时刻期待着去观察植物的生长变化，尤其是我们所播种的植物的周期性变化。孩子们通过观察发现了植物生长规律，感受到生命的变化和延续。

我带领孩子们不时观察种子的出土，幼苗的成长，花丛中飞来飞去的昆虫。这些变化都被孩子们以日记的形式记录了下来。我用手机拍下了植物在不同时期的形态和颜色，拍下了孩子们睁大眼睛观察、小心翼翼触摸芽儿的样子。我们的心里十分温暖，似乎和蔬菜都产生了感情。日复一日，孩子们和蔬菜都在这片大地上茁壮地成长着。

三、后期收获阶段：实践活动意义最大化

1. 激发了孩子们认真求学的心

"学校生活"这个词大家都不为陌生，但是当今的"学校"真的和"生活"结合起来了吗？只有在乐中学，在学中乐，学生才会学得有趣，才会感觉到来学校学习是令人向往的，知识才能真正"活"起来。

自从孩子们走进举趾园后，其成效一下子辐射到各门学科中。孩子们每次观察后回去写"种植日志"，培养了他们细致的观察习惯，为语文课堂的教学提供了素材；每次观察到植物发展的不同形态，就会临摹下来，为美术课堂提供了模板；孩子们计算植物生长的周期，为数学课堂提供了生活案例；科学老师在讲解"植物的生长变化""植物的发芽"等章节时，大家结合在菜地里见到的情况，踊跃发言，课堂一下子变得热闹和生动起来，老师讲得兴趣盎然，学生听得不亦乐乎。

2. 培养了孩子们积极劳动的心

劳动虽然艰辛，但是劳动可以创造快乐。从蔬菜的播种到成长，我们挥洒了无数汗水，这些汗水换来了无数的喜悦：种子破土而出的喜悦，小芽逐渐成长的喜悦，蔬菜收

获的喜悦……这点点滴滴让孩子们体会到，当时的劳动是多么值得呀！

孩子们经历了以前只在餐桌上见到的蔬菜从播种、发芽到成长的过程，这让他们兴奋不已。在"锄禾日当午"的过程中，孩子们一下子真切地感受到了"粒粒皆辛苦"。很多学生在饭桌上不再那么浪费粮食了，也有的孩子在家里主动做起了家务。孩子们在蔬菜种植活动中的变化让教师和家长颇为感慨。

3. 唤醒了孩子们热爱自然的心

从播种的那天起，孩子们的心就多了一份期待与牵挂。在整个种植实践活动中，每位学生都有亲自体验的机会，包括从除草整地、播种施肥、浇水育苗、定期观察到收获的所有种植环节。我还打算让孩子们在自家的阳台上也试着种植喜欢吃的蔬菜。

孩子们在一系列的观察和思考中引发了对大自然的好奇，蔬菜成长过程中的变化极大地激发了他们的探究兴趣。他们开始亲近大自然，观察大自然，热爱大自然。他们开始怜惜脚下的花草，和鱼虫蜂蝶为伴，会聆听树上小鸟的歌声，会闻到桂花树散发的清香，会感受小草的肌理。

4. 孕育了孩子们一颗真诚的心

种植园的一切教育都是在无形中产生的，从我们踏入举趾园开始劳作的那一天起，孩子们之间的感情就在相互帮助和支持中酝酿着。力气大的同学抢着帮力气小的干活，细心的女孩子会定期来观察植物的成长，责任心重的孩子会主动整理和摆放劳作工具。依稀记得开学之初，孩子们面对一个个陌生的朋友，还有些拘束，现在的他们已经成了朋友，成了伙伴。

我的角色似乎也在发生着潜移默化的变化。孩子们会主动咨询我植物的生长情况，任何疑问我都允许他们大胆地提出来。孩子们的童真缔造着我们之间的友谊。他们也是我的聆听者和协助者，我不再是绝对的权威，不再是高高在上的老师，如果有孩子们的班级是一个家庭，那我就是这个家庭的长者、领导者。

四、关于我校开展种植活动的一点思考

我校少科院种植研究所不仅是学生的课外实践基地，还是锻炼学生劳动能力，培养学生美好品德的场所，同时又能服务于语文、数学、美术、科学等学科课程。因而，此次种植活动的开展，在为学生创造科学探究机会的同时，还提升了他们的综合实践能力，激发了他们的科学探究欲望，升华了他们的综合素养。除此之外，孩子们的行为习惯、思想品德等各方面都有了可喜的变化。这恰恰和提升学生综合素养活动的宗旨不谋而合。

举趾园里从杂草横生到蔬果林立，我和孩子们一起见证着它成为校园里一道亮丽的风景线。我将学生们的日记以及我的感受汇总成一系列的图文展，主题为"吾家有菜初长成"，受到了领导、老师、家长和学生的一致称赞。

(作者单位：无锡市立人小学)

一组照片唤起的实践与思考

周懋芳

【案例】一组照片唤醒实践的种子

"蓝蓝的天空下,

稻田金光闪闪,

张张笑脸灿烂如花,

怀抱成熟的稻谷,

犹如拥抱美好的希望,

目光中漾着的是欢喜与兴奋……"

一天,朋友圈一组乡间稻田实践的活动照片深深吸引了我。照片中那充满希望的眼神,那美好的一切都是大自然赋予的,更展现了田间实践所焕发出的生命活力。

这样的实践活动、实践基地不正是我们学校生态研学课程所需要的吗?几经周转,我与基地的老师取得了联系,并带领着孩子们走进田间地头,开展了属于我们学校定制的"四季耕读实践活动"课。

活动一:大雪节气 快乐耕种

雪纷飞,仲冬始,12月7日,正值"大雪"节气,我第一次带领着孩子们、家长们一起走进田间地头,开展了别样的生态课程活动。

活动中,基地老师为同学们讲解了24节气之"大雪"节气的相关知识。随后,同学们分小组实践,集思广益,合作完成了测量土地面积的任务。"我拉卷尺,你测量,他做记录……"大家在实践中了解了1亩地的面积,感受到了团结协作、合理分工的重要性。

穿好围裙,戴好袖套和手套,同学们又化身成小小农夫,割青草,搬稻草,铲鸽子粪……体验亲自制作天然环保肥料的乐趣。小周同学这样说道:"等这'千层蛋糕'发酵后,蔬菜瓜果就能茁壮成长啦!"

一起参与活动的家长朋友也是好评如潮:"活动很有意义,孩子们在活动中虽然红过脸,拌过嘴,但最后努力合作完成任务,真正懂得了团结就是力量!""劳动时,孩子们不怕脏也不怕辛苦,在小组分数落后的情况下,表现得更加积极和努力,这份责任感值得点赞!"

"纸上得来终觉浅,绝知此事要躬行。"这一次活动把传授知识的课堂搬进了田间地头,让孩子们回归大自然,参与实践体验。一张张灿烂的笑脸背后,正是孩子们身心成长的积极情态,没有过多的知识传授,更多的是在体验中不知不觉习得知识与技能。这样的课堂才是孩子们成长过程中真正的乐园,这样的课堂才是更富儿童味、生活味、幸福味的课堂。

这一次活动的成功开展,让我们对学校生态课程建设有了进一步的思考和改进,也为之后"四季耕读实践活动"课程的实施注入了新鲜血液、新鲜内涵。

活动二：田园迎春 欢喜过年

2月7日下午,立春时节,我又带领着师生家长一行30余人,走进尚贤河湿地生态基地,以"红红火火迎新春 欢欢喜喜过大年"为主题开展"田园迎春"主题活动。

午饭后,伴随着冬日暖阳,满怀着喜悦的心情,大家齐聚一堂,相依而坐。既然是田园年会,那自然少不了体验一把田园生活。在村长的指导下,大家走在田间地头,分工合作,其乐融融。劈柴、烧火、刷锅、推小车、搬砖头、铺石路……团队合作的力量体现得淋漓尽致。小小男子汉们干得热火朝天,女孩子也不甘落后。架上炉子,点上火柴,拿起铲刀,任凭烟火四起,仍坚持不停翻炒,确保每一粒瓜子都香气扑鼻。

大棚内也是热闹非凡,大伙正亲手制作着馒头和春卷。你看,和面粉、擀面皮、包馒头,别提有多专业!在大师傅的耐心指导下,捏扁、搓圆、起皱,待成品上蒸笼,大家心里早已乐开了花。

"馒头新鲜出炉啦!""春卷也炸好喽!"大伙齐聚一堂,分享着劳动的成果,热气腾腾的馒头,搭配村长精心熬制的羊汤,那滋味真是妙不可言。欢乐和幸福洋溢在每个人的脸上。快乐阅读,从春天开始。活动中,雪浪街道文化站的领导和老师还给小朋友们送来了精美的图书和节日的祝福。赠书读书,书香墨色沁人心脾,这无疑又为活动增添了亮丽的色彩。

过大年又怎么少得了"春联"和"福"字呢?于是,师生、家长纷纷提起毛笔,蘸上墨汁,写福字,写春联,在对联纸上写下对新春满满的祝福。

冬阳怀抱暖,年味飘香浓。大家在实践、体验中感受到了别样的春节氛围,更深刻感受到了中国优秀传统文化的魅力。

活动在欢声笑语中落下了帷幕,家长、学生纷纷发表感言——

"活动有别于以往吃喝玩乐的过年模式,大家齐动手,协作增合力,热热闹闹过大年。"

"活动让大家提前感受到了浓浓的年味,让我们想起小时候的难忘经历,而孩子们也感受到了不同的乐趣，快乐多多，幸福满满！"

"虽然搬砖头铺路很累很辛苦，但是我明白了做任何事情都要脚踏实地，一步一个脚印，我更懂得了团结协作的重要性。"

"今天的活动很精彩，我们感受到了不一样的'年'，尤其是能和小伙伴、老师们一起过年，真是太棒了！"

又是一次难忘的活动，又是一次快乐的实践。我们发现，要真正让"课程"活起来，就要走出教室、走出校园，走向自然、走向社会，开辟属于孩子们自己的广阔天地，让课堂变为儿童活动的乐园，引导孩子们积极自愿地投入活动，在不知不觉中实现生活、生长和经验的多重丰收。

如今，"四季耕读实践活动"课程已全面推进，雪小全体三年级学生将分批参与到活动中，开展真正意义上的综合实践研究。

【感悟与反思】实践课程焕发新的活力

怎样才能让实践课程焕发新的生命和活力呢？我们在实践中研究，带着不尽的思索，努力寻找开展实践课程更多的良方。

1. 基于儿童，策划实践课程

要想打造丰富多彩的拓展课程，我们必须要研究学生的需求，在内容选择上关注学生的现实生活，把活动做到学生心坎里去。

首先，策划活动时要做到理解学生，读懂学生。老师应蹲下身来深入了解学生在想什么，需要什么。活动前，学校可以组织开展问卷调查、小小座谈会、"我的活动我做主""金点子"征集等活动，通过多种形式多种渠道更深入、全面地了解学生的真实需求，为活动策划做足准备。

"金点子"征集是基础，然而"金点子"的可行性论证也至关重要。行政团队、级部老师严格把控，大家敞开心扉，碰撞思维，共商活动核心内容，从而使活动项目与儿童的现实需求对接。

此次我们开发、探索的"四季耕读"实践课程正是在班级试点、校级班子讨论、级部教师论证的基础上实施开展的。每一期活动都分前期、中期、后期活动。每期活动过后，我们都会征集老师、学生、家长的反馈意见，不断进行调整和完善，让活动开展得更为高效。此外，基于学生的真实需求，学校筹备、建立了烹饪实践基地"知味厅"，从此，包馄饨、做寿司、自制月饼等体验活动不再是梦想；基于学生的真实需求，种植基地"百草园"也应运而生，学生们学习翻土、播种，瓜果蔬菜在这个园子里生根、结果。学生们体验劳动的辛苦，收获丰收的喜悦。

这一切无疑满足了学生们个性化的需求，增强了实践活动的吸引力，让校园生活更加多姿多彩。

2. 整合资源，拓宽实践阵地

怎样组织、开展才能让活动更有新意、更有创意呢？不妨因地制宜，充分挖掘社区、生态等乡土资源，巧借家长资源。

杜威曾指出："所谓人的成长，就是在与环境相互作用过程中更新自己。"我们学校位于美丽太湖之滨、秀美雪浪山下，拥有丰富的生态资源链——长广溪、尚贤河等国家级湿地公园，雪浪山等风景区，拥有着难以计数的教育资源。为此，我们将课堂搬进大自然，丰富实践的素材，观鸟、观虫、寻访、农耕实践，感受大自然之美，让童年的足迹更为鲜活。

课程实施中，我们还应该积极赢取家长的支持并动员他们加入各项活动，为学生搭建更多的平台，让实践体验更加多元化。这不，我们"四季耕读"课程基地，就是从一位家长带领孩子实践过后发布的朋友圈中发现的。家长职业分布广泛，优势各不相同，有了家长的共同参与，我们课程便会增加新的活力，绽放更多的精彩。

近年来，我们充分发挥家长智囊团的作用，由家长志愿者带领孩子们走进国家数字产业园华莱坞，实地感受数码技术在电影拍摄中的巨大作用。在亲身体验过程中，强大的视觉冲击力不断挑战孩子们的神经，孩子们不时发出阵阵欢呼声。我们走进中船重工第702研究所参观，更近距离地感受"蛟龙号"的神奇与伟大，感受着中国创造的无限魅力。同时，我们家长还特邀"蛟龙号"工程师走进学校，讲述"蛟龙号"的故事。

3. 回归生活，提升实践实效

"生活即教育"，在多年的实践中，我们深深地感到，当丰富多彩的实践活动回归生活，学生的自主性和创造性就被充分调动起来。在实践中，他们才真正有触动、得锻炼、受教育。只有儿童焕发生命活力的需求得到落实，课程实践活动才有了根基。

"社会即学校"，教育的材料、教育的方法、教育的工具、教育的环境大大增加了教育实践的实效。"四季耕读"实践活动课程中，当看到孩子们在田地间奔跑忙碌的时候，当看到孩子们满身泥污却依然笑颜如花的时候，当听到孩子们欣喜地告诉家长、伙伴活动过程的时候……我们的内心充满着激动与希望。蓝天下的教育、最美的自然教室，成为孩子们心之所向，这一切都是那么美好。

近年来，我校正是这样，站在儿童立场上，紧贴现实生活，充分挖掘资源，开发和建设丰富多彩的拓展课程，以思想引导为重点，给予学生积极的价值引领，服务和促进学生的自由全面发展，打造富有儿童味、生活味的美好校园。

（作者单位：无锡市雪浪中心小学）

校企联动，实践教育中的一朵浪花

徐菊香

一、校企联动课程背景

人民教育家陶行知先生曾提出"行是知之始，知是行之成""教学做合一"等学习与实践相结合的教育理念，这在无锡市峰影小学的实践教育中得到了淋漓尽致的体现。

为了给学生更多的实践机会，从课堂走向课外，从学知识延伸到学生活、学做人，学校千方百计利用马山本地得天独厚的山水、旅游、文化资源，为学生创设各种有利条件，让学生真正多动手、多动脑、多体验、多快乐。

特别值得一提的是，马山还有一批优秀的企业。这些企业，每一个都有值得敬仰的企业文化精神——"尚德""厚德"等，它们是企业文化的灵魂所在。为了培养学生的励志精神，也为了激发他们热爱祖国、热爱家乡的情感，学校提出了创建校外活动基地的想法，于是，也就有了"校企联动"的合作育人模式，其中开展的一系列活动，成为未成年人思想道德建设道路上的一道道亮丽风景线。

二、校企联动课程做法

1. 精选优秀企业

我们从众多的企业中挑选了一批具有良好企业文化精神，适合对学生进行思想道德教育，能校企联手开展一些适合学生活动的企业作为学校的校外教育基地。

2. 开辟教育基地

学校与这些企业充分沟通，并组织学生到这些企业进行校外活动基地挂牌仪式。现在挂牌的校外活动基地有马山牛奶有限公司、灵山希尔顿逸林酒店、无锡供电公司马山供电所、无锡地税七分局、无锡东马锅炉链条厂、无锡市青少年活动基地、无锡慕湾山庄、健特药业有限公司、无锡服务外包区、无锡四方制桶有限公司等。

3. 创新活动方式

我们在开展活动中，主要采用"走出去，请进来"的模式，策划学生喜闻乐见的活动方式与活动内容，让学生在积极的体验中受到潜移默化的思想熏陶。每次活动前，校企双方会互相沟通，并制订好详细的活动方案。

三、校企联动课程活动

1. 电力科普小课堂

无锡供电公司马山供电所走进我们学校，在校园内创设了一个"电力科普小课堂"。"小课堂"的活动内容多姿多彩——用电安全知识讲座、竞答互动小游戏、触电后急救模拟体验等，每一项内容都紧紧围绕着"安全用电，节约用电"展开。学生们在小课堂上学到了很多的电力科普知识，同时也成为"安全用电，节约用电"的小卫士。

2. 安全自救演练课

无锡市灵山元一希尔顿大酒店的工作人员走进学校，给学生们上了一堂生动的安全自救课。"地震时躲在'活命三角区'""火灾中烟雾热量危害大""灭火方法一二"等知识深深地印在学生脑海里。安全逃生演练开始，学生们立即有序地从各自教室里撤退出来，猫着腰、捂着鼻、排着队，冲向操场。五六年级学生在工作人员的指导下学习正确使用灭火器，扑灭了操场中央的几堆火。每一项学习、实践活动都紧紧围绕着"保护生命，安全有效自救"展开。

3. DIY感恩大行动

我校与元一希尔顿大酒店联合举办了"铭吾师之恩德"的教师节庆祝活动。孩子们在酒店工作人员的带领下通过准备餐点、DIY蛋糕、自制贺卡等活动，得到了一次高规格、高水准的文明礼仪教育，同时，也用自己的实际行动表达了对老师的尊敬和爱戴。

4. 圣诞姜饼屋活动

圣诞节前夕，元一希尔顿大酒店邀请部分学生到酒店制作姜饼屋，并和学生一起把亲手制作的漂亮的姜饼屋送到了敬老院的爷爷奶奶手中。看着老人们幸福的笑脸，学生们体会到了"关爱和奉献"的快乐。所有这些活动，让他们在愉快的实践中学到了明礼诚信、节约资源、知恩图报等许多中华传统美德。

5. 最牛梦想活动

作为产加销一体的市政府"菜篮子工程"农业龙头企业，马山牛奶有限公司历来重视与学校的联动，每年都会组织学生参观奶牛场，而学校老师也会把综合实践课移到牛奶公司去上，让学生更全面地了解奶牛的生活习性、挤奶及牛奶的生产等方面的知识。近几年，马山牛奶有限公司又组织学生开展了"最牛梦想"绘画比赛，让学生把自己的梦想绘制到牛奶的盒子上，这不仅是鼓励学生设计更好的牛奶盒，也是为了让更多的人了解学生的梦想。

6. 我与税收同行活动

我校是滨湖区首家青少年税法宣传基地,基地自成立以来,就得到了税务所领导的高度重视和悉心关怀。他们主动和学校沟通,开展了一系列税法宣传教育活动,如税务所的辅导员给学生上了生动的税法知识宣传讲座,赠给学生《中国税收故事绘本》,举行了"我与税收同行"演讲比赛、"我眼中的税收"征文比赛等。现在,一个个小小税法宣传员正逐渐成长,他们自主参与社会实践,向父母、亲人、朋友宣传税法知识,让更多的人加入自觉纳税、诚信纳税的队伍中,为构建社会主义和谐社会,建成全面小康做出应有的贡献。

四、校企联动课程反思

校企联动,合作育人,构建了家庭、学校与企业间的教育合力,激发了学生们的活动热情,丰富了学生们的业余生活,提高了学生们的思想情操,树立了企业"亲民亲子"的美好形象,扩大了企业文化的影响力。只要是和企业联合开展的活动,学生们都很乐意参加。有时,由于活动的局限性,只能部分学生参加,没轮到的学生会很失望,家长也会打电话来询问,因此,我们总是会千方百计地和企业联系,多组织学生开展活动。比如,我校和灵山元一希尔顿逸林酒店的结对活动就开展得精彩纷呈,酒店的活动策划部会根据学生们的兴趣需要策划一些别开生面的活动。我们学校的环保社团也经常和酒店一起开展丰富多彩的活动,如在主题为"学会关爱,从爱护身边的一草一木开始"的活动中,学生们轻松地懂得了"关爱是责任,关爱是爱护,关爱是奉献"的道理;又如在主题为"地球一小时"的活动中,学生们通过听讲座、做游戏、做节能小飞机等懂得了如何节能环保,如何低碳生活。学校的环保社团被评为"江苏省优秀红领巾环保小社团"。现在,"校企联动"已成为我校实践教育中的一朵浪花,为我们如何更好地教育、培养学生找到了很好的切入口。今后,我们要更好地开发利用好马山本地的资源,让学生在实践中获得多元感受,在实践中获得新知,在实践中形成意识、锻炼能力,让他们的个性在实践中得到张扬,让他们的素质在实践中获得提高,让一个个活泼的生命在实践中成长和飞跃。

(作者单位:无锡市峰影小学)

后　记

"区域青少年综合素质拓展教育行动研究"这一课题自 2015 年立项为江苏省教育科学"十二五"规划重点资助课题以来，全区各校在区教育局总课题组的引领下，全面推开综合素质拓展教育研究活动。在历时近五年的研究过程中，我们不断打造青少年学生综合素质拓展活动的完美时空，开发各类拓展教育课程，丰富学生"玩美"学习样态，在研学旅行活动中促进学生知行合一，在基地实践活动中促进学生身心历练，在社团兴趣活动中促进学生个性发展，取得了可喜的研究成果。

我们在回顾这些年来的研究历程时，萌发了将系列研究成果编撰成书的念头。出发点是让研究成果物化、系列化，提供课程样本和实践路径，使各校在开展拓展教育实践活动时有所依托。同时，这也是课题组进一步梳理研究成果、总结研究经验的需要。

整套丛书凝聚了课题组所有人员的心血。丛书编写工作由课题研究理论探索组牵头负责，确定丛书的整体框架，并对实践研究过程和成果进行全面梳理，由顾晓东、吴伟昌、姚国平、徐国新、吴亮具体负责各分册书稿的编写工作；课题研究实践行动组提供了大量翔实的研究资料和实践案例。

丛书从策划到成稿，历时一年半。在此过程中，课题主持人强洪权、冯伟两位局长及区教育学会陈锡生会长、糜荣华副会长给予了大力支持。滨湖区教育局吴仁昌副局长、基教科陆建忠科长等多位领导自始至终参与其中，为丛书的编撰和出版工作出谋划策，提供全方位保障。中国教育学会原会长、北京师范大学资深教授顾明远先生欣然应邀作序，中肯评价课题组多年的研究历程和成果，为本丛书增色不少。江苏省教育科学规划领导小组办公室彭钢主任、蔡守龙副主任，省教科院教育发展研究中心主任张晓东博士，《江苏教育》主编张俊平等领导与专家悉心指导本课题研究，他们的高屋建瓴、指点迷津，让课题组拨云见日。在此，一并表示诚挚的谢意！

丛书的出版只是课题研究的一个阶段性总结，我们的研究还将进一步深入。我们将继续围绕"立德树人"的根本任务，进一步优化区域青少年综合素质拓展教育课程体系，开发和利用课程资源，完善区、校两级课程开发，丰富学生的拓展学习方式，为青

少年学生核心素养的全面发展打下坚实基础。

　　由于我们水平有限,加之受困于工作的繁忙,书中肯定有许多不足之处,希望读者不吝赐教。我们将直面不足,努力弥补,力求将更完美的成果呈献给大家,我们也憧憬着在追求完美中不断完善自我。

"综合素质拓展教育成果系列"丛书编写组

2019年5月18日

新时代滨湖教育发展丛书

综合素质拓展教育成果系列

总主编 / 冯 伟　强洪权

拓展课程校校行

主编　顾晓东

苏州大学出版社
Soochow University Press

图书在版编目(CIP)数据

拓展课程校校行/顾晓东主编. — 苏州：苏州大学出版社，2019.10
（新时代滨湖教育发展丛书/冯伟，强洪权总主编. 综合素质拓展教育成果系列）
ISBN 978-7-5672-2946-4

Ⅰ.①拓⋯ Ⅱ.①顾⋯ Ⅲ.①中小学-素质教育-成果-汇编 Ⅳ.①G632.0

中国版本图书馆 CIP 数据核字(2019)第 220575 号

拓展课程校校行

顾晓东　主编

责任编辑　史创新

苏 州 大 学 出 版 社 出 版 发 行
（地址：苏州市十梓街1号　邮编：215006）
苏州工业园区美柯乐制版印务有限责任公司印装
（地址：苏州工业园区东兴路7-1号　邮编：215021）

开本 787mm×1 092mm　1/16　印张 48.5（共五册）　字数 1003 千
2019 年 10 月第 1 版　2019 年 10 月第 1 次印刷
ISBN 978-7-5672-2946-4　定价：180.00 元（共五册）

苏州大学版图书若有印装错误，本社负责调换
苏州大学出版社营销部　电话：0512-67481020
苏州大学出版社网址　http://www.sudapress.com
苏州大学出版社邮箱　sdcbs@suda.edu.cn

新时代滨湖教育发展丛书
编委会

主　任　强洪权
副主任　陈锡生　钱　江　冯　伟　王永健
　　　　潘望洁　徐仲武　吴仁昌　许建良
顾　问　顾明远

综合素质拓展教育成果系列
编委会

主　任　冯　伟　强洪权
副主任　王永健　潘望洁　徐仲武　吴仁昌
　　　　华文达　华婷婷　糜荣华　彭光耀
　　　　许建良　陆建忠
编　委　惠　明　古菊平　高　峰　吴卫东
　　　　刘　松　张　锋　周晓平　金春华
　　　　张　倩　朱龙祥　王防刚　陆　玲
　　　　陆静洁　杨　帆　谢廷峰　朱红飞
　　　　孙国宏　尤　吉　唐建英　李　争
　　　　华志英　秦旭峰　浦永清　顾晓东
　　　　姚国平　徐国新　吴　亮　吴伟昌
　　　　钱　晔
策　划　糜荣华　陆建忠　顾晓东　吴伟昌

本册编写人员（《拓展课程校校行》）
主　编　顾晓东
编　者　顾晓东　杨肇文

本丛书为江苏省教育科学"十二五"规划2015年度重点资助课题"区域青少年综合素质拓展教育行动研究"（课题编号：B-a/2015/02/076）的主要成果

序

  2016年12月，教育部等十一个部门发布了《关于推进中小学生研学旅行的意见》，提倡在中小学生中开展研学旅行。该意见提出，中小学生研学旅行是由教育部门和学校有计划地组织安排，通过集体旅行、集中食宿方式开展研究性学习和旅行体验相结合的校外教育活动，是学校教育和校外教育衔接的创新形式，是教育教学的重要内容，是综合实践育人的有效途径。让学生走出学校、走向大自然、走向社会、走向世界，是拓宽视野、增进学识、锤炼意识的好举措，也是让学生领略祖国美丽山河、了解中华民族优秀文化传统的好方式。如果到国外研学旅行，还可以了解别国的文化风情，受到跨文化的理解教育。研学旅行，实在是非常有意义的活动，是提高学生综合素质的有效途径。

  事实证明，广大学生非常喜爱研学旅行。他们走出校门，集体旅行、集中食宿，过上难得的集体生活，这样的经历可以培养学生自我服务、自我组织的能力和同伴关系意识。

  要把研学旅行做好，使学生真正受到教育，需要认真组织，精心安排。要把研学旅行纳入学校课程之中，作为一项重要的教育活动来开展。要像设计课程那样精心设计，充分准备，重在教育，重视安全。学校要对不同年龄段的孩子设计不同的研学旅行计划，低年级的孩子可以在城市郊外旅行，也可以到博物馆、纪念馆参观；高年级的孩子可以到较远处旅行。学校可以按照不同地区的历史地理背景、名胜古迹，组织设计各种研学旅行活动，使之课程化。

  这两年来各地积极开展研学旅行活动，积累了一定的经验。无锡市滨湖区自2001年以来，就以新课程改革为契机，以综合实践活动课程为抓手，建设区内综合实践基地，为青少年学生开展校外实践活动和研学提供了平台，对培养学生综合素质做出了有益的探索和实践。他们树立"大教育观"，拆除学校"围墙"，改善传统教育模式，把教育与社会生活实际相结合，加强学校教育与社会教育的沟通、协调和融合，充分发挥社会教育资源的育人功能，同时推动学校的特色项目建设，促进学生的全面发展。

  无锡市滨湖区教育局组织编写的"综合素质拓展教育成果系列"丛书，就是无锡

市中小学开展校外实践活动和研学旅行的一些经验总结。丛书共五册，分别是《研学旅行知与行》《走出校园读家乡》《跟着课文做研学》《拓展课程校校行》《拓展教育思与行》，详细介绍了无锡市滨湖区对青少年综合素质拓展教育的认识和组织设计，以及滨湖区各校开展综合素质拓展教育的实践和经验。丛书内容丰富，有观点、有案例，值得各地借鉴。

2019年5月19日

前 言

  青少年综合素质是指青少年在先天生理的基础之上，经过后天的教育和社会环境的影响，由知识、经验内化而形成的相对稳定的素养和品质的总称，主要包括身体、心理、道德、文化、能力等方面，是一个人的知识水平、道德修养及各种能力的综合体现。新课程改革以来，滨湖区教育局始终坚持全方位、多渠道育人的主导思想，高度重视青少年综合素质拓展教育，在综合实践活动、211 特色建设、研学旅行等方面做出了前瞻性、持续性探索，取得了显著的成效。

  为了进一步深化青少年综合素质拓展教育，滨湖区教育局申报、立项了由冯伟、强洪权同志主持的江苏省教育科学"十二五"规划重点资助课题"区域青少年综合素质拓展教育行动研究"（编号：B-a/2015/02/076）。通过课题研究，进一步厘清综合素质及拓展教育的内涵特质，努力追求素质发展的全面化，体现区域推进的特色化，关注拓展活动的课程化，凸显课程资源的序列化，形成区本特色的青少年综合素质拓展教育主张，建构区域青少年综合素质拓展教育课程体系，促进区域青少年综合素质的全面发展和个性发展。

  课题组依据教育部等《关于推进中小学生研学旅行的意见》《中小学综合实践活动课程指导纲要》等文件精神，结合课题研究中期评估专家组建议，全面梳理课题研究实践中形成的课程资源和实施策略，从系统化、系列化、操作化的角度出发，本着可行性、实用性的原则，编写了滨湖区"综合素质拓展教育成果系列"丛书，以期进一步深化滨湖区中小学综合实践、研学旅行工作，提升区域素质教育实施水平。

  本套丛书主要由五个分册组成。其中《研学旅行知与行》分册是一本研学旅行的通识读本，按"知""行"两个板块编写，把研学旅行的"应知""应会"等要求、技能进行梳理，为学生参加综合实践和研学旅行提供有针对性的必读教程，旨在提高学生参与研学旅行的素质和技能。

  《走出校园读家乡》分册重点关注校园教育和校外综合实践的结合，梳理无锡地区适合开展青少年综合素质拓展教育的综合实践课程基地资源，为一至九年级每个年级设置四个实践课程内容，每个课程内容均由"研学课程设计"和"研学单"两大部分

组成。

　　《跟着课文做研学》分册主要体现"由课内向课外拓展，课内课外结合""读万卷书，行万里路"的拓展教育理念，针对学生所学课文中的经典内容，结合全国各地丰富的旅游资源，编写四至九年级的暑期研学旅行课程，课程的设计体例为"研学前言—课文回眸—研学主题—课程安排—研修问答—学以致用—资料链接"。

　　《拓展课程校校行》分册是区域内各学校特色校本课程纲要和实施案例的汇编，精选各校特色校本课程，整体上涵盖科技、体育、音乐、美术等各大领域，体现滨湖区科技体艺211特色项目建设成果，展示滨湖区青少年综合素质拓展教育课程的校本性、丰富性、多样性，特色课程的设计体例为"课程名称—课程性质—课程目标—课程内容—实施建议—课程评价—教学案例"。

　　《拓展教育思与行》分册是课题研究论文和实践案例的汇编，主要是课题组成员以及区域内学校和教师开展青少年综合素质拓展教育的理性思考、经验总结和案例反思。

　　本套丛书由糜荣华、陆建忠、顾晓东、吴伟昌等进行总体策划，课题理论探索组吴伟昌、顾晓东、吴亮、姚国平、徐国新等具体进行编写。目前暂时编写系列丛书的五个分册，今后视工作进展和资料积累，逐步编写系列丛书其他分册，以形成滨湖教育特色"丛书"。

　　由于编写者水平有限，加上时间比较匆促，本套丛书中难免有许多不足之处，恳请专家、同行们指正。

"综合素质拓展教育成果系列"丛书编写组
2019年5月18日

目 录

科学探究课程

舌尖上的"生物" ………………………… 无锡市立人高级中学 / 1
生物与美食 ………………………………… 江苏省太湖高级中学 / 10
比特实验室 ………………………………… 江南大学附属实验中学 / 17
校园植物研究 ……………………………… 无锡市胡埭中心小学 / 32
地球科学 …………………………………… 无锡市育英锦园实验小学 / 39
物联网创新设计 …………………………… 无锡市稻香实验小学 / 47

人文励志课程

无锡地方史 ………………………………… 无锡市立人高级中学 / 55
乡村阅读 …………………………………… 无锡市胡埭中学 / 67
吴地游戏 …………………………………… 无锡市立人小学 / 78
玩美24节气 ………………………………… 无锡市蠡园中心小学 / 86
节日快乐伴我行 …………………………… 无锡市河埒中心小学孙桥校区 / 93
魅力家乡茶 ………………………………… 无锡市滨湖中心小学 / 103

艺体拓展课程

扎染 ………………………………………… 江苏省太湖高级中学／111

传承书艺 翰墨飘香 ………………………… 无锡市胡埭中心小学／121

笛韵陶悦 ………………………………………… 无锡市立人小学／130

篆刻 ……………………………………… 无锡市鑫园中心小学／140

数码美术 ………………………………… 无锡市雪浪中心小学／150

画信 ……………………………………………… 无锡市峰影小学／166

悦动足球 ………………………………… 无锡市河埒中心小学／173

后记 …………………………………………………………………／188

科学探究课程

舌尖上的"生物"

无锡市立人高级中学

● 课程纲要

【课程名称】

舌尖上的"生物"

【适用年级、课时安排】

适用于高一、高二年级,共16课时

【课程背景】

校本课程是基础教育课程改革的组成部分,是实施素质教育的有效途径。为尊重学生的个性发展与文化需求,充分发掘、利用生活中的教学资源,引导学生关注生活,学以致用,培养科学探究事物规律的精神,结合我校实际,开展校本课程开发的研究。

人类的生存和发展离不开生物,生物学与人类的生活息息相关。生物学的发展有力地促进了农业、工业、医药卫生事业和环境保护工作的快速发展,生物科学技术的进步对社会的巨大影响越来越体现出来。学生对这方面的内容非常感兴趣,因而我们采取了形式多样的教学活动使学生主动了解、探究这方面的内容,培养学生对自然和社会的责任感,提高学生的生物学科素养。"民以食为天",受中央电视台《舌尖上的中国》栏目的启发,结合生活实际,适当延伸课本上的内容,充分调动学生学习生物学的自主性,以"生物课堂延伸"为主线开展我校生物校本课程的开发、编写与实施,力求培养学生理论联系实际、学以致用的能力,以及关爱生命、热爱生活的态度。

【课程理念】

学科核心素养是学科育人价值的集中体现，是学生通过学科学习而逐步形成的正确价值观念、必备品格和关键能力。高中生物学科核心素养包括生命观念、科学思维、科学探究和社会责任。

"舌尖上的'生物'"从"食"与"生物"的密切关系着手，关注生活，关注课堂教学，但更关注学生的素养。本课程从美食着手，让学生发现原来生物就在我们身边，创设情境激发学生进行探究的兴趣，初步形成生命观念，有一定的社会责任感和担当，崇尚健康文明的生活方式，成为健康生活的实践者，也学会一种生活的技巧和小窍门。

本课程的开发和设计遵循以下几条基本原则：

1. 自主性原则。尊重学生的主体地位，以学生自主活动为主，教师讲授、指导少而精，尽可能让学生多练、多动，给学生以尽可能多的时间与想象、创造空间。

2. 灵活性原则。教学内容、方法应依学生的实际情况而定，教师应从学生的能力、教学效果等方面的差异出发，因材施教，灵活地做出内容与形式上的调整，力争使全体学生都有所收获。

3. 开放性原则。体现为目标的多元化，内容的宽泛性、即时性，时间空间的广阔性、可变性，评价的主体性、差异性。

【课程目标】

一、总体目标

本课程旨在让学生在秀色可餐的美食和绚丽多彩的生物中学会做人、学会选择、学会合作、学会交往、学会探究，学生的知识、能力、态度及情感得到和谐发展，让其具有克服现实困难的心理准备和真实本领，成为"全面发展有基础，个性发展有特长"的符合素质教育要求的"最佳的我"。终极目标是充分发掘学生的个性潜能优势，促进学生的个性全面和谐地发展。

二、具体目标

通过本课程的学习，希望学生在以下方面有所发展：

1. 具有一定的生物学操作的基本技能、科学探究和实践能力，养成科学思维的习惯。

2. 具有收集和利用课内外生物学资料的能力。

3. 学会生物学探究的一般方法，在对生物现象观察的基础上，提出问题→做出假设→设计实验→独立或小组合作进行实验、收集、记录以及处理实验中的数据→获得结论。

4. 发展语言表达与书面表达能力，学会通过实验报告或生物小论文的方式将实验现象、数据以及分析结果正确表达出来。

5. 发展合作能力、交流能力。

6. 通过实验获得相应的生物学的基本事实、原理和规律的基本知识，学习在个人生活与社会生活中应用这些知识。

7. 乐于探索生命的奥秘，具有一定的探索精神和创新精神，关注生物学的发展，关注与生物学有关的社会问题，形成主动参与学习和探究的意识。

【课程内容】

主题一：中国饮食文化概述，2课时

1. 内容：了解中国饮食文化的起源和发展。

2. 目标：通过简介我国博大精深的饮食文化，让学生体会我国饮食文化的起源和发展，关注生活和饮食安全与健康。饮食文化又联系着我国的发展史，通过接触饮食文化增强学生的爱国热情和对社会的责任感。

主题二：葡萄酒与酵母菌，2课时

1. 内容：品尝并了解葡萄酒，认识酵母菌，自制葡萄酒。

2. 目标：在品尝葡萄酒的过程中简单介绍葡萄酒的历史及著名的葡萄酒和酒庄，结合发酵过程了解在此过程中酵母菌的作用，从而认识酵母菌的结构，最后尝试自制葡萄酒，学生通过自己的实践操作增强动手能力及科学探究的一般方法和能力。一段时间后进行交流和分享，培养小组合作精神。

主题三：腐乳与毛霉，2课时

1. 内容：品尝并了解腐乳，认识毛霉，自制腐乳。

2. 目标：在品尝腐乳的过程中简单介绍腐乳的历史、种类等，结合发酵过程了解在此过程中毛霉的作用，从而认识毛霉的结构，最后尝试自制腐乳，学生通过自己的实践操作增强动手能力及科学探究的一般方法和能力。一段时间后进行交流和分享，培养小组合作精神。

主题四：比较几种常见水果的维生素C含量，2课时

1. 内容：通过实验比较几种常见水果的维生素C含量。

2. 目标：知道维生素C对人体的作用、缺乏症状及治疗方法，了解定性测定维生素C含量的方法，培养学生设计实验、动手操作的能力及科学严谨的态度。

主题五：酸奶与乳酸菌，2课时

1. 内容：品尝并了解酸奶，认识乳酸菌，自制酸奶。

2. 目标：在品尝酸奶的过程中简单介绍酸奶及种类，结合发酵过程了解在此过程

中乳酸菌的作用，从而认识乳酸菌的结构，最后尝试自制酸奶，学生通过自己的实践操作增强动手能力及科学探究的一般方法和能力。一段时间后进行交流和分享，培养小组合作精神。

主题六：传统面食与面包的制作，2课时

1. 内容：了解我国的传统小吃如面条、水饺、油条、馒头和包子以及面包和蛋糕的制作，并尝试自己发面制作面包。

2. 目标：在认识传统面食发酵离不开微生物的基础上，进一步探索传统美食的制作过程。学生尝试自制面包并进行成品展示和交流，在此过程中培养动手、探究和协作的能力。

主题七：外来物种入侵与美食，2课时

1. 内容：了解外来物种的入侵，如福寿螺、小龙虾、牛蛙等的入侵。

2. 目标：了解外来物种的入侵在生态环境方面的危害以及缓解措施，学会以小组合作的形式开展探究活动，让学生进一步掌握科学探究的一般方法，培养科学探究能力及合作精神，提高关注及保护环境的意识。

主题八：中学生营养与健康，2课时

1. 内容：现在自身的健康状况和健康的重要性。

2. 目标：让学生了解营养与健康的知识，明白如何合理安排自己的一日三餐及锻炼身体。

【课程评价】

一、学生评价

1. 校本课程不采用书面的考试或考查方式，但要作考勤评价记录，占考核成绩的10%。

2. 教师根据每个学生参加学习的态度进行评价，可分为"优秀""良好""一般""较差"记录，占考核成绩的40%。

3. 学生成果可通过实践操作、作品鉴定、竞赛、小组评比、汇报演出等形式展出，经自评、互评、教师评定进行"优秀""良好""一般""较差"记录，占考核成绩的50%。

4. 综合以上三项，评定学生学期及学年成绩，以等级"优秀""良好""一般""较差"记录，放入学生成长袋及作为各种"优秀学生"评选的参考。

二、教师评价

1. 教师从教必须有计划，有进度，有教案，有考勤的评价记录。

2. 教师应按学校整体教学计划的要求，达到规定的课时与教学目标。

3. 教师应保存学生的作品、资料及在活动、竞赛中取得的成绩资料。

4. 教务处通过听课、查阅资料、调查访问等形式，每学期对教师考核，并记入业务档案。

（该课程纲要编写者为无锡市立人高级中学李为民）

● 典型学习活动设计

"腐乳的制作" 学习活动设计

【学习目标】

1. 在品尝腐乳的过程中简单介绍腐乳的历史、种类等。
2. 结合发酵过程认识毛霉的结构。
3. 学生通过自己的实践操作培养动手能力、科学探究能力、小组协作精神。

【学习准备】

腐乳的成品、含水量70%的豆腐、粽叶、托盘、保鲜膜、玻璃瓶、料酒、卤汤、食盐等。

【学习过程】

一、腐乳制作过程中参与的微生物

1. 类型：多种微生物如青霉、酵母、曲霉、毛霉等，参与了豆腐的发酵，其中起主要作用的是毛霉。

2. 毛霉：一种丝状真菌，分布广泛，生长迅速，具有发达的白色菌丝。

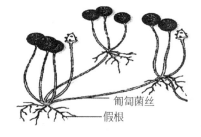

毛霉

（1）分布：分布广泛，常见于水果、土壤、蔬菜、面包、谷物上，最适合生长温度为15℃—18℃。

（2）代谢类型：异养需氧型。

（3）繁殖方式：通过孢子进行繁殖。

（4）生理特征：毛霉在生长过程中能产生蛋白酶和脂肪酶等，蛋白酶能将豆腐中的蛋白质分解成小分子的肽和氨基酸,脂肪酶可将脂肪水解为甘油和脂肪酸。

(5) 腐乳制作中毛霉的来源:

① 传统腐乳的生产中,豆腐块上生长的毛霉来自空气中的毛霉孢子;

② 现代的腐乳生产是在严格无菌条件下,将优良毛霉菌种直接接种在豆腐上,这样可以避免杂菌污染,保证产品质量。

二、腐乳制作的原理

1. 在毛霉等多种微生物的协同作用下,豆腐中所含的蛋白质、脂肪等大分子物质被分解成小分子物质,并产生芳香酯等香味物质,形成营养丰富、味道鲜美、易于消化吸收的豆腐乳。

2. 发酵机理:以大豆为原料制作腐乳的过程主要是豆腐所含的蛋白质发生生物化学变化的过程。制作腐乳的主要生产工序是将豆腐进行前期发酵和后期发酵。

(1) 前期发酵:主要是毛霉等微生物生长,需要控制的条件主要是满足微生物生长需要的适宜的温度、充足的氧气、一定的湿度等。

① 主要变化:毛霉在豆腐(白坯)上的生长。

② 条件:发酵温度为15℃—18℃。此温度不适合细菌、酵母菌和曲霉的生长,而适合毛霉生长。

③ 作用:一是使豆腐表面被一层菌膜包住,形成腐乳的"体";二是毛霉分泌以蛋白酶为主的各种酶,有利于将豆腐所含有的蛋白质、脂肪等水解为各种氨基酸和小分子的肽及甘油和脂肪酸等。

(2) 后期发酵:无微生物的活动,主要是前期发酵时微生物产生的酶继续发挥作用的过程。控制高盐、无氧等条件及酒和香辛料的加入,主要是抑制微生物的生长。

① 实质:主要是酶参与生化反应的过程,如下图所示。

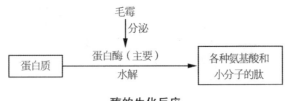

酶的生化反应

② 结果:通过腌制并加入各种辅料(红曲、酒糟等),使蛋白酶作用缓慢,促进其他生化反应,生成腐乳的香气。

三、腐乳制作的流程

1. 让豆腐上长出毛霉

(1) 选材:所用豆腐的含水量为70%左右最适宜,水分过多腐乳不易成形,过少则不利于毛霉的生长。

(2) 切块:将所选择的豆腐切成3厘米×3厘米×1厘米的小块,若切得过小不易成形，过大则中间部分很难形成腐乳。

（3）接种：将切好的豆腐块等距离排放，周围留有一定空隙，将温度控制在15℃—18℃，并保持一定的湿度。该温度下毛霉生长迅速，青霉、曲霉等其他微生物生长较缓慢。为了提高毛霉的纯度，也可以将优良毛霉菌种直接接种在豆腐上。

（4）培养：培养约48小时后，毛霉开始生长；3天之后菌丝生长旺盛；5天后，豆腐块表面布满菌丝。

（5）获取毛坯：当毛霉生长旺盛并呈淡黄色时，将长满毛霉的豆腐块从笼屉中取出，散热，去霉味。将豆腐块间的菌丝拉断，整齐地摆放在容器内准备腌制。这时的豆腐块称为毛坯。

2．加盐腌制

（1）加盐方法：将长满毛霉的豆腐块分层整齐地放在瓶中，同时逐层加盐，随着层数的加高而增加盐量，接近瓶口表面的盐要铺厚一些（原因：越接近瓶口，杂菌污染的可能性越大，这样做可以有效防止杂菌的污染）。

（2）盐的用量：豆腐块与盐的质量比为5∶1。

（3）加盐目的：

① 调味，适宜的食盐能给腐乳以必要的口味。

② 析出豆腐中的水分，使豆腐块变硬，在后期的制作过程中不会过早酥烂。

③ 抑制微生物生长，避免豆腐块腐败变质。

④ 能够浸提毛霉菌丝上的蛋白酶，使毛霉不能生长，而其产生的蛋白酶却仍能发挥作用。

（4）腌制时间：8天左右。

3．配置卤汤

（1）卤汤的作用：直接关系到腐乳的色、香、味。

（2）卤汤的组成：由酒及各种香辛料配制而成。

① 酒：卤汤中的酒可以选用料酒、黄酒、米酒、高粱酒等，酒精含量一般控制在12%左右。加酒可以抑制微生物的生长，同时能使腐乳具有独特的香味。

② 香辛料：可以调制腐乳的风味，也具有防腐杀菌的作用，常用的有胡椒、花椒、八角、桂皮、姜、辣椒等。

4．密封腌制

将用盐腌制好的毛坯迅速小心地装入洗刷干净并用沸水消毒过的玻璃瓶中，并整齐摆放，然后加入卤汤和辅料。用酒精灯的火焰烧灼瓶口（防止瓶口被污染），然后用胶条将瓶口密封。在此过程中时刻注意防止杂菌污染。

四、结果分析与评价

1．完成腐乳制作的标准

（1）能够合理地选择实验材料与用具；

（2）前期发酵后，豆腐的表面长满毛霉菌丝，后期发酵要保证基本没有杂菌的污染。

2. 腐乳质量的评价

制作成功的腐乳应色泽基本一致，味道鲜美，咸淡适宜，无异味，块形整齐，质地细腻，无杂质。

【活动反思】

一、课前反思——科学使用导学案

导学案应在学习方法上给学生以指导，在思维方式上给学生以引导，使学生真正完成从"要我学"到"我要学"、从"我要学"到"我会学"的重大转变。教师在使用导学案之前，必须根据自己的特点和所任班级的学情进行有针对性的再备课，以增强课堂的教学针对性、实效性和高效性。

二、课中反思——课堂中活动的进行

1. 对学生知识学习的反思。生物知识的学习采用问题来激发互动，如在进行新课"腐乳的制作"过程中，可从"豆腐上长的白毛是什么？""王致和为什么要撒很多盐，将长毛的豆腐腌制起来？""阅读王致和故事后，你知道王致和做腐乳的方法是什么吗？"等问题导入。互动的目的就是使新课展开，学生开始思考问题。

2. 对学生能力培养的反思。教师在对学生传授知识的同时，进行能力的培养是十分重要的，尤其要重视培养学生的实验观察、思维等能力。本节课利用分组讨论的形式来探讨腐乳制作的原理，先阅读材料，明白具体的操作步骤，再结合观看视频，将知识在实践中运用。当然，一堂好课应该有"动"和"静"的结合，一张一弛。"静"本身就是一种动，"静"是"动"的前提与保证，一节课并不是活动多了，就是"动"得多，"动"得好，"动"的实质就是进行思考，进行自主学习。只有正确处理好"动"和"静"的关系，才能在教学中科学地应用。

三、课后反思——对课堂展示成果的总结

即使是成功的课堂教学，也难免有疏漏失误之处，对课堂教学进行回顾、梳理并做深刻的反思、探究和剖析，多积累"病因""病例"，同时有的放矢地寻找"办法"，使之成为以后应汲取的教训，教学就会逐渐趋于"完善"。一堂课的成功之处主要包括教学过程中达到预设目标的做法和措施，教学思想、原理及方法的渗透、迁移和应用的过程，感触与创新，等等。

本节课的知识主要分为制作原理和制作方法两大部分，原理部分涉及的发酵微生物及其代谢特点是教学重点。首先要求学生将制作腐乳的主要发酵微生物——毛霉，分别从生物种类、代谢类型、生殖方式和发酵条件等方面进行总结和比较。从学生的陈述情况来看，很多学生对于发酵涉及的反应式和微生物代谢类型比较模糊，因此教师对这部分内容进行了强化，尤其是对新陈代谢类型、同化作用类型和异化作用类型进行了系统

的讲解和练习。接着在讲解腐乳的制作方法和发酵装置时，将制作方法设计成了制作流程图，以帮助学生建立有条理的知识结构。然后以问题串的形式，和学生一起结合各自的发酵条件分析发酵装置各结构和发酵时的一些注意事项。最后，在传统发酵的基础之上，补充比较了传统发酵与现代大规模发酵生产的不同之处。

（该学习活动设计者为无锡市立人高级中学李为民）

生物与美食

江苏省太湖高级中学

● **课程纲要**

【课程名称】

生物与美食

【适用年级、课时安排】

适用于高一、高二年级，共18课时

【课程背景】

一、时代背景

近年来，随着人们生活节奏的加快和方便食品的泛滥，很多传统食物制作渐渐不为青少年所熟知。在这个时代背景下，学校有责任为学生提供与我国传统相适应的校本课程。

1. 学校育人目标的需要。我校坚持把培养热爱生命的、有高尚品德的、有丰富情感的、智慧卓越的时代新人作为教育的最高目标。通过生物与美食课程的学习，学生能了解中国博大精深的饮食文化。课程学习以团队合作形式开展，学生动手实际操作，能在体验式课程学习过程中学会合作、学会交往、学会学习、学会发现与表达，在学习实践中塑造健全人格。

2. 已有基础。学校生物实验室有完成该课程所需的实验器材和用具。

3. 所需条件。该课程需要在生物实验室中学习。前期利用实验室的多媒体器材观看视频，后期利用实验室以及购置的相关实验仪器和材料进行发酵食物的制作和评价。

二、特殊条件

个别食物的制作需要借用食堂的器具完成蒸制步骤。另外，制作果酒需要购买葡萄，制作醪糟需要购买糯米等，还需要购买相应的发酵用菌种。

【课程理念】

该课程适用于高一、高二年级学生，旨在引领学生关注传统发酵过程中微生物在食物制作中的作用。

该课程通过观看传统发酵制作的视频，使学生对生物在食物中所起的作用有深入了解。组织学生动手制作发酵食品，使学生对传统美食制作工序有所了解，并能理解每一工序的意义，激发学生对传统食品工艺的热爱。

课程最后对学生所做的发酵食品的色、香、味、形进行评比，并让学生撰写心得文章，获得体验感和成功感。

【课程目标】

一、总体目标

1. 学校特色发展目标。通过开发与研究综合实践校本课程，培养学生应用理论解决生产实际问题的能力，建设具有特色的课程资源库，建立和完善校本综合实践活动课程的实施方法、管理机制及评价体系，逐步完善学校"生物与美食""饮食与健康""人类疾病知多少"等综合实践校本课程，打造特色校本课程，形成鲜明的办学理念。

2. 教师专业发展目标。通过校本课程的开发，提高学校教师的课程开发意识和课程开发能力，促进教师专业的发展，打造一支勤于钻研、善于合作、敢于创新、精于反思、勇于奉献、业务精良、一专多能的教师队伍。

3. 学生个性发展目标。通过该校本拓展课程，学生可以初步了解中国博大精深的饮食文化，特别是掌握各种微生物在不同食材制作过程中的作用和原理，最终在体验式课程学习过程中学会合作，学会交往，学会学习，学会发现与表达。

二、具体目标

本课程内容主要从两个主题方面展开，并根据不同阶段学生的认知、能力水平，调整课程目标。

主题之一：美食鉴赏（PPT 和视频）

1. 知道美食的起源及演变过程，了解美食在人类生活和社会发展中起到的重要作用。

2. 认识不同的地方美食，初步了解地方美食特点，感受当地的饮食文化。

3. 认识常见发酵食品的制作流程，总结注意事项。

4. 通过参观、调查、访问、查阅资料等多种活动，培养学生主动探究学习、搜集整理信息、与人交往沟通等能力。

5. 感受中华美食的悠久历史，培养学生的民族自豪感。

主题之二：美食（发酵食品）制作

1. 学习并初步掌握发酵食品制作的基本方法和技能。

2. 能自主制作和展示简单的发酵食品。

3. 通过观看、制作、展示等活动，锻炼和提高学生的合作、探究、操作、表达等多种能力。

4. 培养学生乐意动手、热爱生活、注重健康的品质，激发学生的健康意识、创新精神，提高学生的实践能力，培养学生探索的兴趣和爱好。

【课程内容】

中华的美食文化源远流长，种类繁杂。本课程总体规划为18个课时（9节课），在如此短的时间内要讲述所有的美食是不可能的，所以本课程只选取了其中的发酵食品加以介绍和制作。选择发酵食品也是针对高中学校和学生的现状，因其制作选材简单，所需要的器具安全性也高，不会在操作过程中出现安全事故。该课程一共分为两个主题，即视频观看和食品制作。在视频观看中，主要让学生学习发酵食品的制作流程，教师加以辅助补充。在食品制作中，主要让学生动手，小组合作完成制作，并在班级内进行品尝、交流和总结。当然，在具体实施过程中，教师还可以根据学生的需要和现状以及自身的兴趣爱好来充实、调整课程内容，提高课程实效。

在课程内容的实施过程中，这两大主题并不是完全分割开来的，而是以活动为主要载体有机整合起来的。我们拟采用视频观看和实际操作相结合的方式，以研究学习、技能操作、社会实践为目标组织教学。

具体内容及活动安排建议见下表（下表所列为初步设想，在具体实施过程中将不断充实和完善）：

"生物与美食"课程内容与活动安排

章节	主题内容和活动建议	
	核心活动	其他活动
第1节	葡萄酒制作可以先观看酵母菌产生酒精的原理，以及糖的作用，然后观看制作流程，在第二课时中准备好食材，让学生亲自动手制作、品尝和交流。	发酵需要一段时间，在发酵中间阶段，需要学生进行杂质过滤。
第2节	醪糟的制作可以先观看甜酒曲的作用，然后观看制作流程，在第二课时中准备好食材，让学生亲自动手制作、品尝和交流。	发酵需要1.5—3天时间，学生可以每天去观察一下发酵情况。

续表

章节	主题内容和活动建议	
	核心活动	其他活动
第3节	泡菜的制作可以先了解主料和配料的选择，然后观看制作流程，在第二课时中准备好食材，让学生亲自动手制作、品尝和交流。	发酵需要一周时间，在此期间可以每天让学生观察发酵情况。
第4节	纳豆的制作可以先观看纳豆菌的作用，然后观看制作流程，在第二课时中准备好食材，让学生亲自动手制作、品尝和交流。	发酵16—20小时就可以完成，再冷藏12小时（学生完成）。
第5节	酸奶的制作可以先观看乳酸菌的作用和牛奶的选择，然后观看制作流程，在第二课时中准备好食材，让学生亲自动手制作、品尝和交流。	发酵只需一个晚上。第二天一早将其放入冷藏室（学生完成）。
第6节	其他果酒的制作可以先观看酵母菌产生酒精的原理，以及糖的作用，然后观看制作流程，在第二课时中准备好食材，让学生亲自动手制作、品尝和交流。	发酵需要一段时间，在发酵中间阶段，需要学生进行杂质过滤。
第7节	腐乳的制作可以先观看霉菌的发酵原理，以及蛋白质的作用，然后观看制作流程，在第二课时中准备好食材，让学生亲自动手制作、品尝和交流。	毛霉菌丝需要3—5天才能长成，之后学生需要加盐、卤汤，装瓶密封。
第8节	馒头的制作可以先观看酵母菌有氧发酵的原理，然后观看制作流程，在第二课时中准备好食材，让学生亲自动手制作、品尝和交流。	制作完成后直接让学生拿到食堂进行蒸制，完成后即可食用。
第9节	观看《时间的味道》，总结发酵食品制作过程中食材的选择、制作的流程、菌种的选择等注意事项。	写小结反思，给出自己的建议和发酵食品制作的创新方法。

【课程实施】

1. 课程实施的基本流程：视频观看→原理解析→实践制作→品尝交流。
2. 课程内容的总体规划：一共18课时，包括视频讲解9课时和食品制作9课时。

【课程评价】

通过课堂观察评价每位学生的课堂表现。

1. 通过食物制作过程评价学生的操作能力。
2. 通过分享品尝制作的食物评价实践效果。
3. 通过撰写课程小结，理解学习该课程的意义，并且在课程小结中总结自己的收获与遗憾。
4. 成绩评定（以百分制记分）：课堂表现20%，包括出勤率。制作过程与结果20%。撰写心得体会60%。

(该课程纲要编写者为江苏省太湖高级中学周束明、杨建)

● 典型学习活动设计

"自制葡萄酒"学习活动设计

【学习目标】

了解酵母菌的发酵原理；掌握制作流程。

【学习准备】

食材：葡萄；发酵菌种：葡萄酒酿酒酵母；配料：冰糖；发酵器具：广口玻璃瓶。

【学习过程】

一、买葡萄，洗葡萄，晾干葡萄

俗话说，好吃的葡萄酿不出好酒，要选皮红酸涩者。如果能买到酿酒用的名牌葡萄当然最理想，但真正酿酒用的葡萄无市售。购买葡萄要选择那些成熟、饱满、没有病害的，葡萄皮的颜色越深越好。

一般来说，买来的葡萄最好不要洗，因为自制葡萄酒发酵是靠葡萄表面附着的野生酵母微生物发酵的。如果要洗的话，最好整串冲洗，不要用手搓洗，更不可以用刷子刷，也不要给葡萄消毒，要确保野生酵母的成活。工业上葡萄是不洗的，很多大型葡萄酒厂都有自己的种植园，是严禁使用农药和化肥的。市面上的葡萄如果有农药的话，表皮上会有斑点。

葡萄洗干净后，要放在筐子里把水充分晾干，或者整串挂起来晾干。

二、选择容器

酒坛子可以是陶瓷罐子、玻璃瓶，也可以是塑料瓶。塑料瓶是不会和酒精发生化学反应的，不会危害人体健康。也可选择大容量的医用广口瓶，以能装15—20斤葡萄的为宜，玻璃瓶可看清里面的发酵状况。

三、装瓶

首次发酵：破碎的方法很简单，就是把葡萄捏碎，只要把皮肉分离即可，连皮、籽一起装入，装到容器的三分之二处就可以了（发酵时葡萄皮上升需要空间）。贴好标签（发酵产品、日期、制作者）。

四、发酵

发酵是葡萄皮汁中的糖分经酵母的作用产生酒精和二氧化碳的过程。红葡萄酒的前发酵过程是皮汁混在一起的，酵母在葡萄破碎时已浸入汁中，因为葡萄皮上的白霜中有酵母，所以自制葡萄酒在发酵时可以不另外加入酵母。发酵的温度最好在15℃—25℃，不应超出35℃，但用小型容器发酵，散热较容易，一般不超过32℃即可。当皮汁装入容器后，一般经过一天后即开始发酵。液面开始是平静的，这时已有微弱的二氧化碳气泡产生，表示酵母已开始繁殖，经过2—3天，有大量二氧化碳放出，皮渣上浮结成一层帽盖，口尝果汁，甜味渐减，酒味渐增。发酵时，每天应将上浮的葡萄皮用消毒筷子压到汁内两次，这样做一方面防止葡萄皮生霉，变酸，另一方面可将皮上的色素浸入汁中。酵母菌兼性厌氧，氧气不足时产生酒精，所以要保持密封，使发酵更旺盛。高潮后，发酵势头开始减弱，此时可以加糖。

五、加糖

酿酒用葡萄一般每百克内含糖13—15克，据经验，每克糖经发酵后能产生0.6度左右的酒精，因此单靠葡萄本身的糖只能酿出8—9度的酒，要想酿出12—15度的酒，显然需要额外加糖。可按照10公斤葡萄、3公斤冰糖的比例加糖（若要口感好，一定要加冰糖，比例要正确），出来的葡萄酒大约在10度，类似市场出售的干红。加糖一般分几次加入。第一次在装入葡萄后24小时，加入一半，3—4天后视发酵情况再加剩余的部分。

经过一周左右的发酵，糖消耗完毕后自然停止发酵，果皮不再浮上来，即达到止发酵点。但如果加糖过多，7天后没达到止发酵点，酵母还在大量繁殖发酵，酒液还在大量冒二氧化碳气泡，此时如果马上密封，就会造成后发酵时瓶内压力增大，可能会顶开软木塞而喷出酒液。所以要等酒液不再冒大量气泡后再密封。

六、渣液分离

达到止发酵点后，葡萄皮浮在上面，颜色由深变浅，葡萄籽和大部分葡萄肉的残渣沉在瓶底，此时就应该把残渣和酒液分离。具体办法是先用虹吸管将中间的酒液吸出，然后把残渣装进纱布，用手由轻到重地挤压，再像拧衣服一样拧，使残渣中的酒液基本流净。最后把所有的酒液混合在一起，装进广口瓶继续发酵。此时的酒液很混浊，称为元酒。

七、二次发酵

二次发酵会有少量细腻的泡沫产生，2—3周后基本完成，此时酒液特别清澈（不如买的好，只是没有加入澄清剂），二次发酵不是靠酵母发酵，而是进行苹果酸乳酸发酵，因此不会产生大量二氧化碳，瓶内压力不会继续增大，没有爆瓶危险，所以容器尽量装满，拧紧瓶盖。建议不要加入鸡蛋清澄清（长时间保存的话，味道不够新鲜），20天后启封，可以发现酒液变澄清了，底部有一层沉淀，这是酵母完成历史使命后的"尸体"及杂质，工业上用这层东西做成酵母膏。

上层的清纯酒液再用虹吸或过滤的方法提纯灌装。最好把它装进小瓶储藏，用1.5升的旧葡萄酒瓶最为理想，装"可乐"的2.25升塑料瓶也不错，装瓶要装得满一些，瓶盖也要盖紧，然后放到家中温度比较低的地方（储存温度最理想的是13℃）。什么时候想喝，就拿出一瓶，也可以在酒液里加一点高度无杂味的白酒（比如二锅头）。

【活动反思】

要做出口味好的葡萄酒，需要注意三个事项：① 葡萄和糖的比例为10∶3，糖要加冰糖。② 要做好渣液分离。③ 储存温度要适宜。

（该学习活动设计者为江苏省太湖高级中学周柬明）

比特实验室

江南大学附属实验中学

● 课程纲要

【课程名称】

比特实验室

【适用年级、课时安排】

适用于初一年级，共32课时（每学期16课时）

【课程背景】

《基础教育课程改革纲要（试行）》指出，学校在执行国家课程和地方课程的同时，应视当地社会、经济发展的具体情况，结合本校的传统和优势以及学生的兴趣和需要，开发或选用适合本校的课程。我校地处无锡市城西滨湖区政治、经济、文化、商贸的中心地段，河埒街道历史文化底蕴深厚，山水景观资源丰富，具备良好的生态环境、人居环境和投资环境，辖区内拥有近10家大专院校和科研单位，是无锡市专业教育科研区。学校有曹伟勋博士投资15万元兴建的比特实验室，有无锡爱睿芯电子有限公司的技术支持，新校区还有很好的信息技术条件供师生搜集资料和开展各种智慧教育活动，完全可以利用各种资源开发符合实际的校本课程。

我校自2009年起就开发了"比特实验室"特色活动项目，到目前为止开展了将近九年的时间。学校结合滨湖区青少年综合素质拓展教育研究课题的推进，试图在已有工作的基础上，以校本课程建设为抓手，继续推进特色项目的开展，进一步提升学校内涵和发展品位，提高学生综合素质，并使之成为学校科技教育的一个重要抓手。

【课程理念】

综合素质拓展教育强调学生通过社会实践，增强探究和创新意识，学习科学研究的方法，发展综合运用知识的能力；增强学校与社会的密切联系，培养学生的社会责任感。

"比特实验室"以激情（Passion）、产品（Product）、项目（Project）的3P教育元素，融入"物联网+STEAM"创新教育模式，建立一个全新的跨学科、文理交融、多元并举、个性化发展的科学教育模式CDIE（Conceive构思，Design设计，Implement实施，Evaluate评价），把最先进的物联网科技与创新三维艺术紧密融合，弥补目前学校教育对创新人才培养存在的缺陷和不足，把课堂和生活紧密联系在一起，不但普及物联网科技知识，更重要的是激发学生的激情和梦想，在动手实践中锻炼学生的创造能力、观察能力、动手能力、探究能力、团队合作能力和创新能力。数字化的实验、积木化的教学、游戏化的过程、个性化的作业和整合化的展示是"比特实验室"的魅力所在。

1. 数字化的实验。就是把刻板的理论描述和课本教学通过计算机的数字化处理，用动手实验的方式展现出来，让平常看不见摸不到的东西变得亲切易懂。

2. 积木化的教学。比特实验室的主体构造都是积木化的，包括积木化的桌椅、积木化的电子模块、积木化的外形等。积木的灵活性，打破了传统固化的课堂模式，取而代之的是可随意改变的、组合的、分散和集中相辅相成的多元化模式，使比特实验室的课堂变得新颖而奇特。

3. 个性化的作业。没有最好，只有更好。比特实验室的作品不设立统一标准和答案，给学生一个自由想象的空间，培养学生的创新思维能力和动手能力。比特实验室的评分标准也是完全个性化的："只和自己的过去比较"，目的是让学生增强自信心，发现自我，获得进取的勇气，提供学生超越极限的想象空间。

4. 游戏化的过程。搭建创意作品，培养思考力，训练创造力，养成专注力，激发想象力，配合故事、图片、名言、案例，还有轻松的课堂氛围、小组化的合作方式，使比特课堂像游戏一样充满愉悦和快乐。在比特实验室，我们能看到学生的微笑，看到学生获得成功的体验感后的喜悦。

5. 整合化的展示。比特实验室的作品综合展示了学生各方面的能力：动手能力、思维能力、文学创作和想象能力、观察能力、团队合作和领导能力、语言表达能力和审美艺术能力等，全面体现了学生的科技能力和综合素质能力。

【课程目标】

一、总体目标

1. 学校特色发展目标。通过开发与研究，积极构建培养学生高尚情趣的综合实践校本课程，建设具有特色的课程资源库，建立和完善校本综合实践活动课程的实施方法、管理机制及评价体系，逐步完善学校综合实践活动教育基地，打造科技校园，形成鲜明的办学特色。

2. 教师专业发展目标。通过校本课程的开发，提高学校教师的课程开发意识和课程开发能力，促进教师专业的发展，打造一支勤于钻研、善于合作、敢于创新、精于反思、勇于奉献、业务精良、一专多能的教师队伍。

3. 学生个性发展目标。培养学生拥有3"爱"×7"C"能力（3"爱"：爱因斯坦的想象力、爱迪生的创造力、孔子的仁爱之心；7"C"：批判性思维和解决问题的能力、创新和发明能力、团队合作和领导力、跨文化的理解能力、沟通和信息获取的能力、运用电脑和信息技术能力、职业规划和自我学习能力）。

二、具体目标

本课程内容主要从四大主题展开，每一主题分设两个项目，分两学期完成，每学期两大主题。根据初一学生的认知、能力水平及年龄特点和相应的比特实验室项目，设定相应的有梯度的知情意行达成目标。

主题之一：物联乐园

1. 知道什么是物联网，了解物联网的起源、发展趋势和在人类生活和社会发展中起到的重要作用。

2. 认识比特实验室的3D造型模块，初步学会模块的拼接方法，并尝试利用3D造型模块进行外观产品的设计与搭建。

3. 能识别套件中的光照度传感器模块、控制模块、端口扩展模块、LED，并了解其基本工作原理，学会根据电路图搭建实物电路，并能进行调试实现其功能。

4. 初步学会运用知识导航的内容，遵循构思、设计、实施、评价的流程模式来完成简单的项目任务。

5. 初步学会运用5W（Who、Why、Where、What、When）设计理念向大家介绍自己的作品，并积极参与交流评价。

6. 学生通过小组合作完成知识积累、实验探究、设计与制作、演讲和交流评价等系列任务，在动手实践中增长知识，培养创新能力和科学探究能力，体验科技与艺术的魅力。

主题之二：智联小店

1. 学习有关物联网的基本知识与技能，进一步了解物联网在人类生活和社会发展中起到的重要作用。

2. 进一步认识比特实验室的3D造型模块，掌握模块的拼接方法，并能比较熟练地利用3D造型模块进行外观产品的设计与搭建。

3. 能识别套件中的人体感应模块、控制模块、蜂鸣器模块、角度传感器模块、FM收音机模块、电池盒、喇叭等，并了解其基本工作原理，学会根据电路图搭建实物电路，并能进行调试实现其功能。

4. 学会运用知识导航的内容，遵循构思、设计、实施、评价的流程模式来完成简单的项目任务。

5. 学会运用5W设计理念向大家介绍自己的作品，并积极参与交流评价。

6. 学生通过小组合作完成知识积累、实验探究、设计与制作、演讲和交流评价等系列任务，在动手实践中增长知识，培养创新能力和科学探究能力，体验科技与艺术的魅力。

主题之三：智能小车

1. 学习有关物联网的基本知识与技能，进一步了解物联网在人类生活和社会发展中起到的重要作用。

2. 进一步认识比特实验室的3D造型模块，掌握模块的拼接方法，并能熟练地利用3D造型模块进行外观产品的设计与搭建。

3. 能识别比特实验室的各种电子模块，并了解它们的基本工作原理，初步学会根据要求设计电路图和搭建实物电路，并能进行调试实现其功能。

4. 熟练地运用知识导航的内容，遵循构思、设计、实施、评价的流程模式来完成比较复杂的项目任务。

5. 熟练地运用5W设计理念向大家介绍自己的作品，并积极参与交流评价。

6. 学生通过小组合作完成知识积累、实验探究、设计与制作、演讲和交流评价等系列任务，在动手实践中增长知识，培养创新能力和科学探究能力，体验科技与艺术的魅力。

主题之四：智慧家居

1. 进一步学习与物联网有关的传感、计算、控制、通信等基本知识与技能，了解物联网在人类生活和社会发展中起到的重要作用。

2. 进一步认识比特实验室的3D造型模块，掌握模块的拼接方法，并能熟练地利用3D造型模块进行外观产品的设计与搭建。

3. 能识别比特实验室的各种电子模块，并了解它们的基本工作原理，学会根据要求设计电路图和搭建实物电路,并能进行调试实现其功能。

4. 熟练地运用知识导航的内容,遵循构思、设计、实施、评价的流程模式来完成创新型的项目任务。

5. 熟练地运用5W设计理念向大家介绍自己的作品,并积极参与交流评价。

6. 学生通过小组合作完成知识积累、实验探究、设计与制作、演讲和交流评价等系列任务,在动手实践中增长知识,培养创新能力和科学探究能力,体验科技与艺术的魅力。

【课程内容】

"比特实验室"课程的教学内容包含物联网科技和全面素质教育两个教学层面,运用互动式教学方法,突出培养学生的创新意识和对科学知识的追求探索精神,激发学生自主学习的兴趣和积极性,从而使学生具备创新人才的全面素质。本课程中,学生以组装物联网电子模块为基础,运用3D造型模块构思制作各类实用作品。学习本课程应达到以下目的:熟悉物联网电子模块基本知识,培养动手操作能力,提高逻辑思维能力、表达力、创新力等,树立信赖自己、勇于突破的价值观。

以前,我们开展的比特实验室活动主要有九个实验:倒走的闹钟、能听会说的温度计、听话的数字温度计、光控小夜灯、智能控制留言机、防盗报警器、节能电风扇、手摇换台收音机和大脑反应速度训练器。根据以往的教学效果,我们融合了STEAM教育,对这九个实验进行了改进,形成了比特实验拓展教育校本课程。

具体内容及活动安排建议见下表(下表所列为初步设想,在具体实施过程中将不断充实和完善):

"物联乐园"教学内容与活动安排

项目	主要内容	活动建议
项目一 物联网与新思维	知识导航:创新活动的CDIE模式、物联网、概念时代与全新思维、故事力、团队合作与共情力等。 项目构思:什么是物联网?未来的生活会有什么变化? 项目设计:思考完成故事创作所需经历的步骤,寻找组员。 项目实施:根据活动记录单进行活动,并完成相应的记录。 项目评价:运用5W设计理念向大家介绍自己的故事,并积极参与交流评价。	1. 阅读知识导航,上网查阅并学习物联网的知识。 2. 构思故事的内容。 3. 根据故事的内容,寻找志同道合者组建团队。 4. 团队合作,根据活动记录单确定故事的具体内容与细节,选择演讲的方式。 5. 运用5W设计理念向大家介绍自己的故事,并借助相应的评价表积极参与个人、小组内和小组间的交流评价。

续表

项目	主要内容	活动建议
项目二 创意光控小灯	知识导航：光敏电阻、LED、3D造型模块。 项目构思：利用光敏电阻、LED和3D造型模块制作的产品的名称、用途及初步的制作方法等。 项目设计：用文字、图片等形式完成制作创意光控小灯的步骤、结构草图和外形草图。 项目实施：根据活动记录单进行活动，并完成相应的记录。 项目评价：运用5W设计理念向大家介绍自己的作品，并积极参与交流评价。	1. 阅读知识导航，了解光敏电阻和LED的基本工作原理，认识比特实验室的3D造型模块，了解模块的拼接方法。 2. 小组合作构思出产品的名称、用途及初步的制作方法等。 3. 制定出制作产品的具体步骤，设计出结构草图和外形草图。 4. 团队合作，根据活动记录单进行产品的制作，并完成相应的记录。 5. 运用5W设计理念向大家介绍自己的故事，并借助相应的评价表积极参与个人、小组内和小组间的交流评价。 6. 学生利用课外时间创作十二生肖作品，进一步学习模块的拼接方法，培养利用3D造型模块进行外观产品的设计与搭建的能力。

"智联小店"教学内容与活动安排

项目	主要内容	活动建议
项目三 防盗报警器	知识导航：安全需求、报警器、人体红外感应模块及连接电路图。 项目构思：生活中的报警器种类繁多，智联小店现在最需要哪种报警器？ 项目设计：用文字、图片等形式完成制作防盗报警器的步骤、结构草图和外形草图。 项目实施：根据活动记录单进行活动，并完成相应的记录。 项目评价：运用5W设计理念向大家介绍自己的作品，并积极参与交流评价。	1. 阅读知识导航，了解什么是安全需求，了解报警器的相关知识，了解红外感应模块的基本工作原理，了解如何利用电路图来搭建实物电路。 2. 上网查阅并学习报警器的相关知识，根据智联小店的具体情况，决定制作什么样的报警器。 3. 制定出制作产品的具体步骤，设计出结构草图和外形草图。 4. 团队合作，根据活动记录单进行产品的制作，并完成相应的记录。 5. 运用5W设计理念向大家介绍自己的故事，并借助相应的评价表积极参与个人、小组内和小组间的交流评价。
项目四 迷你收音机	知识导航：FM收音机模块、天线模块及连接电路图。 项目构思：迷你收音机的设计主题是什么？通过何种产品推介形式会比较吸引人，从而打动潜在客户？ 项目设计：用文字、图片等形式完成制作迷你收音机的步骤、结构草图和外形草图。 项目实施：根据活动记录单进行活动，并完成相应的记录。 项目评价：运用5W设计理念向大家介绍自己的作品，并积极参与交流评价。	1. 阅读知识导航，了解什么是收音机，了解FM收音机模块、天线模块的基本工作原理，了解如何利用电路图来搭建实物电路。 2. 小组合作构思出产品的名称、用途及初步的制作方法等。 3. 制定出制作产品的具体步骤，设计出结构草图和外形草图。 4. 团队合作，根据活动记录单进行产品的制作，并完成相应的记录。 5. 运用5W设计理念向大家介绍自己的故事，并借助相应的评价表积极参与个人、小组内和小组间的交流评价。

"智能小车"教学内容与活动安排

项目	主要内容	活动建议
项目五 疯狂的毕加索	知识导航：毕加索简介、红外探测模块、语音录放模块、控制模块和红外收发模块及连接电路图。 项目构思：毕加索是怎么样的一个人物？如何搭建一辆控制画笔来作画的疯狂的毕加索智能小车？ 项目设计：用文字、图片等形式完成制作疯狂的毕加索智能小车的步骤、结构草图和外形草图。 项目实施：根据活动记录单进行活动，并完成相应的记录。 项目评价：运用5W设计理念向大家介绍自己的作品，并积极参与交流评价。	1. 阅读知识导航，了解红外探测模块、语音录放模块、控制模块和红外收发模块的基本工作原理，了解如何利用电路图来搭建实物电路。 2. 上网查阅有关毕加索的人物简介，小组合作构思出初步的制作方法。 3. 制定出制作产品的具体步骤，设计出结构草图和外形草图。 4. 团队合作，根据活动记录单进行产品的制作，并完成相应的记录。 5. 运用5W设计理念向大家介绍自己的故事，并借助相应的评价表积极参与个人、小组内和小组间的交流评价。
项目六 登月探索小车	知识导航："玉兔号"月球车、创意小车、小车搭建示范。 项目构思：你心目中的登月探索小车是怎么样的？如何制作？ 项目设计：用文字、图片等形式完成制作登月探索小车的步骤、结构草图和外形草图。 项目实施：设计活动记录单，并根据活动记录单进行活动，完成相应的记录。 项目评价：运用5W设计理念向大家介绍自己的作品，并积极参与交流评价。	1. 阅读知识导航，了解"玉兔号"月球车、创意小车、小车搭建示范等内容，上网查阅相关资料作为参考。 2. 小组合作构思出登月探索小车的名称、用途及初步的制作方法等。 3. 制定出制作产品的具体步骤，设计出结构草图和外形草图。 4. 团队合作，设计活动记录单，并根据活动记录单进行产品的制作，完成相应的记录。 5. 运用5W设计理念向大家介绍自己的故事，并借助相应的评价表积极参与个人、小组内和小组间的交流评价。

"智慧家居"教学内容与活动安排

项目	主要内容	活动建议
项目七 智能控制留言机	知识导航：留言机。 项目构思：你心目中的智能控制留言机是怎么样的？小组所设计的方案是什么？ 项目设计：用文字、图片等形式完成制作智能控制留言机的步骤、结构草图、电路图和外形草图。 项目实施：设计活动记录单，并根据活动记录单进行活动，完成相应的记录。 项目评价：运用5W设计理念向大家介绍自己的作品，并积极参与交流评价。	1. 阅读知识导航，了解留言机的基本工作原理。 2. 上网查阅并学习留言机的相关知识，根据设计方案向教师申请所需的电子模块及3D造型模块。 3. 制定出制作产品的具体步骤，设计出结构草图、电路图和外形草图。 4. 团队合作，设计活动记录单，并根据活动记录单进行产品的制作，完成相应的记录。 5. 运用5W设计理念向大家介绍自己的故事，并借助相应的评价表积极参与个人、小组内和小组间的交流评价。

续表

项目	主要内容	活动建议
项目八 创造与发明	知识导航：发明家、发明创造技法、可选器材。 项目构思：观察生活中的物品，想象提高生活品质的某一可能，定下创作的目标，并确定作品的名称及功能。 项目设计：用文字、图片等形式完成制作作品的步骤、结构草图、电路图和外形草图。 项目实施：设计活动记录单，并根据活动记录单进行活动，完成相应的记录。 项目评价：运用5W设计理念向大家介绍自己的作品，并积极参与交流评价。	1. 阅读知识导航，了解一些发明家、发明创造的技法，识别教师所提供的器材并了解其用途及使用方法。 2. 上网查阅并学习什么是发明，什么是专利，中学生能否问津发明和专利。了解一些你感兴趣的产品的现状并从中进行改进，确定自己的创作目标。 3. 制定出制作产品的具体步骤，设计出结构草图、电路图和外形草图。 4. 团队合作，设计活动记录单，并根据活动记录单进行产品的制作，完成相应的记录。 5. 运用5W设计理念向大家介绍自己的故事，并借助相应的评价表积极参与个人、小组内和小组间的交流评价。

【课程实施】

采用"固定+特长+弹性"的形式，确保学生每学期至少完整地经历两个主题活动过程。

固定课：社团活动，每周五下午第四节课。

特长课：兴趣小组活动，引领一批特长学生深入开展活动与研究，提升能力，深化特色，积累作品。

弹性课：根据初一年级的课程内容需求，在该年级的信息技术课、美术课、劳技课、队团活动课中结合进行，具体上课时间根据需要临时提前安排。

【课程评价】

对学生的评价不过分强调结果的合理性，而强化评价的诊断、发展功能及内在的激励作用。将关注的视角指向学生获得结果和体验的过程，注重学生在活动过程中的表现，主要是调动学生的积极性，使学生在活动中有所收获，有所进步，从而提高学生适应社会生活的能力。在具体操作中，教师可以通过观察，记录学生在综合实践活动过程中的动手能力、创新能力、承受挫折能力、观察能力、团队协作、自信力、领导能力以及求知欲、语言表达、审美艺术等方面的表现，并将其作为评价要素。

1. 档案袋评价

档案袋评价是写实性记录学生活动过程性资料的好形式。资料基本类型包括：作品实物或照片，活动记录单，活动体会，教师、同学、组长和自己的评语等文字图片、影音资料等。学生在收集、整理、鉴别欣赏、完善自己作品的过程中不断提高自己的知、情、意、行等方面的综合能力，增强学习的自信心，培养创新能力和科学探究能力，体验科技与艺术的魅力，获得成功的喜悦，为自己的全面发展和终身发展奠定基础。评价时，不但关注档案袋中所提交的内容，更关注在档案袋建立的过程中，让学生学会更多的策略，给学生提供表现自己所知所能的各种机会，学生通过一步一步地检查自己取得进步的成果，形成自我认识和自我教育、自我进步的能力。学生自己设计档案袋可以使不同水平的学生都有获得成功体验的机会，不但调动学生的学习兴趣和积极性，同时也得到教师、家长和同学的肯定。

2. 综合评价

结合综合评价表，对学生的学习和实践进行记录与评价。评价拟从动手能力、创新能力、承受挫折能力、观察能力、团队协作、自信力、领导能力、求知欲、语言表达、审美艺术十大方面展开，并对其表现水平进行划分，建立统一标准，得出相应的基于表现的评价。

"比特实验室"综合评价表（共10项，每项满分10分）

项目	标准	评分
动手能力	连接电子模块的速度以及准确度，搭建积木块的巧妙程度	
创新能力	电子线路的改建以及搭建作品的新颖程度，是否敢于突破局限和传统	
承受挫折能力	面对困难的态度	
观察能力	实验制作中对事物和周边环境观察的仔细程度	
团队协作	在实验小组中互帮互助的表现以及是否听取他人的建议	
自信力	实验和课堂上表现出的积极性和对自己观点及看法的肯定程度	
领导能力	在实验小组中发挥的作用以及协调组织能力的表现	
求知欲	对学习的热情和主动态度	
语言表达	表述流畅，条理清晰，语言优美	
审美艺术	色彩搭配、造型美观程度，可以同学之间互相评定	

（该课程纲要编写者为江南大学附属实验中学谢晓春）

● 典型学习活动设计

"创意光控小灯"学习活动设计

【学习目标】

1. 认识比特实验室的3D造型模块，初步学会模块的拼接方法，并尝试进行利用3D造型模块进行外观产品的设计与搭建。

2. 能识别套件中的光照度传感器模块、控制模块、端口扩展模块、LED，并了解其基本工作原理，学会根据电路图搭建实物电路，并能进行调试实现其功能。

3．初步学会运用知识导航的内容，遵循构思、设计、实施、评价的流程模式来完成简单的项目任务。

4．初步学会运用5W设计理念向大家介绍自己的作品，并积极参与交流评价。

5．学生通过小组合作完成知识积累、实验探究、设计与制作、演讲和交流评价等系列任务，在动手实践中增长知识，培养创新能力和科学探究能力，体验科技与艺术的魅力。

【学习重点与难点】

重点：作品的评价与交流。

难点：小夜灯的个性化创意设计。

【学习过程】

一、知识导航

1．认识光敏电阻

光敏电阻器是利用半导体光电效应制成的一种特殊电阻器，对光线十分敏感。它在无光照射时，呈高阻状态，能够使小灯泡变亮；当有光照射时，其电阻值迅速减小，使小灯泡变暗。

根据光敏电阻的光谱特性，有三种光敏电阻器：

（1）紫外光敏电阻器：对紫外线较灵敏，包括硫化镉、硒化镉光敏电阻器等，用于探测紫外线。

（2）红外光敏电阻器：主要有硫化铅、碲化铅、硒化铅、锑化铟等光敏电阻器，广泛用于导弹制导、天文探测、非接触测量、人体病变探测、红外光谱、红外通信等国防、科学研究和工农业生产中。

（3）可见光光敏电阻器：包括硒、硫化镉、硒化镉、碲化镉、砷化镓、硅、锗、硫化锌光敏电阻器等。主要用于各种光电控制系统，如光电自动开关门户，航标灯、路灯和其他照明系统的自动亮灭，自动给水和自动停水装置，机械上的自动保护装置和位置检测器，极薄零件的厚度检测器，照相机自动曝光装置，光电计数器，烟雾报警器，光电跟踪系统等方面。

2．认识LED

发光二极管简称LED。

很早以前，人们已经了解半导体材料可产生光线的基本知识，第一个商用二极管产生于1960年。LED是英文light emitting diode（发光二极管）的缩写，它的基本结构是一块电致发光的半导体材料，置于一个有引线的架子上，然后四周用环氧树脂密封，起到保护内部芯线的作用，所以LED的抗震性能好。

普通单色发光二极管的发光颜色与发光的波长有关，而发光的波长又取决于制造发光二极管所用的半导体材料。红色发光二极管的波长一般为650—700 纳米，琥珀色发光二极管的波长一般为630—650 纳米，橙色发光二极管的波长一般为610—630 纳米，黄色发光二极管的波长一般为585 纳米左右，绿色发光二极管的波长一般为555—570 纳米。

此外，发光二极管具有单向导电性。（同学们可在试验中自行测试）

3．认识3D 造型模块

（1）种类

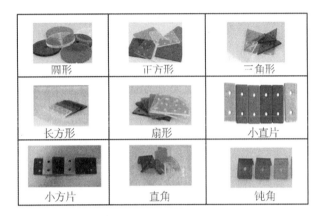

3D 造型模块的种类

（2）连接材料

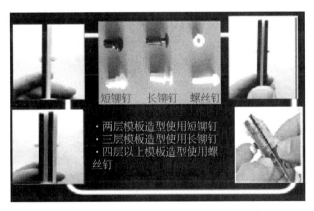

3D 造型模块的连接材料

（3）拼接方法

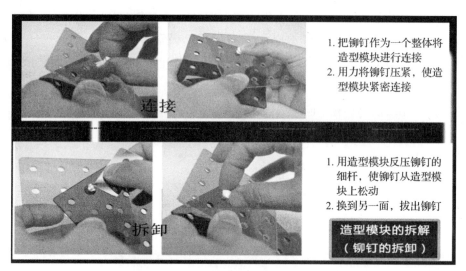

3D 造型模式连接和拆卸示意图

二、项目构思

利用光敏电阻、LED 和 3D 造型模块来制作的产品的名称、用途及初步的制作方法等。

1. 你心目中的创意光控小灯是怎么样的？
2. 上网查阅并学习光控小灯的相关知识，了解光控小灯的基本原理，并相互交流。
3. 结合自己的构想，针对物联乐园的具体情况，小组所设计的方案是什么？

三、项目设计

用文字、图片等形式完成制作创意光控小灯的步骤、结构草图和外形草图。

1. 思考并记录合作完成创意光控小灯可能经历的步骤。
2. 在小组内表达自己的设计思想，讨论后将创意光控小灯的结构草图画在下面空白处。

结构草图：

3. 在小组内表达自己的设计思想，讨论后将创意光控小灯的外形草图画在下面空白处。

四、项目实施

根据活动记录单进行活动，并完成相应的记录。

1. 器材准备：光照度传感器模块、控制模块、端口扩展模块、DC 电源模块、LED、电池盒、连接线、杜邦线、灯帽、3D 造型模块、电池。

2. 了解光控小灯的基本原理：当数字光强度传感器检测到光照值偏低时，LED 会亮起；当数字光强度传感器检测到光照值偏高时，LED 会熄灭。

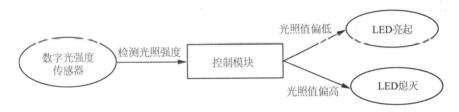

光控小灯基本原理图

3. 认真观察光控小灯模块连接图，并学会根据电路图搭建实物电路。

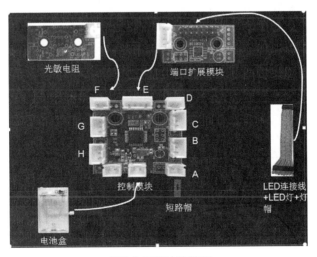

光控小灯模块连接图

4. 制作光控小灯，完成后认真调试，修正错误，并仔细观察，据实记录。

光控小灯制作过程记录表

序号	实施进程	记录	备注
①	搭建	小组对结构草图和外形草图的修改之处： 还需要的器材：	
②	运行	作品能否按要求运行？如果不行，估计原因是：	
③	改进	改进方法：	
④	完善	还可以完善的地方有：	
⑤	成果展示	粘贴作品的照片：	

五、学习评价

运用 5W 设计理念向大家介绍自己的作品，并积极参与交流评价。

1. 作品交流

Who：作品是谁做的？（自我介绍）

What：作品名字是什么？作品的外观和功能有什么特点？

Why：制作作品的灵感是什么？

When：这个作品是什么时候做的？（或什么时候使用?）

Where：这个作品是在哪里制作完成的？（或什么场合使用?）

大家的评价：……

2. 综合评价

"比特实验室"综合评价表（共 10 项，每项满分 10 分）

项目	标准	评分		
		个人	小组	教师
动手能力	连接电子模块的速度以及准确度，搭建积木块的巧妙程度			
创新能力	电子线路的改建以及搭建作品的新颖程度，是否敢于突破局限和传统			
承受挫折	面对困难的态度			
观察能力	实验制作中对事物和周边环境观察的仔细程度			
团队协作	在实验小组中互帮互助的表现以及是否听取他人的建议			
自信力	实验和课堂上表现出的积极性和对自己观点及看法的肯定程度			
领导能力	在实验小组中发挥的作用以及协调组织能力的表现			
求知欲	对学习的热情和主动态度			
语言表达	表述流畅，条理清晰，语言优美			
审美艺术	色彩搭配、造型美观程度，可以同学之间互相评定			

【设计说明】

比特实验室通过切实可行的教学路线实现教学目标,具体路线包括知识导航的内容、构思、设计、实施、评价等方面,教学环节中融入了创新模式、数字化实验、积木化教学、游戏化过程、个性化作业和整合化展示等方面。这种教学设计把老师的引导和学生的创新思维结合起来,把问题导向和解决问题的技术路线结合起来,把单个功能元件和整体集成功能结合起来,把元件功能与物质规律的启示结合起来,把有限的初级知识和未来高深知识的入门引导结合起来,把课堂和生活紧密联系在一起,不但普及物联网科技知识,更重要的是激发学生的激情和梦想,在动手实践中不断锻炼学生的创造能力、观察能力、动手能力、探究能力、团队合作能力和创新能力。

(该学习活动设计者为江南大学附属实验中学谢晓春)

校园植物研究

无锡市胡埭中心小学

● 课程纲要

【课程名称】

校园植物研究

【适用年级、课时安排】

适用于一至六年级，共 16 课时

【课程背景】

胡埭中心小学校内植物种类繁多，植物在四季中表现出截然不同的生长形态，是一本天然的百科全书。这套百科全书虽然天天呈现在学生眼前，却由于司空见惯反而被忽视，学生对它们的认识往往只停留于表象。作为教育者，应该将这本天然百科全书运用于教学，使其成为国家课程的有效补充，并发展学生的综合素质。为此，学校开发了以"校园植物"为主题的校本课程。

【课程理念】

植物教学贯穿于小学六年的科学教材之中，构建"校园植物研究"课程时首先要体现科学性，让其成为国家课程学习的补充，体现科学课程的特点。其次，"校园植物研究"要突破教材限制，使活动更具开放性。需要设计主题明确、学生乐于参与的活动，让学生在活动中体验、收获。最后，要让"校园植物研究"校本课程成为学科融合的载体，在活动中将各学科整合起来，以促进学生综合素质的提升，为学生、教师和学校的发展服务。

【课程目标】

一、总体目标

1. 培养学生对植物知识的学习兴趣，提升实践能力

"校园植物研究"校本课程，缘起于学校社团活动，其目的在于培养学生的植物知识学习兴趣。

校园中，学生身边鲜活、可感的丰富的植物资源，为学生的实践观察提供了丰富的样本，让学生在相关的实验中学会对比分析，充分调动学生的思维活动，引导他们去发现、知晓前因后果，从而有效激发学生的学习兴趣，使学生在自主探索中提升实践能力。

2. 提高教师课程设计、实施能力

在实施课程之前，教师们将进行大量的关于校园植物的调查活动，以获得充分的课程实施素材。为使课程顺利开展，教师必须充实植物研究的理论知识，借鉴相关校本课程的开发经验，对收集的第一手资料进行分类整理，在此基础上搭建校园植物研究的活动课程框架。在此过程中，教师专业得以发展，课程开发意识和能力也得到了相应的提高。

二、具体目标

"校园植物研究"课程具体目标

年级	目标
一、二年级	1. 知道植物是生物； 2. 认识校园中的植物，能简单描述其外部特征； 3. 说出植物需要水、阳光以维持生存和生长。
三、四年级	1. 能说出植物的某些共同特征； 2. 描述植物一般由根、茎、叶、花、果实、种子组成，这些部分具有帮助植物维持自身生存的相应功能； 3. 了解植物的繁殖方式及生长过程。
五、六年级	知道植物可以吸收阳光、空气和水分，并在绿色叶片中制造其生存所需的养分。

【课程内容】

针对每个学年段学生的不同特点及接受表现能力，我们分别从认识校园植物、种植植物以及与植物相关的探究实验三个方面入手来组织课程内容。三个主题的内容不是分割的，而是相互整合的。在不同年龄段我们提出了不同的活动内容与建议。

具体内容及活动安排建议如下：

"校园植物研究"课程具体内容与活动安排

学年段	主题内容	活动建议
低年级	1. 校园植物调查	教师带领学生认识校园中的植物，简单介绍各种植物，（主要是植物的名称），并教会学生使用"形色"软件，帮助他们在课后也能够自主进行植物的识别。
	2. 说说植物小故事	搜集与植物有关的故事，并以故事会的方式进行分享、交流。
	3. 校园植物我来画	让学生以校园中某一植物为样本，画一幅植物图，通过画图的方式让学生认识到植物外部的主要特征。
中年级	1. 种一棵凤仙花	学生从一颗种子入手，观察植物生长的全过程。
	2. 制作一张叶脉书签（制作干花、树皮拓印……）	在制作过程中，学生感知到叶脉的形状、大小、颜色、走向等，使学生对植物的某个部分有深刻的了解，同时还可以设计有关叶片、花、茎等的活动，使学生的注意力聚焦于局部，进行细致有效的观察。
	3. 我的植物名片	在前期校园植物的调查基础上，让学生通过图书、互联网，对自己感兴趣的一种或几种植物进行资料搜集，用自己的语言给植物制作名片，规定名片制作的要素，如分类、特性等。
高年级	1. 植物是怎么运水的	将植物的根浸入红墨水，观察水在植物体内的流动，切下根、茎、叶被染红的部分观察它们的样子。
	2. 用显微镜观察叶片	做叶子的"蒸腾作用"的实验，并利用显微镜对叶子表面进行观察，发现水主要从叶面上的小洞孔以水蒸气的形式出来。
	3. 阳光和淀粉	采集叶子，一片没有接受阳光照射，一片接受到阳光照射，利用碘酒对叶子进行测试，看其叶片内是否有淀粉存在，从而验证叶子能利用光、空气生成淀粉。

【课程实施】

我们采用周二的小学科（科学）提优课以及周五的校级社团课对学生进行教学，确保每位学生完整地经历主题活动过程。

【课程评价】

对学生的评价注重其在活动过程中的表现，看到学生在活动过程中的点滴进步。在具体操作中，教师可以通过观察，记录学生在综合实践活动过程中的行为，可以将学生在各个活动环节中完成的各类学习表格、探究记录装订成册，通过其完成情况来了解学生的学习表现以及其各方面的能力是否得以提高。

附各项活动表格。

1. 校园植物我来画

植物名称：	班级：	姓名：	日期：
将观察到的植物用图画的形式画出来，并加上文字说明。图画先用铅笔画出，再添上颜色。			
发现的事项：仔细观察，将发现到的、感觉到的、自己认为的写下来（花的颜色、叶的形状、植物的高度……）			

2. 种一棵凤仙花

培育凤仙花	班级：	姓名：	日期：
图画先用铅笔画出，再添上颜色。			
发现的事项： 　　长出锯齿状的叶子，和子叶完全不一样。高度是多少？长高了多少？长出了几片叶子？			

培育凤仙花	班级：	姓名：	日期：
图画先用铅笔画出，再添上颜色。			
发现的事项： 　　长高了，叶子变粗了；茎的根部比铅笔还粗……			

培育凤仙花	班级：	姓名：	日期：
图画先用铅笔画出，再添上颜色。			
发现的事项： 　　花骨朵鼓起来了，花儿开放了；继续长高，叶子也多了；开了花之后，又会发生什么变化呢？			

培育凤仙花	班级：	姓名：	日期：
图画先用铅笔画出，再添上颜色。			
发现的事项： 　　高度增加了，叶子也变多了；根茎比铅笔还粗；有大叶子；到底要长多高才停？……			

培育凤仙花	班级：	姓名：	日期：
图画先用铅笔画出，再添上颜色。			
发现的事项： 　　花儿盛开后，结了果实；轻轻触碰果实，一下子就裂开了；此时的植株不怎么成长了；叶子逐渐变化，以至枯萎。			

3. 植物的一年

植物名	春天的植物	夏天的植物	秋天的植物	冬天的植物
紫藤				
杜鹃花				
……				

4. 植物体内水的运送通道

水的通道	班级：	姓名：	日期：

发现的事项：

5. 用显微镜观察叶片

观察叶片	班级：	姓名：	日期：
用显微镜观察叶片，并且将观察到的现象画下来。			

发现的事项：

（该课程纲要编写者为无锡市胡埭中心小学秦晓华）

● **典型学习活动设计**

"植物的花"学习活动设计

【学习目标】

1. 学会解剖和认识花的各个部分。
2. 认识花的结构及其各部分的功能。

3. 感受大自然的绚丽多彩，培养严谨细致的作风。

4. 通过对花的结构的探索活动，培养自主解决问题的能力和信心。

【学习重点与难点】

重点：解剖和识别花的基本结构。

难点：解剖的过程。

【学习用具】

油菜花、镊子、白纸。

【学习过程】

一、导入

1. （播放《茉莉花》歌曲）歌里面唱的是什么花？你认识茉莉花吗？它是什么颜色的？那让我们先来认识一下茉莉花。（PPT出示：首先出示茉莉花，然后出示各种花的图片）

2. 这些花儿你认识吗？（展示各种各样的花）到底是花的哪些方面吸引了你呢？

二、新授

是的，花儿娇艳美丽，香气扑鼻，深深地吸引着我们，那么花儿在结构上有哪些特点呢？今天我们就一起来进一步认识花。

1. 解剖示范，了解花各部分的结构名称。

（出示花）老师这儿有一朵油菜花，接下来我们一起来将这朵花解剖一下，来更深入地了解它。

（出示镊子）老师将借助于镊子来解剖这朵花。仔细看好。

在解剖的时候我们要讲究一定的顺序，可以按照由外到内的顺序依次进行。首先我们会看到在花的最外面有几片绿色的东西，这是花的萼片。我们将它们小心地剥离出来。第二层我们看到的是花瓣，第三层是雄蕊，最里面的是雌蕊。（将粘贴好的每个部分贴在黑板上，并板书各部分名称。）

2. 学生分组解剖，了解花的各部分细节。

现在我们知道一朵花由这四个部分组成。那么各个部分又有哪些特点呢？让我们进一步来观察它。在我们每个小组的课桌下面，老师给大家准备了一些花和工具，请你们按照老师刚才的解剖方法，也来解剖、观察一下，并将你们的发现记录在观察记录纸上。

（学生解剖花并完成记录纸，汇报交流。学生代表到黑板上汇报，其余同学补充，重点描述其他发现。）

3. 了解花的传粉过程，知道花儿各个部分的功能。

（小结）通过细致观察，同学们对花的认识更深入、更全面了。那花儿各个部分都有什么功能呢？

让我们拿出棉签模拟一下花儿传粉的过程吧。

（PPT 出示操作方法）

像这样雄蕊上的花粉掉落在雌蕊的柱头上的过程就叫作传粉。传粉后，植物就有可能结出果实。而在这一过程中，雄蕊主要是制造花粉，而雌蕊则是接受花粉。它们是一株植物中真正的繁殖器官。那花瓣和萼片起到什么作用呢？你们来猜猜看。

（学生依据自己的经验进行有意义的猜测）

对的，花瓣主要是吸引昆虫以便于传粉，而萼片是为了保护未开的花朵。

那各种各样的花是如何进行传粉的呢？让我们一起来看段视频了解一下。

（学生观看传粉视频）

（利用 PPT 进行小结：有昆虫传粉、风力传粉和人工传粉）

三、全课小结

通过今天这堂课的学习，你有哪些收获？

附："花的结构"观察记录表

_____班 第___小组

将解剖下来的花的各个部分按顺序摆放好。

我们观察的是_____花

主要部分	数量	颜色	气味	其他发现
萼片				
花瓣				
雄蕊				
雌蕊				

外
｜
内

（该学习活动设计者为无锡市胡埭中心小学秦晓华）

地球科学

无锡市育英锦园实验小学

● 课程纲要

【课程名称】

地球科学

【适用年级、课时安排】

适用于二年级,共 20 课时

【课程背景】

中共中央、国务院《关于加强科学技术普及工作的若干意见》明确提出:"科学技术的普及程度,是国民科学文化素质的重要标志,事关经济振兴、科技进步和社会发展的全局。""要努力发挥教育在科普工作中的主渠道作用,结合中小学教育改革,多形式、多渠道地为青少年提供科普活动阵地,培养他们的思维能力、动手能力和创造能力,帮助他们树立正确的科学观、人生观和世界观。"小学科普知识教育是使学生感受科技魅力的基础,是培养我国青少年科技兴趣、培养学生学习兴趣的基础。小学科普知识教育的科学开展要以小学学生年龄特点为基础,针对其心理特点,以兴趣为切入点进行,以此提高小学科普知识教学成果,提高学生的基础科普知识积累,培养学生爱科学、学科学、用科学的良好习惯,为我国青少年综合素质的提高奠定基础。

我校自 2014 年起就开发了"锦园大讲堂"校本课程,"地球科学"是其中针对低年级开设的与科普教育相关的课程。在小学阶段,学校已开设了国家规定课程——小学科学。但与小学科学课程不同,校本课程具有灵活性和开放性的特征,采用让儿童更易于理解、接受和参与的方式，引导学生经历像科学家一样的探索过程，是对现有小学科学课程的重要补充，也是激发学生学习兴趣、提高学生科学素养、拓展学生综合素质的重要阵地之一。

【课程理念】

"地球科学"校本课程由地球科学这个领域构成，结合学生感兴趣的话题，以自主选课、合班教学的模式，为低年级学生讲解相关的地理、生物、天文知识，内容由浅入深，用精美的图片、充满童趣的故事和生动有趣的视频教学，加深学生对于知识的理解，激发学生的探究兴趣。学生还可参与实验环节，感受科学学习的乐趣。在培养学生好奇心的同时培养他们动手操作的能力和创新思维能力。

【课程目标】

一、总体目标

1. 学校特色发展目标

通过开发与研究，积极构建提高学生科学素养的校本课程，建设具有特色的课程资源库，建立和完善校本课程的实施方法、管理机制及评价体系，逐步完善学校锦园大讲堂特色课程体系。

2. 教师专业发展目标

通过校本课程开发，提高学校教师的课程开发意识和课程开发能力，促进教师专业的发展，打造一支勤于钻研、善于合作、敢于创新、精于反思、勇于奉献、业务精良、一专多能的教师队伍。

3. 学生个性发展目标

（1）拓宽知识面，学习创新发明方法，体会创新的魅力、科学的力量，更好地激发学生学习科学的浓厚兴趣。

（2）全面培养学生的科技创新发明意识，培养学生的创新精神和创新能力，提高学生的科学素养。

（3）科学与文学、艺术结合，提高文学艺术素养，培养学生热爱科学、热爱生活、热爱学习、热爱大自然的情感，让学习和生活更加健康和丰富多彩。

（4）培养学生正确的科学精神，激发学生产生科学梦想，树立长大为祖国社会主义现代化建设事业而奋斗的伟大理想。

二、具体目标

"地球科学"课程的具体目标

内容主题	课程目标
地球历史	1. 简要了解地球的起源和地质年代。 2. 初步了解地球生命进化的过程，感受生物多样性和生物进化过程的复杂与漫长。 3. 知道地球面临的问题，了解保护环境的重要性，培养绿色环保意识。
地球生物	1. 认识中生代恐龙、翼龙、鱼龙的种类和新生代生物的分类。认识具有特色的代表性生物，了解生物的形态、特点与生活习性。培养学生热爱生物、热爱自然的情感。 2. 了解恐龙灭绝的原因。 3. 认识化石的种类，了解生物学家研究生物的基本方法，培养学生仔细观察、不断探索的科学意识。
太阳系	1. 了解白天黑夜、春夏秋冬等自然现象产生的原因。 2. 初步了解"地心说"和"日心说"，明白地球自转和公转的原理与方式。感受科学家不怕困难、坚持真理的科学精神。 3. 引导学生感悟生活中的美，并能用科学的眼光思考生活中的现象。 4. 了解月亮和星星的形态及发光的原因。 5. 了解月亮发生变化与地球自转、公转之间的关系。 6. 欣赏与月亮和星星有关的神话传说，激发学生的学习兴趣。 7. 认识农历，了解我国传统节日。 8. 了解特殊的天文现象月食产生的原理，培养科学的人生态度。 9. 了解太阳系的组成。 10. 认识太阳、八大行星和彗星。 11. 简单了解星系，感受宇宙的浩渺和地球的渺小，培养学生不断探索的精神。
航空航天器	1. 认识火箭、航天飞机、卫星、宇宙探测器及宇宙空间站。 2. 了解我国航天航空事业的发展，培养学生热爱祖国的感情，激发学生科技强国的梦想。

【课程内容】

和地球有关的科普知识非常多。课程结合科普绘本，通过前期学生调查，了解学生感兴趣的内容，结合学生实际，确定了地球历史、地球生物、太阳系、航空航天器四大主题。每个主题都是从一个角度切入，激发学生积极探索科学的兴趣，提高学生仔细观察、动手操作的能力。

具体内容及活动安排建议见下表（下表所列为初步设想，在具体实施过程中将不断充实和完善）：

"地球科学"课程主要内容与活动安排

主题内容	主要内容和活动建议		
	核心活动	活动建议	其他活动
地球历史	地球46亿岁了	1. 46亿年前的地球 2. 地球是怎样出现生物的 3. 地球的4个地质年代 4. 地球生病了 ……	
地球生物	消失的恐龙	1. 中生代 2. 恐龙、翼龙、鱼龙 3. 人们是怎样认识恐龙的 4. 化石的分类 5. 恐龙是怎样灭绝的 ……	
	新生代动物代表	1. 新生代动物的分类 2. 陆地上最大的动物 3. 世界上最大的鸟 4. 最大的海洋动物 ……	
太阳系	白天和黑夜为什么交替出现	1. 后羿射日的故事 2. 地球的自转 3. 时区 4. 日晷 ……	制作简单的日晷
	春夏秋冬	1. 欣赏纪录片 2. 为什么会有四季 3. 学唱节气歌 ……	
	月亮每天不一样	1. 和月亮有关的诗句 2. 月亮的不同形态 3. 月相变化的原因 4. 阴阳历 5. 月食和日食 6. 月球对地球的影响 ……	观看每天的月相并记录
	喜爱星星的人们	1. 星星的作用 2. 如何观察星星 3. 星星的形状和距离 4. 星星的运动 5. 与星星有关的神话传说 6. 星座 ……	制作星光灯

续表

主题内容	主要内容和活动建议		
	核心活动	活动建议	其他活动
太阳系之旅	太阳系之旅	1. 太阳的秘密 2. 八大行星 3. 彗星 4. 小行星带 5. 宇宙 ……	
航空航天器	乘着飞船翱翔宇宙	1. 火箭 2. 航天飞机 3. 人造卫星 4. 航天探测器 5. 宇宙空间站 6. 我国航空航天的发展与未来 ……	制作小火箭

【课程实施】

每周一节大讲堂活动。

【课程评价】

开展丰富多彩的科普活动，通过活动寓评价于学习活动中，可以激发学生自主活动的兴趣，培养他们健康快乐的性格、积极向上的心态，锻炼和发展他们的各种能力，让孩子们在喜闻乐见的活动中展示自己，欣赏他人，突现特长，健康发展。

我们结合每年一度的科技节活动，对学生学习成果进行展示式的评价。一般采用大讲堂手抄报评比，要求学生结合所学内容制作主题式手抄报，并进行评比。

同时，学校还会组织学生进行自评和调查问卷，为校本课程的开发和改进做好准备。

"地球科学"课程评价表

类别	指标	笑脸（星级）指数
学习技能	认真听讲，知道老师介绍的内容	☺☺☺☺☺
课后实践	认真完成老师布置的观测任务 至少一次向爸爸妈妈介绍学习的内容 至少完成一次小实验	☺☺☺☺☺ ☺☺☺☺☺ ☺☺☺☺☺
成果展示	完成大讲堂手抄报 成果在班级或学校进行展示	☺☺☺☺☺ ☺☺☺☺☺

续表

类别	指标	笑脸（星级）指数
提出意见	至少说出一节自己最喜欢的课（写在下方空白处）：	☺☺☺☺☺
	你还想了解和地球有关的哪些内容（写在下方空白处）：	☺☺☺☺☺

（该课程纲要编写者为无锡市育英锦园实验小学朱素峰）

● 典型学习活动设计

"地球46亿岁了"学习活动设计

【学习目标】

1. 简要了解地球的起源和地质年代，激发学生学习兴趣。
2. 初步了解地球生命进化的过程，感受生物多样性和生物进化过程的复杂与漫长。
3. 知道地球面临的问题，了解保护环境的重要性，培养绿色环保意识。

【学习过程】

一、引入主题

今天我们一起来认识一位老朋友。

（出示地球的谜语："说它像球不是球，肚子里面啥都有，人物、动物和植物，全都生活在里头。高山、森林处处见，江河、湖水向海流。天天围着太阳转，猜猜它是什么球。"揭露谜底——地球。）

你们认识地球吗？你能说说对它的了解吗？

（学生自由说）

二、了解地球概况

1. 46亿年前的地球

地球和我们人类一样，经历着出生、成长、衰老的过程。你知道地球现在多少岁了吗？

（老师解释46亿岁：你爷爷的爷爷的爷爷的爷爷……这样重复几千万次，几天几夜都说不完。）

如此漫长的46亿年，我们现在只是这时间长河中的一个小点。今天老师就带着大家一起穿越漫长的时间长河，回到46亿年前，重新认识一下地球吧。

46亿年前的地球是什么样子的呢？（观看视频）

2. 地球是怎样出现生物的

曾是一个火球的地球表面慢慢冷却，土地开始变得坚硬。火山喷发的热量变成水蒸气，开始出现厚厚的云层，云层降下大量的雨水。下了很长时间的雨后，雨水汇流形成湖泊、江河、大海，最终，形成一颗蔚蓝的星球。

3. 地球的4个时代

开始踏入时间长河。

（1）太古代（46亿年前—5.4亿年前的地球）

这时大海里最先出现生物，像小细菌一样的微生物。这些生物聚集在一起生活，释放出氧气。渐渐地，地球的环境越来越适合生物生存了。

最早生物留下的痕迹——垫藻岩化石。垫藻岩是微小泥土颗粒在微生物上层层堆积形成的。垫藻岩化石说明36亿年前地球上就有生物存在了。

（2）古生代（5.4亿—2.5亿年前的地球）

寂静而漫长的太古代之后是古生代。这时，地球上出现了很多生物。植物生长茂盛，三叶虫和各种鱼类动物在海里生活。（古生代最具代表性的生物就是三叶虫。三叶虫的背上覆盖着坚硬的壳，身体可以明显分为三部分。）而且还出现了两栖类动物，即小时候在水里，长大了到陆地上生活的动物。（那时的昆虫都很大，有一种蜻蜓比老鹰还大。）之后，完全在陆地上生活的爬行类动物也出现了。但在古生代末期，剧烈的环境变化使地球上的生物几乎都消失了。

（3）中生代（2.5亿年前—6 500万年前的地球）

这时地球上的天气变得温暖、多雨，植物生长茂盛，动物越来越多，出现了很多小朋友都很喜欢的恐龙。此时的恐龙非常多，恐龙在地球上生存了大约1.8亿年之久。天空中飞行的始祖鸟出现了，始祖鸟一直被认为是鸟类的祖先。

始祖鸟和现在的鸟类有什么相同和不同的地方呢？

始祖鸟只有乌鸦那么大，随着研究手段的发展和新化石的发现，也有科学家认为鸟类的祖先并不是始祖鸟，但科学家都公认鸟类是由爬行动物进化而成的。

这时才出现哺乳动物。哺乳动物是生下幼崽后靠母乳喂养的一种新生生物。吴氏巨颅兽是至今为止发现的最早的哺乳类动物，发现于我国云南。虽然它的名字中有个"巨"字，但大的不是它的个子，而是它的头。通过化石还原，吴氏巨颅兽从鼻子到尾尖只有30多毫米，是迄今为止发现的最小的哺乳动物。

如果这些生物还存在，地球将会是怎样的模样呢？可惜，突然发生的环境变化使地球上大部分生物又灭亡了，包括大家喜欢的恐龙。

（4）新生代（6 500万年前至今的地球）

恐龙灭绝后，过了很长很长时间，地球上才出现和现在的动植物类似的动物和植物，约400万年前，终于出现了人类的祖先。

哺乳类动物代替灭绝的恐龙，开始支配地球。人类从四肢爬行到双腿走路，进化的速度非常迅速。

因为人类用两条腿走路,所以手可以自由使用,可以生火,可以制造工具。渐渐地,人类和动物区分开来。

人类靠打猎、摘野果维持生计,从一万年前开始种庄稼,然后开始盖房子,在一个地方过定居生活,然后出现了村庄和城市。随着历史的演变,形成了现在的世界。

三、激发保护地球的意识

有科学家说,地球虽然已经46亿岁了,但它还在壮年,还有很多亿年的生命,但更多的科学家说,地球只需几百年的污染就会灭亡。是不是太可怕了?

地球生病了,比如全球变暖,冰川消融,可能会使海滨城市消失。

环境的污染和人类的滥砍滥伐、肆意捕杀,使地球的物种越来越少,每天都有不同的物种在消失。我国的东北虎、金丝猴、熊猫都是濒危动物。

地球的大气圈有臭氧层,臭氧层能吸收太阳光中的紫外线。可是喷雾器、空调、冰箱中的氟利昂都会破坏臭氧层。如果臭氧层出现漏洞,紫外线就会直接照射到地球上,容易引发皮肤癌,给人类带来极大的危害,而且植物也不能正常生长。也许将来我们必须穿太空服才能出门吧。

我们能做些什么呢?

(学生讨论,老师补充)

让我们一起来保护地球吧。

【活动反思】

作为地球科学大讲堂的第一课,除了内容必须与主题相符之外,如何引起孩子们的兴趣,让孩子们投入大讲堂中也是本课的主要目标。本节课从谜语导入,直接切入主题,同时用图片、视频向孩子们展示了与平时不一样的地球,牢牢吸引了孩子们的注意力。还有哪些和地球相关的有趣的知识呢?相信孩子们会非常期待之后的大讲堂。

(该学习活动设计者为无锡市育英锦园实验小学朱素峰)

物联网创新设计

无锡市稻香实验小学

● 课程纲要

【课程名称】

物联网创新设计

【适用年级、课时安排】

适用于小学高年级，共12课时

【课程背景】

物联网是继计算机、互联网和移动通信之后的新一轮信息技术革命，是信息产业领域未来竞争的制高点和产业升级的核心驱动力，是加速推进工业化、信息化融合的催化剂。物联网在科研、工业、国防、国民经济各个领域都有着广泛和深入的应用。近年来，物联网及人工智能已经快速发展起来，各种应用层出不穷。在可预见的将来，人工智能以及与其相关的物联网、大数据等领域将成为国际竞争的新焦点，经济发展的新动力，社会建设的新机遇。2017年国务院印发《新一代人工智能发展规划》，要求实施全民智能教育项目，在中小学阶段设置人工智能相关课程，逐步推广相关教育。

我校在2015年成立了一个物联网创新设计社团，每周开展一次活动。三年中，社团成员多次获得全国一等奖，无锡新闻还专门报道了我校物联网社团开展情况，本社团被评为江苏省优秀红领巾小社团和江苏省少先队文化建设特色项目。物联网创新设计成了特色，再加上2017年我校被评为无锡市物联网感知教育基地，基于这些现状，我校果断行动起来，以校本课程建设为抓手，继续推进特色项目的开展，成就物联网创新设计教育的"稻香自信"。

【课程理念】

"物联网创新设计"校本课程以物联网为基础，综合了创新创客教育、STEM 教育等内容，以项目形式为小学生提供一个深入探索物联网和人工智能的机会。课程内容覆盖了物联网、人工智能、传感器技术、云、大数据知识等。我们将在学生心中播下物联网创新设计的种子。

"物联网创新设计"校本课程通过 12 课时理论和实践相结合的课程，可以让学生掌握物联网的相关知识，探索身边可以用物联网技术解决的问题，综合利用物联网和人工智能技术创新设计自己的作品。我们注重的不仅仅是学生对物联网知识的了解和相关技术的掌握，更重要的是学生创新意识的增强，从而提升学生解决现实生活中实际问题的能力。

【课程目标】

一、总体目标

1. 学校特色发展目标

通过研发，建设具有特色的"物联网创新设计"课程，建立该校本课程的实施方法及评价体系，完善学校"创客空间""物联网文化长廊"等活动教育基地，打造鲜明的办学特色，成就物联网创新设计教育的"稻香名片"。

2. 教师专业发展目标

成立"稻香科协"，以新的团队追求新的作为，以"物联网创新设计"校本课程开发为主阵地，磨炼团队课程开发的意识和开发能力，打造一支善于合作、敢于创新、勇于奉献的科技教师队伍。

3. 学生个性发展目标

让学生对物联网有所认识与理解、探究与实践，培养孩子广阔的视野、多样的技能。在此过程中，力求促进学生作为现代人的多种核心能力的锻炼和提高，如信息的收集和整理能力，善于发现和解决问题的能力，创新与实践的能力等。

二、具体目标

1. 知识与技能目标

知道物联网的基本概念，了解物联网在社会各个领域的应用。

2. 过程与方法目标

（1）通过亲自实践、创意设计等环节，提高对物联网及其应用的认识。

（2）通过对物联网创新设计器材的实践，了解传感器的作用，并设计相关的物联网实际应用。

3. 情感态度与价值观目标

（1）在体验与实践相结合的过程中感受物联网的应用，产生并保持学习的兴趣。

（2）通过分组讨论、小组合作等方式开展多种形式的团队合作，培养动手能力、解决实际问题的能力，提高团队协作能力。

（3）通过对创意设计的交流与展示，培养创新能力与语言表达能力。

（4）能辩证地认识物联网技术对社会发展、科技进步和日常生活产生的影响。

【课程内容】

1. 物联网基础知识：物联网就在身边；物联网是什么；物联网的关键技术；物联网和机器人的关系；案例讨论；青少年物联网活动。

2. 认识物联网器材：物联网的四大层次；认识物联网器材；传感器感知层；网络连接层；输出控制模块；下载物联网创新2018APP；认识物联网创新2018APP；认识xDing编程软件；APP与电脑版编程的区别；认识云数据平台。

3. 物联网的大脑：什么是物联网的大脑；连接器材；安装和连接xDing；我的第一个程序；检验程序。

4. 云：云能做什么；连接到物创云；物创云；查看别人的作品分享；拓展。

5. 气象分析师：温湿度计的历史；温湿度、PM 2.5变化图；温湿度传感器；规划一个智能气象站；器材模块选择；连接V1.0的气象站；查看物创云数据；查看微信公众号。

6. 规划V2.0的智能气象站：连接V2.0的气象站；扩展。

7. 智能户外灯：长明的路灯；关照强度；利用传感器记录关照强度；规划一个智能户外灯；器材模块选择；连接V1.0的智能灯。

8. 规划V2.0的智能灯：简化传感器判断的逻辑；通过物创云查看数据。

9. 智能倒车雷达：声音原理；关于声音；与声音有关的传感器；与声音有关的输出；规划智能倒车雷达；器材模块选择；连接V1.0的智能倒车雷达。

10. 规划智能倒车雷达V2.0：V2.0继续优化程序。

11. 看不见的卫士：神奇的红外线；与红外线有关的传感器；规划作品；器材模块选择；连接V1.0的作品。

12. V2.0继续优化作品：连接V2.0的作品；舵；舵机；舵机的种类；连接V2.0的作品。

【课程实施】

我校"物联网创新设计"课程实施采用全员普及教育和拔尖创新人才培养相结合

的模式，架构"金字塔"式课程体系：第一层是普及教育，五年级所有学生开设普及性物联网创新设计课程；第二层采取自主选课和教师推荐相结合的方式，让部分学生参加相关社团活动，达到适度提高；第三层采用"导师制"，将小部分学生列入拔尖创新人才进行重点培养，参加相关竞赛活动。

【课程评价】

积极探索多样化的"物联网创新设计"课程评价机制和评价技术策略，从学生学习过程的体验、情感、态度、价值观和综合能力等方面开展多元评价，建立体现不同水平和要求的物联网创新设计评价体系。

"物联网创新设计"课程评价原则：采取过程性评价、结果评价、学生自评、答辩评价、实验报告等相结合的多元化方式。主要有：

1. 学习小组成员探究过程评价，包括实验规范、学习课时数等（30%）。
2. 创新成果或新情境中拓展应用（20%）。
3. 交流展示及答辩情况（20%）。
4. 完成实验报告（30%）。

60 分以上合格，75 分以上良好，90 分以上优秀。等级记入学生成长记录袋和学籍卡，也可采用学分制记入学分。

（该课程纲要编写者为无锡市稻香实验小学钱敏高）

● 典型学习活动设计

"智能户外灯"学习活动设计

【学习目标】

初步了解光照强度、传感器、智能户外灯等概念及其工作原理，在动手操作中发展探索实践和创新能力，能在教师指导下制作智能户外灯。

【学习过程】

一、长明的路灯

1. 经常会看到媒体报道，天色较亮的时候，路灯仍然亮着，这样既起不到给道路照明的作用，又会给路灯带来损耗，还浪费电能。路灯管理部门也曾试着通过加强人工管理等方式来控制"长明灯"现象，但由于天气情况多样，每天日出日落的时间也不同，总会出现这样那样的疏漏。

2. 北半球，每年的春分、秋分，白天和黑夜长度一样；冬至日白天最短，黑夜最长（一年里日出最晚，日落最早）；夏至日白天最长，黑夜最短（一年里日出最早，日落最晚）。不同地方，每天的日出、日落时间都是不一样的。

二、光照强度

1. 光照强度，指单位面积上所接受到的可见光的能量。单位是勒克斯（Lux或Lx）。

2. 植物的光合作用，指植物利用太阳光照，与二氧化碳和水制造有机物质并且释放氧气的过程，是自然界最重要的能量转换之一。

3. 不同季节和天气的光照强度：

夏天阳光直射下，光照强度是6万以上Lx；

白天没有阳光的室外，光照强度是1 000～10 000Lx；

明朗的室内，光照强度是几百Lx；

黑夜，光照强度0.001～0.02lx（伸手不见五指）；

晴朗的月夜，光照强度0.1～0.3lx；

日出日落，光照强度分界线是200～300lx。

三、利用传感器记录光照强度

1. 传感器也叫光敏传感器，或寻光模块；

2. 采用黑色RJ11（4芯）线连接；

3. 只允许连接主控板11号接口；

4. 返回0或1，真假值（布尔型）；

5. 光照强度达到阈值，则为1，否则为0（阈值通过旋转蓝色十字旋钮改变）。

四、规划一个智能户外灯

1. 初级（V1.0）：

（1）能够实时感知光照强度（可选光照或寻光传感器二者之一）；

（2）利用光照强度相关传感器，联动控制户外灯（以红色LED灯代替），实现便利和节能的功能。

2. 中级（V2.0）：

（1）能够利用网页查看过去1小时、1天的光照强度数据变化；

（2）优化智能户外灯，利用声音传感器（分贝）控制开关，仅在有人经过时才点亮。

3. 高级（V3.0）：

（1）完成智能户外灯作品的外观搭建；

（2）试着用物联网装置采集数据，观测当地一个星期的大致日出时间。

五、器材模块选择

1. 器材清单：物联创新主控板×1；蓝牙模块×1；WIFI模块×1；循光模块×1；

红色 LED 灯 ×1；三色灯（板载）×1；RJ11（4 芯线）×3；RJ25（6 芯线）×1；USB 数据线 ×1；结构件若干。

2. 选用器材：7.4V 锂电池包 ×1；GPRS 模块 ×1；语音播报模块 ×1；光照模块 ×1。

六、连接 V1.0 的智能灯

V1.0 智能灯的连接

七、规划 V2.0 的智能灯

1. 作品/产品的功能和定义：

（1）初级（V1.0）：能够实时感知光照强度（可选光照传感器或寻光传感器二者之一）；利用光照强度相关传感器，联动控制户外灯（以红色 LED 灯代替），实现便利和节能的功能。

（2）中级（V2.0）：能够利用网页查看过去 1 小时、1 天的光照强度数据变化；优化智能户外灯，利用声音传感器（分贝），仅在有人经过时才点亮。

（3）高级（V3.0）：完成智能户外灯作品的外观搭建；试着用物联网装置采集数据，观测当地一个星期的大致日出时间。

2. 连接 V2.0 的智能灯。

3. 简化传感器判断的逻辑。

V2.0 智能灯的连接

八、通过物创云查看数据

1. 试着用结构件搭建智能户外灯，完善作品。

2. V2.0 的程序里，采用了两个条件的"与"逻辑判断，试着设计一些不同的逻辑，组合运用传感器，以适应不同的场景：

利用光照传感器或光敏传感器，寻找相对更亮的方向（向日葵）。

利用光照传感器或光敏传感器，制作摄影补光灯装置。

3. 对于光照模块，本课程没有展开介绍，但数据流写入了物创云，作为自习内容，理解模拟和数字模块的区别，试着做一些基本的数据观察，比如明亮的户外、阴暗的教室、书桌阅读亮度等。

【活动反思】

户外灯是挂在外面或者公共场所的，一般情况下，开关自然不能在外面，这样容易被一些人不断开关，而且也不宜整夜开着，所以就需要一个智能开关控制。过去是声控灯，如学校走廊上的灯，这些灯有个毛病，就是附近有鞭炮声也容易有反应。由此引入电子传感器的智能灯，先让学生阅读书上所说的原理：由于人体发出红外线，所以感应灯有所反应，这种灯有延时装置，即便人离开了，收不到人体的红外线了，灯也不会立即熄灭，而是过一会儿才灭。设计延时装置的原因，是防止人走后不久又来一个人，灯泡频繁亮灭而造成损坏。接着让学生看这种原理的应用，除了灯外，这一原理也适用于其他方面。最后试着设计一些不同的逻辑，组合运用传感器，不断完善自己的作品。

（该学习活动设计者为无锡市稻香实验小学钱敏高）

人文励志课程

无锡地方史

无锡市立人高级中学

● 课程纲要

【课程名称】

无锡地方史

【适用年级、课时安排】

适用于高一年级，共16课时

【课程背景】

在"新课改"背景下，推进课堂教学的有效性和实施性策略，拓展学生自主学习的空间，培养学生的各种能力，特别是创新能力，已经成为课堂教学的实践方向。自教育部发布《基础教育课程改革纲要（试行）》以来，中学基础教育就有了其自身改革目标，即要改革课程内容偏重书本知识的现状，加强课程与学生生活以及与现代社会的联系，关注学生的学习兴趣和经验。历史学本身内容丰富、生动有趣，然而中学历史学科一直以来过于强调史学理论，对学生记忆历史原理的要求较高，导致课堂教学内容侧重于知识点的梳理及记忆，进而导致课堂教学内容枯燥，学生对历史学习的积极性不高。通过对中学教师和中学生做的问卷调查，我们发现了一些问题，如中学生认为历史课枯燥、中学生对家乡史缺失、中学教师在开发课程与课堂形式中的主动性不够等，因此我们尝试把地方史融入历史课堂教学。

新课程改革倡导"对学生终身发展有用的历史"，历史课程作为一门重要的人文学科，如何拉近历史与现实的距离，把握历史长河中时代脉搏的跃动，发挥其真正的功效呢？教师有选择地把无锡地方史与历史课堂教学结合，把宏观历史与微观历史结合，让过去与现在相联系，以激发学生学习历史的兴趣，让学生感到历史并不遥远，历史就在我们身边，而且可以增强学生热爱祖国、关注家乡、建设家乡的责任感和使命感，更加有利于学生创新思维的培养，能使学生从局部到整体了解历史发展的大势，掌握历史发展的基本线索，弥补中学历史课本的缺陷与不足。

【课程理念】

地方史通常是指对我国某一地方（如省或自治区、市、区、乡等）历史的研究及有关著作。地方历史资源在历史教育中往往是学生学习历史的向导，是进行爱国主义教育的最丰厚的教学资源和学习题材。根据国家历史课程的内容与计划，对这些地方史资源进行筛选，并根据历史教材和学生情况，有策略地将其与历史课程相融合，产生新的历史教学形式，则不仅可以加强学科知识的实践性，丰富历史教学内涵，更可以扩展历史教学的外延，增强学生探究知识的兴趣，激发其热爱家乡的情怀，最终达到传承社会文明，凸显乡土文化特征的目的，真正实现历史这一学科的教育价值。地方乡土历史是祖国历史长河的支流，热爱家乡是中华民族自信的源泉。乡土史的教育教学价值在历史界是公认的，家乡辉煌的历史、灿烂的文化、动人的名人事迹是我们引以为自豪的，应成为激发和培养学生热爱家乡、热爱祖国情感的生动教材。乡土历史与祖国历史紧密相连，对学生理解课本知识、形成学科能力起着无可替代的作用。把地方历史融入课堂，进行"本土化教学"，不仅可增强学生对生活的感悟，也可加深学生对历史的理解，使历史变得"可望而可即"，使学习变得生动亲切，从而提高课堂效率。

本课程立足于对地方史融入中学历史课堂教学实践的分析和探讨，寻找具有普遍意义的地方史开发运用的方法、形式和策略等。运用地方史资源"近、熟、亲"的特点，增加历史课堂教学直观立体的形象，从而达到历史教学的本质目标，即围绕知识教学完成知识传授、能力培养和思想教育的任务。

【课程目标】

一、总体目标

通过开发与研究，积极构建培养学生高尚情趣的综合实践校本课程，建设具有特色的课程资源库，建立和完善校本综合实践活动课程的实施方法、管理机制及评价体系，打造文化雅园，形成鲜明的办学特色。学生在课程学习中理解家乡的历史，理解历史学科课本知识，提高学生的史料分析能力、合作探究能力、自主创新能力。

二、具体目标

本课程内容主要根据历史的时间体系分为两大主题展开，并根据高一学生的认知、能力水平及年龄特点，设定不同梯度的知情意行达成目标。

主题之一：无锡近代地方史

1. 知识与能力

（1）了解1840年后无锡手工业的发展情况，理解近代江南经济发展对近代中国社会的影响。

（2）知道太平天国运动在无锡地区的活动情况，理解太平天国运动。

（3）了解中日甲午战争后，无锡民族工业的发展情况，并总结每个阶段发展的情况及其原因。

（4）认识五四运动在无锡的运动方式及内容，掌握五四运动的意义。

（5）了解无锡的国民革命和秋收起义。

（6）了解无锡人民的抗日斗争，无锡地区的抗战史实，以及日本侵略者在无锡地区的暴行等。

2. 过程与方法

（1）讲授法，讨论法，辩论法，归纳法。

（2）PPT幻灯片，展示历史图片和视频。

（3）通过参观地方古迹、博物馆、调查、访问、查阅资料等多种活动，培养学生主动探究学习、收集整理信息、与人交往沟通等能力。

3. 情感态度价值观

感受身边的历史，培养学生热爱地方文化和热爱祖国的情感，提高学生对历史学科的兴趣。

主题之二：无锡现代地方史

1. 知识与能力

（1）了解渡江战役无锡江阴段的战争史实，理解新中国成立的意义。

（2）理解中华人民共和国成立初期无锡地区的土地改革，以及对农业的社会主义改造的情况。

（3）了解无锡地区的人民公社化运动的始末，并概况其对当时农村经济造成的影响。

（4）了解无锡地区的"文化大革命"，认识"文革"给中国的经济和民主政治建设带来的危害。

（5）了解无锡地区改革开放的进程，总结改革开放40多年来家乡的变化。

2. 过程与方法

（1）通过观察、调查、设计、制作、展示等活动，使合作、探究、操作、表达等多种能力等到锻炼和提高。

（2）通过参观无锡历史遗迹、调查、访问老人、查阅资料等多种活动，提高学生的实践能力，培养学生探索的兴趣和爱好。

3. 情感态度价值观

激发学生学习历史的兴趣，让学生感受到历史并不遥远，历史就在我们身边。增强学生热爱祖国、关注家乡、建设家乡的责任感和使命感。

三、各年级段分解目标

"无锡地方史"课程各年级段分解目标

内容主题	课程目标	
	高一年级第一学期	高一年级第二学期
知识与能力（选择与国家课程关联程度高的地方史）	1. 近代民族工业的曲折发展。了解从1840年开始，无锡民族工业的发展情况，并总结每个阶段发展的情况及其原因。 2. 太平天国运动。知道太平天国运动在无锡地区的活动情况。 3. 五四运动。认识五四运动在无锡的运动方式及内容，掌握五四运动的意义。 4. 国民革命。了解无锡的国民革命运动。 5. 国共十年对峙。知道1927—1936年间，无锡的无产阶级革命运动，如秋收起义等史实。 6. 抗日战争。了解日本人在无锡地区的暴行，无锡人民的抗日史实等。	1. 解放战争。了解渡江战役无锡江阴段的战争史实，理解新中国成立的意义。 2. 三大改造。理解新中国成立初无锡地区的土地改革，以及对农业、手工业、资本主义工商业的社会主义改造的情况。 3. "大跃进"和人民公社运动。了解无锡地区的人民公社化运动的始末，并概括其对当时农村经济造成的影响。 4. "文化大革命"。了解无锡地区"文革"的情况，认识"文革"给中国的经济和民主政治建设带来的危害。 5. 改革开放。了解无锡地区改革开放的进程，总结改革开放40多年来家乡的变化。
过程与方法（收集整理地方史料）	1. 通过网络、图书馆等方式收集文字和图片资料。注意鉴别地方史料的真伪。一些年代久远的地方史常与民间传说、神话故事混杂在一起，口口相传，没有确切依据的地方史料一般不能用于历史教学。历史教学要严谨，教师应指导学生用历史唯物论对地方史料加以分析和鉴别，选择真实适当的内容用于课堂教学。 2. 整理地方史料时，借鉴教科书的体系进行编排。在现行国家高考制度下，中学历史的教学任务较为繁重，指导学生立足于教材的知识点选择地方史资料有利于实现课程目标。 3. 在史料的收集、鉴别和编排过程中，培养学生的史料分析能力和分类整理能力。	1. 无锡地方史与中学历史课程的内容联系广泛，但凡中国历史上重大的事件，在无锡地方史中都有所体现。选择这类地方史，既是基于教材，又是对教材内容的有益补充，对教材中叙述简单或较难理解的内容进行形象的演绎，让学生更加全面地感受与认识历史事件，有助于学生对重难点的把握。 2. 通过寻访无锡的古迹（如阖闾古城、鸿山贵族墓群等）、名人故居（如薛福成故居、荣氏家族故居等），收集文字、图片和视频资料。 3. 在收集材料的过程中切身感受历史，掌握历史研究的方法，提高历史学科的核心素养。

续表

内容主题	课程目标	
	高一年级第一学期	高一年级第二学期
情感态度价值观（围绕地方史学习开展特色活动，培养学生对史学的兴趣和热爱家乡、热爱祖国的情感）	1. "穿越"感受历史。学生根据自己对历史的了解，任意挑选一个历史时期，还原该时期的服饰和文化并进行展示。感受中国古典文化，激发民族自豪感。 2. "历史文物展"。选择某一主题，如辛亥革命、改革开放40年等，学生通过自己的寻访，发现"史料"，可以是实物、照片、文字或视频。在课堂上展示并讲解这些史料的来历。 3. 历史辩论赛。围绕某一历史学问题，以班级或者班内小组为单位，开展辩论赛。培养学生的语言表达能力、思维应变能力，同时提高学生对历史知识的理解能力。	1. "历史老人"进课堂。历史不是苍白的文字，而是有血有肉的过去。在校本课堂上，我们可以邀请老人给大家讲述他所亲历的历史，让学生感受生动形象的"历史学"。 2. "历史情景剧大赛"。教师指导学生选题，学生运用收集到的资料自行设计并表演情景剧，从而锻炼学生的合作、探究、组织、操作、沟通和表达能力，并提高学生对历史学科的兴趣。 3. 历史微课大赛。学生作为授课者，以一个历史问题为主题，拍摄一段3—5分钟的教学视频。学生必须充分理解该问题的内涵，并运用契合的史料、简明的方式、风趣的语言进行讲解。为了达到较好的教学效果，学生还要掌握视频拍摄和剪辑方法。

【课程内容】

地方史包罗万象，内容极为广泛，而无锡地区作为吴文化的发源地，历史悠久，地方史料更是丰富。结合高中阶段学生学业负担重的特点，我校"无锡地方史"课程的内容选择了那些特点明显、能较好佐证历史结论的地方史料，删减掉内容相似、完整性差的史料。该校本课程包括无锡近代地方史、无锡现代地方史两个主题。每个主题都从学生身边的历史切入，针对高一学生的特点，以时间为分期，让学生学习地方史，感受地方史，收集地方史，运用地方史，提高他们的史料分析能力、创新探索能力和团队协作能力。同时培养他们对历史学科的兴趣，增强家乡自豪感和民族自信心。

两个主题都从三维目标着手，让学生学习有重点，研究有主题，通过学习，学生对近现代无锡地方史和近现代中国史有形象而深刻的理解。当然，教师在教学过程中，还可以根据学生的需要和现状以及自身的兴趣爱好来充实、调整课程内容，提高课程实效。

在课程内容的实施过程中，这两大主题并不是完全分割开来的，而是以活动为主要载体有机整合起来的。我们拟采用综合性主题活动的方式，以研究学习、技能操作、社会实践相结合的方式组织教学。

具体内容及活动安排建议（以下内容为初步设想，在具体实施过程中将不断充实和完善）：

一、高一第一学期

1. "穿越"感受历史

（1）学生自由选择"穿越"的历史时期。

（2）还原该时期的服饰、礼仪。

（3）可以以"吴地历史服装秀"等形式，展示该时期的文化。

2. 历史文物展

（1）选定某一主题，如"我们班的'博物馆'"，展示学生自己找到的历史"文物"。

（2）通过自己的方式发现史料，如实物、照片、文字或视频等。

（3）利用信息技术进行史料的制作。

（4）学生进行主题展示与讲解。

3. 历史辩论赛

（1）选择探讨价值较高的史学问题。

（2）以小组为单位收集资料。

（3）辩论小组成员分工协作。

（4）辩论赛后，其他同学打分。

二、高一第二学期

1. 寻访历史

（1）邀请老人进课堂，给大家讲述他所亲历的历史。

（2）走出课堂，参观博物馆、名人故居、历史古迹。

（3）开展"无锡历史名人展""无锡的历史之最""历史故事大家讲"等活动，让学生找一找发生在无锡的具有深远影响的历史事件，讲述地方史中的趣事。

2. 历史情景剧大赛

（1）教师指导学生选题。

（2）学生收集相关资料编写剧本。

（3）制作情景剧中的道具。

（4）根据剧本，学生自导自演情景剧。

3. 历史微课大赛

（1）充分理解微课所选主题的内涵。

（2）精选史料制作PPT。

（3）掌握一定的视频拍摄和剪辑技巧。

（4）开展"微课点赞大赛"，比一比谁的微课最受欢迎。

【课程实施】

采用"固定课+弹性课"的形式，确保每个年级的学生每学期至少完整地经历一个综合性主题活动过程。

固定课：年级社团活动，每周五下午第四节课。

弹性课：根据每个年级的课程内容需求，在该年级的研究课、音乐课、美术课、书法课、班会活动课中结合进行，具体上课时间根据需要临时提前安排。

【课程评价】

对学生的评价不过分强调结果的合理性，而是将关注的视角指向学生获得结果和体验的过程，注重学生在活动过程中的表现，主要是调动学生的积极性，使学生在活动中有所收获，有所进步，从而提高学生的综合能力。在具体操作中，教师可以通过观察，记录学生在综合实践活动过程中的行为、情绪情感、参与程度、努力程度等表现，并将其作为评价要素。

1. 档案袋评价

主要由教师实施，学生和家长配合，加强师生之间、家长与孩子之间、学校与家庭之间的相互了解和支持。"无锡地方史"校本课程的学习档案袋主要包括学生学习的过程性资料，资料基本类型包括作品实物或照片、学习体会、教师评语等文字、图片、影音资料等。

2. 综合评价

对学生校本课程学习实践进行记录和评价，评价拟从学习技能、合作交流、实践活动、情感态度、成果展示五大方面展开，着重三大能力（自我反思与管理能力、动手操作能力、沟通与表达能力）评价，并对其表现水平进行划分，建立统一标准，得出相应的基于表现的评价。同时，该项评价与学生期末的评优工作挂钩，对表现优异的学生颁发证书。

"无锡地方史"课程综合评价表

类别	指标	笑脸（星级）指数
学习技能	动手操作（拍摄、剪辑、制作PPT、编写剧本等）能力 沟通与表达（作品介绍、故事演讲、讲课、思路阐述等）能力 自我反思与管理能力	☺☺☺☺☺ ☺☺☺☺☺ ☺☺☺☺☺
合作交流	尊重不同生活背景的同学并与他们融洽共处 既能独立创作，又能与人合作，共同解决难题 积极参与群体活动，对合作团队怀有热情	☺☺☺☺☺ ☺☺☺☺☺ ☺☺☺☺☺

续表

类别	指标	笑脸（星级）指数
实践活动	参与采访、参观、资料收集与整理 参与一次作品展示活动 有实践感悟表达呈现（感言、记录等）	☺☺☺☺☺ ☺☺☺☺☺ ☺☺☺☺☺
情感态度	激发对历史学科的浓厚兴趣 形成强烈的热爱家乡、热爱祖国的感情 有探索未知领域的欲望	☺☺☺☺☺ ☺☺☺☺☺ ☺☺☺☺☺
成果展示 (档案袋表现)	材料完整，包含必需的过程性资料 至少一件有价值的史料（作品或文字） 至少一个参与活动的视频作品 活动作品至少获得十位同学的好评（活动记录本） 至少有一次作业获得优秀等第	☺☺☺☺☺ ☺☺☺☺☺ ☺☺☺☺☺ ☺☺☺☺☺ ☺☺☺☺☺

（该课程纲要编写者为无锡市立人高级中学周丹君）

● 典型学习活动设计

"历史情景剧大赛"学习活动设计

【教学设想】

本活动的选题范围为无锡近代社会政治、经济、文化等方面的内容。通过历史情景剧大赛，有效延伸历史课堂，弥补国家课程课时紧张、学生不重视等问题。学生在历史情景剧的准备过程中能深入无锡地方史知识，参考国家课程教材知识点，把握历史人物的性格特征，让学生感受历史的魅力，增加对历史学科的兴趣。历史情景剧大赛能充分体现学生的教育主体地位，使历史教学事半功倍。

【学习目标】

1. 让学生了解无锡近代社会政治、经济、文化思想方面的特点，通过对无锡近代社会的探究，进一步认识中国近代社会的特征。

2. 培养学生史料收集与分析能力、团队合作能力、综合探究能力等，学会论从史出，学会用唯物史观分析评价历史事件和历史人物。

3. 通过探寻无锡地方史、无锡名人事迹，培养学生热爱家乡、热爱国家的情感，树立正确的价值观。

【学习准备】

确定比赛规则、流程、评分方法、奖励机制等。

【学习过程】

一、导入

同学们，历史不仅仅是教材中的文字，也不是枯燥无味的知识点，而是曾经真实发生过的故事，历史的主体是曾经有血有肉有温度的人物。通过对无锡地方史的学习，我们感受到了身边的历史，对历史学科有了更加深刻的认识。我们知道了要理解历史，就要去感受它，当我们置身历史之中，就能自然而然地感知历史事件的波澜壮阔，明白历史人物的影响。因此，我们举办这场"历史情景剧大赛"，同学们自由分组，选题范围围绕近代无锡社会政治、经济、文化等方面的内容。要使用到校本课程中学到的史料收集法和史料分析及编辑的方法，出现史料使用不当或史实错误的将扣分。

通过一个阶段的研究和准备，相信同学们有了许多收获。接下来就请你们以小组为单位，展示自编自导自演的历史情景剧。请注意要文明欣赏，并发现他人的优点和不足，之后我们要全班互评。

二、情景剧表演

第一小组情景剧主题："无锡光复"

第一幕简介：1895年，无锡人杨宗濂、杨宗瀚兄弟从各处集资24万两银元，在无锡羊腰湾创办第一家工厂——业勤纱厂。该厂占地40亩，购买英国道勃生厂制造的细纱机、纱锭。

第二幕简介：近代中国买办出身的工商业家的典型代表祝大椿，1885年开设源昌号，经营煤铁五金商业。后又购买轮船多艘，经营海运业。1898年起陆续开办源昌机器碾米厂、源昌机器缫丝厂，合资开办华兴面粉公司、公益机器纺织公司、怡和源机器打包公司等。他与杨宗濂、杨宗瀚兄弟等无锡民族资本家共同探讨企业的经济发展与社会现状。

第三幕简介：无锡民族资本家联合起来成立商团，有四五十人，成为无锡最大的一支武装力量。为了响应武昌起义，商团在无锡进行了光复行动。舞台上展现革命的过程：革命爆发，无锡商团注意监狱安全，特派一队人马，弹压因狱卒逃散而蠢蠢欲动的囚犯们，以防犯人越狱，扰乱社会治安。进攻县衙时，让知县交完印就放人了，并无伤人之举。无锡光复过程，虽放过枪，但一个人没伤，监狱的囚犯都没逃逸，鸡犬不惊，和平光复。

学生剧本：略。

【情景剧点评】 该剧本抓住了武昌起义后各地纷纷兴起各类光复运动的大背景，展现了无锡光复运动的过程。无锡的光复有两大特点：一是无锡光复不是革命党领导的，而是商团自发发动的；二是整个过程维持了社会秩序的稳定，是在暴力基础上的和平夺权。剧本表达了无锡民族资本主义经济的发展对无锡近代资产阶级革命的影响，同时看到了无锡的革命运动有地方特色，与国家课程中关于辛亥革命的内容有不同之处。

第二小组情景剧主题:"瞎子阿炳"

第一幕简介:阿炳两眼全瞎,戴着一副黑玻璃眼镜,胸前背上挂着笙、笛、琵琶等乐器,手里拉着胡琴或拿着三片竹片,累累赘赘,在街头上行走卖唱。沦陷初期,敢骂汉奸。汉奸县长杨高伯和伪县政府侦缉队长吴正荣(沙壳子)先后被抗日志士击毙在观前街"云记售吸所"前,阿炳便在他的演出场所,以"小飞机枪打沙壳子"为题,说唱这个故事。观众纷纷拍手称快。

第二幕简介:阿炳每天下午在崇安寺茶馆门前演唱。抗战期间,日寇侵入无锡,交通阻塞造成物资流动不畅,市场上出现了奸商米蛀虫囤积居奇,物价不断飞涨的局面,这对升斗小民来说是一大威胁,老百姓痛恨不已,阿炳据此编了一段《大骂米蛀虫》的说唱。

第三幕简介:抗日战争胜利以后,国民党发动内战,政治腐败,经济萧条,物价飞涨,民不聊生。阿炳不满现实,他曾唱出"前走狼,后走虎,世上猫子吃老鼠"。说唱《金圆券满天飞》,唱词:金圆券,满天飞,花花绿绿"好东西"。早上可以买头牛,晚上只能买只鸡。十万金圆券,只够量升米。还抨击国民党政府苛捐杂税多,唱词:印花小,发票长,本来印花贴在发票上。捐税多,印花长,发票只能贴在印花上。

学生剧本:略。

【情景剧点评】该剧本以同学们非常熟悉的无锡名人瞎子阿炳——华彦钧为主角。独具特色的打扮(黑玻璃眼镜和二胡),配上其创作的二胡名曲《二泉映月》为背景音乐,立刻把大家带入无锡近代的那段历史情境中。剧本通过瞎子阿炳自编自唱抨击旧社会邪恶势力、汉奸奸商丑劣行径的剧情,表达出无锡近代在抗战期间和解放战争期间,社会现状的黑暗和底层人民的苦难。情景剧《大骂米蛀虫》的内容是学生自编的,编写得较为合理,说明学生能身临其境感悟历史,体会历史人物的心理。该情景剧涉及阿炳与听众的对话,以及说唱的曲调,这些都由学生自己创作。内容风趣诙谐,演出效果非常好。该剧拉近了这段历史与学生的距离,同学们进一步了解了近代无锡的社会状况,对近代中国社会以及民族工业陷入绝境的史实也有了深入理解。从材料中"金圆券""捐税"等字样,学生能看出这是国民政府后期,即解放战争时期的事情。从金圆券早晚的购买力、印花税等内容,可以看出国民政府滥发纸币、肆意增加苛捐杂税,导致物价暴涨,金融体系崩溃的社会现实。教师以解放战争时期无锡的情况为例,引导学生分析民族工业陷入绝境的原因。

第三小组情景剧主题:"近代无锡的两个女人"

第一幕简介:裘毓芳和叔父裘廷梁探讨关于创办《无锡白话报》的问题,即该报纸的主旨是什么。经过两人的热烈讨论,确定了报纸的主要内容为鼓吹变法,提倡女学,推广白话,介绍各国变法维新史。并打算创办中国第一个白话学会。

第二幕简介:裘毓芳与康有为之女康同薇、梁启超夫人李蕙仙一起提倡女学,争取女权，对当时社会女子地位低下等问题提出严厉批判。为维护广大女子的权利，提倡男女平等，三人构思创办中国最早的女报——《女学报》。

第三幕简介：胡彬夏在大学讲课中说，妇女要有学问，要有所作为，"吾妇女欲见重于人，必先为家国社会有所兴作焉"，"女子可做之事，改良家庭"，"改良家庭即整顿社会"。改造家庭是要塑造完全不同的国民，将孩子教育成具有男女平等思想的国民。家庭之于社会的重要性不言而喻，这与梁启超等男性改良派所说的贤妻良母有完全不同的内涵。

学生剧本：略。

【情景剧点评】本情景剧以维新变法到新文化运动时期的历史为背景，以近代无锡地区两位名人为切入点。裘毓芳主编江苏最早的报纸——《无锡白话报》，发起组织了我国第一个白话学会，提倡白话，活跃思想，反对文言八股及陈腐观念。在维新变法运动中，裘毓芳为鼓吹变法维新，为中华之崛起，充分展示了她的才华和抱负。裘毓芳创办的中国早期白话报实际上是1915年开始的新文化运动的先声。文学革命提倡新文学，反对旧文学，就是提倡白话文。该情景剧的资料正是无锡维新运动早期到后期的生动史料。除《无锡白话报》外，裘毓芳还是1898年7月创刊的我国第一份妇女报纸《女学报》的主笔之一，她在《女学报》上发表了一些提倡女学、争取女权、主张男女平等的文章，如《论女学堂与男学堂并重》等。据《中国报学史》（戈公振著）载："女子之服务于报界，我国以裘毓芳为最早，次之，则为陈撷芬和胡彬夏。"裘毓芳和胡彬夏均为无锡人，为家乡和全中国的思想文化解放做出了杰出贡献。通过该历史情景剧，同学们感受到了近代思想界的活力，感受到家乡名人的魅力。

三、教学总结

历史情景剧大赛，充分体现学生的教育主体地位，其生动的形式能有效活跃课堂气氛。然而情景剧的作用绝不局限于此，它的特点是趣味性强，且需要学生做充分的前期准备，这就决定了历史情景剧的生存空间应该兼具课堂与课外。学生在历史情景剧的准备过程中能深入校本课程的知识点，把握地方历史名人的性格，理解历史事件的始末，从而感受历史的魅力，增加对历史学科的兴趣。

【教学反思】

1. 学生在本次情景剧比赛活动中锻炼了综合学习能力。

（1）史料收集能力：通过网络、图书馆收集史料，采访，调查，观看近代的影视作品。

（2）史料分析能力：对史料进行筛选、分析与整合。

（3）团队协作能力：通过分工协作，自编自导自演情景剧。

（4）评价能力：让学生学会正确客观地评价自己和他人。

2. 针对情景剧中出现的错误和值得商榷的问题，全班同学进行讨论，促进了大家对近代无锡社会特点的进一步认识。

3. 脱离教师的"教",课堂由学生自己做主,选择学生喜欢的内容并用表演的形式展现出来,让学生体验到学习的愉悦。

4. 地方史是曾经发生在自己身边的人和事,有种亲近感,更能激发学生学习的兴趣。

(该学习活动设计者为无锡市立人高级中学周丹君)

乡 村 阅 读

无锡市胡埭中学

● 课程纲要

【课程名称】

乡村阅读

【适用年级、课时安排】

适用于初一、初二年级，共12课时

【课程背景】

一、课程背景

教育部《基础教育课程改革纲要（试行）》中特别指出：农村中学课程要为当地社会经济发展服务，教材内容的选择应适合学生身心发展特点，要积极开发并合理利用校内外各种课程资源。学校应充分发挥校内、校外的图书馆及农村丰富的自然资源、实践基地等各种社会资源。

为此，依据乡村学校的特点，我们分析了国内外对乡村阅读的课程研究，发现都比较单一化，能把"乡村与阅读"结合起来的阅读课程研究比较少，也相对薄弱，所以，本课程可以弥补不足，开创一种全新的尝试。

在分析了课程背景与国内外研究背景之后，再来看看乡村孩子的心理背景——传统观念和日益城市化的发展进程，使得农村和城市的孩子存在着一定差距。在一部分乡村人心目中，城市人似乎高人一等，乡村人似乎卑微落后一些。于是，在对城市的向往和艳羡中，现代的某些乡村学生，并不热爱自己脚下的土地，葱韭不分，节气不知，审视自然的目光短浅，对自然文化的感觉迟钝，觉得它贫瘠单调，乏善可陈，于是快乐指数下降。

另外，随着时代的发展，新农村也在蓬勃发展中，农民生活越来越富裕。然而在这个过程中，我们却发现，乡村学生在享受富足的同时，因为缺少正确的教育引导，逐渐迷失甚至浸淫在现代化的诱惑中——新奇的电子设备对他们是一种诱惑与冲击，能沉下心来享受较之过去好很多的读书氛围的，并不是大部分。况且，在某些汲汲于分数的教育思想的影响下，在家长们汲汲于打工赚钱的农村家庭环境的影响下，孩子的读书现状更是不容乐观——读书趋向于浅层次、碎片化，或随意盲目，或具有功利性、片面性，精品化、系统化阅读越来越少，甚至有的学生抛弃经典作品，只眷顾言情类、玄幻类等网络阅读。于是，乡村孩子健康绿色的阅读成为当务之急，亦是本次研究的背景暗示与突破口。

二、价值意义

传统读书环境的影响和新时代迅猛发展带来的猝不及防，毋庸置疑，使得城市和乡村的差距愈发明显——从读书的丰富程度来讲，城市学生因条件的优裕和便捷，读书比较丰富深刻，并且由此进入阅读的良性循环。而乡村学生，因为物质条件的落后和传统习惯遗留下的读书精神需求的缺失，以及随新时代之风扑面而来却因缺乏引导而形成的兴趣迁移，无论是对书籍的热爱还是读书的数量、质量，都无法和城市学生相比。虽然近年来情况有所好转，但还有待进一步努力，需要孜孜不倦地去唤醒学生们热爱乡村生活、热爱乡村阅读的情怀，最终提升自己的阅读素养。

另外，有些乡村中学，虽然有着得天独厚的乡村资源，却在传统教学理念的影响下，在素质教育和应试教育的纠结中，小心谨慎，按照传统的统一的标准去教学，不敢越雷池一步，无法真正具有"敢为人先、大胆尝试"的魄力，这实在是暴殄天物。所以，在全球化的今天，在阅读素养决定品质内涵的时代，当信息越来越庞杂，人心越来越浮躁，幸福感悟能力越来越迟钝之时，乡村学校需要挑战，即在科学合理的课程标准下的有序教学之外，再充分挖掘自身丰富的乡村资源和阅读机会，致力于提升乡村孩子的阅读素养，开设出适合自身的，即为乡村学生量身定做的校本阅读课程。这既是一种挑战，也是一种机遇，更是一种对乡村教学的贡献。

【课程理念】

本课程不是传统意义上的纯粹的阅读课，而是把文学社团活动、阅读教学和乡土体验结合起来的综合性课程。

在课程的开发和设施中，贯穿其中的是依靠"文学社"这一辅助平台，打造适合乡村孩子阅读的整合性课程。因为本课程名为"依托文学社团活动的乡村阅读"，所以遵循的课程理念是关于"阅读"与"乡村""社团"。主要紧扣以下理念：

第一，顺应教育理念中的"终身阅读"理念和"社会发展——阅读是刚需"的理念。教育学理念强调，阅读是学生成长的关键途径，应贯穿于教学的始终和课内课外。

国家领导人也从民族素养的角度提倡"全民阅读"，如2015年李克强总理在政府工作报告中提出："提供更多优秀文艺作品，倡导全民阅读，建设书香社会。"并阐述了三点关于阅读优点的内容：有利于提升整个中华民族的素养，有利于激发阅读者的创新精神，有利于合力实现中国梦。可见，文化是社会发展的软实力，阅读是文化的重要组成部分，是全社会人文素质提升的关键。2017年，党的十九大提出加快建设学习型社会，比如农村学校应该立足本土，从教会学生阅读辐射开去，从偶尔的被动的阅读转化为"自发性、常态化"的阅读。2018年4月2日，中国教育学会第八届理事会学术委员会顾问、"全民阅读形象代言人"朱永新先生大力提倡阅读，说阅读是塑造精神趣味和人格倾向的最好途径，要用阅读去创造一个民族美丽的未来。

第二，契合陶行知先生的关于"乡村教育"的思想理念。中国乡村教师要立足于乡村，能积极开发、合理利用各种乡村资源，创造一条具有乡村特色的教育之路，特别是通过阅读激发乡村孩子的生活安乐感。

第三，关注乡村初中孩子身心发展的科学育人理念。从心理学角度来说，十四五岁的学生正处于求知欲旺盛、蓬勃好奇的读书的最好年华。年少时阅读，能终身受益。

第四，遵循整合式教育理念。陶行知曾说，"生活即教育，社会即学校，教学做合一"，言外之意是教育要充分合理地整合、利用好各种社会资源，在社会活动中进行教育，实现学生与社会的融合。

国际阅读素养进展研究项目（PIRLS）在阅读素养评价中认为，阅读能力已经不再被局限于学科范围内，单纯地作为一种特定的学科能力，而是将阅读与生活相联系，将阅读融入现实生活的各个层面：休闲娱乐、工作生活等。可见，本课程把阅读与乡村生活、探索乡土活动与文学社团联系在一起，是有理论支撑的。

无独有偶，美国实用主义教育家杜威也反对狭隘的只为职业的教育，提倡整合教育理念。通过整合，可以让多种学科的知识得以互动，培养综合能力，实现以人为本，培养具有综合素养的、符合社会发展的全面型人才。在本课程的研究建设中，也将整合生物、美术等学科。

综上所述，地处城市边缘，拥有俯拾皆是的乡土资源的中学，开展结合文学社团活动，唤醒学生的乡土情怀，提升学生阅读素养的校本课程研究，是有理有据、应时应景的。

【课程目标】

本课程的教育目标在于提升"乡村孩子的阅读素养"与"身为乡村人的幸福感"，从而使得乡村学校弥漫着文化的气息，铸就一个文化型的有内涵的学校，即达到"学校、教师、学生"的三发展。

1. 学校特色发展目标

通过研究，打造一个精品化的文化校园，让校园作为文化的辐射地，从学生与教师开始，然后潜移默化地影响周围的百姓，能全民阅读，使得彼此都享有较高的文化素养，增强学校的软实力，从而提升学校的教育质量，真正为社会培养有素养的人才。

2. 教师专业发展目标

通过研究，提升教师的课程研究能力，培养一支团结合作、精思细作、和谐向上，具有人文情怀和文学素养的教师队伍，在文学专业发展上大幅度进步，使得校内每一位参与老师都能腹有诗书气自华，能获得作为乡村教师的幸福感。

3. 学生个性发展目标

不识庐山真面目，只缘身在此山中。乡村孩子为什么没有幸福感呢？到哪里去寻觅幸福感呢？此课程就是要让乡村孩子亲近自然，并在广泛的配套的系列化乡村阅读活动中，在乡村与阅读的融合性指导中，唤醒他们的家乡情怀和关注、热爱、眷恋家乡的情愫，获得作为乡村孩子的幸福感，提升阅读能力，最终成为新时代需要的一代文化新人和自豪的新农村人。

在此目标的引领下，我们化整为零，各个击破，即根据每个学段学生的认知、能力水平及年龄特点，设定不同梯度的"知情意行"达成目标。可分解为三大主题和相对应的学习目标。

第一个主题："蓦然回首乡村美"，学习目标是感受乡村的美好，培养"乡村阅读"的兴趣。

第二个主题："身临其境阅读情"，学习目标是积极参与乡村阅读和实践活动，获得丰富体验。

第三个主题："青春飞扬素养升"，学习目标是深化乡村阅读内容，提升审美情趣与青春素养。

【课程内容】

乡村学生阅读素养的提升并非一朝一夕、一时一地所能见效的，它是一个长期的、坚持不懈的、需要多个环节共同影响的过程。所以，此课程只是起一个引领的作用，为学生提供一个提升的平台。师傅领进门，修行在自身。在此过程中，我们始终把培养乡村孩子的阅读兴趣放在首位，把亲临乡村去感悟作为辅助；在课程的设置方面，遵循由简单到难、由浅入深、由理论到实践、由分到总的原则，特意设置了基础课程、中级课程和高级课程三种，分别在兴趣、活动、综合提升方面下功夫。需要注意的是，虽然设置了以上三个阶段，但并不意味着在实施时必须按部就班。其实，各个课程中，乡土意识的唤醒、乡村阅读的推荐、乡村文章的欣赏，作为主线会一直贯穿始终。且为了避免呆板，三个阶段可以灵活设置，做到既有静态的阅读，也有实践的活动，既有欣赏，也有体验。还有，在阅读中，虽然强调的是乡土阅读，但也不局限于这类题材，而是要挖掘此题材背后的丰富性，使得学生能窥一斑而知全豹，融会贯通。在阅读中，还会推荐其他题材的作品中，营造错落交织的多元化阅读氛围。

具体内容及活动安排建议见下表（下列所列为初步设想，在具体实施过程中将不断充实和完善）：

"乡村阅读"课程内容与活动安排

学段	课程核心活动内容		活动内容说明
	主要方式	活动主题	
初一年级	课堂活动类（基础课程）	兴趣激发，形成乡村阅读的目标意识	
		A."乡土美"图片或视频展示活动	通过教师拍摄的本地乡村图片，或网上的乡村视频，让学生领略乡村的风光美、人情美，产生身为乡村人的幸福感，有走出去寻觅乡村之美的情致。
		B."乡土诗词美文"赏析活动	这类诗词大多为唐诗宋词，要求选择的内容具有以下特点——是关于自然风物的，是学生在乡村中能触碰到或感知到的，是唯美而又通俗易懂的，是学生喜闻乐见的，唤醒学生阅读乡村文学的意识，在文学中进一步体悟乡村之美。
		C."乡土美文"诵读活动	教师诵读经典的乡村美文，比如徐志摩的《再别康桥》等，让学生观摩聆听，从声情并茂的诵读中感受乡村与乡村文学之美。
		D."乡土美文"推荐与阅读指导活动	这类活动中推荐的作品都为关于乡村的，且趣味性、可读性强，教师会展示专门的"乡村阅读"书目，教会学生准确的阅读方法，要求每位同学制订阅读计划。
初二年级上	采风活动类（中级课程）	实践体验，建立乡村与文学的契合	A."浅斟低吟诵读行"活动	这里的诵读活动是对前一种诵读活动的延续，是为了有目的地引导学生观察一路的乡村风物而展开的，即教师组织专门的本地的乡村文学诵读活动，让学生在或高亢激昂或柔婉清越中倾听出作品的情愫，获得美好的阅读体验。比如学生上学路上的两旁有苍苍蒹葭，教师让学生观察后，为学生奉上一首《蒹葭》，学生的上学之路就成了浪漫的文化之路；在万物萧瑟的秋日，教师同样让学生在观察体悟后，为学生吟诵一首《天净沙·秋思》，学生对"枯藤老树昏鸦"的孤独凄凉有了同情。诸如此类的活动可以是教师做主角，也可以是学生主动策划，有利于培养学生敏锐独特而又细腻的文化感知力，能在自己酸甜苦辣的情感体验中找到诗意的文化栖息地。

续表

学段	课程核心活动内容		活动内容说明
	主要方式	活动主题	
		B. "文化感知采风行"活动	为了阅读出文化的内涵，感受到作者的生花妙笔，在文学社的安排下，先布置学生阅读关于乡村文学的作品，然后前往附近的文化实践基地或充满文学诗意的地方，赏花吟诗，在风光旖旎中鉴别赏析作品，激发创作意识。当然，这个活动也可以先让学生去自然感受，尝试着想象自己如何来描摹所看到的风物，然后再引领学生去阅读经典作品，最后一较高低。
		C. "学生推荐展示行"活动	在初级课程中，主要是教师向学生推荐作品，而在学生养成一定的观察与阅读习惯后，可以改变角色，体现学生的主动性，让他们在课堂的前五分钟，向大家推荐自己的观察所得以及搜集到的与此相关的乡村作品，或分享自己的阅读心得，并讲述推荐理由。在这一活动中，学生可以在教师与同学的喝彩中，享受阅读的成功与自豪。
		D. "乡土推手送经行"活动	可以安排一些写乡村作品的作家来作讲座。当然，考虑到现实可行性，亲临现场的作家不一定要大名鼎鼎、著作等身，可看情况而定，只要是在乡村题材的作品阅读和写作中有作为的，都可以。目的是激发学生主动阅读更多的乡村作品。
初二年级下	综合活动类（高级课程）	审美创作，巩固并升华乡村阅读	
		A. "我型我秀模仿课"活动	此举主要是为了加深阅读体验，让学生模仿优秀作品的片段，利用乡村的自然资源，写出具有自己地域特色的片段。如阅读萧红的《呼兰河传》后，让学生观察自己家的菜园或周围，写出自己的"家乡传"。
		B. "经典演绎情境课"活动	很多文质兼美的作品，都以乡村作为场景，如若安排学生寻觅相似的作品现场进行经典演绎，他们会在角色的融入再现中，深刻地领悟作品的内涵。
		C. "倾诉情怀写作课"活动	引领学生在众多的乡村阅读体验基础上，写写读后感或创作出自己的乡村作品。
		D. "慧心文心创意课"活动	设置审美创意课，如让学生"秋寻落叶"并配以自创的小诗，"春摄繁花"并配以原创或阅读到的好句，即叶配诗、花配诗等，使阅读成为美的媒介，乡村风物成为美的载体，学生的慧心、文心成为美的主体。

【课程实施】

课程的实施大致是按计划进行的，再根据学生的实际情况进行适当调整，即采用"固定课+活动课+弹性课"的形式，确保每个年级的学生每学期至少完整地经历一个主题活动过程。

固定课：每周的语文阅读课，严格按照课表上的安排进行，地点主要在学生阅览室。

活动课：主要依托于文学社，由语文教师和文学社负责人共同组织策划，参与成员是全体学生。

弹性课：根据每个年级的课程内容需求，在该年级的生物课、美术课、班队课中进行，具体上课时间根据需要临时提前安排，且不固定在学校，有时安排部分文学社成员走出校园，开展采风与培训活动。

【课程评价】

"阅读素养的提升"这个评价是比较困难的，因为它并非是立竿见影的，也并非一定可以用物化标准来评价。比如学生的阅读素养，更多地从他的谈吐行为等气质、精神层面来体现。潜移默化的情操的提升，不能用一把尺子来衡量。所以，我们的评价指导思想是人性化、灵活化、科学化。遵循多元化的评价原则，分为学生自评与互评，教师评价与家庭评价，阅读成绩、阅读量等物化评价与人文、气质等精神方面的口碑性评价。

本课程采用以下评价方法：

1. 阅读成长记录档案袋评价。每一个学生都有一个阅读成长记录档案袋，里面包括每天的阅读时间、每学期的阅读书目和数量、阅读摘记和心得、活动参与度、考试中的阅读分数、写作能力等。这个档案袋主要由学生负责记录，家长辅助监督，教师负责最后的审核总评。

2. 多元性的综合跟踪评价。除了以上的成长记录档案袋评价方式外，我们还将立足于孩子在生活中的阅读素养表现来进行评价，依托模式就是以班级成员作为单位，依据一定的标准，评选出班级和全校的"乡村阅读明星"，文学社结合平时各个班级的征文质量与数量、活动参与度等，评选出"乡村阅读明星班级"和"全校阅读大使"；同时，为了顺应时代发展，也为了把乡村阅读理念推广到家庭乃至整个乡村，将利用网络的便利，用网络投票的方式来推广"乡村阅读明星"，用阅读者的正能量来影响村民们，使他们参与到全民阅读的行列中去；还将采用网民或师长、亲人推荐语集萃的方式进行评价。另外，为了使乡村阅读持久化，我们将建立一个随访跟踪体系，把目光追随到课程结束后的初三乃至学生今后的人生路上，不断鼓励、引领学生。

"唤乡村情怀，升阅读素养"综合评价表（评价细目）

类别	指标	效果指数（星级）
情感态度	1. 有热爱乡土、保护乡村的意识； 2. 有热爱乡村阅读的文学情怀。	☺☺☺☺☺ ☺☺☺☺☺
合作交流	1. 能与其他同学分享阅读心得和乡土实践心得； 2. 能推荐优秀的乡土作品； 3. 能一起进行乡村美文诵读或课本剧的合作排练、设计等。	☺☺☺☺☺ ☺☺☺☺☺ ☺☺☺☺☺
学习技能	1. 掌握准确有效的阅读方法； 2. 能自我选择健康有效的美文作品； 3. 能学会用科学文艺的方法观察乡村风物； 4. 能用专业术语欣赏乡土作品； 5. 能用自己的语言描绘乡村风物； 6. 能掌握声情并茂的诗文诵读技能。	☺☺☺☺☺ ☺☺☺☺☺ ☺☺☺☺☺ ☺☺☺☺☺ ☺☺☺☺☺ ☺☺☺☺☺
实践活动	1. 能主动、积极、文明地参与每一次语文阅读活动； 2. 能在文学作品的描绘和感染下，进入乡村寻觅作家笔下的风物的影子； 3. 能身临其境地演绎文学作品中的美； 4. 能在活动后做出总结或反思。	☺☺☺☺☺ ☺☺☺☺☺ ☺☺☺☺☺ ☺☺☺☺☺
成果展示 （档案袋表现）	1. 两年的阅读作品数量与书目展示； 2. 阅读摘记展示； 3. 关于乡村阅读的读后感等作品展示； 4. 审美创作作品展示（比如：让学生"秋寻落叶"并配以自创的小诗，"春摄繁花"并配以原创或阅读到的好句，即叶配诗、花配诗；给经典乡村美文配上图画）； 5. 所参与的相关活动证明，可以是证书，可以是照片，也可以是活动小结； 6. 周围同学、老师、家长对自己的印象，可以是推荐语。	☺☺☺☺☺ ☺☺☺☺☺ ☺☺☺☺☺ ☺☺☺☺☺ ☺☺☺☺☺ ☺☺☺☺☺

（该课程纲要编写者为无锡市胡埭中学钱英娟）

● 典型学习活动设计

"那树"学习活动设计

【学习目标】

1. 培养学生欣赏关于乡村风物类散文的鉴赏能力；

2. 通过品味散文语言，体会作者对美好自然风物的喜爱之情；

3. 对比周围的乡村变化，认识人类发展与自然环境的冲突，体会本文带给我们的启示，激发学生保护所生活的乡村的意识。

【学习重点】

1. 文章主旨的探究。
2. 抓住关键词进行品析，挖掘并领会作者融注在字里行间的情感。

【学习过程】

一、导入课题

曾经，在商校那边，我有一个家。春天，桃花朵朵，杨柳依依；夏天，屋后塘内是一幅鱼戏莲叶间的美丽画面；秋天，硕果累累，果香四溢；冬天，踏雪寻梅，青松含笑。现在，那个家……梦里花落知多少，曾经的美好只能残留在梦中，残留在记忆里。其实，这样的心痛与无奈又何止我一个人呢？台湾大师级散文作家王鼎钧也有过这样的心情。今天，我们走近他的《那树》，去品味一番。

二、整体感知 ——一棵树一生的故事

速读全文，理清思路，能用简洁的语言概括故事。（方法指导：抓关键句——过渡句、时空转换句；抓线索。）

（过渡：这就是一棵树的故事，是一个悲剧。但它也有过辉煌的时刻啊！让我们去见证一下！）

三、初步鉴赏 ——一棵树感人的精神

请听朗读（第1—5段），思考：这是一棵怎样的树？作者是如何描写的？（方法指导：边看边画出描写特别传神的句子，或描写事物的形容词、带有感情色彩的词语。）

（过渡：这曾是一棵历经风风雨雨却屹立不动的坚强的树，也是一棵枝繁叶茂的树，更是一棵为人类无私奉献着的树——给行人提供纳凉的场所，给孩子们带来欢声笑语，为情人酝酿温馨的感觉，给城市带来绿色。树，是大自然的最强音，是绿色的天使。但随着现代经济的发展，在高楼林立、车流涌动的现代都市里，树成了障碍物，被人类下发了一张死亡通知书，于是，树的厄运开始了……）

四、重点品析 ——一棵树蕴含的情思

跳读第6—11段，然后画出你感触最深的句子进行赏析，要品出隐藏在字里行间的情感。

（方法指导：品读赏析可以从修辞的角度入手，分析修辞的表达效果；也可以抓住最具表现力的词，比如揭示事物精神或特点的形容词、很传神的动词、独具表现力的数量词、凝练深刻的词；另外，还要考虑这样用语的目的是要传达作者怎样的情感。）

范例：

我感触最深的是这句话："老树是通灵的，它预知被伐，将自己的灾祸先告诉体内的寄生虫。"因为这句话用了拟人的修辞，赋予树以人的情感，生动地写出了老树的善良与爱心。这句话蕴含了作者这样的情感：对老树的敬仰，对这样一棵有人性的老树却要被残杀的愤恨，对生物间尚且能惺惺相惜，而人类却如此冷漠的嘲讽！

（过渡：多么可敬可怜的一棵树，就让我们带着敬意与怜悯去为它唱一首颂歌与挽歌。请大家齐声朗读，注意感情的把握。）

五、对比诵读——一棵树诉说的悲剧

（过渡：落红不是无情物，化作春泥更护花。可以说，文章不是无情物，句句品出肺腑情。我们平时在写作时，就应该把我们的真情凝聚在笔尖，让它流淌成一行行情真意切的文字。我们在阅读散文时，也要品出情感来。那么，作者难道仅仅是要向我们描述这棵树的故事，传达出它的喜怒哀乐吗？显然不是，请领略文章的主旨。）

六、深度领悟——一棵树寄予的深意

这棵树该不该被砍伐？请判断以下三项：

1. 这棵树应该砍掉，因为它与现代环境不和谐，影响了交通，甚至导致了一个人的死亡。人是万物之灵，人的生命高于一切，所以该伐。（×）

2. 这棵树应该砍掉，因为与其让它碍手碍脚地呆立着，还不如让它发挥价值：树干可以做各类物品，树根可以当柴烧，也可以制成工艺品，这才是树的宿命，所以该伐。（×）

3. 这棵树不应该砍掉，因为任何生命都应该被敬畏，何况是这样一棵为人类做出卓越贡献的树呢？而且，砍伐还会带来环境后遗症。所以我们应停下我们现代经济、文明的发展，不应该砍伐这棵树。（×）

（过渡：难道作者是要我们回到衣不蔽体，食不果腹的原始社会吗？请看作者的话。）

人类以它最杰出的智慧，最艰辛的奋斗，最漫长的过程，冲出洪荒，握紧文明，难道现在后悔了吗？不，我们绝不后悔……文明带来了各方面的进步，但对文明造成的伤害，是用进一步的文明来消弭，而不是否定文明。

文章通过一棵树从繁荣到被剥夺生命的悲剧，表达作者对都市文明发展利与弊，人与自然关系的深沉思索与感慨。呼吁我们能在尊重自然的前提下发展文明，而不能以牺牲环境为代价！

（过渡：是啊，牺牲环境不是我们唯一的选择，我们可以在它的周围种上花花草草，修建一个转盘，让那里成为一道独特的风景。而作者的这种悲天悯人的情怀是我们每个人都应该心存的，因为现在这样的悲剧每天都在上演。请看图片。）

七、拓展延伸——一棵树引发的呼唤

我们到底是要把我们的朋友赶尽杀绝，然后引火烧身，让地球上的最后一滴水成为我们的眼泪呢，还是选择一个山清水秀的世界？相信大家已经有了最明智的选择。

八、教师寄语——一棵树引发的呼唤

没有了青山绿水，没有了鸟语花香，没有了蓝天白云，人类文明将苍白可笑。

所以，请多还生物一寸空间，让生命之花遍地开放！多致生命一份敬畏，让文明得以延续！多融文明一缕诗意，让我们在这块土地上诗意地栖息！

九、课后行动——一棵树激起的共鸣

1. 斗转星移，沧海桑田，我们生活的乡村每天都在不经意间默默地改变着。那么，在这种变化中有没有不和谐的地方呢？请你把它写出来，并谈谈你的感想。

2. 请运用本堂课的鉴赏方法，去欣赏乡村文学名家刘亮程的作品。

【活动反思】

千树如瀑，万花如绣，乡村的孩子们大多有折花嗅美、爬树掏鸟窝等儿时与大自然相处的美好记忆。眼眸所到处，脚步所踏处，是无数的自然生命。因为多，所以反倒失去了珍惜感。而本文，正是通过拟人化的树被砍伐的悲惨情感的描写，唤醒孩子的悲悯情怀，了解树的深沉伟大。一上来，孩子们并没有太切身的体会，但经过不断的引导、品读、体悟，孩子们渐渐地能把树木当作人来看，当作生活中最亲密的朋友来看待了。

可是，问题层出不穷，孩子们在同情树的同时，却对因经济发展而侵占了树的空间的都市文明产生了抵触，故而在第六环节的判断时，简单地否定了现代文明，认为现代文明应该停止。这恰恰是感性化的物极必反的表现。为此，在课堂中，教师需要谆谆告诫孩子们：现代文明的发展是不应该停止的，只是我们可以把自然万物放在首位考虑，不以牺牲它们为代价。接着，教师又循循善诱，诱导孩子思考——你还有什么让文明与树木等自然万物不冲突的好方法？在大家的献计献策中，学生感受到了作为一个乡村孩子的使命感。

在本活动中，教师还应该充分考虑孩子思想的跳跃性与情感判断的简单性，用更广博的富有号召力与感染力的事例和语言，教会孩子做出正确的价值判断。

（该学习活动设计者为无锡市胡埭中学钱英娟）

吴 地 游 戏

无锡市立人小学

● 课程纲要

【课程名称】

吴地游戏

【适用年级、课时安排】

适用于一至六年级,一学年共 36 课时

【课程背景】

《基础教育课程改革纲要(试行)》明确规定学校课程由国家课程、地方课程和学校课程三部分组成。体育校本课程开发是以学校体育教师为主体,在国家《体育与健康课程标准》的指导下,依据学校自身的性质、特点、条件以及可利用和可开发的体育资源,为满足学生的体育需求、促进学生健康而展开的一系列活动的过程。体育校本课程开发作为校本课程的一个重要部分,越来越受到学校的重视。

无锡市立人小学毗邻太湖,坐落于拥有近 2 500 年丰厚文化底蕴的胡埭古镇,这里处处可以感受到吴地人民生活的气息,也可以领略到胡埭镇崇文尚德的文化氛围。自建校之初,立人小学便着眼于吴地文化的借鉴和传承,在充分挖掘本地吴地文化教育资源的基础上,提出了"吴地文化——浸润于校园的校本课程建设研究"这一符合时代要求的课题。

吴地文化是传统文化中具有鲜明地域特色的重要文化支脉,它历史悠久,是培育民族文化精神的土壤。传承民族文化有多种方式,其中体育教学便是一条有效的渠道。在该课题的指导下，体育组从吴地文化中汲取校本课程建设的资料和养分，力争通过吴地游戏的熏陶，因地制宜地开展具有我校特色的"吴地游戏"校本课程，在孩子纯洁的心灵上打下鲜明的文化烙印，提升学生对吴地文化的认同感。

【课程理念】

开发体现本校特点的体育校本课程，形成本校课程特色，有利于丰富学生课内外体育锻炼的内容和阳光体育运动的组织与实施，全面提高学生身体素质水平。

"吴地游戏"校本课程以基础教育课程改革的理念为指导，从学校的文化发展和人文素养目标出发，以趣味横生、简单淳朴的吴地游戏为主，努力发掘无锡地区吴文化教育资源，为我校吴文化特色学校的创建提供一种新的理念、一种校本课程的实施策略。

根植于吴地文化来开发体育校本课程资源，一方面是出于保护和利用地方优秀传统文化的目的，另一方面是形成我校吴文化教育特色，让学生在六年的学习生活中理解和认同吴文化，激发他们对学校、对家乡的热爱，培养具有民族情怀和文化自信的中国人。因此，开展吴地游戏体育教学活动对于中国传统文化的继承和弘扬有着重要的作用和意义。

【课程目标】

一、总体目标

1. 学校特色发展目标

立足吴地传统，通过开发与研究，挖掘深受学生欢迎的吴地游戏资源，构建以提升学生体育素养、培养学生人文情感为目标的"吴地游戏"校本课程体系，建设并不断丰富学校的校本课程资源库。同时，建立和完善"吴地游戏"校本课程的实施方法、管理机制和评价体系，从而形成学校以吴文化为主题的办学特色。

2. 教师专业发展目标

通过"吴地游戏"校本课程开发，激发教师进行校本课程开发的意识，锻炼他们从事校本课程开发研究的能力，从而不断提升教师的专业素养。

3. 学生个性发展目标

本课程旨在让学生对吴地游戏有一个较全面、较深刻的认识，在认识的基础上实践，从而让学生锻炼强健的体魄，掌握多样的体育技能，培养坚强的意志。同时，让学生在实践的过程中沟通合作，积极创新，从而培养学生发现问题并解决问题的能力。

二、具体目标

1. 认知目标：

（1）了解吴地游戏的发展历史，以及吴地游戏与吴地传统风俗文化等的关联、浸染；

（2）记住吴地游戏的类型、名称，了解游戏规则和方法。

2. 技能目标：

（1）锻炼学生按照游戏规则进行游戏的能力；

（2）在游戏的过程中锻炼学生走、跑、跳、投的能力，提升学生的体育素养；

（3）着重培养学生的创新意识和能力，创新吴地游戏的内容和形式，激发传统吴地游戏新的活力。

3. 情感态度与价值观目标：

（1）利用游戏的形式，培养学生对运动和游戏的浓厚兴趣与热情，养成经常锻炼身体的良好习惯；

（2）在游戏中培养学生的合作意识，提高学生的受挫能力，体验成功的喜悦；

（3）在知游戏、玩游戏的过程中，加深学生对吴地文化、风俗、传统的了解，培养学生对祖国、对家乡的热爱之情。

【课程内容】

传统的吴地游戏从体育教学的角度可以分为体能主导类（跳跃、投掷、走跑）和技能主导类（如打弹珠、斗鸡等）。我们按照小学生的年龄、身心、学习能力等特点，认真筛选多种有益于身心健康的游戏，在低、中、高年级设计与确定了 26 个重点开展与练习的项目。一个游戏经过两周时间的练习与拓展，在年级组内班与班之间互相交换游戏工具与场地，形成以吴地特色游戏为内容的校本体育课程。

"吴地游戏"课程内容

教学内容	年级			教学内容	年级		
	低	中	高		低	中	高
滚铁环	√	√	√	捉迷藏	√		
打陀螺	√	√	√	骑马打仗		√	√
跳皮筋		√	√	丢砖头	√	√	
打弹珠	√	√		踢毽子		√	√
拍方宝		√	√	丢沙包	√	√	
抖空竹		√	√	挑花线		√	√
跳长绳		√	√	跳房子	√	√	
斗鸡		√	√	丢手绢	√		
牵老牛		√	√	老鹰捉小鸡	√	√	
舞龙			√	拔河		√	√
跳山羊		√	√	吹泡泡	√		
弹皮筋	√			套模模	√	√	√
金箍棒	√	√	√	不倒翁		√	√

【课程实施】

为确保各班级游戏的开展，我们建立了各级管理制度，校长室牵头亲手抓，教导处精心设计与安排，并及时做出反馈，体育组与年级组负责组织活动，落实内容，总务处做好后勤保障工作。各部门共同努力，进一步提高大课间、体锻课的质量，激发学生对体育活动的热情，增强学生体质。

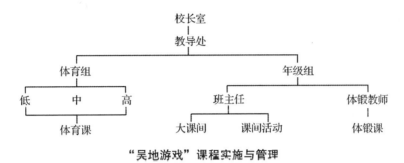

"吴地游戏"课程实施与管理

教学活动形式：各班级每周利用一节体锻课，基本上以一个游戏为主，将吴地特色游戏渗透到课堂中。

时间安排：各年级一学年为36课时，一学期以18周计算，每学期每周利用一节体锻课进行教学。

课间活动与大课间活动：主要是对体锻课学习的游戏进行提高、巩固、再创新。

社团课：成立一个全校性的吴地游戏社团，每周四下午利用50分钟，对一些经典游戏进行拓展、创新。

【课程评价】

倡导以人的发展为本的价值取向，关注人的多元智能和潜在优势的发展，注重吴地游戏组织中学生的动态行进性行为，以寻求释放学生天性、回归吴地游戏本真的评价心态。坚持评价要在真实的游戏情境中展开，以发现每个学生的潜力和特点，让每个学生都得到富有个性的发展，从而不断深化吴地游戏的实效性。评价主要采用学生自评记录表、学生与学生间的互评表、教师对学生的评价表，以及班级、校级层面的比赛等形式进行。评价过程中给予孩子积极、合理的回应，可以是鼓励、建议，可以是进一步的协助，也可以是充分的肯定，这种伴随着评价而产生的回应会对学生的活动有积极的意义。

"吴地游戏"课程评价表

类别	指标	评价等级			
		不及格	及格	良好	优秀
认知能力	了解一些游戏的规则与方法,明白游戏的动作与身体发力顺序	☺	☺☺	☺☺☺	☺☺☺☺☺
学习技能	游戏能力,沟通能力,自我反思与管理能力(游戏方法、器材以及动手制作器材能力)	☺	☺☺	☺☺☺	☺☺☺☺☺
情感态度	形成积极的游戏情趣和吴地游戏素养(遵守规则、合作交流)	☺	☺☺	☺☺☺	☺☺☺☺☺
实践活动	年级组比赛,趣味体育节比赛,校运会、区运会开幕式展演	☺	☺☺	☺☺☺	☺☺☺☺☺

(该课程纲要编写者为无锡市立人小学李虎)

● 典型学习活动设计

"滚铁环"学习活动设计

【设计思考】

根据校本课程标准,为学生选择合适的学习内容:吴地游戏——滚铁环。活动力求尊重学生的主体地位和个体差异,为每一位学生提供有利于学习的机会,在教学中通过小游戏和各种不同形式的学练方法,为学生营造快乐健康的课堂教学氛围,使学生滚铁环能力得到发展,从而"滚"出快乐,"滚"出健康,"滚"出趣味。通过团队合作、集体评价与展示不断激发学生的学习兴趣,培养学生良好的心理品质和团队精神。

本活动内容为"吴地游戏"校本课程中的滚铁环,共设四课次,本课是第一课次。教学时,先让学生自己玩圈,在玩中尝试找出能推好圈的小窍门,然后设计不同的练习场地与要求,在保证安全的前提下,使每个练习场地都有明确的区域划分。让学生找出自己的不足并有针对性地练习,但学生发现自己的不足与寻找改进方法的能力是有限的,需要分层教学,其中有教师的引导,还有小干部和优秀生的指导帮助,这样课堂效果会更好,最终使学生在实践过程中以相互合作、自主学练的活动形式体验成功的快乐。

滚铁环对技术动作要求很高,学生们很想把它滚好,可有的同学就是滚不起来,即使滚起来了,铁圈也跑得远远的,人也追不上,怎么办?学生的耐心和毅力得到了考验,兴趣也逐渐降低。考虑到这一点,要引导学生善于发现问题,利用两种不同的启动方式把圈滚好。由于本课的活动器材为金属质地,所以在上课时要强调拿圈及拿勾时的安全动作及活动中的规范要求。

【学习目标】

1. 初步掌握"滚铁环"动作,发展灵敏及协调等基本活动能力。
2. 发展创编及跳跃能力,培养创新思维。
3. 享受运动的乐趣,玩出快乐,玩出花样。

【学习过程】

一、开始部分

1. 课堂常规

教与学:师生问好;介绍民间传统体育项目,引出课题。

要求:快、静、齐;四列横队。

2. 激趣:热身游戏——"开汽车"

教与学:教师讲解热身游戏的方法与规则;在教师言行示范下进行游戏;自主玩环。

★ 安全小贴士:"开汽车"时遵守交通规则,文明行驶,注意安全。

3. 集中注意力小游戏:高人、矮人

教与学:教师讲解热身游戏的方法与规则;在教师言行示范下进行游戏;自主玩环。

散点展开:

二、基本部分:民族民间体育——滚铁环

1. 自学成才

(1)自由尝试,初步感知;

(2)试试身手,展示学习成果。

2. 相仿相效

(1) 通过看形成视觉形象；

(2) 再练习；

(3) 小组结伴，互帮互学。

3. 画龙点睛

(1) 教师引导学生仔细观察，找窍门：方法1，左推右推；方法2，一提二靠。

(2) 小组体验练习，交流心得，积极开展互评。

(3) 小结学习情况，鼓励表扬。

★ 安全小贴士：运用安全的持圈姿势，在活动中避免碰撞。要求：找准钩与环的最佳接触点，仔细观察，正确互评。

散点展开：

```
*   *   *
  *   *   *
*   *   *
  *   *
```

小组分散：

1 2 3 4

5 6 7 8（8组8个区域）

4. 创编练习

教与学：

(1) 教师讲解活动要求，强调团队合作；

(2) 小组合作练习，拼一拼，跳一跳；

(3) 教师指导，参与练习；

(4) 小组展示，交流心得；

(5) 采纳适合比赛的方法进行集体游戏；

(6) 由学生和教师担任裁判工作；

(7) 比一比，赛一赛；

(8) 师生共同小结游戏。

★ 安全小贴士：运用安全的持圈姿势，在活动中避免碰撞。要求：团结协作，遵守规则，体验成功。

小组分散：

8 7 6 5

4 3 2 1（8组8个区域）

三、拓展：开动小脑筋——"小小画家"

教与学：

（1）教师提出游戏方法；

（2）小组合作，发挥想象，拼出不同图案。

★ 安全小贴士：课后要洗手，这样可以使我们的身体更健康。要求：轻松愉快，发挥想象。

小组分散：

1　2　3　4

5　6　7　8（8组8个区域）

四、放松小结

1. 放松活动：听音乐，跟着老师一起放松身体；

2. 总结：集体回忆、小结所学本领，表扬游戏优胜者，宣布课的结束。

3. 学生自评。

四列横队：

＊＊＊＊＊

＊＊＊＊＊

＊＊＊＊＊

＊＊＊＊＊

★ 安全小贴士：提出练习要求并认真遵照执行；合理分配场地及人数、组数。

【课后反思】

本次课是"滚铁环"单元的第一次课，为初学者掌握滚铁环动作要领而设计。在课上，我们发现，孩子们掌握游戏技能的水平参差不齐。有的孩子很快就能将铁环娴熟地滚动起来，有的孩子掌握动作有一定的困难。因此，在进行游戏教学时，教师首先应该摆正态度，即我们是在教孩子游戏，游戏的目的是要让孩子从中体验到趣味性，愿意自觉地参与其中。那么，当部分孩子遇到游戏困难时，我们可以放手让孩子们多玩几次，或者让玩得好的孩子带着暂时不会玩的孩子一起游戏。让孩子们在一个轻松的氛围中体会游戏的乐趣，鼓励他们利用课余时间或者周末把游戏教给自己的小伙伴，一起玩耍。这样能够更好地传承游戏。

（该学习活动设计者为无锡市立人小学范亚荣）

玩美 24 节气

无锡市蠡园中心小学

● 课程纲要

【课程名称】

玩美 24 节气

【适用年级、课时安排】

适用于一至六年级；每月两个主题，实施弹性课时。

【课程背景】

《基础教育课程改革纲要（试行）》指出，学校在执行国家课程和地方课程的同时，应视当地社会、经济发展的具体情况，结合本校的传统和优势，以及学生的兴趣和需要，开发或选用适合本校的课程。

蠡园中心小学背靠龙山，北临梁溪，地处无锡市蠡园经济开发区，国家科技部批准设立的无锡（国家）工业设计院对面，区内拥有 3 700 余家高新企业。工业设计院内，无锡古琴、书画、篆刻名家汇聚三蠡会馆，周边还有博物馆、艺术馆、图书馆、美术馆，这些得天独厚的文化资源优势，为学生活动提供了基地。

我校的"玩美 24 节气"主题探究式综合实践活动课程的建设和实施，正是对《基础教育课程改革纲要》精神的呼应和实践。两年来，在蠡园中心小学领导的全力支持下，我校以研发处为课程开发和实施的核心部门，协调各科室、各学科统筹安排课程的全面实施，以一种整合的形式，以一种轻松的格调，以一种玩乐的心态，引领学生亲近自然，亲近传统，亲近宇宙，亲近自我。

【课程理念】

"玩美24节气"主题探究式综合实践活动课程围绕24节气展开研究、实践和探究创新活动,将研究性学习、社会公益实践和学生品德教育、审美教育等方面融合在具体的课程框架中。它的设计与实施力图体现个人、社会和自然的内在整合,体现科学、艺术、道德的内在整合,融合探究性学习、社会参与性学习、体验性学习和操作性学习等多种实践性学习活动,既关注学生对于节气相关知识的了解与掌握,更关注学生核心素养的提升,与社会接轨,与自然融合,提升学生的探究能力,帮助学生学会用美的眼光审视世界。

【课程目标】

1. 学校特色发展目标

通过开发与研究,积极构建培养学生高尚情趣的主题探究式实践活动校本课程,建设有特色的课程资源库,建立和完善该课程的实施方法、管理机制及评价体系,逐步完善学校"学生节气研究院""24节气展示厅""24节气文化长廊"等实践活动教育基地,打造富有节气特色的文化雅园,形成鲜明的办学特色。

2. 教师专业发展目标

通过校本课程开发,提高学校教师的课程开发意识和课程开发能力,促进教师专业的发展。通过促进教师们对节气的了解,达到教育者天人合一、身心健康的境界。

3. 学生个性发展目标

让不同年龄段的学生多角度、多方位地对节气文化有所认识与理解,培养孩子宽广的视野、多样的技能、坚强的意志、高雅的情趣,能用"美"的眼光和态度去关注气象、关注节气、关注农事、关注自然灾害、关注社会发展,培养和谐统一的人格,锤炼高尚善良的品德情操。

【课程内容】

本课程内容主要围绕三大领域,各年级分主题实施,内容涉及九大方面。具体如下:

"玩美24节气"主题探究式综合实践活动课程内容指南

领域	年级	大主题	内容范围
人与自然	一、二	节气与生态	节气中动物的生活
			节气中植物的生长

领域	年级	大主题	内容范围
人与社会	三、四	节气与生活	节气中的美食
			节气中的礼仪
			节气中的农事

续表

领域	年级	大主题	内容范围
人与自我	五、六	节气与生命	自然界中的节气风物
			作品中的节气风物
			我心中的节气风物

【课程实施】

一、与校园环境相结合

1. 节气文化面面观

节气长廊：我校扩建了校园节气文化长廊，四层楼面分别以春夏秋冬中的六大节气作为主题。力求让孩子们能够在小学阶段全面了解24个节气的气候特征、民风民俗、养生要诀、相关诗词等节气知识。

立体书架：走廊书架可以翻看《这就是24节气》，教室书架自由阅读《农历的天空下》，办公室书架上随意浏览《你不可不知的24节气》。

2. 节气宣传多渠道

移动展板：利用展板宣传，保留学生作品。

励志达人：校园食堂门口的宣传栏里张贴着百名好少年。学习早已不是衡量孩子优秀与否的唯一标准，会"玩"同样是"励志小达人"。

红领巾广播：每周四的红领巾广播播放孩子们自发收集的24节气宣讲资料。

家校合育：家长自觉引领孩子主动阅读《这就是24节气》等相关书籍，以家长"合德"的行为引领孩子举止文明，以家庭"和谐"的氛围引领孩子和睦相处，以家长"合序"的意识引领孩子体会24节气天人合一思想。

社区教育：我们鼓励学生自主探究学习，充分利用好社区教育网络和教育资源，创造性地运用现代信息技术手段，延伸德育时空，加强社会实践和社会服务，让节气知识处处、时时、事事都能发挥积极的导向作用，给学生健康成长以正能量。

二、与德育活动相整合

1. 机制上有力保障

独立自主的学生社团模式——"节气研究院"。

学校社团建设和活动是锤炼中小学生各方面品格的重要途径，是培养学生个性特长的有效方式。我校支持学生组建了"学生24节气研究院"。研究院作为学生研发24节气活动的核心机构，有明确的工作职务分工，从前期活动方案设计、中期实施管理、组织评价展示，到后期新闻稿的撰写，全部由学生独立完成，每次活动深入开展，力图惠及全校每位学生。同时，鼓励有一技之长的学生家长、社会志愿者为学生社团做指导和服务。

2. 内容上有序建构

春夏秋冬的四时节气活动——"学生活动指南"。

我们以春夏秋冬四季作为大主题，用一个个小节气活动进行串连。各年级按时令在整个学年内体验主题下的四季24节气变化，六年之后就可以从植物、动物、花果、庄稼、天气、养生六大领域获得丰富的节气知识。各年级组发挥主观能动性，利用班会课时间开展各种民俗体验活动，玩在其中，学在其中。

3. 阵地上有效利用

（1）边学边玩的春秋游。每一学期开展一次的校外综合实践春秋游活动，每个年级外出实践的地点全部和本年级探究主题相挂钩，以便于所有孩子参与探究实践。

（2）动手动脑的校园节日。一年两次的校园体育节，除传统田径比赛项目外，增加以24节气为主题的年级体育竞赛，趣味十足。

每学期一次的校园益智节上，语文学科的24节气诗词学生书法比赛、美术24节气篆刻社团成果展、英语学科24节气外文小报评比等活动，都让单一的学科竞赛活动变得生动有趣起来。

（3）两周一次的微型德育课。每月初和每月下旬都有一个节气，和两周一次的微型德育课整合，安排相关节气知识的简单介绍，锻炼学生口语表达和信息搜集的能力。

（4）每周一的升旗仪式。每周一的大课间升旗仪式有德育条线的固定宣讲内容，在临近节气日的周一，在升旗仪式的师生讲话中加入简单的节气介绍，提醒学生关注节气变化，留心自然天气。

（5）劳逸结合的闲暇时光。寒假和暑假中有六个左右的节气不能在校园经历，学校德育处每次放假之前布置相关寒暑假作业，让学生在寒暑假放松的闲暇不忘自主探究节气知识。

三、与课堂教学相融合

1. 提升品格的国家德育课程

我校已被评为国家级"国防特色教育学校""江苏省健康促进校（金牌）""无锡市心理健康教育特色学校"。为了整合这些资源，我校尝试把心理健康教育课程、品德课与班会课相结合，辅以24节气为主题的内容，扩大品德课的实践力量，丰富德育课的文化内涵。

2. 传承篆刻的校园特色课程

尝试从金石篆刻上展现 24 节气文化。

3. 有情有趣的艺体教育课程

以"玩美 24 节气"课程为核心，尝试艺体课程融合，推动"玩转 24 节气"校本课程的系统深化，真正立足课堂，服务学生。

4. 拓展延伸的语数英课程

适度拓展延伸语数英学科的课堂教学内容，与全校"玩美 24 节气"主题探究式综合实践活动课程的核心内容相统一，在形式上更多样，给予学生更多元的学习内容。

【课程评价】

本着公平、公正、科学的原则，结合新课改评价的思想与要求，注重激励和发展，注重教育与开发，注重质性评价，打破单一的量化评价形式，对学生在课程活动中的表现以及所得成果，采取师评、组评、自评相结合的方式。

1. 对学生的评价

（1）对学生参与课程活动情况进行评价，包括参与人数、参与率、参与活动的巩固率、学生参与态度等。

（2）对学生在课程活动中的地位进行评价，如学生的主体性、自主性、独立性等。

（3）课程培养目标达标评价，如是否达到了培养目标中的具体目标，是否达到了预计对学生的教育作用。

2. 对过程的评价

（1）整个课程实施过程是否具有科学性、创新性、可操作性和服务性。

（2）课程是否得到了预定的具体结果。

（3）课程是否达到了培养目标中的具体目标。

3. 课程效应评价，课程是否具有普遍性、普及性和推广性。

4. 安全工作评价，课程实施中是否出现安全隐患或不安全因素以及排查、处理情况。

（该课程纲要编写者为无锡市蠡园中心小学杨肇文）

● 典型学习活动设计

国花牡丹的前世今生

【学习目标】

1. 激发学生已有经验，确立研究主题，围绕"牡丹"这一主题提出问题，筛选问题，提炼出课题，掌握选题的一般原则和方法。

2. 学会利用以上方法，小组合作，针对本组研究课题，自主制定并完善牡丹花探究表，培养学生独立思考、发现问题、整理问题的能力。

3. 运用多种方式进行评价，取长补短，在自评与互评中完善研究方案。

【学习重点与难点】

重点：学会围绕主题发现并提出问题，合理筛选问题，并提炼成课题。

难点：引导学生合理筛选问题，并确定研究课题。

【学习准备】

课件、教具。

【学习过程】

一、图片展示，导入揭题

师：同学们，这是什么花？（牡丹）正值谷雨节气，也是观赏牡丹的最佳时节。大家对牡丹花都有哪些了解呢？（1—2位学生交流）

师：大家还想知道与牡丹有关的哪些方面呢？（1—2位提问）看来大家对牡丹很感兴趣，今天这节课我们就来研究牡丹。（板书并贴画）

二、提出问题

师：大家最想研究牡丹的什么？请闭上眼睛想一想，然后把你感兴趣的问题写在面前的白纸上（板书：感兴趣）。写完以后与小组内的同学交流一下，推选2—3个问题贴到黑板上。

（学生讨论，教师巡视并指导，注意问题的多样性。）

预设：牡丹的花期、牡丹的来历、牡丹有什么药用价值、牡丹怎么样来种植、有关牡丹的诗歌有哪些？……

三、梳理问题，明确提问原则

1. 梳理筛选问题

预设情境1：如果提出重复的问题。

（板书：不重复）

预设情境2：如果提出没有研究价值的问题。

（板书：有价值）

预设情境3：如果提出问题范围太大，或者难度高。

（板书：可操作）

2．明确筛选问题的原则

师：现在我们明白了，选取适合小学生研究的问题应该符合这几条原则，包括感兴趣、有价值、不重复、可操作（对照板书——引导读出来）。

四、确定课题

1．规范课题格式

师：请大家根据自己的爱好，选择你感兴趣的方面，自由分组，找到与自己志趣相投的小伙伴，并快速确定本组小组长，完成探究表上"小组成员""小组组长"两部分。（教师根据分组情况，摆放分组牌）

师：（待学生分好组后）我们筛选出了六类适合探究的问题，但问题是不是就等于研究的课题了呢？（不是）怎么把问题提升为课题呢？这里我们就要把口语化的问题变成规范化的课题。

师：一个规范的课题涉及研究对象、研究内容、研究方法，在这里，牡丹是研究对象，用途是研究内容，我们可以通过书本、咨询、观察生活等研究方法来调查。

2．书写课题

学生交流，教师给予修改和肯定。

五、小组讨论，完善研究方案

师：课题确定了，针对本组的研究内容，你们准备怎样开展活动呢？请小组同学讨论一下，完成本组探究表，一会儿派一名代表上台发言，开始吧。（PPT展示讨论要求）

1．小组讨论，教师巡视并指导。

2．汇报交流，请各组同学上来汇报自己小组的讨论结果。

六、小结

师：这节课同学们通过自己提问、小组讨论的方式，围绕"牡丹"这个主题，探究了牡丹的方方面面。我们知道了在提出具体问题的时候，要根据以上四个原则。当然，在之后的研究中，新的问题随时可能产生，我们也可以把这些问题变成我们的研究课题。

其实，这张表格就是一份初步的研究计划，课后，请大家完善这份计划表，比如：可以根据组员的特点或本组研究的问题，取一个好听、响亮的组名；还可以构思一下准备以什么样的形式呈现自己组的研究成果，或者写下在研究中会遇到的问题；等等。下一步我们将根据这份计划开展具体的实践活动，了解"不一样"的牡丹花。

（该学习活动设计者为无锡市蠡园中心小学王涵波）

节日快乐伴我行

无锡市河埒中心小学孙桥校区

● 课程纲要

【课程名称】

节日快乐伴我行

【适用年级、课时安排】

适用于一至六年级；共24单元，每个单元低、中、高年段各1个课时，共72课时

【课程背景】

"节日"是一个人们都很重视和喜欢的话题。不同的民族、国家都有自己独特的节日习俗，每一个节日都蕴藏着丰富的文化内涵，都与人们的生活息息相关，都是极其宝贵的课程资源。新一轮基础教育课程改革，为各中小学校校本课程的开发带来了新的机遇和挑战。2010年，无锡市孙桥小学开始了省级陶研课题"小学乐活教育的实践研究"，也正是从那一刻起，开发、编写一本寓教于乐，融知识性、情趣性、活动性为一体的传统节日文化校本课程成为课题研究的重中之重。我们在整体规划学校校本课程体系的基础上，确立了"挖掘传统节日资源，开发活动育人课程"的子课题。经过两年多的实践与探索，我们不仅完成了校本课程的编撰工作，使传统节日资源顺利走进课堂，而且探索出了一条活动育人的有效途径。

一、课程开发背景

节日文化是一种历史文化，是一个国家或一个民族在漫长的历史过程中形成和发展的民族文化，也是一种民族风俗和民族习惯。节日有深刻的寓意：或是纪念某一重要历

史人物，或是纪念某一重要历史事件，或是庆祝某一时节的到来，等等，如中国的春节、元旦、元宵节、清明节、端午节、中秋节、国庆节、重阳节、教师节等。每逢重要节日，家人团聚，欢聚一堂，人们为了庆祝节日，举办各种形式的庆祝活动，如看花灯、舞龙、舞狮、龙舟赛等，既有民间庆祝活动，也有官方的庆祝活动。古时只有各国和各民族有节日，现代国际交流和国际合作越来越广泛，为了纪念重大的国际活动，产生了许多国际节日，如五一国际劳动节、六一国际儿童节、三八妇女节等。不同的民族、国家都有自己独特的节日习俗，每一个节日都蕴藏着丰富的文化内涵，有着特殊的教育意义。特别是许多节日与学生的生活息息相关，学生对其有着浓厚的兴趣，应该说每一个节日都是极其宝贵的课程资源。因此，我们设计开发"节日快乐伴我行"这一校本课程，这一课程对于学生的发展、教师的专业成长都将发挥极其重要的作用。

二、课程开发意义

1. 顺应了发展的潮流

节日文化，作为各国、各民族传统文化中的重要组成部分和表现形式，千百年来经久不衰，历久弥新。它以一种潜移默化、寓教于乐的形式，表达着对美好理想、智慧与伦理道德的追求和向往。在当今世界多元文化并存、东西方文化交融的形势下，我们用现代社会的理念和视角，揭示传统文化的内在价值，发挥、拓展和强化其功能，对于保持民族特色、弘扬民族精神、增强民族凝聚力具有重大意义。

2. 完善了学校的课程结构

传统民俗节日在中国民众生活中经过了几千年自在的、自发的传承，早已经形成了世世代代传习不断的全民族重大生活的内容和表现形式，每一个节日的文化内涵和外延都具有相对稳定的完美和谐的特征，蕴涵着丰富的德育素材。这些内容，在国家课程中很少系统地涉及。"节日快乐伴我行"校本课程的开发是对国家课程和地方课程的有益补充，从而完善了学校的课程结构。

3. 丰富了学生的课余生活

传统民族节日是最富有文化意味的。如春节——传统节日的开篇之作，是全世界华人心中最重要、最隆重的节日。从过小年开始到大年三十除夕夜，从初一到初七再到正月十五的元宵节，每一天都有它独特的内涵。在这个过程中，春节有开始、有尾声，有思想、有仪式，有对遥远过去的追忆，也有对美好生活的展望，通过无数形式和内容的统一，谱写了合家团圆、辞旧迎新的篇章。这样的节日在世界上都是罕见的，它揭示着中华民族的传统和传统的力量。它蕴含着中国多种传统文化：从大年三十的吃饺子、吃团圆饭，至正月十五的吃元宵，体现的是饮食文化；裱剪纸，贴窗花，唱快板，突显的是民间艺术文化；对对子，贴春联，这吟诵的是诗词文化；赶庙会，唱大戏，这热闹的是戏曲文化；还有玩龙灯、舞狮子，这彰显的是娱乐文化；等等，不一而足。学生通过上网、调查访问、实践活动，不仅了解了节日的由来，而且还能更深入地领略传统文化的博大精深，极大地丰富了学生的学习生活，拓宽了学生的知识面，增强了学生的民族自豪感和自信心。

【课程理念】

中国节日文化，在悠悠五千年历史长河中，一点点积淀、凝聚，流传至今。作为中华民族的一份璀璨遗产，它寄托着炎黄子孙的文化情感。在本课程中，我们精心选择了富有浓郁民族特色的民间传统的节庆内容，从历史典故、民风民俗、礼节礼仪、诗篇美文等方面，让孩子们感受中华文化的博大与灿烂，激发他们强烈的民族自豪感和对祖国、对人民无比热爱的感情。随着时代的发展，中西方文化交流势不可挡，作为文化重要组成部分的节日文化的交流融合也必不可少。所以，在课程中，我们为学生选择了既带有西方浓郁的浪漫情调又符合我们中华民族尊老爱幼传统美德的节日：母亲节、诚实节、感恩节、圣诞节……通过它们，学生可以对西方文化有一定的了解，在过这些洋节时，少一些盲目，多一些理性。

本课程共有24个单元，即一个传统节日为一个单元。每个单元按年段的递增可分成不同的主题。每个主题分别设计了"博士台""知识百花园""体验平台""展示天地"四大板块。"博士台"主要是介绍节日的由来，"知识百花园"包括有关节日的传说、各地不同风俗、节日诗词文化三大内容；"体验平台""展示天地"两大板块根据不同年段选取相应的题目，让学生通过阅读校本课程有所收获。在四大板块具体内容的设计中，努力做到贴近学生的认知水平，激活学生思维发展，符合时代特征，尽可能选用学生喜爱的、生动形象的词语。值得一提的是，在"展示天地"中设置的题目，既有直接能在"知识园地"中找到答案的，也有必须拓展学习、小组合作探究才能完成的。学习过程中，学生的合作精神、探索能力及宽容谦和、坚忍不拔等意志品质都能得到磨砺。

在本课程中，我们本着"一切从儿童的需要出发"的原则，不但注重课程的知识性，更追求课程的情趣性。引领孩子穿越历史的时空，饱享节日文化的饕餮盛宴：一个个传统佳节的起源演变，一则则神奇浪漫的节日传说，一篇篇脍炙人口的典故趣闻，一个个风情万种的民俗场景，一首首朗朗上口的经典诗词……，无不为学生提供了多角度、多方面、多渠道的情感体验。从做中学，从学中做。我们在节日文化的伴随下，引领学生走出课堂，走出校园，去调查，去参观，去访问，去感悟，去接触，去思考。学习即生活，生活即学习。学生在阅读、欣赏、实践中提升了视觉能力、听觉能力、语言表达能力、动作协调能力、认识自我及适应环境的能力。学生的思维得到了发展，智力和创新能力得到了进一步提高。

【课程目标】

一、总体目标

以节日文化为载体，通过学生对节日有关内容的探究、收集、整理，落实课程改革的新理念、新思路，拓宽学生学习的领域，实现跨学科的学习和现代科技手段的运用，使学生在不同内容和方法的相互交叉、渗透和整合中开阔视野，提高学习效率，培养学生自主学习、相互合作、探究发现的能力，获得现代社会所需要的综合实践能力。同时培养学生热爱祖国、关心家乡的情感，全面推进课程改革的发展。

二、具体目标

1. 了解传统节日的内容。
2. 了解传统节日的由来与传说。
3. 了解传统节日的习俗。
4. 了解传统节日的相关诗歌。
5. 引导学生主动收集资料，激发学生的民族自豪感。
6. 通过手抄报、作文、歌舞活动、主题班会等形式，从各方面培养学生的才艺和能力，张扬孩子的个性，陶冶孩子的情操，提升孩子的生命品质。

三、各年段分解目标

下面以几个节日为例，就不同学段目标作进一步的介绍。

"节日文化伴我行"课程不同学段的课程目标

节日	目标		
	低年级	中年级	高年级
清明节（4月4日）	知道清明节的具体日期，初步了解清明节的来历，了解清明节的风俗习惯。	通过调查、访问，收集有关清明节的资料，并能整理成文章。	通过手抄报、演讲等形式挖掘清明节的文化内涵，并诵读诗文。
端午节（五月初五）	知道端午节的具体日期，初步了解端午节的来历，了解端午节的风俗习惯。	通过调查、阅读、上网查找等方式，收集有关端午节的资料，并能整理成文章。	收集端午节风俗习惯的各种图片，办一次图片展或搞一次其他形式的实践活动，挖掘端午节的文化内涵，并诵读诗文。
中秋节（八月十五）	知道中秋节的具体日期，初步了解中秋节的来历，了解中秋节的风俗习惯。	能通过多种渠道收集与中秋节有关的资料，并能把资料整理、组合好。	了解中秋节的文化意义，并能通过一些实践活动发现更深层次的内容，并诵读诗文。

续表

节日	目标		
	低年级	中年级	高年级
春节 （正月初一）	知道春节的具体日期，初步了解春节的来历，了解春节的风俗习惯。	通过回忆、查找资料等途径了解春节在各地的不同风俗习惯，并能整理成文章。	通过各种实践活动，发现春节的文化意义，并诵读诗文。
元宵节 （正月十五）	知道元宵节的具体日期，初步了解元宵节的来历，了解元宵节的风俗习惯。	通过回忆、查找资料等途径，了解元宵节在各地的不同风俗习惯，并能整理、组合资料。	收集元宵节风俗习惯的图片及各种实物，办一次展览，了解元宵节的文化内涵，并诵读诗文。

【课程内容】

1. 了解不同节日的由来及各地的风俗习惯

学校尽可能多开设传统文化课程，让学生对传统节日的来龙去脉有一个清晰的认识；多开展一些相关主题活动，如"传统节日知多少""传统在身边""我与传统节日"等；过节之前，引导学生上网查找、收集各种节日的由来及相关传说，了解中国各地传统节日习俗；过节时鼓励学生开展制作贺卡、小报，讲民俗故事，礼仪表演，节日饮食大比拼等活动，让传统变得有声有色，让民俗变得可亲可近，提高学生对本国传统节日的情感和敬意。

2. 了解不同节日的相关文化知识

借助古代蒙学读物、古代诗词、文学作品、神话传说，扩大阅读面，积累与节日有关的成语典故、趣联妙对、古诗词名句、谚语、歇后语等，帮助学生了解传统节日的文化内涵。

3. 探究各节日的核心意蕴，提升学生的道德素养和审美情趣

本课程共包括24个节日，以中华传统节日为主，适当融合西方传统节日和具有特殊意义的现代节日，以人们参与节日的广泛性、对节日的认知程度和地方特色为参照，以适宜儿童活动为标准。所指的传统节日依次为：春节、元宵节、清明节、端午节、中秋节、重阳节。西方节日主要指孩子们喜欢的或具有现实教育意义的节日，如圣诞节、感恩节、诚实节等。具有现代教育意义的节日主要指国庆节、建军节、香港澳门回归日、毛主席诞辰日等具有革命传统教育意义的节日。各节日以最具代表性、最被人们所熟知的典型习俗为切入点，结合节日的整体基调，剖析其中蕴含的民族心理、道德伦理、精神气质、价值取向和审美情趣，并与学生的发展需要相结合加以提炼、概括。

本课程具体内容如下：

上册：第1课，《迎新辞旧》；第2课，《母爱似水》；第3课，《播种希望》；第4

课，《思绪绵绵》；第5课，《美丽家园》；第6课，《书香致远》；第7课，《劳动光荣》；第8课，《诚实守信》；第9课，《身残志坚》；第10课，《端午飘香》；第11课，《金色童年》；第12课，《"一国两制"》。

下册：第1课，《开天辟地》；第2课，《军徽闪耀》；第3课，《师恩难忘》；第4课，《十五月圆》；第5课，《爱老敬老》；第6课，《祖国万岁》；第7课，《生存伙伴》；第8课，《星星火炬》；第9课，《爱惜粮食》；第10课，《学会感恩》；第11课，《人民救星》；第12课，《别样春节》。

【课程实施】

一、课程实施的总体要求

1. 按照学校课程计划的整体要求，开足课时。每个学期一般安排12课时，原则上每周1课时，由班主任兼任课教师。

2. 各班主任老师要认真制订课时计划，统一教学进度，统一教学目标、教学内容和教案，根据德育处的统一要求组织实施教学。

3. 学校同时要求其他任课教师在各个学科的教学过程中适时渗透传统节日教育的内容，以拓宽教育渠道。

4. 加强校本课程的师资培训，注重校内课程的研讨和交流，注重反思与体验，提高教师的专业技能。

二、课程实施的基本原则

1. "活动育人"原则。在课程实施过程中，遵循以活动为载体、以育人为目的的原则，课程开发与实施仅仅是手段，要突出育人目的，以活动促发展。

2. "实践性"原则。重视学生的自身体验和亲身经历，各类主题活动和内容要尽量贴近学生的生活实际，突出实践性，重在学生的体验、感悟、收获和反思。

3. "主体性"原则。重视学生的主体地位和作用，发挥学生的主观能动性，激发其学习的兴趣，让学生在自主参与、合作探究中获得成功的体验。

4. "生成性"原则。采用活动方案小结、讲座提纲汇编、成果展示、调查访问、综合实践、社团活动等多种形式，加强节日活动的过程性，促进活动过程中的即时生成，使其更具真实性、应用性和实践性。

三、课程实施过程中采取的具体措施

1. 环境渲染，营造温馨优雅的成长环境

为让学生时时感受浓厚的节日文化氛围，我们在班级板报中结合民族传统节日的时令，进行专题布置。学生在收集资料和设计布置班级板报的过程中既增长了知识，又锻炼了能力。同时充分利用校园广播，定期播放与节日有关的歌曲、故事，既让学生增加

音乐素养，又弘扬了民族文化，为美丽校园增添了浓浓的文化韵味。

2. 民俗探究，引导学生走进传统文化的殿堂

赋予每个节日以主题，开展相应的节日风俗调查。在每个传统节日到来之前，组织开展相应的活动。如春节以"喜庆吉祥"为主题，学生结成学习小组，分别开展活动，还通过班级举办春节网页展评；清明节以"缅怀"为主题，分别开展参观烈士故居、民族精神内涵大讨论、诗歌朗诵比赛、歌曲传唱等活动；端午节以"爱国"为主题，让学生亲自动手做端午香囊，包粽子，通过班会了解屈原事迹，吟诵爱国诗词，使学生对端午习俗产生亲切感和认同感，油然而生爱国之情；中秋节以"团圆"为主题，开展赏月赛诗会等活动，在活动中陶冶情操，培育精神；感恩节以"感恩"为主题，开展"六个一"活动：对父母说一句感谢的话，承包一项家务劳动，为父母做一顿饭菜，为父母洗一次脚，与父母谈一次心，为父母制作一件礼物。感恩活动使孩子们从最初的被动逐渐转变成积极主动地关心父母、关心他人，从而有利于孩子自立，也有利于孩子养成一种好习惯，更可以促进家庭成员之间的亲情和沟通。

利用假期、双休日的时间，拓展学生的社会实践活动领域，挖掘、收集相应传统节日的有关材料。然后通过板报、手抄报和刊版开展传统节日文化集中宣传活动，通过班级节日文化知识竞赛、手抄报刊版展评等形式向全体学生介绍传统节日文化，让全体学生由点及面、由片面到系统地了解传统节日文化，形成良好的文化氛围。

3. 家校联动，创新传统节日活动的形式

由于许多民族传统节日学生是在家里度过的，所以学校可以以此为契机，开展丰富多彩的家庭教育活动。节前学校先与家长沟通，提出活动要求，指导家长有目的地开展活动。如春节期间开展"做受欢迎的小客人"的实践活动，在重阳节期间开展"我为爷爷奶奶洗一次脚"活动，在中秋节期间开展"我爱我家"系列活动……让学生既感受了亲情，又在轻松愉快的氛围中受到教育。

【课程评价】

把传统节日蕴含的各民族传统美德和礼仪要求，细化为学生日常行为习惯，制定了《校区学生日常行为规范实施细则》，同小学生的日常思想教育和管理紧密结合起来，努力创设传统节日教育的长效机制。以"读书节""校园艺术节""家长学校"等项目为载体，通过报告、讲座、影视等方式，多渠道、多角度地宣传传统节日。

附本课程的综合评价表。

"节日快乐伴我行"综合评价表

类别	指标	笑脸（星级）指数
情感态度	激发对祖国传统文化的热爱 对祖国悠久的历史文化有一定的探究欲望	☺☺☺☺☺ ☺☺☺☺☺
合作交流	尊重不同生活背景的同学并与他们和平共处 既能独立创作，又能与人合作，共同解决难题 积极参与群体活动，对合作团队怀有热情	☺☺☺☺☺ ☺☺☺☺☺ ☺☺☺☺☺
学习技能	沟通与表达能力（作品介绍、故事演讲、诗词吟诵、思路阐述等） 自我反思与管理能力	☺☺☺☺☺ ☺☺☺☺☺
实践活动	参与采访、参观资料的收集与整理 参与一次作品布置及展示活动 有实践感悟表达（感言、日记等）	☺☺☺☺☺ ☺☺☺☺☺ ☺☺☺☺☺
成果展示 (档案袋表现)	材料完整，包含必需的过程性资料 至少1件最满意的作品实物 至少1件（校级及以上）参展作品（照片） 至少1张小报（文字或图片剪报） 获得1颗五角星 至少获得1枚贴画	☺☺☺☺☺ ☺☺☺☺☺ ☺☺☺☺☺ ☺☺☺☺☺ ☺☺☺☺☺ ☺☺☺☺☺

（该课程纲要编写者为无锡市河埒中心小学孙桥校区王军）

● 典型学习活动设计

"十五月圆（低年级）"学习活动设计

【学习目标】

1. 了解中秋节的由来及有关习俗。
2. 积极参与"怎样过中秋节"表达与交流。
3. 体验中秋节家人团聚的欢乐气氛。

【学习准备】

关于中秋节的视频及图片、月饼图片、灯笼图片若干，蜡笔。

【学习过程】

一、了解中秋节的由来，知道八月十五是中秋节

1. 播放关于中秋节的视频。

师小结：嫦娥为了保护后羿才吃了仙丹，结果他们一个在（天上），一个在（地上），只能远远地互相对望，互相思念。人们非常敬重嫦娥，为了纪念她，就把月亮又圆又大的那一天定为中秋节。

2. 知道八月十五是中秋节。

师：你们知道是哪一天吗？对！是农历八月十五（出示字卡）。农历八月十五是什么节？

（设计说明：播放视频《嫦娥奔月》的故事，让学生了解中秋节的传说，明白节日的来历和意义，感受源远流长的民族传统文化。）

二、知道中秋节是全家团圆的日子

1. 师：前几天我们小朋友就中秋节想和谁过、怎么过等问题进行了调查，现在请你去和好朋友说一说吧！

2. 集中交流。

师：现在请你说一说，中秋节你想和谁一起过？

师小结：哦！原来中秋节是一个团圆的日子，全家人在一起团团圆圆，快快乐乐。

（设计说明：让学生感受亲人团聚的喜悦和亲人间的思念之情，品味中秋"思念"之味。）

三、了解中秋节的有关习俗

1. 了解本地中秋节吃月饼的风俗。

师：那你们想怎样过中秋节呢？你吃过什么月饼呢？你知道月饼的馅是什么做的吗？谁吃过和他们不一样的月饼？……

师小结：原来月饼的馅不同，月饼的味道就不一样。

师：你吃过什么味道的月饼呢？甜甜的月饼表示什么呀？还吃过什么味道的月饼？

师小结：现在还有各种各样口味的月饼呢！那月饼是什么样子的呢？为什么月饼做成圆圆的呢？

师：表示一家人团团圆圆、幸福地在一起。

2. 了解赏月、猜灯谜活动。

师：中秋节还会干什么呢？中秋的月亮看上去怎么样呀？还有什么活动呢？

师小结：中秋的月亮特别圆，特别亮，全家人团团圆圆在一起欣赏月亮，真幸福呀！中秋节还有有趣的猜灯谜活动呢！中秋节是我们中国的传统节日，我们中国人非常重视它。

（设计说明：本环节帮助学生了解中秋的习俗，是本节课的重点，课前让学生收集了各地的中秋习俗，课上让学生汇报，结合课本和图片，帮助学生了解全国各地的中秋习俗，重点是"细细品味我们的中秋是怎么过的"。在多媒体的直观演示下，引导学生回忆"拜月""赏月""吃月饼""吃团圆饭"的经历与心情，感受亲人欢聚一堂的喜悦，让学生在回忆中产生情感共鸣，在现代习俗与古老传说的交汇中，感受传统节日这个民族文化共同体对于中华民族的意义,潜移默化地渗透民族传统文化教育。)

四、自己制作月饼和灯笼

让学生自己观察月饼和灯笼的外形和特征,鼓励学生大胆创作,并在集体面前展示,教师进行总结和评价。

(设计说明:本环节引导学生在动手和想象中提升能力,实现情感的升华。)

五、活动延伸

小朋友们知道了中秋节的来历,马上就快到中秋节了,在家里跟家人讲一讲中秋节的故事吧,体验一家人团圆的快乐。

(设计说明:这一个环节既是让孩子通过语言表达升华对中秋团圆的期盼,更是为高年级的教学做好铺垫。)

【活动反思】

一节课上下来,感觉自己在引导学生多说、多品味这一方面做得还不到位,假如能多一点时间让更多的学生说说自己的中秋怎么过,或者让学生四人小组之间说一说,可能更能引发学生的共鸣,学生对中秋习俗会有更深刻的了解,民族传统文化教育更能得到落实。如果再能让学生回忆亲人没法回家团聚的情境,或者说说自己思念亲人的感受,可能学生会有更深的感触。

(该学习活动设计者为无锡市河埒中心小学孙桥校区王军)

魅力家乡茶

无锡市滨湖中心小学

● 课程纲要

【课程名称】

魅力家乡茶

【使用年级、课时安排】

适用于五年级，共12课时

【课程背景】

家乡南泉背靠青山，右傍太湖，山清水秀，人杰地灵。在家乡西边连绵的群山梯田上，一行行茶树青翠茂密、层层叠叠。南泉绿茶色泽银绿，翠碧诱人，泡后清香袭人，是远近闻名的好茶，也是南泉人引以为荣的特产。自2007年起，我校就开发了"情系一方山水——学与做"校本课程，对家乡茶有一定的研究基础。《基础教育课程改革纲要》也指出，学校在执行国家课程和地方课程的同时，应视当地社会、经济发展的具体情况，结合本校的传统和优势，以及学生的兴趣和需要，开发或选用适合本校的课程。因此，学校结合滨湖区青少年综合素质拓展教育研究课题的推进，依托独特的资源优势，在原有工作的基础上，以校本课程建设为抓手，开展五年级"魅力家乡茶"校本课程建设，以加强学生对自然、对社会、对自我的实际体验，发展综合能力，提高综合素质，使学生在开放的环境中健康活泼地发展。

同时，为了充分发挥基地的依托作用，我们在每个基地都特聘了一些行家、专家，作为我们综合实践的校外指导老师，这些都为综合实践活动顺利开展提供了有力的保障。

【课程理念】

综合素质拓展教育强调学生通过探究、服务、制作、体验等方式，增强探究和创新意识，学习科学研究的方法，发展综合运用知识的能力；增强学校与社会的密切联系，培养学生的社会责任感。

1. 课程目标以培养学生综合素质为导向。本课程强调学生综合运用各学科知识，认识、分析和解决现实问题，提升综合素质，着力发展核心素养，特别是社会责任感、创新精神和实践能力。

2. 课程开发面向学生的个体生活和社会生活。本课程面向学生真实的世界，引导学生获得关于自我、社会、自然的真实体验，建立学习与生活的有机联系。要避免仅从学科知识体系出发进行活动设计。

3. 课程实施注重亲身体验和积极实践，发展创新精神和实践能力。课程的开发与实施强调学生乐于探究、勤于动手和勇于实践，注重学生在实践性学习活动过程中的感受和体验，实现学习方式的多元化，发展学生的创新精神和实践能力。

【课程目标】

一、总体目标

该综合实践活动校本课程的总目标是通过密切学生与生活的联系、学校与社会的联系，帮助学生获得亲身参与实践的积极体验和丰富经验，提高学生对自然、社会和自我之间内在联系的整体认识，发展学生的创新精神、实践能力，培养学生的社会责任感，并形成良好的个性品质。

二、具体目标

1. 了解茶的起源与发展，茶的文化等相关知识，认识茶在人们生活中的重要作用，为以后的学习、工作和生活打下良好的基础。

2. 了解一些基本茶的冲泡方法及基本奉茶礼仪，初步了解茶艺并学会欣赏茶艺；能唱茶歌，跳茶舞，感受艺术的熏陶。

3. 通过实地考察、访问等活动了解南泉茶树的生长习性，从而认识南泉茶，爱上南泉茶，增强关注自然、热爱自然的情感；通过调查研究，了解家乡茶的使用和销售现状，培养学生的社会服务意识，增进热爱家乡、关心家乡、建设家乡的感情。

4. 通过动手实践，主动探究，初步掌握采茶、炒茶的工艺，培养动手操作能力，体验劳动创造价值的乐趣。

5. 通过调查、访问、查阅资料等多种活动，培养团队合作、收集及处理信息、组织规划、沟通表达等能力。

6. 弘扬中国历史悠久的茶文化，提高生活与鉴别能力，养成耐心细致的学习和生活习惯，健康地成长。

【课程内容】

课程内容围绕"魅力家乡茶"这个大主题设计五个单元的主题，即"我是小小茶博士""茶园，我们来了""我是小小茶农""我是小小创意师""我是小小宣传员"，每个主题下面又有小的主题活动，这些小的主题活动又围绕单元主题进行展开。因此，大主题、单元主题、主题活动是层层包含的关系。在实施过程中，教师可根据实际情况自行选择学习的顺序，也可根据学生的兴趣和需要对单元内容进行适当的增减，或对单元内容进行一定的补充。

"魅力家乡茶"课程内容分析

单元名称	活动名称	活动内容建议	活动目标
我是小小茶博士	溯茶源，识茶名	道茶源，诉传说 十大名茶分享会 ……	1. 追溯茶的起源，了解相关著作和传说；了解茶在人类发展和社会发展中的重要性。 2. 了解茶的分类、特点及相关知识和典故。
	读茶诗，说茶俗	茶诗茶文诵读会 民族茶俗我来讲 ……	1. 学习并诵读文学作品中的茶诗茶文，提升境界，提高品位，感受语言文化的博大精深。 2. 了解并能介绍各民族的饮茶习俗。
	唱茶歌，跳茶舞	茶歌茶舞赏析会 唱支茶歌给你听 跳支茶舞给你看 ……	1. 欣赏有关茶的歌曲、舞蹈，受到艺术的熏陶。 2. 能唱一支茶歌，跳一支茶舞。
	泡香茶，行茶礼	茶艺茶礼我学习 我为爸妈敬杯茶 ……	1. 了解一些常见茶的冲泡方式，重点学习家乡绿茶的冲泡方式；并用实际行动孝顺父母。 2. 学习行茶、奉茶的相关礼仪，了解茶道礼仪规范，在潜移默化中学习中国传统礼仪，培养学生的情趣。
茶园，我们来了	走进南泉茶林	制订考察计划 考察进行时 考察结果分享会 ……	1. 通过对南泉茶林、茶场的参观和访问，了解南泉茶的发展历史，了解南泉茶树的生长习性，从而认识南泉茶，初步培养进一步探究茶的兴趣，增强关注自然、热爱自然的情感。 2. 通过了解茶树对环境的严格要求，增强学生的环保意识。 3. 在外出考察前，提出研究问题，设计考察方案；通过任务驱动的方式，有效地开展实践活动，获得研究结论。增加对茶林的了解，增长生活经验，增强社会适应能力。 4. 能通过作文、PPT等形式汇报考察结果，乐意学习他人的成功经验，并积极弥补存在的不足。

续表

单元名称	活动名称	活动内容建议	活动目标
我是小小茶农	种茶，我能行	种茶小讲座 我是种茶小能手 ……	通过采访等方式，了解种茶的方法，并在实践操作中初步掌握种植茶树的方法。
	采茶，我参与	了解采茶方法 采茶，我参与 ……	通过采访等方式了解采茶的方法，并在实践操作中锻炼动手操作能力，体验劳动创造价值的乐趣。
	炒茶，我能行	参观炒茶作坊 学习炒茶工艺 绘制炒茶流程 ……	1. 到炒茶作坊参观，了解炒茶工艺，并尝试炒茶。 2. 通过实践操作锻炼动手操作能力，体验劳动创造价值的乐趣，接受珍惜劳动成果的教育。
我是小小创意师	茶器的创意设计与制作	茶器大观园 小小设计师 茶器发布会 ……	1. 欣赏各式茶器，对茶器的设计与制作产生比较浓厚的兴趣，有较强烈的探究欲望。 2. 学习陶土材料（软陶、轻黏土等）的捏塑、盘筑、镶接等基本技能；尝试自制个性化的陶艺手工作品。
	茶包装的设计与制作	茶包装博览会 画设计草图 制作茶包装 ……	了解包装设计与制作的过程，设计前有绘制草图的意识，初步掌握制作包装的相关技巧。
家乡茶的调查与推介	我们的小调查	社会小调查 研究小天地 成果展示台 ……	1. 学会设计封闭式调查问卷，能对设计的问题进行评价。 2. 通过调查问卷、实地采访等方式，了解家乡茶的销售现状。
我是小小宣传员	家乡茶，我宣传	设计策划方案 家乡茶推荐会 ……	1. 设计与策划推介方案，为家乡茶走出南泉做贡献，增进热爱家乡、关心家乡、建设家乡的感情。 2. 积极参加家乡茶的宣传活动；采用多种形式向周围的人群进行家乡茶的宣传和推广。

【课程实施】

一、课时安排

综合实践活动要求的课时安排应是弹性课时制，即将每周3课时的综合实践活动时间根据需要灵活安排，做到集中使用与分散使用相结合。联系我校实际情况，我们将3节综合实践活动分成"1+2"的形式。"1"为信息技术课，每周1节，单独列入课表，配备相应的信息技术老师（单独列开主要是考虑信息技术教室的使用问题）。"2"为综合活动大课，每周2节，包括考察与探究活动、社会服务、设计与制作等内容。这2节课以年级为单位集中安排在一个单位时间，列入课表，一般配备的是各班的班主任老师。同时，根据需要，与语文、美术等学科打通，统一安排使用。实行弹性课时制，一是能满足综合实践活动对课时安排提出的新要求，长短结合，集中与分散灵活安排。二是能解决专业老师和教学设施有限所带来的困难，能确保活动得到保障。同时便于学校的调控和监督，比较灵活。

二、组织形式

全年课程以小组合作方式为主，也可以个人单独进行或整班教学，根据实际情况灵活运用各种组织方式。

三、教师构成

结合课程内容，教师指导小组由年级组长、班主任、一些相关的任课教师（如信息技术教师、语文教师、美术教师等）组成，担任学生活动的指导教师，由年级组长根据实际开展情况统计相关教师的工作量，并纳入教师工作业绩加以考核。此外，在此基础上，我们还聘请相关社会力量，担任校外辅导员。

【课程评价】

一、学生评价

1. 档案袋评价方式。对活动小组或个人建立的活动档案袋或过程实录手册进行评价，主要看收集的材料是否能反映活动的全过程，如是否有活动计划、活动记录、调查表、出勤登记表、学习体会、日记等与活动有关的文字、图片、音像资料，收集的信息是否进行过处理等。

2. 日常观察即时评价方式。主要针对学生在具体活动中的表现及时进行评价，如成员参与活动的态度，同伴间的互助合作情况，活动中表现出来的优点与缺点等。

3. 成果展示评价方式。通过学生的研究过程性材料、展示性作品、设计等成果，对小组或个人做出评价。

4. 综合评价。原则上每学期末，教师要依据课程目标和档案袋，结合平时对学生活动情况的观察，对学生综合素质发展水平进行科学分析，写出有关综合实践活动情况的评语，引导学生扬长避短，明确努力方向。

二、教师评价

对教师的评价应当是过程和结果并重的评价，分为行政性考评和发展性评价两大类。在综合实践活动课程体系中，我们主要采用发展性评价，通过看教师课前准备、检查备课、听课、检测活动效果等方法，帮助教师发现教育教学中存在的问题，改进教育教学方法和行为，从而提高综合实践活动的教育教学质量。

（该课程纲要编写者为无锡市滨湖中心小学钱彦）

● 典型学习活动设计

"走进南泉茶林（考察计划制订指导课）"学习活动设计

【学习目标】

1. 完成走进南泉茶场考察计划，并使学生明白制订一个详细的参观考察计划的重要性，在教师的引导、学生小组讨论下，学生明确考察计划所需要考虑的相关要素和情况。

2. 小组间根据本组考察目的，通过讨论具体制订一份切实可行的考察计划，并尝试改进完善计划。

3. 激发学生对此次考察的兴趣，对参观南泉茶场、了解茶场的向往，增强关注自然、热爱自然的情感。

【学习重点与难点】

重点：学生学会制订一份完整的外出参观考察计划。

难点：学生能说出自己的考察目的，并围绕目的规划好考察过程中需要做的事情。

【学习过程】

"走进南泉茶林"学习过程

主要环节	教师指导	学生活动	设计意图及主要策略
激趣导入，引出活动主题	1. 出示有关茶场的图片，引导学生观察。 2. 相机引出南泉茶场，并了解学生对南泉茶场的认识：你们对南泉茶场了解多少？ 相机揭示主题：探秘江阴农博园。 （板书：走进南泉茶林）	观察并初步了解南泉茶场。	兴趣是学生最好的老师。上课伊始，通过展示图片，激发学生对南泉茶场的向往，进而引出活动主题。
讨论交流，产生计划内容	1. 引出"计划"。 （板书：制订考察计划） 2. 引导学生思考：本次活动计划应该有哪些内容？ （相机板书：目的、时间、人员、物品、过程） 3. 小结，并了解学生还不明白的地方，相应做进一步指导。	依据已有经验，围绕主题，展开讨论，提出计划内容。	综合实践活动实施应基于学生的已有经验，注重发挥学生的主体性。在这一环节中，教师尊重学生的元认知水平，通过组织讨论，了解学生的已有认知，并在交流中相机板书，帮助学生完善对计划要素的认知。其中，教师的指导放在学生的疑难处。

续表

主要环节	教师指导	学生活动	设计意图及主要策略
合作探究，制订活动计划	1. 请各小组相互合作，共同制订活动计划。 （出示要求：小组合作，共同制订；依次交流，注意倾听；5 分钟内，讲究效率） 2. 巡视，了解撰写情况，并给予必要指导。	小组讨论，并尝试撰写计划内容。	小组合作探究是小学综合实践活动开展中最基本也是最有效的活动方式。此环节，通过小组讨论，培养学生合作意识，尝试制定计划表。
展示评价，完善活动计划	1. 请小组代表台前汇报。 2. 引导集体评价： （1）重点引导学生对活动过程进行评价。 （相机板书：围绕目的、步骤具体、表达清晰） （2）引导学生对计划中其他内容进行评价。 （相机板书：明确、合理、合理、齐全） 3. 小结制订计划的原则。 4. 请各小组完善计划，并巡视。 5. 再次组织展示交流，引导学生互相借鉴。 6. 引导学生讨论：如何应对活动过程中出现的突发事件？	小组代表汇报。集体评价，巧借智慧，明确计划内容制订的原则，交流并掌握应对突发事件的办法。	考察的设计，从本质上讲属于间接经验，教师往往会不自觉地用"告诉"的方式让学生接受。通过小组展示交流，激疑引思，提炼原则，更多地关注学生的主动参与，关注学生的经历和体验。
总结评价，活动延伸	1. 活动总结。 2. 引导学生结合"评价表"进行评价。 3. 布置下节课任务。	学生畅谈收获，自我评价。	

【评价设计】

此次活动主要从学生参与活动的态度和表现，活动中的合作精神和合作能力，组织规划能力等几方面，通过自评、互评、师评，进行及时评价和成果展示评价，着重对学生的组织规划能力进行评价。组织规划能力评价表设计如下：

组织规划能力评价表

评价内容	自评（☆☆☆☆☆）	师评（☆☆☆☆☆）
1. 活动前，是否有主动制订活动计划的习惯。		
2. 考察计划的设计内容是否完整（如是否包括目的、时间、人员、物品、过程等要素）。		

续表

评价内容	自评（☆☆☆☆☆）	师评（☆☆☆☆☆）
3. 考察计划的目的是否明确，过程是否具体，并能针对目标来制订。		
4. 在制订计划的过程中，是否能不断改进并完善计划。		

【活动反思】

综合实践活动强调学生走出课堂、走出学校，到开放的社会生活中去开阔眼界，增长见识，提高审美，拓宽知识面。此次考察活动，就是为了引领学生走进自然，走进社会，然而，考察不是游山玩水，是有目的地去调查研究。古语有云："预则立，不预则废。"因此，在考察前，组织学生进行考察计划的制订，就显得尤为重要，这也是此次活动成功与否的关键。而以下两点，我认为是课堂中比较成功的地方：

一是突出学生主体地位。考察的设计，从本质上讲属于间接经验，教师往往会不自觉地用"告诉"的方式让学生接受。但在本节课堂上，我充分尊重学生的主体地位，不论是计划内容的呈现还是计划的制订，都放手让学生去思考，去发现。从课堂的表现来看，学生的表现非常出色，他们完全称得上是"课堂的主人"。

二是注重展示评价。此次活动的成果是一份考察方案的设计，方案不可能一下子就趋于完美，需要经历一个不断评价、修改、完善的过程，而这也是综合实践活动的价值所在。学生在亲身经历中，进行全面的反思，从而形成对问题的基本看法，积累解决问题的基本经验。

在此次考察活动的起始阶段，学生呈现的考察方案尽管还不够完善，但我们看到了他们的成长和进步，可喜于他们组织规划能力的不断提高。我们也相信，良好的开端是成功的一半，此次考察活动一定能圆满成功。

（该学习活动设计者为无锡市滨湖中心小学钱彦）

艺体拓展课程

扎 染

江苏省太湖高级中学

● 课程纲要

【课程名称】

扎染

【适用年级、课时安排】

适用于高一年级，每周1课时

【课程背景】

一、背景分析

太湖高级中学 2004 年被评为江苏省首批艺术特色学校，2014 年确立为江苏省普通高中艺术教育课程基地。学校始终秉承"求美求实"的校训，深化艺术专项教学改革，并依托多年的艺术教育积淀，逐步完善艺术设施设备，优化艺术课程资源。学校成立了艺术社团，并与中央美院、中国美院等全国顶尖艺术院校开展了广泛交流。2014 年学校开设了泥塑、剪纸、书法、校园速写和服装设计等艺术教育课程，受到师生的广泛欢迎。在这些良好的基础和浓厚的艺术氛围下，学校于 2016 年首次开设了扎染课程。学校设立了扎染专用教室，教室布置得精致美观，具有浓厚的艺术气息，为学生学习扎染提供了良好的氛围。目前，在学校的大力支持下，课程已配备了完整的扎染教学器材，如操作台、电磁炉、不锈钢盆、化学染料、植物染料、烧杯、量筒、温度计、棉布以及各种媒染剂等。

二、价值意义分析

1. 国内外现状

扎染工艺在我国经过两千多年的发展，技术已经日臻成熟，现在有很多扎染图样应用于各种织物及服饰上。但由于扎染工艺品无法批量化生产，所以扎染工艺只在少数地区传承较好。目前诸如四川自贡的"蜀缬"扎染艺术，云南大理周成村的民族扎染工艺，贵州、湖南等地区的传统扎染工艺保留较为完好。此外，一些现代化企业如江苏华艺服饰和中日合资锦华责任有限公司等一直坚持扎染时尚服饰及面料的研发。全球范围内，日本、美国、印度、伊朗以及南美洲、非洲地区都有扎染物品的生产和制作，特别是日本，其扎染艺术以及在扎染工艺基础上形成的纤维艺术已经走在世界前列。

2. 扎染在国内中小学及大学的课程设置现状

目前国内各省市均有小学和初中开展扎染教学及扎染校本课程的研究工作，如北京石景山外语实验小学、上海华东理工附中、辽宁省庄河市第十二初级中学、新疆玛纳斯县第五小学等。一些高校也开设了扎染课程，如清华美院、湖北美院、郑州轻工业学院、贵州师范学院、上海电力学院、苏州职教中心等。我们发现扎染课程多为九年义务教育阶段艺术素质拓展的平台及高等学校艺术专业的专业课程，而高中阶段少有学校开设，以应试为导向的高中教育无形之中导致了扎染艺术教育的断层。

一些有意识要在高中阶段开展扎染课程的学校或教师，在课程的内容安排和实践上缺乏参考和交流对象。但从另一角度看，这也为高中一线美术教师们提供了教学研究的新课题，高中扎染课程的断层对教师们来说是挑战与机遇并存。

3. 扎染在高中课堂设置的必要性

通过调研，笔者认为在高中阶段开展扎染艺术课程非常必要。它可以作为九年义务教育扎染艺术初级探索与高等学校专业扎染艺术学习的衔接纽带，尤其在艺术特色学校和艺术教育领域，这一课程更是不可或缺。

在考虑学生认知背景与需要的前提下，挖掘扎染这一中华民族传统文化资源可用于教学的内容意义深远；扎染艺术课程的设置，既能凸显学校自身艺术教学特色，又能丰富校园文化生活，也为学生在课程的自主选择中提供了更多选项；扎染课程中扎染艺术品能够以原始、淳朴、清淡、平静的独特民族艺术语言带给学生美好的艺术享受和精神愉悦，提高学生的鉴赏能力与审美能力。扎染艺术课程还能够培养学生对中华民族优秀传统文化的热爱和民族自豪感，培养他们保护中华优秀传统文化的责任心和主人翁意识。

【课程理念】

扎染是针对普通高中生专门开设的综合艺术实践课程。它以"求美求实"校训为教育宗旨，"以美启智，以美启真，以美储德，以美怡情"为核心理念，通过课程实施培养学生感悟美、欣赏美、创造美的意识，促进学生树立正确的审美观点、健康的审美情趣，提高创造美的能力。扎染课程以"学习—创作—展示"为基础理念设计了三大板块：扎染基本工艺、常用物品的设计与制作、扎染作品的展示与活动。

【课程目标】

1. 学校特色发展目标

通过开发与研究，积极构建培养学生高尚情趣的综合实践校本课程，建设具有特色的课程资源库，建立和完善校本综合实践活动课程的实施方法、管理机制及评价体系，逐步形成工作坊，将扎染融入校园文化建设。

2. 教师专业发展目标

通过校本课程开发，提高学校教师的课程开发意识和课程开发能力，促进教师专业的发展，打造一支勤于钻研、善于合作、敢于创新、精于反思、勇于奉献、业务精良、一专多能的教师队伍。

3. 学生个性发展目标

（1）恰当地使用扎染专业术语，从功能和审美的角度鉴赏扎染作品；了解和掌握扎染基本制作工艺；能有创意地设计、制作扎染作品。

（2）以多种形式大胆地展示和交流，以口头或书面形式对自己和他人的扎染作品进行评价；在扎染过程中享受快乐，抒发各种情感，缓解心理压力，获得成功体验，增强自信心，同时，培养创新精神，增强实践操作能力；在展示活动中，能够策划组织实施小组计划，提高自我表现能力、组织协调能力，增强自信心。

（3）通过扎染创作参与校园文化建设，用艺术的形式美化和改善生活。

【课程内容】

课程分为三大板块五个单元。三大板块为：扎染基本工艺、常用物品的设计与制作、扎染作品的展示与活动。三大板块是基于"学习—创造—展示"的理念来安排的，学习扎染的基本工艺后才可能游刃有余地设计与制作各种实物，在创作一些扎染艺术品后才能进一步进行展示和活动的安排。三大板块的设计使得这门课程不但包含扎染的理论和实践，还包含扎染的创作和扎染的展示（由学生自己策划、组织的以分享展示扎染作品为目的校园文化活动）。这样的安排使得这门课程环环相扣，继承传统手工艺的同时融入现代观念和现代元素，创造更有意义的扎染作品，更重要的是要分享这一传统工艺，同时也给孩子创造了一个多方位展示自己的平台。三大板块下设计了五个单元，分别为：扎染的历史与理论、扎结工艺、染色工艺、扎染创作、扎染走进校园。其中前三个单元是围绕扎染的历史、理论、工艺实践展开的。扎染理论知识和实践的有机结合，能够有效激发学生的学习兴趣，提高学生的动手操作能力。第四个单元则是基于扎染基本工艺，逐渐引导学生对生活中的手帕、手提布袋、T恤和靠垫等常用物品进行设计和创作，培养学生创新的艺术设计思维，让艺术为生活服务。第五单元开始引导学生策划系列展示活动，培养学生的策划、组织、管理、协调能力以及自我展示的能力，同时让更多的人感受扎染传统工艺的魅力，使这一传统文化代代相传，发扬光大。下图为扎染课程框架结构。

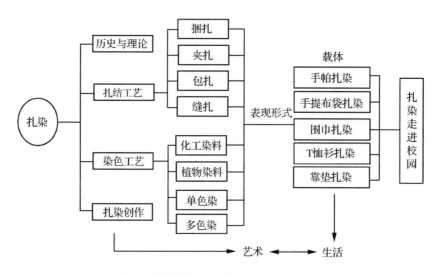

"扎染"课程框架结构图

下表为"扎染"课程的主要内容及实施要求。

"扎染"课程内容及实施要求

单元名称	课时与课题名称	内容与实施要求（每周一课）	备注
第一单元：扎染的历史与文化（1—3周）	第1课时：走近扎染	1. 分享课程纲要。 2. 介绍扎染的起源、文化、历史以及分类。	通过欣赏扎染系列作品，引起学生课后寻找、制作扎染手工艺品的兴趣。
	第2课时：欣赏传统民族扎染与现代扎染	1. "欣赏美"环节，通过图片欣赏扎染系列作品，按照扎法、染色等要求按小组进行图片的分类比赛。 2. 拓展，在"找找美"环节中鼓励学生课外积极查找我国其他地方盛行的扎染工艺。	由于扎染所用材料有几十种，拆下的绳子、皮筋，一次性手套，染色的染料等极易污染教室，所以扎染教室使用细则规定了每一个环节的要求。

续表

单元名称	课时与课题名称	内容与实施要求（每周一课）	备注
第二单元：扎结工艺（4—9周）	第3课时：扎染的工具与材料	1. 扎染专用教室使用细则。 2. 通过实物介绍制作扎染艺术作品的工具与材料（染料、助染剂、白色棉布、烧杯、温度计、电磁炉、各种盆、滴瓶、一次性手套、桌布、袖套、围裙等）。 3. 通过视频，学生初步了解这些工具、材料在扎染作品制作流程中的使用方法。	
	第4课时：捆扎——大理石纹扎法、卷扎法	1. 示范大理石纹扎法、卷扎法。强调制作的基本步骤：（1）大理石纹扎法，将染前处理过的棉布随意褶皱堆积，用皮筋任意方向捆绑扎紧备用；卷扎法，将棉布垂直拎起，用皮筋分段环形缠绕，可多选择几个点重复做，扎紧备用；（2）取滴瓶染色（两块棉布的棉布同时处理）；（3）放置十分钟；（4）拆结，将所有皮筋拆掉；（5）漂洗；（6）铺平晾干。 2. 学生动手操作，教师个别指导。	本单元主要讲扎结方法，但扎结后只有染色才能看出扎结效果，所以采用简单的染色方法——滴染（教师事先调好装在尖嘴塑料瓶里的化工染料，可直接滴在扎好的棉布上，属冷染）。通过大理石纹等扎法的示范强调扎染的完整操作流程：染前处理，扎结，染色，放置，拆结，漂洗，晾干。
	第5课时：捆扎——鹿纹扎法、折叠扎法	1. 示范鹿纹扎法：将棉布垂直拎起，用绳子环形缠绕，有规律地定点重复做，扎完的状态像刺猬的背；示范折叠扎法；接着同时染色、放置、拆结、漂洗、晾干。 2. 学生动手操作，教师个别指导。 3. 师评，互评。	
	第6课时：夹扎法	1. 夹扎法有很多种，示范一种夹扎法。 2. 学生自己尝试各种扎法，获得不同的纹样，教师指导。 3. 师评，互评。	只要具备夹板和绳子就可以通过变换棉布的折叠方法而得到许多重复的纹样，如重复的方格、重复的三角形。
	第7课时：包扎法	1. 分小组展示课前准备好的包扎材料。 2. 教师用弹珠作示范，介绍包扎的具体方法。 3. 学生用自己准备的硬物进行扎结、染色、晾干等。 4. 展示作品，谈谈包入不同硬物后得到的花纹效果，从所有作品中选出自己最喜欢的并谈谈原因。	课前要求学生准备好想要包扎进棉布中的硬物，如石子、黄豆、硬币、异形物等，每种不少于5个。教师提供弹珠若干。

续表

单元名称	课时与课题名称	内容与实施要求（每周一课）	备注
第三单元：染色工艺（10—13周）	第8课时：缝扎——平缝	1. 介绍示范五种平缝的方法，分别是直线平缝、弧线平缝、折线平缝、规则形平缝、异形平缝。 2. 要求学生以五角星形为原型，运用平缝的方法进行设计创作。 3. 从设计形式、构图、扎结技法、色彩等方面小组互评，师评	缝扎是扎结工艺中较难的一部分，根据学生的动手能力选择较简单的几种作为教学内容。
	第9课时：缝扎——折缝扎	1. 介绍示范对折直线平缝、对折弧线平缝、对折折线平缝、对折间断直线平缝、对折双直线平缝。 2. 要求学生以心形为原型，采用折缝扎和平缝的方法设计并制作一块方巾，可用双色染。 3. 互评，师评。 4. 写课堂小结，谈谈目前对扎染的认识和感受，总结失败和成功的经验。	
	第10课时：化工染之多色染	1. 多色染的概念和方法，采用滴染的方式，根据需要进行多次染色，选择不同的颜色。 2. 要求学生用多色染的方法独立设计并制作一块方巾（扎法可自由选择，注意色彩的搭配）。	在第二单元中，学生已经掌握了扎染的基本扎法和扎染的整个操作流程。本单元引导学生尝试扎染生活中的常用物品，通过设计扎结、染色，完成一件作品（可以是手帕、围巾或T恤衫）。
	第11、12课时：化工染之加温染	1. 小组合作设计一件扎染T恤衫。 2. 分两节课操作，第一节课做设计、染前处理、扎结。	
		1. 第二节课介绍加温染的操作流程。 2. 要求每组选出一名代表和教师一起调制染液，其余学生观看。 3. 加温染液，同学们将上节课扎好的方巾、围巾和T恤衫、布袋放入染液中浸染。 4. 从染液中捞出已染物件，拆结、漂洗后铺平晾干。 5. 互评，师评。	

续表

单元名称	课时与课题名称	内容与实施要求（每周一课）	备注
	第13课时：染色工艺之植物染	（课前准备：植物染液的制作过程需半天，教师要在课前完成制作备用；这次扎染的成品主要是围巾，教师为每组提供一条，有兴趣的学生可在网上提前自行采购，并在课前做好设计、扎结处理。） 1. 植物染的概念及大概操作流程。 2. 要求学生将扎好的围巾放入染液中浸泡并不停翻转。 3. 20分钟后取出，拆结，漂洗，晾干。 4. 互评，师评。	天然染料包括植物染料、动物染料和矿物质染料。其中植物染料是指利用自然界中的花草树木的茎叶、种子及果实为原料，利用不同的方法提取出不同的色素制成的染料，它健康无害，容易获得，所以选择为教学内容。
第四单元：扎染创作（14—15周）	第14、15课时：设计制作一个靠垫	1. 利用教师提供的棉布，完全手工制作一个靠垫。 2. 设计靠垫的大小和形状，可方可圆可异形。 3. 扎结要求：随意选择扎结方式。 4. 染色要求：随意选择染色方式，可单色染，也可双色染、多色染。 5. 时间要求：两节课，具体时间自己安排。 6. 制作要求：纯手工缝制，不得使用成品，可带回去缝制。 7. 两节课后提交作品，将作为学期成绩评定的一部分内容。	
第五单元：扎染走进校园（16周）	第16课时：策划扎染主题活动	1. 教师提出活动设计的目的——"美化校园，让更多人了解扎染"。 2. 小组讨论并设计展示活动的具体内容与具体分工。 3. 小组之间分享活动方案，讨论可行性。 4. 每组选定一种活动方案，写出策划案，提交老师。 5. 活动实施可根据实际情况延至适合的时间。	

【课程实施】

固定课：高一年级每周三下午第五节。

【课程评价】

活动评价：（1）通过课堂观察评价每位学生的课堂表现。（2）通过学生对扎染绑扎手法的检查，评价学生对绑扎工艺的认识和掌握程度及相互间的合作情况。（3）通过展示的扎染作品，评价该学生的创作水准和扎染艺术的学习情况。（4）通过"扎染走进校园"展示活动，评价学生对文化创意活动的策划及实践能力。（5）通过撰写课程小结，学生理解学习扎染课程的意义，并且在课程小结中总结自己的收获与遗憾。

成绩评定（以百分制记分）：（1）课堂表现20%，包括出勤率、参与创作的积极性以及课程小结的撰写情况。（2）学期末提交的扎染作品60%，作品创意、图案、色彩、后期制作各15%左右。（3）文化创意活动中的表现20%，包括具体分工合作的安排完成情况，组织、沟通、协调、自我表现能力的评定。

（该课程纲要编写者为江苏省太湖高级中学王珍珍）

● 典型学习活动设计

"化工染之多色染"学习活动设计

【学习目标】

1. 了解不同色彩的性格特征（提高审美能力）。

2. 能够独立设计、制作完成一块方巾的扎染（培养动手操作能力与艺术创造思维）。

3. 能够评价自己和他人的作品（培养自我表达、自我展现的能力以及欣赏美的能力）。

【学习准备】

各色染料、布匹（方巾、手帕等）、皮绳、水盆或水桶等。

【学习过程】

一、导入

（向学生展示教师制作的多色染扎染作品）这三块方巾漂亮吗？咱们这次活动的主要内容就是让大家一起来制作一块色彩斑斓的方巾！做之前请大家观察分析我这三块方巾的色彩搭配有什么不同，说说这些颜色给你的感觉。（由此引出色彩搭配的内容）

二、讲解不同色彩的性格特征，注意染色中色彩的搭配

1. 冷色：给人的感觉寒冷、平静、深邃，像冬季，如湖蓝、群青、普蓝、天蓝等；

2. 暖色：给人感觉温暖、热烈，像夏季，如橘红、朱红、大红；

3. 同类色搭配：给人感觉色调统一；

4. 互补色搭配：给人感觉对比强烈。（如果选择互补色，要避免两种色彩混杂在一起造成灰、脏的效果。）

三、多色染的方法（教师讲解示范）

本节课中的多色染属冷染，选用滴染的方式，取带尖嘴的滴瓶对准要染的部位轻挤即可，要注意色彩的组合搭配，染色时要带好一次性手套，在染料小盆内操作要避免将颜料弄到衣服、操作台、地板上。

四、设计制作一块方巾（学生实践操作）

1. 具体要求

（1）用滴染法进行染色，至少选择三种颜色，注意色彩的搭配；

（2）扎法自由选择，可用捆、卷、包、折、缝等多种扎法；

（3）独立完成设计、扎结、染色、展示、评价等环节。

制作过程中教师循环指导，随时提醒学生做得不到位的地方。

2. 强调扎染的基本步骤

（1）设计、构思、扎法、纹样及色彩。

（2）扎结一定要扎紧（无论是用皮筋还是用绳子）。

（3）染色时避免两种颜色叠加形成较脏的色彩（避免颜料溅到衣服、身体、操作台或者地面上）。

（4）放置的时间控制在10—15分钟，每人自己控制时间。

（5）拆结，用剪刀或者刀片将绳子拆掉（注意安全）。

（6）铺在晾台上（可省略漂洗步骤，绳子、皮筋扔到垃圾桶内）。

五、师评，互评

1. 学生挑出自己最喜欢的作品并谈谈感受。

2. 教师总结，并对方巾进行点评：

第一件：色彩对比强烈，用色非常大胆漂亮，但是扎结环节没有处理好，结扎得不够紧，所以留白的地方不明显，花纹没有很清晰地展现出来。

第二件：可以取名"孔雀开屏"，呈现出来的图案非常像孔雀，选择了三种较为偏冷的颜色：紫色、玫红、湖蓝，很有创意。扎结处理较好。

第三件：色彩对比强烈，采用的主要是折叠扎和复染的方法，出现许多方格造型。

第四件：选用了湖蓝、熟褐和群青，整个色彩给人感觉深沉厚重，画面形成了落日与山川的景象，耐人寻味。

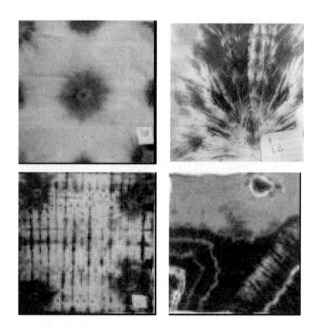

【活动反思】

因为在上单元的扎染操作中出现了很脏很污的色彩问题，所以在本单元的第一课中稍微讲一些色彩搭配的知识，避免多色染中出现上单元中的色彩污浊。在具体操作中，学生也可以选择以前课堂中制作过的方巾来进行复染，使色彩更加丰富。

作品完全铺平在晾台上时是最令人激动的，扎染不可完全预测的纹样效果吸引了许多人，也带给学生意外的惊喜、成功的自信和快乐！很多学生笑着对我说："老师，我居然可以做出这么漂亮的东西！"潜台词是原来自己也可以很棒。他们开始重新认识自己，这些收获比扎染本身更重要。

（该学习活动设计者为江苏省太湖高级中学王珍珍）

传承书艺　翰墨飘香

无锡市胡埭中心小学

● 课程纲要

【课程名称】

传承书艺　翰墨飘香

【适用年级、课时安排】

适用于一至六年级，每学期16课时

【课程背景】

2001年，教育部颁布的《基础教育课程改革纲要（试行）》中明确提出，基础教育课程改革的具体目标之一是"改变课程管理过于集中的状况，实行国家、地方、学校三级课程管理，增强课程对地方、学校及学生的适应性"。由此推断，"以本土化为特色"是我国课程教材改革的发展趋势之一。

开发校本课程成为新一轮基础教育课程改革的重要目标，成为创特色之校、走特色之路的有效途径。21世纪的学校教育对教师的素质提出越来越高的要求，这就需要教师必须接受继续教育的理念。目前，教师培训的重心已由学历补偿向专业化能力本位作根本性的位移。

我校虽是一所普通的乡镇中心小学，但已有近百年的办学历史，拥有自己多年积淀的文化底蕴。从1992年开始，学校就立足于让学生传承优秀的中华传统文化，用墨香浸润孩子们的童年，用书艺陶冶孩子们的情操，努力践行"一笔一画写好字，一生一世做真人"的目标，开始了小学书法教育的实践和探索。书法教育的办学特色已成为学校一道亮丽的风景线。

【课程理念】

书法课是书法教育的主要阵地，书法教师努力提高教学质量，在课堂教学中，能贯彻新课程理念，合理运用自主、合作、探究教学模式，合理利用好书法校本教材，科学地、循序渐进地培养学生的书法技能。课程重视感受书法文化与培养民族情感的相互结合，培养审美鉴赏能力与提高书写能力的相互促进，培养良好书写习惯与提高书写水平并重；以书法育人，陶冶学生的情操，促进其完美人格的逐渐养成；增强学生对祖国语言文字的热爱和对中华优秀文化的理解，继承和弘扬中华民族优秀文化。

【课程目标】

一、总体目标

1. 激发学生对写字的兴趣，培养审美能力

书法的指导不只是教学方法问题，还是语文教学中十分重要的任务。书法教育的宗旨不是培养书法家，而是让孩子们了解中国书法的博大精深，培养他们的民族自豪感，使他们深刻认识到"我是中国人，写好中国字"；在写字过程中，可以不断磨炼他们的意志和毅力，使他们从小明白"一笔一画写好字，一生一世做真人"的道理。

2. 提高学生良好行为规范程度

提高学生的整体书写水平，作业书写整体端正，作业正确率高，学生通过学习，不仅提高自己的软、硬笔书法能力，并培养良好的学习习惯和心理素质。书法教育能养成"静心"，克服浮躁不安的毛病；养成"专心"，凝神聚气，注意力集中；养成"细心"，改掉粗心大意的毛病；养成"恒心"，促使学生不怕困难，持之以恒，直到取得成功。

二、具体目标

各年级段书法教学要求见下表。

各年级段书法教学要求

年级	目标和要求
一、二年级	练习用铅笔写字，写得正确、端正、整洁，执笔方法和写字姿势正确；学习使用和保管写字用具，培养写字兴趣和良好的写字习惯。初步了解文房四宝——笔、墨、纸、砚的基本知识；初步掌握毛笔书写横、竖、撇、捺、点、折、钩的写法；学习欣赏书法作品。
三、四年级	练习用钢笔写字，学会钢笔的执笔和运笔方法。熟练掌握毛笔写字的姿势、执笔和运笔方法；学习用毛笔书写常用偏旁，了解各种笔画和常用偏旁在字中的搭配关系；继续培养写字兴趣和良好的写字习惯；通过欣赏书法作品逐步培养审美能力。

续表

年级	目标和要求
五、六年级	能比较熟练地用钢笔写字，有一定速度，要求字迹工整，行款整齐，并会写硬笔字作品。比较熟练地掌握毛笔书写中偏旁的笔画位置和写法，以及在字中的搭配关系，做到结构匀称、纸面干净；学习毛笔书法作品的书写，有能力的学生可以进行隶书的学习。会对毛笔作品进行简单的点评，提高学生的书法鉴赏能力。增强对祖国语言文字的热爱和对传统文化的理解，继承和弘扬中华民族优秀文化。

【课程内容】

2004年8月诞生的写字校本教材——《书艺》共分六册，每册由硬笔书法和软笔书法两部分组成，硬笔书法内容编排以汉字基本笔画、偏旁、结构、书写作品为主，以苏教版小学语文教材生字教学为辅。软笔写字教材贯穿循序渐进、"少而精"的教学原则，从《欧书字帖》中精选例字268个，通过由浅入深、从易到难的科学训练，学生掌握欧书的笔法、结构规律。以下为各学年段书法教学内容。

各学年段书法教学内容

学年段		主要内容
低年级	一年级	书法技能：硬笔，关注执笔姿势及基本笔画。
		书法常识：甲骨文，楷书，"初唐四家"，欧阳询及其作品，文房四宝。
	二年级	书法技能：硬笔，掌握硬笔字基本结构。初步掌握毛笔书写横、竖、撇、捺、点、折、钩的写法。
		书法常识：北魏石刻，颜真卿及其书法特征，柳公权及其代表作。
中年级	三年级	书法技能：掌握软笔16个字的基本笔画。
		书法常识：金文及其代表作，碑与帖的含义及其代表作，"三希堂"以及三希法帖，石鼓文，行书，王羲之及其代表作《兰亭序》，王献之、智永书法。
	四年级	书法技能：掌握软笔变化笔画及偏旁结构。
		书法常识：大篆，小篆，秦代小篆的代表作，瓦当文，虞世南及其传世作品，薛稷，孙过庭，"宋四家"（蔡襄、苏轼、黄庭坚、米芾），"永字八法"，隶书，汉隶，褚遂良及其代表作，传拓，拓片，《黄州寒食诗帖》，文房四宝的具体分类。
高年级	五年级	书法技能：字体结构的掌握，能有一定的欣赏和创作能力。
		书法常识：章草，今草，赵孟頫及其代表作，董其昌及其书法特征，"扬州八怪"，刘墉及其书法特征。
	六年级	书法技能：进行行书、隶书的学习。
		书法常识：大草，瘦金体，索靖、张旭及其代表作，怀素和狂草，米芾作品的特征和代表作。

【课程实施】

1. 开设科学合理的书法教育必修课

实行课程改革,将书法课正式纳入学生课表,每班每周一节书法课。这节必修课是书法教育的主要阵地,书法教师要努力提高教学质量,在课堂教学中能合理利用好校本教材,重视感受书法文化与培养审美鉴赏能力相结合、培养良好书写习惯与提高书写水平并重。以书法育人,陶冶学生的情操,促进其完美人格的逐渐养成。

2. 开展丰富多样的书法课外活动

课外活动是课堂教学的延伸,是培养学生个性发展的重要载体。一直以来,我校定期开展内容丰富、形式多样的书法课外活动,在活动中激发学生学习书法的兴趣,丰富学生的学习生活,提高学生的书法水平。

定期书法评比。每月举办一次优秀书法作品评比活动,各班每月月底推选出五名学生的硬笔字作品,三名学生的毛笔字作品,由教导处语文组集中书法老师评选出各年级硬笔字一、二、三等奖各四名,软笔字一、二、三等奖各三名,并进行奖励。每学年举办的校园艺术节,充分展示学生持之以恒练习书法的成果,也进一步激发同学们练习书法的热情。

题字校报刊头。2008 年 9 月,我校创办《经历》校报,此后,报纸题字"经历",每期由学校小书法家书写,给小书法家一个展示书法技艺的平台。从分发到每个学生手上的《经历》校报报头中,学生可以看到不同的书法字体,认识不同的小书法家。

【课程评价】

为了确保校本课程开发的合理性和有效性,我们建立了校本课程的评价体系,主要从几个方面进行:

1. 通过教案设计比赛、评课比赛、艺术教师基本功竞赛、骨干教师评比、辅导学生比赛等途径进行评价,有力地促进了教师自身专业的发展和教学水平的提高。

2. 对学生,则将评价的目光放在学生学习书法的过程上,注重学生能力的培养,关注学生在学习过程中的表现,如习惯、态度、积极性、参与状况等,由教师综合评价。学习的客观效果由教师采取适当的方式进行评价,如硬笔字考级制度,每学期末全校进行硬笔字考级,结合平时作业情况及考级试卷,对学生的硬笔字书法进行等级划分。每学期汇总学生的各级各类书法获奖情况。软笔书法的考级完全突破年级的限制,组织学生根据自己的实际书法水平报考江苏省教育考试院一年一度的等级考试,并定期进行总结分析。每学期对书法常识进行书面考核。

附：

五年级下学期书法检测卷

班级_____ 姓名_____ 得分_____

一、选择题（10分×5=50分）

1. 唐朝张旭、怀素两位书家在晋代今草的基础上进一步发展比今草更放纵的草书，称为（　　）。
   A. 行书　　　　B. 狂草　　　　C. 章草　　　　D. 行草
2. 瘦金体是由（　　）在前人的基础上发展而成的。
   A. 史游　　　　B. 张旭　　　　C. 赵佶　　　　D. 王羲之
3. 索靖是（　　）时期著名的书法家。
   A. 东汉　　　　B. 西晋　　　　C. 北魏　　　　D. 春秋
4. （　　）不属于书法家张旭。
   A.《郎官石记序》　B.《肚痛帖》　C.《冠军帖》　D.《月仪帖》
5.《小草千字文》是（　　）的作品。
   A. 索靖　　　　B. 王羲之　　　C. 张旭　　　　D. 怀素

二、判断题（8分×5=40分）

1. 米芾是宋朝的著名书法家。　　　　　　　　　　　　　　　（　　）
2. 今草又称"狂草"，是草书的一种。　　　　　　　　　　　　（　　）
3. 张旭是唐朝著名狂草书家，官为左率府长史，所以世称"张长史"。（　　）
4. 大草作品《自叙帖》《苦笋帖》《食鱼帖》都出自怀素之手。　（　　）
5. 米芾的作品有《蜀素帖》《苕溪诗帖》《珊瑚帖》《小草千字文》等。（　　）

三、简答题（5分×2=10分）

1. 什么是瘦金体？

2. 米芾书法作品的风格特征是什么？

（该课程纲要编写者为无锡市胡埭中心小学过云霄）

● 典型学习活动设计

"基础笔画训练（横折钩）"学习活动设计

【学习目标】

1. 知识目标

通过本课学习，让学生掌握横折钩的技法以及特征。在掌握"月"字结构形态的基础上，了解并学习"丹"的结构形态。

2. 能力目标

遵循书法学习的规律，以笔画为依托，以笔法为核心，让学生进行科学训练；教师现场示范，让学生观察、比较，培养学生读帖的能力；通过双钩练习，学生在熟悉笔画和字的外形的同时，再独立练习，体会笔法的书写要点，循序渐进地掌握字形特点，提高临摹能力。

3. 情感目标

培养学生的观察、审美能力及良好的书写习惯和做事认真、踏实的良好品质。

【学习重点与难点】

重点：进行科学训练，掌握学习方法。

难点：横折钩的笔法及其特征。

【学习过程】

（课前欣赏动画并谈话）老师这儿有一段非常有趣的动画片《汉字的故事》，想看吗？你能从中发现哪些汉字？汉字是世界上最美丽的文字，它是中华民族五千年来最伟大的发明。中国书法，是我们民族的文化瑰宝，它能把我们美丽的文字表现得更具艺术美感。今天老师就带大家来感受一下书法世界中欧体字的美。

一、回顾前知

（出示：竖钩）你看，这是什么笔画？我们已经学过的竖钩。谁来介绍一下竖钩是怎么写的？你说得真棒！写竖钩时要注意钩小而饱满。

二、学习横折钩

1. 这是什么笔画？仔细观察这两个笔画，它们有什么相同之处和不同之处呢？谁来说说你的发现？

相同之处：横折钩里有竖钩。

不同之处：（1）多了横；（2）多了折；（3）内抵势，这是欧体的一大特征。

这节课我们先来学写横折钩的写法。（板书：横折钩）

2. 怎样才能把横折钩写好呢？同桌讨论一下。

（教师相机板书要点）

3. （小结：）刚才同学们观察得都很仔细，这种观察就叫作读帖，帖读好了，字就写好一半了。

4. （教师示范书写）

5. （学生自主书写。谈话：）牢记横折钩的写法，你也能写好。（纠正坐姿：头正、身直、臂开、足安。先描两个再写两个）

6. 评价：看这位同学的横折钩，哪些地方写得好？怎样才能写得更好？

7. 那就再写一个横折钩。（写完一个笔画就把笔放好）

三、学习"月"字

1. （谈话：）会写横折钩，再来学写带有横折钩的字就不难了。我们先来学写"月"。学习书法，要对字的演变有所了解。先来看看"月"这个字是如何演变的。

这是甲骨文中的"月"，就像一个弯弯的月亮。渐渐演变成大篆。公元前221年，秦始皇统一六国，推行小篆。东汉末年，隶书渐盛。唐代是楷书的鼎盛时期，在楷书的基础上又出现了行书、草书。（出示"月"的文字演变。）经过三千多年的演变，"月"的笔法与结构，也从简单的线条、图形符号，发展为复杂的笔法、多样的结构形态。汉字太神奇了。

2. （谈话：）接下来我们先来学写唐代欧阳询楷书中的"月"字。（板书课题）

（提问：）"月"字的外形怎样？

（谈话：）"月"的中间是两个左尖横。要写好"月"，还要把握两个左尖横的位置。

（提问：）仔细观察字帖，左尖横应该在月字框的什么位置？请同学们拿出月字框，同桌一起商量着摆一摆。（巡视指导）

（交流：）为什么这么摆呀？（板演）

（指出：）同学们，在没有米字格的情况下，利用竖撇的长度，通过目测确定大约的位置。你看，一半再一半的位置写第一横，一半处写第二横，并且两横微微往上斜。

3. （教师范写。指明：）先写竖撇，要运用到手腕，折先提后按，钩要饱满，竖撇的四分之一处写第一横，一半处写第二横，两横微微往上斜。

4. （学士自主书写，先描两个再写两个。教师巡视）

5. （学生互相评价）

四、学习"丹"字

1. 根据写好"月"的经验，仔细观察一下，写好"丹"应注意什么？

（1）比较竖撇。"丹"也比较瘦长、挺拔，内抵势足！

（2）你能用刚才所学的方法来确定"丹"中长横的位置吗？大约在竖撇一半处。

（3）先写点再写横，点画呼应，笔意相连。

2. （教师示范书写）

3. （学生自主书写，先描两个，再写两个）

4. （自主评价：）谁愿意把你的字和大家分享一下？哪些地方最满意？哪些地方还不够满意？

五、全课总结

时间飞逝，同学们，短短几十分钟，你有什么收获呢？

同学们，学习书法就要有"咬定青山不放松"的恒心，只要我们持之以恒、勤学苦练，相信大家都能写得一手好字。

【教学反思】

书法教学是我校的一大特色课程，它承载着我校的校训——"恒"。

学写毛笔字的过程，看似白纸黑字，了无趣味，但只要我们细细品味，笔墨之间可谓妙趣横生。如何给大媒体时代下的孩子们上好一节书法课呢？我认为可以做到以下几点：

1. 书法教学现代化

中国文字本源于世间万物，这正是体现了文字的形态之美。现代化的视频技术就是展现文字形态美的高效载体。四年级学生的学习特征仍以直观形象为主，因此，我在上课前用一段动画片——《汉字的故事》吸引了所有学生的注意力。在动画中，汉字藏于世间万物之中，学生看得津津有味，还时不时地把看到的汉字说了出来，真真切切感受到了汉字的神奇。在教学"月"字时，我也给学生播放了"月"字的演变过程。这两处设计有效调动起了学生学习的兴趣。

2. 读帖教学细致化

在书法中有这么一句话："帖读好了，字也就写好一半了。"可见，读帖是多么重要。书法中的"读帖"并非放声读字帖，而是指观察字帖，揣摩字的笔画和结构特点。在教学横折钩的笔法中，我首先让学生把横折钩和学过的竖钩做对比，比较它们的相同之处和不同之处，初步感受横折钩的笔画特点。接着，我让学生互相讨论"怎样写好横折钩？"这一问题，并从中相机归纳出书写横折钩的笔法。在教学"月"字时，我让学生在字框中摆两个左尖横，从中生动地感受字的结构特点。这一操作使读帖生动了起来，突破了读帖的维度。

3. 评价主体多元化

在学生自主尝试描写、临摹后，我采取了评价主体多元化的评价方式。我用到了教师评价、学生评价和自主评价。在教师评价中，我主要根据横折钩的书写要点来评价。在评价过程中，引导学生对同伴进行肯定与评价。在写"月"字、"丹"字时，我便采用了学生评价和自主评价的方式。有了之前的引导，学生便会围绕书写要点来进行有效评价。学生学会正确评价自己或他人的作品，对学生掌握笔画和字的笔法起着重要的促进作用。在互帮互学的学习环境下,学生的观察力、鉴赏力以及审美情趣也在逐步提高。

作为中国书法传承者的我们,任重而道远。"学然后知不足,教然后知困。"在书法教学中,我们要具备一双敏锐的眼睛,及时发现教学中的问题或闪光处,善于思考、解决问题。我们更要具备一颗恒心,提高自身的基本素养,坚持不懈。书法是千日功,持之以恒方见真功。

(该学习活动设计者为无锡市胡埭中心小学朱丽君)

笛 韵 陶 悦

无锡市立人小学

● 课程纲要

【课程名称】

笛韵陶悦

【适用年级、课时安排】

适用于一至六年级,共 16 课时

【课程背景】

《基础教育课程改革纲要》指出,学校在执行国家课程和地方课程的同时,应视当地社会、经济发展的具体情况,结合本校的传统和优势及学生的兴趣和需要,开发或选用适合本校的课程。

我校地处太湖之滨、龙山脚下的胡埭镇,它是一个拥有近 2 500 年丰厚文化积淀的古镇,具有崇文尚德的历史传统氛围。中国陶笛可谓是人类最古老的乐器,浙江河姆渡出土的骨笛、哨笛有七千年历史,"在新石器的初期,居住在东方土地上的先民们,已经具有相当高的艺术才能,他们在为生存而创造物质文明的同时,已经在精神文明的创造上,在音乐文化的创造上显示出了东方文明的曙光"(李岚清语)。陶笛音色丰富优美,充满想象力,高音陶笛音色如竹笛,中音陶笛音色如埙,低音陶笛音色如箫,音乐表现力很强,音乐曲目选择范围广泛。同时,陶笛学习简单,小巧精致容易携带,价格适中,形式多样(4孔、6孔、12孔都有,单管、复管及合奏均可)。更重要的是陶笛有吴地古韵之风,将吴地文化沉淀在孩子内心,是培养学生乡土观念和传承吴地文化的重要方式和途径之一。

根植于本土的吴地文化，我校确立了"立仁义之德，树诚朴之人"的培养目标，其中艺术之翼在学校特色文化创建中得到不断丰富和发展。在教育部、省教育厅相关文件的指导下，形成了陶笛校本课程的设计研究方案，试图在已有工作的基础上，以校本课程建设为抓手，继续推进特色项目的开展，进一步提升学校内涵发展品位，拓展学生综合素质，并使之成为学校艺术教育的一个重要抓手。

【课程理念】

陶笛校本课程是音乐课程的补充，它的教育目标是培养每一位学生的思维情绪和行为品行发展能力，让每位学生全面、和谐、可持续地发展。

坚持以学定教。认识具有鲜明特色的乐器——陶笛，学会欣赏陶笛的演奏，初步掌握陶笛的演奏技巧，能演奏简单的乐曲，积极参加各类艺术表演活动。在陶笛的学习活动中，激发学习兴趣，培养艺术素养，提高审美情趣，锻炼意志和自信心，养成良好的团结协作精神和能力，培养发展音乐表现力和社会实践能力。

坚持因材施教。从学生的实际出发，根据学生生理、心理发展规律和特点，制定了"知识与技能，过程和方法，情感、态度、价值观"三个维度的各年段陶笛教学课程目标，更加明确了作为校本课程的"陶笛"的各年段发展目标。此基础上，根据各年段的目标，又分别制定了详细、具体的年级学期目标，使目标更加细化，便于教师把握应用，提高校本课程的教育教学效果。

教学内容框架与标准指向。陶笛是我国民族特有的乐器之一，音色独特优美，外观古朴典雅，简单易学，小巧易携带。让学生在认识与操作各种陶笛的学习活动中，积极参与，学会欣赏，锻炼意志，培养学生的实践能力和对音乐学习的热爱。

【课程目标】

一、总体目标

1. 学校特色发展目标

通过课程的构建和研发，培养学生的高雅情趣，陶冶学生的情操，建设具有特色的课程资源库，围绕课程的趣味性、专业性、展示性构建实施方法、实施形式、展示及评价体系。建立和完善教师陶笛社团和学生陶笛社团，形成一支了解陶笛、基础扎实、能够演奏的队伍。

2. 教师专业发展目标

在课程的构建过程中，教师不断"实践—反思—再实践—再反思"，教学相长，提高课程开发能力与相关实践能力，在实践和反思中提高指导学生的能力，从而形成一支乐于思考、勇于实践、敢于创新、不断提高、专业性强的师资队伍。

3．学生个性发展目标

通过陶笛校本课程的研发，在潜移默化中传承中国优秀文化，弘扬爱国精神、民族精神。在艺术的熏陶下，学生的审美情趣得以提高，学习音乐的兴趣得到激发，团结意识和协作能力得到增强。在练习过程中培养学生的细心、耐心、恒心，在演奏与展示的过程中增强学生信心，最终成为人格健全、志趣高雅的少年儿童。

二、年段分解目标

1．低年级

（1）了解陶笛的由来和历史，激发和培养学生对陶笛的兴趣。

（2）了解陶笛吹奏的基本知识，为学好陶笛打下基础。

（3）认识音乐中的基本音符，能用十二孔陶笛吹奏简单的歌曲。

（4）培养学生学习陶笛和练习陶笛的积极心态。

2．中年级

（1）了解节拍音阶、休止符、反复记号等基本的音乐符号，学会识谱。

（2）学会使用串铃、三角铁等打击乐器进配合陶笛进行练习。

（3）能吹奏多首简单的歌曲。

（4）养成良好的吹奏习惯，并能坚持练习。

3．高年级

（1）认识音的高低、强弱以及切分音等基本概念。

（2）能吹奏出难度更大的乐曲，在乐曲学习中获得成就感。

（3）能完成一场重奏，增进群体意识，锻炼合作与协调能力。

（4）培养学生的舞台适应力，能够通过肢体、表情等增加演奏的感染力。

【课程内容】

"笛韵陶悦"课程内容

学年段	课程内容		其他活动
低年级	第一章 认识陶笛	1. 陶笛的由来 2. 陶笛在中国的历史	1. 世界各国陶笛简介 2. 陶笛名家介绍
	第二章 陶笛吹奏的基本知识	1. 陶笛的结构 2. 陶笛的吹奏姿势 3. 陶笛的持笛与按孔 4. 陶笛的气息及训练方法 5. 陶笛的吹奏嘴型 6. 学吹吐音	

续表

学年段	课程内容		其他活动
	第三章 认识音乐中的"5、6、7"及用十二孔陶笛吹奏	1. 练一练《清晨（一）（二）》 2. 练一练《打地鼠》 3. 练一练《玛丽有只小羊羔》 4. 练习柯尔文手势	
	第四章 认识拍号，学画拍线	1. 拍号的意义 2. 2/4拍画拍 3. 4/4拍画拍	
	第五章 认识音乐中的高音"1"、高音"2"及用十二孔陶笛吹奏	练一练《数星星》	
中年级	第一章 陶笛 do-la	1. 认识音乐中的"1、3、4、5、6" 2. 学吹十二孔陶笛的"1、3、4、5、6" 3. 走进陶笛的"5、6、7" 4. 练一练 do、re、mi、fa、sol 以及《玛丽有只小绵羊》《欢乐颂》 5. la音练习《小星星》《小雨沙沙》《快乐的小笛子》《火车开啦》《练习曲》 6. 知识与技能——节拍的强弱	1. 世界各国陶笛简介 2. 陶笛名家介绍
	第二章 有趣的陶笛游乐场	1. 游戏迷宫 2. 我的音乐表现	
	第三章 附点音符	1. 认识附点音符 2. 了解附点音符的写法以及时值 3. 学吹附点四分音符 4. 学吹附点八分音符 5. 练一练《伦敦桥》《摇摇船》《轻轻跳》 6. 知识与技能——认识音阶	
	第四章 美音的秘密	1. 认识连音线 2. 学吹圆滑音 3. 学吹延音线 4. 练一练《小天使》《小红帽》 5. 知识与技能　陶笛的四种基本运舌法	
	第五章 休止符练习	1. 认识休止符 2. 休止符拍手游戏 3. 练一练《洗手绢》《数鸭子》《海鸥》 4. 知识与技能——常用音符与休止符	
	第六章 一起玩重奏	练一练《雪绒花》	

续表

学年段	课程内容		其他活动
	第七章 有趣的陶笛游乐场	1. 游戏迷宫 2. 我的音乐表现	
	第八章 节拍的强弱	1. 了解节拍的强弱规律 2. 认识四二拍的强弱规律 3. 体会四二拍的强弱规律 4. 练一练《祖国祖国我爱你》 5. 知识与技能——二拍子的指挥图式	
	第九章 认识音高	1. 认识音乐中的高音"3"和"4" 2. 学吹十二孔陶笛的高音"3"和"4" 3. 学会陶笛中的俯吹 4. 练一练《练习曲》《一只鸟仔》《小燕子》 5. 知识与技能——双响筒	
	第十章 十六分音符	1. 认识十六分音符与十六分休止符 2. 认识十六分音符节奏型 3. 练一练《掀起你的盖头来》《我有一头小毛驴》《洋娃娃和小熊跳舞》 4. 知识与技能——串铃、三角铁	
	第十一章 反复记号	1. 认识音乐中的反复记号 2. 认识段落反复记号 3. 认识反复跳跃记号 4. 练一练《捉泥鳅》《小松树》 5. 知识与技能——木鱼、碰钟	
高年级	第一章 认识低音"la"和"si"	1. 认识音的高低 2. 八度关系 3. 认识音乐中的低音"la"和"si" 4. 练一练《送别》《萤火虫》	1. 认识音域及音区 2. 学会三拍子的指挥图式 3. 认识四拍子的指挥图式 4. 认识铃鼓及沙锤
	第二章 节拍的强弱	1. 认识节拍的强弱规律 2. 认识四三拍的强弱规律 3. 体会四三拍的强弱 4. 练一练《小步舞曲》《玛依拉》	
	第三章 切分节奏	1. 认识切分音 2. 切分音的常用类型 3. 认识切分节奏 4. 练一练《大风车》《丢丢铜仔》《葫芦娃》	
	第四章 弱起	1. 认识弱起 2. 弱起练习 3. 弱起小节练习 4. 练一练《原谅我》《感恩的心》	

续表

学年段	课程内容	其他活动
第五章 一起玩重奏	1. 练习《大家来唱》 2. 练习《送别》 3. 练习《小黄鹂鸟》 4. 练习《丰收之歌》 5. 练习《小步舞曲》 6. 练习《剪羊毛》	

【课程实施】

我们采用"固定＋特长＋弹性"的形式，确保每个年级的学生每学期至少完整地经历一个主题活动过程。

固定课：音乐课5—10分钟时间，社团活动每周四15：00—16：00。

特长课：校级社团活动，引领一批特长学生深入学习吹奏技能，深化特色，积累作品。

弹性课：根据每个年级的课程内容需求，在该年级的大课间活动、班队课、晨会课等活动课中结合进行，具体上课时间根据需要临时提前安排。

【课程评价】

一、评价的原则

1. 主体主导原则

陶笛教学以学生的兴趣爱好为动力。在教学中，教师应通过情境创设、技巧表现等手段来引导学生感知、想象音乐，使学生在陶笛演奏中激发学习兴趣，主动学习音乐。这就要求教师必须改变师示徒效的教学方法，采取兴趣诱发式。

2. 实践操作原则

陶笛教学特别重视实践。陶笛的实践性、操作性强，教师在教学中要将讲授理论知识和学生的陶笛实践紧密结合起来。任何一门乐器都要求学生用眼去观察其结构，去看曲谱，用耳朵去听旋律、和声，用脑去想意境，用口和手去吹唱拉弹，用心去感受音乐。教师在教学中要讲练结合，精讲巧练，少讲多练，使学生在陶笛演奏中加深对音乐的理解，通过实践来走进音乐，在乐器演奏中增强动手操作能力，获得音乐审美体验。

3. 民主愉悦原则

教师在陶笛教学中要创设一种宽松和谐的教学氛围、平等民主的师生关系，用自身的丰富情感使学生处于愉悦状态，让学生乐于主动接受辛苦的陶笛演奏。这就要求教师的教学方法要灵活，变"苦学"为"乐学"，使学生明白"乐（音乐）即乐（快乐）"的道理。在教学中，教师可将陶笛演奏趣味化、游戏化。在师生和谐的交流中，在轻松的游戏和有趣的学习中，学生获得极大的快乐，对陶笛产生浓厚的兴趣，变"要他奏"为"他要奏"，激发学生持久的陶笛学习动机。

4. 成功激励原则

教师在陶笛教学中要注意发现学生的闪光点，进行积极评价，使学生进入兴奋状态，使学生体味成功的喜悦，激励他们在学习中大胆演奏，敢于创造。在陶笛演奏中，基础知识、基本技能的掌握过程是枯燥乏味的，难以掌握更会使学生丧失学习激情，教师要充分把握成功激励原则，激励学生在掌握乐曲的基础上大胆创造。为他们提供最绚丽的表演舞台，搭建感受成功喜悦的桥梁。

二、评价的方式与方法

1. 形成性评价与终结性评价相结合

陶笛教学是一个循序渐进的过程，需要不断地累积。吹奏是评价的一个重要方面，应予以充分的关注，在教学过程中经常进行。采用观察、谈话、提问、讨论、抽奏等方式进行，使学生在陶笛演奏中加深对音乐的理解，通过实践来走进音乐，在乐器演奏中增强动手操作能力，获得音乐审美体验。

2. 定性评价与定量评价相结合

在陶笛教学活动中，对学生的兴趣爱好、情感反应、参与态度、交流合作、知识与技能的掌握情况等，可以用较为准确、形象的文字进行定性评价，也可根据需要和可行性进行量化测评。

3. 档案袋评价

档案袋评价是指收集、记录学生自己、教师或同伴评价的有关材料，学生的作品、反思和其他相关的材料等，借此来评价学生学习和进步的情况。档案袋评价主要由教师实施开展，学生和家长配合完成，使学生在创造、生成个人档案袋的过程中能够清晰地看到自己的成长足迹，感受到自己的持续进步，减轻纸笔测验常有的个人之间横向比较带给人的竞争焦虑。

教师可以在学生进入一年级时即建立个人陶笛学习档案，每个学期逐步累积经历和陶笛学习的过程性资料。资料基本类型包括：作品音频或视频，学习体会，教师评语等文字、图片、影音资料等。

4. 建立"陶笛攀登足迹"手册，实现多元评价

对学生在校练习的情况，教师每天给予评价，用☆和△留下学生的进步足迹，必要时可用文字给予表扬和鼓励；周末和假日，家长给予孩子评价；月底，学生回望一个月来的脚印，用文字评价自己。

（该课程纲要编写者为无锡市立人小学何梦菲）

● 典型学习活动设计

"陶笛吹奏的基本知识"学习活动设计

【学习目的】

1. 正确掌握持笛姿势。
2. 掌握标准的呼吸方法。
3. 规范常用基本技巧（吐音、连音的区分和基本运用）。

【活动准备】

陶笛、多媒体。

【学习过程】

一、导入

同学们，今天我们来学习陶笛的基本吹奏姿势与技巧，为以后陶笛的学习打好基础。

二、过程

1. 同学 A 讲解陶笛的吹奏姿势

（1）立式：站立吹奏时，直立，两脚分开同肩宽，两腿稍分开，一脚在前，一脚在后，身体重心落于两脚之间，面向正前方，两眼平视前方，头正，肩平，挺胸，收腹，双手持住陶笛，两臂自然抬起张开。

（2）坐式：坐式要求上身和立式相同，座椅高矮要合适，腰部要挺直，切忌一条腿架在另一腿上，这种姿势不但不雅，而且影响正确呼吸。

2. 同学 B 给大家讲解陶笛的持孔与按笛

第一步：先用右手腕部倒扣勾住陶笛的笛尾，让吹嘴向上，吹口朝向自己。

第二步：左手在最自然放松下垂的动作状态下呈握球状 C 字形抬起。

第三步：让左手与右手大拇指指肚按住背面陶笛指音孔，找到左手小拇指音孔并且用指肚按住发音孔。

第四步：从陶笛笛头开始，不看手，用左手手指指肚开始触摸音孔并按住剩下三个音孔。

第五步：右手回正，呈握球状，从上至下，不看手，用手指指肚触摸其他四个发音孔并按住。

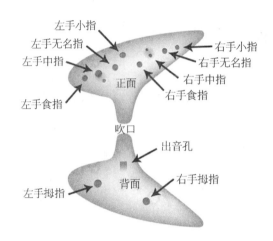

3. 同学 C 给大家演示陶笛吹奏口型

（1）双唇闭住，呈微笑状；

（2）将吹口轻轻放在下唇上；

（3）吹口的位置在上下唇之间，不可以用门牙咬住吹口，也不宜含得太深，嘴唇不能盖住出气孔；

（4）呼气不能鼓腮。

4. 同学 D 给大家讲解吹奏陶笛的气息

（1）身体放松，吸气不能耸肩，呼气不能鼓腮；

（2）学会用口鼻同时吸气，用口呼气；

（3）吸气时感觉胸腔、腹腔向外和向下自然扩张，可以想象如闻花香般的深呼吸，即"气沉丹田"；

（4）吸气要快，呼气时要平稳、均匀，做到细水长流，不能忽大忽小；

（5）在吹奏吐音时，找到吹"蜡烛"的感觉，气息集中吐出。

5. 大家一起学吹陶笛

（1）学吹吐音，在吹奏每个音的音头时动一下舌头，使吹出来的音具有颗粒感。

（2）吹奏吐音时，舌头顶到上牙龈，发出"du"音即可完成。

（3）2/4 吐音练习：

X X | X X | X X | X X | X— ||

嘟 嘟　嘟 嘟　嘟 嘟　嘟 嘟　嘟

(du du　du du　du du　du du　du)

要求：（1）嘴巴模仿，舌尖轻轻抵着上牙龈，然后发"嘟"音；

（2）不发出声音，只吐气。

6. 总结

通过这次实践活动，老师发现同学们虽然都是第一次接触陶笛，但是对于陶笛的学习上手很快，相信你们在接下来的学习过程中能越来越好。

布置作业：练习陶笛持笛姿势、口型、气息；找搭档相互纠错，能完成长音与短音的练习。

【活动反思】

陶笛易学易奏，便于集体教学，独奏起来独有风味。目前小器乐教学多集中在口风琴、竖笛上，对陶笛的学习较少。我选择开展的是十二孔C调陶笛的学习，这个型号的陶笛音域宽广，C、F、G调的演奏指法容易掌握，教材中的大部分歌曲十二孔陶笛的音域都能达到。在学习了陶笛的基本吹奏方法后，我发现了孩子们的一些问题，其中最大的问题就是孩子的手比较小，指孔按不严；气息也是一个大问题，重了轻了都不好，吹出来的音经常跑调。我进行了固定教学流程尝试，这种理念源于心理学对记忆的定义，心理学将记忆定义为：对输入信息通过编码、复习而予以储存，并在一定条件下进行检索和提取的过程。简单地讲就是知识在脑海中印留—保持—再作用的学习过程。我们或多或少都有这么一种体会，初次接触一首歌曲或一篇文章，记忆都不会深刻，如果每天都能听见或看见，久而久之就记住了或学会了。所以我想，如果在每一节课前都能做到充分复习，让学生习惯性地说、练、写、吹，学生在多次正确有效的重复学习中，不仅将知识轻松地留在了大脑当中，而且清晰了概念，纠正了错误，增强了信心。

（该学习活动设计者为无锡市立人小学董海珊）

篆 刻

无锡市蠡园中心小学

● 课程纲要

【课程名称】

篆刻

【适用年级、课时安排】

适用于一至五年级，每年级8课时

【课程背景】

《基础教育课程改革纲要》指出，学校在执行国家课程和地方课程的同时，应视当地社会、经济发展的具体情况，结合本校的传统和优势及学生的兴趣和需要，开发或选用适合本校的课程。我校地处蠡湖之滨，古有范蠡西施泛舟五蠡湖之典故，环境秀美，人文荟萃。学校周边的三蠡文化会馆、图书馆为活动提供了基地。学校有地方级知名篆刻组织西神印社社长等多位篆刻大师作为校外辅导员，可以利用各种资源开发符合实际的校本课程。

我校自2004年起就开发了美术西园印社特色活动项目，到目前为止已有15年的时间。学校结合滨湖区青少年综合素质拓展教育研究课题的推进，试图在已有工作的基础上，以校本课程建设为抓手，继续推进特色项目的开展，进一步提升学校内涵发展品位，拓展学生综合素质，并使之成为学校"励志"教育的一个重要抓手。

【课程理念】

综合素质拓展教育强调学生通过实践，传承优秀传统文化，发展综合运用知识的能力；增强学校与社会的密切联系，培养学生的社会责任感。"篆刻"校本课程根据学生年龄特征展开探究，将学习分为低、中、高三个难度层次，循序渐进地渗透篆刻文化，以印章为中心点在书法、水墨画、泥塑等方面全面铺开，定时到惠山书院路、杭州西泠印社、宜兴紫砂实践基地拓展，融合探究性学习、社会参与性学习、体验性学习和操作性学习等多种实践性学习活动，面向每一位学生的个性发展，满足学生发展的客观需求，面向学生的生活世界，密切学生与生活、与社会的联系，发展学生的创新性，提高学生的实践能力。

我们关注的不仅是学生对篆刻相关知识的了解与技术的掌握，更关注学生通过学习篆刻了解传统文化，提升各方面的能力，丰富实践经历，借助篆刻的研究提高学生的能力，帮助学生与社会接轨、与文化融合。

【课程目标】

指导学生学习民族文化，传承民族文化精髓，展示学生才艺，从而提升青少年学生的文化素养和道德情操。

1. 通过教学，让学生了解篆刻的概况、基本技术、基本技能；
2. 通过教学，提高学生的艺术修养和审美能力；
3. 通过教学，培养学生发现问题、解决问题等自主学习的能力；
4. 通过教学，增强学生的民族自豪感，培养高尚的道德情操；
5. 通过教学，稳固和提升我校篆刻特色教学在市、区各校中的优势地位。

【课程内容】

"篆刻"课程内容与教学安排

年级	课题	教学目标	教学重难点	作业要求	课时
一年级	神秘的岩画	1. 知道岩画是一种古老的画，并了解其主要特征； 2. 尝试在泥板上进行装饰，表现岩画的特点； 3. 体验在泥板上作画的乐趣，并感受成功的喜悦。	感受岩画的美，激发儿童的想象力。引导儿童欣赏岩画真实、亲切、粗犷、纯真的美及富有想象的表现手法。	发挥自己的想象力，在泥板上创作岩画。	2
	彩陶上的纹样	通过欣赏了解彩陶艺术，感受仰韶文化时期彩陶造型、图案、色彩的风格，发现彩陶的艺术美，并尝试创作一幅彩陶风格的作品。	探究彩陶的艺术美，巧妙运用艺术形式，设计出图案美观、造型独特的彩陶风格作品。	尝试创作一幅彩陶风格的作品。	2

续表

年级	课题	教学目标	教学重难点	作业要求	课时
	我的太阳	1. 熟悉工具和材料，进行感官体验。采用揉、捏、粘、压等技法进行简单的浮雕造型创作。 2. 通过太阳五官及光芒的多种设计和表现，突出学生的个性和创新精神，培养学生的合作精神和耐心细致的工作态度，提高学生的动手能力。	学习用泥塑的方法表现太阳的脸和光芒。太阳五官及光芒的多种造型要富于个性变化。	布置学生制作泥塑太阳。体验造型艺术的乐趣，启发学生个性发展，自主学习。	2
	有趣的象形文字	1. 认知目标：欣赏中国古代象形文字，了解我国汉字的悠久历史及发展过程。 2. 能力目标：通过欣赏、总结、想象、创造，学生大概了解象形字的造字方法，并能将几个简单的象形字组合在一起变成一幅画，表达出完整的意思。 3. 情感目标：通过欣赏中国古代象形文字的造型美感，激发爱国情感。	通过欣赏古代象形文字，学生得到启示，创作象形文字要抓住对象的主要特征进行大胆、夸张的表现。	运用象形造字方法进行大胆创作，创作出新颖有趣的作品。	2
二年级	汉字的演变	通过本课的学习，了解汉字的特点及其价值，初步认识汉字文化，加深对悠久丰富的中华文明的情感。通过对汉字的欣赏，提高文化素养和审美情趣。	了解字的演变过程。难点：培养学生对中国文化的情感，提高文化素养和审美情趣。	了解汉字的特点及其价值，初步认识汉字文化，加深对悠久丰富的中华文明的情感。	2
	屋檐上的艺术——瓦当	1. 认识瓦当，了解瓦当的作用和其中蕴含的历史文化。 2. 分析瓦当纹的艺术特点，学习用沥粉工艺表现瓦当纹。 3. 激发学生对民族文化艺术的兴趣，能运用所学知识美化生活。	感受瓦当纹蕴含的艺术魅力与文化内涵。瓦当纹饰的创新设计。	用直线、弧线、阴阳线的基本技能尝试雕刻瓦当。	2
	十二生肖	1. 学生用橡皮泥表现十二生肖，培养学生的创造能力以及实际操作能力。 2. 了解与十二生肖有关的人文知识，激发学生对传统文化的热爱，以获得对美术的持久兴趣。 3. 巩固学过的各种技能技巧，丰富视觉和触觉的审美经验。	了解、分析生肖动物的外形特征。	抓住生肖动物的外形特征并能以自己的形式生动地表现出来。	2

续表

年级	课题	教学目标	教学重难点	作业要求	课时
三年级	汉画像	1. 引导学生欣赏无锡美景，了解汉画像石的艺术特色。 2. 尝试用拓印表现具有汉代特色的无锡美景，在表现过程中领会本地文化的艺术内涵与影响，提高学生的欣赏、表现、创作能力。	了解汉画像石中汉代建筑的风格，尝试用拓印形式表现无锡美景。	尝试用拓印形式表现无锡美景。	2
	雕与刻的乐趣	1. 初步了解浮雕的特点及制作方法，知道雕刻的分类。 2. 能用自己的语言描述欣赏优秀浮雕艺术的感受，尝试制作一件半浮雕或线刻作品。 3. 通过欣赏和创作，感受浮雕具有的实用性和艺术价值，提高学生对传统雕刻艺术的兴趣。	学会制作简单的浮雕。根据材质进行合理的作品创作，表现一定的主题。	学生根据能力、兴趣可选择自己喜欢的方法进行制作：可用单张的简单作业，表现最简单的图案内容；可用多件组合的方式进行创作；可改变方形的泥板，可以是圆、三角、组合形等。	2
	青铜艺术	1. 学习从青铜艺术的造型、纹饰、铭文等方面来欣赏青铜艺术。 2. 在泥板上雕刻青铜器的造型、纹饰、铭文，开阔学生眼界，培养学生对青铜艺术的欣赏力，提高学生的审美能力。 3. 在欣赏青铜艺术的过程中，认识中国青铜艺术在人类文化史上做出的贡献，增强学生的民族自豪感。	学习从青铜艺术的造型、纹饰、铭文等方面来欣赏青铜艺术。感悟青铜艺术，并用雕刻形式表现青铜器的造型、纹饰、铭文。	尝试用雕刻形式表现青铜器的造型、纹饰、铭文。	2
	象形文字的联想	1. 感知象形文字。 2. 了解象形文字描摹实物形象的特点。 3. 能运用形与色表现象形文字，并装饰成画面。	1. 感知象形文字及其发展变化过程。 2. 发挥想象创新能力，表现象形文字的画面。	发挥想象创新能力，表现象形文字的画面。	2
	百家姓名字里的画	1. 了解自己名字的意义，并知道每个人的名字都有不同的含义。 2. 根据自己名字的字形和意义创作一幅名字画。 3. 参加艺术活动，并能大胆地创作。	学会制作简单的浮雕。根据材质进行合理的作品创作。	根据自己名字的字形和意义设计一幅名字画。用凹面或凸面制作一件作品。	2

续表

年级	课题	教学目标	教学重难点	作业要求	课时
四年级	刀法	1. 鉴赏书法和篆刻，激发学生学习书法和篆刻的兴趣，了解我国书法、篆刻的起源和类别，使学生受到书法、篆刻美的陶冶，增强民族自豪感。 2. 通过篆刻的讲解和示范，学生初步懂得治印的基本技法与步骤。	篆刻时运刀的方向、角度与力度。篆刻的治印步骤及方法。	构思设计一份自己的印稿，注意章法、篆法的和谐处理。	3
	肖形印	1. 学习、掌握图形印章的有关知识和刻印方法。 2. 提高学生的审美能力和动手能力，教育学生热爱祖国的传统艺术。	了解朱文和白文印章的特征，学习肖形印章刻印的方法和步骤。阴刻和阳刻两种方法的认识和实践。	尝试用阴刻法创作一方肖形印。	3
	汉印	1. 通过白文秦汉印的摹刻，激发学生学习篆刻的兴趣，使他们受到篆刻美的熏陶，增强民族自豪感。 2. 通过白文秦汉印的摹刻，使学生初步懂得模仿治印的基本技法。	模仿秦汉印设计印稿和刻章时运刀的方向、角度、力度的把握。	1. 模仿汉印刻一方姓名章。 2. 印面布局合理。 3. 行刀干脆利落，做到快、准、狠。	3
	小篆	鉴赏具有鲜明艺术特色、文化内涵的篆书书法作品，学习和了解中国篆书艺术发展的基本过程及其与中国传统文化的关系，用美术术语表达自己的感受和认识。学习并掌握篆书的特征，篆书的基本笔画、搭笔方法和笔顺。临摹篆书作品，感受篆书作品的线条美、结构美和气韵美。	篆书的特征，篆书的基本笔画、搭笔方法和笔顺。	临摹篆书基本笔法。	2
	亲近大师——吴昌硕	1. 初步认识篆刻艺术独特的文化价值。 2. 体会冲切结合的刀法特点，尝试制作一枚印章，体会篆刻的乐趣。 3. 培养学生对篆刻艺术的热爱，提高文化修养。	篆刻时运刀的方向、角度与力度。	临摹吴昌硕作品。	3
五年级	印章种类	1. 了解印章的种类及各自特点，并能准确区分各类印章。 2. 临摹或设计一方象形印，向同学们展示并说说自己的设计意图。 3. 进一步激发学生的学习热情和创作热情。	了解印章的种类，能准确区分各类印章，并临摹或设计一方象形印，向同学们展示并说说自己的设计意图。	了解印章的种类及各自特点，并能准确区分各类印章。	1

续表

年级	课题	教学目标	教学重难点	作业要求	课时
	识石	1. 熟悉篆刻的各种工具，了解如何识别、购买印石。 2. 初步掌握篆刻工具的使用方法。 3. 通过本课学习，激发学生对篆刻的喜爱之情。	了解篆刻常用字体及各自特点，会利用篆刻字典查找汉字。	通过查找篆刻字典，用篆字设计一份自己名字的印稿。	1
	章法	1. 掌握正确使用篆字的原则，能够根据创作的需要，掌握简单的字形变通和改造技巧。 2. 通过制作过程的实践，掌握篆刻的章法布局，能够对印章的文字和设计安排有一定的构思能力。 3. 通过篆刻章法练习，感受篆刻章法的美，增强民族自豪感。	保证篆字体势的统一协调，稳妥地将字安排在印面中。	运用章法规律进行自由创作。	2
	家乡的桥	1. 了解家乡桥的基本结构和形状特点，用联想、夸张等艺术手法设计一座具有家乡特色的泥塑桥。 2. 欣赏不同特征的桥，了解与桥有关的文化和知识，运用叠加、排列等方法将泥片、泥球、泥条巧妙组合，塑造一座桥。 3. 增进对家乡桥的理解，激发对家乡的热爱之情。	了解家乡的桥，用泥塑表现家乡的桥。	了解家乡的桥，用泥塑表现有家乡特色的桥。	2
	亲近大师齐白石	1. 鉴赏书法和篆刻，激发学生学习书法和篆刻的兴趣，了解我国书法、篆刻的起源和类别，使学生受到书法、篆刻美的陶冶，增强民族自豪感。 2. 通过篆刻的讲解和示范，学生初步懂得治印的基本技法与步骤。	篆刻时，运刀的方向、角度与力度。	临摹齐白石作品。 1. 字体安排适中； 2. 奏刀稳、准、狠； 3. 笔画一刀刻就，尽量不作修改。	3

【课程实施】

1. 学习方式：课内外理论学习与实践相结合，即基础知识学习、石上作业、小组研讨、撰写体会等。

2. 教学方式：课内外理论传授与实践相结合，即基础知识传授、实物演示、电教配合、小组研讨、印谱分析、模仿创作等。

【课程评价】

一、指导思想

通过学习评价，提高学生自主学习的能力，培养学生良好的学习习惯，激发学生对篆刻的兴趣，为奠定篆刻学校特色项目打好基础。

二、评价方式

1. 学习评价指标（一）：学生自评与互评相结合，即上课出勤情况、课堂纪律情况、参与学习情况、团结协作情况；
2. 学习评价指标（二）：平时模拟创作与考查相结合；
3. 学习评价指标（三）：教师综合评定，给予相应等第。

上述评价等第均为优秀、良好、中等、须努力四档。

（该课程纲要编写者为无锡市蠡园中心小学陆娴娜、惠竞雄、倪逸倩）

● 典型学习活动设计

"篆刻二十四节气——春分"学习活动设计

【学习目标】

1. 知识与技能目标：初步了解春分的节气文化及关于它的诗书画印艺术。
2. 过程与方法目标：通过游戏，欣赏、巩固与春分相关的篆刻知识，设计春分节气印章。
3. 情感态度价值观：感受古代优秀作品，培养民族文化精神。

【学习重点与难点】

重点：春分的篆书及文化。
难点：汉印的章法设计。

【学习过程】

一、导入：了解春分

春雨惊春清谷天，夏满芒夏暑相连，秋处露秋寒霜降，冬雪雪冬小大寒。

1. 二十四节气之春分知识

师：我们都知道二十四节气是我们祖先从农耕时代开始记录季节变迁的方法，它申请非物质文化遗产成功了。春雨惊春清谷天，同学们会背一背吗？每年3月20或21日是春分。春分这一天太阳直射地球赤道，地球的北半球是春分，白天和黑夜的时间是相同的，天气也到了不冷不热的时候。

春分时节，我国辽阔的大地上杨柳青青，草长莺飞，小麦拔节，油菜花香。

2. 传统生活中的春分

师：春分后各种踏青活动开始。你知道那些传统活动吗？

（1）放风筝

师："儿童散学归来早，忙趁东风放纸鸢。"小朋友，风筝飞得高高的就像把理想高高放飞。

（2）挑野菜

师：春分时节吃一口新鲜的马兰、荠菜等野菜，味道真是鲜美。

（3）送春牛

师：民间有春分送春牛的习俗，以此感恩耕牛，祈福耕田顺利，五谷丰登。

（4）立蛋

师：春分前后生的鸡蛋可以立起来，同学们回家后可以用新鲜蛋试试哦。

3. 文学艺术话春分

师：纵目天涯，浅黛春山处处纱。除了民俗活动以外，古人还用诗歌歌颂春分。谁愿意来读一读？（学生诵读）

春分

春分雨脚落声微，柳岸斜风带客归。

时令北方偏向晚，可知早有绿腰肥。

4. 揭题

师：真是很美的意境，我们蠡园中心的同学们可以怎样来歌颂这么美好的节气呢？（篆刻）

二、新授

1. "春""分"两字的写法和意义

师：最初的"春"字，在甲骨文中由"草""太阳""屯（像植物种子发芽、生根）"这些字符组成，阳光明媚、草木发芽的季节是春天。

后来"春"字写法逐渐多了起来，但不同写法的"春"字里，都有"屯"字部分。"八"是"分"的本字。八，甲骨文 ）（ 表示切分。当"八"的"切分"本义消失后，甲骨文 川 再加"刀" 勹 另造"分"代替。金文 岁、篆文 岁 承续甲骨文字形。

2. 欣赏春分相关的篆刻（文化内涵、如何构图）

师：除了"春分"二字以外，还有许多与春分有关的俗语可以用于篆刻，比如玄鸟至、雷乃发声、始电，这三方章就是根据春天的自然气象刻的。我们一起来欣赏图片。找一找，还有哪些词可以用于篆刻春分？（春耕、春色、春光、放风筝、吃春菜、日日春、春暖花开、春风拂面、春回大地）

三、创作

1. 适合的内容（字词、写法的选择）

师：老师帮大家总结了一些词，你发现这三列有什么规律？（二字、三字、四字）

2. 创作形式

师：上学期我们临摹了许多汉印，老师要考考你啦！（二、三、四字的印章如何排列？）

师：汉印布置章法有什么规律呢？（构图撑满、平整方正）

四、教师示范

1. 选择字体创作，示范字体。

2. 笔画均匀，间隙相等，疏密对比。

五、小组探讨

1. 和你的小组同学一起翻阅资料包，探讨一下自己想要创作什么词语。

2. 和你的小组同学探讨一下，字典中怎样的字形风格适合设计在同一方印章之中。

3. 请几位同学分享一下想法。

4. 教师总结：同一位艺术家设计的字也有不同的风格，查字典时不必强求作者相同，字形风格相近的就可以用于同一方章。

六、学生创作

作业要求：

1. 设计一枚汉印风格的春分印章。

2. 巧妙安排印章的章法，凸显汉印风格的平正方整、布局饱满。

七、展示与评价

1. 小组互评，请每一组的同学相互分享设计，每组推选出最好的作品（设计巧妙、章法平正方整、布局饱满）。

2. 自我介绍。

3. 教师点评。

八、拓展

师：同学们今天都设计得非常好，下节课我们把它刻出来。

除了汉印，还有许多的流派风格可以篆刻节气，我们留着以后再一起探讨，好吗？

【教学反思】

本课的分享互助环节中，教师设计的情景非常好，给每组学生准备了资料包，让学生探讨自己需要表现的内容。而本课中互助分享的难点在于资料包多个字形中，怎样的风格适合设计在同一方印章之中。在这一环节设计上，还应该多给学生发现和探讨的时间。

1. 本课的名称应该为"汉印篆刻——春分"，是把节气文化与印章结合的跨学科综合课程，但出发点是篆刻，课堂内的探讨重点还应落实在印章的设计上。本课的设计可以减轻前面介绍习俗的环节，从印章上刻着的字词、诗句中读出春分的特点，了解汉印篆刻设计中文字的排列。课件中围绕春分的汉印素材可增加，以丰富学生图像识读经验。在章法讲解中，构图应分内外讲解，外布局撑满，内线条分布均匀，线条之间的空白分布均匀。

2. 本课的资料包设计过多，对四年级学生的接受能力而言，使用有点难度，应该再精简一下。

（该学习活动设计者为无锡市鑫园中心小学倪逸倩）

数码美术

无锡市雪浪中心小学

● 课程纲要

【课程名称】

数码美术

【适用年级、课时安排】

适用于三至六年级，共 24 课时

【课程背景】

1. 借助地方资源

雪浪中心小学位于雪浪山下，长广溪畔，依国家数字电影城，傍江南最高学府之一——江南大学，得天独厚的自然环境和人文氛围，赋予了它丰富的内涵与灵气。而周边的无锡动漫基地、江大数字媒体学院、IT 数字科教园以及日渐兴起的数码产业，带来了大量的数字化信息，为"数码美术"课程的开发与研究提供了丰足的养分。

2. 顺应时代需要

美术新课程标准明确提出，要积极开发信息化课程资源，开发新的教学内容，探索新的教学方法，鼓励学生运用新媒体创作。数码美术正是信息技术高速发展的时代背景下兴起的新生艺术。它给美术课注入了新鲜的血液，增添了亮点，也带来了绘画方式的一次深刻变革。

3. 依托师资优势

我校信息技术和美术学科的老师积极上进，勇于探索，业务精良。自 2004 年以来，多次参加市电教馆组织的信息技术培训，所辅导的学生在市、省乃至全国级的电脑绘画比赛中成绩显著，曾两次在江苏省美术年会上进行"数码美术"校本课程教学展示，大大促进了校本特色项目的发展与研究。

4. 贴近学生爱好

数码美术具有传统绘画艺术无法比拟的优越性，它操作快捷、效果奇特，深受学生喜爱。画图软件所提供的各种画笔工具，不仅画起来得心应手，更给了孩子们尝试和探索的空间，使得部分没有绘画特长的学生也能体验到创作的乐趣，极大地发展了学生的兴趣，为全面提升学生的艺术素养起着促进的作用。

【课程理念】

在学校"和合"文化的大背景下，"数码美术"校本课程以美术学科为核心，以数码技术为载体，整合信息技术、美术、人文等多领域知识，用儿童特有的视角表达所见所闻所感，力求打造富有"儿童味、生活味、幸福味"的校本课程。

课程方案的拟订和实施旨在引导学生以敏感的触角感受信息时代的艺术生命力，在循序渐进的技法训练和灵活多样的趣味探索中，领略现代新媒体技术的神奇与奥妙，激发学生敢于实践、勇于探索的创新精神，发掘学生的创造潜能，促进学生个性特长与艺术素养的协调发展。

【课程目标】

一、总体目标

1. 学校发展目标

通过"数码美术"校本课程的开发与研究,丰富和充实"和合"文化课程资源库,构建富有"儿童味、生活味、幸福味"的课程体系,进一步完善"电脑画廊""神笔梦工厂""数码工作坊"等活动基地,在传统绘画与现代技术的碰撞交融中打造富有时代气息的艺术特色名片,真正落实"办高效优质而特色鲜明的现代学校,育全面发展而学有专长的优秀学生"的办学宗旨。

2. 教师发展目标

通过课程的开发、研究与实施,培养教师的课程开发意识和研究实践能力,促进老师全新的课堂教学思考和实践,帮助老师打开教学思路,更新知识结构,发展创新能力,从而实现专业成长。

3. 学生发展目标

在尝试与探索绘画软件的多种画具和各项功能的过程中,开阔学生的视野和思路,丰富学生的创作体验,挖掘学生的创作潜能,培养学生敢于实践和勇于创新的能力,促进个性化发展,全面提升学生艺术核心素养。

二、具体目标

"数码美术"课程具体教学目标

	第一学段（三年级）	第二学段（四年级）	第三学段（五年级）	第四学段（六年级）
知识与技能	1. 了解画图软件名称,掌握画图软件的启动方法; 2. 学会新建文件,设置画纸大小,保存文件; 3. 初步了解"铅笔""钢笔""笔刷""橡皮""油漆桶"等绘画工具的笔触特点,掌握基本用法; 4. 了解"调色板"的基本知识,掌握取色的方法。	1. 学会命名文件,选择路径保存文件; 2. 学会一笔多用,进一步了解"画笔"与"橡皮"的基本用法; 3. 掌握"复制""粘贴"等功能辅助绘画; 4. 学会运用"添加""删除"等选区功能建立各种形状的选区; 5. 学会运用"T"功能给画面添加文字。	1. 深入了解"画笔"与"橡皮"的用法,学习综合运用各种工具,灵活多变地进行创造性表现; 2. 运用"选择"工具与"魔棒"工具进行图形组合; 3. 能运用"加深""减淡""涂抹"等工具表现特殊效果。	1. 使用"自由变换"命令缩放大小、旋转图形; 2. 掌握图层选项进行"描边"等功能操作; 3. 掌握"羽化"功能表现边缘模糊的效果; 4. 会用"钢笔"工具画出流畅的曲线。

	第一学段（三年级）	第二学段（四年级）	第三学段（五年级）	第四学段（六年级）
过程与方法	1. 通过大胆尝试，运用工具表现简单的事物； 2. 使用小窍门创造性地运用工具，快捷方便地进行绘画表现。	1. 进一步尝试与体验"画笔"的特性，运用工具大胆表现单个的人物、动物形象； 2. 通过大胆尝试，探索工具的新功能、新方法，能创造性地使用工具。	1. 能运用"画笔"等工具的功能，表现富有生活情趣的场景； 2. 能深度探索工具的使用方法，创造性地使用"画笔"表现需要的效果。	1. 通过尝试体验，探索创新，能举一反三，组合使用各项工具和功能操作； 2. 能综合使用工具表现人物众多的生活大场景。
情感态度价值观	1. 通过认识和表现自我，引导学生尊重、关爱自我，树立信心； 2. 引导学生敢于展示、乐于分享自己的习作； 3. 激发学生学习数码美术的兴趣。	1. 学会关注身边的人、动物，培养人与人、人与动物相互尊重、和谐共处的意识； 2. 学会分享交流、自评、互评作业； 3. 激发丰富的想象力、创造力和持久的学习动力。	1. 参加有趣味的活动，培养学生热爱生活的情感； 2. 学会欣赏同伴的习作，能提出中肯的建议； 3. 培养实践探索精神和创新能力。	1. 通过回望过去，畅想未来，引导学生感受美好生活，培养学生热爱生活的情感； 2. 通过自评、互评、网络留言等评价方式，培养学生的分享精神和审美能力； 3. 挖掘学生的创作潜能，培养学生敢于实践和勇于创新的能力，促进个性化发展。

三、各年段分解目标

根据学生的年龄特征和生活经验，课程内容分四个学段：

第一学段（三年级）：初识基本工具，培养兴趣。

从学生易于理解和掌握的各项画笔工具入手，初步了解由传统纸质绘画到数码美术的变化，通过表现小品式作业，培养学习数码美术的兴趣。

第二学段（四年级）：变化使用工具，感受乐趣。

引导学生一笔多用，富有变化地利用工具的快捷操作表现单个人物形象，感受创作的乐趣。

第三学段（五年级）：组合使用工具，鼓励尝试。

引导学生在一笔多用的基础上组合变化使用各种工具，富有创意地表现奇特的画面效果，画面呈现多个人物组合。

第四学段（六年级）：综合各项操作命令，激发创新。

引导学生学习综合使用多种工具、各项操作，表现人物众多、富有情趣的生活大场景。

【课程内容】

我们结合学校"和合"校园文化，整合操作技法与表现主题两条线索设计课程内容。从儿童特有的视角出发，梳理贴近儿童生活实际的创作内容，由关注自我、关爱身边的人、关照社会逐层展开学习内容，将零散的学习内容串联起来，形成单元化主题内容。在技法学习内容方面，尝试探索新媒体技术与传统画理的有效融合，操作技能由易而难，由简入繁，由单一模仿向创新变化梯度推进，引导学生运用新型画笔表现所见所闻所感，从而感受和爱、和谐、和合之美。

本课程分四个学段，共24课，具体安排如下表：

"数码美术"校本特色课程内容设置纲要

年级	课题	操作技术重点	小窍门
三年级	能干的嘴巴	运用"铅笔"工具画线，会调节线的粗细表现不同形状的嘴巴	组合shift键画直线
	会说话的眼睛	掌握曲线的绘制方法，会自由地调节曲线的弧度	拖动鼠标不放可调整弧度
	有趣的脸	会画椭圆，并结合"橡皮"画出有趣的图形	用shift键可画出正圆
	灵巧的手	掌握取色、"油漆桶"填色的方法	利用"吸管"可快速取色
	美丽的头发	学会用"笔刷"的特殊效果画出头发	利用"笔刷"的特殊介质
	漂亮的鞋	学会用"画笔"的特殊效果画出鞋的细节	利用"画笔"的特殊介质
四年级	镜子里的我	会通过修改图形画出嘴、眼等五官	使用"放大镜"修改局部
	我的好妈妈	用"复制""粘贴"工具画重复的部分	组合使用快捷ctrl键操作
	亲密的小伙伴	学习"画笔"中模糊功能的运用	"橡皮"可以擦出美丽的痕迹
	欢乐动物园	学会用手绘线条进行造型表现	"添加"选区可变化出有趣的形状
	时装模特	利用色块组合变化服装花纹	"删除"选区可变化出有趣的形状
	我是环境小卫士	学会运用"T"工具添加文字	"栅格化"文字可进行文字描边
五年级	乐在傍晚	进一步学习"画笔"与"橡皮"基本用法	巧用"画笔"的各种形态
	起风啦	学习"画笔"与"橡皮"的特殊介质	载入模式的选择
	和乐大舞台	运用"选择"与"魔棒"工具进行图形组合	模式的选择
	我的动物朋友	运用"渐变"与"油漆桶"表现色彩渐变	前景色与背景色的快捷切换
	农家乐	运用"加深"与"减淡"画出立体感	"历史记录"可返回操作
	下雪啦	运用"涂抹"表现雪景	利用"图章"工具复制

续表

年级	课题	操作技术重点	小窍门
六年级	大树下	使用"自由变换"命令缩放大小、变换形状	"自由变换"的快捷操作
	丰收乐	通过"移动""旋转""缩放图形"进行新的形象组合	借助"历史记录"撤销
	遨游太空	运用"描边"命令表现轮廓	描边选项设置
	过年喽	掌握"复制图层"操作方法	快捷键
	我们去郊游	掌握"羽化"功能表现边缘朦胧的效果	滤镜"扭曲"功能
	未来的生活	会用"钢笔"工具画出流畅的曲线	修改描点

【课程实施】

课程的实施采用"基础普及"与"精英培训"双轨并进模式。

基础普及活动：与日常美术课堂教学结合，在使用省编美术教材的同时穿插自编《数码美术》校本教材，确保每月2课时，让每一个孩子都能参与学习，体验成长的快乐。

精英培训活动：借助数码美术校级社团这一平台，主要利用每周四校级社团活动这一时段进行培训，拓展提升学生的表现技能，指导他们进行高层次的电脑绘画创作。此外，也结合重要赛事不定期地进行培优训练，全面提升学生综合运用多种工具和各项操作进行创造性表现的能力，表现更为主题化、个性化的作品。

【课程评价】

美术新课程标准提出评价应弱化甄别、选拔作用，强调评价的诊断、发展和激励功能，"数码美术"校本课程在关注学生掌握知识与技能的同时，更重视学生在情感、态度、价值观方面的发展。老师在活动过程中具体关注以下几方面：

1. 是否了解数码美术的相关知识；
2. 是否掌握各种工具的基本使用方法；
3. 能否大胆尝试、创新运用各种工具；
4. 能否创造性地使用工具表达自己的思想、情感，表现出富有趣味的生活场景；
5. 能否全身心地投入数码美术活动；
6. 能否通过网络平台，积极参与交流互动；
7. 能否通过创作表现生活中的真、善、美；
8. 能否在活动中获得成功的体验，并保持持久的兴趣。

数码美术有新媒体技术的支撑，作品的评价与展示有着其他课程无法比拟的优势，运用计算机云端技术，可以实现作品即时上传、自由浏览、自评互评、互动交流：

  1. 利用软件中的"作业上传"功能，通过局域网在有限的时间内实现绘画作品的大批量展示，并通过即时互动，分享心得。评价用语可以从选项中选取，可以在表情包内选择相应表情，也可以自由输入个性化的评价。评价栏里的一点鼓励、一条建议，或是一个点赞，都可以帮助学生树立学习信心，获取进步的力量，以饱满的热情投入更多的学习探索中去。

  2. 借助云平台搭建新型的评价展示空间，作为注册用户的老师、同学、家长及网络覆盖下全国各地广大的数码美术爱好者，都可以在虚拟展厅里进行自助式的欣赏评价，自由地交流互动。来自云平台多方位、多维度、多元化的评价超越了固定的教学时空，以更加开放的姿态唤醒了学生的艺术生命感和价值感。

学生自我评价表

日期：_____月_____日

课题				
姓名：_____ 班级：_____				
Ⅰ学习评估： （在适当的位置打"√"。）		优秀	良好	一般
1	我了解工具的名称。			
2	我明白在哪个选项中找到这个工具。			
3	我了解工具的使用方法。			
4	我会大胆尝试工具的功能。			
5	我能运用工具表现合适的效果。			
6	我会创新使用工具表现奇特的效果。			
7	我敢于展示自己的作品，发表个人看法。			
8	我会适当评价同学的作品，发出赞美或者提出建议。			
9	我对学习感兴趣，能保持持久的热情。			
10	我喜欢用数码美术表现美好生活。			
Ⅱ课后随想：				
1. 我喜欢新学的工具，因为_____。				
2. 除了老师教的本领以外，我还发现_____。				

（该课程纲要编写者为无锡市雪浪中心小学谢晓文）

● 典型学习活动设计

"我的妈妈最美"学习活动设计

【学习目标】

1. 知识与技能：认识"油画笔"中"干性油彩"等工具的肌理特点，并能灵活运用各种特殊效果装饰美化妈妈的头发、服装。

2. 过程与方法：在尝试的过程中，主动探索画笔工具的神奇效果，体验画笔工具带来的美感和乐趣。

3. 情感、态度、价值观：培养学生敢于尝试、勇于探索的学习品质；以爱为教学的情感主线，培养孩子对妈妈的感恩之心。

【学习重点与难点】

重点：用"油画笔"中"干性油彩"等工具描绘具有特殊质感和肌理的头发、服装，表现妈妈外貌的美。

难点：富有创意地灵活运用各种画笔工具表现奇特效果，并添画成富有生活情趣的画面，表现心灵的美。

【学习准备】

1. 留心观察妈妈为家人操劳的场景，收集妈妈的生活照片。

2. 上课前打开绘画软件，在"学生姓名"列表中选择自己的名字实名登录。新建文件，设画纸大小为默认值 800×600。

【学习过程】

一、竞赛游戏，了解画笔工具

1. 温习各种画笔

同学们，经过一段时间的学习，大家对工具画笔熟悉吗？考考你们，请看图猜工具。

2. 认识"干性油彩"工具

（1）认识画笔名称和图标

最后一个（"干性油彩"）要难一些了，考个你们没学过的。这是什么工具画出来的呢？

对，叫"干性油彩"。（板书：干性油彩图标）你知道在哪里能找到它？

它就藏在"油画笔"工具里，点击"油画笔"，再将鼠标移到这里，可以看到有很多的选项。下面的悬浮小框会告诉我们，这一个就是"干性油彩"。

（2）探索画笔效果

可以让画笔跳跃着点一点，也可以拖几根长长的线，看，效果很奇特，真是好玩！

你也想试一试吗？选一种自己喜欢的颜色涂一涂，看看有什么效果。你还可以在里面叠加不同的颜色。可以尽情地涂画，直到把画纸画满。

说说你的发现：毛毛的，很蓬松，每一笔下去颜色都会有变化，不同的颜色还可以相互调合。（相机板书：可以画出毛毛的肌理，可以调和色彩）

（3）引发联想

看到这种奇特的肌理效果，你想到了什么？（头发，毛衣，草地……）这种毛糙的肌理，引发了大家丰富的联想，像一张抽象画，值得收藏。

二、自由尝试，探索画笔功能，画出妈妈的美

1. 画头像——表现发型的美

（1）老师演示

老师也试了一试"干性油彩"，灰白的颜色配上这样的肌理，我想起了一个人。这是她花白的头发。再用蜡笔画出她的脸，脸色有点暗。她经常笑眯眯的，眼睛眯成了缝。她就是老师的妈妈。在别人看来，她并不好看，因为她的脸上布满了深深浅浅的皱纹，但在我的眼里，她是世界上最美的，因为，我爱我的妈妈。你爱你的妈妈吗？今天我们来画"妈妈"。（板书：妈妈）

活动意图：通过竞猜游戏温习已学的画笔，进而挑战新的工具，同时，通过声情并茂的描述和示范引入课题，将学生带入特定的情境中，奠定爱的情感基调。

（2）欣赏作品，拓展方法

① 大家看，这一位妈妈，胖胖的脸，蓬松的短发，大眼睛，长睫毛，笑得可真甜！

② 好漂亮的妈妈，瓜子脸，眼睛亮闪闪的，眼珠子还斜到一边，在看谁呢？

③ 这位妈妈，一头又浓又密的短发，看起来很端庄！

这些同学画的妈妈除了画出了妈妈的外貌特点外，还有哪里画得特别美？

是用什么工具画出来呢？对，就是"干性油彩"发挥了神奇作用。不同的色彩搭配，不同的力度就会产生不同的效果。

④ 看，这个妈妈和前面画的有什么不一样？

他画了一个全新的角度，侧着脸，架着斯文的眼镜，长长的笔触画出了像波浪一样美的卷发！

有没有发现头发的肌理效果不一样？他大胆地尝试了"油画笔"中的"毛刷"工具，效果也很棒！

⑤ 大胆地使用鲜艳的蓝和紫，显得妈妈很时尚！知道他是用什么工具画的吗？用了我们学过的"色粉""蜡笔"，学过的工具也能发挥新作用。看来，办法有很多种，只要你敢于用新工具尝试，一定还会有更多更有趣的方法。

（3）画一画

你们想不想用数码美术的神奇本领来画一画妈妈呢？

先请想一想：你的妈妈长什么样？哪里最特别、最美丽？

画画可不是照相，画得像不像不要紧，画出特点才重要，特别要记得画出妈妈漂亮的头发哦，可以用"干性油彩"，当然也可以大胆尝试别的画笔工具。

（4）展评习作

谁来介绍一下自己画的妈妈？

你觉得哪里画得最美？

你尝试了什么工具？你觉得画笔神奇吗？

活动意图：在这一环节，将不同脸型发型、不同观察角度、不同的外貌特征融入欣赏中，帮助学生将生活中的视觉印象转化为丰富的绘画形象，从而改变了一贯以来程序化、概念化的表现形式，同时也尝试使用油画笔的各种画笔表现头发，使学生初步体验奇特的绘画效果。

2. 添服装——灵活应用各种工具

（1）老师示范

刚才同学们把妈妈的头像画得真美，要是能给妈妈再添上漂亮的服装，那一定会更美的。

老师先来试试，画上条纹，再用"干性油彩"抹一抹，立即有了丰富的色彩变化，还有了毛茸茸的质感。

（2）欣赏提升，拓展方法

电脑画社团的同学们也画了自己的妈妈，你最喜欢哪件作品？想一想用了什么工具呢？

① 用"笔刷"工具画上一些花纹。

② 用"特制笔"加些花纹。

③ 用前景色里的"特殊底纹"的底纹。

（出示各种装饰效果：抽象花纹、加了特制笔的、加了特殊底纹的）

小结：各种画笔巧妙地组合，灵活地运用，添画了漂亮的衣服，画里的妈妈是不是变得更美了？

3. 添画道具——升华主题，表现妈妈心灵的美

（1）比较

这两张画哪张画更美？

简简单单地添上几笔，就让我们看到了一个勤劳能干的妈妈，这样的妈妈更生动，也最美丽！看来，光画出外表的美还远远不够，能把心灵的美画出来，妈妈才变得

更美。

（2）老师演示

看，老师也要来添一添。加上一张报纸、一副老花镜，我的妈妈虽然年纪大了，可还喜欢天天看报，乐于学习，热爱生活的妈妈是最美的！

背景还有点儿空，怎么办？

下面就是见证奇迹的时刻了，看！（显示隐藏图层——开始练习图层）再涂上几笔。

最后再教你们一招，用操作工具中的"裁剪"操作，把画面多余的部分剪掉，妈妈的形象就更突出了，也更美了！

（3）欣赏范作

你们看，妈妈最美的形象，就在平时普普通通的生活细节里。

看——

拖地的妈妈，勤劳是一种美；

织毛衣的妈妈，心灵手巧是一种美；

弹琴的妈妈，热爱生活是一种美；

健身的妈妈，阳光健康也是一种美……

活动意图：这一环节由浅入深，层层提升，由单一地使用油画笔工具逐步提升到组合使用，再到巧妙叠加"特制笔""特殊底纹"等其他效果，表现多姿多彩的形式美感，在表现内容上也由头像向人物动态、故事情节过渡，逐步丰富画面。

三、数码创作，完成作业

1. 回忆生活，积累素材

你的妈妈什么时候最美呢？每个人心中都有一个最美的妈妈，想不想来画一画呢？

2. 分层作业，创作表现

（1）刚才你们使用"干性油彩"画出了妈妈漂亮的头发，那很棒；

（2）如果还能巧妙利用各种画笔画出漂亮的服装，把妈妈打扮得更美，那更棒；

（3）要是再能添上一些细节，加上背景，通过生活中的细节表现妈妈心灵的美，那就是特别特别棒！

2. 展评作品，分享反馈

画完请上传，好，时间到了。如果暂时没有画完，但有满意的地方也可以展示出来。

我们来比一比谁画的妈妈最美。你觉得哪里画得最美？用了什么工具表现的？谁来介绍一下画里的故事呢？

活动意图： 通过出示作业要求，提炼学习要点，激励学生愉快地接受学习任务。作业的点评，同样围绕油画笔工具的灵活运用、人物的特征表现、情感的表达进行，在点评中不断回应技法的运用，并通过自述、互评，升华情感，让学生在展评中智慧碰撞智慧，情感激荡情感。

四、总结全课，技能拓展

今天，我们画了亲爱的妈妈。那究竟谁的妈妈最美呢？

其实每一位妈妈都很了不起的，她对我们的爱都是难以回报的，不管是现在年轻漂亮的妈妈，还是将来有一天她变老了，在我们心中，妈妈永远是最美的。让我们发自内心地喊出我们的心声——我的妈妈最美！

同学们，今天的电脑绘画课我们又学到了什么新本领？是的，"干性油彩"可以变出那么神奇的肌理效果，还有不少同学大胆地尝试了新的画笔，很了不起。

电脑画社团的同学还尝试了新功能。看，给画加个框是不是更好看了呢？再瞧，画里的妈妈跟着琴声动起来了，大家想学吗？好，让我们下堂课接着学习"数码美术"的新本领，争当信息时代的神笔马良！

活动意图： 通过课堂总结梳理技能要点，以便学生在下一次创作中更好地新旧贯通，灵活应用，同时也通过拓展趣味作品，使课堂产生"完而未完，意犹未尽"的学习情境，激励学生迫不及待而又兴致盎然地投入新的学习。

【活动反思】

随着信息技术的发展，新媒体的介入已成为美术新课程改革的一个热点。当今的小学美术课堂教学，也正在不断拓宽新的视野，探索新的创作媒材。数码美术就是这样一种顺应时代潮流的新兴产物，它以传统绘画无法比拟的优势深受学生青睐。我校引进的奇奕画王3.0版绘画软件更以神奇的效果、真实的画感让孩子们画起来如鱼得水，使得电脑绘画教学更加从容地走进日常的美术课堂，让每一名学生都能得心应手地创作。

电脑绘画教学不是简单地传授电脑技术，而是通过创作活动把学生的创造力诱导出来，将艺术的生命感、价值感唤醒，为他们推开一扇表现生活、传达内心的艺术之窗。下面以我校自编的电脑绘画校本课程《我的妈妈最美》一课的教学实例谈谈我的一些探索与思考。

一、智慧取舍，让技术与主题合拍

技术运用与主题表现是电脑绘画教学最主要的两条线索。主题表现离不开技术的支撑，技术的运用又必须恰到好处地表现主题，两者怎样在教学过程中自然融合，需要我们对教学内容重新进行梳理与重构。

《我的妈妈最美》原题为《我的妈妈》。对孩子来说，妈妈是生命中最依赖、最亲切的人，也是最美丽的人，中年级的小学生描绘妈妈，往往关注的是妈妈的头发和服装,因此,我将课题作了一些调整。用奇奕画王绘画软件去表现这一主题有许多神奇的画笔工具可供选择(见图1)——"水彩笔"能画出有特殊底纹的透明色块,"蜡笔"可以表现粗糙的笔触,"特制笔"只需轻轻一点,美妙的花纹就像变魔术般出来了。"毛刷"画笔中有许多有趣的工具,"点彩"能让我们像大画家修拉一样感受点彩的魅力,而最神奇的是其中的"干性油彩",它不仅可以画出特别的肌理,而且还能模拟真实的油画笔边涂边调色,涂抹间尽显色彩的微妙变化……奇奕画王的每一种画笔都那么神奇,每一种效果都冲击着我们的视觉,让人爱不释手,欲罢不能。究竟用什么工具表现"我的妈妈最美"这个主题,一时间让人难以取舍。

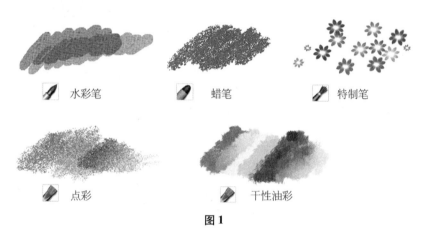

图1

在反复尝试中,我发现用"干性油彩"有着令人意想不到的绘画效果,它以奇妙的肌理和色彩直接刺激着我们的眼睛,可以表现更具美感的人物形象——拖几条线,头发蓬松的质感出来了;抹一抹,衣服色彩斑斓的效果出来了;再任意涂抹,色彩自由融合,变化丰富的画面背景出现了。渐渐地,思路清晰起来,我找到了表现技法与主题内容最契合的交汇点。在对主题进行微调后,我对画笔工具也进行了"智慧"放弃,以罗丹毫不犹豫砍去极其精美的巴尔扎克的手的勇气进行了工具的筛选,最终定为以"干性油彩"为主,引导学生运用它的肌理特点和涂色效果,表现妈妈头发的美、服装的美,最后通过一个个生活细节的刻画表现妈妈心灵的美,以此升华主题。

二、推陈出新,让技术与创意齐飞

电脑绘画除了传统绘画讲究的构图、色彩等绘画语言外,更强调技术上的标新立异。而教师要做的就是先"入乎其内",立足一点,深挖开去,再"出乎其外",灵活应用,举一反三,不断催生新效果、新能量,使画笔工具的使用方法呈现一个多维交错、推陈出新的纵深度。因为学生在进入在课堂之前,都或多或少地了解了一些工具的使用方法,如果教师不作进一步的引导和创意表现,他们必然兴味索然,难以保持持久的新鲜感和好奇心。学生也只有充分感受到画笔工具的无穷魅力,才会乐此不疲地投入学习。

在表现妈妈的"发型美"这一环节,学生都会用"干性油彩"画头发,但问题是怎样富有创意地表现。为避免千人一面，异口同声，我引导孩子欣赏"干性油彩"的奇特效果，通过"一笔多变"使画笔呈现"横看成岭侧成峰，远近高低各不同"的效果（见图2）：点着画，那是短短的头发，看起来妈妈很精干；长长的线，那是妈妈的长发，显得端庄又大方；波浪线，那是妈妈时髦的卷发；笔触密一些，那是浓密的头发，笔触稀一些，头发很蓬松……短线、长线、直线、曲线、粗线、细线，不同的点线面配合丰富的色彩，出现了视觉效果完全不同的头发，表现出形式多样的美。以此让学生在"干性油彩"的认识和应用等能力上由"量"的增加而产生"质"的飞跃，从而避免低位徘徊，滑行在技能的浅表处。

图2

而在表现妈妈的"服装美"这部分，我将各种画笔趣味组合，生成新的创意，尽情展示画笔的神奇功能：把笔尖调到最大，可以画出色彩斑斓的大块面（见图3），笔尖调小，可以添上衣服上的条纹（见图4），再用特制笔添上一朵朵花儿，用特殊底纹作一些点缀，妈妈的衣服上又添上了漂亮的花纹（见图5）。

图3　　　　　　图4　　　　　　图5

"一笔多变，组合百变"，学生的思维一旦被打开，各种创意便层出不穷，让人惊喜不断。小佳运用"点彩"画笔画出了毛衣蓬松的质感，在其中点缀朵朵花儿，色彩和谐又活泼，效果非常出彩（见图6）；小伊画的衣服效果更是让人惊喜，原来她在用特殊笔画了花纹后，运用"倒色"工具填了土黄色，不经意间形成了漂亮的花纹（见图7）……事实上，学生把衣服画得有多美并不重要，重要的是他们能否大胆尝试，敢于创新，将新学到的画笔工具与已往学过或者没学过的画笔巧妙结合，灵活运用，表现出奇异的绘画效果。我们也没有必要强调一定要用什么工具，一定要怎样画，只是让学生深入了解画笔的奇妙用处，在此基础上由他们随心所欲，尽情演绎，展现精彩纷呈的视觉效果，使得作品不断提高，不断升华。

另外，这一堂课起始部分用"录制"功能设下悬念，通过猜画笔激趣，引领学生走进奇妙的画笔世界，课至尾声又利用"导出动画"功能让画中的妈妈动了起来，不断冲击学生的视觉，推起技法运用的小高潮。

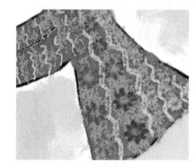

图6

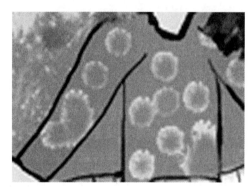

图7

三、知情交互，让技术与情感相融

一幅画显在外面的是技法，藏在里面的是情感。电脑绘画和传统绘画一样是孩子们表现生活、表达情感的方式。"我的妈妈最美"这一主题本身就蕴含着丰富的人文内涵，它不仅是一幅人物画，更是一个温馨的生活镜头，透过画面，我们可以看到浓浓的亲情。本课主要引导学生用敏锐的眼、特殊的笔、感恩的心来表达对妈妈的爱，通过画头像、添服装、加背景来逐层推进教学，以实现对电脑技能的达成和内心情感的升华。

教学伊始，我便开门见山，以情感切入："老师用奇奕画王的画笔向大家介绍一个人。她胖胖的脸，卷卷的头发，岁月把她的皮肤变得晦暗，眼睛也不再明亮。在很多人的眼里，她不好看，因为她的脸上布满了深深浅浅的皱纹，但在老师的眼里，她是世界上最美的，因为，我爱我的妈妈。你爱你的妈妈吗？今天，让我们一起用奇奕画王画一画妈妈。"未成曲调先有情，课一开始就在声情并茂的描述和示范中将学生带入特定的情境，渲染了爱的情感基调。紧接通过问题引导学生思考："你的妈妈长什么样？哪里最特别，最美丽？"在孩子们的眼里，自己的妈妈都是最美的，画在屏幕上的每一笔都连接着孩子们的生命体验，饱含着对妈妈深情。而"妈妈的美"除了长相、服饰等外在的美以外，更能打动人的是内在的美。在学生画完妈妈的外貌之后，我进一步启发他们回忆生活，以丰富画面，表现妈妈心灵的美："妈妈最美的形象，就在平时普普通通的生活细节里：拖地的妈妈，勤劳是一种美；织毛衣的妈妈，心灵手巧是一种美；弹琴的妈妈，热爱生活是一种美；健身的妈妈，阳光健康也是一种美……"最后通过添加情境，孩子们画出了生活中真实可感的妈妈，使单纯的人物画呈现一个富有感情色彩、看得见故事的形象（见图8至图19）。

图8　　　　　图9　　　　　图10　　　　　图11

图12　　　　　图13　　　　　图14　　　　　图15

图16　　　　　图17　　　　　图18　　　　　图19

在孩子们天真烂漫的作品中，我们似乎能感到情感从每一根线条、每一个色块、每一个细节里流淌出来，这每一笔都是心在歌唱，情在闪光……在他们的作品里，传统技法与现代技术相互碰撞，美术技能与人文情感相互交融，让我们感觉到电脑美术课堂真是心手相应、情意交融的魅力课堂！

（该学习活动设计者为无锡市雪浪中心小学谢晓文）

画 信

无锡市峰影小学

● 课程纲要

【课程名称】

画信

【适用年级、课时安排】

适用于一至六年级，共 15 课时

【课程背景】

画信，是我校的艺术特色之一，让学生从一年级开始学习画信，可以进一步继承和弘扬传统文化，增强学生的民族自豪感，培养学生的人文素养，陶冶学生的情操。融民族性、时代性、趣味性、创造性于一体的画信，不受年龄限制，入门容易，学生初学就可以在画信创作中获得成功的喜悦，有利于促进学生个性的健康发展。同时，画信创作过程的情趣性、实践性，表现内容的自由性和评价标准的多样性，能提供学生创造活动最适宜的环境，有利于培养学生的创新精神和实践能力。画信教学所蕴含的这些积极的教育价值也是校本课程所追求的。

【课程理念】

所谓画信，就是插有图画的信，是一封自己亲手制作的有图有文的信。它是人们发自内心的情感抒写，简单、朴实，又是世间唯一的、独具个性的信。它是用宣纸、毛笔制作的明信片，它无须严谨的语言文字，无须高深的绘画技巧，它是一种大众化的交往方式。画信，虽然没有电话那么方便、传真那么快捷、电子邮件那么神速，但它在传递的过程中，能让人感到一种可贵的人情味。画信，在展现画者个性魅力的同时，也给人们带来友谊，带来温馨，带来一份难得的真趣。学校提供实践的机会和环境，让学生积极主动地学习画信，让他们运用所学会的技法来表现生活、展示生活、陶冶情操，从而培养他们的观察、交往、创造和表达能力。学校通过主题活动、展评活动、社交活动三个层面来提升画信所附着的情感价值。在一些传统的节日里，学生们将温馨的画信带给敬老院的老人、学校的老师、路边的环卫女工……此外，还举行"同在一片蓝天下"画信义卖、"情系奥运""情系汶川""关注绿色与生命"环保主题等活动，用不同形式的主题活动对学生进行不同的道德情感教育。从此，"画信"走上了蓬勃发展的道路，成为峰影小学的特色品牌……

【课程目标】

一、总目标

1. 使学生了解画信的相关知识及其一般制作过程，掌握画信创作的技法。

2. 体验学习活动的乐趣，获得对画信创作的持久兴趣，得到亲身参与实践的积极体验和丰富经验。

3. 坚持学生的自主选择和主动探究，为学生个性的充分发展创造空间，培养学生在现实生活中发现美、创造美的能力，训练他们对知识和技能的综合运用能力。

二、阶段目标

本课程的阶段目标具体从四个学习领域加以描述：造型表现、设计应用、欣赏评述、综合探索。

第一学段（1—2年级）

1. 认识画信，初步学会画画信、用画信。

2. 尝试用蜡笔和彩色水笔，用光滑的画信明信片，通过看看、画画，大胆、自由地把所见所闻所想的事物表现出来，体验造型活动的乐趣。

3. 观赏自然和各类美术作品的形与色，能用简短的话语大胆表达自己的感受。

评价建议：是否对画信感兴趣？能否通过绘画或拓印等形式，大胆、自由地表现自己的感受？是否认识常用颜色？

第二学段（3—4年级）

1. 进一步了解画信，在日常学习生活中，能自觉地运用画信与人交流沟通。

2. 学习使用水墨体验不同的效果，表现所见所闻所想的事物，激发丰富的想象力与创造愿望。

3. 能用口头或书面语言对欣赏对象进行描述，并表达自己的感受。

评价建议：是否对学习活动感兴趣？是否在画信中表现出大胆的想象和创新？能否安全地使用材料和工具？

第三学段（5—6年级）

1. 熟练运用画信表达自己的想法。

2. 熟练运用水墨和色彩等工具、材料，表现所见所闻所想的事物，传递自己的思想和情感。

3. 结合学校和社区的活动，以美术与科学课程和其他课程的知识、技能相结合的方式，进行策划、制作、表演与展示，体会画信与美术、环境及传统文化的关系。

评价建议：是否对自然或美术感兴趣？能否以积极的态度参与欣赏活动？能否用简单的词语表达自己对自然和美术作品的感受？

【课程内容】

"画信"课程内容与活动安排

学年段	课程内容	其他活动
第一学段 （1—2年级）	1. 我的名片 2. 水果传递祝福 3. 希望的叶子 4. 花朵装扮春天 5. 童年的玩具	教师节画信活动、妇女节画信活动、劳动节画信活动
第二学段 （3—4年级）	1. 我的小帮手 2. 五彩的叶子 3. 多变的手 4. 动物朋友 5. 丰富的特产	新年画信活动、学习雷锋画信活动、汶川抗震救灾画信活动
第三学段 （5—6年级）	1. 妈妈 2. 桥 3. 校园一角 4. 无锡是个好地方 5. 我和你	中日交流画信活动、与美国笔友画信交流活动

【课程实施】

我们采用"普及课程＋社团课程"的形式，确保每个年级的学生每学期至少完整地经历一个主题活动过程。

普及课程：每两周一次，利用美术课时间向每一位学生做画信课程的普及推广。

社团课程：每周四下午70分钟，从全校范围内选择画信特长生组成校级画信社团，提升特长，深化特色，积累作品。

【课程评价】

对学生的评价不过分强调结果的合理性，而是将关注的视角指向小学生获得结果和体验的过程，注重小学生在活动过程中的表现，主要是调动学生的积极性，使学生在活动中有所收获，有所进步，从而提高学生适应社会生活的能力。在具体操作中，教师可以通过观察，记录学生在综合实践活动过程中的行为、情绪情感、参与程度、努力程度等表现，并将其作为评价要素。

一是精品展览。开展多种形式的校内、校外学生作品展览，加强宣传，鼓励学生参与。

二是建立个人的成长记录袋。内容包括：

1. 采用等级制，记录学生画信学习情况（兴趣、技能、态度等方面）。教师、同学、家长共同参与评价。

2. 作品集：每个阶段学生的优秀作品或照片、获奖作品、荣誉证书等。

"画信"课程综合评价表

类别	指标	笑脸（星级）指数
情感态度	形成积极的审美情趣和初步的美术素养	☺☺☺☺☺
	对探索未知图像领域有欲望	☺☺☺☺☺
合作交流	尊重不同生活背景的同学并与他们和平共处	☺☺☺☺☺
	既能独立创作，又能与人合作，共同解决难题	☺☺☺☺☺
	积极参与群体活动，对合作团队怀有热情	☺☺☺☺☺
学习技能	动手操作能力	☺☺☺☺☺
	沟通与表达能力（作品介绍、思路阐述等）	☺☺☺☺☺
	自我反思与管理能力	☺☺☺☺☺
实践活动	参与采访、参观资料收集与整理	☺☺☺☺☺
	参与一次作品布置及展示活动	☺☺☺☺☺
	有实践感悟表达呈现（感言、日记等）	☺☺☺☺☺
成果展示（档案袋表现）	至少1张完整的画信作品	☺☺☺☺☺
	至少1件参展（校级及以上）作品（照片）	☺☺☺☺☺

（该课程纲要编写者为无锡市峰影小学谈彩梅）

● 典型学习活动设计

"秋天的叶子"学习活动设计

【学习目标】

让学生在活动中发现叶子的造型美、颜色美,认识叶子的结构,知道叶子的作用,欣赏叶子的色彩,并能用画信的形式,表现出秋天叶子的美,从而激发他们保护花草树木、爱护生存环境的想法。

【学习准备】

画信纸,毛笔,墨水,水粉颜料,调色盘,纸巾,几片不同造型、不同颜色的叶子。

【学习过程】

一、谈话引入学习主题

1. 同学们,你们喜欢秋天吗?那你最喜欢秋天的什么呢?

秋天可真好啊!老师也喜欢秋,秋天里不仅有很多好吃的,更有很多好看的,比如五彩斑斓的叶子。

(叶子一年四季变化图)别看它现在的颜色这么丰富,春天的时候,它只有一种淡绿色,夏天的时候是深绿色,冬天,枯萎的叶子随风飘落下来。一年四季中,就数秋天的叶子颜色最丰富了!

二、指导认识叶子的颜色、外形、组成等

1. 请同学们看一看,你带来的叶子上都有哪些颜色?

我们再来一起欣赏老师带来的叶子,它又有哪些丰富的色彩呢?

秋天的叶子,有的是单一的颜色,有的一片叶子就会有很多种颜色,太漂亮了!

2. 叶子除了有丰富的颜色以外,还有着独特的外形。快来看看,你的叶子是什么形状的?

在叶子的大家族里,还有更多有趣的形状呢,你们想不想看一看?(不同形状的叶子)

你最喜欢哪一片叶子的外形?为什么?

叶子的形状真是千姿百态啊!

3. 现在,请同学们来看一下这片叶子,它是由哪几部分组成的呢?

叶身,叶柄,叶脉。

叶身上这些粗粗细细的纹理,就是叶脉。

常见的叶脉有以下两种：网状叶脉，平行叶脉。

4. 叶子虽然看上去小小的，但是却有着大大的用途，你知道叶子有哪些作用吗？

（1）叶子可以吸收二氧化碳，释放氧气。

（2）枇杷叶可以作为中药使用，具有止咳的作用。

（3）道路两旁树木的叶子，可以吸收灰尘，降低噪音。

（4）我们还可以在叶子上画画写字呢！

叶子的作用还有很多很多，想想看，地球上要是没有了这些绿色的植物，我们的生活环境，肯定会很糟糕，人类甚至无法生存。所以，我们应该从身边做起，爱护花草树木，保护环境。

叶子不仅是环保小卫士，它还时时刻刻装扮着文明的生活，不信，你看：设计师把叶子设计成了漂亮的项链；又变成了神奇的盘子；再摇身一变，又变成了美丽的书签；不仅如此，它还能变成标志呢！是不是很神奇呀！

三、指导画信

1. 看了这么多美丽的叶子，你们想不想来画一画呢？

今天老师要给大家介绍一种新的绘画形式——画信。

2. 大家对画信这个词可能有点陌生吧，现在请大家打开桌子上的绿色信封。里面有两张画信纸，空白的一面同学们可以在上面写写画画，反面贴上邮票，写上邮编、收信人地址，然后就可以邮寄出去了。

3. 请同学们看一下，这些画信作品上都有些什么？图画、文字、印章。

4. 你们想不想看看其他小朋友是怎么用画信表现叶子的？

你喜欢哪一张？喜欢它什么地方？（介绍构图、文字排列等）

5. 看了这么多画信作品，老师也特别想画一画叶子。

（1）先用勾线笔或者黑色的水彩笔来勾画外形，构图要大。

（2）画出粗细不同的叶脉。

（3）叶子上还会有些斑点、小洞，我们要把它们都表现出来。

（4）涂色时，可以从你的彩笔中找到和叶子最接近的颜色，要边画边看。

（5）写上一句心里话（如：我猜这片叶子一定很好吃，不然怎么会有虫子咬过的痕迹呢？），不会写的字可以用拼音代替。

（6）印章要用红色，先写自己的名字，再画外面的边框。

四、学生实践活动

1. 仔细观察叶子，找到你感兴趣的角度。

2. 用图画的形式把它表现出来。

3. 记得写上几句心里话。

五、组织展示评议

画好的同学可以把你们的画信贴到黑板上来。

你最喜欢哪个作品？喜欢它哪里？

老师也找到一个很有趣的作品，上面的话写得很有趣呢。

画信除了用水彩笔，还可以用水墨颜料来完成。（图片）

活动结束后，同学们可以把你的画信作品邮寄出去，或者送给你身边的亲戚、朋友。

【活动反思】

教师在活动展板上贴上"节日的慰问"这一标题，让学生把作品贴到字的下面。教师能够结合实际，让学生为即将到来的节日送上亲手绘制的画信。带着感情去完成这张画信，效果要更好。这样的活动更具有吸引力，能提高学生的参与性。活动最后的欣赏环节，教师请全体学生走到展示板前，围着一圈来欣赏，这样的设计能让学生更加亲近作品，观察得也更加全面。整个活动也是师生沟通情感的一个过程，恰当地运用富于感情的句子，更容易沟通师生间的情感。"一看到你的画，就知道你是一个很有想法的孩子！""你知道得可真多，太了不起了！"学生得到了老师的肯定，增强了自信心，获得极大的满足感，从而拉近了师生间的心理距离。画信活动是心与心的交融，是情与情的碰撞。

（该学习活动设计者为无锡市峰影小学于美华）

悦 动 足 球

无锡市河埒中心小学

● 课程纲要

【课程名称】

悦动足球

【适用年级、课时安排】

适用于一至三年级，共16课时

【课程背景】

国家体育总局、教育部《关于开展全国青少年校园足球活动的通知》，以及2017年3月9日教育部办公厅下发的《关于加强全国青少年校园足球改革试验区、试点县（区）工作的指导意见》（教体艺厅〔2017〕1号），明确要求加强区域内校园足球改革的整体部署，尽快形成校园足球教学、训练、竞赛体系改革方案，形成规范的管理工作机制，加快改革步伐，积累典型经验，以推进校园足球的整体发展。无锡市河埒中心小学毗邻无锡市体育中心，得天独厚的地理优势，使得体育运动在学校有着优良的传统和深厚的底蕴。学校体育工作成绩显著，先后取得"国家级足球特色学校""江苏省体育工作先进学校""江苏省体育传统项目（足球）学校""无锡市体育传统项目（足球）学校"等荣誉称号。足球运动在学生心目中有着重要地位，校园足球氛围日渐浓郁。校足球队曾连续十一年蝉联滨湖区小学生足球比赛冠军。学校非常重视这一良好态势，思考把"悦动足球"作为学校基础教育前瞻性教学改革实验项目来建设，进行多维度全方位的开发并加以实施。

"悦动足球"校本课程的核心目标：通过足球运动与足球文化让学生树立正确的健身价值观，促进学生综合素质的发展；让足球活动成为学校体育运动的重要抓手，通过广泛开展校园足球活动，普及足球基础知识和技能，使之成为学生终身受益的活动方式，培养学生开放悦纳、善于合作、自信向上的品质，形成校园足球文化，推动学校足球运动的蓬勃发展；不断推进素质教育，深化教育教学改革，丰富学校内涵，提升学校办学品位，强化办学特色。学校致力于把职业足球、社会足球的形态与精神，融入学校足球特色的校本课程建设，多维开发与实践"悦动足球"校本课程，形成校园足球文化，体现出校园足球的核心价值观，成为学生健康成长的推动力。

学校有良好的足球传统和体育工作基础，可以利用各种资源开发符合实际的校本课程。我校自2015年起就开发"校园足球"特色活动项目，到目前为止开展了将近4年的时间。学校结合滨湖区青少年综合素质拓展教育研究课题的推进，尝试在已有工作的基础上，以校本课程建设为抓手，继续推进特色项目的开展，进一步提升学校内涵发展品位，拓展学生综合素质，并使之成为学校"同伴教育"的一个重要抓手。

【课程理念】

当学校以足球作为学校体育的核心运动项目之后，必然会产生学校体育运动的核心力，并借此核心力，推动学校体育运动和学校文化发生质的变化，推动学校教育教学的变革，促进学校的多样化与个性化发展和创新，形成有特色、有效的学生综合素质培养的方法与路径。综合素质拓展教育强调学生通过社会实践，增强探究和创新意识，学习科学研究的方法，发展综合运用知识的能力；增强学校与社会的密切联系，培养学生的社会责任感。"悦动足球"立足学校，面向全体学生，是通过足球运动培育全体学生，提高学生的综合素质，促进学生的个性成长，而不是培养运动员。

"悦动足球"校本课程围绕"足球"展开研究、实践和探究创新活动，将研究性学习、体能与技术、道德品质、运动竞技这四个方面既作为学习方式又作为学习内容融合在具体的活动中。本课程着力体现个人、社会和自然的内在整合，体现体育、艺术、道德的内在整合，融合探究性学习、社会参与性学习、体验性学习和操作性学习等多种实践性学习活动，面向每一个学生的个性发展，满足学生发展的客观需求，面向学生的生活世界，密切学生与生活、与社会的联系，发展学生的创新精神和实践能力。课程关注的不仅是学生对于足球相关知识的了解与技术的掌握，更关注的是学生各方面能力的提升、观念的转变、实践经历的丰富，借助足球的学练拓展学生的能力，促使他们与社会接轨，与自然融合。因此"悦动足球"校本课程项目的推广和实施，最重要的意义不在于竞技，而在于打好基础，让每个孩子参与其中，把单一的踢球技能变为一项受益终生的运动。

【课程目标】

一、总体目标

1. 学校特色发展目标

通过开发与研究，推动学校体育运动和学校文化发生质的变化，推动学校教育教学变革，促进教育的多样化与个性化发展，形成有特色、有效的学生综合素质培养方法与路径。积极构建培养学生健康向上、身意兼备的校本课程，建设具有特色的课程资源库，建立和完善校本综合实践活动课程的实施方法、管理机制及评价体系，逐步完善学校"足球手工坊""足球名人堂（星工厂）""足球荣誉展示厅""足球文化长廊"等综合实践活动教育基地，打造校园足球文化，形成特色鲜明的学校品牌。

2. 教师专业发展目标

通过校本课程开发，提高学校教师的课程开发意识和课程开发能力，促进教师专业的发展，打造一支勤于钻研、善于合作、敢于创新、精于反思、勇于奉献、业务精良、一专多能的教师队伍。

3. 学生个性发展目标

本课程通过提炼整合校园足球的相关元素，让不同年龄段的学生多角度、多方位地对足球文化有所认识与理解、有所探究与实践，促进学生作为现代人的多种核心能力的锻炼和提高。

（1）以球辅德行，帮助形成学生良好的意志品质。足球作为一项竞技运动项目，既需要整个团队的通力合作，又需要队员们遵守一定的球场规则，还需要队员们既能共同分享成功的喜悦，又能勇敢地面对挫折。足球运动能使队员们养成遵守行为规范、积极向上、团结合作、相互帮助的良好品质。队员们在快乐的足球活动中，快乐参与，快乐体验，快乐成长。

（2）以球健体格，增进学生强壮体魄的形成。足球是增强学生体质健康与体能训练的载体，对学生身体素质的提高非常有益。球场上的奔跑、运球等各种动作技巧需要平时的刻苦训练，使学生的动作协调能力、反应能力以及身体素质都有明显提高，学生的身体形态、生理机能等得到良好发展。

（3）以球促智育，促进学生文化课的学习。强健的体魄是学习的基础，学生在足球运动中养成的良好的意志品质更能促进其智育的良好发展，实现素质教育的全面丰收。

（4）以球领课程，构建校本课程体系。足球是学校体育课程实施的路径之一，是学校的核心体育课程。通过足球与其他学科的融合，按不同的教学模块、教学目标、教学课型开展足球与学科融合教学，在学科教学中渗透足球理念、足球知识、足球文化。在足球教学中进行学科融合，引导各学校科学制定针对不同学段学生的学习内容，多维度、多层次的培养目标，加强足球与语文、数学、英语、美术、劳技等学科的融合，开发应用学科融合的教学模式。

二、各年段分解目标

1. 低年级段目标

（1）参与足球游戏和比赛，培养球感。

（2）体验足球运动的乐趣。

（3）学习运球、踢球、接球等基本技术动作，培养球感。

2. 中年级段目标

（1）乐于学习和展示简单的足球动作。

（2）初步掌握简单的足球组合技术，发展运球、踢球、接球等基本组合技术能力以及基础战术意识。

（3）培养相互配合的合作意识。

3. 高年级段目标

（1）主动参与足球学习。

（2）逐步提高组合技术能力以及与同伴的协作能力，进一步提高学生在比赛中技战术的运用能力。

（3）强化规则意识，学会调节情绪的方法。

【课程内容】

围绕"实际、实招、实验、实效"的思路，选准课程实施的突破口和切入点，并结合足球运动特点，融合足球发展与学生体质健康的提升，平衡运动能力与学生运动技能的发展，遵循少年儿童动作技能学习和发展的规律来组织教学。

具体内容及活动安排建议见下表（下表所列为初步设想，在具体实施过程中将不断充实和完善）：

小学一年级教学内容

一年级（上学期）		一年级（下学期）	
课次	主要内容	课次	主要内容
第1课	持球接力游戏；踩球	第1课	足球搬家游戏；踩球
第2课	拨地滚球接力游戏；拉球	第2课	"橄榄球"游戏；拉球
第3课	喊号抛接球游戏；拨球	第3课	带球跑接力游戏；拨球
第4课	拨地滚球比准游戏；跨球	第4课	头顶夹球合作游戏；跨球
第5课	踢球比准游戏；踩球	第5课	抢球游戏；踩球
第6课	两人合作背夹球游戏；拉球	第6课	三人围圈拉手运球游戏；拉球

续表

一年级（上学期）		一年级（下学期）	
课次	主要内容	课次	主要内容
第7课	"保龄球"游戏；拨球	第7课	"保龄球"游戏；拨球
第8课	脚内侧夹球跳比快游戏；跨球	第8课	前后搭肩夹球跳比快游戏；跨球
第9课	脚内侧踢球；接球	第9课	脚内侧踢球；接球
第10课	脚内侧踢球；接球	第10课	脚内侧踢球；接球
第11课	脚内侧踢球、接球；小场地比赛	第11课	脚内侧踢球、接球；小场地比赛
第12课	脚内侧踢球、接球；小场地比赛	第12课	脚内侧踢球、接球；小场地比赛
第13课	脚背外侧运球；小场地比赛	第13课	脚背外侧运球；小场地比赛
第14课	脚背外侧运球；小场地比赛	第14课	脚背外侧运球；小场地比赛
第15课	脚内侧踢球、接球；小场地比赛	第15课	脚内侧踢球、接球；小场地比赛
第16课	脚内侧踢球、接球；小场地比赛	第16课	脚内侧踢球、接球；小场地比赛
第17课	脚背外侧运球；小场地比赛	第17课	脚背外侧运球；小场地比赛
第18课	脚背外侧运球；小场地比赛	第18课	脚背外侧运球；小场地比赛
第19课	知识课：足球运动小故事	第19课	知识课：足球运动小故事
第20课	知识课：足球运动小故事	第20课	知识课：足球运动小故事

小学二年级教学内容

二年级（上学期）		二年级（下学期）	
课次	主要内容	课次	主要内容
第1课	持球接力游戏；踩球	第1课	运球接力游戏；脚底踩拉球
第2课	"橄榄球"游戏；拉球	第2课	传抢球游戏；扣球、跨球
第3课	运球接力游戏；拨球	第3课	运球绕杆接力游戏；球感组合练习
第4课	抢球游戏；跨球	第4课	计时传球接力游戏；球感组合练习
第5课	踩球、拉球；小场地比赛	第5课	球感组合练习；小场地比赛
第6课	拨球、跨球；小场地比赛	第6课	球感组合练习；小场地比赛
第7课	脚背正面运球；小场地比赛	第7课	脚内侧运球、拨球变向运球；小场地比赛
第8课	脚背正面运球；小场地比赛	第8课	脚内侧运球、扣球变向运球；小场地比赛
第9课	脚背正面运球；小场地比赛	第9课	脚内侧运球、换脚扣球变向运球；小场地比赛
第10课	脚内侧绕圈运球；小场地比赛	第10课	脚背正面运球、脚背外侧扣球转身；小场地比赛

续表

二年级（上学期）		二年级（下学期）	
课次	主要内容	课次	主要内容
第11课	脚内侧变向运球；小场地比赛	第11课	脚背内侧、脚背外侧交替运球；小场地比赛
第12课	脚背正面运球、踩球转身；小场地比赛	第12课	脚内侧、脚背外侧运球绕障碍物；小场地比赛
第13课	原地脚内侧踢球、脚内侧接球；小场地比赛	第13课	脚内侧连续踢球；小场地比赛
第14课	原地脚内侧踢球、脚底接球；小场地比赛	第14课	脚内侧连续踢球；小场地比赛
第15课	活动中脚内侧踢球、脚内侧接球；小场地比赛	第15课	脚内侧踢准；小场地比赛
第16课	活动中脚内侧踢球、脚底接球；小场地比赛	第16课	脚内侧踢准；小场地比赛
第17课	活动中脚内侧踢球、脚内侧接球；小场地比赛	第17课	脚内侧踢球、脚底接球；小场地比赛
第18课	活动中脚内侧踢球、脚底接球；小场地比赛	第18课	脚内侧踢球、脚内侧接球；小场地比赛
第19课	知识课：足球运动基础知识	第19课	知识课：足球运动基础知识
第20课	知识课：足球运动基础知识	第20课	知识课：足球运动基础知识

小学三年级教学内容

三年级（上学期）		三年级（下学期）	
课次	主要内容	课次	主要内容
第1课	足球游戏；球感练习	第1课	足球游戏；球感练习
第2课	足球游戏；球感练习	第2课	足球游戏；球感练习
第3课	球感练习；小场地比赛	第3课	球感练习；小场地比赛
第4课	球感练习；小场地比赛	第4课	球感练习；小场地比赛
第5课	脚背内侧踢球；小场地比赛	第5课	脚背外侧直线运球、拉球转身组合；小场地比赛
第6课	脚背内侧踢球；小场地比赛	第6课	运球、左脚右跨球、右脚扣球转身；小场地比赛
第7课	脚内侧运球、脚背内侧踢地滚球；小场地比赛	第7课	运球、右脚左跨球、左脚扣球转身；小场地比赛
第8课	脚背正面运球、脚背内侧踢地滚球；小场地比赛	第8课	直线运球、脚底踩球、跳步转身；小场地比赛

续表

	三年级（上学期）		三年级（下学期）
课次	主要内容	课次	主要内容
第9课	脚背外侧运球、脚背内侧踢地滚球；小场地比赛	第9课	脚背内侧射门比赛；小场地比赛
第10课	脚背外侧运球、脚背内侧扣球转身；小场地比赛	第10课	脚背内侧踢空中球；小场地比赛
第11课	脚背内侧踢地滚球、脚底接球组合；小场地比赛	第11课	脚背内侧踢远；小场地比赛
第12课	脚背内侧踢地滚球、脚内侧接球组合；小场地比赛	第12课	脚背外侧拨球、脚背内侧踢空中球；小场地比赛
第13课	脚背内侧踢球、脚内侧接球组合；小场地比赛	第13课	接球、脚背内侧踢空中球；小场地比赛
第14课	脚内侧接球转身、脚背内侧射门组合；小场地比赛	第14课	脚背内侧运球、传接球组合；小场地比赛
第15课	脚内侧接球转身、运球绕杆、射门组合；二过一	第15课	脚背内侧、外侧运球变向运球组合；二过一
第16课	区域内运球变向转身运球组合；二过一	第16课	脚背内侧、外侧运球变速运球组合；二过一
第17课	二过一；小场地比赛	第17课	二过一；小场地比赛
第18课	二过一；小场地比赛	第18课	二过一；小场地比赛
第19课	知识课：足球比赛基本方法	第19课	知识课：足球比赛基本方法
第20课	知识课：足球比赛基本方法	第20课	知识课：足球比赛基本方法

小学四年级教学内容

	四年级（上学期）		四年级（下学期）
课次	主要内容	课次	主要内容
第1课	足球游戏；综合球感	第1课	足球游戏；综合球感
第2课	足球游戏；综合球感	第2课	足球游戏；综合球感
第3课	综合球感；小场地比赛	第3课	综合球感；小场地比赛
第4课	综合球感；小场地比赛	第4课	综合球感；小场地比赛
第5课	运球变向假动作；脚背正面射门	第5课	对抗下运球变速过人；脚背正面射门
第6课	运球变速假动作；脚背正面射门	第6课	对抗下假动作过人；脚背正面射门
第7课	运球假动作过人；小场地比赛	第7课	接控球、运球假动作；小场地比赛
第8课	运球过人组合；小场地比赛	第8课	运球过人；小场地比赛
第9课	脚背正面射门比赛；正面抢截球	第9课	运球绕杆射门比赛；正面抢截球
第10课	活动中脚背正面射门；侧面抢截球	第10课	运球绕杆射门比赛；侧面抢截球

续表

四年级（上学期）		四年级（下学期）	
课次	主要内容	课次	主要内容
第11课	活动中脚背正面射门；小场地比赛	第11课	活动中脚背正面射门；小场地比赛
第12课	活动中绕障碍物脚背正面射门；小场地比赛	第12课	活动中过障碍脚背正面射门；小场地比赛
第13课	传接球、射门组合；二过一	第13课	曲线运球绕障碍物、射门组合；二过一
第14课	运球过人、射门组合；二过一	第14课	运球变向过人、脚背正面射门组合；二过一
第15课	运球变向假动作过人、射门组合；小场地比赛	第15课	运球变向假动作过人、射门组合；小场地比赛
第16课	运球变速假动作过人、射门组合；小场地比赛	第16课	运球变速假动作过人、射门组合；小场地比赛
第17课	二过一；小场地比赛	第17课	二过一；小场地比赛
第18课	二过一；小场地比赛	第18课	二过一；小场地比赛
第19课	知识课：足球竞赛基本规则	第19课	知识课：足球竞赛基本规则
第20课	知识课：足球竞赛基本规则	第20课	知识课：足球竞赛基本规则

小学五年级教学内容

五年级（上学期）		五年级（下学期）	
课次	主要内容	课次	主要内容
第1课	综合球感；脚背内侧踢空中球	第1课	综合球感；脚背内侧空中球踢准
第2课	综合球感；脚背内侧踢空中球	第2课	综合球感；脚背内侧空中球踢远
第3课	综合球感；脚底接控反弹球	第3课	综合球感；大腿接控球
第4课	综合球感；脚底接控反弹球	第4课	综合球感；大腿接控球
第5课	脚背内侧踢空中球；小场地比赛	第5课	脚背内侧踢角球；小场地比赛
第6课	脚背内侧踢空中球；小场地比赛	第6课	脚背内侧踢任意球；小场地比赛
第7课	脚内侧接控反弹球；小场地比赛	第7课	脚内侧接控反弹球；小场地比赛
第8课	脚内侧接控反弹球；小场地比赛	第8课	脚内侧接控反弹球；小场地比赛
第9课	脚内侧接控反弹球、运球绕杆、射门组合；2VS1	第9课	大腿接控球、脚背内侧射门组合；2VS1
第10课	接控反弹球、运球过人、射门组合；3VS2	第10课	脚内侧接控反弹球、脚背正面射门组合；3VS2
第11课	脚背内侧传空中球、接控反弹球组合；小场地比赛	第11课	脚背内侧传空中球、接控反弹球组合；小场地比赛
第12课	脚背内侧传空中球、接控反弹球组合；小场地比赛	第12课	脚背内侧传空中球、接控反弹球组合；小场地比赛

续表

五年级（上学期）		五年级（下学期）	
课次	主要内容	课次	主要内容
第13课	2VS1；小场地比赛	第13课	2VS1；小场地比赛
第14课	2VS1；小场地比赛	第14课	2VS1；小场地比赛
第15课	2VS1；小场地比赛	第15课	2VS1；小场地比赛
第16课	3VS1；小场地比赛	第16课	3VS1；小场地比赛
第17课	3VS1；小场地比赛	第17课	3VS1；小场地比赛
第18课	3VS1；小场地比赛	第18课	3VS1；小场地比赛
第19课	知识课：运动饮食；营养与卫生知识	第19课	知识课：运动饮食；营养与卫生知识
第20课	知识课：运动饮食；营养与卫生知识	第20课	知识课：运动饮食；营养与卫生知识

小学六年级教学内容

六年级（上学期）		六年级（下学期）	
课次	主要内容	课次	主要内容
第1课	综合球感；脚背外侧接空中球	第1课	综合球感；脚背正面接空中球
第2课	综合球感；脚背外侧接空中球	第2课	综合球感；脚背外侧接空中球
第3课	综合球感；脚背正面接空中球	第3课	综合球感；胸部接球
第4课	综合球感；脚背正面接空中球	第4课	综合球感；胸部接球
第5课	前额正面头顶球；脚背接空中球、反弹球、运球射门组合	第5课	前额正面头顶球；胸部接球、射门组合
第6课	前额正面头顶球；运球绕杆、脚内侧传球、头球冲顶射门组合	第6课	前额正面头顶球；胸部接反弹球、射门组合
第7课	前额正面头顶球；小场地比赛	第7课	前额正面头顶球射门；小场地比赛
第8课	前额正面头顶球；小场地比赛	第8课	前额正面头顶球射门；小场地比赛
第9课	传接球、运球过人、射门组合；3VS2	第9课	脚内侧传球接球、运球射门组合；3VS2
第10课	传接球、运球过人、射门组合；3VS3	第10课	脚背外侧接空中球、运球过杆射门组合；3VS3
第11课	3VS2；小场地比赛	第11课	3VS2；小场地比赛
第12课	3VS2；小场地比赛	第12课	3VS2；小场地比赛
第13课	3VS2；小场地比赛	第13课	3VS2；小场地比赛
第14课	3VS3；小场地比赛	第14课	3VS3；小场地比赛
第15课	3VS3；小场地比赛	第15课	3VS3；小场地比赛
第16课	3VS3；小场地比赛	第16课	3VS3；小场地比赛

续表

	六年级（上学期）		六年级（下学期）
课次	主要内容	课次	主要内容
第17课	小场地比赛	第17课	小场地比赛
第18课	小场地比赛	第18课	小场地比赛
第19课	知识课：足球运动损伤与自我保护	第19课	知识课：足球运动损伤与自我保护
第20课	知识课：足球运动损伤与自我保护	第20课	知识课：足球运动损伤与自我保护

【课程实施】

1. 每班每周开设一节以足球为主要内容的体育课。把足球作为体育课的必修内容进行教学，编写学校足球校本课程教材。今后还将在课程整合方面做足文章，把"足球+"的维度拓展到其他学科。"悦动足球"不只表现在足球课与足球活动上，还渗透到校园的每个角落，渗透到学科教学之中。在学科教学中，学校的老师努力挖掘足球与学科教学的融合内容，按不同的教学模块、教学目标、教学课型开展足球与学科融合教学，在学科教学中渗透足球理念、足球知识、足球文化。

2. 开设一个足球小社团，学生自主报名参加。确定具体技术动作或项目，作为学生"体艺2+1"体育类技能选测项目，并制定出具体的考核标准和要求。

3. 在课堂教学的基础上，每班组建一支足球队。结合学校"阳光体育系列竞赛活动"，每年举办一次足球周活动，有比赛，有趣味足球游戏，有单项技术比赛。

【课程评价】

一、指导思想及说明

1. 结合本校的实际情况，我们制定了《学生足球运动技能等级评定标准（试行）》（以下简称《标准》），它是校园足球教育工作的基础性指导文件和教育质量基本标准，仍属于试行阶段。《标准》是当前评价学生足球运动技能和评估校园足球发展的主要依据，是引导学生提升足球运动技能水平的重要手段，主要适用于全日制普通小学的学生。

2. 《标准》从球感、运球、踢球、身体素质和比赛能力五个方面综合评价学生的足球技能水平。根据学生掌握足球运动技能的规律，《标准》将学生足球运动技能划分为五个等级，每个等级的测评内容体系不同，每个等级都具有相对应的评分标准。

3. 《标准》每个等级的单项指标满分为10分，综合得分为各单项指标得分与权重乘积之和，达到标准的得分为7.5分。

4. 学生可根据本《标准》的要求，定期对所掌握的足球运动技能进行自评，以便了解和掌握自己学习足球的情况。学校要结合有关活动，组织学生进行测试，对达到《标准》的学生给予认定，并进行公布。学生达到《标准》的情况可纳入学生综合素质评价体系。

5. 各年级在《标准》在实施过程中，要根据实际情况，因地制宜，逐步推进，把"达标升级"转化为学生学练足球的自觉行动。

6. 本《标准》由体育组负责解释。

二、单项指标和权重

各个等级的单项指标和权重

等级	单项指标	权重（％）
一级	颠球、踩拨球	10
	往返运球	25
	踢准	25
	冲刺跑	15
	小场地比赛	25
二级	脚背正面颠球	10
	绕杆运球	25
	踢准	20
	折线跑	15
	小场地比赛	30
三级	行进颠球	10
	绕杆运球	20
	运球踢准	20
	绕杆跑	15
	小场地比赛	35

三、评分细则（略）

四、测试方法与要求（略）

（该课程纲要编写者为无锡市河埒中心小学袁英）

● 典型学习活动设计

"脚内侧传接球"学习活动设计

【学习目标】

学生能初步掌握脚内侧传接球的名称和动作方法,发展身体灵敏性、协调性。学生乐于和同伴合作完成学习任务,有良好的团结进取精神。

【学习过程】

1. 身体总动员——热身运动

创设"找朋友""找钟点"、世界杯操等游戏情景,激发学生对足球的兴趣,为主教材的学习打下良好的运动基础。

2. 快乐体验法——合作学习

以"快乐足球"为主线,教师通过启发式教学,使学生理解动作要领,学生通过自主学习、分组学练,基本掌握动作方法。尝试从"丁字步"法→踢定位球→两人一组练习→运球射门练习,由易到难,循序渐进。在课堂实践中,通过观察(老师或他人的动作,了解动作过程)→体验(定位球、活动球,挑战自我)→比较(自己和同伴的动作差异)→领悟(动作的要领)→超越(争做小射手),完成活动过程,并留给学生一定的自由练习空间。游戏"球圈乐翻天""运球接力",既发展了学生的灵敏性、速度、力量等身体素质,又培养了学生的合作能力和团队精神,让学生在欢快的氛围中感受足球的魅力。

3. 快乐放松法——恢复身心

在教师的语言引导下拉伸肌肉,放松心情,大脑回放学练过程、游戏情景,为自己的课堂表现亮分,感受成功的喜悦。

附: 教案与设计意图说明

教学对象	水平二:三年级	人数	约40人	授课教师	邓峰	日期	2018年5月11日
教学内容	1. 小足球:脚内侧传接球 2. 游戏:运球接力							
教学目标	1. 认知目标:知道脚内侧传球的名称和动作方法。 2. 技能目标:学生能初步掌握在固定状态下保持身体平衡的走,80%的学生在走的过程中能很好控制身体的平衡性,发展身体灵敏性、协调性。 3. 情感目标:乐于和同伴合作完成学习任务,有良好的团结进取精神。							
教学重点	击球的部位		教学难点			传球动作的熟练性及协调性		

续表

教学过程	教学内容	教师活动	学生活动	组织形式
开始与准备部分 8—10 分钟	1. 常规整队。 2. 师生问好，宣布上课内容。 3. 找一找： ①"找钟点"（钟点球：找到九点、六点等位置，绕球顺、逆时针跑和跳）； ②"找朋友"（运球时听信号给球找"朋友"）。 4. 世界杯自编韵律操。	1. 检查常规。 2. 向学生问好，告知学生上课内容。 3. 组织学生做信号球，引导学生利用小足球找钟点，开展"找朋友"小游戏。 4. 带领学生一起做世界杯自编韵律操。	1. 整队，精神饱满。 2. 向老师问好，知道上课内容。 3. 听清要求，学会"找钟点""找朋友"小游戏。 4. 跟随音乐快乐做操。	上课式：每人一只小足球夹在两脚之间。 四列横队： X X X X X O O O O O X X X X X O O O O O △ 要求：注意力集中，积极练习，安全第一。
	【设计意图】课始，用"喊一喊""举一举"的方式，既使学生注意力集中，又使学生在口号的引领下产生积极的心理和身体准备；"照一照""找一找"教学环节，激发学生自主参与游戏活动的热情，既培养了学生的模仿能力，又达到了热身的作用，为主教材接下来的学习奠定了良好基础。			

教学过程	教学内容	教师活动	学生活动	组织形式
基本部分 23—25 分钟	小足球： 脚内侧传球。 动作三要点： 一撑、二摆、三踢球（丁字步法）。 动作要领： （以右脚传球为例） 左脚： 左脚来支撑， 膝盖稍弯曲， 脚尖对前方， 离球约一脚； 右脚： 右脚传球时， 大腿向外翻， 脚尖向上翘， 踢球于中部， 传球方向正。 标志物：小标贴贴于脚内侧足弓处。	1. 组织学生熟悉球性练习：踩球、拨球、踢球。 2. 引导学生带着问题看教师示范动作，讲解动作口诀，指导学生找到贴小标贴的足弓位置。 3. 指导并组织学生做辅助练习： A. 给支撑脚（左脚）找方向。 B. 摆腿练习（右腿钟摆）。 4. 组织学生两人一组踢定位球模仿练习（丁字步法）。 5. 组织学生两人一组短距离对传球练习，教师巡回，及时纠正动作。 6. 请学生示范，提出改进意见，组织学生练习。 7. 提出不同练习要求，踢定位球或移动球。 8. 组织学生比一比、赛一赛（踢中球门次数）。	1. 按要求自主完成几种球性练习。 2. 认真听讲，仔细观察教师的示范动作，知道动作要点，找到小标贴。 3. 在教师指导下做辅助练习： A. 根据教师提示，明确传球方向。 B. 在教师指导下练习摆腿动作。 4. 两人一组踢定位球模仿练习。 5. 随口诀体验传球动作。 6. 观察同伴演示，比一比，对照并改进自己的动作进行练习。 7. 各小组根据要求踢不同形式的球。 8. 认真完成比一比、赛一赛练习。	练习队形： X X X X X O O O O O X X X X X O O O O O △ 要求：认真听讲，积极练习，善于合作，注意安全。
	【设计意图】教师通过示范、口诀指导、辅助学练、合作学练等教学环节，激发学生学练的热情，能和同伴互帮互助，团结友爱，学会鼓励和欣赏同伴，并使学生有更多的机会表现自己，从而获得成功的喜悦。			

续表

教学过程	教学内容	教师活动	学生活动	组织形式
	游戏： 1."球圈乐翻天"（两球放在一起，两人合作用体操圈拉两球向前跑动，比出优胜）。 2."运球接力"（两人各夹一只球，拉手向前跑动，将球放在体操圈内，再拉手跑回，比哪组先完成）。	1. 教师讲解游戏方法和规则。 2. 组织学生游戏。 3. 点评游戏。	1. 认真听，仔细看，了解游戏方法。 2. 体验游戏乐趣。 3. 明白守规则的重要性。	练习队形： ▲⊙ XXXXX ▲⊙ 00000 ▲⊙ XXXXX ▲⊙ 00000 ▲⊙ XXXXX △
	【设计意图】根据主教材的特点设置游戏，在游戏情境中体验活动的快乐，重视学生的身心需求和情感体验，培养学生的团队意识和合作能力。			
结束部分 3—5分钟	1. 拉伸及放松练习。 2. 小结。 3. 宣布下课。 4. 归还器材。	1. 带领学生做拉伸及放松练习。 2. 小结本课情况。 3. 宣布下课。 4. 指导学生收器材。	1. 跟随教师做拉伸及放松练习。 2. 参与交流。 3. 师生再见。 4. 收还器材。	练习队形： XXXXX 00000 XXXXX 00000 △
	【设计意图】引领学生一同拉伸放松，大胆表达自己的感受，在师生的相互鼓励中结束全课。			
场地器材	小足球场一片、体操圈6只、足球每位学生一只、小话筒一只、足球小标贴若干	运动负荷预计	练习密度：40%—50% 平均心率：110—120次/分	
心理指标预计	愉悦度：优　　兴奋度：高　　协作性：好			
课后小结	课堂教学活动中，教师能够准确把握《魅力足球》的教材内容，挖掘校园足球所蕴含的德育资源，创设儿童化的教学情境，利用多种游戏，调动学生的学习积极性，使学练更有趣、更生动、更高效。85%的学生能够掌握守门员站立式下手接地滚球的技术动作，在体验足球所带来的成功与快乐时，感受校园足球运动的魅力所在。			

【活动反思】

足球作为小学体育球类主要内容之一，能充分拓展学生运动能力，提高学生的灵敏性、速度、力量等身体素质。教学中，根据水平二（三年级）学生的心理特点和认知规律，注重学生体验式学习，不过分强调动作细节，通过多种手段吸引学生的注意力，让学生领会动作要领，掌握动作技术，享受运动快乐，从而达到预期的教学目标。体育课程的拓展要引导学生在学习和掌握相关的知识、技能、技巧和参与、学练中自然地进行社会主义核心价值观教育。引导学生养成锻炼身体的习惯、健康的审美情趣和文明的健身方式，培养他们的公平竞争意识、规则意识和合作精神，提高表现美、创造美能力，培养崇尚美好、热爱运动、同伴协作的优良品质。遵循新课标理念和拓展课程的特性，充分发挥教师的主导作用和学生的主体作用，合理利用小足球开展多种学练活动，在互动交流中学会动作方法，激发学生对足球运动的兴趣，培养学生的合作意识。三年级学生具有较强的表现欲，且活泼好动，少数因体质单薄或肥胖，基本活动能力较差，但他们有较强的求知欲望，敢于挑战新的活动内容，团队意识比较强烈，也有一定互助合作的观念。本课旨在通过教学的有效推进，使学生学有目标，练有进步，实现"团结合作，人人进步"的课堂理念。

（该学习活动设计者为无锡市河埒中心小学邓峰）

后　记

"区域青少年综合素质拓展教育行动研究"这一课题自 2015 年立项为江苏省教育科学"十二五"规划重点资助课题以来，全区各校在区教育局总课题组的引领下，全面推开综合素质拓展教育研究活动。在历时近五年的研究过程中，我们不断打造青少年学生综合素质拓展活动的完美时空，开发各类拓展教育课程，丰富学生"玩美"学习样态，在研学旅行活动中促进学生知行合一，在基地实践活动中促进学生身心历练，在社团兴趣活动中促进学生个性发展，取得了可喜的研究成果。

我们在回顾这些年来的研究历程时，萌发了将系列研究成果编撰成书的念头。出发点是让研究成果物化、系列化，提供课程样本和实践路径，使各校在开展拓展教育实践活动时有所依托。同时，这也是课题组进一步梳理研究成果、总结研究经验的需要。

整套丛书凝聚了课题组所有人员的心血。丛书编写工作由课题研究理论探索组牵头负责，确定丛书的整体框架，并对实践研究过程和成果进行全面梳理，由顾晓东、吴伟昌、姚国平、徐国新、吴亮具体负责各分册书稿的编写工作；课题研究实践行动组提供了大量翔实的研究资料和实践案例。

丛书从策划到成稿，历时一年半。在此过程中，课题主持人强洪权、冯伟两位局长及区教育学会陈锡生会长、糜荣华副会长给予了大力支持。滨湖区教育局吴仁昌副局长、基教科陆建忠科长等多位领导自始至终参与其中，为丛书的编撰和出版工作出谋划策，提供全方位保障。中国教育学会原会长、北京师范大学资深教授顾明远先生欣然应邀作序，中肯评价课题组多年的研究历程和成果，为本丛书增色不少。江苏省教育科学规划领导小组办公室彭钢主任、蔡守龙副主任，省教科院教育发展研究中心主任张晓东博士，《江苏教育》主编张俊平等领导与专家悉心指导本课题研究，他们的高屋建瓴、指点迷津，让课题组拨云见日。在此，一并表示诚挚的谢意！

丛书的出版只是课题研究的一个阶段性总结，我们的研究还将进一步深入。我们将继续围绕"立德树人"的根本任务，进一步优化区域青少年综合素质拓展教育课程体系，开发和利用课程资源，完善区、校两级课程开发，丰富学生的拓展学习方式，为青

少年学生核心素养的全面发展打下坚实基础。

由于我们水平有限,加之受困于工作的繁忙,书中肯定有许多不足之处,希望读者不吝赐教。我们将直面不足,努力弥补,力求将更完美的成果呈献给大家,我们也憧憬着在追求完美中不断完善自我。

"综合素质拓展教育成果系列"丛书编写组

2019 年 5 月 18 日

新时代滨湖教育发展丛书

综合素质拓展教育成果系列

总主编 / 冯 伟　强洪权

研学旅行知与行

主编　吴　亮　徐国新

苏州大学出版社
Soochow University Press

图书在版编目(CIP)数据

研学旅行知与行 / 吴亮, 徐国新主编. — 苏州: 苏州大学出版社, 2019.10
(新时代滨湖教育发展丛书 / 冯伟, 强洪权总主编. 综合素质拓展教育成果系列)
ISBN 978-7-5672-2946-4

Ⅰ. ①研… Ⅱ. ①吴…②徐… Ⅲ. ①中小学-素质教育-成果-汇编 Ⅳ. ①G632.0

中国版本图书馆 CIP 数据核字(2019)第 220574 号

研学旅行知与行

吴　亮　徐国新　主编

责任编辑　史创新

苏州大学出版社出版发行
(地址:苏州市十梓街1号　邮编:215006)
苏州工业园区美柯乐制版印务有限责任公司印装
(地址:苏州工业园区东兴路7-1号　邮编:215021)

开本 787mm×1 092mm　1/16　印张 48.5(共五册)　字数 1003 千
2019 年 10 月第 1 版　2019 年 10 月第 1 次印刷
ISBN 978-7-5672-2946-4　定价:180.00 元(共五册)

苏州大学版图书若有印装错误,本社负责调换
苏州大学出版社营销部　电话:0512-67481020
苏州大学出版社网址　http://www.sudapress.com
苏州大学出版社邮箱　sdcbs@suda.edu.cn

新时代滨湖教育发展丛书编委会

主　任　强洪权
副主任　陈锡生　钱　江　冯　伟　王永健
　　　　潘望洁　徐仲武　吴仁昌　许建良
顾　问　顾明远

综合素质拓展教育成果系列编委会

主　任　冯　伟　强洪权
副主任　王永健　潘望洁　徐仲武　吴仁昌
　　　　华文达　华婷婷　糜荣华　彭光耀
　　　　许建良　陆建忠
编　委　惠　明　古菊平　高　峰　吴卫东
　　　　刘　松　张　锋　周晓平　金春华
　　　　张　倩　朱龙祥　王防刚　陆　玲
　　　　陆静洁　杨　帆　谢廷峰　朱红飞
　　　　孙国宏　尤　吉　唐建英　李　争
　　　　华志英　秦旭峰　浦永清　顾晓东
　　　　姚国平　徐国新　吴　亮　吴伟昌
　　　　钱　晔
策　划　糜荣华　陆建忠　顾晓东　吴伟昌

本册编写人员（《研学旅行知与行》）

主　编　吴　亮　徐国新
编　者　吴　亮　韩刘学　徐国新　顾晓东

本丛书为江苏省教育科学"十二五"规划 2015 年度重点资助课题"区域青少年综合素质拓展教育行动研究"（课题编号：B-a/2015/02/076）的主要成果

序

  2016年12月，教育部等十一个部门发布了《关于推进中小学生研学旅行的意见》，提倡在中小学生中开展研学旅行。该意见提出，中小学生研学旅行是由教育部门和学校有计划地组织安排，通过集体旅行、集中食宿方式开展研究性学习和旅行体验相结合的校外教育活动，是学校教育和校外教育衔接的创新形式，是教育教学的重要内容，是综合实践育人的有效途径。让学生走出学校、走向大自然、走向社会、走向世界，是拓宽视野、增进学识、锤炼意识的好举措，也是让学生领略祖国美丽山河、了解中华民族优秀文化传统的好方式。如果到国外研学旅行，还可以了解别国的文化风情，受到跨文化的理解教育。研学旅行，实在是非常有意义的活动，是提高学生综合素质的有效途径。

  事实证明，广大学生非常喜爱研学旅行。他们走出校门，集体旅行、集中食宿，过上难得的集体生活，这样的经历可以培养学生自我服务、自我组织的能力和同伴关系意识。

  要把研学旅行做好，使学生真正受到教育，需要认真组织，精心安排。要把研学旅行纳入学校课程之中，作为一项重要的教育活动来开展。要像设计课程那样精心设计，充分准备，重在教育，重视安全。学校要对不同年龄段的孩子设计不同的研学旅行计划，低年级的孩子可以在城市郊外旅行，也可以到博物馆、纪念馆参观；高年级的孩子可以到较远处旅行。学校可以按照不同地区的历史地理背景、名胜古迹，组织设计各种研学旅行活动，使之课程化。

  这两年来各地积极开展研学旅行活动，积累了一定的经验。无锡市滨湖区自2001年以来，就以新课程改革为契机，以综合实践活动课程为抓手，建设区内综合实践基地，为青少年学生开展校外实践活动和研学提供了平台，对培养学生综合素质做出了有益的探索和实践。他们树立"大教育观"，拆除学校"围墙"，改善传统教育模式，把教育与社会生活实际相结合，加强学校教育与社会教育的沟通、协调和融合，充分发挥社会教育资源的育人功能，同时推动学校的特色项目建设，促进学生的全面发展。

  无锡市滨湖区教育局组织编写的"综合素质拓展教育成果系列"丛书，就是无锡

市中小学开展校外实践活动和研学旅行的一些经验总结。丛书共五册，分别是《研学旅行知与行》《走出校园读家乡》《跟着课文做研学》《拓展课程校校行》《拓展教育思与行》，详细介绍了无锡市滨湖区对青少年综合素质拓展教育的认识和组织设计，以及滨湖区各校开展综合素质拓展教育的实践和经验。丛书内容丰富，有观点、有案例，值得各地借鉴。

2019 年 5 月 19 日

前言

青少年综合素质是指青少年在先天生理的基础之上，经过后天的教育和社会环境的影响，由知识、经验内化而形成的相对稳定的素养和品质的总称，主要包括身体、心理、道德、文化、能力等方面，是一个人的知识水平、道德修养及各种能力的综合体现。新课程改革以来，滨湖区教育局始终坚持全方位、多渠道育人的主导思想，高度重视青少年综合素质拓展教育，在综合实践活动、211特色建设、研学旅行等方面做出了前瞻性、持续性探索，取得了显著的成效。

为了进一步深化青少年综合素质拓展教育，滨湖区教育局申报、立项了由冯伟、强洪权同志主持的江苏省教育科学"十二五"规划重点资助课题"区域青少年综合素质拓展教育行动研究"（编号：B-a/2015/02/076）。通过课题研究，进一步厘清综合素质及拓展教育的内涵特质，努力追求素质发展的全面化，体现区域推进的特色化，关注拓展活动的课程化，凸显课程资源的序列化，形成区本特色的青少年综合素质拓展教育主张，建构区域青少年综合素质拓展教育课程体系，促进区域青少年综合素质的全面发展和个性发展。

课题组依据教育部等《关于推进中小学生研学旅行的意见》《中小学综合实践活动课程指导纲要》等文件精神，结合课题研究中期评估专家组建议，全面梳理课题研究实践中形成的课程资源和实施策略，从系统化、系列化、操作化的角度出发，本着可行性、实用性的原则，编写了滨湖区"综合素质拓展教育成果系列"丛书，以期进一步深化滨湖区中小学综合实践、研学旅行工作，提升区域素质教育实施水平。

本套丛书主要由五个分册组成。其中《研学旅行知与行》分册是一本研学旅行的通识读本，按"知""行"两个板块编写，把研学旅行的"应知""应会"等要求、技能进行梳理，为学生参加综合实践和研学旅行提供有针对性的必读教程，旨在提高学生参与研学旅行的素质和技能。

《走出校园读家乡》分册重点关注校园教育和校外综合实践的结合，梳理无锡地区适合开展青少年综合素质拓展教育的综合实践课程基地资源，为一至九年级每个年级设置四个实践课程内容，每个课程内容均由"研学课程设计"和"研学单"两大部分

组成。

《跟着课文做研学》分册主要体现"由课内向课外拓展，课内课外结合""读万卷书，行万里路"的拓展教育理念，针对学生所学课文中的经典内容，结合全国各地丰富的旅游资源，编写四至九年级的暑期研学旅行课程，课程的设计体例为"研学前言—课文回眸—研学主题—课程安排—研修问答—学以致用—资料链接"。

《拓展课程校校行》分册是区域内各学校特色校本课程纲要和实施案例的汇编，精选各校特色校本课程，整体上涵盖科技、体育、音乐、美术等各大领域，体现滨湖区科技体艺211特色项目建设成果，展示滨湖区青少年综合素质拓展教育课程的校本性、丰富性、多样性，特色课程的设计体例为"课程名称—课程性质—课程目标—课程内容—实施建议—课程评价—教学案例"。

《拓展教育思与行》分册是课题研究论文和实践案例的汇编，主要是课题组成员以及区域内学校和教师开展青少年综合素质拓展教育的理性思考、经验总结和案例反思。

本套丛书由糜荣华、陆建忠、顾晓东、吴伟昌等进行总体策划，课题理论探索组吴伟昌、顾晓东、吴亮、姚国平、徐国新等具体进行编写。目前暂时编写系列丛书的五个分册，今后视工作进展和资料积累，逐步编写系列丛书其他分册，以形成滨湖教育特色"丛书"。

由于编写者水平有限，加上时间比较匆促，本套丛书中难免有许多不足之处，恳请专家、同行们指正。

"综合素质拓展教育成果系列"丛书编写组
2019年5月18日

目 录

研学旅行须知篇

寄语

一、"争做美丽中国小公民"倡议书 ·· 4

二、什么是研学旅行？ ·· 5

三、如何进行研学旅行？ ·· 7

 （一）研学旅行前 ·· 7

  1. 思想准备 ·· 7

  2. 物品准备 ·· 7

  3. 知识储备 ·· 8

  4. 目标定位 ·· 9

 （二）研学旅行中 ·· 9

  1. 生活篇 ·· 9

  2. 礼仪篇 ·· 10

  3. 学习篇 ·· 11

 （三）研学旅行后 ·· 12

  1. 物品收藏 ·· 12

  2. 实践感悟 ·· 12

  3. 感悟分享 ·· 12

四、研学旅行安全预案 ·· 13

 （一）交通事故处理预案 ·· 13

 （二）治安事故处置预案 ·· 13

研学成果分享篇

一、研学旅行增见识 ·· 17
   1. 古都印象 ··· 17
   2. 红色之旅 ··· 29
   3. 文化探寻 ··· 38
   4. 走出国门 ··· 55

二、基地实践拓身心 ·· 59
   1. 团队拓展活动 ··· 59
   2. 考察探究活动 ··· 83
   3. 劳动实践活动 ··· 92
   4. 艺术体验活动 ··· 108

后记 ··· 110

研学旅行须知篇

寄　语

亲爱的同学：

　　你好！

　　三月花红，草长莺飞；九月穗香，风和日丽。在实践中成长，在成长中收获。欢迎你参加本次研学旅行活动！

　　研学旅行是集教育、体验、旅游为一体的校外实践课程模式。研学旅行有效地把春秋游与语文、历史、生物等课本知识渗透融合，让课本知识无限延伸；帮助大家通过团体协作、小组活动、素质拓展等活动，增强集体凝聚力，寓教于乐。

　　研学旅行活动不只是一次单纯的旅游，它更是一次校外教育集体活动。在活动中，你的一言一行不仅代表你自己个人的形象、素质，更代表着学校集体的形象，因此要注意和规范自己的言行，践行"八礼四仪"，文明出游，礼貌游览，安全活动。

　　每一次的活动安排，每一处的景点游览都能使你开阔眼界，丰富知识，感受自然，热爱生活。在活动中，你能学会求知，学会做事，学会共处，学会协作，学会团结。综合实践活动能锻炼你的能力，陶冶你的情操，充盈你的人生。

　　平安是爸爸妈妈、爷爷妈妈，是你的老师以及所有研学旅行服务工作者的共同心愿！我们要珍惜生命，爱护健康；我们要关心他人及自身的安全。关心安全就要服从管理，听从指挥，遵守纪律。让我们一起努力，平安出行，愉快活动！

　　真诚地希望这本《研学旅行知与行》成为你活动中的随身好伙伴，伴随你一路畅行。活动前阅读，它会告诉你应该做些什么准备；活动中阅读，它会给你更贴心的具体提示；活动后阅读，它会陪伴你留住美好的记忆。

　　读千卷书，行万里路。梦想在前，我们在后，我们执着，我们追逐，我们成长，我们收获。

　　祝大家研学旅行活动快乐！

一、"争做美丽中国小公民"倡议书

建设"美丽中国"是国家理念、国家倡议，美丽中国需要美丽行动，需要美丽中国公民，公民的文明行为、环保意识、素质体现能深刻影响美丽中国的建设、发展和形象。综合实践活动的目的是促进他们更健康地成长。身心和谐发展才是健康成长，因此，我们建议：

（1）争做"美丽中国"小公民，关心祖国，热爱人民，学会求知，学会做事，学会共处，学会做人。

（2）文明出行，懂礼貌，懂谦让，懂环保，懂欣赏。

（3）努力提高自理自主能力，积极帮助同学伙伴。

二、什么是研学旅行？

（一）研学旅行的定义

研学旅行是由学校根据区域特色、学生年龄特点和各学科教学内容需要，组织学生通过集体旅行、集中食宿的方式走出校园，在与平常不同的生活中开阔视野，丰富知识，加深与自然和文化的亲近感，增加对集体生活方式和社会公共道德的体验的活动。

研学旅行继承和发展了我国传统游学、"读万卷书，行万里路"的教育理念和人文精神，着力提升中小学生的自理能力、创新精神和实践能力，成为素质教育的新内容和新方式。

（二）研学旅行的特点

2014年4月19日，教育部基础教育一司司长王定华在第十二届全国基础教育学校论坛上发表了题为《我国基础教育新形势与蒲公英行动计划》的主题演讲。在会上，他首先提出了研学旅行的定义：学生集体参加的有组织、有计划、有目的的校外参观体验实践活动。研学要以年级为单位、以班为单位进行集体活动，同学们在老师或者辅导员的带领下，确定主题，以课程为目标，以动手做、做中学的形式，共同体验，分组活动，相互研讨，书写研学日志，形成研学总结报告。

王司长还针对研学旅行的特点提出了"两不算，两才算"：第一个特点，校外课后的一些兴趣小组、俱乐部的活动以及棋艺比赛、校园文化，不符合研学旅行的范畴。第二个特点，有意组织。就是有目的、有意识的，作用于学生身心变化的教育活动才是研学旅行活动，如果周末三三两两出去转一圈，那不叫研学旅行。第三个特点，集体活动。以年级为单位，以班为单位，乃至以学校为单位进行集体活动，同学们在老师或者辅导员的带领下一起活动，一起动手，共同体验相互研讨，这才是研学旅行。如果孩子跟着家长到异地转一圈，那也只是旅游。第四个特点，亲身体验。学生必须要有体验，而不仅是看一看，转一转，要有动手的机会、动脑的机会、动口的机会、表达的机会，在一定情况下，应该有对抗演练、逃生的演练，应该出点力，流点汗，乃至经风雨，见世面。

三、如何进行研学旅行？

（一）研学旅行前

"读万卷书，行万里路"，研学旅行本质上是一种体验式学习，是课堂学习的辅助手段，旨在使校内外教育相融合，让整个世界、整个社会都变成行走的大课堂，在体验和实践中提高学生的综合素养。那么，我们在研学旅行前要做好哪些方面的准备呢？

1. 思想准备

吃苦的精神。研学旅行是一种不同于学校生活和家庭生活的集体生活方式和学习活动。离开了学校有规律的作息和家中父母悉心的照料，学生的衣食住行全靠自理，而且一些远足活动、拓展训练甚至需要顽强的毅力才能完成，因此，必须做好吃苦的思想准备。

积极的心态。研学旅行不是普通意义上的旅游，而是为了让学生在与平常不同的生活中开阔视野、丰富知识、提高能力。只有以积极的心态来面对，才能在研学过程中体验快乐，获得成长。

团队的意识。研学旅行是学生集体参与的学习活动，过程中需要同伴之间互相关心帮助，互相配合，交流研讨，共同协作，才能更好地达成预期的活动目标。

2. 物品准备

出行之前一定要准备好必需的物品。提前准备好所需物品可以帮助我们顺利达成研学旅行的目标，否则会浪费很多时间，打乱研学旅行的节奏。具体需要准备的清单请见如下表格：

类别	物 品	备 注
证件类	身份证、学生证、银行卡、现金	学生证：部分景点有学生票价，需要提供学生证；银行卡：最好是国内大银行的，如工商银行与农业银行等；现金：各种面值的都要准备。
文具类	本子、笔、备用眼镜	
衣物类	内衣裤、睡衣裤、袜子、长衣裤、外套、运动鞋、帽子	衣物面料最好选择速干面料，内衣裤也可以选择一次性的。如果是春秋天，最好带一件轻薄羽绒服，既保暖又不占地方。运动鞋最好是慢跑鞋，不要选择篮球鞋或其他球类鞋。
生活类	牙刷牙膏、香皂、洗发水、毛巾、护肤品、梳子、塑料袋、纸巾、雨伞、其他卫生用品	
电子类	手机、充电器、移动电源、相机、自拍杆、定位手表	
药品类	晕车药、擦伤药、消炎药、肠胃药、感冒药、防虫剂	推荐药物：清凉油、蒙脱石散、碘伏等。
食物类	水、饼干、巧克力	

温馨提示：

1. 准备一个大小适中的旅行箱，在旅行箱外面做一个简单的标记，或者贴上自己的姓名和电话，以便于自己辨认行李，遇到错拿行李时，也可方便他人联系自己。另备一个小巧的双肩包，用以随身携带一些重要物品，如手机、证件等。

2. 将折叠好的衣物卷起来，这样衣服不会散乱，也更节省空间。叠衣服时，把衣服标志性的图案露在上面或提前搭配好衣服，方便出门时快速找到合适的衣服。

3. 在手机或电话本中记录好家长、老师的联系电话。手机和电话本放在不同的地方，防止遗失。

3. 知识储备

出行前，了解和熟悉研学目的地是十分必要的。通过网上搜索、查阅资料等途径提前收集一些目的地的相关信息，让自己对研学目的地有一个大概的认识，也能帮助我们在研学过程中更好地投入，从而获取更多的成果。研学旅行按照资源类型分为知识科普型、自然观赏型、体验考察型、励志拓展型等。研学目的地不同，所需的知识储备也不同。一般情况下可以从研学目的地城市入手，了解以下相关内容：

地理风貌：位置境域、地形地貌、自然资源、气候特征、交通运输、经济产业等。

人文历史：历史沿革、名胜古迹、建筑风情、名人文化、特产小吃等。

教育科技：教育传承、高等学府、校园文化、前沿科技等。

知识科普型：主要包括各种类型的博物馆、科技馆、主题展览、动物园、植物园、历史文化遗产、工业项目、科研场所等。

自然观赏型：主要包括祖国大好河山、江海湖泊、草原沙漠等自然资源。

体验考察型：主要包括农庄、实践基地、夏令营营地或团队拓展基地等资源。

励志拓展型：主要包括红色教育基地、大学校园、国防教育基地、军营等资源。

4. 目标定位

养德：修养德行，培养互帮互助和团结协作的能力。

长智：增长知识，培养自身的观察能力和学习能力。

健体：强健体魄，培养自身的生存能力和动手能力。

励志：磨砺意志，培养自身的情感能力和践行能力。

审美：提升美感，培养自身的审美能力和鉴赏能力。

（二）研学旅行中

1. 生活篇

（1）旅途中

上车时请自觉排队，有序行车，不要拥挤。

上车后及时系好安全带，靠走道的同学请放下座椅把手。

车辆行驶途中不得擅自离开座位，不得在走道上随意走动，不要把头、手伸出窗外。

车上不得大声喧哗，随时保持车上卫生。

（2）用餐时

在统一安排的餐厅就餐，用餐时遵守秩序，不偏食，注意营养均衡。

用餐时不要着急，以免热菜热汤烫伤自己。

勿吃生食、生海鲜、已剥皮的水果，不要光顾路边无牌照摊档，防止暴饮暴食。

多喝开水，多吃蔬菜水果。

（3）住宿时

不得在夜间或自由活动时间自行外出，如有需要请告知老师，并要有人陪同。

入住宾馆后，检查房间内设施是否有问题，如有，及时通知老师。

晚上按时就寝，查房后，锁好房间门，不要让陌生人进入房间，不得擅自离开营地。

洗澡时，注意防滑，不要嬉戏，调好水温，防止烫伤。

不得触摸电器线路板、插座等带电设施。

（4）游览时

不能随便购买零食、冷饮，遵守景区的游览要求。

遵守纪律，安全第一。不要追逐打闹，按秩序行走；认清自己的队伍、队旗、辅导员，服从辅导员安排，跟着领队的路线走，认真听导游的讲解。

要有集体观念，统一行动，不得以任何理由随意离开团队。旅途中，不要独自离开或者随意更改旅游地点和时间，如确实有要事（如买水、如厕等），必须向老师说明，由老师安排陪同。

活动期间不得和陌生人来往，提高警惕，不要接受陌生人给予的食物和饮料，遇到有人搭讪和纠缠要立刻向老师报告，特殊情况下可求助于警方。

> **思考题：**
>
> 　　在景区游览时，因受不了炎热的暑气，小王便在道路边买了两支冰激凌，很快就吃完了，又买了一瓶冰镇可乐喝了起来。不一会儿，小王就感到胃部隐隐作痛，没过多久，疼得在地上打滚，出了一身冷汗，连嘴唇都在哆嗦。小李看到小王疼得倒在地上，吓得脸都白了。如果你是他们当中的一个，遇到这样的情况，会怎么做？
>
> 　　研学旅行时，还有哪些需要注意的安全问题？和同学们讨论一下，并将讨论的结果记录下来，以备不时之需。

2. 礼仪篇

观赏之礼：在观看文艺表演和体育比赛时，讲究文明礼仪，做到遵守秩序、爱护环境、专心欣赏、礼貌喝彩。

游览之礼：在外出游览、参观时，讲究文明礼仪，做到善待景观、爱护文物、尊重民俗、恪守公德。

> **思考题：**
>
> 　　同学们，研学旅行时，还有哪些需要注意的礼仪？想一想，写一写。

3. 学习篇

(1) 观察记录。研学开始后，每个人都应保有一颗好奇心和一双善于发现的眼睛，依据研学目标积极去观察研学资源，并做好详细的记录。

> **温馨提示：**
> - 准备好笔记本、笔、相机等。
> - 依据研学主题，选取自己感兴趣的信息并及时记录。
> - 用相机拍摄相关内容来加深记忆、留存资料。
> - 整理记录内容和活动照片。

(2) 动手体验。研学时，许多的研学资源与项目都需要亲自动手体验，在动手操作的过程中，丰富自己的体验，提升自己的实践能力和综合素养。

> **温馨提示：**
> - 提前了解研学资源基本情况。
> - 体验时按相关要求操作，保持秩序。
> - 活动过程中注意安全。

(3) 思考交流。在观察和体验的基础之上，努力发现问题、研究问题，并通过积极动脑思考来分析问题，加强和同伴之间的沟通交流，进而提高解决问题的能力。

> **温馨提示：**
> - 活动时勤思考，形成自己的想法和见解。
> - 交流互动时，保持文明礼貌。
> - 交流成果，及时记录。

(4) 互助合作。研学过程中，要充分发挥研学小组的作用，小组成员之间就研学中的困惑与收获及时沟通交流，互帮互助，达到合作共赢的效果。

> **温馨提示：**
> - 明确小组成员的分工和职责。
> - 成员之间应坦诚沟通，团结协作。
> - 及时总结活动中的表现，吸取经验教训。

（三）研学旅行后

1. 物品收藏

研学旅行结束后，应及时整理行囊，尤其对研学过程留存下来的有意义、有价值的物品，要妥善保存和收藏起来，以作纪念或进一步研学所需。

> **温馨提示：**
> - 及时整理出纪念书籍、物品。
> - 为整理出的物品做好准确的收藏说明。
> - 有专门存放研学旅行收藏品的地方。

2. 实践感悟

研学旅行结束后，撰写研学心得可以对研学过程进行一次认真梳理，更重要的是能够把在研学过程中的观察、思考、体验所得系统化、深刻化，真正地达到内化于心。

> **温馨提示：**
> - 依据记录的内容，梳理研学过程的见闻。
> - 整理研学收获。
> - 及时形成研学心得文字稿。

3. 感悟分享

研学旅行结束后，要将研学心得、感悟、体会跟同学及时分享，相互学习，共同成长。

> **温馨提示：**
> - 班主任、辅导员要精心组织分享活动。
> - 采用黑板报、学习专栏、网络平台等多种渠道进行分享交流。
> - 开展适当的评比活动。

四、研学旅行安全预案

（一）交通事故处置预案

辅导员应该具备安全意识和必要的交通常识，提醒司机检查车辆，发现事故隐患要及时提出更换车辆的建议；要协助和监督司机做好安全行车工作。

如果不幸发生交通事故，辅导员应做到以下几点：

（1）立即组织抢救。发生交通事故并出现伤亡时，辅导员应立即组织现场人员迅速抢救受伤的学生，特别是抢救重伤员。如不能就地抢救，要立即拨打急救电话120，将受伤学生送往离出事地点最近的医院进行救治。

（2）保护现场，立即报案。事故发生后，应尽一切努力保护现场，并尽快报案，（报警电话110，交通事故报警电话122）请求派工作人员赶赴现场调查处理。

（3）迅速向旅行社报告。将受伤的学生送往医院后，辅导员应迅速向旅行社领导报告交通事故发生及学生伤亡情况，按上级指令开展下一步工作。

（4）做好其他学生及受伤学生家属的安抚工作。交通事故发生后，辅导员应做好团内其他学生的安抚工作，继续组织和安排好后续的研学旅行活动。事故原因查清后，要向学校、家长、老师、学生说明情况。

（5）交通事故发生后，辅导员除立即投入抢救受伤人员外，还应向市旅游局、市教育局报告交通事故发生的具体情况。

（6）写出书面报告。交通事故处理结束后，导游领队人员要写出事故报告，内容包括：事故的原因和经过；抢救经过，治疗情况；事故责任及对责任者的处理；受伤学生的情绪及对处理的反应等。报告要详细、准确、清楚。本次研学旅行活动的辅导员、老师，应在报告落款处署名。

（二）治安事故处置预案

在研学旅行旅游活动中，遭遇到治安事件，如遇到歹徒行凶、诈骗、偷窃、抢劫等，辅导员或学生身心及财物受到损害的，统称治安事故。

在研学旅行活动开始前，辅导员会给每个学生发放安全提示卡片，提醒学生：不要将房号告诉陌生人；不要让陌生人或自称饭店维修人员随便进入房间；不要与私人兑换外币；出入房间锁好房门，夜间不要贸然开门；贵重物品不要随身携带或放在房间内，可存入饭店总台保险柜；离开车时不要将证件或贵重物品遗留在车内。

辅导员要始终与学生在一起，注意观察周围环境，经常清点人数；行车途中不得随意停车让无关人员上车，若有不明身份者拦车，辅导员应提醒司机不要随意停车，要注意安全。

研学成果分享篇

一、研学旅行增见识

1. 古都印象

为祖国点赞 打 call 新时代

  我的祖国——中国，是一个让世界都震撼的名字，这是一个互帮互助、和和美美、快快乐乐的"四大文明古国"呢！

  祖国，我为你点赞！你有长达五千年的文化、文明历史，文物古迹像满天繁星。北京的长城、故宫、天坛、天安门，西安的兵马俑……特别是四川的都江堰，至今还为人们灌溉平原，养育一方儿女。

  祖国，我为你点赞！"大禹治水三过家门而不入"妇孺皆知，孔子的儒学思想流传四海。1949 年，我们中华民族在中国共产党的正确领导下，开启了历史新篇章，并昂首阔步地迈向美好的明天。

  祖国，我为你点赞！你是世界上最伟大、最了不起的母亲，世世代代孕育了多少优秀的儿女：有诗仙李白、诗圣杜甫，有唐宋八大家，有神医华佗，有精忠报国的岳飞，还有毛泽东、周恩来、彭德怀、

朱德、邓小平等伟人。他们一生致力于为劳苦大众谋幸福，改变了我们的生活，使中国由一个贫穷、落后的国家变成了一个富有改革开放精神与"可上九天揽月"豪情壮志的世界大国！

祖国，我为你点赞！你为我们带来美好的生活环境。江南的小桥流水美丽动人，让人难忘，桂林的山水甲天下，中国的三山五岳早已闻名世界，中国的五湖四海风景优美，波光粼粼。啊！祖国呀，你对我们的恩情真的是数也数不清呀！

祖国，我为你点赞！你虽然有五千年历史，但是，你依然美丽、文明；你虽然人口众多，但是你的儿女们是那么团结友爱，勤劳勇敢！

祖国，我为你点赞！愿我的点赞像片片花瓣，传到你那里。今天，我在北京人民大会堂前为你点赞；明天，我要在祖国的千里长空下、万里海疆上祝愿你永远富强！

我要努力学习，天天向上，为实现中华民族的伟大复兴而积极奋斗！借此机会，向祖国致敬，为祖国的繁荣发展打call！

[作者为无锡市峰影小学四（2）班　杭闵欣]

南京毕业游

六月下旬，我们终于在小升初的战场上奋斗完毕。沐浴着阳光，我们六年级的师生一起去六朝古都———南京游学。一路上可真是妙趣横生。

南京，这座城市是东南名胜的一张名片，代表着一种与它身边的江南江北都不同的特殊文化，以至于人们在提起它的时候，更多的会想起一轮秦淮河畔的皎洁明月，一曲乱世烽烟中的家国悲歌，甚至是衣香鬓影，血染尘沙。但是，我想，它，不仅于此。

正值夏至，火热的阳光把路晒得热气腾腾。在热浪中，我们来到了南京博物院。

看着这威严的建筑，我们一行人不禁格外严肃。一路往里走，中国风的建筑古色古香，仿佛是神圣而不可侵犯的。

大大小小的展馆让我们走了个遍。瓷器、青铜器琳琅满目，那些书画、那些玉器无不体现了中国文化的博大精深，岁月，让那些文物有了几分传奇色彩。最难忘的是置身于黑暗的玉器馆，柔和的灯光打在光洁的玉器表面，穿过玻璃反射过来，把整个玉器馆的氛围渲染得格外庄重。我注视着那几千年前的作品，朴实无华，但优美的造型、圆润的曲线，令人赏心悦目。

接着，我们又来到了南京理工大学。在导游的解说下，我渐渐对它感了兴趣。最初，我对它的印象只是带着国防色彩的高校，但是将近半天的游览，改变了我对它的认识。漫步在校园内，空气清新，阳光不燥，微风正好。我们一行人走在图书馆前的那条路上，绿树挺立在路两旁，给南理工增添了几分浪漫。在这条路上，我们浮躁的心都平静了。

当然，这美好的时刻必须记录下来。于是，大家便在南理工的大门口合影留念。同学们穿着博士服，个个精神抖擞。在炎炎夏日中，我们一起将博士帽扔向天空，和那火热的阳光一般，我们充满着朝气与活力。那天，我们告别了幼稚，多了几分激情与昂扬的斗志。

登上中山陵，我们内心再一次澎湃。中山陵依山势而建，不说它有多么壮观，单单"博爱坊"就震慑了我们。它气势恢宏，格局大气，融会中国古代与西方建筑之精华，庄严简朴，别创新格。巍巍中山陵，经历了几番风雨，可依旧是那样的大气而不失精致。我们怀着对革命先辈的崇敬，登上了中山陵，在"天下为公"的牌匾下，俯视整个南京。

它的繁华，一丝不漏地展现在我们的视线里。中山陵绿草如茵，树木成林，夏日里便如一片绿洋环绕在景区周围。那绿，深沉，严肃，经历了岁月洗礼，展现出了别样的魅力。

篝火晚会，烧烤……那些有趣的活动，如同贝壳一般印在我记忆的沙滩中，深深地，无法抹去……

南京的毕业游，真是一次充满乐趣又是意义颇深的美妙游学活动。

[作者为无锡市蠡湖中心小学六（2）班　宁桢]

游南京古城　品人文历史

坐在大巴车内，看着窗外的万千景物在眼前掠过，我的心情格外明朗。转眼之间，便到达了南京。

早就听说南京是六朝古都了，没想到自己游览其中却是另一番风味。青山巍巍，绿树成荫，道路四通八达，展现着它作为现代都市的风采。一片欢声笑语中，我们开启了南京之行的第一站——南京博物院。

迈入博物院的大门内，我好奇地四处观望，大厅顶上的屋梁，雕刻得精妙绝伦，再加上那高贵华丽的色彩，让我首先对这座中国第二大博物院产生了兴趣和崇敬之情。

走进历史馆中，映入眼帘的是巨大的动物骨架。从还未灭绝的马鹿到冰河世纪的猛犸象、剑齿虎，无不让我们震撼。那巨大的猛犸象，我还需要仰起头来才能看到它的头部，它两根巨大的牙齿朝上翘起，似乎有一统天下的霸气。我可以想象，当它在那个时期称霸时，一定无比英俊、潇洒。

继续向历史馆的里面前进，墙上展出的是古代的地砖。我开始很不以为然，地砖又不会有太多的讲究，可当我走近它仔细观看时，我却为它惊叹。小小的一块地砖，刻上了如此精细的人物、花草，似乎也在讲述着一个个动人的故事，展现着人们平静、安逸的生活。

我继续向前走着，来到了一个巨大的展厅。展厅的橱窗里摆满了各种玉石的器用，我看了心生纳闷：古代科技也不是很发达，是用怎样的技术才能将它们制成各种形状，刻上美丽的花纹呢？最让我震惊的是一块只有手指甲大小的玉石，透过放大镜才可以清楚地看出，那上面一条一条的花纹是何等的精美，这一切怎么可能刻上去呢？我心中打上了一个大大的问号。从历史馆出来，心中不免涌起了对古人的赞美和敬佩之情，他们可真有智慧！其他馆中的艺术品、文化瑰宝、先进技术等，也都让我大开眼界。

从南京博物院里出来，我们便来到了南京大学。这所人人眼中的百年名校竟是一个绿色的世界，到处都是参天大树，几座房子上也爬满了常青藤，而那座洁白的图书馆，就好像是绿海之中的一颗珍珠，让我对这所学校有了好感。导游姐姐耐心地讲解着，也勾起了我对它的向往。最让我印象深刻的是那根旗杆，据说在那极其混乱的年代，与南京大学仅一墙之隔的日本驻华公使馆，竖起一根与南京大学北大楼一样高的钢架式旗杆，并悬挂日本国旗。大家愤愤不平，自费680余元建造一根新旗杆，旗杆高40多米，中国国旗在高度上超出了与之毗邻的日本国旗3米多，为中国人民争回了一口气。我望着那根旗杆，心中涌起了对它的景仰之情，原来这所学府还有着这么一段神圣的历史。

晚上，我们在广场上举办了一场热闹的篝火晚会。大家在一起跳兔子舞、吃烧烤、玩游戏，共同享受了快乐时光，也体会到了团结的可贵。

第二天，我们来到了中山陵。暴雨笼罩下的中山陵别有一番韵味，似乎老天也为这位逝去的伟人而感到悲痛。看着孙中山的雕像，我脑海中浮现出了他一系列的壮举，他是我眼中的英雄。

下午，我们来到了南京航空航天大学。给我印象最深刻的就是那架"轰5"了，它通体漆黑，呈流线体，巨大的弹药仓里能装下好几吨弹药呢。想当年，它应该也是战场上的一员猛将，立下过不少汗马功劳吧！

返程的时光很快就来到了，我看着窗外美丽的景色，脑海里满是这座古都的画面。此次旅行，我不仅领略了古都风光，聆听了一段段历史，还被伟大的中国人民深深震撼了！

[作者为无锡市育英实验小学六（5）班　张武略]

参观秦始皇兵马俑

在这次西安研学活动中,我们参观了世界八大奇迹之一的秦始皇兵马俑。兵马俑如今已发掘了三个坑:一号坑主要为战士俑,二号坑为车兵、步兵、骑兵构成的曲尺形方阵,三号坑则为军阵的指挥部。

兵马俑平均身高1.85米,有千人千面之称,且每个身上刻有刻画该俑工匠的名字,这一行为体现了当时"物勒工名,以孝其诚"的制度。这也让我们了解到,当时在始皇嬴政的治理下,法制比较严格与完善。

据导游介绍,刚出土的兵马俑身上有着色彩斑斓的颜色,甚至有些颜色令如今的外国学者也直呼不可能配制出来。除此之外,有些俑手上拿的剑表面还有一层致密的铬盐氧化层,这种工艺一致被认为是近现代工艺,然而那时便出现了,被认为是冶金史上的奇迹。这些都足以说明那时的秦国无比强大与发达。这都足以让我们引以为傲,也让我们更加热爱我们的祖国,并且以实际行动来报答我们的祖国。

参观完之后,我们还参与制作了兵马俑,用的也是骊山脚下的黏土,只不过是用模具压制而成的。虽然我们的制作方法简单,但很多人都无法一次成功,这也让我们不得不感慨当时工匠技术的高超,他们连衣冠服饰、毛发手纹都能刻画出来。我们也应该学习其"工匠精神",争当新时代的"工匠"。

[作者为无锡市立人高中高一(2)班　孙影]

游学北京五日

七月初，趁着夏季的炎热还没来，学校组织的北京研学活动开始了。我们来自不同年级不同班级，就这么聚在一起，朝着中国"八大古都"之一，拥有七项世界遗产，有着三千余年建城历史、八百六十余年建都史的历史文化名城，我们的首都奔去。

这五天，我们领略了这座城市独特的魅力，了解了中国历史的变迁，同时充实了我们的知识储备，开阔了我们的视野。我这就和大家分享我在这五天四夜中的所见所感。

人文

一迈进北京城，听着路上的行人拉家常，立刻会清醒地认识到这是北京，原因便是那"字正腔圆"的北京话。当你看着街边坐在板凳上下棋的大爷，拎着菜篮打着招呼的奶奶，你会油然而生一种亲切感，以至于你有了想走上前去攀谈的欲望。北京，我是第一次来，可当听着北京话，看着拿着蒲扇穿着工字背心坐在门前的大爷，感受当地人热情的招呼，便觉得这北京我仿佛来过，而且是那般熟悉。

北京的家常饭菜，偏东北口味，对于处于江南的我们来说，就一个字：咸。当然，这只是对家常饭馆的描述。说到北京美食，少不了的自然还有北京烤鸭、庆丰包子、老北京炸酱面、北京炒干等，值得一尝。

最值得一讲的就是每位游客到北京无论起多早都必须感受的天安门升旗仪式。我们凌晨两点多便起来了，当我们来到天安门广场，便被那黑压压的人群所震慑。当五星红旗在国歌声中缓缓升起的那一刻，置身泱泱大国的我感到一种盘旋而上的雄浑气魄，看着那面由烈士的鲜血染红的五星红旗，联想到烈士杀敌的场景，联想到我们民族的耻辱，更联想到毛主席在天安门城楼上的那句"中国人民从此站起来了"，爱国的热忱便在心中奔涌。现在日益壮大的中国，表明我们中华民族确确实实站立起来了，现在中国人正意气风发建设属于我们的新中国。自然，我们也不能落下，我们要争气，我们是祖国的未来，要把祖国建得更好，我们必须具有自强不息的坚韧品质，具有迎难而上的坚定决心。

文化

对于学生来讲，北京让人神往的自然不局限于人文，更重要的还有老北京的文化。我们来到国子监街。国子监街因国子监和孔庙而有名，浓缩了中国传统文化的精华，并以其幽雅、宁静、庄严、神秘的环境和丰富的历史、人文内涵，成为北京一处独具特色的文化景区。在这里，我感受了孔子的儒家思想，也体会了古代太学的庄严神圣。北京作为我们的首都，有着两座著名学府，清华和北大。此次，我们有幸在清华大学学生的带领下参观清华学府部分区域。进门，先是一方低矮的碑石，碑前面是校名，碑后面是校训。简洁纯朴，却威严厚重。碧绿的花地，紫色的鸢尾，簇拥着碑石，入目清新。这里是清华第一景，凡是经过这里的人，几乎都要带着崇敬的心情，留影纪念。进园，中西结合、华美庄严的建筑伴着碧绿的植物，唯美的清新之感更是扑面而来，校内各处都是各种各样的雕塑碑石，更是加重了文化气息。我们怀着憧憬和崇敬之心参观了经管大楼、美术大楼、技术科学馆、建筑馆等，禁不住感叹这所中国著名学府的魅力。

除了著名学府，我们还参观了中国科技馆。科技馆设有"科学乐园""华夏之光""探索与发现""科技与生活""挑战与未来"五大主题展厅、公共空间展示区及球幕影院、巨幕影院、动感影院、4D影院等四个特效影院，其中球幕影院兼具穹幕电影放映和天象演示两种功能。此外，新馆设有多间实验室、教室、科普报告厅及多功能厅。展厅内有一位位科学家的画像及其对科学的巨大贡献，并且各个展馆都有对应的知识讲解，游客还可以亲自体验科学的魅力。参观完科技馆，我们对科学家们坚持不懈的探索精神有了进一步的体会与感受。

历史

作为有着三千多年历史的古都，北京的历史景观自然也是我们期待的地方。

雕梁画栋、美丽庄严的故宫，重檐下翘，红墙黄瓦。那毫不逊色于现代高楼大厦的壮美外观、精美工艺，令人吃惊。置身于偌大的宫殿时，你会误以为自己来到了明清时期，为那震慑人心的气魄所折服。

"不到长城非好汉"，北京之旅自然缺不得长城。我们此次也游览了八达岭，同时还看见了詹天佑建的"人"字形铁路。我们坐车上山，下车，因为海拔高，所以即使穿了薄外套也感到了寒冷，但当我看见那伏在青山之上的巨龙时，崇敬之情便把寒冷挤到天外。但当我登上去时，心中却充满羞愧，在一块块象征着历史的方砖上，在那粗糙的砖面上，我看见的是一个个深深的汉字刻印，甚至看见"××大学"字样的刻印。当真正亲眼看见那被世界上所有人批判的行为时，我的内心在颤抖，我们就是这样，在自己国家的古迹上刻下一道又一道表明道德缺失的印记，而这行为全进入了国际友人眼里。虽然，这样的现象日益减少了，但是，道德品质的提高永远需要我们每一个人的参与。

收获

北京之行，是我第一次离开父母和同学结伴旅行，我感受到来自不同年级不同班级同学相互搀扶、相互帮助的温情。这次北京之行，有好几天在下雨，大家几个人合撑一把伞，衣服湿了，鞋袜湿了，心却贴得更近了。五天四夜，不长的时间里，我们游览了老北京的名胜古迹，欣赏了美景，开阔了眼界，也体会了整体的意义，感觉非常充实。

[作者为无锡市立人高中高一（7）班 薛逸庭]

游 长 城

"不到长城非好汉,屈指行程二万。"作为一名"好汉",我终于随着人山人海的队伍,登上了北京八达岭长城。虽然没有到好汉坡,但当我站在这城墙之上舒目眺望之时,也不由发出一声惊叹。

一叹它,蜿蜒曲折,绵绵不绝,犹如卧龙;二叹它,风里雨里,悠悠岁月,依旧气势磅礴;三叹它,满山翠绿,游客如云,风景壮观。

景区草木茂盛,树木成林,植被覆盖率现今达96%,这种大面积植被是其他长城段都不可比的。最让人啧啧称奇的是慕田峪关。

慕田峪关与居庸关、山海关、嘉峪关等都不一样,它的正关台由三座空心敌楼构成,通连并蠹,两侧楼较小,中间楼较大,三座敌楼之上有三座望亭,关门不设在正中,而是在关台东侧,这种独特的关台建筑是万里长城所罕见的。

从慕字一台(大角楼)至慕字四台(正关台)不到500米,就设敌楼4座;从慕字一台至慕字二十台,长度仅3 000米,敌楼、敌台、墙台、铺房就有25座。这种百米左右就有一座敌楼的长城段也是不多见的。

其他段长城,多为长城外侧一面建垛口墙,而慕田峪段长城却两面都为垛口墙,垛口墙即守城将士对敌作战的掩体。两面垛口墙,即意味着两侧同敌作战,可见慕田峪段长城在历史上的重要战略地位。

支城,即在主长城之外根据战事需要顺山势又节外生枝修出的长城。慕田峪的外支城即连接慕字十一台的长城,内支城即"秃尾巴边"。

慕田峪关,地势最低,海拔仅486米。往东,陡然上升,至大角楼(慕字一台)不到500米,竟然上升117米。往西,从慕字四台(即正关台)至慕字十九台,起伏不大,较为平缓,从慕字二十台至牛角边最高处,只经过近10座敌楼,就从慕田峪关的

486 米上升了 533 米，达到 1 039 米。从整体角度看，这段长城犹如在山巅腾飞的一条巨龙，高峰处，如巨龙昂首，欲上九天；沟谷处，如巨龙饮水，一头扎进山涧溪流之中，蔚为壮观。

长城，从东到西绵延万里；从古至今，其修筑延续两千多年。凭临登攀，偏要到悬崖绝壁人踪罕至处，方可见其建造的艰辛奇特。它那雄伟的风姿、美学的价值、防御的功能及所蕴含的军事谋略，都是世界文化遗留中少见的。

站在长城上，不论是赏春花秋月、夏云冬雪，还是看长城内外苍茫的群山、连天的衰草，都有一股浓重的思古幽情油然而生。也许，我们已经忘记当年这个古战场上飞扬的胡笳羯鼓，闪烁的刀光剑影，但我们不会忘记两千多年间千千万万修筑、守卫万里长城的先人。他们惊人的智能、毅力以及创造力，不仅使我们受到巨大的震撼，也给予了我们有益的启迪。

[作者为无锡市立人高中高二（3）班　王文倩]

2. 红色之旅

参观上海公安博物馆

暑假里,我和同学们参观了上海公安博物馆。这次参观,我不仅增长了很多公安知识,还感受到了祖国为保卫人民财产、生命安全所付出的努力。

上海公安博物馆是中国第一个公安专题博物馆,场馆面积非常大,占据公安大楼的一到四楼。博物馆内设序馆、公安史馆、刑事侦查馆、治安管理馆、交通史馆、监所管理馆、消防管理馆、警用装备馆、英烈馆、警务交流馆和消防模拟演练馆等11个分馆,记录了公安干警在打击犯罪、保障各项建设、维护社会稳定等各方面的业绩。公安博物馆是青少年进行爱国主义教育的生动教材,被人民政府指定为"爱国主义教育基地"。

最触动人心灵的是英烈馆。为了保卫人民的生命和财产安全,上百位公安英烈献出了宝贵的生命。他们中有的倒在对敌斗争的第一线,有的在抢险救灾中为国捐躯,有的在与罪犯搏斗中光荣牺牲,有的在处理废旧炮弹时不幸遇难。看着一张张年轻的面孔,我们感到惋惜,他们与我们一样有亲人,有家庭,但为了头上的警徽,他们过早地牺牲了。每

年的"我最喜爱的十大人民警察"评选活动,让我们领略到人民警察的风采。我的内心充满了对英雄们的敬意。

走出上海公安博物馆,看着阳光下的人们,真正感到和平生活的来之不易,感到公安事业的重要和伟大。

[作者为无锡市峰影小学四(3)班　许辰阳]

游学革命圣地延安

延安,革命的圣地。今天,我们怀着崇敬的心情来到了这里。

经过 20 个小时的漫长火车之旅,我们终于踏上了这片土地,崇敬之情油然而生。

我们来到杨家岭,参观毛主席住过的窑洞。看着门口的石桌,我陷入了遐思:毛主席当时的生活是多么艰苦啊!冬天,只能坐那冰冷的石椅,而在炎炎夏日,石椅又滚烫,很难坐下,再加上太阳的直射,根本无法在户外待着。

我们进入窑洞,看到主席的住所,不禁感叹:主席真是个爱民的好主席!他的住所,没有一件奢侈的物品,所有用的都与老百姓没有二样。从中可以看出他一点私心也没有,不滥用老百姓的一针一线,可见他心怀百姓,严守纪律,不搞特殊,难怪会受到百姓的热烈拥护。

出了窑洞,我不禁陷入了沉思:是什么让中国打退了日本侵略者呢?是八路军英勇奋战的精神,是老百姓对八路军的爱戴,更是军民一心的结果。

[作者为无锡市胡埭中心小学五(1)班 张宇叮]

延安研学之旅

7月初,我参加了学校组织的"感受延安夏令营",踏上了红色之旅,来到了革命圣地——延安。

延安的风景不同于江南,有着北方特有的味道。这里的天很蓝,丝绸似的白云点缀着蓝天。到处是黄土高坡,处处可见造型独特的窑洞。这里很少有高楼大厦,视野非常开阔,让人心旷神怡。

我们参观了延安的名胜古迹:王家坪、杨家岭、枣园。在那里,我们目睹了毛泽东、周恩来这些伟人们住过的窑洞,看到了毛泽东亲自种的一块地。毛泽东等伟大领袖为了革命事业在这里住了13个春秋。想到他们在如此艰苦的环境里,领导着中国人民进行艰苦卓绝的斗争,最终取得革命的胜利,我不禁热血沸腾。

我们还参观了延安洛川镇世泰小学,和那里的小学生开展了"手拉手,心连心"活动。活动过后,我们住进了结对小伙伴的家。在小伙伴的家,我体会到了水的宝贵。这里缺水,所以睡觉前我们不能刷牙、洗脸,更别说洗澡了。第二天早上,结对小伙伴给我们端来一盆水,我们几个小朋友就用这一盆水洗了洗脸。原来这里的水这么紧缺,我以后一定要节约用水。我们还去地里干活了。结对小伙伴给我们每人一把锄头,教我们锄地。我们笨手笨脚地锄了好久,一个个汗流浃背,气喘吁吁,真正体会到了"谁知盘中餐,粒粒皆辛苦"。

延安之旅让我感受到了革命先辈们的坚强与伟大,体验了延安小朋友们不一样的生活,开阔了眼界,更重要的是学会了珍惜:珍惜这来之不易的幸福生活,珍惜每一滴水、每一粒米。

[作者为无锡市育英实验小学五(5)班 李语凡]

沙家浜红色之旅

2018年9月30日,是我国英雄烈士保护法施行后第一个烈士纪念日。无数先烈们在短暂的生命中,将光阴镌成了一种崇高的情怀,长久辉耀于历史的长河。

上午9时,无锡市滨湖区河埒中学初二年级全体师生来到了革命热土——沙家浜,缅怀英雄烈士,学习抗战历史知识,接受爱国主义教育,培养新时代精神。

湛蓝的天空中,秋日的阳光丝毫不吝啬它的热情,照耀着沙家浜。首先映入眼帘是巨大的照壁,由当年新四军六团团长叶飞题词,写着"沙家浜的意义"。我牢牢地记住了两点:其一是建立抗日根据地,发展壮大人民抗日武装力量;其二是建立时间,1939年5月。

快步踏上东进桥,全长39米,这个数字是为了纪念1939年新四军六团东进抗日。

干燥的风,凉快,又有力道,拂过我的脸,层层白云被推到瞻仰广场上空,这里视野非常开阔。主体雕塑的正前面就是郭建光和阿庆嫂,象征着军民鱼水情深,历经沧桑,历久弥新。四周雕刻出大片水纹,显现江南水乡的独特韵味。

当导游带领同学们步入沙家浜革命历史纪念馆,我平静的心里泛起了阵阵涟漪。1937年日本侵略者攻占了常熟,具有光荣革命传统的常熟人民奋起抗日。1939年6月,江抗部队夜袭苏州浒墅关火车站,全歼驻扎在那里的一个日军警备队。这种义无反顾的革命精神和牺牲精神,让我联想到民族英雄林则徐的诗:"苟利国家生死以,岂因祸福避趋之",只要有利于国家,就心甘情愿地为之牺牲。

一阵阵叫好声从春来茶馆传来,京剧《智斗胡司令》已经开演。这是沙家浜红色之旅中最具有特色的演出之一。阿庆嫂的机智和勇敢让我敬佩!以她为代表的当地民众,是新四军坚强的后盾,是新四军最有力的支援,是抗日运动发展的基石。

水光潋滟晴方好,我和同学们甩开大步跑进了神秘的芦苇迷宫。当年,沙家浜人民冒着生命危险,在茂盛的芦苇荡中转移过伤员,传递过情报。

芦苇被阳光染成金色,仿佛收获满满的金秋。微微的浪花排着队,一波一波地涌向岸边,没有一波放弃目标的。清新的空气,像一种勇气,又像一股信念,迅速注满我的胸膛。

沧海桑田,转瞬即逝。一天的参观学习结束了。明天就是国庆节,共和国即将迎来69周年华诞。历史的接力棒已经传到我们这一代莘莘学子手上,幸福是奋斗出来的。不趋从于功利,不庸庸碌碌,不弃本真,我只愿满心满力,倾注于我所仰慕的神圣英雄。

[作者为无锡市河埒中学初二(5)班 祝凯文]

秋日之旅——沙家浜

金风飒爽，天高云淡，在这美好的秋日，我们河埒中学初二年级的学生来到了著名的常熟沙家浜旅游景区。

抗战时期，沙家浜是抗日游击根据地中心，在这里，留下了许许多多可歌可泣的英雄故事。为了深入沙家浜的历史背景，我们在芦荡剧院欣赏了一出激动人心的抗战实景剧《芦荡烽火》，讲述沙家浜地区军民团结一心，打破敌寇封湖诡计，顺利掩护伤病员的故事。其中阿庆嫂的机智勇敢最令人钦佩。剧场为了效果真实，运用了多种火爆、水爆等高科技手段，配合水上飞艇表演等特技，震撼的声光电场景，真实的民居建筑造型，给我们带来了一场的视听觉盛宴，让我们如同亲临战场。

看完舞台剧的我们心潮澎湃，不知不觉走到了横泾老街。街上古色古香，人声鼎沸。就在某个拐角处，我们惊喜地找到了阿庆嫂的春来茶馆。模仿着隔壁桌的老人家们，点一碟花生，品一壶香茶，仿佛我们也变成了新四军，而阿庆嫂马上会笑盈盈地出现，与我们接头。

告别阿庆嫂，告别春来茶馆，我们从热闹的老街走到清静的林荫道。道旁芦苇依依，不时有渔船拐进我们视线里，又消失于密密的芦苇荡中。我们跟着渔船离开的方向走去，忽然瞥到一片古雅的白墙黑瓦，原来我们来到了红石村。在这里，我们参观了江南船拳陈列馆，了解了船拳这一传统武术，感受到了沙家浜人刚烈勇敢的秉性。

在我们祖国生日的前一天，来到沙家浜，真是再合适不过了。美丽的沙家浜，你给我们留下的不只是如画般的风景，还有沙家浜人的淳朴热情、英勇正义。

[作者为无锡市河埒中学初二（15）班 马有仪]

悦游沙家浜　鹭掠芦苇荡

宜人的九月，是一个令人向往的外出的好时节。

迎着九月的朝阳和飒飒的秋风，学校组织初二年级组进行秋游实践活动，让我们亲近大自然，在社会交往中成长。

刚刚踏上沙家浜景区的土地，我们小组的成员们便迫不及待地询问芦荡剧场在何方。据说啊，那里有著名革命故事的演绎，讲的可是我们新四军与日本鬼子英勇对抗的激动人心的历史。

我们寻着，寻着，误入一片芦苇荡。这里芦苇成群，在湖畔寂静生长，阳光照在芦苇荡上，金灿灿的，好一派生气满满的景象。

走过蒹葭桥，拂面而来一阵和顺的风，风里似乎都带着一股清新的芦苇荡的气息，一股革命的气息。

我们在名曰"芦荡迷宫"的地方呆了好久，迟迟不愿离开，走出去后，才惊奇地发现，我们在这芦苇荡中呆了几乎一个上午，离演出开始只有十分钟了。我们一路狂奔，可不想错过一丁点儿这震撼人心的演出。

风透过芦苇荡发出有节奏感的大自然的声音，我们在这声音中跑得更快了，终于，我们看见了"革命胜利"的曙光。穿过横泾古街，来到剧场，正好，我们一踏进剧场，便听见宣布演出开始的声音。我们刚坐稳，演出就开始了。

剧场主要的舞台设在湖中央，前面是看台，周遭是芦苇荡。高度还原的情景很快把我们带进了剧情当中。

演出采用先抑后扬的形式，开场就是阿庆嫂与汉奸的智斗，不让汉奸从言语中套出对新四军不利的信息。在阿庆嫂智斗后，我新四军便开始与汉奸和日本鬼子展开激烈战斗，舞台周围可以看见逼真的枪战场面，也可以听见令人热血沸腾的枪炮声。

演出落下帷幕，我们却迟迟没有缓过神来。

下午我们浏览了余下的景点，但情绪始终沉浸在刚才的演出中。走在沙家浜的小路上，我们似乎可以与新四军战士对话，可以穿越回那个时代，当回小小新四军……

[作者为无锡市河埒中学初二（15）班　史家昊]

枣园游记

枣园曾经是中共中央书记处所在地，位于陕西省延安市城西北8公里处。枣园原是一家地主的庄园，中共中央进驻延安后，为中央社会部驻地，遂改名为"延园"，现旧址大门石柱两侧尚有康生所书"延园"二字。1944年至1947年3月，中共中央书记处由杨家岭迁驻此地。

我们参观了中央大礼堂以及党历史上几位领导人的旧居。看着他们当时生活的地方，无法想象党的领导人曾处于如此艰苦的环境。在毛主席的书桌上，我看到了茶杯、电话。在周总理的旧居中，我发现了斯大林赠送的大衣，周总理用它来当外套、雨衣、被子，体现了一代伟人朴素节俭的品质。同时，我还注意到他们睡得每张床都非常硬，非常不舒服，这种床在如今的农村也极其少见，可以看出当时环境的艰苦，也体现了一代伟人不怕吃苦的精神。但就是在这般情况下，党号召根据地军民自己动手，丰衣足食，实现了生产自救，基本解决了根据地的物质困难。

枣园见证了一代伟人的成就，同时也诞生了一代中国革命精神，我从中受益匪浅，立志成为这种精神的传承者。

[作者为无锡市立人高中高一（2）班　薛瞳]

3. 文化探寻

美丽的绍兴

早就想去鲁迅的故乡走走了,可一直没有机会。这次,我有幸参加了学校组织的"跟着课本游绍兴"活动,受益匪浅。

我们去的第一站是大禹陵。到了大禹陵之后,里面的一位工作人员给我们讲述了大禹的故事。这位工作人员讲完之后,便带我们去做小黄花和福袋献给大禹。在制作的过程中,我们体验到了莫大的乐趣。

我们去的第二站是黄酒博物馆。这个博物馆里面到处都是黄酒,真不愧是黄酒博物馆啊!当然,我们来这里肯定是要参加与黄酒有关的活动的。我们这次的任务是给黄酒坛子上色。我们被分为四大组,我在的这一组都是涂的抽象风格。我们拿着刷子,沾上颜料刷刷几笔就完工了,可真是抽象风啊!接着我们看到了一个名叫"醉酒屋"的地方,大家不约而同地被这个名字给吸引住了。我们带着好奇心走进了醉酒屋,结果一走进去就像喝醉了酒一样,一摇一摆地走了起来。醉酒屋里的能见度很低,而且地面是波浪形的,一边高一边低,大家玩得不亦乐乎。

第三站来到了久负盛名的三味书屋。里面的工作人员让我们换上古服,去学堂里面听课。我们仿佛穿越到了鲁迅时代的私塾,听先生给我们讲课,跟着先生摇头晃脑地诵读着诗书,品味着经典。

最后一站就是鲁迅故居啦!我们来到鲁迅的房间,因为文物保护的关系,我们只能在外面围观。房间里放有鲁迅曾用过的被褥、脸盆和鞋子,供游人参观。接着,我们来到了百草园,里面种了很多植物,相传这里是鲁迅儿时的乐园。

这就是我们两天的行程啦,是不是听起来很好玩呢!那就请大家亲自去看看吧!

[作者为无锡河埒中心小学孙桥校区　于璐]

暑假游学绍兴记

今天我非常兴奋,因为我和同学们第一次一起出去游学,而我们这次游学的目的地,是伟大的文学家、思想家、革命家鲁迅的家乡——绍兴。

经过漫长的旅途,我们终于到达目的地。我们首先参观了一些景点,接着我们就去参观鲁迅故居。里面有一个叫百草园的地方,我们在那里留影纪念。参观完鲁迅故居,我们又到了一个叫刘念台先生讲堂的地方。看我穿的这身衣服,就是古时候学生要穿的服装。穿好衣服,我们就走进讲堂里听了一节课。这节课让我知道了"绍兴三乌"是乌干菜、乌毡帽和乌篷船。我还亲手种了一种植物,和同学们一起合作完成了一幅拼图。

第二天,我们来到了黄酒博物馆。里面非常大,有很多酒罐子,接着我们又体验了一下喝醉酒是什么感觉,最后我们每个人拿了一个无色的酒瓶,这是要干什么呢?原来是让我们把酒瓶装饰得美美的。

在绍兴的这两天,我非常开心,不仅学到了许多知识,还跟同学们建立了深厚的友谊。

[作者为无锡市河埒中心孙桥校区　朱晋仪]

奇妙的宣纸诞生记

暑假第一天,空中下着毛毛细雨,我们乘着大巴车,去安徽进行修学游!

修学游第一站——参观中国宣纸文化园。我们先来到最左边的宣纸加工作坊。一个小房子里,有一位叔叔坐在由木头做的大锤子前面,他戴着耳罩,用巨大的锤子敲打青皮,把青皮一点一点敲成方块状。一阵阵巨响犹如一阵阵雷声在

我们的耳旁"轰隆隆"地响个不停。然后我们往右边走,来到一个大水池边,工人站在水池前面的台阶上,拿着一根带有长长袋子的铁杆,在水中不停地摇晃着,水面上溅起了一朵朵浪花。接着我们穿过一扇门,里面也有两三个小水池,水池里面好像有着棉花似的东西,可用手往水里一捞,却不见海绵。更神奇的是,工人叔叔用竹帘捞个两三下,就会自然而然地产生一张湿的宣纸,把它叠在底板上。再往右边走,热气腾腾,听导游介绍说,这里常年保持45摄氏度,人呆一会儿就会出汗。这里是干什么呢?当然

是晒纸啦!只见师傅这边撕,那边贴,有条不紊地将一张张刚捞出来的宣纸晒干。穿过小门,便是宣纸检查房。检查人员个个像长了"火眼金睛",不放过宣纸上的半点瑕疵。她们检查的速度极快,我都还没有来得及看完,她们就已经翻过一面了。就这样,一张宣纸诞生啦!

随后,我们来到后面一座大房子里,参观了创吉尼斯世界纪录的宣纸加工厂。这里的一张宣纸长达11米,宽3.3米,制作方法和前面的小宣纸一样,只是需要14个强壮的工人才能完成!真是不看不知道,一看吓一跳啊!

看似普通的一张宣纸，竟然需要这么复杂而又神奇的工序，我不禁啧啧赞叹起来。这次修学游，真是让我大开眼界啊！

〔作者为无锡市胡埭中心小学五（2）班　钱翎郡〕

别开生面的体验

放暑假啦,尽管天气不怎么好,但我们依然去徽州研学,让自己长知识,见世面。

到达徽州的第一天,我们便来到了做宣纸的工厂,参观了制作宣纸的全过程。其中最令我振奋激动的活动,那就是体验捞纸。

我们一号车40多个同学来到体验室,按照生肖兵分三路,分别开始体验捞纸。我排在队伍的前面,能十分仔细地观察工人叔叔捞纸的每一个动作,希望自己可以顺利捞出一张宣纸。

终于轮到我了!我走到长方形大木桶的面前,只见里面装满了水,水中是一大片一大片的白色,好似浮着一大块一大块的棉絮。对面的叔叔准备着竹席,我照着前面同学的样子,配合着叔叔的动作,依葫芦画瓢,先把一小块木板放到了边上;然后和叔叔一起抬起来,移到木桶上面;接着轻轻左右摇摆,让竹席像海盗船一样潜入水中;几秒后

再平稳地将竹席抬起来,微微摆动,等水全部褪去,让竹席再次"潜水";最后抬起,将已铺上一层白"纸"的竹席放到一旁,仔细检查完后,才慢慢地放到木板上。几秒钟工夫,一张宣纸捞成功了!我激动得欢呼雀跃起来!

听工人叔叔说,这个水中有药水,也许一次捞纸并没有什么,但工人叔叔常年浸泡在水中进行捞纸作业,真是不易啊!这次别开生面的体验,让我明白了他们工作的辛苦,看到了宣纸诞生的不易,对工人叔叔的敬佩之情不禁油然而生。

暑期修学游虽十分短暂,我却受益匪浅!

[作者为无锡市胡埭中心小学五(2)班 张嘉仪]

别具一格的设计体验

小雨淅淅沥沥地下着，却浇不灭我们心中的喜悦，因为今天是安徽修学游的最后一站——到徽州园林开展微景观设计活动。

在指导老师的带领下，大家迫不及待地撸起袖子，开始热火朝天地干了起来。见到此情此景，我又怎么能落后呢？我一手拿着小铲子，一手拿着平泥器，也兴冲冲地干了起来。起初，我觉得一切都是那么新鲜有趣，哪怕是挖到一颗小小的鹅卵石，也高兴得如同哥伦布发现新大陆一样，发出连连惊叹声，那个兴奋劲儿别提了。但好景不长，我很快就被那繁琐的体力活累得气喘吁吁，早把自己的豪情壮志抛到了九霄云外，汗水顺着我的脖子唰唰地流下来，我心底不禁抱怨起来：这活哪里是我这个弱不禁风的小女生干的呢？还是放弃吧……但转头一看，只见同学们还在马不停蹄地干着活，有的正在小心翼翼地摆放砖块，有的在反复地填平凹凸不平的泥土，还有的正在聚精会神地摆放着花卉……汗水一滴滴

地流落下来，也浑然不顾。我不禁被同学们的认真劲儿感染了：古人都说"有志者事竟成"，只要有不屈不挠的意志，总会有所收获的。顿时，我士气大增，默默地唱着劳动号子，干活的速度不知不觉加快了。

成功了！看着别具一格的设计作品，我长长地吁了一口气。瞧，同学们的小脸涨得红彤彤的，每个人的脸上都洋溢着笑容，我心头更像挂了一块喜酥糖，老也融化不了！这次的经历让我们受益匪浅，不但收获了满满的快乐，也明白了只要坚持不懈，阳光就能出现这个道理。

回家的路上，小雨依旧在淅沥沥地下着，似乎也在为我刚刚的表现点赞呢！

[作者为无锡市胡埭中心小学六（2）班　朱晨]

西湖游记

今年暑假，我有幸去杭州西湖一玩。那儿是一首诗，令人陶醉；那儿是一方神奇的世界，处处都有美景。

我们一行先参观了雷峰塔。相传法海和尚骗许仙至金山寺，白娘子水漫金山救许仙，而被法海镇压在雷峰塔下。想起这段凄惨的故事，我黯然神伤。听着导游的讲解，我还了解了许多关于雷峰塔的历史和故事。

接下来便乘着画舫泛游于西湖之上，仿佛进入了水的世界。往外看，远处群山环绕，更衬得西湖多了分自然之美。

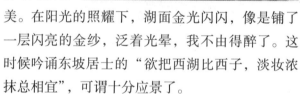

在阳光的照耀下，湖面金光闪闪，像是铺了一层闪亮的金纱，泛着光晕，我不由得醉了。这时候吟诵东坡居士的"欲把西湖比西子，淡妆浓抹总相宜"，可谓十分应景了。

夕阳西下，美丽的西湖真是处处风景处处诗。我在感受西湖之美的同时，也是在读着一首首优美的诗歌，让我真切地感受到何为诗中有画，画中有诗。

[作者为鑫湖中心小学四（1）班　李柯叡]

游 学 杭 州

2018年暑假,学校组织了一次游学活动,地点便是享有"人间天堂"美称的杭州。

杭州可美了,像是从童话里出来的,让人如痴如醉,无法将视线挪开。蓝天,白云,古楼,西湖……构成一道靓丽的风景线!

首先来到了博物馆,这儿有颇多的历史名物,让我们大开眼界。瞧,那么多清代陶瓷艺术品,小小的碟子、花瓶、锅碗瓢盆……勾勒出历史的痕迹。再看,雷峰塔纪念馆,那么大一块的历史遗迹,多么宏伟壮观!接着我们来到艺术画展览馆,一幅幅画栩栩如生,我看得入了迷,直到后面的同学推了我一把才继续往前走。

我们吃完了饭,准备前往驰名中外、誉满天下、大名鼎鼎的西湖游玩。到了西湖边,我们眼前一亮!我不由自主地感叹道:"真美啊!比扬州的瘦西湖大好多,壮观好多啊!"我们绕着西湖走了一圈,西湖边上有许许多多的纪念馆和展览馆。我们走了很久,终于走到了码头边上。我们买票上船,准备揭开西湖那神秘而又美丽的面纱。"轰轰轰",开船啦!同学们迫不及待地拿起手机拍起了照片。

瞧!清澈见底而又绿得发亮的湖水倒映着湛蓝的天空和软绵绵像极了棉花糖的白云。真美啊!一只只湖鸥掠过湖面,与湖水奔跑,与湖水嬉戏,与湖水呢喃;一条条鱼儿顶着湖水游过来,湖面上顿时出现了一道道美丽的波纹;岸边杨柳依依,随风飘荡,像极了一位位亭亭玉立而又羞涩的小姑娘站在湖边一边照着镜子,一边梳理自己的

秀发。

哦！愉快的第一天结束了，同学们养精蓄锐，准备第二天的"没有硝烟的战争"！

做了一个美美的梦，第二天精神抖擞，心情格外好！外面莺歌燕舞，阳光明媚，微风轻拂。

吃完饭，转移阵地！我们来到了游乐园，开启了寻宝任务。寻宝结束后，我们又吃了靠自己劳动获得的石锅拌饭。啊！真得太香了，让人回味无穷。下午，我们完成了所有的任务，可以尽情游玩啦！我尝试了从来没有玩过的娱乐项目——飞椅。我坐在最外面那张椅子上，天啊！真是刺激无比啊！我还坐了转壶，我是掌舵者，控制着方向，把在座的各位甩得远远的。最后，我们去看了海豹表演。那些海豹还真是可爱啊！一个劲地讨鱼吃，把在座的各位逗得捧腹大笑，我都笑得直不起腰来了。

愉快的时光总是那么的短暂，又到了与杭州说再见的时候啦。带着一万分的不舍，我们乘车离开了杭州。这一次的收获颇多，也让我感受到了许多！

杭州，我一定会再回来的！

［作者为无锡市蠡湖中心小学四（1）班　杨梓晗］

杭州之美，美在西湖

来到杭州，首先要去的便是西湖了。走进西湖，就如同走进了一个梦幻般的童话中，一切是那么美丽动人。

在我眼中，西湖是一首诗，一幅画，一个美丽动人的故事。坐在船上，四周水光潋滟，船儿掀起朵朵浪花，金色的阳光铺洒在碧绿的湖水上，更显得波光艳丽。这样的水，让我想把脚伸下去，感受它的清凉。岸边布满了荷花荷叶，那荷花羞红了双颊，娇艳中透着轻灵，宛如一个满面红霞的姑娘正在欢迎我们的到来。我特别喜欢它们，拍了好多张"特写"。边上的荷叶青翠欲滴，每一片荷叶上都有一个晶莹剔透的小水珠，每一个小水珠中都有一片小小的天空。这小水珠的天空犹如我们每个人心中的天空，是那么的纯净。

远处，山色空蒙，青黛含翠，新建的雷峰塔在翠绿中若隐若现，我的心中升腾起一种历尽沧桑的感慨。西湖像一块嵌在杭州的翡翠，像一颗从天上掉落的明珠，为这美丽富饶的杭州增添了几分妖娆。

西湖的美，让我想紧紧抱住它，想轻轻地抚摸它。西湖的一山一水、一楼一阁，都让我流连忘返。

[作者为无锡市蠡湖中心小学五（5）班　晏柯欣]

游杭州西湖

夏令营时，我们来到了杭州的西湖。杭州被称为"人间天堂"，西湖乃是它的"掌上明珠"。"水光潋滟晴方好，山色空蒙雨亦奇"，西湖真是名不虚传！

坐在游轮上，西湖的美景尽收眼底：一望无际的水面在阳光的照耀下，波光粼粼，像是太阳公公不小心洒下的千万颗宝石，在水里散发着耀眼的光辉。

水面上浪花腾腾，无数条波纹随风翻滚，溅起一片片白色的泡沫；几只雪白的湖鸥在空中自由自在地飞翔，舒展着它们优美的身姿，如同西湖的保护神，又给西湖平添了无限生机！

我被这美不胜收的景色迷住了，竟情不自禁地赞叹起来。

那远处连绵起伏的山峦，成了一条交界线，蜿蜒着，伸展着；山，只是一片生机勃勃的青绿色，远看，犹如西湖佩戴的一条条腰带，迷人而舒心。

山峦之上，矗立着巨人一般的雷峰塔。在蓝天的衬托下，它显得高大雄伟，守护着西湖。

山峦之下，停泊着一艘艘游船和一叶叶小舟，它们荡漾在水面上，显得悠闲自在。

天空中，飘游着许多白云，美丽优雅，像一位位云仙女，在空中悠然自得地翩翩起舞；云儿的形状千姿百态，各不相同：有的像一个巨大的白色爱心，纯洁又高尚；有的像一只展翅高飞的老鹰，在天空中翱翔；有的又如同太阳的长袍，缓缓地蔓延在它的身后，轻柔而迷人……

飘飘悠悠的云朵配上婀娜多姿的西湖，远远望去，水天一色，令我沉浸其中。

不知不觉，船靠岸了，我们踏上了陆地。岸边的柳树摇晃着绿叶，随风扭动着它纤细的腰肢，像一位清秀的女孩在洗梳着她的顺发；那水中的一大片荷叶荷花就显得更有生机了，碧绿的荷叶堆垒在一起，粉嫩的荷花夹杂在其中，如同亭亭玉立的少女在微笑。这片景色真是比张大千的画还生动！

西湖，你是杭州的骄傲！你是翡翠的明珠！是你，为这动人的山水画添加了最主要的一笔。"欲把西湖比西子，淡妆浓抹总相宜"，这两句诗不就是为你而生的吗？

[作者为无锡市蠡湖中心小学五（3）班　张以宁]

鲁迅故居印象

绍兴是一个人才辈出的地方，这里有书法家王羲之、巾帼英雄秋瑾、大文豪鲁迅……所以，我一直向往能够去绍兴，亲眼看看名人曾经生活的地方，尤其想去鲁迅故居。

这一次夏令营，学校组织我们来到绍兴，第一站就去了我向往已久的地方——鲁迅故居。

来到大门口，只见四个苍劲有力的大字映入眼帘——鲁迅故里。

字的旁边是鲁迅先生的画像：手里夹着一支烟，一撮短而硬的胡子，板寸头，一双深邃的眼睛。

继续向故居里面行进，我们来到了德寿堂。堂内挂着一块匾额，匾额上画着一只仙鹤在仰头长鸣。

出了德寿堂，沿着青石板小路，我们来到了三味书屋。你知道是哪"三味"吗？三味指读经味如稻粱，读史味如肴馔，读诸子百家味如醯醢。我们迫不及待地走到书屋门口朝里看，只见书屋的正中间写着"三味书屋"，大字的下面有一幅画。在鲁迅先生曾经坐过的桌子上，印着一个"早"字。话说有一次鲁迅上学迟到了，他便在课桌上刻下"早"字提醒自己，以后不再迟到。

离开三味书屋，我们来到了百草园，这里种满了各种各样的植物。看着满园的植物，我仿佛看到鲁迅小时候在这里捉蜈蚣，逮蚂蚱……

走出故居，我们久久不愿离去。我相信以后有机会，我还会再来的。

[作者为无锡峰影小学五（2）班　鲁张丞]

徽州游学心得

"欲识金银气，多从黄白游。一生痴绝处，无梦到徽州。"让汤显祖梦回萦绕的徽州，爸爸妈妈以前就想要带我一起去玩，说那里的徽文化是中国三大地域文化之一。正巧，学校里的夏令营就去徽州，我便报名了。

游学的时间在一天一天地接近，终于，我们要去徽州了。到了徽州，我们先去了宣纸制造厂里参观。

通过参观，我知道了宣纸是用青檀皮或稻草制作的。它的制作过程分两个阶段：原料制作和纸张制作。经浸渍、蒸煮、拣选、摊晒，加上日晒雨淋等自然加工，每一根青檀皮、每一根稻草都洁白如棉，柔而有韧，原料制作方告结束。仅此一项就需要8—10个月。制作的每一个步骤不仅需要技术，还十分累人。参观后，我的心情久久不能平静，没想到一张薄薄的宣纸的制作竟然如此复杂，我们以后一定要节约用纸！

第二天早上，我们先去了徽墨的生产地。我不仅知道了徽墨是用烟做成的，为它们描金，还欣赏了工人叔叔制作的砚。然后，我们去了徽州古城，参观了陶行知博物馆，还学唱了一段黄梅戏。下午，我们参观了歙砚博物馆，雕刻了砚台。接着，最令人期待的时间到了——去老街购物。我在那儿买了很多的徽州特产。

游学的第三天，我们去做园林作品。刚进园林，同学们就摩拳擦掌，跃跃欲试，漫不经心地听讲完以后，就迫不及待地开始动手了。在整个过程中，同学们认认真真，挥汗如雨。刚开始的时候，我还以为做这个很简单，没想到竟然这么辛苦。终于，通过我们的共同努力，园林作品做好了。虽然最后没有获奖，但是我仍然很开心，因为我通过自己的努力超越了自己，同时，也知道了园林叔叔的辛苦。

三天的游学结束了，可我仍然不想离开。因为，我通过这次游学获得了很多知识，也增长了很多见识。

[作者为无锡市立人小学六（5）班　陈子莹]

徽州研学游

"桃花潭水深千尺,不及汪伦送我情",出自大诗人李白之手的这两句诗大家耳熟能详,可你们知道这首诗中的"桃花潭"在哪里吗?它就在安徽省宣城市泾县。前几天,张老师和杨老师带我们参加徽州三日研学游。

第一天,我们体验了"文房四宝"之一的宣纸。宣纸是中国独特的手工艺品,其质地绵韧,光洁如玉,

不蛀不腐,享有"千年寿纸"的美誉,被称为国宝。用宣纸题字作画,墨韵清晰,层次分明,浓而不混,淡而不灰,其字其画跃然纸上,触目生辉。那些宣纸师傅很辛苦,要在烈日炎炎下干活。后来,导游带我们体验了做宣纸的过程。纸上还有我们的生肖,有趣极了。

第二天我们去体验了徽墨。我们为徽墨描了金,那上面是一个鱼跃龙门的图案,我猜应该是表达了一种美好的愿望吧。徽墨有落纸如漆、色泽黑润、经久不褪、纸笔不胶、香味浓郁、丰肌腻理等特点,素有捻来轻,磨来清,嗅来馨,坚如玉,研无声,一点如漆,万载存真的美誉。我们还领略了歙砚。歙砚之名虽然取自歙州,然而歙砚具体产地却在婺源县龙尾山,因此歙砚台还有婺源砚和龙尾砚两种称谓。我们还亲手把我们想要说的话刻在了砚台上。

我们还去了屯溪老街。那里的东西真丰富,让我大开眼界。最后,我们去了饭店,欣赏了毛笔的制作工艺,知道了做毛笔要精益求精。

这次游学可真有趣呀!

[作者为无锡市立人小学六(5)班 刘思宇]

走近鲁迅

汽车经过四个小时的颠簸后，近处的小桥流水，远处的白墙黑瓦，终于映入了我的眼帘。"鲁迅故里"四个大字赫然就在眼前。

绕过鲁迅的家，我们来到了他小时读书习字的私塾——三味书屋。

一间小小的、古朴的屋子里，摆放着四张小桌和一张四四方方的八仙桌。八仙桌上整齐地放着笔墨纸砚，端庄而沉稳；桌后挂着一张画，一头鹿伏在古树下，沉静而安详。看到这熟悉而又陌生的场景，我不禁背诵起了课文："东面正中挂一幅画，画上古树底下伏着一只梅花鹿，那是当年学生朝着行礼的地方。画前面……"

导游娓娓的讲解，打断了我的思绪：三味书屋的"三味"就是指读经味如稻粱，读史味如肴馔，读诸子百家味如醯醢，读书就如吃饭一样，三者缺一不可。

是啊，读书如吃饭，日日不可缺。这是古人的遗训，也是鲁迅的践行。那个奔走于药铺、当铺与书塾之间的小小少年，将一个"早"字刻在了书桌上，刻在了自己的心里；也刻进了岁月，刻在了每个中华少年的心里——时时早，事事早，奋斗一生！

当年学生朗朗的读书声，寿镜吾老先生的教学声，仿佛还回响在耳畔。我特意走到鲁迅的书桌前，找到了那个"早"字，一遍遍地抚摸，一次次地告诫自己：学鲁迅，做东风第一枝！

出了三味书屋，我们又参观了鲁迅纪念馆。三个苍劲而有力的大字——民族魂，震撼了我。大字旁是鲁迅的塑像：一袭朴素的中式长衫，一头刷子般直立的短发，一撇隶书"一"字形胡须，目光犀利，眉头紧蹙，表情严肃。就是这个个子不高、其貌不扬的中国人，用一支笔为国家、为人民奋斗了一生，他的文章与精神永远是人类社会最宝贵的财富。

"横眉冷对千夫指，俯首甘为孺子牛。"鲁迅，我们可敬的先师，他为我们民族灵魂的声声呐喊，令我不自觉地挺直了后背：学鲁迅，做有脊梁的中国人！

[作者为无锡市育英实验小学五（2）班　史可涵]

4. 走出国门

新马修学之旅

这个暑假，在学校的组织下，我参加了新加坡、马来西亚的修学之旅。虽然只有短短的六天，但是让我了解了当地的历史，体会到了当地的文化和风土人情，还结交了许多好朋友，开展了各方面的学习活动，自理能力也得到了锻炼，总之收获很多。

虽然中午11点就出发去机场了，但直到第二天凌晨1点，我们才到达这个梦想中的花园国度。一出飞机，清新而湿润的空气扑面而来，瞬间消除了长途飞行带来的疲惫。坐上大巴车，我认识了导游，就是她陪伴我们度过了六天新加坡生活，也是从她口中我了解了很多新加坡的文化和历史：新加坡是东南亚的一个岛国，位于马来半岛南端，是全球最富裕的国家之一，又因绿化面积大而被称为"花园城市"。新加坡这个国家的名字是有历史的，马来史记载，公元1324年，室利佛逝国王子乘船到达此岛，一上岛就有一头狮子从他面前跳过，所以新加坡原意为"狮城"。

去新加坡游学，印象最深的当然是去华裔的校园，学校设施齐全，道路干净、整洁。我们走进课堂和当地学生一起学习，学习的氛围特别好，伙伴们都十分热情，尽量用中文与我们交谈，带我们上课、参观、玩耍，大家还互送了礼物。虽然只相处了短短半天，但我们彼此都深深地记住了对方。去新加坡必去的旅游景点当然是鱼尾狮公园、圣淘沙，这些也是我印象最深的地方。鱼尾狮是新加坡的标志，看到高昂的狮头就像看到雄起的新加坡。在圣淘沙，同学们一起在海边沙滩玩耍，拍照留念，大家都玩得很开心。给我印象最深的食物当属第二天吃的晚餐，绿色的米饭，十分有特色。

第五天，我们去了期待已久的乐高乐园。它是一个神奇的游乐场和主题乐园，里面大多数的建筑都是乐高积木拼起来的。在一个十字路口，有许多搭起来的乐高模型，有些按一下按钮还会动呢。模型很多，说都说不完。蓝天白云大太阳也无法消减我们游玩的兴致，我们玩了好几次过山车，还有"激流勇进"。"激流勇进"的水一下子洒在身上，凉快极了。最后我在乐高商店买了些纪念品，心满意足地乘坐大巴车回到了宾馆。

新加坡这个文明干净的城市，这个美丽的花园国度，给我留下了美好的印象。

[作者为无锡市河埒中心小学 陈俊珲]

新马游学之旅

7月3号，天气晴朗，阳光明媚，我们踏上了去新加坡的旅程。我们先到学校集合乘大巴，一路欢声笑语，快乐的旅程就这样开始了！没多久，我们到了机场，看到了飞机，同学们异口同声地说："飞机真大啊！"很多同学都是第一次坐飞机，我也是，好激动。飞机起飞的那一瞬间我还有点害怕呢。第二天凌晨我们才到酒店，有点累了，洗洗就上床睡觉了。第一天就这样结束了。

第二天，我们去了南洋理工大学，参观了这所世界百强名校，感受大学魅力，分享校园生活。我们和新加坡的同学们相处得很融洽，很友好，还互送了礼物。在学校吃过午餐后，我们又去了新加坡国立大学博物馆，了解了它的经典和创新。在此，我们集体留下了合影。天虽然很热，但同学们都热情高涨！第二天的旅程愉快地结束了。

第三天，同学们都早早起床，来到了新加坡有名的圣淘沙岛。听说这个岛是用300多亿新元打造的，阳光，沙滩，海水，椰风树影，一切都那么美好，同学们都玩得很开心。我第一次看到大海，看不到边际，比太湖大好多。一大片一大片的椰子树，太漂亮了。新加坡给我的感觉就是比较干净，当地的居民都很友好。下午我们驱车赶往马来西亚，离开了这个美丽的城市。

第四天，我们参观了马来西亚历史悠久的古城马六甲和新山。我们还参观了三宝山，山脚下的三宝井和三宝庙，荷兰红屋，葡萄牙古城门，圣保罗教堂，品尝了当地的美食。

第五天，我们去了新山的乐高乐园。这可是世界首座乐高乐园，用了500万块积木搭成的，里面有不少于15 000个乐高模型。园中有四十项游乐设施，真想一个个玩过来，但是时间有限。尽管如此，同学们还是玩得很尽心，还买了些纪念品回家。这也是我们最后一天的狂欢，大家依依不舍地离开了这里。坐上飞机的时候，我心里默默地说：新加坡、马来西亚，拜拜！

[作者为无锡市河埒中心小学　朱妍霓]

新加坡游记

新加坡，著名的狮城。这个暑假，我十分开心来到了这里，品尝了美食，游览了那里许多著名的景点，了解了那边的风土人情。其中，我印象最深的是去鱼尾狮公园。

那天，阳光明媚。我还没进大门，便发现里面早已是人山人海。挤过了人潮，一到里面，第一个映入我眼帘的是鱼尾狮中最小的妹妹。只见它长着美人鱼那样美丽的尾巴，却还有着狮子般强壮有力的身体。它两眼望着前方，好似在用眼神跟游客打招呼。我继续向前方走去，鱼尾狮雕像中的鱼尾狮妈妈也随之出现。新加坡人视水为财，他们认为水是最宝贵的东西，而鱼尾狮妈妈嘴里吐出水，对新加坡人来说，那不就是在"吐财"吗？鱼尾狮妈妈的身边还有一座桥，名字叫"惊喜桥"。我好奇地来到了惊喜桥上，一阵阵凉风伴随着星星点点的"财"迎面而来，感觉透心凉。在如此炎热的季节，能有这么一场"小雨"，也是很舒服的。

美国有一条街，许多人都知道它的名字，叫"唐人街"，而新加坡也有这样一条街，不过它的名字不叫唐人街，而叫"牛车水"。大家听完这个名字都会觉得比较奇怪，怎么这样俗呢？其实它的名字与一个动人的故事有关：很久很久以前，新加坡这个国家没有水，这条街的人只能用牛、羊拉着车到很远的地方去拉水喝，一些外国人看见这条街上的人这些举动后，就用"牛车水"这个名字来命名这条街。

这次新加坡之旅，我还去了新加坡植物园，参观了新加坡的国花——兰花，以及圣淘沙、知新馆、夜间动物园……这些都让我对新加坡这个国家有了更深的认识。

[作者为无锡市育英实验小学六（1）班　钱雨宸]

难忘的新加坡之行

背着旅行包,拖着蓝白色的行李箱,荡漾着掩饰不住的喜悦,静静地等待着远方的飞机。让它载着我,飞向那个令我憧憬而期待的国家——新加坡。

夜晚的星光,照耀着这个朦胧的岛国。每个人的心中,都充满着来到神秘异国的喜悦。

清晨的阳光透彻地穿过云层,洒落大地,万物苏醒。才发现,那精美科幻的楼厦,美丽夺目的花园,闲情逸致的海滩,热情和蔼的当地人,无不让我惊叹。

而我仍然记忆犹新的,是那胡姬花园——兰花园。

园门前,便有了丛丛绿叶的清新森林的感觉,那一条弯曲细窄、看似神秘的泥石小路,激起了我的好奇心。

迈开轻盈的步伐,走到花园中,眼前是一片金灿灿的细小的花朵。这是俗称"跳舞兰"的兰花。从远处看,一点都没有特别之处,而你轻轻地走近它,才发觉它真的像个在跳舞的小姑娘。那花瓣,多么像蓬起的花裙,上衣则闪着红色的斑点。那一朵朵的花儿在风中轻轻地摇曳,我还真把它想成了在旋转着舞蹈的美丽小姑娘呢!

再往前走,鞭炮兰、蜘蛛兰、胡须兰……还有那片高大的紫红色的兰花——新加坡国花。一点一滴,都显示着兰花高贵优雅而清新淳朴的气质。

新加坡,这个让我留念而惊叹的岛国,虽然热,但它的美,它的真,让我铭记在心。

这个夏天,有新加坡旅行的陪伴,显得格外得充实。

[作者为无锡市育英实验小学六(3)班 周予乐]

二、基地实践拓身心

1. 团队拓展活动

团结就是力量

"天时不如地利，地利不如人和"，随着时代的变迁，社会的发展，人们更看重前两者，而忽略了后者力量的强大。通过参加5月2日学校组织的社会实践活动，我才真正明白这句话的含义。

5月2日那天，老天好像发了点小脾气，空中淅淅沥沥地下着雨，地上的芳草沐浴着珍珠般的雨滴，更显得翠色欲流。在实践活动基地，我们进行了一场击鼓颠球游戏。"啪"一声清脆的声响，一只脚踩在明如玻璃的水坑里，溅起一朵朵美丽的水花。"啪，啪"又传来几声，和之前的节奏一模一样，二十几位同学正拉着一面小鼓，去接一个拳头大小的网球。众人步伐

一致，手摆动的频率相同，网球就像一个欢乐的精灵在鼓的上方跳动。不过没过多久，一阵风刮过，无情地将网球吹落在地。"都已经第五次了，还是不行。"一个同学的眉毛紧紧地皱起，眉宇间形成一个问号，又一次的胜算化为泡影。周围不少同学仿佛也感到气馁，一个个情绪低落，连头都不愿抬。

这时不知从哪里传来了"嘟"的哨声，老师一语惊醒梦中人："击鼓颠球不是靠个人，也不是靠天气，而是要众人团结一致。"同学们不知从哪里来了劲，手中细绳又绕

紧了几圈，目光中闪烁着必胜的信念。"三、二、一"心中默数三下，身体微微前倾，双腿半弯，手臂半屈，整套动作好像一个大脑发出的指令一般，没有半点不协调。"叭"，网球轻轻落在鼓面上，又弹起向前蹦去，众人一边跑向网球，一边将绳拉直，刚好凑到网球下方。如此往复，网球好像变得听话了一般，不再四处乱窜，只在鼓面上方有规律地跳动。"成功了！成功了！"每位同学的脸上溢出灿烂的笑容，眉头愉快地舒展开来，像个感叹号。

后来我们又进行了多个集体游戏的活动项目，同学们的合作也越来越紧密，形成了强大的凝聚力。这次社会实践活动没有应天时，照地理，但是依旧圆满成功，凭的正是那被人淡忘的"人和"，更是验证了"团结就是力量"这句话的真理所在。

击鼓颠球，奏响了我们心中的团结之声，颠起了我们胜利的果实。人和则地利，人和则天时和，万物和。

[作者为无锡市河埒中学初二（5）班　胡刘阳]

我们的实践，我们做主

"五一"三天假刚放完，学校就组织我们去江南大学参加社会实践活动。

早上，太阳被云朵遮去了光芒，徐徐微风迎面吹来。同学们到校坐上大巴车，心中满是对这次去江南大学参加社会实践的期待。江南大学很大，风景优美，让我们都羡慕不已。一下车，我们整理好队伍，就向操场进发了。

待我们所有班级到位后，班主任交代了班长几件事后便离开了。此时，台上有一位老师，拿着话筒，笑着说要和我们玩一个游戏——教官说。游戏规则是他在台上发号施令，如果他发号施令的前面有"教官说"三个字，我们就必须执行命令；如果指令前没有"教官说"，则是错误的指令。游戏开始！

许多同学听得云里雾里，所以第一局有很多人掉入了教官挖好的坑；也有一些反应比较慢的同学，突然一下停止了动作，知道自己错了；当然，也有同学很厉害，一次都没有出错……接下来的两局，出错的人就越来越少了，偶尔出错的同学也会不好意思地露出尴尬的笑容。操场上笑声不断。

接着，我们开始了每个班的创作时间。指导老师发给每班一面旗子，要求在上面画

一个属于自己班级的独特图案并编一句朗朗上口的口号。时间到了，每个班级都亮出了自己的图案和口号，五花八门，各有各的特色。

下午，是班集体合作游戏。第一个是"空中搭桥运球"。这个游戏对于大家来说比较容易，难的是后两个游戏。一个是两块木板上拴着绳子，同学们站在木板上，要拖动木板向前走。我们刚走两步便一

个跟跄失去了重心。指导老师走过来悉心教导我们，教给我们技巧，再加上我们的刻苦努力，终于顺利地走出了几米远。"鼓击球"这个游戏难度就更大了，不仅考验我们的合作能力和反应能力，更考验我们是否具有坚持不懈和勇于尝试的精神。刚开始，这个球像个不听话的小精灵，一会儿蹦到地上，一会儿飞到天上，我们都束手无策。经过长时间的摸索，我们找到了技巧，越来越得心应手。

我们在娱乐中学习了一整天，整好队伍后，我们又坐上大巴车，离开了江南大学。

这次的社会实践让我感悟很深，同学们在玩游戏的过程中团结互助，坚持不懈，勇于尝试，表现了一个班集体该有的素质。

[作者为无锡市河埒中学初一（9）班　孙韵文]

难忘江大社会实践

快乐的时光总是弥足珍贵，短暂的经历总是耐人寻味。今天我们到江南大学进行的社会实践活动，我觉得有汗水，有欢笑，更有沉甸甸的收获。

下午的社会实践活动是在足球场上进行的，有一个游戏叫作"齐心协力"。一听这个名字就知道要班级合作的，游戏需要10个人共同完成。工具是两块木板，木板上嵌着好多白色的麻绳。我们踏上木板，双手分别拉着一根麻绳。这时，问题出现了，我们拿到的木板上有一根麻绳断了。有个同学想把绳子穿过孔，然后系住，但是绳子太粗了，怎么也穿不进去。我想了一下，要不就直接系在木板上吧，虽然短了点，但还能用。解决了这个问题，同学们站在木板上，拉好麻绳，准备开始练习。教练为我们喊口号："一二、一二……"，开始还有些不协调，中途会有同学摔倒或怎么也不能往前移动。练了一会儿，就协调了许多，向前移动了不少。虽然许多同学手都红了，但是经过努力，我们终于完成了这个活动。

还有一个项目叫"管道接力"。全班同学一起参加，将半圆形的塑料片拼接起来，连成一长条，从一端放入网球，上下移动塑料片控制网球的方向，将网球顺利运到杯子

中。第一次尝试，网球中途滑落。第二次尝试，大家都吸取了上次的教训，每一个同学都小心翼翼，相互配合，"功夫不负有心人"，第二次成功了。

经过这次社会实践的锻炼，我更加懂得了团结的重要性。只要足够团结，没有什么做不成功的。俗话说，"一个篱笆三个桩，一个好

汉三个帮",一个好的班集体是全班同学造就的。团结无处不在,我们时时刻刻都会用到这个无形的力量。希望同学们能够在接下来的时光中,团结友爱,和谐共处,共创佳绩!

[作者为无锡市河埒中学初一(13)班 舒彦哲]

紧张的接球游戏

深秋季节,云淡风轻,我们来到了宁静典雅的江南大学,参加精彩纷呈的拓展活动。

在众多的活动中,最紧张刺激的要数"接球"游戏了。教练先给我们讲解规则:以班级为单位,每人拿一片木条,依次连接。木条是圆弧形的,小球滚过你的木条后,你就排到队伍最后一个,继续等待小球过来。要让小球一直滚到终点的水杯里,中间不能落地。教练的话音未落,同学们便发出了一阵阵惊呼声:"呀,这么难,肯定会落地啊!""好难,完成不了吧!"……不过,也有同学信心满满,跃跃欲试。

很快,我们手忙脚乱地投入到了紧张的练习之中。班长李丹闻手拿小球,站在首位。等我们搭好了木桥,她小心翼翼地把球一放,小球便骨碌碌地滚动了。最初跌跌撞撞,像刚学走路的娃娃,后来就慢慢平稳了,开始蹦蹦跳跳地一路向前。大家一边接,一边互相鼓励。可是调皮的小球在接力过程中还是像跳水运动员一般跳到了草地上。初次尝试,以失败告终,但我们不灰心,一次又一次地练习着。

在教练员响亮的"预备,开始"声中,比赛拉开帷幕。我们班的小球一路高歌猛进,与同学们嬉戏、交谈,像欢快的蝴蝶一般。而我,紧张极了,微寒的天气手心里居然出汗了。小球将要滚过我的面前了,我心中犹如十五个吊桶打水——七上八下,屏住呼吸,双眼紧紧盯着球,双手将木板调整到最佳的位置,等候着小球的来临。来了!来了!小球调皮地向我眨了一下眼,欢快地滚过去了。目送着一路远去的球儿,我轻轻地舒了一口气。"哎呀!"随着一声惊呼,小球最终还是因为一个同学的失误而落入了绿色的草坪,我们班也因此与第一名失之交臂。虽然没有获得冠军,但我知道了只有齐心协力,才能创造团队辉煌的道理。

夕阳西斜,晚风渐起,我们挥手作别江大。

[作者为无锡市胡埭中心小学四(7)班 陆尔雅]

江大真好玩

天高云淡，秋风瑟瑟。树叶宝宝们依依不舍地从大树妈妈的怀抱中飘落下来，像给大地铺上了一条金黄的地毯。秋天是金色的，秋天是芳香的，秋天是成熟的。在教室里，老师发下来一份综合实践活动通知，我打开一看，"哇！我们要去参观江南大学啦！"此刻，我的脑海里浮现出一连串的问题：大学生是怎样学习的？怎样吃饭的？……

终于，最激动、兴奋、开心的一天到了。我们乘坐大巴车来到了江南大学，首先映入眼帘的是一块石碑，上面写着四个大字"江南大学"。四个大字在阳光下闪闪发光，十分醒目。车子缓缓进入大学，沿着操场停靠在一边，我们秩序井然地下了车。秋姑娘为桂花扇扇风，那扑鼻的香气伴着微风传到很远，深呼吸一下，顿时觉得心旷神怡。

我们先来到了足球场。这里的足球场可真大呀！足足有我们操场的两倍。我们四个班分成了四组，玩了很多有趣的游戏，有穿呼啦圈、水果蹲、"教练说"、管子传球等。其中最好玩的要数管子传球游戏。

教练先简单介绍了游戏的玩法：每人手里捧半节管子，把管子接在一起，让网球在管道中通过，直到落到终点的杯子中，网球中途不能掉落。接着，我们领到了半节管子和一个网球，开始练习。我们练习了三次，每次都失败了。不是有人用手挡住了管子，就是没来得及接上管子。我们急得直跺脚。比赛正式开始了，我心里暗暗祈祷：这次一定要成功！我们半蹲着站成一排，手里的管子托得稳稳的。当球滚到我面前的管子时，我双手微微倾斜，只见球飞速地滚了出去。我像闪电一样冲了出去，跑到管子的尽头继续接上，做好准备。一切都很顺利，突然，惊险的一幕发生了，一位同学的管子接歪了，我的心顿时跳到了嗓子眼儿，原以为球会碰在管沿上弹出来，没想到球自动转了两下，又在管子里狂奔起来，真是太刺激了！有惊无险，最后球稳稳地落在了纸杯里。我们获得了第一名。我们高兴得又蹦又跳，欢呼声响彻足球场上空。

欢乐的时间总是那么短暂，我们依依不舍地离开了江大。

[作者为无锡市稻香实验小学　杨欣雨]

记江大实践活动

今天是一年一度的秋季实践活动的日子,我一大早便醒了过来,穿好衣服就满怀期待地来到学校。

阳光明媚,万里无云,真是个出游的好日子,我激动地上了大巴车。在前往目的地的路上,同学们一路欢声笑语,非常开心。不一会儿,我们就到达了目的地——江南大学。

下车的时候我更加激动了,在

老师的带领下来到了操场。很快,我们开始了第一项游戏活动,游戏的名字叫"教练说"。如果我们表现好的话,可以得到五分的积分。游戏开始了,教练说一个指令,大家做一个指令。这一环节游戏结束后,我们没有拿到分数,但是我们并没有因此而灰心。

紧接着,下一个游戏开始了,这个游戏叫"水果蹲"。我们队的名字是樱桃。第一个开始的是芒果队,芒果蹲完是西瓜蹲,西瓜蹲完是桃子蹲……最后只剩下了三支队伍:我们队、西瓜队和芒果队,经过激烈的竞争,最终我们和芒果队胜利了。此时,上午的活动已经接近尾声了。

一起吃完午饭后,我们又回到了操场。

下午的游戏开始了,第一个游戏是"车轮滚滚",就是拿着一块圆形的布,脚踩着下面的布,手拿着上面的布,由后往前传,一直走到终点。游戏开始了,我们全力往前冲,可是因为后面的人走得太快了,前面的人被挤得难以行动,很难维持好队伍,所以我们只得了第二名。在第二个游戏"搭天桥"中,经过所有人的努力,我们仍是取得了第二名。

教练颁奖的时候,我的心情非常紧张,最终我们得到了"最优秀团队奖"。今天玩得可真开心呀!

[作者为无锡市立人小学四(2)班　胡盛]

"红领巾"与"迷彩服"的约定

七月,骄阳似火,蝉声萦绕,我们满怀期待。

期末考试之际,老师告诉我们:七月,我们将离开父母三天,到军营里体验军人生活。我们听了很是激动,教室里像炸开了锅,大家都讨论起关于军训的各种话题,直到老师让我们安静为止。"军训是什么样的?苦不苦?累不累?真想让时间变快点呀……"我有点迫不及待了,幻想起军营生活来。

终于,七月姗姗而来,我们乘上大巴到达军营。只见门口站岗的卫兵叔叔站得笔直笔直,连眼睛都不眨一下,活脱脱就像一座挺拔的雕像。进入军营,正好看到解放军叔叔在训练,他们踏着步伐,喊着口号向前走去。他们的步伐是那样整齐,口号是那样响亮!我望着他们,突然"词穷"了,只会发出"哇!哇!"的赞叹。

在这三天里,教官教了我们许多许多,我们学会了立正、站军姿和敬礼,学会了怎样用枪,还学唱了军歌,参观了导弹。但我印象最深的是叔叔们的宿舍。一进门,我惊奇地发现,他们那深绿色的被子叠得那么整齐,有棱有角,像一块块绿豆腐,上面放了一顶军帽,下面的白床单平平整整。一边的玻璃柜里放着杯子、毛巾等,也很整齐。

这次军训,我觉得有些苦,可这才三天哪,解放军叔叔们可是天天这样呀!他们用自己的汗水,筑造"钢铁长城",保护国家,真伟大!

我真想快快长大,穿上那身"橄榄绿"。

[作者为无锡市蠡园中心小学 李艺铭]

别开生面的三天军训

心目中的军训充满教官的训斥；心目中的军训是紧张与艰苦的合奏；心目中的军训更是无规律响起的集合哨音，还有那瓢泼大雨下的大集合训练……心目中的军训生活成百上千次地浮现在我的脑海中，闪现在我的眼前，我满怀欣喜与信心地去拥抱我向往已久的军训生活。

7月1日，是一个特殊的日子，是党的生日，也是我们全体四年级同学迎接军训、活动筋骨的时候。

我们乘着客车来到了军营，满怀信心地开始了真正的训练。教官让我们练习军人走路，在走路的过程中，偶尔有几位同学掉队，教官一遍遍耐心地指导，还发出了令人激动的宣言："流血，流汗，不流泪；掉皮，掉肉，不掉队！"一听到这句话，那些掉队的同学跟打了鸡血一样，鼓起一股劲，再也没有掉队，就连那些原本快坚持不住的同学也打起了十二分的精神。

休息时，教官教了我们一首歌，这首歌很简单，只有五句话，它是这样唱的：

> 学习雷锋好榜样，
> 忠于革命忠于党。
> 爱憎分明不忘本，
> 立场坚定斗志强，
> 立场坚定斗志强。

伴随着洪亮的歌声与微笑，我们的军训生活即将接近尾声。这一天，我们来到开营仪式的地方，用我们班所有人拼了代表四年级三班的"4""3"两个数字，以作纪念。我们用实际行动为军训生活画上了完美的句号。

军训的时光虽然短暂，而且也许这样的时光一去不复返，但"稍息、立正、向左转、向右转……"这些口令将永远回荡在我的耳边。

[作者为鑫园中心小学四（3）班　吴承浩]

夏令营——军训

今天，我期待已久的夏令营活动正式拉开了帷幕。

我们兴高采烈地坐上大巴车，开始了三天的"快乐"之旅。到了军营，首先举行了简单的开营仪式。仪式结束后，在教官的带领下，开始站军姿。我想，站军姿不就是站在那儿吗？有什么难的。可是我想错了，站军姿和普通的站是不一样的，站军姿要立正，抬头挺胸，两眼平视前方，大拇指贴于食

指第二节，两手紧紧地扣在裤子上，中指紧贴裤缝线，两脚分开约60度。这还不算什么，重要的是要保持这个姿势很长时间，即使身体哪些地方痒痒或是有小虫子飞到眼前，也不能动。站军姿很锻炼人，它教会了我们什么叫毅力，什么叫坚持，更告诉了我

们部队有铁的纪律，不能因为自己的小动作而影响了整体。除了站军姿外，我们还了解了步枪与手枪的组装方法和使用方法，学习了伤口的包扎方法，进行了拉歌比赛，体验了一回独立生活。

虽然军训只有三天，但是这足以使我们懂得生活是如此丰富多彩。

[作者为无锡市育英锦园实验小学六（1）班　严锐涛]

军训的苦与乐

今年暑假期间,我有幸参加了学校组织的军事夏令营活动。这是我第一次参加夏令营,短短三天时间,我深刻感受到夏令营的辛苦和乐趣。

刚开始,我以为军训不会太辛苦,说是去军训也就是去旅游三天。可经过一上午的训练,我才发现军训可真苦啊!一大早,我们就在室外训练。教官边示范,边告诉我们"立正"的要点:"挺胸,抬头,两手五指并拢,中指紧贴裤缝,两脚跟靠拢,两脚尖张开60度……""啊,没想到立正还有这么多要求。"示范完,教官大声喊:"全体立正!"这时,同学们一个个站得像松树那样笔直。2分钟过去了,5分钟过去了,教官也没说"稍息"。我们只能继续保持站姿。烈焰般的太阳烤得我汗流浃背,又累又渴。我用余光看了看其他同学,大家的衣服也都湿透了。我想:"很多同学也一定跟我一样觉得很累吧!"我真的很想放弃,可是回想起开营仪式上教官们的列队表演,我改变了自己的想法。我下定决心,一定要向他们学习,做一个不怕苦、不怕累的合格小军人。于是,我鼓起了勇气,继续坚持训练。

军训虽苦,但也有很多乐趣。这是我们第一次走进部队,第一次参观内务,同学们都被那叠得像豆腐块一样的被子惊呆了,宿舍里的其他物品也摆放得整整齐齐。训练休息的时候,教

官还把我们带到了他们平时训练的场地,给我们展示了许多训练项目。我们在一旁欢呼、鼓掌,为教官加油。最开心的是部队食堂为我们精心准备了饭菜,还有饭后水果呢!

三天的军训很快就结束了,我们经历了烈日和暴雨,在汗水、雨水的洗礼下,我也真正体会了成长的快乐。这次军训让我懂得了,只有坚持不懈才能收获成功。在今后的学习和生活中,我将继续努力!

[作者为无锡市育英实验小学四(6)班　顾文奕]

那一次，我懂得了团结

迎着凉爽的风，伴着丝丝的细雨，我们来到马山进行综合实践活动。在那里，我们进行了许多有趣而又考验团队协作能力的项目，其中我认为最有意义的是击鼓传球游戏。

我们认真听着教练讲解游戏规则：分组进行比赛，挑选出一两名同学负责放球，其余同学要拉紧一面小鼓四周的绳子，随着球的运动方向去接住球，接住次数越多成绩越高。听完后，同学们个个摩拳擦掌，跃跃欲试。

分好组后，教练先让我们练习。阳光温暖地照在身上，心情也舒畅起来。第一次显然不是那么得心应手，我们聚在一起讨论着得失，最后总结出：球往哪里落，哪边的同学就把绳子拉紧。第二次，第三次……我们一次一次地重复练习着，每一次都总结失败的原因，最后总结出最重要的一点：一定要团结。

比赛开始了，发球人小心翼翼地将球放在鼓面上，球随着鼓面的颤动奏出了美妙的声音——"咚咚咚"，每一下都那么激动人心，球在鼓面上跳跃着，旋转着。阳光洒在鼓面上，仿佛在鼓励我们要团结，要加油。我们沐浴在阳光中，每个人都那么专注，目不转睛地盯着球。"十二，十三"随着最后一声鼓声，比赛结束了。

这次比赛，我明白了许多道理："众人拾柴火焰高"，团结就是力量。在团队中，我们只有团结才可能成功。如果像一盘散沙，那就永远不会成功。

[作者为无锡市河埒中学初二（9）班 李欣桐]

我们为改变而来

小雨淅淅沥沥地下着，滋润着无数的生命。一滴滴晶莹的雨珠落在树叶上、小草上，点缀着这美好的世界。

车缓缓驶进那似曾相识之处，一抹熟悉之感涌上心头……

不同于那时，现在的我们长大了，这也是一次真正的独立——没有老师的照顾，没有父母的呵护，没有老一辈人的疼爱。这次实践活动让我们收获许多，也让我们懂得了生命的重要性和可贵，更感受到了团结合作的重要。

最让我难忘的莫过于"走木板"游戏。此游戏需二十人，分为四组，每组五人。每人脚踩在木板上，手搭在前一人的肩上，使劲让木板前行。看似小菜一碟，实则难上加难。我们一开始便遇到了难题，不管我们怎么用力，木板就是一动不动，这把我们急坏了。我们很快冷静下来，喊着口号，一起使劲，好不容易才让木板缓慢移动。未走几步，又遇到一个难题——水洼。这几天下雨，地上有不少水洼。巧不巧的，我们前面就有一个，我们硬着头皮往前走。不过，在五个人的努力下，我们还是走了过去。虽然过

程极为艰辛，而且最后还输了，但我们依旧坚持走完了全程。从这个游戏中，我懂得了团结的重要性，团结是支撑我们前进的动力，有了这股力量，我们才能克服困难，勇往直前。

傍晚，我们进行了烧烤。随着香味的传出，我们个个几乎可以说是狼吞虎咽。吃着自己烤的食物，渐渐懂得了做饭的辛苦，妈妈的辛

苦……

　　吃饱喝足后，精彩纷呈的篝火晚会开始了。充满动感的音乐瞬间火爆全场，将同学们的热情点燃。各班开始了各自的表演，歌唱、舞蹈、乐器演奏都是精彩绝伦。伴随着音乐和同学们的欢笑，我们结束了一天的实践活动。

　　回到宿舍，我们几个便坐在一起，叽叽喳喳地回味着一天中的乐事。不久，我们便睡着了，进入了甜美的梦乡……

　　第二天，我们进行了四项生命教育活动——止血包扎，心肺复苏，逃生演练，消防演习。这几项活动让我们懂得了生命的可贵，我们要好好保护自己，好好珍惜自己。

　　通过这次实践活动，我好像瞬间长大了……

〔作者为无锡市河埒中学初二（10）班　陈铭群〕

我实践，我快乐

今天早上，天空中下着淅淅沥沥的小雨，但同学们却丝毫不受影响，像打了鸡血一样，早早地来到了教室，教室里热闹非凡，每个人脸上都洋溢着灿烂的笑容。这时，老师走进了教室说："我们下午1点钟才出发，上午要上课的，大家再坚持一下。"听了之后，我们都乖乖地坐回自己的位置，开始上课。但心中难免还会有一点小激动。

我们盼星星，盼月亮，终于盼到了下午1点钟。我们背着书包踏着轻盈的步伐出了校门，上了大巴车，洒下一路的欢声笑语。

车子渐渐地到达了目的地，一幅绿意盎然的美景冲进了我的眼球：路边绿树成荫，野花遍地，五颜六色的，美丽极了。大巴车就像开进了森林一样。车停了，我怀着无比激动的心情下车，清新的空气顿时扑面而来，沁人心脾。

我们排好队伍，井然有序地走进了社会实践基地的操场，听教练讲了一些注意事项之后，便走进各自的宿舍，放下书包休息了一下。休息没多久，集合音乐响起，我们匆匆跑出宿舍，最后一个人把灯和门都关上。我们的"战斗"开始了，虽然天空中还下着毛毛细雨，但同学们都活力四射，充满激情。我们完成了一个又一个项目，克服了一切困难。终于，吃晚饭的时候到了，有的人去烧烤，有的人则去食堂里吃饭，我是去食堂吃饭中的一员。

吃完晚饭，篝火晚会开始了。每个班都有声有色地表演着，歌声时而高昂，时而悠扬，十分动听。其中最精彩的是初二（14）班的两位舞姿优美的女同学表演的舞蹈节目，她们时而脚步轻缓，像平湖里推涌的波浪；时而又像卷在旋风里的树叶，疾速飞转……她们的舞姿轻盈时如春燕展翅，欢快时似鼓点跳动，忧伤时如低音琴声，高兴时似小鸟雀跃，显得十分潇洒、优美、舒展。整个操场都洋溢着她们的热情。篝火晚会结束后，我们洗好澡，回到自己的宿舍，躺在床上。我太兴奋了，直到近12点钟才进入梦乡。

第二天，我起床时，打开门，来到水池前刷牙洗脸。同学们都在叽里呱啦地说着、笑着，洗漱间顿时像菜市场一样热闹。7点，集合音乐响起，我们成群结伴地走到操场，开始做操。结束后，我们又开始了今天的任务——"火场逃生"演练。这次火场逃生演练，不但让我知道了许多关于火灾逃生的小知识，懂得了生活中要注意用火安全，防止火灾的发生，还让我了解了在发生火灾时如何面对火灾、如何在火灾中自救等知识。

吃好午饭后，我们就要离开了。在这之前，我们玩了一个叫"希望大厦"的游戏。每两个班为一组，我们12班和11班合作。我们先把材料组成一个正方体，然后小心翼翼地一层层往上叠。在每位"建筑师"的精心呵护下，"大厦宝宝"越长越大。可是好景不长，当叠到第七层时，"大厦"哗一下全倒了。我们伤心极了……这时，有一位同学说："失败乃成功之母，世上无难事，只怕有心人。"听了之后，我们又振奋起精神，重新小心翼翼地将正方体一个一个地叠了起来。

虽然我们最后没有夺得第一，但是我们明白了团结的重要性。

[作者为无锡市河埒中学初二（12）班　吴欢欢]

磨炼成长　砥砺前行

　　周五的下午，我们听从老师的指挥，排着整齐的队伍，一路上欢声笑语，乘着大巴去往社会实践基地——马山。乘车时的闲暇时光也被同学们充分利用起来，特别是邵老师在车上出的一道"24点"的题目，令我记忆深刻。

　　初到马山，我左顾右盼，满眼都是郁郁葱葱的树木，空气清新，犹如天然氧吧，碧蓝的天空不时有几朵白云飘过，姹紫嫣红的花朵们争奇斗艳。风和日丽的景象映入我眼帘，不远处的羊肠小道，曲折蜿蜒，直到被茂密的树叶遮挡，消失不见。

　　还没观赏完，便听到班长发出整队的号召，我们随着老师的指令向前走去。不一会儿，我们就来到一片开阔的空地，听这里的主持人说道："这里就是我们的社会实践活动基地，空地的两旁就是男女生和老师的宿舍，这块空地也是每一次集合的地点。"我们大致了解了情况，点了点头，主持人又接着说："可能很多学生不知道我们来这儿是干什么的，我们是为改变而来的。这不像小学的春游和秋游，这是体验社会、感受社会的活动……"我们听了主持人接近两个小时的讲话，对这一次的活动十分期待，想知道这到底是个怎样的课堂。

　　第一堂课的主题是生命。在这堂课中，我们学会了如何包扎伤口以及为什么要这样包扎，知其然并知其所以然。老师那抑扬顿挫的演讲使同学们忘记了盘腿坐的酸痛，班上的活跃分子也变得乖巧起来。第二堂课讲遇到紧急情况如何急救。同学们的学习热情高涨，当场示范的动作有模有样。第三堂课是发生火灾如何逃生的一些内容，我们还模拟了一次发生火灾时的逃生演练。"三、二、一，冲！"我和同学们捂住口鼻，弯着腰，迅速地奔跑，身临其境地完成了一次逃生演练，尽管如此，中途依然吸到了几口疑似中药味的气体，呛得难受。逃生演练的结束也就意味着第四堂课的开始，我们刚进教室，便见桌上摆了三种灭火器，分别是干粉灭火器、泡沫灭火器和干冰灭火器。老师详细地介绍了这几种灭火器的功能、作用及用法，让我们了解了许多关于灭火器的知识，光了解还不算，我们还亲眼见到了灭火器灭火时的"飒爽英姿"，果真如老师介绍的一般神奇。

　　四堂课很快结束了，可我们意犹未尽，还在回想着老师的妙语连珠。远处的太阳害羞地露出了红红的脸蛋，准备下山了呢。这时，我们梦寐以求的烧烤晚餐开始了，依旧听从主持人的指挥，一个班一个班有条不紊地分配到每一桌。这次烧烤意义非凡，不像以前都是坐享其成，而是亲自动手，享受自己的劳动成果。一开始，我烧烤的食物不是半生不熟就是火候过了，经过同学和老师的指导，我慢慢地掌握了烧烤的诀窍。学会了一项新技能，这对于我来说也是课堂，生活课堂。这是我人生中第一次烧烤，尝到了亲自做的美味佳肴，比任何山珍海味都来得更有"味道"。

夜色来临，烧烤结束后，期盼已久的篝火晚会如期而至。每个班的才艺表演都激动人心，让人热血沸腾，欢呼声、呐喊声，响彻天空。轮到我们班表演的时候，每位表演者头扎红五星，手戴夜光环，在台上全神贯注、神采飞扬。面对三百多位同学，没有舞台经验的我不禁有些紧张，但依然故作镇定，生怕被人发现怯场。可观众席上的啸叫声瞬间缓解了我的紧张情绪，自我调整后，我顺利完成了这次表演。这也是课堂，表现自我、克服自我的课堂。

无论在何时，无论在何地，课堂无处不在，课堂可以在学校，可以在郊外，可以在公园，可以在任何一个地方，只要有一双发现并探索知识的眼睛，世界上的每个角落都是课堂。

[作者为江南大学附属实验中学　顾效诚]

团结合作　超越自我

早就听说初二会有一次社会实践活动，盼星星盼月亮，我们终于等来了这一天！4月27日，学校组织初二年级全体学生进行两天一夜的马山基地拓展训练。第一次参加拓展训练，内心充满期待，又有些许紧张，默默地问自己："我能顺利完成所有挑战项目吗？"带着有些复杂的心情，我和大伙儿一起踏上旅程。

在每个拓展项目中，大家都笑过、哭过、呐喊过……都努力为自己所在的团队付出了一分力量！我深深感动于同学们那种团结拼搏的精神。其中，"鼓动人心"这一项目，令我受益匪浅。教练把我们分为两组，每组每人用长一米以上的绳子将鼓提起来，然后要用鼓面把网球连续弹起来。鼓的方向掌握在我们每个人的手中，需要我们齐心协力才能把鼓的力量集中到一点，把球弹起来，看哪组连续击球次数最多。

起初，大家怎么弹也只能弹三四个，鼓面不是太高就是太低，不是太左就是太右，网球总是调皮地乱蹦乱跳。连连失败，令大家焦头烂额。在教练宣布训练时间还剩20分钟时，大家都意识到了这样下去是不行的。我们不断在原方案上修改，编了一个口号，"左—右""左—右""左—右"，大家在口号的带领下，渐渐找到了感觉。每一个人都全神贯注，眼睛牢牢盯着球，手中的绳子攥得紧紧的。众人如一人向前进，向后退，向左移，向右转。一次次超越自我，整齐的口号响彻四周，引得其他队投来羡慕的目光……我们队的最佳成绩是13个，成功了！我们终于战胜了自己！欢呼声响彻天空，这是我们一起挥洒汗水，共同成长的见证！

两天一夜的拓展训练活动虽然转瞬即逝，却是我难以磨灭的美好回忆。这次拓展训练给我上了一堂永难忘却的课，它使我明白：只有勇于面对困难，和困难作斗争，才能迈向成功；只有齐心协力，团结合作，才能获得胜利；只有多参加劳动，体验生活，才能锻炼我们的自理能力、动手能力。这将是我一笔永久的精神财富，激励我更加努力，超越自我！

[作者为江南大学附属实验中学　陈菲]

在活动中成长

　　深紫的夜，仿佛无尽的浓墨重重地涂抹在天边。不见星星的微光，却有丝丝淡淡的热气弥散在空气里，阵阵微风轻拂脸庞，暗淡的夜空下，宽阔的场地上，盏盏白灯发出耀眼的光芒，点亮了整片夜空。我们围聚在篝火旁，展示着各自精彩的才艺。同学们满怀喜悦，笑逐颜开，随着动听的音乐唱着，跳着……

　　忽然，一段悠扬感伤的音乐响起，从我们耳畔缓缓掠过，回荡在广场周围，我们的心情渐渐平静下来，只见主持人迈着沉稳的步伐走来，站在场地中央，用她明丽的音色讲述着一个又一个生动感人的故事，话语中满怀真情，我听到："人的生命只有一次，不要因学业的繁重、压力大与父母的争执等种种小事而结束自己年轻的生命。"主持人让我们平心静气，闭着眼，随着一段感人的音乐，脑海里回想着父母曾经为自己做的让自己感动的事。就这样，时间分分秒秒地流逝，音乐、话语萦绕在耳畔，我们也全身心投入进去。不知不觉间，滴滴泪水从眼眶悄悄地、慢慢地滚落。隐约听见别的同学轻轻的哭泣声，每个人都紧闭双眼，认真地想着，生怕一睁眼就控制不住流泪。

　　突然，音乐戛然而止，一切都沉浸在寂静的夜中。我们慢慢睁开双眼，红润的眼眶里还有滴滴余泪，风轻柔地抹去晶莹的泪花，我们内心感受到父母对自己浓浓的爱并决定怀着最真挚的情感去拥抱他们。"春蚕到死丝方尽，蜡炬成灰泪始干。"老师有如父母般亲切，他们给予我们知识、做人的道理……而我们往往让他们操心、生气，他们"捧着一颗心来，不带半根草去"，我们也要好好感谢自己的老师。因此，主持人也给我们一次机会，让我们怀着崇敬、感激的心情去拥抱他们。话音刚一落，同学们争先恐后，跑向老师。在音乐里，我们紧紧地抱着老师大哭，仿佛抱着自己的父母般温馨、和睦，老师们也流下了高兴、感动的泪水。

　　夜晚的晚会，伴随着感人的音乐、滴落的泪水，我们每个人静静地想着，悟着……

〔作者为江南大学附属实验中学　陶湘宁〕

2. 考察探究活动

博物馆之行

十月桂花飘香,又到了一年一度的秋游时节。稻小师生们一起出发,踏上了无锡博物馆之行。

一路上,同学们叽叽喳喳,又激动又兴奋,讨论着有关博物馆的话题。直到下车,大家排队进入博物馆后,所有的疑惑渐渐有了答案。

走进博物馆,扑面而来的是悠久的历史文化气息,映入眼中的是先进的科技发展。跟着讲解员来到科技展览区,了解科学知识,体验科技发展,一系列的介绍我听得津津有味。来到最喜欢的游戏区域,各种各样的电子游戏设施让我流连忘返。我迫不及待地拿起遥控飞机,双手不停地操控着按钮,飞机忽上忽下,时而翻滚,时而俯冲,真是有趣呢!

来到二楼,我体验了智能家居的便捷。沙发面前的一台白色机器,可以控制所有的家居用品。点一下按钮,窗帘就会自动打开或合拢,电视可以随心所欲地开启或关闭,空调、洗衣机都是如此。真是既好玩又方便,真想自己马上也拥有一套这样的智能房子。

我们一个展区接着一个展区地参观,不知不觉就到了午餐时间。同学们围坐在博物馆门前的草坪上,一起分享带来的美食,分享刚才见到的新奇的知识。大家各抒己见,气氛热烈,每一个人都参与其中。这样的场面让我真想把时间永远停留在这一刻。

下午,我们还观看了博物馆里的4D电影。这场让我期待已久的电影,讲述了恐龙的故事。一个科学小组在沙漠中找到好多具恐龙的化石,由此引发一系列精彩丰富的故事。电影惊险、刺激、有趣,让我有如身临其中,直到结束都不想离开!

博物馆之行渐渐接近了尾声,可我的生活才刚刚启程。从小了解科学,努力学习,积累知识,长大了才能创造出更好的科技,更幸福的生活。真期待明年的秋游快点到来啊!

[作者为无锡市稻香实验小学　余心怡]

会笑的泥人蜗牛

金秋十月,秋高气爽。我们在王老师的带领下坐上了大巴车,准备去秋游。在去的路上,我一直很兴奋,心想:"今天会发生什么有趣的事情呢?"期盼着,期盼着,本次秋游的目的地——锡惠公园终于到了。一进门,我就被五颜六色的花吸引了,有白的、红的、紫的、淡黄的,好看极了。穿过一丛丛翠竹,走过一孔孔石桥,我们到达了泥人博物馆。这里有许许多多特别可爱的泥人,我们跟着老师一起学捏蜗牛。

捏蜗牛先要捏它的贝壳,拿泥搓成条状,接着把它绕起来,捏它的身体,把泥搓成很粗的条状,再把它压扁,粘上眼睛和嘴巴。最后捏蜗牛的触角,先捏两个圆球,再拿泥搓两条条状,把它们粘起来,再把触角粘到蜗牛的头上。就这样,一只蜗牛做好了!我把我的泥人蜗牛拿起来,放在手心上,它好像在对我笑呢!我好想把它送给我亲爱的奶奶,让她把我的蜗牛放在阳台上,阳光下,我的泥人蜗牛会笑得更好看吧!

很快,我们要集合返回学校了,同学们依依不舍地坐上了大巴车。我多么期待下一次的秋游快点到来!

[作者为无锡市文慧小学二年级　高若水]

华莱坞游记

今天,我们进行了本学期的综合实践活动,大家兴高采烈地坐上大巴车前往目的地——华莱坞影视基地。

我们下了车,便看见一座高高耸立的塑像,足足有两层楼高,仔细一看,原来是喜剧大师卓别林。只见他身着西装,脚蹬皮鞋,戴着黑色礼帽,左手拄着一根黑色拐杖,右手插在裤袋里,一抹小胡子在脸上特别显眼,加上挤眉弄眼的神态,不愧是喜剧大师,如此滑稽。

接着我们便来到了航天科技馆。走进神秘的航天科技馆,到达模型室,只见我国第一代火箭长征五号的模型竖立在一边,似乎随时都会发射;中间则是玉兔探月器,它仿佛正在探测月球;在一个不易让人发现的角落里,有一个褐色的大茶壶一样的东西,原来是火箭返回舱;另一边是一块巨大的红布,是火箭返回舱的降落伞;顶上是东方红卫星,现在它展开着太阳能电池板,似乎正在空中遨游呢!看完了这些模型,我感到自豪,我骄傲我们的航天科技竟有如此大的成就。之后我们来到7D电影馆,观看了7D电影《花灵谷》。7D电影和3D电影可真是大不同,我们戴了7D眼镜观看,更加逼真,同时座位还会随着电影里角色的移动而不停地摇晃,让人感觉身处电影之中一般。电影看完了,我们感到意犹未尽。

走过航天科技馆,我们来到了品啦明星馆。走进明星馆,我便被吸引住了。首先入眼的,便是绿巨人,他高大无比,满身都是肌肉,特别是那八块腹肌,特别引人注目,十分逼真。他双手举起,好像随时都准备战斗似的。之后,我又看见了孙悟空,他那逼真的身躯,可真是把我吓坏了,我差点以为孙悟空变成真的了呢,就连眼睫毛都不差一分一毫,似乎正在眨眼睛,动用他的火眼金睛呢。看他那一根可长可短的金箍棒拿在手里,似乎正准备斩妖除魔,保护师傅呢!我可真是佩服这些雕塑家,雕出来的蜡像可谓鬼斧神工,好像随时都会动起来或开口说话似的。

走过了品啦明星馆,我们又来到其他地方参观。在拍摄区,我们参观了拍摄《武媚娘传奇》的金碧辉煌的大殿;在录音棚,我们见到了先进的录音设备,还录了我们的班歌《田野在召唤》;在咏春拳馆,我们向叶问第五代传人学习了咏春拳;乘上时光列车,我们知道了电影的发展历史;登上游轮船头,我们知道了数字虚拟拍摄技术,同时也体验了一把《泰坦尼克号》的拍摄过程。

快乐的时光总是短暂的,一天的春游结束了。这次春游丰富了我们影视方面的知识,感觉很有意义。

[作者为无锡市稻香实验小学　冷周一]

物联网——人类感官的延伸

这是一次安全知识的科普，这是一次物联网技术的展览，这更是一次对未来的窥探。今天，5月16日，我们蠡湖中心小学六年级全体学生，怀着激动的心情，带着好奇，走进一幢神秘的花岗岩建筑——江苏省特殊设备检查院无锡分院。

首先，我们在会场里听了关于安全乘梯的讲座。特检院的专家们热情地为我们讲解了电梯的小知识，解开了我们心中的迷惑。我们知道了电梯是如何运行的，知道了合格的电梯是如何进行安全保障的，了解了这些知识，我们坐电梯时更加放心了。

最让我印象深刻的，是特联网技术在电梯安全方面的运用。在物联网展厅的一块显示屏上，汇总了来自无锡市各座电梯实时运行状态的信息。过去，对电梯的定期安全检查要由专业的维修工进行人工检修，由于对发生的故障无法及时发现、排除，以致经常发生电梯"关人"事件，因此造成许多纠纷。而如今，技术人员即使足不出户，也能实时监控电梯的运行，可以对故障进行预警，防止发生问题。这是多么大的技术突破啊！物联网技术方便了人们，让人们的力量能通过科技的杠杆轻而易举地放大，轻松解决繁杂的问题。不难想象，在不远的未来，借助物联网技术，人类处理数据的能力将极大提高。于是，"多"将不再成为难题。我们看到的是一个美好的未来。

这次的参观学习，让我深刻领悟到，当今是电子科技的时代，是物联网高速发展和实际运用的时代。作为学生的我们，除了努力学习基础的知识和科学知识外，更应该开始有目的有计划地学习物联网等高新技术知识，因为未来社会的各个方面都会有物联网科技知识的渗透和运用。

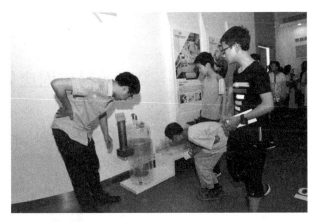

[作者为无锡市蠡湖中心小学六（1）班　王彦炜]

参观无锡市固废处理中心

同学们，当你们将没有吃完的饭菜随意倒掉，当你们把不要的衣物、玩具随意扔掉，当你们看到一片片树林变成一个个荒滩……你们会心痛吗？也许这个年纪的我们还没有那样的感觉，可就在今天，当我参观完无锡市固废处理中心，就是我曾经无数次掩鼻路过的那个臭哄哄的垃圾山隧道时，我被深深地触动了，我开始自责，我应该做点什么，应该号召我的小伙伴们一起来做点什么了……

今天，云淡风轻，在家委会家长的组织带领下，我们班二十几个孩子和家长来到无锡市固废处理中心参观。

我们先是参观了宣教的展厅。年轻漂亮的工作人员张姐姐一边领着我们参观固体废物的流程模型，一边向我们详细介绍各流程的工作原理和作用。我们大家都瞪大了眼睛，竖起耳朵聆听着。我们惊奇地发现原来我们生活中会产生这么多的垃圾，很多垃圾都应该分类处理以再次利用。我们在现场就看到了用废纸和竹片做的漂亮的收纳盒，用废弃矿泉水瓶做的闪闪发亮的风铃，还有各种玩偶娃娃、花盆等。真是废物利用，变废为宝啊！让我印象特别深刻的是张姐姐将三瓶不同颜色的水放在我们面前，还让我们都

一一去闻一下。我们从第一瓶又黑又臭的水，一直闻到最后一瓶清澈无味的水，直感叹科技的神奇和发达，将废水神奇地变成了清洁可用的水。

后来张姐姐带我们爬到垃圾山的顶部，目睹"宏伟壮观"的垃圾山时，我们才感叹，原来科技不是万能的，还有很多更重要的事情需要我们每个人自己去做。张姐姐指着远处正待扩大的垃圾

填埋区域，十分沉重地告诉我们："孩子们，现在我们每天加班，还是不能满足日益增多的垃圾量，而且现在这个垃圾场已经快要被填满了，那边新拓展出来的地方，也非常有限。我们每周都向上级部门报告，垃圾处理告急了，告急了！我们的小区每天都有人来收垃圾，如果两天不收，垃圾就会让我们美丽整洁的小区又脏又臭。孩子们，想一想，我们是不是应该做点什么了呢？"

听完张姐姐的介绍，原本一直兴奋好奇的我，顿时觉得很惭愧，甚至惴惴不安。我仿佛已经看到大街上、小区里又脏又臭的垃圾马上要堆到我的家门口来了，其中也有我每天倒掉的好多剩菜剩饭。而且垃圾也都没分类投放，被随意乱扔。这给环卫阿姨们带来好多负担，给环境造成了伤害。如果每个人都能节约一些，都懂得废物利用，少制造垃圾，我们的环境会更加美丽，空气会更加新鲜，生活会更加美好。让我们从今天做起，从身边做起，勤俭节约，爱护环境吧！

[作者为无锡市育红小学三（8）班　徐天翼]

3. 劳动实践活动

记一次综合实践活动——花卉园

星期五，天空中不时飘着小雨，我们进行了一次综合实践活动。

在乘了二十多分钟的车后，我们来到了目的地——花卉园。下了车，老师把我们领到一间教室里，让我们学习插花。一听到这个消息，教室里立刻沸腾了起来。插花，顾名思义就是把鲜花插在花泥里。大家都没有学过，觉得很新鲜，所以都听得很专注。当老师教完，让组长上去领材料的时候，只

听见教室里在小声议论："你说我们能不能做得和老师一样漂亮呢？""估计不能吧，她可是老师，肯定做了很多次的，我们才第一次做。""也许能的，我们听得这么认真，肯定能的！""对，肯定能的！"……

开始插花了，我们首先把花泥平均分成四份，把主叶散尾叶修剪一下，茎斜剪后插在第一份的中间。接着把主花金鱼草像散尾叶一样修剪一下，比散尾叶矮一点，插在它的前面。然后把四朵非洲菊分别插在第一至第四份花泥中。随后把三朵康乃馨分别插在第一至第三份花泥中，要一朵比一朵低。最后用剑叶和勿忘我点缀空隙。我们还和自己插的花合影了呢。

合完影后，我们怀着无比激动的心情去烧烤了。

走了一段路程之后，我们来到了烧烤园。大家纷纷把自己的食物拿到架子上烤，架子上五花八门，有培根，有金针菇，有黄金糕……大家还进行了"食品交易"。

我们回到教室休息了一会儿后，又马不停蹄地来到了种植园。我们参观了种植植物的大棚，见到了许多不知名的五颜六色的花草，开阔了我们的眼界。我们还听了工作人员关于蝴蝶兰的介绍，最后我们每人还得到了一盆蝴蝶兰，让我们回家去种养。

这次综合实践活动结束了，我们不仅得到了快乐，还开阔了眼界，增长了知识。我真开心呀！

[作者为无锡市稻香实验小学　刘茜]

走 进 农 田

　　星期五，刚吃好午饭，我们四（1）班、四（4）班的同学便在老师的带领下，坐上大巴车去参加农事节气活动。一路上我们有说有笑，欣赏着窗外的美景，心里有说不出的高兴。

　　很快，我们就来到了目的地——洛社镇花苑村。一下车，我顿时被眼前的美景迷住了：只见一个黄色围栏里有许多不知名的美丽小花，有红的、黄的、紫的、白的……虽然它们没有牡丹、月季那么高贵，但是依然积极向上，争先恐后地展示着自己美丽的姿态。还引来了一群小蝴蝶、小蜜蜂，它们一会儿在花海中嬉戏玩耍，一会儿懒洋洋地趴在花朵上，可爱极了！

　　我们顺着田间的小路往前走，不知不觉来到了农田里。只见农田里一株株水稻都是金色的：金黄的叶子，金黄的稻穗，连茎秆都是金黄的。一阵微风吹过，沉甸甸的稻穗都弯下了腰，频频点头，好像在欢迎我们的到来。叶子发出"沙沙"声，好像在说悄悄话。农民伯伯们正在一边收割，一边享受着丰收的喜悦。

　　我正站在田埂上，贪婪地吮吸着带有淡淡稻香的空气，老师走了过来，让我们体验割稻子的滋味。首先，负责管理的老师给我们每个同学发了一副手套、一把弯弯的锋利的镰刀和一副袖套。接着，老师给我们示范了使用镰刀的正确方法和割稻子的注意事项。在听的过程中，我们都像在听老师讲课一样认真。然后，老师便让我们下田去割稻子。一听说要割稻子了，同学们都非常兴奋。我拿起手套戴在手上，右手拿着镰刀，迫不及待地走向稻田。稻田里的土软软的，我弯下腰，学着老师刚才的动作开始割稻子。别说，一开始还真难，可慢慢地，我就熟练了。不一会儿，我感觉到可真热，浑身都是汗，我抬头看了看同学们，看得出来他们也很热，有的同学甚至脸上都是汗水，可我们还是兴致不减，割得热火朝天。时间过得真快，转眼间到了傍晚，一大片的稻子都被我们割完了。看着被我们亲手割完的稻子，同学们高兴得合不拢嘴，似乎都要飞到天上去了。为了让我们体验收获的喜悦，老师给我们每个同学发了一些稻穗。

今天走进农田的活动,让我受益匪浅。虽然感到很累,但是我非常开心,我不但学会了割稻,而且更深刻地体会到了"谁知盘中餐,粒粒皆辛苦"的含义。

[作者为无锡市蠡园中心小学四(4)班　吉敏慧]

小小农夫实践忙　堆肥体验乐成长

阳光灿烂的午后，周老师带领同学们来到田野间，开展了一场别开生面的"小小农夫"堆肥体验活动。

来到田间，四周一片荒芜，田埂上横七竖八堆着许多枯黄的碎稻谷。"这里啥都没有，怎么活动？老师明明介绍得很有意思的呀！……"正当同学们疑惑不解的时候，基地老师来了！

"欢迎同学们来到耕读基地，今天我们要分小组合作，完成天然环保肥料的制作！""天然肥料？"同学们一下炸开了锅——分小组，选组长，取队名，穿围裙，戴袖套、手套……"小小农夫"准备就绪。

开工啦！我们四处寻找着肥美的青草，这可是不可缺少的原材料。看！同学们有的用手使劲地拔，有的拿着铲子用力地铲，大家干得热火朝天。我也不例外！我左手抓住一大把青草，右手拿起镰刀小心翼翼地割着。你一堆，我一堆，不一会儿，我们就收集了满满一大袋青草。大家忙得不亦乐乎，还没来得及喘气，老师又发话了：

"同学们，加油干！接下来请各小队合作完成搬稻草任务！"大家二话不说，一个个紧紧抱住稻草就直奔目的地。我们小组还玩起了接力赛，大家各司其职，分工合作，一路奔跑，一路欢笑。割青草，搬稻草，铲鸽子粪……就这样，我们亲自体验到了制作天然环保肥料的乐趣。我想："等这'千层蛋糕'发酵后，蔬菜瓜果就能茁壮成长啦！"

一下午的实践与欢腾，同学们努力合作完成任务，体验"堆肥"的全过程，懂得了"团结就是力量"，更感受到了"绿色环保"的生活理念。我们将携手行动，争当"绿色小达人"，让生活更美好！

[作者为无锡市雪浪中心小学四（1）班　高周舟]

快乐实践　快乐收获

——记"四季耕读"之"白露"实践活动

夏天悄悄地过去了，迎来了天高气爽的秋天。今天，我们四（1）、四（2）班的同学们再次来到耕读基地，参加"四季耕读"课程之"白露"实践活动。

同学们和往常一样兴奋不已，精神抖擞的村长给我们讲了"白露"的节气知识、物候特征等，大家听得可认真了！但是我们更期待今天的实践活动，村长给我们分好小组，我们便开启了愉快的体验之旅。

我们小组首先进行的是自然观察。我们排着整齐的队伍走进稻田中去探秘。瞧，黄中带绿的稻田，远看像一望无边的大海。微风吹来，稻子随风舞动，漾起了一层层波涛。近看，又仿佛一个个士兵在向我们招手，好像在说："欢迎来到这里！"拿起放大镜，用心观察，你会发现无数颗稻穗，饱满得快裂开了嘴，俯下身子轻轻摘下一粒，一点一点地拨开，里面流出了白色的汁。村长说："还没有成熟的是液体，成熟的就是大米了。"我想过不了多久，这里一定是一片丰收的景象。

观察要用心，那"翻土"劳动就要用力啦！我们今天要帮土地来舒展舒展身体，让它变得更柔软！我们争先恐后地戴上手套，系上围裙，一切准备就绪，开工了！我手握锄头，学着老师的样子，先抡起来，再用力捶下去……"呀，这土地怎么硬邦邦的？""没关系！看我们的!"同学们三五成群,齐心协力,有模有样地松着土,汗水在额头流淌,而快乐在心中荡漾。

"锄禾日当午,汗滴禾下土。谁知盘中餐,粒粒皆辛苦。"今天,我们在田间地头辛勤地实践着,感受着劳动的快乐,更感受着成长的喜悦,期待下一次活动快快到来!

[作者为无锡市雪浪中心小学四(1)班　肖一澄]

"秋分"时节耕读忙

今天,我和同学们又一次来到了雏鹰自然耕读基地。

还记得上半年我们来这里时,学习的是"春分"的知识,凑巧的是这次开展的是关于"秋分"的综合实践活动。刚下过雨的泥地又滑又黏,不过还是抵挡不住我们参加活动的热情。我们有备而来,都带好了雨鞋。

换上雨鞋,走过田埂,便来到基地大棚。我们先坐在椅子上听村长讲述关于"秋分"的知识,然后,全班同学分成两组开展综合实践活动。

我们组先进行了自然观察,主要观察植物和昆虫。我们每人拿着一个放大镜,像小鸟似的欢快地跑到田间,这儿看看,那儿瞧瞧。在这期间,我认识了鸡冠花,它是紫红色的,就像公鸡的鸡冠,怪不得叫这个名字呢!我还认识了一种草,长得像雷达一样,含在嘴里居然甜甜的,太有趣了!回到屋里,老师指导我们将观察到的植物和昆虫画到自然笔记上,然后在旁边写上自己观察的感受。

休息一阵后,村长把我们带到田里,教我们学种豌豆。我们先用镐子小心翼翼地挖出一条小小的沟渠,然后在里面撒上白色的豆饼,再放入豌豆,最后均匀地撒上一层褐色的营养土。当两位男生在村长的指导下齐心协力地铺上一层稻草时,我们都不约而同地鼓起掌来,因为这意味着我们终于完工了。村长为了奖励我们,把我们带到豆地里摘毛豆。采摘完,村长就将这些"战利品"都分给了我们。我们捧着自己的劳动果实,心里有说不出的高兴!

  时间过得真快,我们该回学校去了。大家依依不舍地走在来时的田埂上,盼望着下次还能来到这里。

[作者为无锡市雪浪中心小学四(3)班 任韵儿]

金风送爽迎"秋分"

秋天,云淡风轻,层林尽染,大雁启程南归。在这个美好的季节里,我们迎来了二十四节气之一的"秋分"。

星期五下午,我们四(3)中队的同学们在老师的带领下,来到雏鹰自然耕读基地开展关于"秋分"的综合实践活动。

十分钟的路程一眨眼就到了,我们秩序井然地走下车。由于昨天刚下过雨,我们便拿出事先准备好的雨鞋一一换上。走过一段泥泞不堪的田埂之后,我们来到了村长的大棚。

村长给我们讲解了许多"秋分"节气的知识,然后就开始了第一项任务——自然观察。我们拿起放大镜,兴高采烈地来到田间,这儿瞧瞧,那儿看看。突然,我发现了一株像小爪子似的植物,便好奇地问老师。哦,原来它的名字叫"千金子",好特别的名字啊!该去下一个地方了。我们艰难地走过泥地,来到小河边,那儿有一大片鸡冠花。远远望去,一朵鸡冠花就像一朵紫玫瑰;走近一看,却像大公鸡的鸡冠。我想,这就是鸡冠花名字的来历吧?可真有趣啊!

最令我难忘的是第二个项目——种豌豆。我们排成两排,小心翼翼地来到田垄间,然后拿起镐子松起了土。等村长说"行了",我们就把种子放进去,然后撒上豆饼和营养土,这样,种子才能长得更茁壮。最后,当两个力大如牛的男生齐心协力地盖上稻草时,种豌豆这项活动就大功告成了。村长为了奖励我们,还带着我们去豆地里摘毛豆。由于昨天刚下过滂沱大雨,我们的雨鞋都陷在泥土里,费了九牛二虎之力才走出泥潭。不过,看着满满一大桶的毛豆,心里真有说不出的高兴。

今天的活动真有趣。虽然因为下雨弄得满身狼狈,但我们的心里美滋滋的!

[作者为无锡市雪浪中心小学四(3)班　王煜铖]

稻花香里说丰年　霜降节气忙农耕

霜降那天，我们坐着大巴来到了贡湖湾湿地公园附近的大棚基地，再次体验二十四节气的农耕生活。

村长首先给我们讲解"霜降"的节气知识，然后分组给我们布置任务，这次的任务主要是扎稻草堆、割稻子、记自然笔记、给菜园子浇水。

基地老师先给我们做了扎稻草的示范，他说："你们先去把晒在场上的稻草搬过来，然后再找几根长的稻草，搓成麻绳，最后把稻草扎起来。"我和贾阳分为一小组，我们先去把晒着的稻草收过来，然后学着老师的样子搓麻绳，可是麻绳在我们手里怎么也不听使唤。看到其他同学也在忙着，我们只好再

去请教老师，原来搓麻绳是有技巧的，一只手搓，一只手捻，两只手轮流交换，这样才能搓好。我们把稻草拢成一把，用搓好的麻绳一捆，然后把两边的塞进去，结果手一松，稻草散了，只好再次重来，好不容易捆住了一捆。我们居然在这样的天气被折腾得满头大汗，看来做什么都不容易啊！

走近基地农场，一片金黄的稻田展现在我们的眼前，犹如金色的海洋，秋风吹过，稻浪起伏，沉甸甸的稻穗低下了头，丰收的景象一览无余。同学们系上围裙，戴好手套，迫不及待地冲向田间。还是老师先示范：拿起镰刀，抓着稻子，然后在稻子的根部用镰刀轻轻一拉，稻子就割在手里了。看着老师示范，同学们心里早就痒痒了，大家跃跃欲试。你看：一组一组的同学排成一排，镰刀飞舞，不一会儿，身后就多出了一座"稻子小山"。割完了稻子，老师让我们捡拾掉在地上的稻穗，我找了一会儿，发现有几个稻穗在那躺着呢，我把它们全部捡起来放在一起。我一边捡，一边背诵："锄禾日当午，汗滴禾下土。谁知盘中餐，粒粒皆辛苦。"

菜园里的同学们也是忙得不亦乐乎，他们有的提着水桶，有的拿着盆。老师说："要多浇点水，水渗到土里不代表水浇好了，要多浇几次才行。"他们分组行动，有的当"打水工"，有的浇水，让蔬菜宝宝喝足了水，以后可以长得壮壮的。

回到大棚，老师让我们用自己喜欢的方式记自然日记。我用图画的方式把今天的活动内容记了下来，因为时间关系，我只画了一片稻穗丰收的景象，然后在旁边写上"霜降"两字。

稻花香里说丰年，霜降节气忙农耕。这次的农耕体验活动结束了，我们感觉体会多多，收获多多，既得到了锻炼，更得到了成长。

[作者为无锡市雪浪中心小学四（5）班　张皓禹]

秋去冬来万物休，学子耕读乐悠悠

"北风潜入悄无声，未品浓秋已立冬。"秋天的景意还未完全消尽，立冬已踩着厚厚的落叶，披着清澈高远的蓝天，伴着纷乱的微寒，悄悄地来了。这次我们四（6）班40名同学在班主任老师和科学老师的带领下，在二十四节气中的"立冬"这一天，走进尚贤河生态研学基地，参加耕读实践活动。

大棚内，我们认真聆听村长的讲解，了解了"立冬"这个节气的物候特征、农事体验等节气知识，知道了在这个季节所要耕种的农作物，如蚕豆、麦子、油菜等。我们一个个听得津津有味，听完后又满怀欣喜地诵读古诗《立冬》："秋风吹尽旧庭柯，黄叶丹枫客里过。一点禅灯半轮月，今宵寒较昨宵多。"然后我们就开始实践课程。

田埂边，基地老师细致地讲解、示范种蚕豆的方法以及注意事项。同学们围起围裙，戴上手套，拿起锄头，在一片空旷的土地上，挖坑的挖坑，放蚕豆的放蚕豆，撒谷糠的撒谷糠……大家秩序井然，积极实践，忙得不亦乐乎。看着亲手种好的蚕豆，心里甭提有多高兴了！因为我也能够为大自然做点事了！

麦田里，小麦种子正享受着大地妈妈温暖的怀抱。同学们系上围裙，来到田间地头，排成一排为麦子施肥，大家干得热火朝天。

活动最后，大家再次相聚大棚教室，用彩笔记录自己的观察所得与收获，用心交流着自己活动的心得体会。站在初冬的路口，我们一起遐想那晶莹纯洁的冬天的美丽！

大自然是我们最好的老师，它能教给我们很多知识，让我们享受到更多的欢乐和美好，同时也需要我们更多的保护和照顾。让我们一起用心来善待自然，热爱生命！

[作者为无锡市雪浪中心小学四（6）班　胡青瑶]

小满将至，丰收在望

"小荷才露尖尖角，早有蜻蜓立上头。"小满将至，我们四（7）班的老师和同学走在乡间的小道上，就如一群放飞的小鸟。我们兴奋极了，因为今天我们要在雏鹰基地上"小满节气"耕读课。

我们走进宽敞明亮的大棚，一一落座，村长先带着我们诵读了古诗《小池》，他还讲解了一些农作物知识和有关小满的习俗。

我们被分成三个小组，村长下达了三项任务：拉罐、观察、种植。我第一个参加的是拉罐。我们系着围裙，戴上手套，边走边听村长讲解如何拉罐。村长说，这可是个体力活，你们可要有心理准备啊！我们自信满满地说，我们不怕累，我们不怕苦！来到水稻田里，只见水稻田里灌满了水，我们几个男生跟着村长下田，踩进泥泞的田里，要想抬起脚来，还特别困难呢！就这样，我们一步一个脚印往前拉，嘴里还喊着口号"一、二、三"，用了九牛二虎之力，终于把一个特别大的坛子从田的这头拉到另一头，一道沟渠拉出来了。我们用同样的方法又连续拉出了三道沟渠。虽然拉出的沟渠弯弯曲曲的，但这并不应影响我们的心情。我们欢呼雀跃，奔走相告，我们成功啦！

接着，我们进行了第二个活动：自然观察。我们拿着放大镜跟随着老师分别来到了

麦田、菜地和池塘边，大家认真仔细地观察麦子的饱满程度，还用放大镜观察了田野里各种各样的小虫子。

最后我们进行了农作物种植。我们这次的任务是种植向日葵。老师提醒我们，在挖向日葵苗的过程中泥巴不能散掉。于是，大伙手里拿着小铲子，小心翼翼地把向日葵

苗连根带泥一起挖出来,种在另一个适合它们生长的地方。我们挖坑、施肥、栽苗、浇水,个个忙得大汗淋漓。终于大功告成了,我们已经累得上气不接下气了,回到营地,才发现大家已经变成泥人了!

虽然今天我们满身是泥,满脸是汗,但我们脸上洋溢着欢喜和兴奋,因为我们知道小满将至,丰收在望,下一次,我们再来营地,就能收获麦子和向日葵啦!

[作者为雪浪中心小学四(7)班 朱嘉豪]

勤耕读，笃根本

今天，我们怀着愉快的心情参加"四季耕读"活动。

到了基地，我们先挺直腰板坐着听村长介绍节气——大雪，哦！难怪今天下大雪了，实在是太巧了。大雪纷纷扬扬地落下，好像在为我们庆祝这个美丽的节气。

小康老师先带我们去做糯米藕。我们都兴冲冲地撸起衣袖，准备大展身手。我刚开始觉得肯定哪个大哪个好，于是就挑了一个最大的藕。后来我才知道里面要放糯米呢，哎呀，我后悔了，真不该挑最大的，这下我可要数好多糯米粒了。"知识来源于实践"，这句话真是不假。

随后，村长带着我们去挖荸荠。我们还没到田里，就被寒风吹得瑟瑟发抖，下水后，就更冷了。荸荠长在深深的泥塘里面，露出长长的枝叶来，要是没有老师的介绍，我们还不知道下面藏着这么多"小宝贝"呢！小心翼翼地迈开了腿，呀！池塘里的水冷得刺骨，浑身一个机灵，已经接近崩溃的边缘了。我伸手捞一捞，怎么是空的？一手的泥巴，看来荸荠不好挖呀！周围的同学们无论是脸上、手上还是衣服上都溅满了泥巴。而我手里只有可怜巴巴的三个"战利品"，真是不容易。上来时，泥塘困住了我的双腿，费了好大的劲才从里面拔出来。上了岸的我们变成了一个个惠山小泥人。瞧，居然还有同学嘴里吃进了泥土呢！挖荸荠还是有收获的，我们收获了满满的快乐。

虽然耕读很辛苦，但它让我明白了：要珍惜食物，不能忘本。因为我们吃的食物都是农民伯伯辛辛苦苦种出来的。"瑞雪兆丰年"，今年的农民伯伯一定能五谷丰登。

[作者为无锡市雪浪中心小学四（8）班　许婷雯]

4. 艺术体验活动

让艺术丰富人生

2018年9月20号,我们三年级全体师生来到凤凰岛艺术园,开展综合实践活动。

在基地老师的引导下,我们按顺序参观了艺术园的各大艺术场馆,随后各班进行相应的艺术创作活动。大家通过自主探究,动手实践,设计创作脸谱,体验了实实在在的工匠精神。看着一样样别具特色的艺术品在自己的巧手下诞生,我们体会到了成功的喜悦。

然后,我们排着整齐的队伍,走进安静文雅的美术馆。大家一边鉴赏大师作品,一边聆听美术馆老师对每幅画的讲解。随后,大家在偌大的展厅中席地而坐,观看了徐悲鸿这位艺术大师的人生

纪录片,大家对这位传奇画家产生了深深的敬佩之情。

最后,我们在户外的广场和草地上,热情高涨地参加了"拼图"和"报纸风火轮"这两个团体游戏。从这两个游戏中,我们学会了如何独立思考、团队合作、共同解决问题,并懂得了只有齐心协力才能够最终取胜的道理。

金秋时节,收获的季节,我们通过一天的综合实践活动,了解了中国传统文化与现代艺术的非凡魅力,增强了动手操作能力,提升了想象力及艺术感受力,真是收获满满的一天!

[作者为无锡市蠡湖中心小学三(2)班 郭思涵]

秋　游

星期二，秋高气爽，万里无云。我和同学们来到凤凰岛。

我们主要游玩了凤凰岛的两个地方：一是凤凰艺术园，二是凤凰广场。

我们在凤凰艺术园里捏了许多小章鱼。我捏了三个小章鱼；它们各有名字：一个叫"魔法师章鱼"，另一个叫"听歌小章鱼"，还有一个叫"馒头小章鱼"。"魔术师章鱼"的身子紫莹莹的，嘴巴蓝湛湛的，魔术帽黑乎乎的，眼睛黑白相间；"听歌小章鱼"的身子是粉红粉红的，它的八只触角、嘴巴、耳机和蝴蝶结都是金黄色的，眼睛是也黑白相间的；"馒头小章鱼"的身子紫莹莹的，八只触角湛蓝湛蓝的，嘴巴血红血红的，它的帽子是由黄色、蓝色和绿色这三种颜色造出来的。捏好后，把章鱼放在阳光强烈的地方晒干。

我们又来到凤凰广场，还玩了游戏呢！我第一次第三名，第二次第二名，最后一次第一名。最后，我们获得了艺术奖状。

今天的秋游真有意义呀！

[作者为无锡市峰影小学三（3）班　薛俊熙]

后　记

"区域青少年综合素质拓展教育行动研究"这一课题自2015年立项为江苏省教育科学"十二五"规划重点资助课题以来，全区各校在区教育局总课题组的引领下，全面推开综合素质拓展教育研究活动。在历时近五年的研究过程中，我们不断打造青少年学生综合素质拓展活动的完美时空，开发各类拓展教育课程，丰富学生"玩美"学习样态，在研学旅行活动中促进学生知行合一，在基地实践活动中促进学生身心历练，在社团兴趣活动中促进学生个性发展，取得了可喜的研究成果。

我们在回顾这些年来的研究历程时，萌发了将系列研究成果编撰成书的念头。出发点是让研究成果物化、系列化，提供课程样本和实践路径，使各校在开展拓展教育实践活动时有所依托。同时，这也是课题组进一步梳理研究成果、总结研究经验的需要。

整套丛书凝聚了课题组所有人员的心血。丛书编写工作由课题研究理论探索组牵头负责，确定丛书的整体框架，并对实践研究过程和成果进行全面梳理，由顾晓东、吴伟昌、姚国平、徐国新、吴亮具体负责各分册书稿的编写工作；课题研究实践行动组提供了大量翔实的研究资料和实践案例。

丛书从策划到成稿，历时一年半。在此过程中，课题主持人强洪权、冯伟两位局长及区教育学会陈锡生会长、糜荣华副会长给了大力支持。滨湖区教育局吴仁昌副局长、基教科陆建忠科长等多位领导自始至终参与其中，为丛书的编撰和出版工作出谋划策，提供全方位保障。中国教育学会原会长、北京师范大学资深教授顾明远先生欣然应邀作序，中肯评价课题组多年的研究历程和成果，为本丛书增色不少。江苏省教育科学规划领导小组办公室彭钢主任、蔡守龙副主任，省教科院教育发展研究中心主任张晓东博士，《江苏教育》主编张俊平等领导与专家悉心指导本课题研究，他们的高屋建瓴、指点迷津，让课题组拨云见日。在此，一并表示诚挚的谢意！

丛书的出版只是课题研究的一个阶段性总结，我们的研究还将进一步深入。我们将继续围绕"立德树人"的根本任务，进一步优化区域青少年综合素质拓展教育课程体系，开发和利用课程资源，完善区、校两级课程开发，丰富学生的拓展学习方式，为青

少年学生核心素养的全面发展打下坚实基础。

  由于我们水平有限,加之受困于工作的繁忙,书中肯定有许多不足之处,希望读者不吝赐教。我们将直面不足,努力弥补,力求将更完美的成果呈献给大家,我们也憧憬着在追求完美中不断完善自我。

"综合素质拓展教育成果系列"丛书编写组

2019 年 5 月 18 日

新时代滨湖教育发展丛书

综合素质拓展教育成果系列

总主编／冯 伟 强洪权

走出校园读家乡

主编 姚国平

苏州大学出版社
Soochow University Press

图书在版编目(CIP)数据

走出校园读家乡 / 姚国平主编. — 苏州：苏州大学出版社，2019.10
（新时代滨湖教育发展丛书 / 冯伟，强洪权总主编. 综合素质拓展教育成果系列）
ISBN 978-7-5672-2946-4

Ⅰ.①走… Ⅱ.①姚… Ⅲ.①中小学-素质教育-成果-汇编 Ⅳ.①G632.0

中国版本图书馆 CIP 数据核字(2019)第 225519 号

走出校园读家乡
姚国平　主编

责任编辑　史创新
助理编辑　成　恳

苏州大学出版社出版发行
（地址：苏州市十梓街1号　邮编：215006）
苏州工业园区美柯乐制版印务有限责任公司印装
（地址：苏州工业园区东兴路7-1号　邮编：215021）

开本 787mm×1 092mm　1/16　印张 48.5（共五册）　字数 1003 千
2019 年 10 月第 1 版　2019 年 10 月第 1 次印刷
ISBN 978-7-5672-2946-4　定价：180.00 元（共五册）

苏州大学版图书若有印装错误，本社负责调换
苏州大学出版社营销部　电话：0512-67481020
苏州大学出版社网址　http://www.sudapress.com
苏州大学出版社邮箱　sdcbs@suda.edu.cn

新时代滨湖教育发展丛书
编委会

主　任　强洪权
副主任　陈锡生　钱　江　冯　伟　王永健
　　　　潘望洁　徐仲武　吴仁昌　许建良
顾　问　顾明远

综合素质拓展教育成果系列
编委会

主　任　冯　伟　强洪权
副主任　王永健　潘望洁　徐仲武　吴仁昌
　　　　华文达　华婷婷　糜荣华　彭光耀
　　　　许建良　陆建忠
编　委　惠　明　古菊平　高　峰　吴卫东
　　　　刘　松　张　锋　周晓平　金春华
　　　　张　倩　朱龙祥　王防刚　陆　玲
　　　　陆静洁　杨　帆　谢廷峰　朱红飞
　　　　孙国宏　尤　吉　唐建英　李　争
　　　　华志英　秦旭峰　浦永清　顾晓东
　　　　姚国平　徐国新　吴　亮　吴伟昌
　　　　钱　晔
策　划　糜荣华　陆建忠　顾晓东　吴伟昌

本册编写人员（《走出校园读家乡》）
主　编　姚国平
编　者　姚国平　王文斌　杭咏雪

本丛书为江苏省教育科学"十二五"规划 2015 年度重点资助课题"区域青少年综合素质拓展教育行动研究"（课题编号：B-a/2015/02/076）的主要成果

序

2016年12月，教育部等十一个部门发布了《关于推进中小学生研学旅行的意见》，提倡在中小学生中开展研学旅行。该意见提出，中小学生研学旅行是由教育部门和学校有计划地组织安排，通过集体旅行、集中食宿方式开展研究性学习和旅行体验相结合的校外教育活动，是学校教育和校外教育衔接的创新形式，是教育教学的重要内容，是综合实践育人的有效途径。让学生走出学校、走向大自然、走向社会、走向世界，是拓宽视野、增进学识、锤炼意识的好举措，也是让学生领略祖国美丽山河、了解中华民族优秀文化传统的好方式。如果到国外研学旅行，还可以了解别国的文化风情，受到跨文化的理解教育。研学旅行，实在是非常有意义的活动，是提高学生综合素质的有效途径。

事实证明，广大学生非常喜爱研学旅行。他们走出校门，集体旅行、集中食宿，过上难得的集体生活，这样的经历可以培养学生自我服务、自我组织的能力和同伴关系意识。

要把研学旅行做好，使学生真正受到教育，需要认真组织，精心安排。要把研学旅行纳入学校课程之中，作为一项重要的教育活动来开展。要像设计课程那样精心设计，充分准备，重在教育，重视安全。学校要对不同年龄段的孩子设计不同的研学旅行计划，低年级的孩子可以在城市郊外旅行，也可以到博物馆、纪念馆参观；高年级的孩子可以到较远处旅行。学校可以按照不同地区的历史地理背景、名胜古迹，组织设计各种研学旅行活动，使之课程化。

这两年来各地积极开展研学旅行活动，积累了一定的经验。无锡市滨湖区自2001年以来，就以新课程改革为契机，以综合实践活动课程为抓手，建设区内综合实践基地，为青少年学生开展校外实践活动和研学提供了平台，对培养学生综合素质做出了有益的探索和实践。他们树立"大教育观"，拆除学校"围墙"，改善传统教育模式，把教育与社会生活实际相结合，加强学校教育与社会教育的沟通、协调和融合，充分发挥社会教育资源的育人功能，同时推动学校的特色项目建设，促进学生的全面发展。

无锡市滨湖区教育局组织编写的"综合素质拓展教育成果系列"丛书，就是无锡

市中小学开展校外实践活动和研学旅行的一些经验总结。丛书共五册，分别是《研学旅行知与行》《走出校园读家乡》《跟着课文做研学》《拓展课程校校行》《拓展教育思与行》，详细介绍了无锡市滨湖区对青少年综合素质拓展教育的认识和组织设计，以及滨湖区各校开展综合素质拓展教育的实践和经验。丛书内容丰富，有观点、有案例，值得各地借鉴。

2019 年 5 月 19 日

前 言

  青少年综合素质是指青少年在先天生理的基础之上，经过后天的教育和社会环境的影响，由知识、经验内化而形成的相对稳定的素养和品质的总称，主要包括身体、心理、道德、文化、能力等方面，是一个人的知识水平、道德修养及各种能力的综合体现。新课程改革以来，滨湖区教育局始终坚持全方位、多渠道育人的主导思想，高度重视青少年综合素质拓展教育，在综合实践活动、211特色建设、研学旅行等方面做出了前瞻性、持续性探索，取得了显著的成效。

  为了进一步深化青少年综合素质拓展教育，滨湖区教育局申报、立项了由冯伟、强洪权同志主持的江苏省教育科学"十二五"规划重点资助课题"区域青少年综合素质拓展教育行动研究"（编号：B-a/2015/02/076）。通过课题研究，进一步厘清综合素质及拓展教育的内涵特质，努力追求素质发展的全面化，体现区域推进的特色化，关注拓展活动的课程化，凸显课程资源的序列化，形成区本特色的青少年综合素质拓展教育主张，建构区域青少年综合素质拓展教育课程体系，促进区域青少年综合素质的全面发展和个性发展。

  课题组依据教育部等《关于推进中小学生研学旅行的意见》《中小学综合实践活动课程指导纲要》等文件精神，结合课题研究中期评估专家组建议，全面梳理课题研究实践中形成的课程资源和实施策略，从系统化、系列化、操作化的角度出发，本着可行性、实用性的原则，编写了滨湖区"综合素质拓展教育成果系列"丛书，以期进一步深化滨湖区中小学综合实践、研学旅行工作，提升区域素质教育实施水平。

  本套丛书主要由五个分册组成。其中《研学旅行知与行》分册是一本研学旅行的通识读本，按"知""行"两个板块编写，把研学旅行的"应知""应会"等要求、技能进行梳理，为学生参加综合实践和研学旅行提供有针对性的必读教程，旨在提高学生参与研学旅行的素质和技能。

  《走出校园读家乡》分册重点关注校园教育和校外综合实践的结合，梳理无锡地区适合开展青少年综合素质拓展教育的综合实践课程基地资源，为一至九年级每个年级设置四个实践课程内容，每个课程内容均由"研学课程设计"和"研学单"两大部分

组成。

《跟着课文做研学》分册主要体现"由课内向课外拓展，课内课外结合""读万卷书，行万里路"的拓展教育理念，针对学生所学课文中的经典内容，结合全国各地丰富的旅游资源，编写四至九年级的暑期研学旅行课程，课程的设计体例为"研学前言—课文回眸—研学主题—课程安排—研修问答—学以致用—资料链接"。

《拓展课程校校行》分册是区域内各学校特色校本课程纲要和实施案例的汇编，精选各校特色校本课程，整体上涵盖科技、体育、音乐、美术等各大领域，体现滨湖区科技体艺211特色项目建设成果，展示滨湖区青少年综合素质拓展教育课程的校本性、丰富性、多样性，特色课程的设计体例为"课程名称—课程性质—课程目标—课程内容—实施建议—课程评价—教学案例"。

《拓展教育思与行》分册是课题研究论文和实践案例的汇编，主要是课题组成员以及区域内学校和教师开展青少年综合素质拓展教育的理性思考、经验总结和案例反思。

本套丛书由糜荣华、陆建忠、顾晓东、吴伟昌等进行总体策划，课题理论探索组吴伟昌、顾晓东、吴亮、姚国平、徐国新等具体进行编写。目前暂时编写系列丛书的五个分册，今后视工作进展和资料积累，逐步编写系列丛书其他分册，以形成滨湖教育特色"丛书"。

由于编写者水平有限，加上时间比较匆促，本套丛书中难免有许多不足之处，恳请专家、同行们指正。

"综合素质拓展教育成果系列"丛书编写组

2019年5月18日

目 录

畅游动物乐园　珍爱美好生命　/ 1
寻根蠡园足迹　问道园林艺术　/ 9
穿梭古镇园林　找寻城市文脉　/ 17
弘扬梅花精神　铸造家国情怀　/ 25
瞻仰阖闾古城　感受春秋吴风　/ 33
领略湿地风光　保护地球之肾　/ 41
观摩体育中心　增强运动热情　/ 47
花香浸润童年　畅游雪浪盛境　/ 53
科技交融时尚　电影揭秘未来　/ 61
邂逅音乐美术　涵养艺术心灵　/ 67
体味鼋渚春涛　醉美无锡旅情　/ 74
走进江南大学　拓展综合素质　/ 80
军营放飞梦想　青春唱响未来　/ 87
增强团队意识　凝聚集体精神　/ 92
体验民防教育　提升安全意识　/ 101
读行三国水浒　品味经典之美　/ 109
踏寻家乡古镇　触摸历史文化　/ 118

后记　/ 124

畅游动物乐园　珍爱美好生命

【课程目标】

1. 观察野生动物，初步了解世界各地动物的名称、种类、外形、数量、习性等。
2. 参加知识抢答、听故事、创作宣传画等活动，充分认识保护动物的重要性，树立保护动物的意识。

【适合对象】

一年级

【资源选择】

地点：无锡动物园；讲解：语文老师；阅读：浏览中国珍稀野生动物网、无锡动物园网上相关资料。

【课程实施】

上　午

一、湿地赏鹤歌唱

来到湿地，当我们立足于湖心观景亭，就可以看到斑嘴鹈鹕嬉水，黑天鹅展翅，鸳鸯成双入对，群鹤翩翩起舞的美景！请你们猜猜看，这条谜语的谜底是什么呢？"腿儿细，腿儿高；穿白袍，戴红帽。"（丹顶鹤）关于丹顶鹤，你还能想起哪一首催人泪下的歌呢？（《一个真实的故事》）这首歌讲了一个名叫徐秀娟的女孩在1987年9月16日为寻找走失的丹顶鹤而溺水牺牲的真实故事。让我们再一起来吟唱这首动人的经典歌曲！（播放《一个真实的故事》）

《一个真实的故事》歌词

有一个女孩，她从小爱养丹顶鹤，在她大学毕业以后，她仍回到她养鹤的地方。可是有一天，她为了救那只受伤的丹顶鹤，滑进了沼泽地，就再也没有上来。

走过那条小河，你可曾听说，有一位女孩，她曾经来过，走过那片芦苇坡；你可曾听说，有一位女孩，她留下一首歌。为何片片白云，悄悄落泪？为何阵阵风儿，为她诉说？喔——啊——，还有一只丹顶鹤，轻轻地、轻轻地飞过。

走过那条小河，你可曾听说，有一位女孩，她曾经来过，走过那片芦苇坡；你可曾听说，有一位女孩，她再也没来过，只有片片白云，为她落泪；只有阵阵风儿，为她诉说。

丹顶鹤

喔——啊——，还有一只丹顶鹤，轻轻地、轻轻地飞过，只有片片白云为她落泪，只有阵阵风儿为她诉说。喔——啊——还有一只丹顶鹤，轻轻地、轻轻地飞过，啊——啊——啊——啊——

二、鸟林闻声寻因

走进郁郁葱葱的鸟语林，我们能近距离感受鸟语花香。这里有粉红的火烈鸟、敏捷的金雕、优雅的蓝孔雀、美丽的琉璃金刚鹦鹉、奇特的巨嘴鸟等，涵盖了从世界各地征集的珍稀鸟类，有攀禽、走禽、猛禽、飞禽共四大类50多个品种。

这就是白腹锦鸡。下面，我们来玩"知识大冲浪"。请听一段资料：据调查，云南中部、西部、东北部及四川西南部、贵州西部是白腹锦鸡的主要分布区。这些地区人口密集，农耕地的开垦面积日益扩大，森林面积日趋减少，严重破坏着白腹锦鸡的栖息环境。由于乱捕滥猎，白腹锦鸡的野生资源数量逐年减少。此外，它们还会被谋取不义之财的商人非法偷猎，猎杀后摆上餐桌。中医传统理论认为，白腹锦鸡的肉有止血解毒的功能，这致使它们被大量猎杀。

你知道白腹锦鸡为什么会越来越少吗？请回答第一关的问题。

白腹锦鸡

三、猴山辨貌知类

步入灵长类动物区，狐猴岛、猴山、猩猩馆等就会出现在我们眼前，活泼好动的猩猩、猴子在假山上、灌木丛中、草皮上自由嬉戏。相信聪明可爱的它们会给你们带来无限的乐趣！

第二关的题目来了！请听题：《西游记》中的"齐天大圣"，它的原型是哪一种猴呢？请同学们仔细观察一下各种猴子，想想孙悟空的扮相，看它的体型像哪一种

中国的猕猴

猴子？（猕猴）看看脸又像什么猴？（松鼠猴）看看毛发又像什么猴？（金丝猴）可是，原型到底是哪种猴呢？（长尾猴）

第三关的题目是：我国共有26种灵长目动物，大部分是濒危物种。其中7种为中国特有，包括：川金丝猴、滇金丝猴、黔金丝猴、藏酋猴、台湾猕猴、白头叶猴和海南长臂猿。请问："我国有哪七种濒危灵长目动物？"

仅产于广西、贵州的黑叶猴

南美洲的松鼠猴

下 午

一、草原观景悟理

非洲草原，是一片神奇的大陆，一个野生动物的天堂。看，在非洲草原区，斑马、角马、长角羚、长颈鹿等在自由地奔跑、觅食……还有聪明伶俐的大象、沉稳健硕的白犀牛、憨态可掬的河马等，可谓"大牌明星"云集。

你们知道吗？草是生态圈的基础。食草动物的啃食，限制了野草过于茂盛，同时又促进了草类生根发芽。草原上的植物被动物啃食，也被大象通过粪便的方式播种，通过长颈鹿得以授粉。为了减少食物争夺，食草动物有着不同的采食对象和范围，比如角马吃草茎，斑马吃草尖，羚羊吃树木底部的叶片，黑斑羚吃中部的树叶，长颈鹿吃顶部的树叶……

第四关的问题来了——非洲草原上的动物是怎样维护好草原，让种群生生不息的？

白犀牛

长颈鹿

繁茂的丛林里，高大健硕的骆驼悠闲自得地在散步，梅花鹿在草地上欢蹦乱跳，麋鹿掩映在茂盛的灌木丛中……亚洲草原区，模仿了亚洲食草动物的原生态环境，给它们提供了舒适的生活环境。

"头顶两把大树杈，浑身开满小白花。""人送外号四不像，头顶多角俏模样。"你能猜出这两条谜语分别是指哪一种鹿吗？（梅花鹿、麋鹿）

请听好两段资料：

资料一：麋鹿是中国特有的世界珍稀鹿科动物。1900年左右，麋鹿种群在中国基本灭绝。1985年，北京麋鹿生态实验中心与英国乌邦寺动物园合作"麋鹿重引入中国项目"。目前，中国已把圈养麋鹿放归野外，并成功恢复了可自我维持的自然种群。

资料二：一直以来，过度捕猎是造成中国梅花鹿种群数量下降的直接原因。所以，国家建设了25个自然保护区为梅花鹿提供栖息地，同时，开展了梅花鹿人工繁育技术攻关，掌握了人工繁育技术，人工养殖梅花鹿种群近百万头。

第五关的题目是：国家在保护梅花鹿、麋鹿时，分别采用了怎样不同的方式？

麋鹿

梅花鹿

澳洲草原区是澳大利亚动物的乐园，长跑健将鸸鹋自由地奔跑，袋鼠们欢快地跳跃，当然还少不了袋鼠妈妈和兜里的小袋鼠们可爱的身影！

二、兽区见虎解题

猛兽区内，展示了东北虎、白虎、非洲狮、熊、金钱豹、狼等大型兽类。在这里，狮子和老虎中间隔着一扇铁门，它们各自占领山头，称雄为王。狮子不愧为"兽中之王"，步履沉稳，神态庄严。老虎堪称"山中之王"，走路稳健，抬头举目都有王者风范。

下面，请听一段关于老虎的资料：

中国是虎最早的故乡，后来逐渐分支，向西、向南扩展，形成8个亚种，分别是：巴厘虎、爪哇虎、里海虎、苏门答腊虎、东北虎、华南虎、印支虎和孟加拉虎。

两个多世纪以来，随着生态气候的变化及人类为追逐经济利益对老虎的残酷捕杀，野生虎一步步走向灭绝。如今，巴厘虎、爪哇虎、里海虎等3个亚种已经灭绝，其他几种野生虎已从10万只锐减到不足3 000只。目前，我国野生虎的数量稀少，其中东北虎在大兴安岭等地区少有分布，而华南虎从20世纪80年代起，在野外就已难觅踪迹了。

野生虎的存在是健康生态系统的重要标志之一，如果野生虎消失，将使整个生态系统造成巨大损失，护虎刻不容缓。鉴于此，2010年11月，在俄罗斯圣彼得堡，包括中国在内的13个全球野生虎分布国的政府首脑和代表联合发表《全球野生虎分布国首脑宣言》，将每年的7月29日定为"全球老虎日"，呼吁人们树立保护野生虎的意识。

你们知道全球老虎日是哪一天吗？为什么要设立这个节日呢？这就是第六关的题目。

东北虎

白虎

三、馆内细数珍奇

"叫猫不是猫,像熊没熊高,爱吃嫩竹叶,是咱国中宝。"知道这条谜语指的是哪一种动物吗?(大熊猫)珍奇馆内的国宝大熊猫叫"乐山",它有时懒洋洋地趴在横木上睡觉,有时漫无目的地在馆内自由徘徊……在这里,大熊猫"乐山"受到了特殊的礼遇,很多游客慕名而来,就是为了一睹它的风采。

大熊猫为什么被称作"国宝"呢?先听一段资料介绍,再请你们来完成这道第七关的题目。资料如下:

(1)大熊猫是人们常说的"活化石",距今几十万年前是大熊猫的极盛时期,它们对于研究和保护生物多样性,以及探究地球的环境变化有着很重要的科学价值;

(2)大熊猫中国独有,数量稀少,濒临灭绝,非常珍贵;

(3)大熊猫的地位已经被政治化了,大多数国家有大熊猫的身影,大熊猫已经成为中国人民与外国人民友谊的见证。

大熊猫"乐山"

大熊猫人见人爱,就连电影《功夫熊猫》都已经拍了三部,大家都喜欢看吧!让我们一起边听这一首《功夫熊猫3》的主题曲"Try",边回想神龙大侠阿宝的熊猫拳和肚皮功,以此来结束我们今天的动物王国之旅!

【资料链接】

　　动物园区分别布置了非洲草原区、亚洲食草动物区、灵长类动物区、猛兽区、各种禽类展馆等展示区。园区内生活着来自世界各地的珍稀野生动物100余种，共计1 000多只。场馆建设上充分考虑到野生动物的生态生长环境，让动物回归自然，让游人体验自然。

　　各个动物场馆间的平均步行时间都在3分钟左右。动物园的一大特点就是养殖方式的圈、散结合。在禽类馆、非洲食草动物区、猛兽区、亚洲食草动物区、灵长类动物区等主要场馆外，均没有看到隔离人与动物的铁丝网，而是用无参观障碍的壕沟、玻璃墙、不锈钢软丝、仿真电网隔离出安全距离。而无攻击性的动物，如天鹅等水禽，则完全室外放养。具有装饰和养殖功能的人工湖已经建成，湖岸种植有桃花、樱花等观赏植物，这里不仅展示园内饲养的动物，还会吸引当地野生鸟类。

　　目前，动物园开放禽类和食草动物区，允许参观者向动物喂食，但管理方强调游人必须严格遵守《入园手册》的规定，因为以前出现过游人喂养导致动物死亡的案例。

"畅游动物乐园　珍爱美好生命"课程研学评价单

小组名称		研学日期	
成员分工			
活动内容		研学记录	
1	湿地世界		
2	鸟语天堂		
3	灵长空间		
4	草原区		
5	猛兽区		
6	珍奇馆		
研学体悟			
研学作业	1. 收集至少六个含有动物的成语或诗句。 2. 请你创作一幅珍稀动物的画作，并用简短的文字告诉大家要保护我们人类的朋友——动物。		
精彩瞬间	（附照片）		

寻根蠡园足迹　问道园林艺术

【课程目标】

1. 读范蠡与西施的美丽传说，了解和分析历代文人对西施的评价，深刻感悟蠡园丰富的历史文化底蕴。
2. 倾听蠡园八景的具体介绍，列表分类区分古代园林建筑的异同之处，了解蠡园独特的园林建造知识。

【适合对象】

一年级

【资源选择】

地点：无锡蠡园；讲解：语文老师；阅读：浏览蠡园网站中的相关内容。

【课程实施】

上　午

一、百花山房

走进由原渔庄大门改建而成的蠡园大门，向前过暗廊、月洞门，穿过假山屏障，只见右边堆砌着湖石、假山，这就是著名的百花山房。它坐西朝东，始建于1930年，1994年重建，青瓦十字脊梁，门窗雕花，外观为落地长窗，配以各种花纹雕刻。厅里陈设古式家具，房后种植芭蕉、棕榈。

百花山房回廊中的墙上装饰着彩绘壁画，刻画了十个经典故事，形象地展现了西施一生的主要经历。西施是我国古代四大美女之一，浙江诸暨人。在吴越争战中，越国谋臣范蠡帮助越王勾践设美人计，将西施献给吴王夫差，从而使夫差沉迷酒色，最终亡国。

百花山房

二、四季妙亭

沿着小径往前，是一个荷花池，四角分置四座造型完全相同的亭子，一律黄顶红柱，三面置有坐槛靠背，栋梁间彩绘四季花卉。这里就是著名的四季妙亭。四个亭子外形虽然一样，寓意却十分深刻，它们代表了一年中的春、夏、秋、冬。四季妙亭于1954年建造，造型别致，歇山式亭顶。亭内三面扶手称作美人靠，亭顶上装饰着水生植物——荷花、荷叶、莲蓬。我国古代把水生植物看作吉祥物，认为可以避免火灾。那么这四个亭子如何加以区别呢？一是看亭边种的植物：春亭旁种梅花和迎春；夏亭畔种夹竹桃；秋亭边种桂花；冬亭侧种蜡梅。二是看四亭所处的方位：无锡地处近海，纬度较低，属亚热带气候，春、夏、秋、冬四季分别以吹东、南、西、北风为主，所以四季妙亭也可以东、南、西、北方位确定四亭。

四季妙亭还各有一个更好听的名字，这是在1980年《无锡日报》上公开征集评选的，它们分别是：春亭叫溢红，夏亭名滴翠，秋亭为醉黄，冬亭称吟白。

四季妙亭

四季妙亭

三、南堤春晓

在望湖亭前沿湖边的是南堤，长二三百米，20世纪30年代初，虞循真在这里种植桃树和柳树，称南堤春晓。如今共有300多棵柳树，600多株桃树。每到春天，红碧桃、紫叶桃，以及从外地引进的金散金碧桃、重瓣白碧桃等十多个品种的桃花竞相开放，争奇斗艳，将这里点缀得分外美丽！每年的3月，蠡园举办桃花节，整条长堤桃红柳绿，映着一湖碧水，另一侧是开阔的水面，远眺可见数点青峰，那真是让人美到心醉！夏天，只剩一湖烟绿，但垂柳拂波，满眼滴翠，也让人赏心悦目！

长堤西南角临湖建有六角亭，绿瓦红柱，亭内12根楞木上雕有60只金凤凰，每五只凤凰由一条龙率领，正中绘以双龙戏珠，故俗称龙凤亭。亭上悬"月波平眺"匾额，亭旁有游船码头，通鼋头渚风景区。

南堤春晓　　　　　　　　　　　　　　　南堤春晓

四、千步长廊

穿过月洞门，就是千步长廊，全长289米，始建于1927年，建成于1952年。它临湖而建，连接了老蠡湖和渔庄，也构成了一道独特的景致。长廊曲岸枕水，一侧依墙而筑，呈半封闭式。墙上遍开镂空花窗，用一色小青瓦砌成，89个（现存80个）花窗图案各异，富有我国民族建筑工艺特色。长廊中间，架两座跨水廊桥，八个立月洞门，高低起伏，显得深邃多变。廊内有饮绿、雪浪、澄波、织雨、伫月等题字砖刻16方。东廊墙上嵌有名人碑刻38方，刻的是苏东坡、米芾、王阳明等人的作品，这是在1928年建园时镶嵌上去的。

千步长廊　　　　　　　　　　　　　　　长廊内景

游人透过花窗,可见亭台、楼阁、山水、桥廊,尽得景异之妙;另一侧临水敞开设置朱栏坐槛,既装饰游廊,又能供游人休息,倚栏观景,水光潋滟,人在其中,有"山光照槛水绕廊"的意境。

下午

一、晴红烟绿

在长廊东端,通过延伸入蠡湖 50 米长的涵洞平桥,有建于 1935 年的亭式水榭,它是由王亢元出资建造的。整座水榭呈长方形,飞檐翘角,四面通敞,上部金色琉璃瓦顶,底部用黄色建筑材料。一面墙上雕刻有《嘉湖佳话》壁画,另一面有"晴红烟绿"匾,表明五里湖景色四时多变,因此也叫晴红烟绿水榭,游人可凭栏观赏蠡湖全景。和湖心亭隔水相望的是凝春塔,高数米,五层八角,红砖青瓦,小巧玲珑,中西结合,是蠡园中的著名一景。

亭式水榭

二、层波叠影

层波叠影即蠡园东部新区,建成于 1982 年,面积为 3 公顷,水面占 1.1 公顷。春秋阁居中而立,共有三层,飞檐翘角,这幢单檐歇山顶的建筑矗立在整个园林的最高处,它得名于春秋战国时期范蠡和西施的故事。阁前悬刘海粟书写的匾额,两旁一联,"落花流水千古梦境,浓妆淡抹绝色佳人"。底层有铜像"范蠡凝神观湖山""西施提篮去浣纱"。中层、上层设茶座。登高一览,茫茫湖水,澹澹云山,绿景婆娑,亭榭隐现,满目锦绣。春秋阁西,池中有堤,上有拱桥,名映月。西北有亭,六柱圆顶,上嵌紫陶碎片,闪闪有光。北有小河,上架拱桥,桥上建卷棚式屋三楹,名为水淼亭,中有漏窗观景。春秋阁东南下，有面阔五间、平挑入水、半架河上、前设半亭的水榭。延伸处有贴水平台，三面围以栏杆，中开方洞，露出水面一方，名"问鱼渊"，时见小鱼悠游，伸手可掬。水榭中间，由费新我书"层波叠影"匾额。

层波叠影

三、渔矶映月

鱼矶半岛上有西施浣纱像。西施曾经是个浣纱的女子，五官端正，粉面桃花，相貌过人。她在河边浣纱时，清澈的河水映照她俊俏的身影，使她显得更加美丽，这时，鱼儿看见她的倒影，忘记了游水，渐渐地沉到河底。从此，西施就有了"沉鱼"的代称。

鱼矶和长廊中间，建有同假山连成一气的邀鱼轩。轩前临水的平台上，可一览东部全景。在鱼矶观鱼，会看见红鲤有时悠然游弋，有时突然间击起涟漪，晃动柳荫亭、映月桥、邀鱼轩的倒影，荡起了水乡古韵。

邀鱼轩

四、假山叠翠

假山石阵是台园景区的主要特征。1930年陈梅芳建渔庄时，用太湖石堆砌假山群，由浙江东阳人蒋字元设计建造。来到假山群，只觉峰回路转，曲折盘旋。假山群的建造丰富了园林内容，增加了山林野趣，又分隔了景区空间。这些假山都以云字题名，有云窝、云脚、穿云、朵云、盘云、归云、留云等。假山最高处是归云洞，高12米，穿梭在假山群中，会让人有一种"身在此山中，不知云深处"的感觉。假山群旁，建造了小亭、池塘、小溪、曲桥、石笋，种植了各种名贵花木，酷似稽兰亭的风光。

假山群中最大的建筑是莲航。它建于1930年，三面临池，一侧和驳岸相连，分成三个舱：前舱是落地长窗，中舱装饰着矮墙花窗，尾舱隔有粉墙栏杆。航是园林湖泊中建造的一种船形建筑，主要供人在游览时驻足停留，观赏水景。江南造园多以水为中心，蠡园又建在太湖边，因此陈梅芳在假山群中造了这座莲航，使游人有虽然不在水中划船却如同置身舟中的感觉。

莲航

【资料链接】

蠡园位于无锡市风光秀美的蠡湖之滨，离无锡市区10公里，坐落在蠡湖北岸的青祁村，面积8.2公顷，水面占3.5公顷。它以水景见长，园以湖名，湖因园胜，曲岸枕水，秀丽明媚，错落在绿树花影中的亭廊桥榭，散发出水乡园林的特有风姿，是国家重点名胜区太湖的主要景点之一。

民国初年，青祁村人虞循真在此建"青祁八景"。1927年，同村民族工商界人士王禹卿"慨慕范大夫蠡之为人"而兴建蠡园。1930年，当地小陈巷人陈梅芳，在上海经营致富，紧靠蠡园建渔庄。1936年，王禹卿的儿子王亢元，又分别营建了湖心亭、凝春塔等建筑。1952年，无锡市人民政府将两园合并，以蠡园为名开放。1987年又建新区层波叠影。1996年，又以范蠡、西施为题，布置了吴越争霸、西施浣纱、小榭沉鱼、范蠡制陶等小景。2006年，"蠡园·西施庄"落成开放。蠡园特色项目有每年3月至4月的桃花展，6月至9月的荷展，7月至9月的夜游。

蠡园大门，古朴端庄，保留了原来渔庄的风格，上篆刻"蠡园"两字，内有面阔三间，进深九架的敞厅。从正门入室，进暗廊、月洞，穿过假山屏障，景色豁然开朗，只见修竹土岗，自成一坞。坞中有建于1930年的百花山房，面阔五间，雕花门窗。房后有长廊，是描绘范蠡西施故事的画廊，有夷光出世、溪畔浣纱、范蠡用计、勾践献美、吴王骄淫、伍员被害、越国灭吴、范蠡隐退、泛舟五湖、经商制陶等10幅画面。廊端接小亭，名思越，内有西施、郑旦蜡像。循径向前，有1985年建成的濯锦茶楼，两层三开间。在此透过湖水远望，蠡园的园林与雪浪的烟绿、漆塘的山岗、长广的溪水构成美景。

"寻根蠡园足迹　问道园林艺术"课程研学评价单

小组名称			研学日期	
成员分工				
活动内容			研学记录	
1	阅读 美丽传说			
2	观赏 古典园林			
研学体悟				
研学作业	1. 历代文人对西施有不同评价，你觉得西施是个怎样的人？ 2. 蠡园的一些古典园林建筑各具特色，请分别从名称、图片、特点等方面，列表加以区分。			
精彩瞬间	（附照片）			

穿梭古镇园林　找寻城市文脉

【课程目标】

1. 实地查看、评赏，深切感受天下第二泉悠久的人文历史、无锡市花别样的自然禀赋和惠山泥人绚丽的民间艺术文化。

2. 学会用优美的词语和段落来描绘"一泉一花一泥人"的特点，激发学生对自然美景、民间艺术的热爱之情。

【适合对象】

二年级

【资源选择】

地点：锡惠公园、惠山古镇；讲解：语文老师；阅读：浏览"无锡市锡惠园林文物名胜区"网站中的相关内容。

【课程实施】

上　午

一、概述锡惠公园

无锡市内最主要的风景名胜区——锡惠公园，位于无锡市西2.5公里处，包括锡山和惠山，全园面积达6.85平方公里。锡惠公园因山而得名，西部是惠山，东部是锡山。

惠山高329米，延绵20多公里，素有"江南第一山"的美称。它是天目山的支脉，从东南连绵而来，山有九峰，蜿蜒似龙，又称九龙山。惠山因晋代开山禅师慧照在此建寺，"慧""惠"两字相通，后人以此命名惠山。古时，惠山以泉著名，有天下第二泉、龙眼泉等十多处，名胜古迹有春申涧、惠山寺、听松石床、竹炉山房等数十处。

锡山背靠惠山，高75米，延绵约1.5公里，相传因周秦时盛产锡矿而得名。锡山是惠山东峰脉断处突起的小峰，山顶建有龙光塔和龙光寺，山下有龙光洞。1958年，映山湖开凿，与惠山连成一片，建成锡惠公园，形成真山假水、山水掩映的美景。

二、详谈天下第二泉

闻名于世的天下第二泉，位于无锡惠山第一峰白石坞下。惠山一带，林木茂盛，泉水丰富，自古素有九龙十三泉之称，其中二泉更是出名。天下第二泉得名于唐朝，相传为唐大历年间无锡令敬澄开凿，因僧人慧照（也称"惠照"）在此居住，故名惠山泉，至今已有1 200多年历史。唐代茶圣陆羽，遍尝天下名泉名茶，认为"庐山康王泉第一，惠山石泉第二"，从此，惠山泉就以天下第二泉的美名享誉四海。

二泉得名以来，留下了许多人文古迹。唐代时无锡地方官把二泉水送往长安，到宋徽宗时二泉水被列为贡品，月进百坛。苏东坡品饮二泉水后，赞称色味两奇绝。公元1518年清明节，明代著名画家文徵明与友人茶会于惠山，并挥毫作了《惠山茶会图卷》，再现了诗人画家竹炉煮茗、茅亭小憩的情景，这一珍贵画卷现藏于故宫博物院。清代康熙、乾隆两帝六次南巡至无锡，每次必到二泉品茗，并吟诗题字。20世纪40年代，著名民间音乐家华彦钧（瞎子阿炳）作二胡曲，取名《二泉映月》，更使"二泉"驰名中外。该曲创作于1939年，是作者心声的流露及生活的写照，曾在中华人民共和国成立10周年时作为国礼赠送外宾，现已成为一支誉满国际的名曲。

现在，二泉泉水随山势自西向东，分上、中、下三池。上池为八角形泉井，深1.94米，水质最好；中池深1米，正方形，紧靠上池。两池都是石底，青石围栏。池上的二泉亭，初建于南宋初期，是宋高宗赵构到此巡游时特地下令建造的，并题有"源头活水"四字。现在的亭子重建于清同治初年（公元1862年），亭壁上的石刻"天下第二泉"由元代书法家赵孟𫖯手书。泉水通过暗渠从漪澜堂底流入下池。

漪澜堂位于二泉庭院正中，四周游廊环绕，游客们在此可小憩品茗。苏东坡有"还将尘土足，一步漪澜堂"的诗句。乾隆多次在此设御座品茗，堂前匾额是现代书法家费新我所书。大门柱上有苏东坡的诗"雪芽为我求阳羡，乳水君应饷惠山"。

三池中，下池最大，长8.6米，宽5.7米，深0.33米，是北宋明道二年（公元1033年）开凿的。西池壁正中有一石螭首（俗称龙头），双爪前踞，龙颈弯突，张开大口，清泉自龙口倾注而出，构成螭吻飞泉胜景。石螭首始建于明朝弘治初年，最初采用无锡本地黄色阳山石雕凿而成，至今已有近500年的历史，为天下第二泉内现存年代最早的一件古迹。池前一组太湖石，叠成观音立于鳌背像，世称观音石，右为龙女，左为善财童子。观音石下有一段铭文，落款"蕙岩"，说明这是原礼部尚书顾可学别墅蕙岩小筑中的遗物，清乾隆年间才移到此地。

天下第二泉

三、品味杜鹃园

20世纪70年代末，利用惠山东伸之山岗坡地精心构筑而成的杜鹃园，是以无锡市花杜鹃为主的花园，曾荣获国家园林优秀设计一等奖和科技进步奖。园虽小，仅2公顷，但景色美不胜收：有黄石突兀、曲折深邃的沁芳涧，有清澈可鉴、睡莲浮水的鉴塘，有潜于一角、终年不枯的醉春泉，有如羊食杜鹃后盘桓而行的踯躅长廊，还有供赏花观景的云锦堂、绣霞轩、照影槛、枕流亭、山花烂漫亭等清雅的风景建筑。整个花园既有山野情趣，又有庭院小景，林木葱郁，清丽幽静。园虽建于现代，却深得古园神韵。杜鹃园现有景点鉴塘、踯躅廊、月洞门、醉红坡等。

每年4月至5月，锡惠公园都会举办杜鹃花节。锡惠公园从2007年开始，除了在原来的传统园内设杜鹃花展示区以外，还在西南惠山脚下开辟了中国杜鹃园，用来集中展示杜鹃花精品。穿过映山湖，就到了锡惠公园杜鹃花最集中的中国杜鹃园。人间四月天，惠山杜鹃红。中国杜鹃园内，落地栽培的杜鹃花有100余种，既有很稀有的杜鹃火焰、观山锦等大型西洋杜鹃品种，也有百年的日本杜鹃盆景，还有大型常绿高山杜鹃马缨花、迷你、露珠等精品杜鹃，特别是难得一见的黄灿灿的金杜鹃。满园杜鹃遍地，繁花似锦，争相斗艳，格外耀眼，一团团、一簇簇，或红色、或粉色、或白色、或金色，随风摇摆，迎风玉立，翠者欲滴，红者欲燃，白者如玉，粉者如霞，黄者如金，姹紫嫣红，美不胜收，营造出"一园红艳醉坡坨"的意境。

踯躅廊

鉴塘

盆景杜鹃花

杜鹃花景观造型

下 午

一、述说惠山古镇

惠山古镇至今约有 5 000 年的历史，古迹众多，文化底蕴丰厚，上自新石器时代，下至近现代，文化遗存及历史性建筑比比皆是，有国家级、省级和市级文物保护单位 25 处，号称"无锡历史文化的露天博物馆"。目前，现存古建筑大多为明清时期所建造。惠山古镇主体包括惠山古镇祠堂群、惠山横街、惠山直街，面积约 20 万平方米，聚集了 100 多处以明清祠堂花园、会馆会所、牌坊为主体的古建筑群落。

古镇的美食也不容错过，品尝惠山豆腐花经常要排队；距它不远的忆秦园小笼包据说在《舌尖上的中国》中播出过，蟹粉小笼是招牌馆主营的无锡菜；油酥饼更是这里的特色，在古镇上走两步就能看见一家油酥饼店，可以买来边逛边吃。

惠山古镇的祠堂建筑群，在元、明之间业已初步形成，明代无锡书画三杰之一的浦长源有"出郭楼台三四里，游人不得见山容"之句。惠山古镇的祠堂有钦定官设的祠堂、民间联宗立庙所建之祠两大类别，共有神祠、先贤祠、墓祠、寺院祠、贞节祠、宗祠、专祠、书院祠、园林祠、行会祠等十大类二十二种祠堂和七十多个姓氏，主祀和配祀人物的数量之多、建筑密度之大、祠堂类型之齐全，为国内外所罕见。它是中国姓氏谱牒文化的特殊见证，对传统的中华谱牒学及祠堂文化研究起着重要作用。

惠山镇祠堂

广场正中，建有大型标志性建筑照壁一座。正面镶有集朱熹墨宝而成的"惠山古镇"四个大字，每字1.6米见方，字体刚毅雄特、沉深古雅。其中一气呵成的"惠"字，细观竟有"十里连心"的含义，从中反映古代儒家中庸、和谐的思想。照壁的反面，贴有出自《惠山古今考》卷首的《九龙山胜迹图》，此图画于明万历年间，用线描手法将惠山及古镇山色景物表现得淋漓尽致。

照壁

惠山古镇的又一标志建筑——人杰地灵坊，为明代湖广提学副使邹迪光兴建。该牌坊在新中国成立后被推倒，石构件全部就地掩埋，如今挖出后原地恢复。邹迪光曾主持科考，所以桃李满天下，后来他被诬陷而罢官回家时，他的学生中有近千人为他送行，并且在此为他建造了这个牌坊，所以这个牌坊又叫千人报德坊。

人杰地灵坊

二、鉴赏惠山泥人

惠山东端的五里街,原是赴惠山寺朝山进香的必经之路,现为惠山泥人一条街。惠山泥人是无锡三大著名特产之一。无锡当地艺人取惠山东北坡山脚下离地面约一米以下黑泥,其泥质细腻柔软,搓而不纹,弯而不断,干而不裂,可塑性极佳,非常适合捏塑之用。早在北宋熙宁七年(1074),苏轼途经无锡,即有"惠泉山下土如糯"的诗句。惠山泥人是泥人艺人们几百年来保留传统,不断创新,孕育出的、灿烂绚丽的民间艺术文化,其造型饱满、线条流畅、色彩鲜艳、情趣盎然、雅俗共赏,颇受人们喜爱。

惠山泥人始于南北朝时期,距今已有1 000余年的历史。在明代发展到鼎盛阶段,明末清初开始出现了专业性的泥人作坊,加之当时昆曲流行,以戏曲人物为题材的手捏戏文人物也应运而生。20世纪30年代,惠山泥人工艺中融入石膏制作的技法,自此产生了石膏工艺泥人的新品种,惠山泥人艺术也逐渐发展成为富有江南地方特色的"惠山型"风格。新中国成立后,惠山泥人扩大了生产规模,研究开发出了大量新产品和新工艺,使惠山泥塑艺术得以进一步发展。20世纪50年代,当地专门成立了无锡惠山泥人厂,后来又相继成立了惠山泥人研究所以及惠山泥人博物馆,馆内既能看到南派的大阿福,也能看到北派的泥人张,还能看到师傅制作泥人的过程。如果喜欢,在馆内就可以买到无锡泥人,当然,在馆外的古镇上逛逛,也可以淘到泥人。

惠山泥人在艺术家手里经过捶泥、打稿、捏塑、制模、翻模、泥坯、整修、上粉、上色、开相、上油等十几道工序制作而成。它做工细致,造型优美,色彩绚丽,注重对人物性格、表情的塑造,富有浓厚的乡土气息。惠山泥人题材丰富,制作技艺精湛,惟妙惟肖,雅俗共赏。泥人共分两类:一类为"粗货",是泥人的传统产品,以胖娃娃、动物为题材;另一类为"细货",即"手控戏文",以戏曲、神话故事、舞蹈为题材。

这些手捏泥人，构思隽妙，做工精细，郭沫若先生赞其"人物无古今，须臾出手中"。泥人精品，具有较高的艺术欣赏和收藏价值。其中，代表作有大阿福。传说五百年前惠山脚下出现了一种青毛狮，专食儿童，百姓为平安幸福拜神求仙，神仙化为金童玉女施法降伏。人们为感念神仙，捏塑像取名阿福、阿喜。历代名家创作了形态各异的阿福、阿喜，人们或收藏或赠友，期盼一份平安和幸福。

阿福和阿喜

【资料链接】

一、锡惠公园简介

锡惠公园位于江苏无锡市西郊，占地 90 公顷，是一座集众多的文物古迹和休闲游乐项目于一体的综合性大型园林。锡惠公园有天下第二泉、寄畅园、惠山寺等著名旅游景点。锡惠公园始建于 1958 年，是首批国家重点风景名胜区——太湖风景名胜区的十四个核心景区之一，是国家重点公园，国家"AAAA"级旅游景区。

二、惠山古镇简介

惠山古镇地处无锡市西、锡山与惠山的东北麓，京杭大运河紧靠其北流经，有锡山先民施墩遗址。它以地理位置独特、自然环境优美、古祠堂群密集分布为特色，是无锡老街坊风貌保存完好的唯一街区。2006 年 6 月，经国务院批准，惠山古镇祠堂群被列为全国重点文物保护单位，如今惠山古镇已被纳入世界文化遗产预备录名单。

"穿梭古镇园林　找寻城市文脉"课程研学评价单

小组名称		研学日期	
成员分工			
活动内容		研学记录	
1	锡惠公园		
2	惠山古镇		
研学体悟			
研学作业	1. 游览锡惠公园、惠山古镇后,请你用几个词分别形容一下天下第二泉、无锡市花杜鹃花、无锡泥人的特点。 2. 请你选择天下第二泉、无锡市花杜鹃花、无锡泥人中的一处景物或事物,写一段精彩的导游词。		
精彩瞬间	(附照片)		

弘扬梅花精神　铸造家国情怀

【课程目标】

1. 欣赏梅花神韵，吟诵梅花诗词，熟悉梅花的特点，体会梅花的精神。
2. 了解荣氏家族的工商文化，学习并传承荣氏家族爱国、爱家乡的情怀。

【适合对象】

二年级

【资源选择】

地点：梅园；讲解：语文老师；阅读：浏览无锡梅园公园管理处官方网站中的相关内容。

【课程实施】

上　午

一、天心台

　　天心台是梅园的第一个赏梅点，建于1914年，取"梅花点点皆天心"之意。台用黄石砌成，高2.5米，上建"六角亭"。台下，三面小溪萦绕，上跨野桥，营造古诗中"骑驴过小桥，独叹梅花瘦"的意境，说的是梅花以瘦、斜、曲为美。这里的梅林最盛，品种繁多：有洁白素净的玉蝶梅，有花如碧玉、翡翠相托的绿萼梅，有红颜淡妆的宫粉梅，有胭脂滴滴的朱砂梅，有浓妆艳抹的墨梅，等等。

天心台南有块太湖石，名叫米襄阳拜石。相传宋代大书法家米芾（又称米襄阳）任职丹徒时，此石即为其园中之物，因米芾爱石成癖，后人称之曰米襄阳拜石。它高约3米，上有81孔，大可容拳，小仅纳指，瘦、漏、皱、透，苍老古奇。它原是金坛清代大学士于敏中园中故物，如今湖石伴植红梅，背衬翘角飞亭，与远处塔影相叠，形成层次丰富的景色。

天心台

二、香海

香海是梅园赏梅的著名一景，建于1914年。这里有三间拱圈形门窗房屋，四周环廊，面对梅林。早春，花开似雪，冷香扑鼻。当年，荣德生先生以白银50两托人觅得康有为手书"香雪海"额，悬匾于轩前。1919年8月，康有为来游梅园，见此系他人伪作，即挥毫重书"香海"。原匾遗失，现门楣上两字为康有为学生、他的儿媳妇——著名书法家萧娴女士于1979年所写。1991年，在南京博物院找到康有为原书手迹，重新制匾，悬于轩内。

香海屋后，悬有金峙程所书的"一生低首拜梅花"匾，右旁有刘海粟的"梅花"刻石。古人总是把花木和自己的情趣联系在一起，梅花贞洁高雅，是花中四君子之一。梅园主人敬仰梅花的高尚品质，愿意以梅花为榜样，一生一世伴梅花。

香海

三、诵豳堂

从香海轩穿堂而过,就是诵豳堂了,俗称楠木厅,为荣氏梅园的主体建筑,1916年建成,在这里能再次感受到梅之魂。荣氏在工业救国的过程中,深知百姓以食为本,故以面粉业为起点,继而开创纺织业,所以荣德生先生取《诗经·豳风》种植庄稼辛勤劳苦之意命名此堂,出典古雅而又不忘本。

厅堂中间是"诵豳堂"匾额,现匾额为书画家吴作人在1979年所书。额下悬挂梅园全景图,两侧对联为"与众人同游乐开园围空山,为天下布芳馨栽梅花万数",表现了园主人造福桑梓,无私奉献的博大胸怀。东墙的楹联为"发上等愿,结中等缘,享下等福;择高处立,就平处坐,向宽处行"。"发上等愿"指的是荣德生先生一生志向远大,从实业救国开始;"结中等缘"说的是荣德生先生随遇而安,有着一种平和的心态;"享下等福"说的是荣德生先生在自己富裕的时候,不忘百姓和家乡,建宝界桥、江南大学等。荣氏家族的兴旺不败,和他们有着梅花般的精神和为人处世的准则是分不开的。

四、念劬塔

念劬塔坐落在浒山上,是梅园的点睛之笔,也是梅园的标志性建筑。登塔俯瞰梅海花涛,远眺湖光山色,景色绝佳。该塔八角三层,高18米,建于1930年,是荣宗敬、荣德生兄弟为母亲石太夫人而建的纪念性建筑,以怀念父母的养育之恩。

1930年,正值荣宗敬、荣德生先生的母亲石氏八十寿诞,兄弟二人特地建造这塔,以示纪念。初次拟名为念慈塔,钱振锽先生来梅园赏梅时,荣德生先生请钱先生作文书写塔记。钱先生向他提出建议,改塔名为"念劬",既取《诗经·小雅》中"哀哀父母,生我劬劳"之句,以示对父母的怀念,又取《诗经·凯风》中"棘心夭夭,母氏劬劳"之句,以示纪念母亲之意。

念劬塔

下 午

一、中日梅观赏园

此园位于小金谷东山坡上,系无锡梅研究会与日本梅研究会共同创建,占地20亩。由纮齐苑、梅影壁、梅妻鹤子等雕像组成。梅影壁,展示了毛泽东、郭沫若、陆游与梅有关的诗词,配以多幅名家梅画,以其鲜明的艺术形象和深刻寓意,体现梅花的不凡气质,向人们展示了中国梅文化悠久的历史。其间立碑,大书一个"梅"字,上"木"下"每",书法结构怪异,是从明代无锡人邵宝的墨迹中临摹而来的。左为松本纮齐先生出资建造的具有原汁原味东瀛风格的纮齐苑。纮齐苑现已成为梅园风景区内一处别具特色的休闲庭园,由墙垣、泉池、小桥、石凳、石竹笼等小品建筑和一幢木结构的房屋组成,是一幢典型的日本式庭院,内有木屋,设茶道表演馆和席地而坐的品茗处,苑外有珍贵的梅树林和金山石镌刻的林和靖像。

20世纪80年代初,日本梅研究会理事长松本纮齐先生开启了中日之间梅文化交流活动的序幕。30多年来,松本纮齐先生多次率团到无锡梅园参观访问,与梅园结下了深厚的友谊。同时,他向无锡梅园赠送了260多个日本梅品种,使梅园的日本梅品种的数量位列全国之首。

梅园

二、古梅奇石圃

2001年建成开放的古梅奇石圃是集天下古梅与奇石于一体,结合中式园林建筑小品的一个园区,浓缩了梅文化的精华,展现了梅文化的博大精深,还汇集了国内几大梅桩盆景流派造型。在此观梅,能观赏到龙游梅、滚枝梅、疙瘩梅、拐梅、劈梅等诸多梅桩流派中的精品之作，领略到"梅之铁骨铮铮，梅之一树先天下春"的品格。

该园中园为传统园林半开放式设计，设立以梅花为主题的照壁，展出以梅为主的书画，陈列古老梅桩，引进百年以上的老梅树，配置松、竹、梅、兰及其他四季花卉50多种，构成中国唯一的梅花博物馆，利用多种形式，让游客在游览过程中能生动形象地了解梅花的栽培管理知识，受到博大精深的梅文化熏陶。

三、观赏温室

观赏温室位于园林博览园，总占地面积5 000平方米，建设面积2 000平方米，是苏南地区最大的植物观赏温室，由沙生植物馆、四季山水园、科普馆等组成，种植各类植物上千种。它收自然界的生态奇景于一角，集世界珍奇植物于一身，形成人与自然和谐相处的氛围。

古梅奇石圃

这里展出有园中历经数十年积淀、精心培育而成的艺术梅桩，如"峰峦叠嶂""光辉岁月""江山多娇"等众多桩景。这些堪称镇园之宝的梅桩，属艺术梅桩流派中的黄岩流派。桩景枝条坚硬如铁，击之如磬，色泽丰厚，纹理清晰，曲折自然，苍古入画，经历百年风霜雨雪而不朽，体现出高贵不凡的气质。

观赏温室

四、梅品种国际登录园

1999年，在中国工程院资深院士、北京林业大学教授陈俊愉先生的指导下，梅园又开始着手梅品种国际登录工作。对著名植物品种进行国际登录，是近年来国际植物学界兴起的一项重大基础性研究课题，一旦获得了某项国际登录权，就意味着该国园艺界在这一领域具有了国际地位，也拥有了该观赏植物更多的自主知识产权。至今，梅园已有52个品种国际登录成功，名列全国第三，成为名副其实的中国梅品种资源圃，并成功获得建设梅品种国际登录园的资格。2012年，梅品种国际登录园在梅园浒山北麓落成，引进、栽种了包含11个品种群共计2 000多株获得国际登录的梅花品种。而位于梅品种国际登录园中的全新蜡梅园，汇集了华东地区树龄超过30年以上的大型蜡梅树200多棵，部分大型蜡梅树的树龄超过50年，树冠高度在5米以上，成为华东地区最具规模的观赏蜡梅林。目前，该园种植的蜡梅超过1 300棵，培育蜡梅盆景300多盆，多为素心、虎蹄、磬口等名优蜡梅品种。此次建成的蜡梅林，是由荣氏后裔荣智健先生捐资助建的，此地成为荣氏家族成员为家乡人民创建的又一个赏花、观景的花卉专类园。

每到北风呼啸之时，一树树蜡梅迎着风雪怒放，花朵如梅，黄亮如蜡，冷香远溢，其铮铮铁骨、傲寒品格，让人肃然起敬。它们与南天竹、茶梅、五针松、金缕梅等配置，隆冬时节呈现出红果、黄花、绿叶交相辉映的特有景观。

【资料链接】

无锡梅园横山风景区南临太湖，北倚龙山，距市中心5公里，交通便利。中国民族工业之首户——荣宗敬、荣德生仲昆本着"为天下布芳馨"之宏愿，于1912年在此购地筑园，倚山植梅，以梅饰山，称为梅园。这里曾是荣德生之子——荣毅仁的私家花园。1955年，荣毅仁将园献给政府。1960年，园林部门扩建东部新区。1988年，又扩建至横山，使梅园成为融名卉、绿化、建筑、文化为一体的游览胜地。

梅园现有面积812亩，其中梅林占56亩，园内植梅5 500多株，梅桩2 000多盆，有玉蝶、绿萼、宫粉、朱砂、龙游、墨梅等品种近500个。百年梅园深厚的人文精神，即是梅花品质的人格化，无锡市已将它科学地概括为五个方面：一是忧国忧民的爱国精神；二是坚韧不拔的创业精神；三是恪守诚信的务实精神；四是勇于进取的创新精神；五是关爱社会的奉献精神。这五种精神，正是梅花给予人的深刻启迪。

梅园横山风景区现有三大主要景区：

一是以梅文化为主题的梅花景区。这里有洗心泉、天心台、念劬塔、诵豳堂等众多荣氏人文古迹；又有集天下古梅与奇石于一体，结合中式园林建筑的古梅奇石圃，内有中国唯一的梅文化博物馆及岁寒草堂、冷艳亭等建筑。徜徉其间，可以了解梅花的许多知识，领略博大精深的梅文化，感受梅花人格化的精神。

　　二是园林博览园。这里集自然与风格各异的园林景观为一体，布置有风车、吊桥、咖啡屋、教堂等。畅游其间，开阔的大草坪、高大的香樟林、炫目的球宿根花卉、浅滩倒影，处处体现出浓郁的异国风情。

　　三是花溪景区。这里引种奇花异卉100多个品种，建有规模巨大的岩石景观，绿树巨荫与突兀大石相间，流水淙淙其间，倒映着蓝天白云，与群山融为一体。人在其间，无不感受到设计师的匠心独具。

　　四面有山皆入画，一年无日不看花。几十年连续不断的园林营造，使风景区形成了初春探梅、仲夏观荷、金秋赏桂、隆冬踏雪四大特色，给人一种回归自然、超越自然的感受。

"弘扬梅花精神　铸造家国情怀"课程研学评价单

小组名称		研学日期	
成员分工			
活动内容		研学记录	
1	天心台		
2	香海		
3	诵豳堂		
4	念劬塔		
5	中日梅观赏园		
6	古梅奇石圃		
7	观赏温室		
8	梅品种国际登陆园		
研学体悟			
研学作业	1. 整理、吟诵描写梅花的诗词句。 2. 了解了荣氏家族与梅花，你认为荣氏家族的家国情怀是什么？		
精彩瞬间	（附照片）		

瞻仰阖闾古城　感受春秋吴风

【课程目标】

1. 参观无锡阖闾古城遗址和阖闾城遗址博物馆，了解阖闾古城的由来和发现，体会吴文化、春秋文化的源远流长，感受吴文化精神。
2. 吟唱一两首吴歌，感受古代劳动人民的勤劳和智慧。

【适合对象】

三年级

【资源选择】

地点：无锡阖闾古城遗址、阖闾城遗址博物馆；讲解：语文老师；阅读：浏览"无锡市阖闾城遗址博物馆"网站、电影《阖闾王朝》中的相关内容。

【课程实施】

上午　无锡阖闾古城遗址

阖闾古城遗址是无锡市极为珍贵的历史文化遗产，它是吴国（春秋五霸之一）的都城，1956年被列为江苏省第一批重点文物保护单位。该城始建于阖闾元年（周敬王六年，即公元前514年），距今已有2 500多年。阖闾城的筑城年代晚于春秋中期，早于汉代，大致为春秋晚期，与吴王阖闾的年代相当，即公元前515年至公元前496年之间。

2007年和2008年，无锡市第三次全国文物普查办公室与南京博物院考古研究所，以第三次全国文物普查为契机，对无锡阖闾古城遗址进行了为期一年半的考古调查和钻探，调查范围包括东城、西城、阖闾大城、闾江水系、胥山和胥山湾，钻探发现了春秋晚期的城墙、城内的高台建筑、陆门和水门。后来，此地被确定为吴王阖闾都城，凭借这一发现，国家文物局将其评为"2008年度全国十大考古新发现"。无锡阖闾古城遗址的发现，有利于弘扬吴地文明，提升城市内涵，提高城市知名度。

古城遗址图

一、阖闾大城

无锡阖闾古城遗址考古复查最重要的收获之一是确认了阖闾大城。阖闾大城长2 100米，宽1 400米，面积2.94平方公里。阖闾大城的发现，完整地复原了文献中伍子胥造筑的阖闾城。专家根据无锡阖闾古城遗址的等级规模、年代布局和历史文献，推断出它为吴王阖闾的都城。此外，还发现了宽34米的墙基和水门遗迹，以及"阖闾古城遗址"的大城、东城、西城和高台建筑的年代均为春秋晚期。

二、龙山石城

阖闾古城遗址考古复查的另一重要收获是发现了龙山石城，第一次确认了春秋时期的吴国长城。阖闾城北面临太湖的龙山山脉自西南向东北分布着石冢和石城。龙山石城蜿蜒分布，依山势高下而筑，石城两面用大石块垒砌，中部填土，石城宽约1.0米，地面高度0.7~1.0米，大约长20公里。龙山石城的年代与阖闾古城遗址相同，具备了"因地形，用险制塞"的基本要素，其建筑形制与中山长城相同，可能为年代仅次于楚长城和齐长城的"吴长城"。

三、阖闾城遗址公园

阖闾城遗址公园将打造成为无锡吴文化旅游胜地。目前，吴文化教育基地、吴文化村等文化旅游项目已初具规模。

吴文化教育基地占地140亩，建筑面积2万平方米，以阖闾王城为重点，展示春秋吴国的建筑特色和筑城理念。复建的阖闾王城采用"前殿后寝、左祖右社"的方形城池格局，中轴线上的主体建筑，自东向西为城门、演兵场、宫门、大政殿、后寝殿。这里既是3D电影大片《阖闾王朝》的主要外景，也是游客感受吴文化并参与中影集团独创策划的互动实效电影项目的景点。

吴文化村规划在胥山北侧南湾，占地140亩，将打造成一个集旅游接待、购物、餐饮、民俗节庆活动等功能于一体的文化旅游综合体。

下午　阖闾城遗址博物馆

马山岛入口处，一只破壳而出的"凤凰"峙立在朝南的半山坡，奇特而雄伟。这座获得上海建筑学年会建设设计大奖。寓意"玉凤涅槃"的建筑，就是阖闾城遗址博物馆，它占地约95亩，建筑面积2.7万平方米。

博物馆展览区，主要由吴地探古、薪火相传、礼乐春秋、阖闾雄风、吴风古韵等七个部分构成。通过阅览图片、文物，观看3D影院，多点互动多媒体展示的《伟哉！阖闾》，游客可以穿越历史，了解阖闾城遗址的考古过程和吴王阖闾励精图治的故事。

博物馆外景

一、吴地探古厅

吴地探古厅，重点介绍吴国的历史。吴国是春秋时期位于长江下游地区的姬姓诸侯国，也称勾吴、大吴等。吴国的疆域包括今天苏、皖两省的长江以南部分及浙江北部的环太湖地区，吴国强大后吞并了淮夷、徐夷等小国，将国土面积扩张到苏皖全境、浙中北、赣东北地区，是春秋中后期最强悍的诸侯国之一，在吴王阖闾、夫差时期达到鼎盛。吴国前后有五处国都,梅里是第一处,后迁至朱方(今镇江东北部),再迁淹君地(今常州淹城)、阖闾城、姑苏台(今苏州木渎镇)。

二、薪火相传厅

薪火相传厅重在展示无锡吴文化的起源,陈列考古发掘的重要文化遗存及器物,用历年考古发现的重要文物之间的相关性和传承性,来弘扬薪火相传的吴地文明。这里主要介绍了春秋时期无锡鸿山大型墓葬类遗址的考古发现,陈列了其出土文物及其他富有吴文化特点的各类文物,是梳理古代吴国文化遗存、展示无锡传承吴文化的特色展厅。

三、礼乐春秋厅

礼乐春秋厅中陈列了春秋时期的各种青铜器,逐一介绍了它们的名称和用途,还介绍了春秋时代贵族子弟必须掌握的六种基本才能,即"礼、乐、射、驭、书、数",合称"六艺"。《周礼·保氏》对"六艺"的内容做了进一步的充实和规范,"养国子以道,乃教之六艺:一曰五礼,二曰六乐,三曰五射,四曰五驭,五曰六书,六曰九数",使"六艺"成为一门包括社交礼仪、书法文字、政治、经济、军事等多领域的学问,成为儒家对学子的基本要求。

四、阖闾雄风厅

阖闾雄风厅用丰富的史料、文物以及场景,全面揭示了吴王阖闾及阖闾城的历史面貌,突出表现了吴王阖闾清廉亲民、任人唯贤的人文精神,以及他秣马厉兵、强军立国的争霸雄心。阖闾登位后,以楚国旧臣伍子胥为相,推行了一系列的改革措施,使吴国具备了强大的经济实力。阖闾又以齐人孙武为将,通过整军练兵,吴国的战力空前强大。公元前506年,吴军挥师西进,一举攻克楚国的都城郢都(今湖北荆州)。公元前504年,阖闾再次讨伐楚国,攻取了楚国的番邑(今江西鄱阳),迫使楚国迁都。从此,吴国威震华夏,阖闾被誉为春秋五霸之一。

阖闾雄风厅

五、吴风古韵厅

吴风古韵厅,重点展示吴国先辈的风情民俗和文化特色:一是鲜明的水乡文化特色,这里的人们衣丝帛,食鱼虾,枕河而居,出门坐船和外出商贸都离不开水;二是浓郁的市民文化特色,大多数吴地艺术家,如冯梦龙,明代吴门画派的代表人物文徵明、唐寅等在作品中描绘了大量的市民形象,评弹、昆曲也都产生于市民阶层;三是外柔内刚的文化品格,自南北朝以来,温文尔雅的才子佳人甚多,出过顾炎武等名人志士;四是重文重教的文化理念,科举时代,吴地状元最多,当代"两院"院士中,吴地籍人士位居前列;五是精巧细腻的文化品位,著名的工艺美术品种类繁多,如苏绣、苏扇、民族乐器等。

吴风古韵厅

六、多媒体互动厅、3D展厅

多媒体互动厅是六个展示中心的最大亮点,总面积600多平方米,堪称全球之最,通过高技术手段全面展示演绎吴王阖闾巅峰伟业,尽情再现古吴风情。进入多媒体厅,眼前是一个巨大的弧形屏幕,与地面连成一体。随着赵忠祥富有磁性的男低音立体环绕讲解,2 500年前吴王阖闾的故事画卷徐徐展开,眼前时而是江南水乡的柔美灵动,时而是吴楚战场的恢宏盛景,这是不用戴3D眼镜就能亲身体验的"裸眼3D"。由屏幕延伸到地面的各种场景,可以让游客穿越历史参与互动体验,城砖随着游客脚步的移动瞬时显现,游客就有了身临其境的震撼。

多媒体互动厅

3D展厅播放"中国吴文化博览园·阖闾都城"专题宣传片,介绍吴文化的起源和无锡吴文化遗存,重点介绍阖闾都城遗址。

【资料链接】

一、阖闾城遗址简介

阖闾城遗址是无锡市最为珍贵的历史文化遗产,是第一个有论断的春秋吴国的都城,距今已有2 500年的历史。

阖闾城遗址包括阖闾大城和东、西小城。东、西两座小城位于阖闾大城的西北。东、西小城发现陆门和水门4座,根据勘探,阖闾大城也应存在水门。阖闾大城的面积约2.94平方公里,东、西小城的面积约50万平方米。西城的南区有大型建筑群,呈对称分布,北区亦有大型建筑。阖闾城的大城和东、西小城的年代晚于春秋中期,早于汉代,推测为春秋晚期。西城内大型建筑遗迹的年代与城墙相同,亦应为春秋晚期。

二、阖闾城遗址公园简介

阖闾城遗址公园位于无锡太湖国家旅游度假区,东接无锡市区,南临太湖,西靠武进,北至胡埭,总规划面积约10平方公里,规划设计有城址展示区、博物馆区、综合功能区、古胥湖历史环境复原区、龙山石冢展示区、阖闾影视文化区、阖闾城文化村、十八湾酒店度假区8大功能区。

三、阖闾城遗址博物馆简介

阖闾城遗址博物馆北靠龙山,南临太湖,是无锡市吴文化博览园的重要部分。博物馆内有五大展区，供游客见识春秋吴国的旧址，观赏那个年代的各种展品，通过多种渠道了解春秋时期吴国的历史。

该博物馆整体造型犹如镶嵌在绿水青山间的破壳而出的美丽"玉飞凤"，其建筑设计采用同济大学"玉凤涅槃"方案，运用"建筑修补山体"的构思，巧妙利用山势，使建筑与山坡自然融合。整个建筑设计为"之"字形迂回上升通道，由位于闾江口附近4米标高的入口广场，逐渐过渡到18米标高的博物馆。这样的空间布局借鉴了雅典帕提农神庙的空间组织方式，让游客可以怀着朝圣的心情走向高处，增加博物馆的神秘性。

外观建筑墙面用石头铸成，以最大程度还原古代的夯土筑城。展厅采用青铜铸造，碰撞冲突之中展现博物馆磅礴而饱含生命力的主旨。展厅墙面使用古铜材质，给游客一种青铜器时代的庄严与敦厚之感。游客通过的走道高而窄，让人的思绪集中于眼前的展品，遥想吴国的历史人文，感受历史的厚重与恢宏。

"景仰阖闾古城　印象春秋吴风"课程研学评价单

小组名称		研学日期	
成员分工			
活动内容		研学记录	
1	阖闾古城遗址		
2	阖闾城遗址公园		
3	阖闾城遗址博物馆		
研学体悟			
研学作业	1. 吴文化的特征和精神分别是什么？请你简单概括一下。 2. 请你吟唱一两首吴歌，体会一下古代劳动人民的智慧和勤劳。		
精彩瞬间	（附照片）		

领略湿地风光　保护地球之肾

【课程目标】

1. 欣赏长广溪湿地的"古、广、幽、美",了解湿地四大净水过滤系统的原理和运行情况。

2. 通过写诗来描绘长广溪湿地的风光,以调查、写倡议书等方式知晓家乡湿地的现状,增强学生的生态保护意识。

【适合对象】

三年级

【资源选择】

地点:长广溪湿地公园;讲解:语文老师;阅读:查找长广溪湿地公园相关网络资料。

【课程实施】

上午　欣赏湿地自然风光

长广溪湿地公园总面积37万多平方米,共种植288种植物,堪称锡城最大的天然植物园和鸟园,具有"古、广、幽、美"的特点,是一座集生态、休闲、科普、人文为一体的综合性湿地公园,也是全国十个国家城市湿地公园之一。

长广溪湿地公园

一、古

古,说的是它历史悠久。长广溪原为江南自然河流,自古以来一直是外太湖经五里湖进入无锡城区的水上捷径,是连接蠡湖与外太湖的生态廊道。相传公元245年,东吴孙权派典农校尉陈勋屯兵3万,开挖疏浚长广溪,使之成为贯通大溪、雪浪、南泉诸乡的大河。《清史稿》记载:"东溢为五里湖,南出为长广溪,西径吴塘门,仍入太湖。"长广溪及其周围更有许多古桥、古井、古村落,还留下了古庙和许多民间故事,令后人追思遥想!

二、广

广,说的是它地域广阔。长广溪湿地公园,南靠太湖,北连蠡湖,西依军嶂山,东邻大学城,总长10公里,占地260公顷,其中水面80公顷,取名"长广溪",就是溪阔水长之意。它还有个俗名,叫"百脚港",缘于它有众多的支流,小河、小溪、小浜甚多,它们蜿蜒曲折,一如仕女腰间的飘带,逶迤流去,源源不断地为人们输送着浩瀚的生命之水,或浇灌万顷良田,或滋润干渴心田,可谓名副其实的水乡泽国。

三、幽

幽,说的是它环境清幽。阳春三月的清晨,漫步在湿地公园,只见一路花繁叶茂、绿水环绕,生意盎然。沿着石砖小路踽踽而行,时而会传来几声婉转鸟鸣,顿时会让你觉得置身于空谷之中。炎炎夏日的黄昏,林木森森,绿荫逼人。虽然蝉声飘飘、鸟语阵阵,但"蝉噪林愈静,鸟鸣山更幽"。一到秋高气爽的夜晚,"明月松间照,清泉石上流",不是仙境,胜似仙境!而当雪花飘零的冬日,更有一种"人稀境静雪销迟"的意境!

四、美

美，说的是它风光秀丽。湿地公园内大道四通八达，小路曲径通幽，栈桥纵横交错。石塘廊桥气若长虹，横跨宽阔的长广溪，坐在桥上望去，远处青山连绵起伏，林间喜鹊飞舞，白鸽飞翔，山脚下碧水潺潺，杨柳依依，湖面野鸭觅食，湖鸥翻飞，水边芦苇摇曳，真是鸟儿的天堂、鱼儿的家园！雕塑园里，鲤鱼钢塑、鱼虾水草砖雕、荷花塑雕、多种动物瓷模、体育竞技雕塑等活灵活现、千姿百态，人与自然在这儿和谐共生，不愧是"五里天堂"啊！

石塘廊桥

"五里天堂"雕塑园

下午　参观湿地科普馆

长广溪湿地科普馆现有两个展厅，展板100多块，模型15件，穿插运用多媒体技术，主要有非接触式多媒体互动游戏、湿地科普知识竞答、湿地科普知识电视片宣传等。第一展厅主要展示湿地科普常识、中国湿地类型模型、电子视屏演示系统、互动多媒体投影、湿地动植物标本等。第二展厅主要展示长广溪国家城市湿地公园（300米试验段）规划、建设情况，重点介绍了长广溪湿地四大净化地面水质的原理以及模型。

湿地科普馆

一、湿地

湿地的定义分为广义和狭义两种。狭义一般认为湿地是陆地与水域之间的过渡地带。广义则把地球上除海洋（水深6米以上）外的所有水体都当作湿地。

湿地的作用：提供水源；补充地下水；调节流量，控制洪水；保护堤岸，防风；清除和转化毒物和杂质；保留营养物质；防止盐水入侵；提供可利用的资源；保持小气候；野生动物的栖息地；用来航运；进行旅游休闲；开展教育、开发科研价值。

二、净水系统

在高速发展的今天，我们生存的环境正日益受到水源污染的威胁，有效保护水生态环境，已经成为人类实现可持续发展的关键。

净化的目标水源分为雨水、河川原有污水两种。一般人认为雨水是洁净的水，未经处理便就近排放至河川中。然而事实上，除了落在植被上的雨水不会造成污染，其他都吸收了空气中的脏物。因此，在雨水流入河川之前，必须进行过滤等净化处理。

长广溪国家城市湿地公园为了改善目前的水质和生态环境，使蠡湖水系达到健康、生态的可持续发展状态，在300米启动段设置了"沉底过滤、平行过滤、重力过滤、生物过滤"四种湿地生态净水过滤系统。

沉淀过滤系统：长广溪湿地的沉淀过滤系统，是让雨水进入汇集池停留一段时间，让较大的脏物粒子初步沉淀，经水位控制堰溢至第一湿地沉淀池进行中型脏物粒子沉淀，再让雨水溢入第二湿地沉淀池，过滤较小的脏物微粒，接着溢入第三湿地沉淀池，同时湿地植栽将污染物自然吸收。最后，过滤后的雨水自然排放到长广溪中。

重力过滤系统：长广溪湿地的重力过滤排水系统，位于启动段野香园下，靠地心引力的自然特性，让引入的生活污水和雨水经泥土、粗石层、碎石层、细砂层、过滤网等地下预设层，流入半渗透性的管道内，经过多层过滤后再将水排入长广溪。

平行过滤系统：长广溪湿地的平行流向过滤系统，是河岸垂直式的过滤系统。结合长广溪水滨木栈道和浮动木平台的设计，于木栈道和水上平台下悬垂单向穿透性过滤网直至水底，雨水通过此过滤网进行有效过滤后才能排放到长广溪中。此结构为浮动式，可根据水位自动调节，从而确保雨水过滤净化效果的实现。

生物过滤系统：长广溪湿地的生物过滤系统，设有一系列小型生态水岸小岛，区内水位处于常水位线，水岸除了种植吸引虫鱼鸟类的多层次的植栽，更设置培育鱼虾类水生动植物的栖地结构，不同的结构形式可以吸引不同的生物在此繁殖，有效地促进了区域水体的生态净化和过滤。

【资料链接】

　　长广溪湿地公园位于蠡湖西南岸石塘桥堍，它依山傍湖，地理位置和自然环境非常优越。2005年5月建设部将其列入第二批国家城市湿地公园名录，是全国十个国家城市湿地公园之一。

　　湿地公园集生态、休闲、科普、人文于一体，充分利用生态净水系统改善水质，溪边湖畔浅水植物挺立，湿地内草木葱茏，自然生态环境优美。主要景点有石塘廊桥，连接湿地公园两端，一面靠笔架山，横跨长广溪，气势非凡，是东蠡湖的标志性景观之一，是目前全市最长的体现蠡湖历史文化且具有江南特色的廊桥。园内还有湿地科普馆、湿地教育展示中心、雕塑园、露天舞台、儿童乐园等科普教育、服务配套设施，使游人在生态湿地休闲自娱中得到文化的熏陶和便利的服务。

　　长广溪湿地公园四季分明，气候温和，雨水充沛，日照充足，无霜期长。1月平均气温在2.8℃，7月平均气温在29℃，最佳旅游季节为春秋两季。

"领略湿地风光　保护地球之肾"课程研学评价单

小组名称		研学日期	
成员分工			
活动内容	研学记录		
1	湿地公园风光		
2	湿地科普馆		
研学体悟			
研学作业	1. 请你写一首小诗来赞美一下长广溪湿地公园的美丽风光。 2. 调查家乡的一处湿地现状，或写一份主题为"保护地球之肾——湿地"的倡议书。		
精彩瞬间	（附照片）		

观摩体育中心　增强运动热情

【课程目标】

1. 通过查找资料、实地观摩等形式，加深对体育文化的认识和了解，激发学生对体育运动的兴趣。
2. 通过研学活动，培养学生的合作意识，增强学生的探究能力。
3. 通过研学活动，帮助学生进一步了解体育运动的价值，树立终身体育的意识。

【适合对象】

四年级

【资源选择】

地点：无锡市体育中心；讲解：各场馆工作人员。

【课程实施】

上　午

一、体育场

无锡市体育场是由无锡市政府于1994年投资建成的。当年就成功举办了江苏省第十三届运动会。体育场建筑面积为20 588.5平方米，看台拥有28 146个座席，看台东西两侧为钢结构遮雨棚，面积分别为3 000平方米，西侧遮雨棚下设主席台贵宾区，可容纳贵宾110人左右，并与贵宾休息室、新闻发布室连接。看台南侧有91平方米的全彩动态电子显示屏，可与现场摄像机接驳，显示场内活动场景，计时计分。体育场内场总面积24 280平方米。中央有宽68米、长105米的符合国际标准的足球场，足球场下设排水系统，可承办高级别足球赛事。另有400米8道标准塑胶跑道。足球场草坪、塑胶跑道于2005年再次被投资改造，并成功地承办了全国第十届运动会男子足球小组比赛，被评为优秀赛区。这里可举办高级别足球、田径赛事及大型文娱演出，曾承办徐霞客国际旅游节开幕式等大型文艺演出。

体育场看台

鸟瞰体育场

二、体育馆

体育馆建筑面积57 600平方米，主馆能容纳7 155人。场馆可举办篮球、乒乓球等12个项目的国际、国内体育赛事和大型文艺演出。举办过中国乒乓球大奖赛、中澳男子篮球对抗赛、中国国际女排精英赛、世界斯诺克江苏精英赛、全国体操锦标赛、世界女子手球锦标赛等赛事。还举办过蔡琴、齐秦、陈慧琳、刘若英、孙楠、周杰伦、韩红、谭咏麟、费玉清、童安格的个人演唱会及公益性演出，中国残疾人艺术团巡演《千手观音》演出、《走进希望的春天》公益晚会、新丝路时装模特大赛决赛和宣传、推广无锡形象的《同一首歌走进无锡惠山》、CCTV创新盛典、《加油好男儿》全国巡演无锡

体育馆

体育馆内景

站等演艺活动。2018年世界击剑锦标赛于7月19日至27日在此馆举行,共有来自108个国家和地区的1 000多名运动员参加,这是中国首次获得世界击剑锦标赛的举办权。比赛分为男子、女子个人及团体项目,共有花剑、佩剑、重剑三个剑种,产生12个项目的世界冠军。

三、游泳跳水馆

游泳跳水馆由法国何斐德公司设计,建筑面积37 000平方米。整个游泳跳水馆由四部分组成,符合国际比赛标准的跳水池、游泳池各一个;拥有能容纳2 380人的看台,能承办游泳、跳水、花样游泳及水球等项目的国内外重大体育赛事;有一个宽21米、长51米的训练池,还有一个面积为1 200平方米的嬉水乐园。跳水馆引进全套德国进口臭氧循环水处理设备,采暖使用集中供气水加温系统,水温常年保持在28℃~30℃,是无锡市的"水上休闲乐园"。

游泳跳水馆内景

游泳跳水馆

四、网球馆

网球馆坐落于体育中心东北角,建筑面积14 000平方米。网球馆场地为塑胶硬场地,采用进口丙烯酸涂层。主体建筑分三层,馆内赛场净高19米,建有4片标准球场;二层南侧为观众平台和休闲景观吧;三层有贵宾包厢、俱乐部会员活动区及200多平方米新闻中心。南侧建有7片室外球场和1片可容纳1 676名观众的中央比赛球场,球场四周装有金属围栏与挡风网;中央比赛球场大屏幕彩色显示屏、音响等设施齐全,可进行现场电视转播。网球馆拥有官员休息室、裁判员工作室、运动员休息室、更衣室、淋浴室、宽带接入设施,拥有智能化灯光、通风系统和空调系统。

下午

一、会展馆

会展馆为体育馆的副馆,距沪宁高速公路无锡东出口10公里,超过10条公交线路遍布周围。该馆占地面积约3.5万平方米,分为上下两层,拥有700多个国际标准展位,其中一楼展厅面积为5 762平方米,可设置336个标准展位,每个展位都配有220伏和380伏电源及语音、宽带接口,并提供无线上网服务。展厅东面设有27平方米的大型全彩LED显示屏,可播放影音文件和DVD广告。二层为配套功能区,有两个豪华配置的贵宾休息室。三层展厅面积为6 379平方米,整个大厅无一立柱,可设置370个标准展位,展厅东面装有27平方米的双基色LED显示屏,可播放文字介绍资料。

二、会议服务中心

会议服务中心是为适应国际大赛新闻报道和大型会议的要求而设立的,市体育中心体育馆设有新闻中心、会议中心、贵宾厅、商务洽谈室和国际报告厅。副馆大厅设有南北两个服务厅,各有120平方米。会展中心二楼为配套功能区,建有2个豪华配置的贵宾休息室,各有面积120平方米。会展中心三楼拥有可容纳250人的新闻发布中心,面积近600平方米,配有扩声系统,提供无线上网,馆内还设有设备齐全的记者采编室和电脑制作室。这里曾举办过第十届全国运动会乒乓球比赛新闻发布会、中韩男篮对抗赛新闻发布会、四国女排国际邀请赛新闻发布会等。会展中心三楼拥有投影仪、同声传译、等离子电视等,展厅面积为6 379平方米。会展中心四楼拥有国际报告厅一个,面积350平方米,配置5声道同声传译系统、多媒体系统,可容纳百人。此外,四楼还有一个可容纳近50人的中型会议室,面积175平方米,配有扩声系统和会议系统。整个体育会展中心东侧有四部客梯,西侧有两部客梯,西大厅有上下自动扶梯,北侧有两个卸货门厅和两部会展专用货梯。体育馆会展中心还为客户提供清洁、安全、维修等服务。

三、中央健身公园

中央健身公园位于体育中心中央地带,占地10万平方米,绿化面积超过75%。中央健身公园有体育中心最大的音乐喷泉,设有篮球场、门球场、轮滑场以及水上航模区、亲水平台等,健身路径区域安装有近百套健身器械,设有儿童、成人两个健身区域和一个专用的体质测试区。

中共健身公园

【资料链接】

一、无锡市体育中心

无锡市体育中心坐落于太湖之滨的蠡湖新城，是国家"环太湖体育圈"的重要节点。无锡市体育中心占地面积约44万平方米，是现代化、多功能、综合性的体育场所。体育中心由体育场、体育馆、全民健身中心、会展馆、会议服务中心、游泳跳水馆、网球馆、中央健身公园、射击射箭馆和综合训练馆构成。

二、无锡体育公园

无锡体育公园总面积达11万平方米，地面建有游泳综合馆、体育馆、田径场、足球场所、儿童活动区、门球场、网球场、体育器械锻炼区等，地下建筑面积达2万平方米，主要有停车场等。无锡体育公园最大的特点是成片绿地面积大，绿化率达44.5%，这样布局是为了满足市民健身休闲的需要。无锡体育公园的前身是无锡市人民体育场。1954年人民体育场在古运河边落成时，参观的无锡市民人如潮涌。无锡市新的体育中心建成以后，市人民体育场已不再承担体育训练任务。1999年，无锡市对市人民体育场部分场地进行了改建，开辟了群众体育健身设施区和老年活动门球场，所有场馆全部向社会开放，每年有近百万市民到体育公园健身、休闲。

"观摩体育中心 增强运动热情"课程研学评价单

小组名称			研学日期	
成员分工				
活动内容			研学记录	
1	体育场			
2	体育馆			
3	游泳跳水馆			
4	网球馆			
5	会展馆			
6	会议服务中心			
7	中央健身公园			
研学体悟				
研学作业	1. 制作一份以"我运动，我健康，我快乐"为主题的手抄报。 2. 了解 5 名以上你喜爱的体育明星。			
精彩瞬间	（附照片）			

花香浸润童年　畅游雪浪盛境

【课程目标】

通过畅游雪浪美景，了解相关历史人物和事件，在游览和活动中感受家乡的魅力，体验家乡悠久的历史文化，激发热爱家乡、热爱祖国的情怀。

【适合对象】

四年级

【资源选择】

地点：无锡雪浪山；讲解：语文、历史、科学老师；特色景点：香草观赏园、蒋子书院、横山寺、状元路。

【课程实施】

上午　畅游雪浪说历史

一、游览蒋子阁，感受状元才

蒋子阁是无锡历史上第一个状元蒋重珍读书的地方。蒋子阁原名谭云阁，建于南宋庆元二年（1196）。建筑为两层砖木结构小楼，楼高轩敞，飞檐画栋，当地人将重建的蒋子阁有意识地打造成"状元楼"，在这里可以看到无锡历史上的众多金榜题名者。阁内有清代两江总督何桂清题写的"蒋子阁"和康有为题写的"蒋子读书处"匾额，康有为还给蒋子阁写了一块一米多长的深蓝色的"蒋子阁"匾，挂在阁内朝南壁的上方，字体苍劲有力，十分显眼。

蒋子阁

蒋子阁内景

二、品八德龙潭水，泡百年贡茶

蒋子书院的西院有一口潭水，当地人介绍说这就是著名的八德龙潭。据说，这是一口永不干涸的山泉，已有800多年的历史。此潭为天然活水，长年从岩石缝中渗出，不见源头，却终年不竭。雪浪山的茶树，早在宋代就已闻名，雪浪庵高僧种植的茶树，同八德龙潭可谓茶水相融，相得益彰，而更加宝贵的是龙潭水泡制的御茶了。

据说，乾隆皇帝下江南的时候，曾在这里用竹炉品尝泉水和雪浪茶，并亲自题诗，赐以"竹炉山房"匾额，还将仿制的竹炉带回皇宫，收藏在北京玉泉山的静明园。据介绍，原来的贡茶树至今还保留了148株，而"太湖翠竹"就是在雪浪贡茶的基础上研制开发的，现已经誉满全国。

八德龙潭

三、登顶御茶楼，远望雪浪景

雪浪山顶百年贡茶飘香，千载书院隐秀，"太湖第一峰"雄踞山巅，傲视群峰。太湖七十二景中列为第八景的雪浪山，高 146 米，远望八面生风，四面皆横，故又名横山。山不高，却环境优美，风光旖旎，既有秀气横溢之美，又有人文风物之萃，因南宋状元蒋重珍在此读书，故又称"吴地状元峰"。

御茶楼

御茶楼近景

四、参观横山草堂，感受民俗文化

横山草堂位于雪浪山景区内，紧邻东山门停车场，占地 6 000 平方米，建筑面积 1 300 平方米。横山草堂是雪浪山景区重要景点之一，人文历史蕴含丰富，参观内容涉及广泛，草堂中有大量的书画作品、摄影作品及具有民俗特色的民间藏品。

横山草堂

下午 欣赏美景制手帕

一、观赏香草园，学做香草帕

雪浪山薰衣草是雪浪山的一张紫色名片。薰衣草园占地 200 多亩，引入"法国蓝""解忧六号""解忧七号"等优质薰衣草品种，盛花期时，紫色花田如波浪，与蓝天交相辉映，融为一体。蓝天白云下，游客置身于薰衣草园中，将这一抹动人心魄的紫色浪漫永驻心中。

香草园

薰衣草

二、探幽状元路，小憩状元亭

历史上，无锡地区的书香门第都把男孩送到蒋子阁读书，如后来的状元邹忠琦、王云锦、顾皋等。在横山寺后的幽深峡谷底，一条蜿蜒曲折的石阶路通向山上，这就是状元路。此路时而出没草丛密林，时而穿行山涧溪水。沿着状元足迹拾级而上，一路欣赏美丽风光，行至山腰，遇一深涧，上架一石桥，名状元桥。状元桥不长，仅用三块 2 米多长、厚薄不同的花岗岩石板搭架而成。虽构造简单，但不同凡响，若用石块敲打三块桥板，能听到三种不同的声音，格外悦耳动听。有人竟能用它敲打出一曲《孟姜女寻夫》，声美曲醉。此桥又名"三音桥"。

离状元桥不远，便有一亭在路旁卓然而立，原为行人途中歇脚小憩而建，因蒋重珍常途经此地去谭云阁读书，后人便称为状元亭。状元亭依山而建，呈四方形，飞檐凌空，线条简洁，古朴雅致，别有风韵。在亭中倚栏远眺，满目滴翠，野花飘香。耳听山谷松涛阵阵，涧水流音潺潺，一股灵气益然而生，仿佛置身于蓬莱仙境之中。山上有一石碑，碑文为蒋重珍生平，极其珍贵。

状元路

状元亭

三、古刹横山寺

横山寺始建于北宋淳化年间,共占地60亩。山门上"横山寺"匾额为无锡状元顾皋所书,大雄宝殿的金匾为全国佛教协会会长赵朴初手书。横山寺殿宇庄严,香火鼎盛,常年"红烛高照香火旺,钟声不断佛事忙"。

横山寺

【资料链接】

一、雪浪山景区简介

雪浪山,古时称横山,位于太湖之滨,无锡的南部,与军嶂山和长广溪湿地比邻。雪浪山虽然海拔只有146米,却被称为"太湖第一峰"。它占地面积5 000亩,2006年被评为国家"AAA"级旅游景区,由生态景观和历史人文景观两大部分构成,是一个集旅游、休闲、度假、健身和教学于一体的风景区。

生态景观区由薰衣草园、雪浪贡茶、枫林园和茶果基地等景区组成,历史人文景观区由御茶楼、蒋子书院、状元路、仙人洞、洞山禅院、横山寺等景区构成,百寿亭、万福亭、涵月亭、万竹亭、烽火台以及众多石刻、崖刻、碑刻让人目不暇接,流连忘返。

二、薰衣草小资料

薰衣草又名灵香草、香草、黄香草或拉文德,属唇形科薰衣草属,一种小灌木。薰衣草具有很强的适应性,成年植株既耐低温,又耐高温,在收获季节能耐高温40℃左右。薰衣草在翌年生长发育过程中,平均气温在8℃左右,开始萌动,需10~15天;平均气温在12~15℃,植株枝条开始返青生长,需20天;平均气温在16~18℃,开始现蕾,需25~30天;平均气温在20~22℃,开始开花;平均气温在26~32℃,是结实期。

薰衣草是一种性喜干燥、需水不多的植物，年降雨量在600~800毫米比较适合。返青期和现蕾期，植株生长较快，需水量多；开花期需水量少；结实期水量要适宜；冬季休眠期要进行冬灌或积雪覆盖。所以，一年中理想的雨量分布是春季要充沛、夏季适量、冬季有充足的雪水。

薰衣草属长日照植物，生长发育期要求日照充足，全年要求日照时数在2 000小时以上。植株若在阴湿环境中，则会发育不良、衰老较快。薰衣草根系发达，性喜土层深厚、疏松、透气良好而富含硅钙质的肥沃土壤。酸性或碱性强的土壤及黏性重、排水不良或地下水位高的地块，都不宜种植。

薰衣草有药用价值：镇静催眠作用；解痉作用；抗菌作用；神经保护作用；降脂作用。

薰衣草也有食用价值：可制作薰衣草茶，有美容价值。

薰衣草植物种类繁多，具有很高的生态观赏价值。其植株低矮，全株四季都呈灰紫色，生长力强，耐修剪，叶形花色优美，高贵典雅。可用于建薰衣草专类芳香植物园，做到绿化、美化、彩化、香化一体。

三、雪浪山名人及历史故事

1. 无锡历史上第一位状元——蒋重珍

宋代无锡历史上第一位状元蒋重珍就出自雪浪山。康有为咸丰元年（1851）游览雪浪山后，为蒋重珍读书的蒋子阁题写"蒋子读书处"五字匾额，后来的状元邹忠琪、王云锦、顾皋以及大名鼎鼎的"华太师"华察等一大批状元和进士都在蒋子阁读过书，那时无锡地区的书香门第都要把男孩送到这里来寄读，以求金榜题名。

蒋重珍10岁的时候，父亲去世，母亲顾带着幼小的蒋重珍从富安乡（今无锡胡埭）来到雪浪山，当时就住在横山寺。雪浪山上的蒋子阁是蒋重珍的读书处，后来蒋重珍考取了状元。年幼的蒋重珍每天从横山寺沿着山道步行到雪浪山顶的蒋子阁读书，当年的山间小路成为今天的"状元路"，他走过的山间石桥被称为"状元桥"，山腰上蒋重珍曾经休息读书的亭子被称为"状元亭"。横山寺南边有祠山庙，北面有猛将堂，这三处名胜的后面是"横山草堂"，横山草堂初建于雪浪山麓，明崇祯年间搬迁至烧香浜。

2. 蒋介石寻祖

民间传说蒋重珍是蒋介石的祖先，蒋介石曾先后两次登临雪浪山蒋子阁，追念蒋重珍。1929年，即蒋介石和宋美龄结婚的第二年，他俩乘汽车直抵无锡，再改乘画舫到雪浪山，登临蒋子阁，瞻仰先贤读书处。蒋介石第二次登雪浪山是在1948年5月。5月1日国民党召开"行宪国民大会"，蒋介石当选总统，李宗仁为副总统。5月20日总统就职典礼刚结束，蒋介石决定到无锡避居数日。1948年5月23日，蒋介石夫妇一行到达无锡后，下榻在蠡园的景宜楼，第二天乘汽艇，从蠡园出发，经五里湖，过石塘桥，进长广溪，到横山桥上岸，步行登山至雪浪庵，喝雪浪茶，重登蒋子阁。这些当时的《无锡市志》都有记载。不过研究者发现，1946年10月30日，蒋介石夫妇抵锡"避寿"，次日游太湖登雪浪山，宋美龄至半山腰状元亭后未再上山，蒋则从横山桥步行登山，至雪浪庵，喝雪浪茶，重登蒋子阁，逗留了40多分钟即下山。这样看来，蒋介石是三次来雪浪山了。

"花香浸润童年　畅游雪浪盛境"课程研学评价单

小组名称		研学日期	
成员分工			
活动内容	研学记录		
1	畅游雪浪说历史		
2	欣赏美景制手帕		
研学体悟			
研学作业	1. 在游览雪浪山薰衣草的美景后，动手绘制一幅你心中的最美雪浪图，和大家分享你的心得体会。 2. 了解了无锡状元蒋重珍的求学故事后，你有什么感悟？对你的学习生活将会产生哪些影响呢？		
精彩瞬间	（附活动照片）		

科技交融时尚　电影揭秘未来

【课程目标】

通过实地游览无锡影都华莱坞，了解、欣赏、体验集时尚和科技于一体的现代电影产业技术和文化。

【适合对象】

五年级

【资源选择】

地点：无锡影都华莱坞

【课程实施】

上　午

一、参观发展历程馆

发展历程馆

华莱坞影都的前身是一个工业老厂房——雪浪初轧厂,那么它是如何华丽转变为影视乐园的呢?发展历程馆可以给孩子们答案。馆内保留了原雪浪初轧厂的工业遗迹,展示了珍贵的历史照片及文件资料。

二、参观规划展览馆

作为中国的"好莱坞",华莱坞影都的发展现状怎样?未来趋势又如何?不妨走进规划发展馆,看看中国未来电影的发展方向。

规划展览馆

三、参观影棚拍摄体验区

在华莱坞影都,一定要进入影棚拍摄体验区体验一番。武媚娘影棚再现了大唐盛世的辉煌面貌;民国剧、谍战剧等影视剧取景地,全长 175 米,复原了旧上海时代的街景,街内有歌舞厅、百货商店、洋行、麻雀馆等多种场景,并陈列有摩托车、黄包车等拍摄道具。在参观的同时,还可亲身体验,与演员互动,围观剧组拍摄。

影棚拍摄体验区

四、参观品啦明星馆

品啦明星馆

其实品啦明星馆中的人像，我们不能完全称其为蜡像，因为这些人像都是用最先进的3D打印技术制作而成的，这里有包括国际影星在内的全比例影视明星像近百个，如葛优像、范冰冰像、黄晓明像等，同学们可以与其合影，但记住不能触摸其"身体"哦！

下　午

一、参观数字电影科技馆

数字电影科技馆

《泰坦尼克号》《阿凡达》《2012》《变形金刚4》《速度与激情》……这些经典大片是否令你激动不已？这种大片又是如何拍摄而成的呢？华莱坞影都的数字电影科技馆将为你一一揭秘。

作为国内唯一一个集数字电影展示、体验及科普为一体的数字电影科技馆，它全面介绍了当今世界上最先进的电影拍摄技术和制作工艺，设有多个互动体验场馆。游客可在馆内进行电影探秘，领略科学技术给电影产业带来的巨大变革。通过现代电影技术，游客可以亲身体验《阿凡达》《泰坦尼克号》《2012》等电影中的经典场景，如你可以进入原始丛林骑上《阿凡达》里的飞龙，还可以亲自为喜欢的电影角色配音。2016年全新投入使用的丛林激战项目带给你不一样的射击体验。游览结束后，你一定会感叹：哦——原来大片就是这么拍摄而成呀！

二、参观华莱坞电影时尚街

电影时尚街

华莱坞时尚街突出电影文化主题和品质，打造影视特色商业街，以美食、休闲、娱乐、体验为核心元素。电影时尚街全长400米，以电影《自由的威利》为主题，演绎了一个人与自然和谐共处的动人故事。"海豚逐浪""威利戏水""海盗船""大黄蜂"，四个经典场景和美轮美奂的欧式建筑，让人如入电影之境。长街以电影文化和艺术创意为主题，两侧林立各色电影主题创意艺术商店、咖啡吧、书吧、餐吧等。

长街还是无锡观影撞星的新地标，成龙、宁静、范冰冰、吴奇隆、马国明、胡兵、范文芳等影视巨星都曾在这里拍戏、小憩。

经过一日的无锡华莱坞影都之行，相信你一定会收获颇丰。

【资料链接】

无锡华莱坞影都简介

  无锡华莱坞影都,又名无锡国家数字电影产业园,是由原国家新闻出版广电总局与江苏省人民政府共同打造的国家级专业化产业园,被誉为领衔中国电影工业3.0时代的园区。园区重点发展以数字技术为代表的中国现代电影科技拍摄和后期加工产业,产业领域覆盖影视项目申报、影视剧本开发交易、影视金融投资保险、影视拍摄制作、影视出品发行、影视科技体验等各个关键环节。

  园区拥有数字电影3D拍摄、影视后期加工制作、数字电影技术研发、政府公共服务、影视科技体验等专业化平台载体近6平方公里,是国内影视文化产业专业层次最高、产业集聚规模最大、产业品牌影响力最优的国际化专业园区之一。近年来,这里集聚了一大批国内外知名影视制作企业,出品了一大批有影响力的人制作影视作品,如《西游记女儿国》《西游记之三打白骨精》《捉妖记》《寻龙诀》《那年花开月正圆》等。

  未来3～5年时间,园区将致力于建设国家级数字电影产业集聚高地、国家级影视金融集聚区、国际影视文化交易中心、数字电影产业人才集聚区和中国影视文化体验城,真正打造"中国科技影视之都",实现中国电影工业化发展。

"科技交融时尚　电影揭秘未来"课程研学评价单

小组名称		研学日期	
成员分工			
活动内容		研学记录	
1	参观发展历程馆		
2	参观发展规划馆		
3	参观影棚摄影体验区		
4	参观品啦明星馆		
5	参观数字电影科技馆		
6	参观华莱坞电影时尚街		
研学体悟			
研学作业	1. 你对3D打印技术有哪些了解？ 2. 游览了无锡华莱坞影都后，说一说给你留下深刻印象的是什么。		
精彩瞬间	（附活动照片）		

邂逅音乐美术　涵养艺术心灵

【课程目标】

1. 通过查找资料、实地考察、采访地方学者等形式，加深学生对家乡文化特质的认识和了解，激发学生热爱家乡的自豪感，从而产生对家乡艺术文化的认同感。
2. 通过研学活动，培养学生的合作意识，增强学生的探究能力。
3. 通过研学活动，帮助学生从艺术文化中汲取智慧和力量，从传统走向世界，从而提高学生的人文艺术素养。

【适合对象】

五年级

【资源选择】

地点：蠡湖公园、无锡大剧院；讲解：美术老师、音乐老师、地方学者。

【课程实施】

上午　蠡湖公园（程及美术馆）

一、蠡湖公园

蠡湖公园占地 300 余亩，为免费开放公园。蠡湖公园建设坚持以人为本，以水为魂。全园以植物造景为主，以"春之媚、夏之秀、秋之韵、冬之凝"四季林木布景置园，造园艺术中西合璧，在碧水环绕的园中，一座座造型各异的小桥、栈桥连通全园各景点。

蠡湖公园位于蠡湖大桥北堍，依桥傍湖，部分用地原为中央电视台无锡太湖影视城外景拍摄基地，是具有异国情调的文化娱乐休闲场所，也是现代都市生活高品质游览观赏的夜公园。这里与众不同的建筑风格，绚丽多姿的庭园，与临近的山、水、植物相映衬，构成了如诗如画的美景，令人感受到回归自然的和谐之情。蠡湖中央公园以水的灵性，赋予它新的神韵。仿生水怪湖喷泉、音乐雕塑喷泉，由水景和灯光组合，营造出栩栩如生、缤纷多彩的水艺景观，犹如鲜花盛开、孔雀开屏、群龙飞舞。其中水幕可以形成扇形"银幕"，通过投影机、激光器播放电影，与自然夜空融为一体，气势宏大，色彩艳丽，堪称一绝。

蠡湖公园

蠡湖公园游乐场

二、程及美术馆

程及美术馆地处蠡湖大道西侧、金城西路南侧蠡湖公园内，南临水镜廊，西靠公园主入口。美术馆占地7 300平方米，建筑面积2 400平方米，以程及先生"天人合一""中西合璧"的艺术观为主旨，具备典藏、展览、交流、创作、培训、办公等功能。

程及美术馆内现辟有两个专门展厅，常年展示程及先生的艺术作品，现在正展出程及先生各个时期的经典佳作30幅。同时馆内设有临时展厅、多功能厅、贵宾接待室、咖啡茶社和休闲茶吧以及四个可供研究、交流的艺术创作室。

美术馆外景

美术馆内景

步入序厅，首先映入眼帘的是程及先生的半身塑像，14分钟的专题纪录片向人们讲述着大师的艺术人生。以多媒体技术呈现在白色背景墙上的枫叶缓缓飘落，映衬落地玻璃幕墙外抽象的树枝，寄予程及思念故乡、落叶归根的思绪，意境悠远。地上和地下各有一个展厅，均采用不规则设计，小巧而富有艺术感。据介绍，美术馆中运用了大量环保设计理念，展厅配备的自动感应灯便是其中之一，只有当观众靠近展品时，灯才会慢慢亮起来，既节约了能源也有利于作品收藏保护。一楼与天台的连接处，采用了阳光天井的设计概念，自然光有效补充了内部照明，同时使美术馆更加通透和富于现代感。

下午　无锡大剧院

一、剧院简介

无锡大剧院位于无锡太湖新城蠡湖大道东侧、五里河南岸。大剧院建筑出主观演厅、综合观演厅和相关配套设施组成。大剧院设计新颖，造型独特，外形美观壮丽，犹如一幅精美的艺术经典画卷，这样的艺术殿堂与无锡特有的源远流长的精湛的"太湖美"江南文化呼应，与美丽浩瀚的太湖呼应，真是无与伦比、美不胜收，堪与世界著名的悉尼歌剧院相媲美。无锡大剧院的落成，进一步加强了无锡与国内外的文化交流，提升和扩大了无锡的国际影响，是无锡城市发展的一个新的里程碑。

作为无锡市打造文化产业的旗舰举措，无锡大剧院启建于2009年，邀芬兰设计师萨米宁设计，总投资达到10亿元，历时3年完工。大剧院形态新颖独特，俯瞰下的八片"翅膀"如同蝴蝶落于水畔。从外观到室内装饰均采用了目前国内外最先进的材料，为同时保证视听效果和环保节能，剧院大量运用玻璃幕墙，从地面、座椅、墙面均采用竹子替代木头。舞台、音响、灯光等技术手段目前属于国际一流。

剧院夜景

剧院外景

二、剧院功能

完美的建筑必须是艺术与实用的结合。为充分体现蠡湖畔最美丽地块的山水特色，建筑师采用大型石材平台将大剧院的主入口和公共空间整体提升至6米高，在石阶上分设主观演厅和综合演艺厅，两者又各自独立，由入口大厅相互连接。主观演厅是大剧院的核心部分，包括一层池座及两层挑台，共设1 680个座位，可满足歌剧、戏剧、话剧、舞剧、大型综艺、芭蕾、交响乐与会议等不同场地需求。主观演厅在墙面、地面装修材料中还大量采用具有浓郁江南特色的竹子，"以竹代木"体现了低碳环保的理念，而经特殊处理的竹材既能防蛀防腐，又具有很好的吸音、反声作用，让每个座位的观众都能拥有良好的视听效果。据悉，这也是世界上首次在观演厅内大量使用竹材的剧院。综合演艺厅位于建筑东部，可容纳700人左右。它的观众座椅可以根据需要收回，以配备专门设计的乐池，实现兼容室内乐、小型歌剧、流行乐、时尚秀等演出的功能。

主观演厅和综合演艺厅都配置相应的休息厅，为观众在欣赏演出前提供交流场所。主观演厅休息厅为两层挑台设计，采用大面积玻璃幕墙围合，与室外美丽的水景相互渗透。内侧圆弧造型墙面也采用本地定制的陶瓷材料覆盖。综合演艺厅休息厅中央还设置旋转楼梯，使用不锈钢材料悬挂于圆形天窗之下。而在主观演厅和综合演艺厅之间的入口大厅中，12米高的"叶茎"从大厅中"生长"出来，向上伸展，穿越玻璃顶棚，使入口大厅感觉更像一个带有遮蔽的室外广场。入口大厅在使用上灵活多变，既可作为临时表演用地，也可作为艺术展、商业促销以及儿童表演场地。

剧馆内景

观众席

【资料链接】

一、蠡湖传说

蠡湖，原名漆湖、五里湖，相传春秋时越国大夫范蠡偕美人西施泛舟于此，湖因人而得名。范蠡，春秋末期杰出的政治家。范蠡早年与宛令文种一同赴越国，为大夫。周敬王二十四年（公元前496年），越王允常死，勾践即位，即位后，由范蠡主持军事，与主持政务的文种携手振兴越国，辅佐勾践卧薪尝胆，图强雪耻。经过十余年努力，越国终于转弱为强。勾践十五年，范蠡建议勾践发兵伐吴，袭破吴都（今江苏苏州），杀吴太子。勾践二十四年，越军在围吴都三年后破城，吴王夫差自杀。越国终于吞并吴国。

勾践称霸后，范蠡深知勾践为人"可与共患难，难与同安乐"，决计急流勇退，就辞官归隐至齐国。他善于经营，竟然治产至千万。齐人尊他为贤人，请他为齐相。任齐相不久，范蠡又弃官散财，移居定陶，在定陶经商又积财千万，成了大富翁，号陶朱公。

范蠡不是吴国人，但他在无锡却留下不少传说。相传在2400多年前的春秋战国时期，范蠡与西施隐居于此，泛舟湖上，故名蠡湖。蠡园因地处蠡湖之滨而得名。无锡还有好多地名与范蠡有关，如蠡河、蠡桥、蠡园、骂蠡港桥等。太湖边上的老百姓至今还流传着这样两句民谣："种竹养鱼千倍利，感谢西施和范蠡。"

二、程及简介

程及少年时期，节衣缩食，刻苦学艺；青年时期，勤奋耕耘，独辟蹊径；成名之后，虚怀若谷，精益求精；耄耋之年，老当益壮，再开境界。他以东方人特有的思想文化理念去探索世界，将中国的宣纸、毛笔与西方的颜料、画笔完美结合，将中国水墨画特点与西洋水彩画、油画技法融为一体，形成极为独特、高超的绘画语言，创造出东西合璧、充满诗意的画境。当他创作的《纽约街景》《台上风采》《万里长城》《春到江南》《苏州河》《上海夜色》《人》《雕塑——深思倒影》《公园写雪》等一大批精品力作面世时，引起了美国画坛的轰动和观众的惊叹。他的画显露着关爱人类和平的博爱思想，深深打动了每一位观众的心！

艺术上的骄人业绩，使程及先生在历届重大美展中荣获金奖50余次，其作品被收藏于美国纽约大都会博物馆，并遍及各州，如宾州、康州、福州、缅州、渥州、德州、加州等博物馆。出版有《程及水彩画集》《二三行》《回家行》《天水卷》等多种画册。获得"富有诗人想象力的世界艺术家"的美誉。

三、萨米宁与无锡大剧院

此建筑由芬兰设计师佩卡·萨米宁设计。据佩卡·萨米宁介绍，无锡大剧院创作灵感来源于自然，"自然结构是最美的，无锡这座花园式的城市，其建筑应该体现这一理念"。此外，无锡大剧院处处体现"绿色设计"理念，对环境和生态的关注及对能源的有效利用，被纳入整体设计之中：象征着"树叶"或是"翅膀"的屋顶形态，暗示着"绿色的思考"；最小化这座建筑的控温体积；使用附近湖水里的能量来为建筑制冷或制暖；利用"树叶"屋顶为其所覆盖的建筑遮阳；智能化与节能的建筑外表皮设计。

"无锡大剧院在设计建设过程中，引进欧洲最新的设计理念与科学技术，从里到外，每个区域都无懈可击。"

萨米宁认为，无锡大剧院按歌剧院的最高标准建造，在此基础上有诸多创新，如由八张巨大的叶片状构件组合形成的屋顶，如接待大厅内波浪形玻璃墙、室内的"竹子"内墙设计等。萨米宁强调，以竹材取代木材是大剧院最大的特色，这是世界级的剧院首次如此大面积地使用竹材。

"邂逅音乐美术　涵养艺术心灵"课程研学评价单

小组名称		研学日期	
成员分工			
活动内容	研学记录		
1	（程及美术馆）		
2	无锡大剧院		
研学体悟			
研学作业	1. 蠡湖旁还有一座蠡湖中央公园，你有兴趣去探寻它的艺术内涵吗？ 2. 通过图书馆、互联网查阅无锡大剧院最近的演出剧目，有条件的同学可以去观看演出。		
精彩瞬间	（附照片）		

体味鼋渚春涛　醉美无锡旅情

【课程目标】

1. 通过研学活动，欣赏鼋头渚优美的景色，加深学生对家乡的了解，增强学生身为无锡人的自豪感。
2. 通过研学活动，激发学生的集体意识，培养学生遵守游览之礼的良好习惯。
3. 参观名人故居，了解当地名人故事，帮助学生从无锡名人事迹中汲取智慧，激发学生热爱家乡的感情。

【适合对象】

六年级

【资源选择】

地点：无锡太湖鼋头渚风景区；讲解：综合实践老师和导游。

【课程实施】

上午　赏樱佳绝处，毕竟在鼋头

一、太湖第一名胜——鼋头渚

素有"太湖第一名胜"之称的鼋头渚，距无锡市区18公里，是无锡境内太湖西北岸的一个半岛，因有巨石突入湖中，状如浮鼋翘首而得名。山清水秀的鼋头渚是无锡最佳游览胜地，著名文学家郭沫若曾有"太湖佳绝处，毕竟在鼋头"的诗句，道出了鼋头渚令人神往的美境。

二、美丽的传说——太湖的由来

有关太湖的来历，民间有多种说法，其中一种是：相传在很久以前，王母做寿，在天宫大设蟠桃宴，玉皇大帝请四大金刚送去一份寿礼，是一个大银盒，里面装有72颗特大的翡翠，外表还雕饰着千姿百态、五颜六色的飞禽走兽，如同一只聚宝盆，令在场的各路神仙赞不绝口。但王母设宴时没请孙悟空，于是这位齐天大圣就大闹天宫。当他看见玉帝送的这只大银盒时，一棒打翻，银盒便从空中翻落下来，砸到地上成了一大坑，银盒立即化成了湖水。因湖是从天上掉下来的，"天"字上的一横落在下面成一点，就是"太"，所以此湖取名为"太湖"。72颗翡翠分撒在太湖之中，变成了72峰。本来银盒是圆的，被孙悟空打了一棒，这便是太湖不圆的原因。

太湖的传说，引人遐想。其实，太湖原是一个大海湾，约在5 000多年前，这里地壳下陷，东部的泥沙不断淤积，导致长江三角洲向东伸展，西部的洼地便形成了烟波浩渺的太湖。然而，民间传说更增添了太湖的神秘感。

鼋头渚

太湖

三、烂漫樱花，落英缤纷

每年春季三月下旬至四月，无锡太湖鼋头渚樱花节期间，鼋头渚樱花谷内外三万余株樱花竞相吐艳，蔚为壮观，宛如人间仙境，吸引海内外数以万计的游客前来赏樱。春风吹拂下的鼋头渚畔万树樱花，远望如雪花飞絮，近看浓淡相宜，花枝水影，相互映衬，美不胜收。

樱花谷

下午 参观名人故居，倾听鼋头渚的故事

一、王昆仑故居

在风景如画的太湖鼋头渚景区内一座太湖碧波拥抱的山头上，满目绿树红叶丛中，有一座近代建筑——"七十二峰山馆"，这原是王昆仑的父亲王心如于1927年所建的太湖别墅中的一幢。紧靠着山房的是万方楼，青少年时的王昆仑在这里学习、生活过。1987年，这里被辟为"王昆仑故居"，邓颖超亲笔题写了故居的横匾。

王昆仑的一生很是传奇。他原名王汝虞，字鲁瞻，世居无锡城中姚宝巷。父亲王心如长年在外任职，民国后回乡。1902年8月7日，王昆仑出生于河北保定，长于北京。在北京大学读书期间，正值"五四"运动爆发，他积极参加爱国宣传和示威游行活动。1922年初，王昆仑作为学生代表之一，南下上海寻求各界的支持，其间拜见了孙中山，并由孙中山介绍加入了国民党。

1927年蒋介石发动"四一二"反革命政变，无数共产党人和爱国志士血染屠刀。王昆仑时任国民革命军总司令部政治部秘书长，目睹蒋介石的暴行，愤然辞职，南走桂粤，投奔孙科、李济深等人。后他又返回江苏，奔走于南京、无锡、上海之间，从事国民党内部的反蒋民主斗争。

1931年日寇占领了东三省，国民党政府非但不抵抗日本侵略者，反而加紧绞杀共产党。"以三民主义为理论基础的国民党竟变成了一党一派独裁的工具，中华救亡的路在何方？"困惑的王昆仑回到鼋头渚太湖别墅家中，开始学习马列主义著作。他的思想发生了极大变化，开始从民主主义转向共产主义。

1932年王昆仑受聘为国民政府立法委员，赴南京上任。同年秋，又被选为国民党中央候补执行委员。1933年王昆仑同孙晓村、曹孟君、钱俊瑞等组织了南京读书会。不久王昆仑由中共南京市委负责人卢志英介绍加入了中国共产党。抗战期间，王昆仑利用他国民党元老的身份，长期从事爱国民主运动和共产党的统一战线工作。新中国成立后，王昆仑又撰写诗文，发表谈话，呼吁在中国台湾和海外的老同事、老朋友，响应伟大祖国的召唤，为统一祖国、振兴中华而奔走努力。

王昆仑故居

1985年8月23日王昆仑逝世。胡耀邦代表中共中央在追悼会上致悼词，称他是

"忠诚的共产主义战士,著名的政治活动家,中国国民党革命委员会的卓越领导人"。

二、无锡人杰苑

无锡物华天宝,人杰地灵,悠悠三千年历史,人才辈出,从商末江南文明的远祖至德泰伯,到不久前逝世的前国家副主席荣毅仁、两院院士王选……三千年来,"世所公认,世人皆智"的杰出人才,延绵不绝,他们都是喝"太湖水"长大的,他们都以自己非凡的业绩和高尚的人格,回馈了无锡悠久的文明史。为了更好地宣传无锡,激励市民教育后代,有识之士倡议编写《无锡人杰》一书,并选址在享有太

无锡人杰苑

湖第一名胜之誉的鼋头渚建造无锡人杰苑。人杰苑的出现使无锡这个山水名城、工商名城丰厚的历史文化内涵,真实地呈现在世人面前。整个人杰苑占地2万多平方米,馆内陈列名人近70位,馆外雕塑铜像31位,包括泰伯、顾宪成、薛福成、钱穆、钱钟书、秦邦宪、陆定一、王选等。所有铜像都是由南京大学美术学院院长吴为山亲自设计创作的,他们都是无锡地区历史上建立过丰功伟绩、胸怀深仁厚德的杰出人才。无锡数千年人文史因为他们的存在而光辉闪耀。

【资料链接】

无锡名人

1. 泰伯

3 100年前,泰伯为了礼让王位,南奔梅里,创立了勾吴国,把商周文化和江南文化相结合,形成了独具特色的吴文化,使无锡成为吴文化的发祥地。泰伯"兼容并蓄,锐意进取"的精神,早已融入无锡以及江南人民的血液中。在无锡民间,泰伯又被称为让王,他"三让天下"的礼义之举,被孔子赞扬为"可谓至德也已矣",这种谦和与进取相统一的精神,三千年来从未中断地影响着一代又一代的无锡人,也形成了现在无锡的"尚德务实,和谐奋进"城市精神。而他的后裔,号称"延陵季子"的季札,是江南和中原文化交流的使者,曾出使中原五国,对各国政情做出的预言都被历史所证实,可以说他是我国历史上最早的政治评论家之一。

2. 顾宪成

明代东林党领袖顾宪成，从小酷爱读书，学识渊博，官场失意后，在北宋理学家杨时的讲学之所重建东林书院，并担任书院主讲。书院门口的一副对联"风声雨声读书声，声声入耳；家事国事天下事，事事关心"，就是顾宪成所撰，也成为他一生抱负的写照。这副对联改变了中国读书人两耳不闻窗外事的风气，他们开始关心国家政治，立志成为对国家有贡献的人。当时的东林书院是社会舆论的中心，他们将读书讲学同关心国家紧密联系在一起，评论朝政，裁量人物。

3. 薛福成

薛福成出身于无锡书香门第，从小接受良好的中国传统文化教育，由于当时洋务运动正在形成和开展，他又迅速吸收了洋务派思想。由于他娴熟洋务，1888年秋被派遣出使英国、法国、意大利、比利时四国，出使期间，他积极吸收欧洲先进事物，还订立了中英《续议滇缅界务商务条约》，这是中国近代史上唯一一条维护中国尊严和国家利益的平等条约。薛福成是中国杰出的外交家。

4. 徐悲鸿

徐悲鸿是近代中国美术教育宗师，出生于宜兴，父亲是位自学成才的画家。他从小在父亲的影响下喜欢绘画，后来经蔡元培推荐，担任北平艺术学院院长。在此期间，他画了大量的人物、花鸟、走兽和山水画。他最爱画马和狮，据说在他画的大批速写和素描中，马就有一千多幅。他画的马栩栩如生、英姿勃勃。

5. 钱钟书

钱钟书，从小天姿过人，中英文造诣很深，他的学术著作主要有《管锥编》《谈艺录》，另有长篇小说《围城》。中国学术界称他为"文化昆仑"，外国人称他为"20世纪人类最智慧的头颅"，是享誉中外的人文学术大师。

"体味鼋渚春涛　醉美无锡旅情"课程研学评价单

小组名称		研学日期	
成员分工			
活动内容	研学记录		
1	参观樱花谷		
2	参观鼋头渚名人故居		
研学体悟			
研学作业	1. 选择一个与鼋头渚有关的名人，说说他是一个怎样的人。 2. 说说游玩后你有什么想法。		
精彩瞬间	（附照片）		

走进江南大学 拓展综合素质

【课程目标】

1. 通过培训，学生增强身体健康素质，学习独立生活能力，养成良好的行为习惯，认识自身潜能，树立自信心，并加强自我控制能力，学习如何从容应对压力与挑战。

2. 培养学生的探索精神与创新意识，培养学生的进取心、团队精神、爱心、责任心以及合群意识。

【适合对象】

七年级

【资源选择】

地点：江南大学；组织：基地教练。

【课程实施】

上　午

一、开营仪式

所有人排好队，听基地致欢迎辞，基地还对本次活动安排与注意事项进行详细说明，并进行安全和纪律教育。

二、热身游戏：松鼠与大树

【游戏目的】

消除团队成员的羞怯感、陌生感，锻炼团队成员的反应能力。

【游戏步骤】

1. 事先分组，三人一组。二人扮大树，面向对方，伸出双手搭成一个圆圈；一人扮松鼠，并站在圆圈中间；培训师或其他没成对的学员担任临时人员。

2. 培训师喊"松鼠"，大树不动，扮演松鼠的人必须离开原来的大树，重新选择其他的大树；培训师或临时人员就临时扮演松鼠并插到大树当中，落单的人应表演节目。

3. 培训师喊"大树"，松鼠不动，扮演大树的人必须离开原先的同伴重新组合成两棵大树，并圈住松鼠；培训师或临时人员临时扮演大树，落单的人应表演节目。

4. 培训师喊"地震"，扮演大树和松鼠的人全部打散并重新组合，扮演大树的人也可扮演松鼠，扮演松鼠的也可扮演大树；培训师或其他没成对的人亦插入队伍当中，落单的人表演节目。

三、团队组建

通过队长选拔、创作口号、制作队旗、团体活动、风采展示等环节，充分调动同学们的团体协作意识，激发大家的集体主义荣誉感。

团体活动

制作队旗

四、体验式学习：电波的速度

【项目目标】

增强团队凝聚力，激励团队成员挑战自我、超越自我。

【项目规则】

1. 让所有队员手拉手站成一圈。

2. 随意在圈中选出一个人，让他用自己的左手捏一下相邻同伴的右手。问第二个人是否感受到了队友传递过来的捏手信号——"电波"。告诉大家收到"电波"后要迅速传递给下一个队友,也就是快速地捏一下下一位队友的手。这样一直继续下去,直到"电波"返回起点。

3. 告诉大家你将用秒表记录"电波"跑一圈所需要的时间。然后大喊:"游戏开始!",并开始计时。

4. 告诉大家"电波"传递一圈所用的时间,鼓励大家,然后让大家重新做一次"电波"传递,希望这次传递能更快一些。

"电波"传递

5. 让队员们重复做几次"电波"传递,记录下每次传递所用的时间。

6. 等大家都熟练起来之后,变更"电波"的传递方向,使"电波"由原来的沿顺时针方向传递变为沿逆时针方向传递。

7. "电波"沿着新方向被传递几次之后,再一次让队员们逆转"电波"的方向,同时让队员们闭上眼睛或是背向圆心站立。

8. 在游戏快要结束的时候,为了使游戏更加有趣,悄悄告诉第一个人同时向两个方向传递"电波",而且不要声张,看看这样会发生什么有趣的事情。

五、体验式学习:珠行千里

【项目目标】

培养学员的问题解决与决策的能力,强化团队运作的能力,让学员认识到团体利益大于个人利益,提高对团队的认同感。

【项目规则】

1. 所有参赛队员的手禁止触碰到玻璃珠。

2. 选出一名放珠子的队友,他只能在起点线放珠子,不能超过起点线。

3. 一次只允许放一颗珠子。

4. 如果珠子掉地,只能允许放珠子的那个人来将其捡起,同时回到起点线重新开始。

5. 参赛队员每人只能拿一个PVC片。

珠行千里

下　午

一、体验式学习：击鼓颠球

1. 场地要求

平整空旷的场地（每组需 30 平方米以上）。

2. 游戏道具

每组需大鼓一面（鼓侧面拴有 16 根扁带），排球或同类用球 1 个。

每组人数：9—17 人（根据鼓的绳数定人数，其中有一人放球）。

3. 项目目标

培养团队的凝聚力、执行力和应变能力。

4. 项目规则

（1）要求所有队员在保证安全的情况下，尽可能地创造更多的颠球纪录。

（2）每人牵拉一根或两根鼓上的扁带绳子将鼓支撑起来。

（3）颠球时队员必须握住绳头 30 厘米以内的地方，如若鼓绳头有把手，则只能握住把手。

（4）颠球开始后鼓不得落地，球飞离鼓面后，不得将鼓摔落在地上，放下时要缓慢。

（5）把排球放在鼓面上，在参与者的通力协作下，使鼓有节奏地平稳地让排球连续地颠起，排球颠起的高度不低于鼓面 20 厘米（排球的底侧与鼓面中间的距离）。在击鼓颠球游戏规定的时间内，依球颠起的排球总数量给予各队排名（只统计在鼓面颠起的）。

（6）击鼓颠球游戏过程中，排球不得落到鼓面以外的其他地方，比如落到扁带绳子上、地上等。

拉绳游戏

击鼓颠球游戏

二、体验式学习：有轨电车

1. 项目目标

（1）培养学员获取胜利的信心和勇于向前的精神。

（2）了解提前演练对于实际工作的作用。

（3）感受协作的一致性与指挥的作用。

（4）理解个人、小团队、大团队的相互关系。

（5）体验简单事情复杂做和复杂事情简单做的不同结果。

2. 项目规则

（1）学员按照轨道上绳的数量站在轨道上，多余的学员做安全保护。听到"开始"的发令后比赛。赛前练习非常重要。

（2）活动中要保持步调一致，遇到情况及时调整，如果调整不及出现摔倒状况，手要扔掉绳子，同时大声告诉队友停止前进。

体验有轨电车

（3）失去平衡的时候要把脚向两侧踏，不要向中间踏。

（4）人数多的时候建议一名教练负责一套"电车"，教练讲解要重点突出、语意清楚，确保学员清楚规则。

（5）首先分开练习，然后比赛。没有参与的学员一定要做好保护，同时注意观察自己队伍有什么问题，及时解决。

三、参观民间服饰传习馆

江南大学民间服饰传习馆位于江南大学纺织服装学院一楼大厅，展馆面积为 800 多平方米，分上下两层，共设有四个展示厅。整个传习馆布局以服饰陈列为主，每件展品下面有展品名称、年代等简要介绍。江南大学民间服饰传习馆是全国唯一以汉族民间服饰为研究对象的馆所，强化这个机构的研究和传播性能，旨在挽救和保护中国民间服饰，传承和发扬中国民间服饰文化。传习馆

民间服饰传习馆

集实物性、开放性与研究性于一体，并以此区别于传统的博物馆，"传习"的根本不仅

仅是"保护""抢救"传统民间服饰，更重要的是"激活""再生"传统民间服饰中的精神内涵和文化传统，实现对中国民间艺术遗产真正意义上的保护和传承。2014年，此馆被评为江苏省非物质文化遗产研究基地。

四、参观江南大学美术馆暨钱绍武艺术馆

江南大学美术馆前身为钱绍武艺术馆，2016年改建后正式投入使用，是具现代化标准的高校美术馆，由设计学院负责策展与管理，馆长由著名油画家陈嘉全教授担任。江南大学美术馆坐落于风景秀丽的江南大学校园内，依傍长广溪湿地公园，主馆建筑两层，包括钱绍武雕塑馆、书法馆、素描馆与多个专业展厅，是集展陈、创作、传播、研究与培训等为一体的综合性美术馆。

【资料链接】

一、江南大学素质拓展基地简介

江南大学素质拓展基地全称国家大学生文化素质教育基地拓展培训中心，建成于2007年初，占地面积3万余平方米，位于江南大学校园内西南角，西临长广溪国家湿地公园，依山傍水，景色秀丽，空气清新，是人们陶冶情操、提升素质的最佳地点。

二、钱绍武简介

钱绍武，1928年生，江苏省无锡人，1947年考入国立北平艺专，1951年毕业于中央美术学院。1953年赴苏联留学，1959年回国任中央美术学院雕塑系主任。为中国美术家协会会员、国家教委艺术教育委员会委员、全国城市雕塑艺术委员会委员、北京市人民政府专业顾问。擅长雕塑、绘画、书法。留苏毕业创作雕塑《大路歌》，《江丰头像》获第6届全国美术展览银质奖章，设计的《李大钊纪念碑》建于河北省唐山市大钊公园。

"走进江南大学　拓展综合素质"课程研学评价单

小组名称		研学日期	
成员分工			
活动内容	研学记录		
1　上午			
2　下午			
研学体悟			
研学作业	1. 参加了江南大学的体验式学习后,你觉得增强团队的凝聚力有哪些途径? 2. 参观了民间服饰传习馆和钱绍武艺术馆后,你有哪些收获?		
精彩瞬间	(附照片)		

军营放飞梦想　青春唱响未来

【课程目标】

1. 学习解放军的光荣传统和优良作风，强化学生的国防意识，增强学生的爱国主义、集体主义和革命英雄主义观念。
2. 增强学生的组织纪律观念，培养学生吃苦耐劳、坚韧不拔的意志力，锻炼学生的强健体魄，发扬团结友爱的精神。

【适合对象】

七年级

【资源选择】

地点：驻锡部队第九炮兵师军事实践基地；训练：解放军战士；阅读：《国防知识手册》。

【课程实施】

9：00—10：00　参加欢迎仪式并在礼堂观看部队发展简史

部队发展简史：南昌起义—井冈山会师—长征—遵义会议—西安事变—接受改编—抗日战争—解放战争—抗美援朝。

10：00—11：30　队列观摩

观看解放军精彩的表演，体验军人过硬

欢迎仪式

的军事本领和雷厉风行的军人作风。

每个班级由一位教官对队员进行严格的训练，体验军人刻苦训练的过程。

队列观摩

队列观摩

13：00—14：30　队形队列练习

队形队列练习

队形队列练习

14：50—15：30　观看炮兵演练，认识枪械

观看炮兵演练，参观火炮，听教官介绍枪械，认识手枪、步枪、冲锋枪等武器，初步了解一些有关军事、国防的知识。

观看演练

认识枪械

15：30—16：00　参观军人内务

1. 参观解放军营房。

2. 战士讲解并示范叠被子。
3. 队员们练习叠被子。

参观营房

练习整理内务

16：00　返校

【资料链接】

国防小知识

1. 现代国防建设包括哪些方面？

现代国防是一个大系统，包括武装力量建设、国防体制建设、国防科学技术研究、国防工业建设、国防工程建设和战场建设、军事交通、人力动员准备、对人民群众进行国防教育、建立国防法规等。

2. **国防观念包括哪几个主要观念？其核心是什么？**

（1）国家利益高于一切的观念，这是国防观念的核心。

（2）居安思危的观念。

（3）爱军习武的观念。

3. **我国的国防武装力量**

中国人民解放军是我国武装力量的主体。主要包括陆军、海军、空军和火箭军（原第二炮兵）。

（1）陆军。陆军是担负陆地作战任务的军种，是中国人民解放军的主要军种。由步兵、炮兵、装甲兵（坦克兵）、工程兵、通信兵、防化兵等兵种和其他专业兵种组成。

（2）海军。海军是以舰艇部队为主体，在海洋担负作战任务的军种，包括水面舰艇部队、潜艇部队、海军航空兵、海军岸防兵和海军陆战队等兵种及各种保障专业部（分队）。

（3）空军。空军是以航空兵为主体，进行空中作战和地对空作战的军种。空军由各种航空兵、高射炮兵、地空导弹、雷达兵等兵种和专业部（分队）组成，是现代战争的重要力量，对战争的进程和结局产生重大影响。

（4）火箭军。火箭军原称第二炮兵，是周恩来总理命名的。它是在20世纪60年代中期组建的中国人民解放军的一个军种，是我军战略导弹部队，受党中央、中央军委直接领导和指挥，是我国核反击的主要力量。它由近程导弹、中程导弹、远程导弹和洲际导弹部队，以及战略指挥、控制、通信、情报系统等部分组成，编成中还若干个研究所和技术院校。

"军营放飞梦想 青春唱响未来"课程研学评价单

小组名称		研学日期	
成员分工			
活动内容	研学记录		
1	上午		
2	下午		
研学体悟			
研学作业	1. 描述你见到的枪械（名称、射程等），你还知道哪些军械？ 2. 参观军人内务后，给你留下最深的印象是什么？我们要向军人学习什么？		
精彩瞬间	（附照片）		

增强团队意识　凝聚集体精神

【课程目标】

1. 增强团队整体意识、协作精神和凝聚力，摆正个人主义与团队合作的关系，增强队员组织、沟通和协作的能力和技巧。

2. 掌握火警逃生、消防灭火、止血包扎、心肺复苏的基本技能，懂得珍爱自己、关怀别人、珍惜生命的价值观，树立乐观进取的正确人生观。

【适合对象】

八年级

【资源选择】

地点：无锡市学生综合社会实践活动（龙头渚）基地；训练：基地教官。

【课程实施】

第一天

一、开营仪式

基地致欢迎辞，对活动安排与注意事项加以说明，并进行安全和纪律教育。

开营仪式

安全纪律教育

二、生命教育·消防演练：火警逃生演练

演练注意事项．

1. 听到警报后，所有同学在基地教官的组织下，迅速排成一路纵队，按事先指定路线疏散。

2. 各班有序撤离楼道（安全通道），到广场站队集合。撤离时按就近原则，离火情最近处最先撤离。

3. 学生在撤离疏散时的正确姿势是弯腰，用湿毛巾堵住口鼻逃生。

4. 学生在疏散撤离时，要有序进行，动作要迅速，要始终保持肃静，途中切记不可拥挤，要严格按照规定的路线，安全撤离到广场。

5. 教官紧跟在全班学生疏散队伍之后；各楼指挥和各楼梯口负责人跟在各楼学生疏散队伍之后，随时处理偶发事故。

6. 安全撤离到操场后，教官要立即清点人数，清点后把班级情况报告给总指挥。

火警逃生演练

三、生命教育·消防演练：消防灭火演练

灭火器使用方法：

1. 使用前要将瓶体颠倒几次，使筒内干粉松动。
2. 除掉铅封。
3. 拔掉保险销。
4. 左手握着喷管。
5. 右手提着压把。
6. 在距火焰两米的地方，右手用力压下压把，左手拿着喷管左右摇摆，喷射干粉覆盖燃烧区，直至把火全部扑灭。

使用灭火器

消防灭火演练

四、团队建设·拓展训练：信任背摔

1. 项目目标

（1）体会信任：信任同伴，你信任他人才会赢得他人的信任。

（2）体会责任：当你对他人、团队付出后，也会得到他人、团队的帮助与支持。

（3）建立换位思考的意识，站在对方的角度思考问题，架起相互理解的桥梁。

（4）通过身体接触，拉近队员之间的距离，实现情感沟通。

2. 项目操作

（1）前排学员伸直胳膊，掌心朝外，双手交叉，十指交叉握紧，从胸前翻出。注意双手紧贴胸口，两臂肘弯处向里收紧。

（2）后排学员距前排学员一步之遥，成弓步站立，两手向前平伸，手心向前，指尖向外，胳膊肘弯曲，准备做保护动作；前排学员准备好之后身体向后倒下，腿脚不动，

信任摔背训练

后排学员用手接住；反复练习几次后，全体学生向后转，互换角色，再练习几次。

（3）倒下队友的动作：伸直胳膊，掌心朝外，双手交叉，十指交叉握紧，从胸前翻出；双手紧贴胸口，两臂肘弯处向里收紧，教练用宽带将学员的手捆绑，头向下勾，腰挺直，两脚并拢，大腿不要发力，不要抬小腿，笔直倒下。

（4）放人方式：当接住倒下的队友时，前排的队员往下放下队友的脚，后排的队员托背向前，使队友直立起来。

五、才艺大比拼和篝火晚会

风采展示、才艺比拼、感恩教育。

活动现场

第二天

一、生命教育·野外急救演练：止血包扎演练

学习环形绷带包扎法：

1. 缠绕绷带的方向是从内向外，由下至上，从远端至近端。开始和结束时均要重复缠绕一圈以固定。打结、扣针固定应在伤口的上部，肢体的外侧。

2. 包扎时应注意松紧度。不可过紧或过松，以不妨碍血液循环为宜。
3. 包扎肢体时不得遮盖手指或脚趾尖，以便观察血液循环情况。
4. 检查远端脉搏跳动，触摸并感受手脚有否发凉等。

止血包扎演练

止血包扎演练

二、生命教育·野外急救演练：心肺复苏演练

学习胸外心脏按压方法：

1. 将床（软床）放平，胸下垫胸外按压板，去枕，仰卧位，解开衣领、腰带，暴露胸部。

2. 确定按压部位：胸骨下部。一手掌根部放于按压部位，另一手平行重叠于该手手背上，手指并拢，只以掌根部接触按压部位，双臂位于患者胸骨的正上方，双肘关节伸直，肩、肘、腕于同一直线，利用上身重量垂直下压，以胸骨下陷 4~5 厘米为宜，而后迅速放松，反复进行。按压时间与放松时间大致相同，按压频率每分钟 100 次以上。

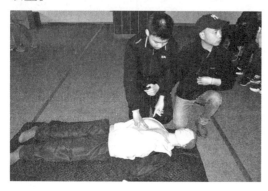

心肺复苏演练

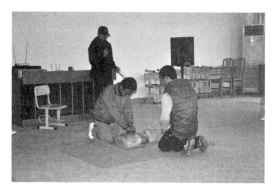

心肺复苏演练

三、团队建设·拓展训练：集体木鞋

1. 项目目标

（1）训练团队在短时间里建立统一指令，达成一致行为。

（2）提高队员组织、沟通和协作的能力和技巧，提高团队的领导和控制技巧。

（3）增强团队的整体意识、协作精神和凝聚力，摆正个人主义与团队合作的关系。

（4）培养队员的集体荣誉感和为团队勇于奉献的精神。

2. 项目规则

（1）学员按照一定的数量站在木鞋上，多余的学员做好安全保护。听到"开始"的发令后比赛。

（2）活动中要保持步调一致，遇到情况及时调整，如果调整不及出现摔倒状况，则大声告诉队友停止前进。

（3）失去平衡的时候要把脚向两侧踏，不要向中间踏。

集体木鞋训练

集体木鞋训练

四、团队建设·拓展训练：雷区取水

1. 项目目标

培养学员的解决问题与决策的能力，强化团队运作的能力，能够让学员认识到团体利益大于个人利益，提高对团队的认同感。

培养队员周密计划、组织协调和良好沟通的能力。

2. 项目规则

（1）用长尼龙绳围出一片"雷区"，然后让队员在规定时间内利用手中的绳子将区域中心伸手拿不到的满水水杯取出，一滴水都不能洒。

（2）若人数过多，可以分成两组，不参与的人可在一旁充当候补。

（3）若在取水的过程中，杯里的水洒出来了，则要重新开始取水。

雷区取水

雷区取水

五、团队建设·拓展训练：积木筑塔

1. 项目目标

提升队员之间的默契程度和信任度，增强团队整体意识、协作精神和凝聚力，摆正个人与团队合作的关系。

2. 项目规则

每个小组利用教练提供的绳索和泡沫板，尽最大努力，搭建一座通天塔，不许折叠和剪裁，最后看哪个小组的塔最高。

积木筑塔

积木筑塔

六、结营式

最后，举行结营仪式。在结营仪式上，老师公布各组成绩，对表现优秀的同学进行奖励，并请获奖的同学与大家分享活动的过程中的经验和心得体会。

分享经验

颁奖

【资料链接】

一、无锡市太湖龙头渚自然风景区简介

无锡市太湖龙头渚自然风景区位于无锡马山太湖国家旅游度假区最南端，面对万顷太湖，背靠灵山大佛，得天地之灵气，沐大佛之恩泽。龙头渚由大储山蜿蜒伸入太湖中腹而形成半岛，酷似巨龙伏卧在太湖碧波之中，故名龙头渚。从龙舌、龙眼、龙耳、龙颈到龙背，全长2 500米。1994年4月10日，全国政协副主席赵朴初为其题名，并盛赞道："龙头渚，景色胜天堂。"

二、无锡市学生综合社会实践活动（龙头渚）基地

无锡市学生综合社会实践活动（龙头渚）基地主要以团队合作拓展培训为主。开展团队活动，推动组织成长，不断增强团队凝聚力，内容丰富生动，寓意深刻，以体验启发作为教育手段，让学员的参与成为其终生难忘的经历，让每一次活动所含的深刻道理牢牢扎根在团队每个成员的心中，并且能帮助他们在日后的学习和生活中发挥作用。

"增强团队意识　凝聚集体精神"课程研学评价单

小组名称		研学日期	
成员分工			
活动内容	研学记录		
1	生命教育		
2	团队建设		
研学体悟			
研学作业	1. 如果遇到火灾，你该如何快速逃生？ 2. 参加了团队建设的诸多拓展活动后，说说你会如何处理个人与团队的关系。		
精彩瞬间	（附照片）		

体验民防教育　提升安全意识

【课程目标】

通过参观和体验民防科普教育体验馆的相关项目,了解防灾减灾和应急避险救助知识,提升公共安全意识和国防观念,强化应对灾难和突发事故的基本技能和防护技能。

【适合对象】

八年级

【资源选择】

地点:无锡市民防科普教育体验馆;讲解:科普馆解说员;阅读:《无锡市市民防空防灾知识手册》。

【课程实施】

上　午

一、人民防空展区

展区运用高科技虚拟翻书技术,参观者在书上挥动手臂,就能通览我国人防(民防)特别是无锡民防建设发展的辉煌历程。通过触摸屏可查询国内外历史上的空袭危害事件。模拟空袭隧道则采用半景画和180°全景背投系统,模拟1937年10月6日侵华日军空袭无锡城市的惨烈场景,参观者可身临其境地体会空袭的残酷。该展区还展示了空袭兵器,陈列了预警机、侦察机、无人机、歼击机、轰炸机以及空地导弹等模型,通过触摸屏可查询现代空袭兵器的图文及影视资料。展区使用12米长弧幕投影多媒体,演示现代战争航空母舰远程导弹袭击和空中飞机空袭等战争场景。展区展示有不同型号的防空警报器实物,可进行警报试听,通过警报试听了解和分辨预先防空警报、空袭警报、解除警报。

人民防空展区

人民防空展区

这一区域的人民防空行动展项,主要采用10米长画卷的艺术表现方法,演示人民防空"防、走、藏、消"行动过程,全面介绍战时人防组织指挥、重要经济目标防护、人口应急疏散、鸣放防空警报、人员隐蔽、消除空袭后果等内容。人防工程区通过三层立体剖面式升降沙盘展示无锡太湖广场地上建筑和负一层的商场及正在建设的地铁等设施,并可以通过"我家附近的人防工事"展项查询自家附近的人防工事位置,以便在战时能快速进入人防工程隐蔽。

除了展示,该区的民防知识展项以电脑互动问答的形式向参观者介绍民防知识,通过趣味抢答,参观者可在娱乐中学习、掌握民防知识。

二、核生化展区

核生化展区设有广岛原子弹爆炸多媒体沙盘模型、防化救援幻影成像、开放式家电辐射体验和核生化安全常识介绍。

广岛原子弹爆炸多媒体模型:通过多媒体视频和模型,演示1945年8月6日美国向日本广岛投下代号为"小男孩"的原子弹后发生的巨大爆炸。

防化救援幻影成像:防化救援展项主要使用幻影成像的展示方式,演示城市某化工

核生化展区

厂发生爆炸后，化工厂指挥部立即鸣响警报、紧急疏散人员、抢修受损设备的情形，市防化专业队奉命赶赴现场，进行应急灭火、抢救伤员、环境检测的情形。

核生化安全常识：通过核生化武器影片，介绍核生化武器的概念、特点、危害，告诉大家今后一旦遇到核生化事件时，如何应对及防护。

家电辐射测试区：模拟客厅和厨房的家电环境，现场使用手持辐射测试仪可以测试每个电器产生的辐射，还可以测试自己的手机、相机等物品，从而了解不同电器的辐射大小和防范措施。

三、气象灾害展区

自然灾害体验厅，通过数码球、全息屏幕和360度环幕打造三层空间、五画面的观影环境，可身临其境般感受洪水、雪灾、暴风暴雨等自然灾害；参与法拉第笼、龙卷风演示、跨步电压体验、触电体验等，学习防护与自救互救技能。

自然灾害体验厅通过三层空间、五画面的观影环境，感受多种自然灾害给人类带来的灾难，三层分别是内顶层直径2米的数码球，中层是四面采用全息屏幕，外层是360

气象灾害展区

度环幕。五画面分别是球面、正面、后面、两侧面。它们共同打造了全景观影空间。影片主要播放各类自然灾害的危害，防护和自救互救知识以及空袭的危害与防护知识。

龙卷风展项主要模拟龙卷风的形成过程，观察龙卷风随气流不断变化的情况。

法拉第笼是以英国物理学家法拉第的姓氏命名的一种用于演示等电势、静电屏和高压带电作业原理的设备。当10万伏直流高压送给笼体时，笼内人员不仅不会触电，而且还可以体验电子风的清凉感觉。

在恶劣的雨雪和台风天气中，遭遇高压线落地时，很容易产生跨步电压，危及人的生命安全。通过现场参与跨步电压体验，参观者可以掌握正确的避险动作。

在触电体验中，一名参观者控制手摇发电装置，另一名参观者双手触摸感应棒，切身感受电流对人体的影响。这一体验活动可提醒参观者注意平时生活中的用电安全。

下午

一、交通安全展区

摩托车文明驾驶体验、儿童安全交通体验、汽车文明驾驶体验、地铁逃生体验和3D影院组成了道路交通安全教育示范基地，另外还设有交通法规常识介绍、安全驾驶知识查询、违章记录查询等服务内容。

交通安全展区　　　　　　　　　　　　　　交通安全展区

地铁逃生展项让参观者体验乘坐地铁时遭遇突发事件时的应急处置，真实贴切的地铁逃生模拟，使大家对逃生的感性认识转化为实践锻炼，从而掌握自救互救技能。

交通安全游戏体验区共有18台类似游戏机的体验操控装置。这些游戏设施把常见的交通陋习、危险驾驶行为等融入驾驶竞技互动游戏，使人们在操作中认知和感悟各类不良交通行为的后果及危险。现场陈列了8台一体式的交通安全触摸屏，分别针对成人和中小学生，通过趣味学习的方式把交通安全知识融入其中，参观者可以在快乐中学习了解交通常识。

交通安全游戏体验区　　　　　　　　　　　交通安全游戏体验区

模拟交通场景体验区针对儿童参与交通的方式和学习能力及其兴趣特点，通过模拟日常出行中步行、过街、乘车等出行常识，帮助儿童养成良好的交通素质，规避出行风险。

3D影院选择了典型的恶性交通事故案例，真实再现事故发生过程，让所有观看人员，通过身临其境的感受和强烈的视觉冲击，铭记安全驾驶、"负责任"驾驶的重要性。

二、海啸地震展区

地震海啸多媒体沙盘对地震及海啸进行模拟演示；地震体验平台和折幕投影相结合，让人感受地震场景；伤员紧急救护体验可以学习心肺复苏、骨骼固定等自救互救技能；综合体验屋真实感受失重状态；防疫、防化展项可以学习防传染病知识及日常生活中化学用品的正确使用方法；防毒屋模拟体验可现场穿防护服和戴防毒面具训练。

防毒体验区

防疫防化

地震平台结合折幕投影体验：采用地震平台和折幕投影相结合的展示手段，模拟室外地震场景。参观者可感受地震时强烈的触觉、听觉、视觉冲击，从中获取地震时逃生自救的防护知识。

地震体验区

海啸模拟演示

海啸模拟演示：地震海啸多媒体沙盘通过对地震及海啸的模拟演示，给人一种身临其境的感觉，展示了地震、海啸的破坏性。

地震信息查询平台：通过此平台，可找到世界最新发生地震的区域、等级和造成的损失等，使大家及时了解地震的信息。

紧急救护展示区：通过观看一段伤员紧急救护知识的教学短片和对橡胶人进行人工呼吸、心肺复苏、骨骼固定、简单包扎等急救的操作，让大家了解和掌握紧急救护技能。

综合体验屋：模拟家庭环境，对参观者进行室内地震、独自在家开门、厨房安全、家庭小药箱、拨打电话等综合训练。

三、消防安全展区

通过消防知识查询屏体验不同种类灭火器的安全使用方法；烟雾走势模拟屋、烟雾走廊逃生体验可了解火灾产生的原因、特点及火场逃生的动作要领。

消防安全展区　　　　　　　　　消防安全展区

消防知识展区：主要通过消防知识查词屏、不同种类灭火器的使用方法，帮助人们进一步了解火灾产生的原因、特点及危害，掌握火灾后如何选择，以及使用灭火器，以及火场逃生的动作要领。

烟雾走廊逃生体验区：廊将模拟火灾烟雾的真实场景，体验者须低首俯身，贴近地面，如果动作错误，计算机会提示报警。工作人员在监控屏上可以看到逃生全过程。

消防防护服展示：通过实物展示4套消防防护服，介绍不同种类的防护服装在消防救援中的作用。

【资料链接】

一、无锡市民防科普教育体验馆简介

无锡市民防科普教育体验馆建成于2013年5月，共设8个展区，涵盖人民防空、地震气象灾害预防、交通安全、消防安全、生产安全、卫生健康、核生化安全等52项展项。综合运用幻影成像、立体投影、环幕影院、震动模拟、动感仿真等先进技术，采用影视互动、计算机演示、3D影院、实物陈列、图文说明的表现形式，突出知识性、趣味性、参与性、互动性，融各类自然、人为灾害的预防知识与自救、互救常识为一体。为提升市民公共安全意识，强化公众应对灾难和突发事故时了解所需的基本技能、防护技能、减灾能力提供了一个有效的手段和平台。

二、国际民防日

1990年国际民防组织大会确定每年的3月1日为世界民防日，以纪念1972年3月1日国际民防组织成为政府间国际组织。世界民防日的设立有两个重要意义：一是为了在全世界范围内引起公众对国际民防的重视，增强公众备灾、防灾以及自我保护的意识；二是向各国为抗灾事业做出卓越贡献的人士致敬。各国在世界民防日这一天可以开展各种各样的活动，如举办研讨会，在广播、电视等媒体上就民防话题展开讨论，进行各种防灾备灾演习等。自2002年起，最近几年世界民防日的主题有"民防的基本元素""民防：灾难面前保持全球团结的工具""民防和道路安全""民防与环境保护""民防在学校""工作场所的民防和安全""民防与基本急救技巧"等。

三、人民防空警报

为有效地和敌人的空中袭击作斗争，就要设法知道敌人要来空袭的信息，以便在袭击之前做好防护准备。为此，国家要用侦察卫星、侦察飞机和对空监测雷达等尽早获得敌人要空袭的信息。人防的任务之一就是要快速转发警报。警报类型分预先警报、空袭警报、解除警报三种。预先警报：鸣36秒，停24秒，反复3遍为1个周期，表示空袭即将来临。空袭警报：鸣6秒，停6秒，反复15遍为1个周期，声音较预先警报急促，表示空袭马上就要发生。解除警报：连续鸣响3分钟，表示敌人1个波次的空袭已经结束。

无锡防空警报试鸣日：每年11月25日14：30分，抗日战争时期无锡沦陷日。

"体验民防教育　提升安全意识"课程研学评价单

小组名称		研学日期	
成员分工			
活动内容	研学记录		
1	人民防空展区		
2	核生化展区		
3	气象灾害展区		
4	交通安全展区		
5	海啸地震展区		
6	消防安全展区		
研学体悟			
研学作业	1. 制作一份以民防安全为主题的手抄报。 2. 阅读《无锡市市民防空防灾知识手册》，了解十大类防空防灾知识。		
精彩瞬间	（附照片）		

读行三国水浒　品味经典之美

【课程目标】

通过阅读经典名著，参观模拟现场，让学生体验悠久的历史文化，品味传统文学之美，从而产生对祖国传统优秀文化的认同感和自豪感，具有强烈的爱国情怀。

【适合对象】

九年级

【资源选择】

地点：无锡三国、水浒城；讲解：语文、历史老师；名著阅读：《三国演义》《水浒传》。

【课程实施】

上午　读行三国话英雄

一、孔明智设空城计，抚琴退强敌

进入景区，首先映入眼帘的是三国城门楼。高大的城门楼上，旗幡招展，两尊汉代神兽天禄和辟邪矗立于广场，城门楼原是《三国演义》中诸葛亮用空城计智退司马懿几十万大军的拍摄地。城内中心广场鲜花簇拥处，一座巨大的汉鼎赫然耸立，滚滚浓烟从鼎内升腾而起,为三国景点平添了硝烟弥漫的烽火气息。

城门楼

二、三英战吕布,沙场逞英豪

汉鼎左侧,有一片周长 400 米的跑马场。上午 10 点,这里会上演古代大型马战"三英战吕布"。其精彩片段是:董卓的野心日益膨胀。由曹操和袁绍等人为首的诸侯召集十八路诸侯合力讨伐董卓。讨伐军攻克汜水关后,董卓迫于形势令吕布把守虎牢关。吕布先后斩王匡、败武安国和公孙瓒。张飞为救公孙瓒而大战吕布。五十回合后,关羽和刘备先后出战,三人战吕布许久,最终吕布不敌败走。

马战表演

三、桃园三结义,兄弟情意长

三国城中的"桃园"是著名的"桃园三结义"景点。城门楼大道右侧,驻扎着数十顶军帐,"桃园"内桃花盛开,一曲令英雄泪飞的《结义曲》响起,刘、关、张三兄弟饮酒立誓,祭告天地。

桃园三结义

四、游乐在曹营,共吟《短歌行》

曹营水旱寨由曹操点将台、辕门、四座敌楼和楼船组成,是电视剧《三国演义》中"火烧赤壁""横槊赋诗""草船借箭"等戏的拍摄地。曹操点将台两侧,战鼓矗立,依稀可见一代枭雄曹公当年的威仪。站在三层高的点将台上,极目远眺,水寨风光尽收眼底。陆地上的楼台堂榭与湖上的望江敌楼相峙对望,让人惊叹设计者的独具匠心和建造者的巧夺天工。

曹营水旱寨

五、周郎设计假成真,赔了夫人又折兵

曹营和吴营是硝烟迷漫的战场,吴王宫则歌舞升平的。在这里,可听听"美人计"。吴王宫位于吴营北侧,宫门前侧立的两座阙楼,是三国景区最高的建筑物。依山而建的吴王宫,布局高低错落,互为依托,蜿蜒的灰色宫墙环绕四周,显得粗犷豪放、

气势雄浑。重檐庑殿顶的主殿内，贴着大红的"喜"字，这就是《三国演义》中刘备与孙尚香喜结良缘的地方，现在三国城艺术团每天都在这里举行盛大的《刘备招亲》表演。

吴王宫

下午　乐游水浒说好汉

一、介绍水浒城

水浒城背枕三万六千顷烟波浩渺的太湖，面瞰十里葱茏的军嶂山，更兼其东北部一座林木茂盛的小山，半入城内，半倚城外。更为得天独厚的是，水浒城东北部紧邻湖水的那座小山正好可修饰成当年一百零八将聚义的梁山，水浒城因此以真山真水取胜。水浒城从东到西主体景观分别为梁山区、州县区、京城区。区域内部的建筑形式多样。踱行其间，可感受到宋代的气象。

水浒城

二、王婆茶馆话武松

在《水浒传》里,王婆是个推动情节发展的重要人物。武大郎家斜对面便是王婆茶馆。王婆虽说年纪一大把,却是个不守本分的老太婆,西门庆和潘金莲最后勾搭成奸,王婆从中起到了穿针引线的作用,可以这样说,王婆在小说中间接改变了武松的命运。不过,人若无德,必遭报应,王婆最终还是逃不过武松一剐。

王婆茶馆

三、郑家肉铺说鲁达

州县区有很多场馆店铺,其中郑家肉铺就是"鲁提辖拳打镇关西"的地方。"鲁提辖三拳打死镇关西"的经典细节如下:郑屠右手拿刀,左手便要来揪鲁达;被这鲁提辖就势按住左手,赶将入去,往小腹上只一脚,腾地踢倒在当街上。鲁达再入一步,踏住胸脯,提起那醋钵儿大小拳头,看着这郑屠道……

郑家肉铺

四、浔阳楼上说宋江

浔阳楼是北宋江州府浔阳江畔的一座著名酒楼。宋江因杀了阎婆惜而发配江州,被安排在牢营的抄事房。一日,宋江独自一人来到浔阳楼,因喝了点酒,不由感叹起自己的身世,心中郁闷,乘着酒兴,写下四句诗:"心在山东身在吴,飘蓬江海谩嗟吁。他时若遂凌云志,敢笑黄巢不丈夫!"不料却被通判黄文炳看到,将他告到官府,宋江装疯不成,被打入死牢。最后智多星吴用设计劫法场救出了宋江。从此宋江上了梁山。

浔阳楼

五、相国寺再说鲁智深

相国寺是鲁智深待过的第二座寺庙,在这之前他在五台山出家。

相国寺

六、太尉府白虎堂话林冲

太尉府又称作高俅府，是一座具有宋代建筑特色的官员府第。高俅在没做官之前是个市井小混混，整日游手好闲，好吃懒做，不过他有一个绝技——踢球。当时的端王赵佶酷爱踢球，高俅就做了他的陪练，等端王坐上皇帝宝座后，高俅就步步升迁，直至担任了太尉一职。

太尉府

【资料链接】

一、三国水浒景区简介

三国水浒景区始建于 1987 年，坐落在葱茏苍翠的军嶂山麓、风景秀丽的太湖之滨，是我国首家影视文化与旅游相结合的主题园，也是国家首批"AAAAA"级旅游景区，被人称为"东方好莱坞"。三国城占地 35 公顷，城内有具有浓郁汉代风格的"吴王宫""甘露寺""曹营水旱寨""吴营""七星坛""跑马场""点将台"等几十处大型建筑。水浒城与三国城相邻，占地 580 亩，可分为州县区、京城区、梁山区三大部分。州县区包括《水浒传》中反映北宋时期中下层社会生活概貌的故事场景，建筑具有宋代特色，再现了北宋的历史情形；京城区的建筑气势雄伟，富丽堂皇，有"皇宫""大相国寺""樊楼""高俅府"等；梁山区依山傍湖而建，清晰再现了水泊梁山的宏大场景。

二、名著简介

1.《三国演义》

中国古典四大名著之一,中国第一部长篇章回体历史演义小说,全名为《三国志通俗演义》(又称《三国演义》),作者是元末明初的著名小说家罗贯中。《三国演义》描写了从东汉末年到西晋初年之间近百年的历史风云,以描写战争为主,述说了东汉末年的群雄割据混战及魏、蜀、吴三国之间的政治和军事斗争,最终司马炎一统三国,建立晋朝的故事。小说反映了三国时代各类社会斗争与矛盾的转化,并概括了这一时代的历史巨变,塑造了一群叱咤风云的三国英雄人物。全书可大致分为黄巾起义、董卓之乱、群雄逐鹿、三国鼎立、三国归晋五大部分。在广阔的历史舞台上,上演了一幕幕气势磅礴的战争场面。作者将兵法三十六计融于字里行间,既有情节,也有兵法韬略。

2.《水浒传》

中国四大名著之一,是一部以北宋末年宋江起义为主要故事背景的章回体长篇小说。一般认为,作者是元末明初的小说家施耐庵。全书通过描写梁山好汉反抗欺压、水泊梁山壮大和受宋朝招安,以及受招安后为宋朝征战,最终消亡的宏大故事,艺术化地反映了中国历史上宋江起义从发生、发展直至失败的全过程,深刻揭示了起义的社会根源,满腔热情地歌颂了起义英雄的反抗斗争和他们的社会理想,也具体揭示了起义失败的内在历史原因。《水浒传》是中国历史上最早用白话文写成的章回小说之一,流传极广,脍炙人口;同时也是汉语文学中最具备史诗特征的作品之一,对中国乃至东亚的叙事文学都有极其深远的影响。

"读行三国水浒 品味经典之美"课程研学评价单

小组名称		研学日期	
成员分工			
活动内容		研学记录	
1	参观三国城		
2	参观水浒城		
研学体悟			
研学作业	1. 读了《短歌行》后,你觉得曹操是个怎样的人? 2. 游了三国、水浒城,给大家说说与两部名著有关的成语故事。		
精彩瞬间	(附照片)		

踏寻家乡古镇　触摸历史文化

【课程目标】

1. 通过查找资料、实地考察、采访地方学者等形式，加深对家乡文化特质的认识和了解，激发学生爱家乡的自豪、质朴情感，从而产生对家乡文化的认同。
2. 通过研学活动，培养学生的合作意识，增强学生的探究能力。
3. 通过研学活动，帮助学生从历史文化中汲取智慧和力量，弘扬和传承优秀传统文化，从而提高学生的人文素养。

【适合对象】

九年级

【资源选择】

地点：巡塘古镇、周新古镇；讲解：历史老师、地方学者。

【课程实施】

上午　巡塘古镇

一、古桥——巡塘桥

元朝前，巡塘河上就有桥，为巡塘桥。现存单孔石拱桥系清光绪年间重建，南北跨向，用金山石材砌成，长17.2米，跨径5米，有桥耳4个，桥面用踏步石，引桥呈八字形，桥上龙门石刻有如意水波纹。桥洞内壁上嵌有两块碑石，碑文上记载着重建巡塘桥的过程和捐资者的姓名。拱系纵联分节并列结构，桥拱刻有桥联："终古临流赋卧虹，至今题柱怀司马"。桥的两梁上刻有"重建古巡塘桥"六个字，至今已有120年。巡塘桥的台阶石级很低，仅有5~10厘米高，特别适合老人、小孩行走，对于挑着重担的过桥者来说，也能省力不少。2003年6月2日，无锡市人民政府发文公布，将巡塘桥列入无锡市（市区）第四批文物保护单位名录。

巡塘桥

二、古镇留存建筑

巡塘老街在巡塘河湾旁，三面环水，好像一个半岛，由巡塘桥、前贤渡桥、后贤渡桥、毛文桥、棠甘桥五座桥梁连缀而成。街镇虽然不大，却古色古香，五脏俱全。烟酒杂货、布帛、铁铺、茧行、猪市、饭馆、面店、茶馆、老虎灶、鱼肉菜摊、邮政所、药材店、诊疗所等一应俱全，还有蚕茧收购、加工中心，都按照旧制保存完整。南街头还保存着民国时期的"巡塘镇救熄会"旧址。

镇内还有一个后花园，叫"听泉园"，名字流露出一股优雅的美感。园子面积不大，布局紧凑，假山奇树，清泉潺潺，坐在亭子中，听着远处飘来的乐曲，这种悠然惬意只有身临其中方可体会。漫步其中，亭台楼阁，小桥流水，长廊蜿蜒，活生生一座袖珍的江南园林，让人颇有一种误入世外桃源的惊喜之感。

巡塘老街

听泉园

下午　周新古镇

一、古桥——扬名大桥

扬名大桥始建于明天顺二年（1458年），嘉靖年间重建，咸丰十年（1860年）毁于太平军，同治八年（1869年），由在上海经营煤铁的无锡人丁明奎出资重建成三孔石拱桥，一直保存至今。桥体用花岗岩砌筑，桥面呈梯形，长42米，底宽近4米，上宽约3米，台阶用条石铺就，南设20多个台阶，北有30多个台阶，共72级。桥面顶端南北两边每隔约1.5米各设2根石柱，再用巨石围作栏杆，桥顶呈平面，中间铺设的一块巨石上刻有吉祥图案。拱起的桥形古朴优美，与老金城桥遥遥相望，是无锡现存唯一的一座三孔石拱桥。有关专家说，这座完全由石条砌成的三孔石桥，历经风霜，保存完整，实属罕见。

古镇核心区内还有一座单孔石拱桥——周京堂桥，由周舜卿出资建于清宣统元年（1909年），1982年被拆改建。因泄洪需要，在原址新建了三孔桥。

扬名大桥

周京堂桥

二、古镇历史风貌

周新镇形成于明初至晚清年间，民国时基本形成村落格局。无锡著名民族工商业家"煤铁大王"周舜卿发迹后不忘家乡父老，从光绪二十一年（1895年）起，辟街道、造桥梁、设店铺、办学校，遂成为江南名镇。光绪二十八年（1902年）取名为周新镇，意即"周家新造的街镇"。周新镇为水陆平行、河街相依的布局，体现了江南水乡的传统风格，至今还保留着民国时期的老建筑和临水贴河的凉棚建筑。历史上周新镇开设有米行、糟坊、典当、茧行，创办了廷弼商业学堂和无锡第一家机械缫丝厂，商业繁华。

周新古镇依水而建，在东西两岸形成风格迥然不同的两条街。走近这条百年老街，庙桥港（南骂蠡港）贯境而过，与直街形成十字形街巷，民居依河而建，粉墙黛瓦，码头驳岸，错落有致，仍保持典型的江南水乡村镇的传统建筑格局。周新老街的路面采用"一字纹""席纹"等传统铺砌样式。

古镇风貌

周新老街

周京堂桥堍边上高高的小洋楼是张卓仁故居，也已经过整修保护。两侧具有独特民国风格的两层木楼，矮脚飞檐，一扇扇木制大门，依稀可见当时的繁华。张卓仁是南桥人，著名实业家，人称上海"铁业大王"。1905年任上海英商瑞镕造船厂铁工部总头目，并创办张顺泰铁行、协记远洋运输公司等实业。俞甲里74号是俞文彬的故居，保护得比较好，完整地体现出清末民初的建筑

张卓仁故居

风格，五造进深，前两开间、后三开间，有着江南最典型的马头墙，还有一条陪弄贯穿前后。小园里的周舜卿、拥宪的俞文彬和南桥的张卓仁是周新镇的三位名人。

【资料链接】

一、无锡古桥

无锡地处江南，水网密布，历史上曾经有许多码头、石桥，但是随着城市的发展，城区填河修路，许多古桥也跟着消失了，所以无锡保存至今的古桥并不多，不过在政府的极力保护下，这些保留下来的古桥给无锡人民展示了一个时代的历史、文化和审美。走近古桥，就像走进画卷般的无锡。无锡主要古桥以及地理位置如下：宋朝的金莲桥在锡惠公园内，宋朝的陆墟桥在陆区普照村；建于清朝的桥就比较多了，清名桥在南长街古运河上，兴隆桥在棉花巷外环河上（又叫外吊桥），定胜桥在贺弄西口定胜河上，耕读桥在石子街菰渎港上，迎龙桥在棚下街南端外环河上，玉祁新桥在玉祁新桥村，扬名

大桥在东绛镇，钓渚渡桥在厚桥谢埭荡村，巡塘桥在华庄巡塘古镇，梁塘桥在扬名梁中村，陈墅石桥群在港下陈墅村；民国时期的伯渎桥在伯渎河上。

二、无锡五大历史文化街区、十大古村落

古村落是一个包罗万象的文化综合体：它不仅有充满民族风格的民居与建筑等物质文化遗产，也附着居住者的日常生活、劳动生产、节庆礼仪、民间艺术等非物质文化遗产。作为无锡市历史文化名城的重要组成部分，古村落蕴含着丰富的历史、科学和艺术价值，直接表达着吴地水乡文化的个性特征和自然的生态风貌。

无锡五大历史文化街区：清名桥历史文化街区、惠山历史文化街区、荣巷历史文化街区、小娄巷历史文化街区、荡口古镇。

无锡十大古村落：祥瑞恬静的江南小镇——甘露镇，望族聚集的水乡村落——黄土塘古村，民族工商业巨子的发迹之地——严家桥村，当代经济学家的摇篮——礼舍古村，酒香深深的水乡重镇——玉祁老街，中国煤铁大王的故里——周新镇，江南水乡经典的水墨画卷——南泉古镇，伯渎河南端的明珠——大坊桥，天人合一的居住圣地——葛埭村，水乡村落的痕迹——鸿山西仓古村。

"踏寻家乡古镇 触摸历史文化"课程研学评价单

小组名称		研学日期	
成员分工			
活动内容		研学记录	
1	石拱桥		
2	古建筑		
研学体悟			
研学作业	1. 实地调查一下,在我们周围还有哪些古建筑,把它们的照片制成电子相册,和同学一起分享。 2. 通过图书馆、互联网查阅一批江南古镇的相关资料,了解其建筑风格。		
精彩瞬间	(附照片)		

后 记

"区域青少年综合素质拓展教育行动研究"这一课题自 2015 年立项为江苏省教育科学"十二五"规划重点资助课题以来,全区各校在区教育局总课题组的引领下,全面推开综合素质拓展教育研究活动。在历时近五年的研究过程中,我们不断打造青少年学生综合素质拓展活动的完美时空,开发各类拓展教育课程,丰富学生"玩美"学习样态,在研学旅行活动中促进学生知行合一,在基地实践活动中促进学生身心历练,在社团兴趣活动中促进学生个性发展,取得了可喜的研究成果。

我们在回顾这些年来的研究历程时,萌发了将系列研究成果编撰成书的念头。出发点是让研究成果物化、系列化,提供课程样本和实践路径,使各校在开展拓展教育实践活动时有所依托。同时,这也是课题组进一步梳理研究成果、总结研究经验的需要。

整套丛书凝聚了课题组所有人员的心血。丛书编写工作由课题研究理论探索组牵头负责,确定丛书的整体框架,并对实践研究过程和成果进行全面梳理,由顾晓东、吴伟昌、姚国平、徐国新、吴亮具体负责各分册书稿的编写工作;课题研究实践行动组提供了大量翔实的研究资料和实践案例。

丛书从策划到成稿,历时一年半。在此过程中,课题主持人强洪权、冯伟两位局长及区教育学会陈锡生会长、糜荣华副会长给予了大力支持。滨湖区教育局吴仁昌副局长、基教科陆建忠科长等多位领导自始至终参与其中,为丛书的编撰和出版工作出谋划策,提供全方位保障。中国教育学会原会长、北京师范大学资深教授顾明远先生欣然应邀作序,中肯评价课题组多年的研究历程和成果,为本丛书增色不少。江苏省教育科学规划领导小组办公室彭钢主任、蔡守龙副主任,省教科院教育发展研究中心主任张晓东博士,《江苏教育》主编张俊平等领导与专家悉心指导本课题研究,他们的高屋建瓴、指点迷津,让课题组拨云见日。在此,一并表示诚挚的谢意!

丛书的出版只是课题研究的一个阶段性总结,我们的研究还将进一步深入。我们将继续围绕"立德树人"的根本任务,进一步优化区域青少年综合素质拓展教育课程体系,开发和利用课程资源,完善区、校两级课程开发,丰富学生的拓展学习方式,为青少年学生核心素养的全面发展打下坚实基础。

由于我们水平有限，加之受困于工作的繁忙，书中肯定有许多不足之处，希望读者不吝赐教。我们将直面不足，努力弥补，力求将更完美的成果呈献给大家，我们也憧憬着在追求完美中不断完善自我。

"综合素质拓展教育成果系列"丛书编写组

2019 年 5 月 18 日